VARIÉTÉS SINOLOGIQUES N° 27.

HISTOIRE

DU

ROYAUME DE TS'IN 秦

(777—207 av. J.-C.)

PAR

LE P. ALBERT TSCHEPE, S.J.

彭亞伯

IMPRIMÉ À LA PRESSE ORIENTALE
CHANG-HAI.
IMPRIMERIE DE LA MISSION CATHOLIQUE

ORPHELINAT DE T'OU-SÈ-WÈ.

1909.

VARIETES SINOLOGIQUES.

1. L'île de Ts'ong-ming, à *l'embouchure du Yang-tse-kiang*, par le P. Henri Havret, S.J. — 62 pp., 11 cartes, 7 gravures hors texte. 2ᵉ édition. 1902..................$ 2.00
2. La province du Ngan-hoei, par le même. — 130 pp., 2 pl. et 2 cartes hors texte. 2ᵉ édition. 1903..................$ 2.00
3. Croix et Swastika en Chine, par le P. Louis Gaillard, S.J. — IV-282 pp., 209 fig. 2ᵉ édition. 1904..................$ 3.00
4. Le Canal impérial, par le P. Dominique Gandar, S.J. — II-75 pp., 19, cartes ou plans hors texte. 2ᵉ édition. 1903..........$ 2.00
5. Pratique des examens littéraires en Chine, par le P. Étienne Zi, S.J. — III-278 pp., plusieurs planches, gravures et 2 plans hors texte. 1894..................$ 4.00
6. 朱熹 Le philosophe Tcheu Hi, *sa doctrine, son influence*, par le P. Stanislas Le Gall, S.J. — III-134 pp. 1894..........$ 2.00
7. La stèle chrétienne de Si-ngan fou 1ᵉʳᵉ partie. *Fac-simile de l'inscription*, par le P. Henri Havret, S.J. — VI-5 pp. de texte, CVII pages en photolithographie et une phototypie. 1895..$ 2.00
8. Allusions littéraires, 1ᵉʳᵉ série (1ᵉʳ fascicule, Classif. 1 à 100), par le P. Corentin Pétillon, S.J. 2ᵉ édition complètement revue et augmentée, 307 pages. 1909..................$ 4.00
9. Pratique des examens militaires en Chine, par le P. Étienne Zi, S.J. — III-132 pp., nombreuses gravures. 1896..........$ 3.00
10. Histoire du royaume de Ou, (1122-473 av. J.-C.), par le P. Albert Tschepe, S.J. — II-175 pp., 15 gravures, 3 cartes hors texte. 1896..................$ 3.00
11. Notions techniques sur la propriété en Chine, *avec un choix d'actes et de documents officiels*, par le P. Pierre Hoang. — II-200 pp., 5 tableaux hors texte. 1897..................$ 3.00
12. La stèle chrétienne de Si-ngan fou, 2ᵉ partie. *Histoire du monument*, par le P. Henri Havret, S.J. — 420 pp., 4 cartes, plusieurs gravures dont 11 hors texte. 1897..........$ 5.00
13. Allusions littéraires, 1ᵉʳᵉ série (2ᵈ fascicule, Classif. 100 à 214), *avec index de 7000 allusions*, par le P. Corentin Pétillon. S.J. —270 pp. 1898..................$ 4.00
14. Le mariage chinois au point de vue légal, par le P. Pierre Hoang. — 400 pp. 1898..................$ 5.00
15. Exposé du commerce public du sel, par le P. Pierre Hoang. —18 pp., 14 cartes hors texte. 1898..................$ 2.00
16. Plan de Nankin, par le P. Louis Gaillard, S.J. — 1 carte en quatre couleurs. o m. 93 × o m. 72. 1898..................$ 2.00
17. Inscriptions juives de K'ai-fong fou, par le P. Jérome Tobar, S.J. — VI-112, pp. une gravure sur bois et 7 photolithographies. 1900..................$ 2.00
18. Nankin port ouvert, par le P. Louis Gaillard, S.J. — XII-484 pp. avec un portrait de l'auteur, 2 vues de Nankin en photogravure, plusieurs cartes. 1901..................$ 5.00

VARIÉTÉS SINOLOGIQUES N° 27.

HISTOIRE

DU

ROYAUME DE TS'IN 秦

(777—207 AV. J.-C.)

PAR

LE P. ALBERT TSCHEPE, S.J.

彭 亞 伯

IMPRIMÉ À LA PRESSE ORIENTALE

CHANG-HAI.

IMPRIMERIE DE LA MISSION CATHOLIQUE

ORPHELINAT DE T'OU-SÈ-WÈ.

1909.

PRÉFACE.

Cette étude sur le royaume de Ts'in date de plusieurs années, et, à l'heure où je l'écrivais, l'on n'avait pas encore les savants travaux du grand sinologue M. Chavannes. C'est dire quel labeur considérable me demandèrent ces pages.

Je ne m'étais tout d'abord proposé que d'écrire l'histoire du fameux Ts'in Che-Hoang-ti 秦世皇帝 *(246-210), figure certainement la plus curieuse de la Chine, après celle de Confucius. Je pris en main Se-ma Ts'ien* 司馬遷 *non encore traduit, et le P. Havret, qui m'encourageait, me procura divers ouvrages, comme Se-ma Koang* 司馬光, *Chan-si et Chen-si ts'iuen-t'ong-tche* 山西 陝西 全通志. *Ces ouvrages sur les deux provinces Chen-si et Chan-si, où Che-Hoang-ti a surtout exercé ses exploits, m'ont été précieux.*

Mais comment le lecteur m'aurait-il suivi, si préalablement je n'éclairais la route. Comment aurais-je mis en lumière la figure de mon héros, si préalablement je ne la situais, par une étude des prédécesseurs et des successeurs. Le plan s'élargit donc forcément; l'histoire de Che-Hoang-ti, encadré dans son milieu complexe, devint l'histoire du royaume de Ts'in.

Époque intéressante par la lente suppression du régime féodal, et par l'unification des pouvoirs et des royaumes. C'est l'établissement du système gouvernemental qui, à peu de chose près, dure aujourd'hui encore. Or, cette rénovation vint toute des Ts'in. La maison impériale alors régnante, les Tcheou, assistait, fantôme de pouvoir, à la lutte intestine des États. Entre ces compétiteurs, qui l'emportera, qui deviendra le libérateur de l'ordre?

Les Ts'i 齊, *avec Hoan-kong,* 桓公 (684-643), *donnent un moment d'espoir: mais Hoan-kong n'ose pas, et ses successeurs n'ont pas son mérite. Les Tsin* 晉, *avec Wen-kong,* 文公 (649-628), *redonnent l'espoir; mais Wen-kong vit peu et son puissant état se divise peu après en trois tronçons: le Wei* 魏, *le Han* 韓, *le Tchao,* 趙. *Les Ts'in* 秦 *au contraire, par une série d'hommes intelligents, assument le grand rôle.*

Citons Hiao-kong 孝公 (361-338); *son fils, Hoei-wen-wang,* 惠文王, (337-316); *son petit-fils surtout, Tchao-siang-wang,* 昭襄王 (306-209); *et 4 ans seulement après, Che-Hoang-ti, arrière petit-fils de Tchao-siang-wang. C'est Tchao-siang-wang qui défait le dernier empereur Tcheou, Nan-wang,* 赧王 *et reçoit de lui l'hommage en 296. C'est Che-hoang-ti qui parfait la rénovation. La dynastie des Ts'in aura beau tomber, 4 ans après la mort de Che-Hoang-ti, les dynasties maintiendront l'œuvre et l'unité de pouvoir.*

Ainsi la Chine échappait au sort des peuples d'Assyrie, Babylone, Ninive etc. Là aussi on avait voulu, presque à la même époque, éviter l'écueil du régime féodal et fonder un pouvoir central unique. Tiglat-Pileser III (745-727) échoua comme les autres, et la ruine et la mort ont enseveli ces peuples.

Mais je laisse à d'autres le soin de pousser plus loin ces rapprochements curieux.

Chang-hai, juin 1908.

— INDEX. —

Préliminaires

	Page
Géographie du Royaume de T'sin	1
Aperçu sur les mœurs des habitants du Royaume de T'sin	5
Premiers Temps du Royaume de T'sin	10

Premiers Temps proprement historiques

Siang-kong 襄公 (777-766)	16
Wen-kong 文公 (765-716)	21
Ling-kong 靈公 (ou Ning-kong 寧公) (715-704) et T'chou-tse 出子 (703-688)	23
Ou-kong 武公 (697-678)	25
Té-kong 德公 (677-676)	26
Siuen-kong 宣公 (676-664)	27
Tch'eng-kong 成公 (663-660)	28
Mou-kong 穆公 (659-621)	29
K'ang-kong 康公 (620-609)	61
Kong-kong 共公 (608-605)	72
Hoan-kong 桓公 (604-577)	74
King-kong 景公 (576-537)	83
Ngai-kong 哀公 (536-501)	94
Hoei-kong 惠公 (500-492)	98
Tao-kong 悼公 (491-477)	99
Li-kong-kong 厲共公 (476-443)	100
Tsao-kong 躁公 (442-429)	102
Hoai-kong 懷公 (428-425)	103
Ling-kong 靈公 (424-414)	104
Kien-kong 簡公 (414-409)	106
Hoei-kong 惠公 (399-387)	109
Hien-kong 獻公 (384-362)	111
Hiao-kong 孝公 (361-338)	113
Hoei-wen-wang 惠文王 (337-311)	130
Ou-wang 武王 (310-307)	151
Tchao-siang-wang 昭襄王 (306-251)	156

Hiao-wen-wang 孝文王 (250) ... 214
Tchoang-siang-wang 莊襄王 (249-247) ... 215
Che-Hoang-ti 始皇帝 (249-210)
    Che-Hoang-ti en tutelle ... 219
    ....parvient à anéantir les six grands royaumes vassaux ... 229
    ....réformateur ... 247
    ....voyageur et pontife ... 257
    ....construit la "Grande Muraille" ... 273
    ....fait brûler les livres ... 283
    ....agrandit démesurément sa capitale ... 291
    ....fait massacrer les lettrés ... 299
    Mort de Che-Hoang-ti — Usurpation du trône ... 305
Eul-Che-hoang-ti 二世皇帝 (209-207)
    Première année — Les débuts — L'insurrection — La reconstitution des Royaumes ... 322
    Deuxième année de Eul-Che-Hoang-ti — Désarroi dans le Palais ... 350
    Troisième année de Eul-Che-Hoang-ti — Sa mort ... 369
    Derniers évènements — Destruction de la Capitale ... 381
    Épilogue ... 388
    Appendice : Tableau de la Maison Royale du pays de Ts'in ... 389

TABLE DES MATIÈRES

A

ABSTINENCES et pénitences avant les sacrifices et fêtes......224, 267

ADMINISTRATION par groupes dont les membres sont responsables les uns des autres............................119

ALLÉES COUVERTES bâties par Che-hoang-ti 258

ALLIANCE (La grande) défensive et offensive des six grands vassaux contre le royaume des Ts'in..........131 et seq.

ANCÊTRES (Les) reçoivent des sacrifices depuis la plus haute antiquité ; on sacrifie par peur aux ancêtres de la dynastie détruite des Tcheou 周......215

APOLOGUE (Fameux) du général Kan-meou au roi de Ts'in avant de partir en guerre........................153

APPARITION de l'esprit de la sainte montagne Hoa-chan annonçant la mort de Ts'in Che-hoang-ti................305

ASSASSINAT mémorable du prince légitime et de sa mère, le premier mentionné dans l'histoire en 387.........110

AUGURES (Bons)..................112

AUTELS.—Les autels de sacrifice, 17.—Les autels de Ts'in, 21 et 104.—Autel bâti en l'honneur de l'empereur blanc, 112.—Le roi de Ts'in offre en 254 avant N.S. un sacrifice au ciel à l'autel de Yong 212

B

BOUCHERIES sauvages des soldats ennemis vaincus ou prisonniers par Ts'in. Le premier fait enregistré en 363, 112.—Depuis lors, c'est presque tradition nationale: 80,000 hommes en 330, 130.—80,000 hommes du royaume de Han en 317, 130.—80,000 hommes du royaume de Tch'ou en 311, 145.—60,000 hommes du royaume de Han en 306, 154.—50,000 hommes du royaume de Tch'ou en 298, 162.—240,000 hommes des royaumes de Han et de Wei en 293, 167.—40,000 hommes du royaume de Wei en 274, 177.—100,000 hommes du royaume de Tchao en 273, 177 et *Note*.—15,000 hommes des royaumes de Tchao et de Wei en 273, 179.—50,000 hommes du royaume de Han en 264, 192.—450,000 hommes du royaume de Tchao en 260, 195.—6,000 hommes du royaume de Tchao en 257, 206.—40,000 hommes du royaume de Han en 256, 209.—90,000 hommes du royaume de Tchao en 256, 209.—30,000 hommes du royaume de Wei en 245, 220.—100,000 hommes du royaume de Tchao en 235, 233.—

C

CALENDRIER chinois changé par Che-hoang-ti..........................251

CANALISATION (Travaux de)................................219, 257, 272

CANONISATION des défunts princes 248

CAPITALES successives de l'état de Ts'in............................3

CARACTÉRISTIQUE de Che-hoang-ti............................231

CATAPULTES en Chine............278

CHA-KION.—Palais où est mort Che hoang-ti............................312

TABLE DES MATIÈRES

CHANG-KIUN.—Titre et fief du seigneur Wei-yang..................124
CHANG-KIUN.—Ville du Chen-si...136
CHANG-MI.—Ville de Tch'ou prise par un stratagème curieux......44, *et seq*
CHANG-TANG.—Le fameux plateau du Chansi, 178.—Se soumet au roi de Tchao et devient cause d'effroyables guerres, 194 *et seq*.—Importance de ce plateau 216
CHAO-LEANG.—Ville de Tsin 晉 ......
.... 64,104,112,121
CHARGES publiques vendues à Tsin 221
CHE.—Grande famille du royaume de Ts'in 晉. Plusieurs membres jouent un grand rôle.
CHE-FANG.—Ce général est battu par les troupes de Ts'in..................85
CHEF-D'ŒUVRE (Fameux) littéraire et diplomatique......................78
CHE-SIE.—Général d'armée.........82
CHE-HOANG-TI.—Le fameux empeteur..........................219 *et seq.*
[1].—Sous tutelle..................219
[2].—Conquérant, il soumet les six grands royaumes et unifie la Chine.229
[3].—Le réformateur..................247
[4] — Le voyageur et le pontife.....257
[5].—Il construit la grande muraille
....273
[6].—Il brûle les livres..............283
[7].—Il agrandit la capitale.........291
[8].—Il massacre les lettrés........299
[9].—Il meurt 305
[10].—Sa mort est cachée............318
[11].—Son tombeau..................320
CHE-HOEI.—Homme de vertu austère.............................. 62,65,67
CHE-I.—Fameux historien............36

CHE-KOUO.—Ambassadeur de Ts'in.76
CHE-MEN.—Défilé où le roi de Ts'in bat l'armée de Tsin en 363 et coupe la tête à 60,000 prisonniers..............112
CHEMINS (Grands) faits par Che-hoang-ti 257
CHEN-CHENG —Prince de Tsin 晉. 30
CHEN-PAO-SIN.—Grand seigneur de Tch'ou sauve sa patrie...............95
CHEN-TCHENG. — Ville du Honan prise en 361, par Hiao-kong.....115,131
CHEOU-TCHONG.—Premier ministre de Ts'in 166
CHE-YANG.—Fils de Che-sai; ce jeune étourdi est la cause de l'inimitié mortelle avec la grande famille Loan......87
CHIENS (Des) sont sacrifiés pour écarter les maladies..............26,203
CHOEN (L'empereur).— Prétendu tombeau à la montagne de Kiou-i-chan..................................307
CHOU-HIANG.—Fameux ministre de Tsin 晉 85,89,91
CHOU-SUEN KIAO JOU.—Ministre de Lou......................................77
CINQ (Les) vertus, les 5 éléments et les 5 couleurs..................250
CIRCONSCRIPTIONS administrées par des gouverneurs........................26
COALITION (La grande) contre Ts'in,85 *et seq*.—Une autre, 131,161. —Une autre, ...222, *et seq*.
COMMUNAUTÉ des terres d'un village abolie...........................122
CONCUBINES (Intrigues de) causent de grands malheurs..............146,162
CONSERVATEURS.—Les anciens-Chinois n'étaient pas conservateurs à outrance 118
CONVENTION (La fameuse) de Song

宋 en 546 pour établir une paix éternelle; grandissime fiasco.................90
CORVÉES insupportables imposées par Che-hoang-ti pour construire la grande muraille, la capitale, etc......275

D

DÉGUISER (Se) est un ancien stratagème chez les princes chinois pour examiner par soi-même l'état du pays, la vérité sur une question importante. L'empereur Che-hoang-ti employa le même système 270

DÉS pour jouer chez les anciens Chinois 180

DIGNITAIRES (Les hauts) de Che-hoang ti 266

DIGNITÉS (Les) du royaume de Ts'in ....121 *Note*

DIPLOMATIE (La haute) est enseignée.................................136

DIVISION (La) des terres possédées autrefois en commun 122

DIVISION (La) des membres de famille; les fils sont tenus à établir leur propre famille séparée; pourquoi?........
.... 119, 122, 126

E

EDIT fameux de Hiao-kong qui appelle à son service tous les hommes distingués de la Chine............114 *et seq.*

ÉCRITURE CHINOISE.—Son invention; elle est simplifiée, unifiée.............. 255

EMPEREUR (L') de la Chine n'est au IVᵉ siècle qu'une ombre vénérable, 113, 123.—Il lui faut demander l'aumône à Ts'in et autres grands vassaux pour avoir de quoi subsister honnêtement, 111.—L'empereur est grandement flatté par les princes de Ts'in qui ont besoin de son approbation ou du moins de son silence, 123.—L'empereur est méprisé par Ts'in qui ose, sans respect pour l'empereur, attaquer et battre les armées de Wei et de Han à Lo-yang, sous les yeux de l'empereur, 112.— Les princes de Ts'in, de Wei et de Han ont une entrevue à Lo-yang et ne vont même pas saluer l'empereur en 284, 171.—Les princes de Ts'in et de Ts'i prennent tous les deux le titre d'empereur, qu'ils déposent cependant bientôt, 168 *et seq.*—L'empereur Nan-wang, battu, se met à genoux devant le roi de Ts'in; il est dépouillé et exilé après avoir régné 65 ans, après avoir très humblement flatté tout le temps les rois de Ts'in. Il meurt peu après de chagrin 209

EMPOISONNER.—Ancienne coutume d'empoisonner l'eau pour nuire à l'ennemi 86

ENTERRER des vivants avec des morts; ancienne coutume...57, 111, 300

ENTOURAGE intime de Che-hoang-ti.................................. 266

ÉPÉE.—Ordre est donné par le roi de Ts'in que ses dignitaires, même civils, portent l'épée 107

ERRANTS.—Lettrés errants au IVᵉ siècle avant N. S ....15', 165, 302

ESPRIT.—Tch'en-pao, 22.—Les 8 esprits vénérés par Che-hoang-ti, 262.— Les îles des esprits immortels..........267

EUL-CHE-HOANG-TI.—Comment il monte au trône, 309.—Son règne, 322.—Sa mort 377

EUNUQUES.—Leur funeste influence, 115, 128.—Ils sont la ruine de Ts'in ....313. *et seq.*

F

FAMILIERS.—Lettrés et hommes d'épée au service des grands seigneurs... .... 219, 233

FAMILLE toute entière exterminée pour un membre coupable........127, 154

FAMINE (Grande) à Ts'in 晉, 31.—Principes philosophiques des Chinois en cas de famine 165, 236

FAN.—Grande famille de Tsin 晉: Fan-wen-tse........76

FAN-KOEI.—L'homme dévoué de Lieou-pang........382, 386

FAN-NAN.—Ville du Ho-nan........47

FAN-P'ANG.—Ville de Ts'in........106

FAN-TSENG.—Familier de Hiang-yu, vint tuer Lieou-pang........385 *et seq.*

FAN-TSIN.—Le lettré fourbe 179, 184.—Il devient ministre: ses intrigues, 188.—Il se retire après s'être donné un successeur 211

FAN-YU KI.—Général de Che-hoang-ti se réfugie au pays de Yen et y devient l'ami intime du prince héritier Tan, 238.—Se coupe la gorge par haine de Che-hoang-ti........240

FANG-TCHENG.—La si fameuse forteresse 158

FEI-I.—Premier ministre de Tchao..159

FEI-LIEN (Le prince)........11

FEI-TSE.—Grand maître des écuries impériales........2,-13

FEN-YN.—Ville du Chansi 131

FER (Le) fut confisqué et monopolisé par Che-hoang-ti........253

FIEFS (Les) héréditaires sont abolis par Che-hoang-ti........252

FONDERIES de cloches et de statues........254

FONG-HIÉ —Censeur de Che-hoang ti........247

FONG-TCHE.—Ville du Honan où Hiao-kong réunit les grands vassaux et les force à aller saluer l'empereur...123

FONG-TING.—Gouverneur du Changtang, livre cette province au roi de Tchao et est ainsi cause de guerres effroyables........194

FORCES GUERRIÈRES de la Chine en 328 avant N. S. ....131 *et seq*

FOU-CHE.—Ville du Chen-si........75

FOU-KAI.—Frère du roi de Ou, généralissime des troupes contre Tch'ou...97

FOURBERIES ÉHONTÉES. - Du lettré Wei-yang, 125.—Du lettré Tchang-i, 138, 143 —Du lettré Sou-tsin, 138.—Du roi de Ts'in pour prendre le roi de Tch'ou 160

FOURBERIES INSIGNES de révolutionnaires ....239. 335 *et seq*

FOURRURE FAMEUSE blanche en peau de renard 162

FOU-SOU —Prince héritier de Che-hoang-ti, fait des remontrances à son père 301, 311.—Comment il est écarté par l'eunuque, 316.—Il se suicide ...317

FOU-TCH'EOU.—Roi de Tch'ou vaincu et pris par Wang-ts'ien, général de Ts'in..................244

G

GÉNÉRATIONS.—Loi qui punit trois générations.................22,25

GROUPES de 10 familles responsables de leurs membres, ancien système qui subsiste encore.............119

GUET-APENS indignes.........160,200

H

HAN.—Grande famille de Tsin 晉 dont Han-k'i et Han-k'iué les ministres sont mentionnés...............83,88

HAN.—Fameux défilé de Ts'in...133

HAN-CHENG.—Conseiller de Hiang-yu

HAN-FEI-TSE.—Philosophe bien connu.................................234

HAN-KIEN.—Grand officier de Tsin 晉, soutient la liberté de l'homme et réprouve les sortilèges............34 *et seq*

HAN-KOAN.—Défilé de la province du Seu-tch'oan..................147

HAN-KOANG soulève le pays de Yen et est déclaré roi...............342

HAN-KOU-KOUAN.—Fameux défilé où l'on s'est battu bien des fois, 139, 216, 222

HAN-LING.—Ville du Ho-nan......47

HAN-SIUEN-TSE. Grand officier de Tsin..................................19

HAN-TAN.—Capitale de Tchao 149, 203.—L'armée de Ts'in y est battue 206, 237

HAO.—Ancienne capitale de l'empire chinois.................................2

HENG-CHAN.—Montagne sacrée au Ho-nan visitée par Che-hoang ti......267

HÉRITIER (Prince) déshérité au pays de Tchao, contrairement aux anciennes lois fondamentales......................159

HIA.—Ville de Tsin...............67

HIANG-CHEOU.—Grand général de Ts'in.................................166

HIANG-LEANG (Le seigneur,) se soulève à Sou-tcheou et se déclare roi 341, 352

HIANG-YU.—Son neveu et successeur, 341.—Ses brutalités, 383, 386.—Il se fâche contre Lieou-pang, mais n'ose le tuer..................................384

HIAO.—Défilé célèbre par la défaite des troupes de Ts'in................49

HIAO-KONG.—Grand roi de Ts'in..113

HIAO-WEN-WANG.—Grand roi de Ts'in..............................214

HIA-YANG.—Ville de Ts'in........104

HIEN-KONG.—Roi de Ts'in........111

HIEN-YANG.—Capitale de Ts'in depuis 349................4,122,292 *et seq*.

HO.—L'enfant déclaré roi de Tchao... 159

HOA.—Montagne et ville au Chen-si 33

HOAI.—Province conquise par Wang-tsien..................................244

HOAI-KONG.—Roi de Ts'in........103

HOAI-YNG.—Fille de Ts'in Mou-kong femme du prince Yu, 40.—Elle devient la concubine de Ts'in Wen-kong; sa fierté..41

HOAN.—Ville du Tché-li où se fit la grande alliance de 6 grands vassaux..132

HOANG.—Titre de l'empereur, 248.—Les fameux 3 Hoang.................249

HOANG-HIÉ.—Le fameux ministre de Tch'ou......................180,193,203,222

HOANG-OU-TSE.—Grand officier de Tcheng, éconduit les généraux de Ts'in..50

HOAN-KI —Général de Che-hoang-ti ....232 *et seq.*

HOAN-KONG.— Roi de Ts'in, 74.—Est battu à Ma-soei............................82

HOA-YANG (La princesse).—Femme du prince héritier de Ts'in......206 *et seq.*

HO-SI.—Province de Ts'in à l'ouest du fleuve jaune au Chan-si............109

HO-TOUNG.— Territoire à l'est du fleuve jaune au Chan-si................168

HONG —(1) Fils du roi de Ts'in, 35.—(2) Prince héritier de T'chou, 157,161

HOU.—Les Huns, 156,159.—Mong-tien leur fait la guerre, quoique le fameux ministre Li-se le dissuadât à Che-hoang-ti........................271 *et seq.*

HOU-CHANG.—Général de Ts'in ....179, *Note*

HOU-HAI.—Le 18ième fils de Che-hoang-ti accapare le trône et devient Eul Che-hoang-ti.........................307

HOU-K'IN-KIN.—Lancier de Ts'in Siang-kong....................................54

HOUO-CHE.—Le fameux joyau.....171

HOU-TOU.—Oncle maternel de Hoei-kong de Ts'in, reçoit la révélation que Hoei-kong l'ingrat sera bientôt puni.35

I

I-JEN.—Fils du prince héritier de Ts'in, otage au pays de Tchao, 206.—Quoique fils de concubine, il est déclaré prince héritier, 208.— Prend la concubine de Liu-pou-wei pour femme, laquelle lui donne un fils Tcheng, c'est à-dire Ts'in Che hoang-ti................ 208,215,247,249

I-KIU.—Capitale des Tartars Jong ... .101,184

I-K'IUÉ.—Ville du Ho-nan, célèbre par une grande victoire de Pé-k'i...166,209

ILES ENCHANTÉES des immortels... 267,271

IMMORTALITÉ taoiste rêvée par Che-hoang-ti..................................271

IMPÔT régulier exigé pour la première fois par Ts'in en 503.....................107

I-NGAN.—Ville de Tchao où l'armée de Che-hoang-ti est battue 233

INSCRIPTIONS de Ts'in Che-hoang-ti au T'ai-chan, 259 *et seq*.—A Lang-yé 264.—A Tche-fou, 268.—A Koei-ki, 308

INSURRECTION universelle contre la dynastie Ts'in......................344 *et seq*.

INTRIGUES de femmes causent la ruine de Tchao..159

I-TCHOAN.—Ville de Chinois peu patriotes du Ho-nan, devient le séjour des sauvages Yun 40

I-YANG—Ville du Ho-nan prise par Ts'in 109

J

JANG.—Ville du Ho-nan.........158

JAO-TCHAO.—Sage lettré méconnu de Ts'in..................68

JAUNE (Le fleuve) ou *le fleuve* purement et simplement, 252.—Ainsi dénommé à cause de sa couleur. Che hoang-ti lui donne le nom de fleuve de la grande vertu, 252

JO.—Ville de Tch'ou assiégée et finalement prise par Ts'in..........44, 57

JOEI.—Une petite principauté........26

JONG tartars 21, 101, 102

JOU-FOU.—Grand seigneur de Ts'in........................82

JOUR.—Les anciens guerriers chinois indiquèrent loyalement le *jour* et l'endroit pour se mesurer au combat 66

JURER.—On jure *par le fleuve jaune* qui était regardé comme une grande divinité ou par des montagnes sacrées..42, 68

MANIÈRE SOLENNELLE de jurer des traités publics entre deux états...45, *Note*

K

KAI.—Grand seigneur de Ts'in met le prince Tch'ou-tse sur le trône 109

KAN-LONG.—Grand seigneur de Ts'in ennemi de Wei-yang, l'intrigant 115, 116

KAN-MEOU.—Général de Ts'in......153

KAN-TS'IUEN.—Défilé et ville du Chensi................1, 184

K'ANG-FOU.—Défilé.....................134

K'ANG-KONG.—Roi de Ts'in........61

KEN-YANG (Territoire de) pris par Ts'in.....................169

KI.—Principauté au Chan-toung...101

KI.—Peking actuel.....................238

K'I —Montagne et ville...............21

K'I-FONG.—Capitale 5

KI-JOEI.—Ministre de Tsin Hoei-kong 45

KI-MA.—Ville prise par Ts'in........65

KI-TCHENG.—Général de Ts'in......62

KI-TSE.—Fameux saint du royaume de Ou fait une prophétie................39

KI-TSE.—Grand seigneur de Ts'in traître et menteur..............48 *et seq*

KI-YANG.—Ville du Chen-si.........106

KIA.—Soi-disant roi de Tai veut toucher Che hoang-ti 241, 244

KIA-POU-T'OU.—Lancier du roi Hoei......................33

KIAI.—Ville du Chan-si...............33

KIANG.—Petite principauté annexée par Tch'ou 57

KIANG-JONG.—Peuplade tartare, aide à battre Ts'in................51 *et seq*

KIÉ.—Le mal famé empereur........11

KIEN.—Frère du roi de Ts'in, conclut le traité avec Tsin, 89. Il s'enfuit à Ts'in 90

K'IEN.—Ancienne capitale........3, 17

KIEN-CHOU.—Sage conseiller de Ts'in 48, 53

KIEN-KONG.—Roi de Ts'in 109

KIEN-PI.—Princesse de Ts'in 35

KIEN-TCHONG.—Territoire du Honan 160. Pris par Ts'in 172

KIEON.—Le seigneur lettré devient roi de Wei..................343

KIEOU-I.—Ambassadeur de Tchao 165

KING-CHOEI.—Fleuve du Chen-si, grands travaux pour le rendre navigable...............219

KING-KIEN.— Eunuque de Hiao-kong...............115

KING-KONG. -- Roi de Ts'in....83 *et seq*

KING-KONG.—Roi de Tsin ennemi juré de Ts'in..................74

KING-YANG.—Ville du Chen-si.....103

KING-TCHENG—Grand officier de Tsin 33. Mis à mort ....38 *et seq*

K'IO (K'I).—Grande famille de Tsin *K'io-i, K'io-tcheou* ambassadeurs...76,77

K'IO-K'I.—Grand officier...........36

K'IOU-TS'OUEI.—Ville de Tsin........43

KIU: HAI-TCHEOU et le monument de Che-hoang-ti 297

KIU-CHANG.—Favori du roi de Tch'ou...............146

KIU-WO.—Ancienne capitale de Tsin 43,48

K'IUÉ-P'ING.—Prince royal de Tch'ou l'auteur du Li-sao 160

K'IUEN-K'IOU.—Capitale..........2,16

KOAN-TSIN.—Ville du Tche-li; bataille affreuse où Pé-k'i coupe 100,000 têtes..................177

KOEI-KI.—Antique ville du Tché-kiang visitée par Che-hoang-ti...308,329

KOEI-KOU sien-cheng maître de la vallée du diable, surnom d'un philosophe chinois..................244,136

KOEN-LUEN —La célèbre montagne 12

KONG Antique capitale des Tcheou 周..................103

KONG-KONG.—Roi de Ts'in........72

KONG-SUEN NGANG —Général de Ts'in..................130

KONG-SUEN TCHE Nom de 2 grands seigneurs de Ts'in..........34,36

KONG-SUEN TSOU.—Généralissime de Ts'in est battu et pris par Tsin 112

KONG-SUEN alias Yang-Wei-yang. 115

KONG-SUEN YEN.—Général de Ts'in 130,135

KONG-SUEN YONG —Frère de Ts'in Siang-kong cause la guerre civile......61

KONG-TSE LI.—Général de Ts'in..167

KONG-TSE OU-KI.—prince royal de Wei, l'une des célébrités de son temps...............201,205,216, *et seq* 221

KONG-TSE TCH'É.—Général de Ts'in..................167

K'ONG-FOU.—7ième descendant de Confucius, donne des règles de l'art militaire..................338

KOU-KEOU.—Défilé..................1

KOUO.—Ville du Ho-nan............33

KOUO-CHAN.—Cette montagne s'effondre mauvais présage............108

KOUO-TCHE.—Fameux guerrier.....34

L

LAI-KIU.—Lancier du roi de Tsin, 51 ; il s'effraye............54

LAN-TIEN.—Ville du Chensi; Ts'in y remporte une grande victoire sur Tch'ou............145

LANG-VÉ.—Montagne et ville du Chantoung visitée par Che-hoang-ti 264,270,310

LAO-NGAI.—L'amant de la mère de Che-hoang-ti, révolutionnaire mis à mort............224

LEANG.—Petite principauté......26,40

LEANG-CHAN.—Palais de Che-hoang-ti............297

LEANG-FOU.—Montagne visitée par Che-hoang-ti............261

LEANG-HONG.—Grand seigneur de Tsin conduit le char du roi à la bataille de Hiao............51

LEANG-YEOU-MI.—Fameux guerrier ....34.

LEOU-HEOU.—Premier ministre de Ts'in............163-165

LETTRÉ.—Discours modèle d'un lettré 175.—Un vrai lettré arrête des armées, 178.—Génie (Fu-tsin), 185.—Race intrigante, 173, détestés par Che-hoang-ti............229,299

LI.—Principauté au Yun-nan......145

LI.—Ville du Chen-si............85

LI-KONG.—Roi de Ts'in............100

LI-MOU.—Général de Tchao, bat l'armée de Ts'in............233,237

LI-SE.—Ministre de Che-hoang-ti ; son mémoire sur les lettrés 229.—Sa politique 230,247,252,255—Il attaque les lettrés, 284—. Il subit l'influence de l'eunuque Tchao-Kao et trahit le prince héritier............314, et seq 329 Il reste ministre sous Eul-che-hoang-ti, 355. — Sa mort honteuse............359

LI-SIN.—Général de Che-hoang-ti.241

—et seq LI-YANG.—Ville du Chen-si, la future capitale de la dynastie Soei..111

LI-YEOU.—Fils de Li-se, grand dignitaire............33

LIEOU.—Grande famille de Tsin.....68

LIEOU-K'ANG KONG.—Ministre de l'empereur, fait une prophétie.........77

LIEOU-PANG.—Fondateur de la dynastie Han, 339,344.—S'empare du Chen-si et de la capitale des Ts'in,381—Publie ses trois lois fondamentales, 382—Sa prudence politique le sauve............385

LIGUE des grands vassaux contre Tsin 晉............76

LIEN-POUO.—Général de Tchao 182,195

LIN-HOU-WANG.—Roi mongol......156

LIN-TCHE.—Capitale de Ts'i............134

LIN-TSIN.—Ville de Ts'in............106

LIN-HOU.—Ville de Tsin, 43 ; l'armée de Ts'in y est battue en 620, 61 ; traité de paix y est conclu............76

LING-KONG.—Roi de Ts'in 104.—

LING-SIANG-JOU.—Fameux lettré............171,173

LING-T'AI.—Tour dans laquelle Tsin Hoei-kong fut enfermé............35

LIU-CHENG.—Grand officier de Tsin, 36.—Politique artificieux, il réussit à faire la paix avec Ts'in Mou-kong, 38.—Il conduit une armée contre ce même prince 43. Li veut brûler Tsin wen-kong 43

LIU-LI —Ville de Tsin...................43

LIU.POU-WEI.—Marchand et diplomate, 207 —Monte en grade, 215.—Comme tuteur du prince héritier, il est le vrai maître de Ts'in, 219.—Auteur d'une histoire, 219.—Che-hoang-ti le casse, 227.—Sa triste fin............................232

LIU-SIANG.—Ambassadeur de Tsin porte le message déclarant la guerre Ts'in 75

LIVRES brûlés par Che-hoang-ti, 283.—Quels livres ne sont pas proscrits, 285.—Les classiques ont été sauvés par les lettrés 286

LO-YANG. — Capitale de l'empire 2, 16, 103

LOAN.—Grande famille de Tsin, 51 *Loan chou* vainqueur à Ma-soei, 82.— *Loan-kien* grand officier, 86.—*Loan-tche* donne des conseils d'honnête homme, 51.—*Loan-yen* général est cause d'une ridicule défaite 86.—Caractéristique de la famille Loan.................................87

LONG-YN.—Fille de Ts'in Mou-kong, grande musicienne, devient un phénix. 57

LOU (l'état de) est anéanti en 249 par Tch'ou................................215

M

MA-SOEI, ville du Chen-si, grande défaite de Ts'in en 577.............p. 82

MA-TOAN-LI, sur l'incendie des livres, ...p. 286 *sqq*

MAO-TSIAO vertueux lettré, fait des remontrances à Che-Hvang-Ti.....p. 226

MARQUIS (un) — de Ts'in; ce que c'est?...p. 265

MENCISUS, célèbre philosophe, quitte le royaume de Wei....................p. 139

MERE (une reine)—exilée, p. 184—188; mais les critiques des lettrés sont acerbes, p. 191 *sqq*; de même la mère de Che-Hoang-ti est exilée: il y avait de quoi..p. 226

MI-JONG, frère de Wei-j'an, est un général coupable,............p 157 *seq* 139

MINISTRES, sans portefeuille, p. 184; ministres trop puissants,............p. 189

MIN-KIANG.—Yang tse Kiang, le grand fleuve............................p. 147

MING-TIAO.—Grande bataille à..p. 11

MOEURS du royaume de Ts'in....p. 5, 184.

MONG HIENG-TSE, ministre de Lou, fait une prophétie,.....................p. 77

MONG-MING, général de Ts'in, affreusement battu,..........................p. 49

MONG-NGAO, général de Ts'in, est le père de cette famille Mong qui a donné à Ts'in les grands généraux Mong ou, p. 170, 244, Mong-tien, fils de Mong-ou, encore plus célèbre que son père, p. 241, 271, 274 291; il est exilé, p. 317, se défend courageusement, p. 325; Mong-i, autre général, est enchaîné, p. 318; l'eunuque Tchao-Rao anéantit la famille Mong, parce qu'elle soutenait les droits de l'héritier légitime,...p. 322

MONNAIES, (premières) au pays de Ts'in,................................p. 130

MOU-RI, femme de Mou-Rong, use d'artifices pour sauver son frère, le roi Houei-kong,..............................p. 35

MOU-RONG, grand roi de Ts'in; sa générosité, p 38 *sqq*. Il rétablit Tchong-eul sur le trône, p. 42. Il prend part à la guerre contre Tch'ou, mais se laisse éffarer par Tchong-eul, p. 45 *sqq*; il porte le deuil pour la grande défaite subie à Fliao, p. 53; sa fameuse proclamation devenue classique, p. 53. Il est battu encore à Pong-ya, p. 54. Il séduit les sauvages vertueux, p. 55. Il envahit et terrifie Ts'in, p. 56. A sa mort, il reçoit des sacrifices humains, ...p. 57

MOU-WANG, empereur,..............p. 12

MOU-YNG, femme du roi Ts'in Siang-kon cause la guerre civile,..........p. 61

MURAILLE, la grande.—p. 273 *sqq*. N.B.—Les rois de Wei, de Tchao, de Yen avaient déjà précédemment bâti des tronçons assez considérables pour défendre leurs pays,............p. 113, 276

N

NAN-RING, territoire pris au Tch'ou par le Ts'in,................p. 174

NAN-TCHENG, ville du Chen-si, p. 100 *sqq*; se révolte,..................p. 109

NAN YANG, (territoire de); p. 182; définitivement pris par Ts'in,....p. 192, 236

NGAI-KONG, roi de Ts'in,..........p. 94

NGAN-I, capitale de Wei, prise par Ts'in, p. 121; ville sainte par les tombeaux des ancêtres,................p. 170

NGAN-LING, un curieux fief au sud-ouest de K'ai-fong-fouk, defend courageusement, ...p. 271 *sqq*.

NGAN-MEN, défilé près duquel Ts'in bat Wei, en 338, p. 126; de nouveau en 314,..............................p. 143

NGAN-TCHENG ville de Wei prise par Ts'in, dont les troupes menacent même Ta-leang, la capitale. Wei est sauvé par les armées de Yen et de Tchao,...p 171 *sqq*.

NIEU-SIEOU, femme ancêtre des rois de Ts'in,..............................p. 10

NGO-LAI, prince de Ts'in,..........p. 11

NGO-SI, grand seigneur,..........p. 38

NGO-YU, ville de Tchao, célèbre par les défaites successives des troupes réputées invincibles de Ts'in......p. 182, 187

NOEUD, gordien à la chinoise,...p. 245

NOIR, couleur impériale de Che-hoang-ti ....p. 250

O

OU (l'antique royaume de) au Kiang-nam,......................p. 89

OU général de Ts'in,..............p. 85

OU-CHE, premier précepteur du prince héritier de Tch'ou,..............p. 94

OU-CHEN général envoyé pour soulever l'ancien royaume de Tchao contre Eul-che-hoang-ti, p. 337. Ayant réussi, il se déclare roi,..................p. 339

OU-HIA, ville du Chen-si, célèbre par une victoire de Ts'in,..............p. 109

OU-R'I, général de Wei ....p. 106

OU-SOEI, ville des tombeaux des Princes de Han; est prise par Ts'in mais rendue en 307, p. 156. Elle est reprise par Ts'in en 303,...........p. 157 et définitivement annexée en 290

OU-TAO, position stratégique d'une grande importance au Chou-foung,............................... p. 149.

OU-TCHENG, ville de Ts'in,...p. 63, 84

OU-TI, général de Tch'ou,........p. 85

OU-TSE-SIN, ministre et général,..p. 95.

OU-WANG, roi de Ts'in ....p. 151

OU YANG, montagne sacrée de Ts'in,..p. 104

ORACLE contre Ts'in,............p. 353

P

PA, principauté dans le Se-tch'oan actuel,....................................p. 141

PA, rivière historique près de Si-ngan-lou......................................p. 243

PALAIS les plus remarquables bâtis par Che-hoang ti,..............p. 258 294

PANG-TCHENG, ville du Chen-si,...p. 105.

PAS, général de Ts'in,.............p 85

PAPIER inventé,.....................p. 256

PÉ-KI frère du roi de Ts'in, bon diplomate.................................p 88

PÉ-K'I l'un des plus habiles généraux de Ts'in et de le Chine tout entière, p. 166 sqq. Il est toujours vainqueur dans d'innombrables combats et batailles; Il tombe malade, p. 198. Sa fureur contre le lettré Fan-tsin, p. 200 Refusant d'aller en guerre il est exilé, p 201. Il meurt misérablement,..............p. 202

PÉ-I, général de Ts'in, battu et pris ....p. 49 sqq.

PÉ LI-CHI, le fameux sage, p. 29, 31, 69 Note;................................p. 128

PÉ-TCHENG, ville de Ts'in..........p. 64

PÉ-TCHEOU-LI, grands officiers...p. 89

PHILOSOPHIE, chinoise,......p. 77. sqq 83, 91 sqq, 117, 128, 142, 167, 175 sqq, 180, 194 op, 200, 210, 226 et passim.

PHILOSHIE, humaine, peu solide contre les vices..............p. 313, 324, 355

P'ING l'empereur.....................p. 16

P'ING le roi de Tch'ou se marie scandaleusement avec la fiancée de son prince héritier........................p. 94

PING-YANG.—Ville.............p. 3.100

PING YUEN-KIUN.—De la famille royale de Tchao, l'un des plus grands diplomates de son temps......p. 182,195, 203.205

PON —Fleuve du Tché li........p. 180

PON-YANG.—Seigneur de Tsin conduit le char de Hœi kongèr à la bataille de Han yuen......................... P. 33

PON-YANG.—Ville du Chansi...p. 136

PONG YA.—Ville du Chensi, célèbre par la défaite de Ts'in Mon-kong..p. 54

PONT.—(Le grand) de la capitale de Che-hoang ti............................p. 293

PRIMOGÉNITURE.—De l'héritier est la règle antique........................p. 22

PRINCE ROYAL.—Che-hoang-ti défend absolument de donner un fief à un prince de la famille royale........p. 252

R

RÉCOMPENSES.— Que Che hoang-ti donne à ses hommes de confiance............p. 266

RÉFORMES.—Très grandes à Ts'in ....p. 119

REGISTRE.—(Le premier) de recrutement à Ts'in............p 256

ROBE.—D'honneur donnée par l'empereur au puissant roi de Ts'in pour conserver ses bonnes grâces........ p. 13

ROI.—(Le titre de) pris par les puissants vassaux de Yen, de Ts'in, de Ts'in, de Han, etc............p. 137

ROUTES.—Faites par Che-hoang-ti .... p. 257.291

S

SIEN.—Grandissime famille au royaume de Ts'in qui à donnée des ministres, des généraux, des ambassadeurs ....p. 54,61 sqq

SIEOU-YU.—Ville du Honan célèbre par une affreuse bataille............p. 139

SIN.—Descendant des rois de Tch'on est déclaré roi............p. 353

SIN-CHE.—Ville de T'ch'on......p. 158

SIN-KONG.—Roi de Ts'in......p. 52 sqq

SIN-LIN-KIUN.—Prince royal de Wei, une célébrité de son temps...p. 201-205

SIN-TCHENG.—Ville de Ts'in...p. 56

SUI-CHE.—Le sorcier médecin, chercheur de l'élixir de l'immortalité ....p 310 sqq

SIU-KIA.—Lettré de Wei, fait un beau discours............p. 175

SIU-KIA.—L'ambassadeur de Wei à Ts'in dénonce Fan-tsiu............p. 184

SIU-KIA, comment Fan-tsiu s'en venge............ .... p 190

SIUN, ville de Ts'in............p. 43

SIUN très grande famille de Ts'in qui à donné à l'état un bon nombre de généraux et ministres......p, 62,75,84,86

SIX le nombre est déclaré sacro-saint par Che-hoang ti............p. 251

SOEI petite principauté de Tch'on .... p 95

SONG la principauté............p. 85,170 et passim.

SON l'historiographe explique les sortilèges............p. 33,37 sqq

SON-KAO refuse d'attaquer la forteresse si bien défendue par son fils et subit plutôt la mort.

STRATAGEMES fameux en Chine ....p. 62,162,159,183

SON-TAI et son frère Son Ts'in deux ettrés errants, ennemis jourés de Ts'in qui mettent tout un mouvement pour abattre Ts'in...p 131 ,seq 140,163 169, 177 seq 180,199

T

TA-LEANG.—Capitale de Wei où Mencius fit de si beaux discours .... p. 124,175,242

TA LI ville du Chen-si............p. 100

TA-LIEN le prince............p. 11

TABLETTES des officiers sont leurs insignes ....p. 250 note

TAI la province du Chan-si..p. 172,244

TAI la montagne *T ai chan* visitée par Che hoang ti ....p. 200

T AI FEI le prince....... ....p. 10

T'AI HANG-TAO le fameux défilé ....p 192

T'AI ON l'empereur...........p. 11

T'AI-YE le prince..............p. 10

TAN principauté au Yun-nan...p. 145

TAN 1 historiographe de l'empereur, vient au Ts'in demander l'aumône pour l'empereur.............p. 111

TAN prince héritier de Yen et ses aventures............p. 236-241

TAO prince héritier de Ts'in.....p 187

TAO-I ville du Chan-tong fief de Wei-jan............p. 176,179

TAO KONG roi de Ts'in............p. 99

TARTARES les-il y a bon nombre de tribus Tartares de l'ou est, Tartares blancs, Tartares rouges, etc., passim, surtout............p. 2. 6. 74 seq 83

TARTARES les-comment ils forçaient le passage de la grande muraille..p. 278

TCHAN gén ral de Ts'in........ p. 84

TCHAN-KIA seigneur de Ts'in, gouverneur de la province de T'ao lin...p. 67

TCHANG-HAN général de Enl-che hoang ti ....p. 338 355,354

TCHANG-I fameux diplomate de Ts'in ....p. 135 seq 140

TCHANG-LEANG le grand seigneur essaye d'assassiner Che hoang ti..p. 268 sa révolte p. 351-354 fidèle à Lieou pang ....p. 384

TCHANG-P'ING ville du Chan-si célèbre par une affreuse bataille........p. 195

TCHAO grand famille de Ts'in qui à donné à l'état un grand nombre de ministres, de généraux, d'ambassadeurs, etc. Finalement elle s empare d'une partie de Ts in et fonde le royaume de Tchao... ..p 61,65,74 et passim; p. 100

TCHAO grand officier de Ts'in fait une révolution............p. 103

TCHAO-CHÊ général de Tchao, bat l'armée de Ts'in............p. 182. 196

TCHAO-KAO l'infâme ennuque de Che-hoang-ti............p. 311 seq 323,356 seq. sa mort............p. 379

TCHAO-LEANG sage lettr' de Ts'in ....p. 128

TCHAO-LING ville de Tch'ou prise par Ts'in............p. 150

TCHAO-SIANG-WANG roi de Ts'in ....p. 156-212

TCHAO-TSIN grand seigneur et général de Tch'ou............p. 160 seq

TCHÉ-KIANG (la province actuelle de) est visitée par Che-hoang-ti ....p. 272 308

TCHENG petite principauté au Honan actuel ; passim surtout........p. 46,84,89

TCHENG-MIAO inventeur des caracteres chinois plus modernes........p. 255

TCH'ENG petite principauté au Honan actuel, passim surtout..p. 46, 84, 87

TCHENG-CHEN, laboureur, révolutionnaire et finalement roi; son histoire ....p. 332,344-346

TABLE DES MATIÈRES 15

TCH'ENG-YU Les 2 sages lettrés Tchang-enl et ses conseillers ....p 336

TCH'ENG TCHEN fin diplomate de Tch'ou...............................p. 143

TCH'ENG-TCHOANG gouverneur de Chon......p. 145 mis à mort......p 152

TCH ENG-POU ville de Wei célèbre par une grande victoire de Ts'in Wen-kong...............................p. 45

TCH'ENG SON KONG ministre de l'empereur, va honorer le roi de Tsin comme le grand chef des vassaux..p. 77

TCHEOU-WEN sage lettré........ p. 337 prétend être grand capitaine mais est affreusement battu...............p. 34 4

TCHEOU-CHE de Wei est envoyé pour exciter la révolution contre Enl-che-hoang-ti..............................p. 3

TCHEOU-I'CHAN montagne visitée 37 v nérée par Che-hoang-ti.........p. 2 et

TCH'OAN-FON-SIN grand seigneur 59 gouverneur de ville, cause une grande querelle...............................p. 89

TCHOANG KONG margrave.....p. 3, 14

TCHONG-ENL nom de jeunesse du plus fameux roi de Tsin c.à.d de Wen-kong l'un des plus grands princes de la Chine ....p. 30,42,44 seq p. 46 sa mort................................p. 48

TCHONG-NAN-CHAN, les Pyrénées chinoises............................p. 18

TCH'ONG petit fief de Tsin........p. 78

TCH'OU l'un des plus grands et des plus puissants états à cette époque, occupa le Hou-pei moderne avec d'autres pays limitrophes *passim.*

TCH'OU LI-TSE le premier ministre de Ts in, surnommé à cause de sa finesse, le sac à ressources...............p. 154,158

TCH'OU-ACHE-OU lettré diplomate de Tcheng célèbre par le traité de paix qu'il obtient de Mon-kong......... p. 42

TCH OU-TSE le prince est mis sur le trône...............................p. 109

TCHOUO TCHÉ premier ministre de Ts in massacre son roi.............p *170*

TEOU-KI de la grande famille *Teou* au royaume de Tch'ou grand dignitaire ....p. 45

TI 帝 = empereur........p. 24 9 les 5 empereurs (五 帝) ? ....p. 24 o note

T'IEN WEN de la grande famille de T'ien au royaume de Ts i devient le ministre de Ts'in...............p. 161 seq

T'IEN-TAN soulève le pays de Ts'i contre Enl-che-hoang-ti........· 342 354

T'IEN-KIA lui succède............:....p. 354

T'IEN-YONG continue la guerre contre les Ts'in.............................p. 354

TOMBEAUX de la famille royale de Tchou brulés par Pé-k'i........p. 174

TOMBEAUX de la famille Ts'in.....p. 4 de Che-hoang-ti................p. 320 seq

TOU-HEI g ant de Ts'in pris par le général de Tsin.....................p. 75

TOU-TCHE grand seigneur de Ts'in ennemi du Wei-yang..............p. *115*

TOURS d'observation de la grande muraille ....p. 279

TREMBLEMENTS (Grands) de terre ....p 236 seq

TRÉPIEDS Les fameux 9–p 141 pris à l'empereur par le roi de Ts'in...p. 209; l'un de ses trépieds s'envole...p. 210,267

TRISTESSES de Che-hoang-ti au milieu de ses succès et de ses splendeurs et richesses inouies........................p 297

TS'AI-TCHE sage lettré de Yen vient à Ts'in............................p. 210

TSAO-KONG soi de Ts'in.........p. 102

TSAO-WEI très habile à poignarder les gens.............................. p.

TSE-FAN oncle Tsin Wen-song et fidèle compagnon..................p. *42 seq* met la paix entre Tsin et Ts'in......p. 48

TSE-HIAI premier ministre de Tch'ou ....p. 94

TSE-HEU général de Ts'in.........p. 96

TSE-IN généralissime de Tch'ou..p. 45

TSE-KI général de Tch'ou.........p 97

TSE KIU et ses 2 frères sont enterrés vivants avec Mou-kong......p. 57 details

TSE-NAN grand ministre de Tch'ou ....p. *83 sq*

TSE PI prince héritier de Tch'ou réfugié à Tsin............................p. 91

TSE-POU général de Ts'in...... p. 96

TSE-TCH'AN ministre de Tcheng p. 90

TSE-YNG 2ième successeur de Che-hoang-ti p. 377. Il se soumet à Lieou pang p. 381 est tué par Hiang-yu p. 386 avec lui tous les membres de la famille royale des Ts'in sont massacrés.

TSI (Le prince royal) fils de concubine, mis par des intrigues sur le trône devient le roi Tchao-siang-wang ....p. *154*

TSI-MÉ ville du Chan-tong......p. 246

TS'I (le royaume de) est vaincu et annexé par Ts'in..................... p. 245

TS'IN originairement le nom d'une vallée au Chen si p. 2, 24 principauté dont la capitale est Ts'in tcheou p 3 Depuis le guet-apens de Ts'in à Hiao, Ts'in est l'ami dévoué de Ttheou pendant des générations............ ....p. 72

TSI HING défilé dangereux du Chan-si................................. p. 319

ISTKOU ville du Chen-si........p. 319

U

UNIFICATION de la Chine due à Che-hoang-ti. Elle à couté, d'après les commentaires, la vie à 1.400.000 hommes........................p. 247 note

UNITÉ (l') – d'écritures, des poids, des mesures de longueur, des mesures de capacité imposée par Che-hoang-ti ....p 254

V

VASSAUX (Les 6 grands)—viennent rendre hommage au roi de Ts'in p. 123, 130, 151; se coalisent contre Ts'in 131 *seq*; se coalisent de nouveau contre Ts'in pendant la jeunesse de Che-hoang-ti p. 222; reconnaissent le roi de Ts'in pour empereur de la Chine ....p. 211

VIANDE (la)—offerte en sacrifice par l'empereur et donnée en cadeau à un prince est un honneur insigne..........p. 115, 130

W

WAN prince héretier de Tch'ou ses aventures p. 180, 192; monte au trône ....p. 193

WANG HÉ général de Ts'in.....p. 195, 201, 216

WANG-KI l'ambassadeur même Fantsiu avec lui à Ts'in p. 185 il en est récompensé p. 190; il est condamné à mort......................................p. 210

WANG KOAN ville de Ts'in ......p. 56

WANG-KOAN premier ministre de Che-hoang-ti.................................p. 247

WANG-KOAN-OU-TI guide le char de Tsin-Siang Kong à la bataille de P'ong-ya..p. 54

WANG LI général de Tchao-kao......p. 317

WANG-LING général de Ts'in est battu par Tchao...........................p. 201

WANG-TS'IEN l'un des meilleurs généraux de Che-hoang-ti le p. 232, 237. 247; Che-hoang-ti supplie humblement de conduire l'armée contre Tch'ou...........p. *242 seq* curieux détails

WANG-PEN, fils de Wang-ts'ien, et capitaine distingué soumet le pays de Ts'in............................p. 245 *seq* 266

WANG-TCHENG ville du Chen-si où Ts'in et Tsin concluent un traité de paix.................................p. 38, 76

(WEI 倚 E L'tat de)—a des sacrifices humains........................... p. 8

WEI 魏 (La grande famille de) - au pays de Ts'in donne à l'état beaucoup de grands dignitaires p. 67, 75. Finalement elle s'empare d'une partie de Tsin et se déclare indépendank p. 100. Cette principauté se debat longtemps contre Ts'in mais est finalement soumise et anéantie................................p. 124, 140

WEN-JAN frère d'une concubine royale de Ts'in devient le maître absolu du royaume p. *154-157*, devient premier ministre p. 165. Il est exilé à son fief de Ting-tao au Chan-tong p. 179 *Fan-tsin*, le lettré fourbe prend sa place.....p. 188

WEI-LEAO lettré errant reçu par Che-hoang-ti...............................p. *231*

WEI TON-TSIN général de Che hoang-ti soumet le Tché-kiang, le Fou-kien et tout le su à........................p. 272

WEI-tsi premier ministre de Wei fait fouetter le lettré fourbe Fan-tsin p. 185; comment il en est puni p. 190 et mis à mort......................................p. 201

WEI YANG premier ministre de Ts'in commence de grandes réformes dans l'administration ....p. 115

Son histoire p. 116. Il a de grands succès; mais finalement il est massacré ....p. 127

WEN ville du Honan, où Tsin Wen-kong préside la grande réunion des vassaux p. 46 Ts'in s'empare de cette ville.................................p. 176

WEN YNG fille de Ts'in Mon-kong, femme de Tsin Won-kong, sauve les 3 généraux prisonniers de Ts'in.... .p. 52

Y

YANG-LEANG ville du Honan..p. 85

YANG OU ville de Honan—des brigands tentent d'y assassiner Che-hoang-ti............p. 268

YANG-TCHENG ville de Han, célèbre par une grande victoire de Ts'in..p. 209

YANG-TCHEOU-FOU le rusé lettré est chargé de ramener les 3 généraux prisonniers délivrés par la reine. Son stratagème bien chinois ne reussit pas ....p. 52

YANG TSIN ville du Chan-tong..p 134

YAO tombeaux des filles de cet ampereur............P. 307

YÉ antique ville............p. 8

YÉ-SANG ville du Kiang-nan...p. 138

YEOU-WANG le malfamé empereur..p 16

YEOU YU ambassadeur tartare auprès de Ts'in Mon-kong, developpe ses théories sur les vertus des sauvages tartares qui sont bien supérieurs aux Chinois si civilisés............p. 55 et note

YN-KIN FOU grand officier de Tcheng ....p. 90

YNG fameuse montagne de la Mongolie............p. 257, 274

YNG princesse de Ts'in mariée au roi de Tch'ou............p. 85

YNG capitale de Tch'ou prise par Pé-k'i............p 174

YO I général de Yén, envahit Ts'i, en prend la capitale et plus de 70 autres villes p. 170 seq Comment ce général est abattu............p 180

YONG principauté détruite par Tch'ou ....p 68

YONG fils aîné du roi de Ts'in...p. 35

YONG tombeau de Ts'in Mon-kong ....p 58

YONG-TCHEON province antique de la Chine............p. 2

YN-MI lieu d'éxil de Pé-ki...p. 201

YN-TSIN ville du Chen-si prise par Ts'in............p. 109 130

YU fils du roi Tsin Hoi-kong....... p. 37 40, 42

YU GNIU (La princesse)............p. 10

YU-KING sage lettzé de Tchao..p. 105 199

YU-LEOU ville du Ngan-hoei......p. 89

YU-PIEN habile général de Tsin..p. 65

YUÉ (Le roi de)—prend pour femme une princesse de Ts'in p. 100. Cet état se soumet à Che-hoang-ti............p 272

YUN (Les sauvages) émigrent de Song (Honan) à Ictch'oan............p. 40

GÉOGRAPHIE DU ROYAUME DE T'SIN 秦

(1) Sources principales à consulter :

1°.—L'ouvrage intitulé Li-tai Kiang-yu-piao 歷代疆域表.

2°.—L'ouvrage intitulé Li-tai Yen-ko-piao 歷代沿革表.

3°.—Le livre des vers, ou Che King, 詩經 avec les commentaires des éditions impériales.

4°.—Le livre des annales, ou Chou King, 書經 avec commentaires.

5°.—Le grand recueil Tch'e-sieou Chen-si-t'ong-tche, 勅修陝西通志. Ce dernier est l'histoire générale de la province du Chen-si, éditée par ordre impérial.

Si l'on veut donner une idée générale de la topographie de ce royaume antique et disparu, on n'a qu'à dire : il comprenait à la fois la province actuelle du Chen-si 陝西 et une partie du Kan-sou 甘肅.

Voici maintenant quelques détails. (Li-tai Kiang-yu-piao, 1er volume, page 26). "Le pays de T'sin avait pour voisins : à l'ouest, les pays indépendants de Pa 巴, de Chou 蜀, et de Han-tchong 漢中 ;—(page 93) au nord, les pays indépendants de Hou 胡, de Ho 貉, et de Tai-ma 代馬 ;—à l'est, les royaumes de Tsin 晉 et de T'chou 楚 ;—au sud, les pays de Ou-chan 巫山 et de K'in-tchong 黔中.

(Page 88) De même, au sud, les deux fleuves (ou rivières) King 涇 et Wei 渭 lui formaient une ceinture naturelle très-avantageuse ; la grande chaîne de montagnes appelée Tchong-nan 終南 d'une part, celles de Long 隴 et de Chou 蜀 de l'autre, offraient un système de fortifications à peu près infranchissables ;—à l'ouest, il était protégé par les monts Koan 關 et Pan 版 ;—à l'est, se trouvaient les montagnes dont nous parlerons si souvent dans cette histoire, et dont les défilés, Hiao 崤 et Han 函 étaient si faciles à garder ;—au nord, enfin, encore d'autres montagnes, avec les fameux défilés de Kan-t'siuen 甘泉, et de Kou-k'eou 谷口.

---

(1) Pour l'intelligence de cette histoire, il est nécessaire d'avoir sous les yeux la carte dressée par les Pères T. Lorando et J. B. Pan 潘 S. J., en 1890; et intitulée : Tch'ouen-ts'iou ti-li K'ao-che tou 春秋地理玫寶圖.

Kan-t'suan, encore célèbre maintenant, se trouve au nord-ouest de la ville de King-yang-hien 涇陽縣. Kou-k'eou est au nord-est de la ville de Li-ts'iuen-hien 醴泉縣. Il est formé, d'une part, par la montagne Tchong-chan 仲山; de l'autre, par celle de Kiou-tsoung-chan 九嵕山. Entre les deux passe le torrent nommé King-choei 涇水. Le tout est dans la préfecture de Si-ngan-fou 西安府 (Chen-si).

Tout le pays de T'sin était, comme on le voit, admirablement protégé sur toutes ses frontières. On en pouvait facilement sortir pour attaquer les pays voisins; en cas de revers, il suffisait d'occuper les défilés, pour protéger la retraite, et empêcher les poursuites de l'ennemi.

(Edition impériale, volume 7, page 21). T'sin 秦 était originairement nom d'une vallée de Long-si 隴西 (1) où se trouve, encore mainte... un vieux kiosque nommé T'sin-ting 秦亭. Ce pays est le même que Y... Tcheou 雍州, mentionné dans le Chou-king 書經 au fameux chapitre géographique intitulé Yu-kong 禹貢 (travaux du grand Yu). La suite de cette histoire nous montrera comment ce minuscule territoire a fini par devenir un état très-puissant, capable de forcer tous les pays qui composaient la Chine à se ranger sous sa domination. Pour le moment, jetons un rapide coup d'œil sur son origine et ses divers changements.

Tout d'abord ce pays appartenait aux Si-jong 西戎, barbares occidentaux communément nommés Tartares. Ceux-ci, à l'époque où commencent les temps historiques, occupaient toutes les contrées du nord. Alors apparaissent les Chinois proprement dits, envahisseurs, et agents d'une civilisation assez avancée. D'où viennent-ils? Qui sont-ils? C'est encore un problème. Espérons qu'un jour quelque savant pourra en donner la solution; comme il est arrivé pour tant d'autres questions historiques, d'abord aussi obscures Ce qui est certain, c'est qu'ils refoulèrent les anciens habitants vers le nord.

Un empereur de ces Chinois, nommé Tcheou I-wang 周懿王 (934 à 909 avant Jésus-Christ) demeura d'abord à Hao 鎬 (2). Ne s'y trouvant pas en sûreté, il émigra à K'iuen-k'ieou 犬邱 (a). Mais là encore il ne trouva pas la paix; il émigra de nouveau, et s'en alla habiter Lo-yang 洛陽 (b). En partant,

---

(1) Long-si: La préfecture actuelle de Kong-tchang-fou 鞏昌府, province de Kan-sou 甘肅, comprend à peu près tout pays.
(2) Hao: À l'ouest de Si-ngan-fou 西安府, province de Chen-si 陝西.
(a) K'iuen-k'ieou: A onze ly, sud-est, de la ville actuelle de Hing-p'ing-hien 興平縣, dont la préfecture est Si-ngan-fou.—Cette dernière ville, maintenant si connue, n'existait pas encore; ou du moins n'était pas encore à la tête de toutes ces contrées.
(b) Lo-yang: S'appela dans les anciens temps Tcheng-tcheou 城周. Au nord-est de Lo-yang-hien, préfecture Ho-nan-fou 河南府 (province du Ho-nan) il y a encore des restes de l'ancienne ville si célèbre; elle était au nord de la rivière Lo.

il confia la garde de cette ville au grand-maître de ses écuries nommé Fei-tse 非子. C'est vraiment ici que commence l'histoire particulière de ce futur royaume. (Chen-si t'ong-tche, vol. 3, page 26, page 27).

Fei-tse devait donc tenir tête aux incursions des anciens habitants, les Tartares; la situation de K'iuen-k'iou ne lui sembla pas propice; il alla s'établir à cent-vingt ly plus au sud-ouest, c'est-à-dire à T'sin-tchou 秦州. C'est le premier changement de capitale; il sera suivi de bien d'autres (c).

Comme l'on voit, Fei-tse n'avait pas encore la propriété de son territoire; il en était le gardien. L'empereur suivant, nommé Tcheou-hiao-wang 周孝王 (904-894) le lui attribua, comme fief de second rang (fou-yong 附庸). Les seigneurs de ce degré dépendaient d'un grand vassal de l'empereur, et ne pouvaient traiter directement avec celui-ci.

L'arrière-petit-fils de Fei-tse, nommé T'sin-tchong 秦仲 (844-821), fut élevé à la dignité de Ta-fou 大夫 par l'empereur Tcheou-siuen-wang 周宣王 (827-781); ce titre équivalait à celui de gouverneur de la frontière; il avait pour mission de combattre les Si-jong 西戎 barbares occidentaux, qui revenaient sans cesse à la charge, et voulaient reprendre leur ancien pays. T'sin-tchong fut tué dans une de ces incursions.

Son fils Tchoang-kong 莊公 (821-777) prit sa place et battit les Tartares. En récompense, le même empereur le nomma Si-t'choei-ta-fou 西垂大夫, ce qui signifie, à peu près: margrave, ou seigneur chargé de défendre la frontière (de l'ouest). Dès lors, il demeura à Kou-si-k'iuen-k'ieou 故西犬邱 ville qui devint plus tard Si-hien 西縣. (Kiang-yu-piao, vol. 上, page 95).

Siang-kong 襄公 fils de Tchoang-kong (777-765), transféra sa résidence à K'ien 汧 (1). C'était en souvenir de Fei-tse; car c'est là que celui-ci avait élevé tant de si beaux chevaux pour le service de l'empereur. (Kiang-yu-piao, vol. 中, page 117).

Wen-kong 文公 fils de Siang-kong, (765-715), ayant consulté les sorts, transporta sa résidence entre les fleuves (ou rivières) K'ien et Wei 渭; c'est-à-dire à 15 ly au nord-est de Mei-hien 郿縣 dans la préfecture de Fong-siang-fou 鳳翔府 (Chen-si). Il y a encore à cet endroit un vieux bourg nommé Kou-t'cheng 故城. (Kiang-yu-piao, vol. 上, page 39).

Son neveu et successeur Ling-kong 靈公 (715-703) s'en alla habiter à 46 ly plus à l'ouest, c'est-à-dire à P'ing-yang 平陽. On peut encore y voir maintenant le vieux bourg P'ing-yang't'cheng 平陽城.

(c) T'sing-tcheou: C'est la ville actuelle de ce nom. Dans la vallée de la T'sin, il y avait au temps des Han 漢 une ville nommée Long-si-hien 隴西縣 restée célèbre. (vol. 上, pages 9 et 26 — vol. 中, page 132).

(1) C'est le bourg de K'ien-t'ching 汧城, à 2 ly sud de Long-tcheou 隴州, dont la préfecture est Fong-siang-fou 鳳翔府, (Chen-si), au nord de la rivière K'ien. (vol. 14, page 29).

Plus tard, le prince Té-kong 德公 (677-675), dont le gouvernement fut si court, émigra à Yong 雍, pays appelé autrefois Kou-yong; c'est maintenant la préfecture de Fong-siang-fou.

Plus tard encore, le prince Hien-kong 獻公 (384-361) transféra sa petite capitale à Li-yang 櫟陽. Ce lieu était autrefois habité par les Tartares appelés Li-jong 櫟戎; c'était à cinquante ly au nord de Ling-tong-hien 臨潼縣, dont la préfecture est Si-ngan-fou.

Enfin, son fils Hiao-kong 孝公 (361-337), la transporta à Hien-yang 咸陽 où elle resta définitivement. Désormais ce fut la résidence de tous les princes de la maison T'sin; même de Che-hoang 始皇 le plus fameux de tous.

L'emplacement véritable de cette ville est à trente ly à l'est de la sous-préfecture actuelle de Hien-yang-hien, dont la préfecture est Si-ngan-fou.

Si l'on explique le sens des deux caractères, Hien signifie: tout entier, toujours; Yang signifie: soleil; donc les deux réunis veulent dire: la ville toujours ensoleillée.

Est-il besoin de prévenir le lecteur que pendant longtemps ces résidences, ces capitales, n'étaient que des huttes en paille, faciles à changer de place? C'est le prince Hiao qui commença le premier à construire solidement et grandement.

Une observation d'un autre genre est nécessaire pour l'intelligence de cette histoire. L'empereur Tcheou-I-wang, comme on l'a vu plus haut, ayant quitté ce pays pour s'en aller définitivement habiter à Lo-yang, les vrais Chinois finirent par considérer les gens de T'sin comme de vrais barbares, oubliant ainsi leur commune origine. Ainsi Tou-yu 杜預, un commentateur célèbre, dit expressément que les gens de T'sin étaient des Si-jong 西戎 ou Tartares; lesquels, vers le milieu du 9ème siècle (844 avant Jésus-Christ), avaient accepté la civilisation chinoise; sans cependant pouvoir atteindre les délicatesses de cette haute culture intellectuelle. En somme, c'étaient des barbares avec un vernis de civilisation.

Enfin, si quelqu'un voulait avoir une magnifique description du fleuve Wei 渭, cité plus haut, il pourra consulter le recueil: Chen-si t'ong-tche, vol. 8, pages 67 à 81. On y dit que le parcours de cette rivière est de mille quatre cent trente et un ly, environ huit cent soixante kilomètres; elle mérite donc bien le nom de fleuve qu'on donne à des cours d'eau plus modestes. Sur son parcours, elle reçoit la King 涇, qui vient des montagnes du nord; toutes deux ensemble vont rejoindre le fleuve Jaune 黃河 et le forcent en quelque sorte à s'incliner vers les pays de l'est. C'est dans les belles vallées de ces deux rivières qu'eurent lieu les migrations de capitales ci-dessus indiquées.

Note: La plupart des tombeaux des rois de T'sin étaient à P'ing-yang 平陽; cet endroit se trouvait à 46 ly à l'ouest de Mei-hien 郿縣, dans la préfecture de Fong-siang-fou 鳳翔府, Chen-si. On l'appelait encore simplement Yang 陽. Là aussi, sur la rive orientale du fleuve Wei, fut la capitale du roi Ling-kong ou Ning-kong, (715-703),—vol. 14, page 27—(vol. 71, page 7,—vol. 73, page 42).

APERÇU SUR LES MŒURS DES HABITANTS DU ROYAUME DE T'SIN

Voici d'abord ce qu'en dit le fameux Tchou-hi 朱熹, réputé philosophe par tout ce qui est lettré en Chine. (Édition impériale, vol. 7, page 39):

"Les gens de T'sin aimaient le courage et avaient en grande estime la force ....; ils faisaient bon marché de la vie pour acquérir de la gloire. Ce pays était originairement la patrie de Tcheou-wen-wang 周文王, mort en 1122 (avant Jésus-Christ). Ce grand prince demeurait à K'i-fong 岐豐 (1), près de la montagne Ki-chan 岐山; il mettait à profit les grandes qualités des deux sages Tcheou-kong 周公 et Tchao-kong 召公 (ses ministres) pour rendre les hommes meilleurs, c'est-à-dire sincères, fidèles, et vraiment généreux.—Si l'on veut se faire une idée des résultats obtenus sous un gouvernement si paternel, il faut lire les chants populaires intitulés Tcheou-nan 周南 et Tchao-nan 召南; c'est un recueil de vingt-cinq odes à la louange de Tcheou-kong, fils de l'empereur, et de Tchao-kong ministre préféré de ce même empereur Wen-wang. Tout y respire la paix, la simplicité; on y célèbre les travaux rustiques, le bonheur de la famille; et cette félicité est attribuée aux mérites, aux bons exemples des deux princes; c'est une manière délicate de louer l'empereur qui a formé de si bons ministres.—(C. F. Zottoli, vol. 3. page 5, etc.)—Mais revenons à notre commentateur; il continue ainsi:

"Les gens de T'sin ne gardèrent pas longtemps ces traditions de loyauté; après l'émigration de l'empereur, ils changèrent de mœurs, au point de devenir violents et orgueilleux, sans égard pour le droit d'autrui (2). Ils prétendirent

---

(1) Ki-fong.—Maintenant Ki'-yang-hien 岐陽縣 préfecture Fong-siang-fou, (Chen-si).

(2) 魁 Kiao signifie élever la tête, (c'est-à-dire) un homme altier, qui se croit au-dessus des autres. Chez des gens de ce caractère, le prince lui-même n'avait souvent qu'une autorité plus ou moins précaire; pendant longtemps ils ne payèrent point d'impôts; c'est seulement en l'année 403 que cet usage put être introduit comme dans les états chinois proprement dits. (T'ong-kien-kang-mou 通鑑綱目 tsien-pien 前編 page 42).

Ils prétendirent etc.........Notons, une fois pour toutes, les circonlocutions employées par Tchou-hi pour dire que l'empereur et les autres princes chinois pur-sang ont subi la domination du roi de T'sin; pour un lettré si fier, c'est dur à avouer!

que les huit provinces de la vraie Chine devaient rendre hommage à la cour de T'sin, et se ranger sous son obéissance. Quelle est la cause de ce revirement? La voici: La pays de Yong-tcheou 雍州 a un sol fertile et l'eau en abondance; le peuple a une nature généreuse, avec un grand fond de droiture; il ne ressemble pas aux gens de Tcheng 鄭 et de Wei 衛, qui sont légers, prétentieux et paresseux. Si les bonnes qualités des habitants de T'sin avaient été cultivées par une bonne éducation, ce peuple se serait merveilleusement développé et se serait élevé à un haut degré d'humanité et de justice. En les excitant uniquement à la vaillance, on les a rendus violents, opiniâtres, audacieux à tout entreprendre; ce sont des soldats courageux, des laboureurs durs au travail; leur pays est riche et puissant; aucune des autres contrées, même le Chan-tong 山東, n'atteignit jamais ce degré. Dans les générations à venir quiconque voudra fonder un peuple, établir une capitale, devra bien étudier l'histoire de T'sin; il verra que pour gouverner sagement, selon la saine doctrine, il faut bien examiner où conduisent ces deux chemins si différents, celui de la vertu, et celui de la force matérielle." (1).

Voilà le jugement de notre philosophe; il n'a pas toujours si bien raisonné. De fait, cette histoire va nous montrer un peuple et ses princes également guerriers; à peine trouverons-nous quelques années sans batailles ou expéditions à enregistrer; c'étaient vraiment des guerres continuelles; et cela pendant des siècles. Mais, dira-t-on, que faisait donc l'empereur? lui qui était censé le maître suprême de tous les princes et de tous les roitelets, ne pouvait-il donc interposer son autorité pour régler les différends et forcer ces batailleurs à laisser leurs voisins tranquilles? L'empereur ne fut bientôt qu'un personnage poétique; c'était le vieillard qui trônait à Lo-yang, vivant dans l'oisiveté; son nom était encore en grande vénération parmi le peuple; les roitelets 諸侯 lui écrivaient encore des lettres d'hommage, pleines d'expressions d'une servilité tout orientale; mais personne ne s'occupait de lui en pratique; il dut même quelquefois mendier des secours pécuniaires, pour ne pas mourir de faim. Quant aux princes de T'sin, nous les verrons bientôt se conduire comme tous les autres à l'égard de ce prétendu monarque universel. Pourquoi s'était-il

---

(1) Les dix odes, ou chants populaires de cette époque, qui sont parvenues jusqu'à nous ne chantent que chasses et chevaux, combats et victoires; même les femmes ont l'esprit guerrier! Si elles regrettent l'absence de leurs maris, elles s'en consolent en rêvant à leurs triomphes et à leur gloire. Tous les peuples de l'antiquité chinoise ont l'air martial; mais les gens de T'sin les surpassent de beaucoup en énergie; ce sont eux qui formaient une barrière infranchissable entre les Chinois proprement dits et les Tartares occidentaux; ceux-ci, malgré leur nombre, malgré leur ardeur belliqueuse, ne réussissaient pas à reprendre leur ancienne patrie; du moins, d'une façon définitive.

retiré à Lo-yang? Nous l'avons indiqué précédemment ; il fuyait devant les Tartares occidentaux (Si-jong); ceux-ci lui avaient repris une grande partie de leur ancien territoire; il s'agissait de les en chasser de nouveau ; il donna cette commission au prince Siang-kong, lui cédant, par avance, à titre de fief, le pays à reconquérir. Ce fut donc au nom de l'empereur que Siang-kong accomplit toutes ses expéditions. Mais à peine un siècle plus tard, le prince Mou-kong 穆公 (659-620) était devenu le véritable chef de tous les roitelets, le véritable empereur de la Chine; ses volontés, ses désirs étaient partout respectés; le vieillard de Lo-yang lui-même mendiait ses bonnes grâces ; celui-ci avait l'ombre, l'autre la réalité du pouvoir.

Ces observations sont bien nécessaires pour comprendre parfaitement l'histoire de la Chine.

Venons maintenant à la grave question des sacrifices humains. Ont-ils été pratiqués, non-seulement par les peuples réputés Tartares, mais même par les Chinois proprement dits ou leurs descendants? - Cette histoire nous en donnera la preuve. C'est une tâche que plusieurs historiens ou commentateurs auraient volontiers dérobée aux yeux de la postérité ; c'est à peine si les œuvres de Confucius y font quelque allusion discrète ; mais elle est trop réelle pour être passée sous silence.

Se-ma-t'sien 司馬遷, l'historien par excellence, attribue au prince T'sin-ou-kong 秦武公 l'introduction de cet usage ; quand celui-ci demanda qu'à sa mort soixante-six hommes fussent sacrifiés, pour lui servir de compagnons dans l'autre monde. A la mort du prince Mou-kong, cité plus haut, on sacrifia cent soixante-dix-sept hommes (trois jeunes seigneurs). A la mort de T'sin-che-hoang 秦始皇, toutes ses concubines durent le suivre au tombeau; les ouvriers même qui avaient préparé sa tombe furent enterrés avec lui. Un de ses ancêtres avait cependant interdit pareille coutume, depuis longtemps, comme on le verra; la barbarie tendait donc toujours à ressusciter !

Cet usage, en vérité, ne fut pas général, heureusement ; mais il prouve le peu d'influence des institutions impériales sur les roitelets; ceux-ci faisaient ce qu'ils voulaient. C'est le prince T'sin-hien-kong (384-361) qui prohiba ce genre de sacrifices. Il a donc, historiquement, subsisté pendant trois cents ans et à l'époque même de Confucius. Voilà qui diminuera singulièrement l'auréole de ce saint! Les lettrés ne tarissent pas quand ils veulent célébrer la merveilleuse influence de ce personnage sur la régénération de toute la Chine; mais rien de cela ne tient debout devant l'histoire sincère. De son temps, il était regardé comme un radoteur.

Encore un mot sur cette question : Nous venons de parler des sacrifices faits aux mânes des grands personnages défunts. Il y eut aussi un autre genre de sacrifices humains tout aussi déplorable. Voici ce qui en est écrit dans le grand recueil historique T'ong-kien-kang-mou 通鑑綱目 (正編, vol. 25, page 35). (1).

(Année 417 avant Jésus-Christ) Ling-kong 靈公 roi (prince) de T'sin, voulant fortifier sa frontière contre les attaques de son voisin, fit creuser de grands fossés sur la rive du Hoang-ho 黃河 (fleuve Jaune). C'est alors que, pour la première fois, on sacrifia une jeune fille à l'esprit protecteur du fleuve. C'est-à-dire : on choisissait une jeune fille ; le prince Ling l'adoptait pour sa propre fille, afin de l'élever à la dignité de princesse ; on la mariait à l'invisible génie tutélaire, appelé Ho-pé 河伯 (vénérable oncle); puis on la tuait, afin que son esprit pût aller rejoindre celui de son mystérieux époux. Tout cela, bien entendu, avait pour but d'obtenir la protection de cet esprit du fleuve contre les invasions du voisin.

Le royaume de Wei 衛 craignant que toutes les bénédictions n'allassent au pays de T'sin, voulut les attirer à soi, et inaugura les mêmes sacrifices. Dans le texte, il y a les trois caractères suivants 用諸河 ; ce qui signifie probablement qu'on attachait une grosse pierre aux pieds de la victime pour la noyer dans le fleuve. (On pourrait cependant croire aussi qu'elle était simplement enterrée vivante dans un fossé, sur le bord du fleuve). Quand le prince Wen-heou 文候 (famille Wei 魏) envoya Si-menn-pao 西門豹 comme gouverneur à Ié 鄴 (2), celui-ci vit que le peuple avait en horreur ce sacrifice annuel; c'est pourquoi il l'abolit. Cet acte d'humanité lui valut les louanges d'un grand nombre d'historiens chinois.

Ces sacrifices humains, ou plutôt inhumains, avaient passé des Tartares aux Chinois. C'est un des exemples où l'on voit les vainqueurs adopter les usages des vaincus. A leur tour, plusieurs états Chinois ayant été dévastés, leurs

---

(1) Dictionnaire des antiquités (Hachette), au mot "flumina."
La vénération des cours d'eau fait partie des pratiques religieuses de tous les peuples polythéistes. Ce sont des dieux localisés, identifiés avec les intérêts des régions qu'ils traversent. On leur a voué un culte de reconnaissance ; car ils apportent plus de bienfaits qu'ils ne causent de désastres. Chez Homère, ils figurent dans les serments, à côté des divinités les plus imposantes. Ulysse adresse une prière au fleuve de Schéria. On leur sacrifie comme aux autres dieux ; on leur voue des boucles de cheveux ; ce qui parait n'être qu'une substitution à d'antiques sacrifices humains. On jetait dans leurs eaux des chevaux vivants. Hérodote raconte faits semblables des Perses. Les généraux d'armée les honorent par une cérémonie spéciale avant de les faire franchir par leur troupes. Les fleuves étaient vénérés, à titre de nourriciers et de guérisseurs. Les cours d'eau sont, croit-on, habités par des esprits ou des génies, qu'il faut se rendre propices à l'aide de sacrifices. Chez les Chinois ce sont des pratiques semblables.
(2) Ié : antique ville, préfecture actuelle de Tchang-té-fou 彰德府 (Ho-nan).

habitants émigrèrent au Japon ; ils y introduisirent cette coutume de leur payrs elle y persista jusqu'au septième siècle après Jésus-Christ. C'est l'empereu; japonais Hiao-tś 孝德 (645-654) qui la prohiba définitivement. (Florenz, histoire du Japon au 7ème siècle).

PREMIERS TEMPS
DU ROYAUME DE T'SIN

Le lecteur s'y attend, cette première partie de notre histoire renfermera plus d'une fable ; il est bon cependant de savoir ce que ces peuples ont raconté sur leur généalogie. C'est Se-ma-t'sien qui donne le plus de détails, nous le suivons de préférence, (Che-ki 史記, vol. 2, chap. 5. p. 1, édition de Nan-king) :

Les ancêtres de la principauté de T'sin sont les descendants de Tchoan-hiu 顓頊, dont le nom était Kao-yang 高陽. Le père de celui-ci était T'chang-i 昌意, second fils de Hoang-ti 黃帝 [réputé l'ancêtre commun de tous les peuples chinois.]

Tchoan-hiu eut une petite-fille nommée Niu-sieou 女脩. Celle-ci était occupée un jour à tisser de la toile, quand une hirondelle en volant laissa tomber un œuf ; Niu-sieou l'avala, et mit au monde un fils appelé T'ai-yé (1) 太業.

Ce T'ai-yé prit pour femme la fille de Chao-tien, 少典 appelée Niu houa 女華 et en eut un fils nommé Ta-fei 大費 (2).

Ta fei (ou Pé-i) aida le fameux Yu 禹 à faire écouler les eaux (des inondations). Ce travail achevé, l'empereur Choen 舜 donna une pierre de jade noir à Yu ; celui-ci en la recevant dit : '' seul j'aurais été incapable d'accomplir un tel travail ; c'est grâce au concours de Ta-fei qu'il a été mené à bonne fin.'' '' Puisqu'il en est ainsi, dit l'empereur à Ta-fei, je vous donne un étendard noir ; votre postérité sera grande.'' En même temps il lui donna pour femme Yu-niu 玉女 de la famille Yao 姚. Ta-fei se prosterna et rendit grâce pour les bienfaits qu'il venait de recevoir.

---

(1) Le commentaire ajoute : Ainsi la maison de T'sin n'a qu'une femme pour ancêtre ; ce qui est peu conforme aux lois humaines.

D'après le Tsouo-tchoan 左傳 la famille Yng 嬴 (qui régna sur ce pays de T'sin) descendait de Chao-hao 少昊 premier fils de Hoang-ti. Il y a donc désaccord sur ce point entre les deux recueils historiques.

(2) Le Commentaire ajoute que Ta-fei est l'ancêtre des deux familles princières T'sin et Tchao 趙. Il est encore appelé Pé-i 伯翳 (ou 伯益 comme on l'écrit dans le Chou-king —Cheking, vol. 7, p. 21)

Il eut ensuite pour office l'élevage et le dressage des animaux, oiseaux et autres, pour l'usage et la récréation de l'empereur ; grâce à ses soins, ces animaux croissaient en nombre, et étaient très bien dressés. En récompense l'empereur lui donna comme apanage la terre de Yng 嬴; et désormais sa famille fut honorée de ce nom princier.

Ta-fei eut deux fils ; le premier s'appela Ta-lien 大廉 : on dit qu'il avait le corps d'un oiseau, la tête et la voix d'un homme ; c'est pourquoi il fut surnommé Niao sou 鳥俗 (c'est-à-dire qui a une nature d'oiseau). Le second, Jo-mou 若木 est aussi appelé Fei-che 費氏, du nom de son père ; un de ses descendants s'appela Fei-t'chang 費昌 dont la postérité habita dans la Chine proprement dite, et aussi parmi les sauvages (ou barbares) I-ti 夷狄.

Sous l'empereur cruel Kié 傑 (dynastie Hia 夏) (1818-1766 avant J.-sus-Christ), il abandonna le service de ce tyran, se rallia à la nouvelle famille impériale Chang 商, devint conducteur du char de l'empereur T'ang 湯 et contribua, à la victoire de Ming-t'iao 鳴條 où tomba le tyran. (1).

Quant à Ta-lien, ses descendants furent Mong-hi 孟戲 et Tchong-yen 中衍 (2) ; celui-ci avait de même le corps d'un oiseau et la voix d'un homme. L'empereur T'ai-ou 太戊 en ayant entendu parler, jeta les sorts pour savoir s'il serait un bon guide pour son char ; le sort étant favorable, cet emploi lui fut confié, et on lui donna une femme. A partir de là, de génération en génération, sa postérité rendit de grands services, et fut l'appui de la famille impériale Yng 殷; son nom fut glorieux parmi les états feudataires, (ou tchou-heou 諸侯). Un de ses descendants, nommé Tchong-kiué 中潏, (滑) demeura à l'ouest, parmi les Si-jong 西戎, pour protéger cette frontière de l'empire. Son fils Fei-lien 蜚廉 était extrêmement rapide à la course. Celui-ci eut, à son tour, un fils nommé Ngo-lai 惡來, fameux pour sa force corporelle (3). Ces deux derniers, père et fils, se mirent au service du tyran Tcheou 紂 empereur de 1154 à 1122 avant J.-C.

Quand le fameux Tcheou Ou-wang 周武王 (1122-1115) renversa ce tyran il tua aussi Ngo-lai. Le père de celui-ci (Fei-lien) était absent ; il avait été envoyé vers le nord pour faire construire un cercueil en pierre destiné au tyran. A son retour, l'empereur n'existait plus ; Fei-lien imagine un moyen de lui rendre compte de sa commission: il dresse un autel en terre sur la montagne

---

(1) Ming-t'iao, à 30 ly au nord de Ngan-i-hien 安邑縣 préfecture de Kiai-tcheou 解州, Chan-si. A 2 ly à l'ouest de Ngan-i-hien se trouvait autrefois la capitale de Choen et de Yu. (vol. 8. p. 42).

(2) D'après quelques auteurs, ce seraient les deux noms d'un seul et même homme.

(3) On raconte qu'il pouvait, de ses propres mains, déchirer un tigre ou un rhinocéros.

Ho-t'ai-chan 霍太山 (1), offre un sacrifice et dit : le cercueil est fait. Ainsi les mânes de l'empereur pouvaient encore se réjouir dans l'autre monde. A sa mort, Fei-lien fut enterré sur la montagne même de Ho-t'ai-chan, (à 15 ly de la ville de T'chen-hien); pour le récompenser de sa fidélité, il fut inhumé dans ce cercueil de pierre qu'il avait préparé pour l'empereur. On y sculpta l'inscription suivante: " Par une disposition spéciale, l'empereur (maître) du ciel députa T'chou-fou 處父 [c'est-à-dire Fei-lien] vers le nord, afin qu'il fût absent, et ne participât point à la révolte contre la dynastie Yng 殷 ; ce même ciel lui accorda ce cercueil en pierre pour glorifier sa famille. " (2).

Le commentaire dit : La fidélité de Fei-lien était sans reproche et d'un exemple rare ; c'est pourquoi le ciel le récompensa en lui donnant un cercueil de pierre, privilège réservé aux seuls empereurs. Mais d'autres auteurs blâment Fei-lien et Ngo-lai, comme complices du tyran Tcheou 紂.

Fei-lien eut encore un autre fils, nommé Ki-cheng 季勝. Celui-ci, à son tour, eut un fils nommé Mong-tseng 孟增. Ce dernier fut très aimé de l'empereur Tcheou T'cheng-wang 周成王 (1115-1078) qui lui donna pour demeure la ville de Kao-lang 皋狼 (3). Mong-tseng eut un fils appelé Heng-fou 衡父, dont on ne dit rien dans l'histoire, mais qui eut, à son tour, un fils Tsao-fou 造父, très habile à conduire les chars, et pour cela très agréable à l'empereur Tcheou Mou-wang 周膠王 [1001-947]. Il en reçut un cadeau vraiment princier, à savoir les quatre magnifiques chevaux Ki 驥, Wen 溫, Li 驪 et Lo-eul 駱耳, (Mou-wang pour son usage en avait huit ; tous très beaux et de couleur différente).

Mou-wang se rendit dans les pays de l'ouest; il s'y trouva si bien qu'il ne songeait pas à en revenir. Le commentaire dit que cet empereur, la 17ème année de son règne, était allé à la montagne Koen-luen 崑崙, pour visiter la mère de l'empereur occidental (4).

---

(1) A l'est du fleuve jaune, dans l'ancien territoire de Tche 彘. Quant à ce dernier pays, c'est actuellement (Ho-tchéou-fou 霍州府) Tchao-t'cheng-hien 趙城縣 (Chansi). Tcheou Mou-wang donna cette terre à Tsao-fou. Au temps du t'choen-t'sieou 春秋, Tchao Tse-kien 趙子簡 y demeurait. (Li-tai Kiang-yu piao 1er vol. p. 43) (même chose dans le li-tai yen-ko piao 2me vol. p. 54) (voir ci-après). Cette montagne de Ho-t'ai-chan est à 15 ly au nord de Tchao-t'cheng-hien. (vol. 8. p. 41).

(2) Voici le texte de l'inscription 銘曰帝令處父不與殷亂賜爾石椰以華氏

(3) Kao-lang 皋狼 à l'ouest du fleuve jaune ; c'est Si-ho 西河. Yong-ning-tcheou 永寧州 préfecture de Fen-fou-tcheou 汾府州 (Chan-si) (中 p. 60.) (上 p 105).

(4) Cette montagne est dans la préfecture de Sou-tcheou-fou 肅州府 ou mieux encore dans la sous-préfecture de Tsieou-t'siuen-hien 酒泉縣 à 80 ly au sud de la province du Kan sou 甘肅. Au nord-ouest de la capitale Si-ngan-fou, à 2960 ly de distance, il y a une montagne appelée aussi Siao-koen-luen 小崑崙.

Mais pendant cette absence, le roitelet Yen 偃 du pays de Siu 徐 se révolta contre lui. (1) (On raconte que ce roitelet n'avait que des nerfs, sans os). Yen avait une grande autorité parmi les princes; et ceux-ci l'honoraient comme véritable empereur. Mou-wang apprenant cette révolte, manda Tsao-fou, lui ordonna de préparer bien vite le char impérial, et se mit aussitôt en route pour rentrer à sa capitale. Comme la route était longue, on faisait mille ly de chemin en une journée; ce qui parait bien invraisemblable.

Mou-wang réussit à comprimer la rébellion ; après quoi il donna la ville de Tchao 趙 comme fief à son favori Tsao-fou (2). Celui-ci est l'ancêtre de la famille Tchao qui demeure dans cette ville. La grande famille de Tchao-t'soei 趙衰 dans le royaume de Tsin 晉 descend aussi de lui. De Fei-lien à Tsao-fou, il y avait déjà cinq générations.

Fei-lien avait eu encore un autre fils, nommé Ngo-lai-ko-tché 惡來革者. Celui-ci, mort jeune, eut un fils nommé Niu-fang 女防; le fils de celui-ci s'appelle Pang-kao 旁皋; à son tour ce dernier eut pour fils T'ai-ki 太几 qui donna le jour à Ta-lo 大駱 dont le fils est Fei-tse 非子. Grâce à la faveur dont jouissait Tsao-fou, tous habitèrent Tchao-t'cheng 趙城 à titre de fief ; et ils en reçurent le nom, à savoir Tchao-che 趙氏 (famille Tchao).

Fei-tse 非子 s'établit à K'iuen-k'ieou 犬丘. (3)

Il aimait les chevaux ; il en éleva une grande quantité, et y acquit une grande expérience. Les habitants du pays en avertirent l'empereur Hiao 孝 (909-894). Celui-ci l'appela à la cour et lui donna pour office de prendre soin des chevaux qu'on éleva entre les deux rivières K'ien 汧 et Wei 渭, à l'est de Long-tcheou (4).

---

(1) Cette ville de Siu était dans la sous-préfecture actuelle de Siu-t'cheng-hien 徐城縣 préfecture de Se-tcheou-fou 泗州府 à 30 ly au nord de la ville actuelle (province du Ngan-hoei 安徽.) Le Fang-yu-ki-yao, vol. 6 p 40, dit que c'était à 50 ly nord-ouest de Se-tcheou.

(2) Maintenant c'est Tchao-t'cheng-hien 趙城縣 préfecture de Ho-tcheou 霍州 province du Chan-si (voir ci-dessus) (vol. 中 p. 63) (vol. 上 p. 43). Vol. 8 p. 41 dit que l'ancienne ville était à 35 ly au sud de Tchao-t'cheng-hien ; il indique donc l'endroit plus précis.

(3) K'iuen-k'ieou était dans le territoire de la préfecture de Si-ngan-fou, 西安府. L'ancienne ville était à 11 ly sud-est de Hin-p'ing-hien, à 100 ly à l'ouest de Si-ngan-fou. Cette ville avait été la capitale de l'empereur Tcheou-I-wang 周懿王 (934-909), plus tard ce fut un fief donné par Hiang-yu 項羽 à Tchang-han 章邯 (vol. 14. p. 9).

(4) Le fleuve Wei est à 140 ly au sud de la ville de Long-tcheou 隴州 ; le fleuve K'ien est au sud-ouest de la même ville ; il a sa source à la montagne K'ien-chan 汧山 à 40 ly à l'ouest (p. 30).

Grâce aux industries de Fei-tse, ces chevaux étaient nombreux, et de grande taille. En récompense de ses services, l'empereur Hiao voulut le faire héritier de Ta-lo ; ce qui semble bien naturel, puisqu'il en était le fils ; mais il y avait un compétiteur déjà désigné pour la succession. La fille de Chen-heou 申侯 femme légitime de Ta-lo, lui avait aussi donné un fils, nommé Tse-t'cheng 子成, et celui-ci avait déjà été déclaré héritier de son père. Donc Chen-heou, s'adressant à l empereur, lui fit la remontrance suivante: "Autrefois mon ancêtre prit pour femme une fille de Li-chan 酈山; sa fille fut donnée à Jong-Siu-hien 戎胥軒 dont elle eut un fils, Tchong-Kiué 中潏; celui-ci, à cause de sa parenté, entra au service de la famille impériale, et fut chargé de surveiller la frontière occidentale ; dès lors régna une grande paix. Maintenant, de nouveau, j'ai donné une de mes filles à Ta-lo ; elle en a eu un fils Tse-t'cheng appelé à succéder à son père ; grâce à cette union de nos deux familles, Chen et Lo, les barbares occidentaux restent tranquillement soumis ; et vous régnez en paix. Veuillez penser à cela avant de rien changer." L'empereur répondit: "Autrefois Fé-i 伯翳 élevait des animaux pour le service de l'empereur Choen 舜 ; et, sous sa main, ces animaux réussirent à merveille En récompense, il reçut le fief et le nom de Yng, 嬴; maintenant son descendant (Fei-tse) a aussi le soin de mes haras ; je lui donne un fief secondaire du nom de T'sin 秦 (1) ; il continuera les sacrifices de la famille Yng 嬴 et portera le double nom de T'sin-Yng 秦嬴." La sagesse de l'empereur avait ainsi contenté les deux frères ; la fille de Chen-heou avait vu ses droits respectés; Tse-t'cheng succéda à son père, et pacifia les barbares occidentaux.

A T'sin-Yng [Fei-tse] succéda son fils T'sin-heou 秦侯 [857-847] qui eut pour fils et héritier Kong-pé 公伯 (847-844) ; à celui-ci succéda son fils T'sin-tchong 秦仲 [844-821] qui gouvernait son petit Etat depuis trois ans, quand les roitelets se révoltèrent contre l'empereur Li 厲 (878-841), détesté pour sa cruauté, et le chassèrent du trône. Les barbares occidentaux profitant d'une si belle occasion, se révoltèrent à leur tour, et envahirent leur ancien territoire (2). Siuen-wang 宣王 (827-781), successeur de l'empereur Li, nomma T'sin-tchong grand officier de sa cour, et l'envoya combattre ces barbares; mais il fut vaincu et tué par eux. Il avait gouverné sa principauté pendant vingt-trois ans.

---

(1) C'est T'sin-tcheou 秦州, Kan-sou; il y a encore le kiosque appelé T'sin-t'ing 秦亭 dans la vallée de T'sin-kou 秦谷 (vol. 15 p. 34).

(2) Ces sauvages anéantirent, du coup, la descendance de Ta-lo, laquelle résidait à K'iuen-k'ieou. T'sin-tchong avant de partir en expédition contre eux, fut élevé par Siuen-wang à la dignité de Ta-fou 大夫

C'est sous lui qu'elle avait commencé à se développer et à devenir importante ; il avait des chevaux, des chars, cultivait les rites et la musique. Enfin pour lui succéder il avait cinq fils dont l'aîné est Tchoang-kong 莊公 [821-777]. L'empereur Siuen appela celui-ci, lui donna sept mille soldats, et l'envoya avec ses quatre frères contre les barbares victorieux. L'expédition réussit à souhait ; le pays fut repris. Pour récompense de leurs services, les cinq frères reçurent, en fief commun, les terres de leur père T'sin-tchong, auxquelles l'empereur ajouta les possessions de leurs ancêtres, Ta-lo et Fei-tse. Le chef de la famille Yng 嬴 fut constitué officiellement le gardien de la frontière occidentale. L'histoire ne rapporte aucune mésintelligence entre les cinq frères ; l'aîné gouvernait au nom de tous depuis quarante-quatre ans, quand il mourut. (1)

Tchoang-kong demeurait à K'iuen-K'ieou, l'ancienne résidence de ses ancêtres. Il eut trois fils dont l'aîné est Che-fou 世父. Celui-ci disait souvent: " Les Si-jong ont tué mon grand-père [T'sin-tchong] ; si je ne leur tue pas leur roi je ne rentrerai jamais chez moi." De fait il conduisit une armée contre eux ; mais, loin de réussir, il fut repoussé jusque chez lui, fut assiégé dans sa propre capitale, emmené captif, et il demeura plus d'un an au pouvoir des vainqueurs.

Avant d'entreprendre cette malheureuse expédition Che-fou avait cédé sa dignité de prince héritier à son frère Siang-kong 襄公. Celui-ci ne tarda pas à se rendre célèbre. Avec lui commencent, pour notre sujet, les temps vraiment historiques ; le royaume de T'sin sort de l'enfance ; nous allons le voir grandir et se fortifier, devenir maître souverain de tous les autres, et enfin périr.

---

(1) Il eut donc T'sin-tcheou, plus le territoire de 90 ly de longueur, au sud-est, avec la ville de Chang-Koei, 上邦 (vol. 15, p. 35). Sa dignité fut celle du Si-tch'oei-ta-fou 西垂大夫 (vol. 上 p. 95).

TEMPS PROPREMENT HISTORIQUES

SIANG—KONG 襄公

[777—766]

Un des premiers actes de ce prince fut de donner en mariage sa sœur Mou-yng 繆嬴 à l'empereur Yeou-Wang 幽王 [781-770]. C'était s'approcher bien près du trône ; mais s'il y eut de l'ambition dans cette alliance, il ne semblait pas y avoir grand profit, tellement l'autorité impériale était affaiblie.

Dès la 2me année de son règne, il dut transférer sa résidence à K'ien 汧, sa capitale K'iuen-k'ieou étant assiégée par les barbares.

A la 7me année, l'empereur Yeou-wang fit une folie qui lui coûta cher : à l'instigation de la fameuse concubine Pao-se 褒姒, il déclara son premier-né déchu de ses droits de prince héritier, et le remplaça par le fils de cette concubine. (1) Déjà les roitelets le détestaient à cause de sa déloyauté envers eux; ils profitèrent de cette nouvelle injustice pour se révolter en masse. Les barbares occidentaux Si-jong 西戎 et K'iuen-jong 犬戎 se joignirent eux-mêmes aux troupes de Chen-heou 申侯 (déjà connu du lecteur) pour aller combattre l'empereur. Celui-ci fut tué au pied de la montagne Li-chan 驪山 (2). Fils du précédent empereur Siuen, les fautes de son père et leur châtiment n'avaient pas suffi pour l'instruire et le corriger. Mauvais comme lui, il finit comme lui.

Dans cette rébellion, le prince Siang-kong soutenait le parti de l'empereur, son beau-frère; c'est bien à lui et à son armée que la famille impériale Tcheou 周 dut son salut. Cette invasion montra, de plus, que la capitale était encore trop rapprochée des barbares; on se retira vers l'est, et l'on s'établit à Lo yang 洛陽. Siang-kong y accompagna avec son armée le nouvel empereur, c'est-à-dire P'ing-wang 平王 rétabli dans ses droits. Celui-ci l'éleva à la dignité de roitelet, en lui disant : " Les barbares n'entendent point raison ; ils ont envahi notre territoire de K'i 岐 et de Fong 豐 ; si la famille T'sin 秦 peut les chasser de là,

---

(1) Cf Mayers Manual No. 541, et Kang-mou ad annum 779 l-c-p. 15.
(2) A 20 ly sud-est de Lin-tong-hien 臨潼縣 préfecture de Si-ngan-fou 西安府 Chen-si (vol. 14 p. 10.)

tous les territoires à l'ouest de Ki seront à elle ; j'y ajouterai encore une des plus hautes dignités de ma cour." Siang-Kong accepta ; mais la chose n'était pas facile à exécuter; de fait il n'y réussira pas, comme nous le verrons bientôt (1).

En attendant qu'il eût conquis son royaume, Siang-kong prit des airs de roitelet ; il commença à traiter d'égal à égal avec les princes vraiment chinois et forma sa cour sur la leur ; mais, barbare à demi dégrossi, il ne savait pas toujours observer les rites ; il les enfreignit même en une matière alors très-grave, car il sacrifia au ciel, sur un autel spécial érigé à Si-tche 西 畤 (2), des chevaux roux à crinière noire [騮 lieou], des poulains (駒 Kiu), des bœufs jaunes et des béliers, trois animaux de chaque sorte. Le commentaire (易知 i-tche, vol. 2. p. 24) dit que cet autel fut très-élevé, c'est-à-dire trop élevé Se ma-t'sien dit carrément : " C'était une usurpation, car ce genre de sacrifices était réservé au seul empereur; les roitelets pouvaient seulement offrir des sacrifices aux montagnes et aux fleuves et, cela, à l'intérieur de leur territoire." De plus, depuis les temps les plus reculés, c'est à Yong-tcheou 雍州 que se trouvait l'autel réservé au sublime seigneur du ciel 上帝. Comment Siang-kong a-t-il osé abandonner l'ancien, pour s'en construire un autre ailleurs ?

---

(1) P'ing-wang régna de 770 à 719 Les roitelets, ou chou-heou 諸侯, pouvaient traiter directement avec l'empereur; jusque là, Siang-kong ne pouvait le faire que par l'entremise d'un vassal supérieur à lui.

Les princes de Tcheng 鄭 Tsin 晉 et Wei 衛 étant aussi venus au secours de l'empereur en furent récompensés, et montèrent en dignité. Li-tai-tong-ki-piao, vol. 1 p. 28.

Fong-tcheng 鄷城 était à 5 ly à l'est de la sous-préfecture de Yu-hien 鄠縣, préfecture de Si-ngan-fou, Chen-si. Le territoire de Fong et de K'i allait depuis Si-ngan-fou jusqu'à Fong-siang-fou. (Fang-yu-ki-yao, vol. 14, p. 4, 12, 25).

(2) Si-tche, c'est-à-dire Yong-tcheou 雍州 (Li-tai Kiang-yu-piao, vol. 上. p. 39). 時 Tche, autel où l'on offrait les sacrifices au ciel, à la terre et aux cinq premiers rois de la Chine. (Couvreur, p. 681.)

L'ancienne ville de Yong-t'cheng était au sud de Fong-siang-fou. Quant à ces sacrifices, ils se faisaient sans règle bien fixe, chaque prince étant le maître chez soi, au spirituel comme au temporel. Il y eut donc beaucoup de divergences. Les auteurs ne sont pas non plus unanimes. Ainsi le Kai-yu-t'song-k'ao 陔餘叢考, vol. 3. p. 6 dit que le t'ai-lao 太牢, ou grand sacrifice, comprenait trois espèces de victimes : le bœuf, la brebis et le porc ; le chao-lao 少牢 ou petit sacrifice, n'en avait que deux espèces ou même une seulement ; mais jamais le bœuf n'y figurait.

Quant aux cinq autels, voici quelle était leur place.

Le 1er, le seul légitime, était à 20 ly au sud de Yong-hien 雍縣, la terre privilégiée, dans la préfecture de Fong-siang-fou, Chen-si.

Le 2ème, élevé par Wen-kong, à Lou-tche, voir ci-après, année 755 鄜畤.

Le 3ème élevé par Siang-kong à Si-tche 西畤

Le 4ème, élevé par Ling-kong, à Ou-yang, 吳陽, Chang-tche 上畤

Le 5ème, à 30 ly au sud de Fou-fong-hien 扶風縣, dans la préfecture de Fong-siang-fou ; c'était sans doute le san-tche yuen 三畤原 (Fang-yu-ki-yao, vol. 14, p. 24 畤者神明所依止也).

Un demi-sauvage seul pouvait avoir une telle audace. Mais son exemple sera malheureusement suivi par son fils et par un de ses descendants. Le 1er, Wen-kong 文公, se bâtit un autel à Lou-tche 鄜畤 ; le second Ling-kong 靈公 s'en bâtit deux à Ou-yang (Chang-hia-tche) 吳陽上下畤. Il y eut donc, à la fin, quatre autels, tous schismatiques, tous dans la même plaine, comme pour se mieux faire concurrence.

La majesté impériale décroissait avec ses privilèges, et les coups lui venaient de ses sauveurs eux-mêmes.

**

Au sujet des sacrifices, nous avons une ode célèbre à la louange de Siang-kong, (voir Zottoli, III. p. 97) [voir encore l'édition impériale, vol. 7. p. 31] ; il faut en lire en même temps le commentaire :

1ère Strophe.—Qu'y a-t-il donc sur la montagne Tchong nan 終南 ? Il y a des bouleaux et des pruniers. Notre prince vient jusqu'au pied de la montagne. Son habit est brodé, la fourrure est en peau de renard (c'est-à-dire il porte les habits de roitelet) ; sa figure est rose, comme s'il eût été fardé, (tellement il est réjoui). Vraiment c'est un prince parfait ! [c'est-à-dire, personne et vêtement, tout est parfait].

Commentaire :—Cette montagne est au sud de King tchao fou 京兆府, ou Si-ngan fou 西安府 province du Chen-si. Actuellement, sur les cartes, cette montagne de T'sing-ling-chan est placée au sud de Si-ngan-fou. (1) L'arbre 條 serait 楸 tsieou, Catalpa, dont les feuilles, l'écorce, le bois, tout est blanc, et d'un grand usage ; c'est un arbre utile comme le prunier.

Les habits des roitelets, chez eux, avaient des fourrures en peau de faon [麛 gni]. A la cour de l'empereur, c'étaient des fourrures blanches en peau de renard. Après avoir reçu ce vêtement de l'empereur lui-même, les princes allaient au temple de leurs ancêtres, leur annoncer la grande dignité accordée à leurs descendants. Ces fourrures étaient alors réputées les plus précieuses, et elles étaient réservées aux plus hauts dignitaires de la cour impériale. Cette montagne si grande, si riche, si belle, figure l'éminence du prince Siang.

---

(1) Un des chaînons septentrionaux du T'sing-ling, l'antique Tchong-nan-chan, se termine par le promontoire granitique de Hoa-chan 華山 qui domine le triple confluent du fleuve jaune 黃河, du Wei-ho 渭河 et du Lo-ho 洛河. Le sommet servait d'autel à l'empereur Choen. De tout temps cette montagne fut un des (génies) gardiens de l'empire. Pour la hauteur des cimes et l'aspect général, elle a été comparée aux Pyrénées. (Reclus, Chine, vol. 7, p. 366, citant Armand David qui a trois fois exploré ces parages).

2ème Strophe.—Qu'a donc la montagne Tchong nan ? Elle a des pics et des plateaux. Notre prince vient jusqu'au pied de la montagne. Ses habits du haut du corps sont tout brodés de haches et de caractères (ya); les 亞 habits inférieurs ont des fleurs et des broderies à cinq couleurs. Les jades suspendus à sa ceinture rendent un son bien agréable. Que notre prince vive longtemps et qu'il reste éternellement dans la mémoire des hommes !

Commentaire :—Les pics indiquent les rites bien observés ; les plateaux signifient la vertu du prince. Les habits officiels des roitelets, si complaisamment décrits, indiquent la fidélité du prince Siang à rendre hommage à l'empereur, et à servir la dynastie quoiqu'elle fût tombée si bas. Sa vertu est constante, comme l'indique le tintement régulier des jades. Le pays de T'sin 秦 est riche et beau, donc c'est un séjour très-agréable au peuple. Cette pièce célèbre la vertu du prince Siang; cette vertu récompensée par l'empereur a été aussi récompensée par le ciel, qui lui accorde tant de succès ; elle est aussi une exhortation à continuer la pratique de la vertu, de peur que le prince ne se néglige après tant de succès.

Voici une seconde ode sur le même prince. [Zottoli III. p. 97, No. 129] (Édition impériale, vol. 7. p. 30).

1ère Strophe.—L'Eleusine (1) et le roseau sont d'un vert sombre. La rosée fait place au givre. Celui auquel je pense est sur le bord de l'eau. Aller contre le courant serait un voyage bien long. Je suis le courant ; malgré cela, me voici près de lui, sans que je le rencontre !

Commentaire:—Les roseaux grandissent encore, et surtout aux premiers frimas de l'automne ; à la même époque, dans ce pays, les eaux grandissent et remplissent tous les étangs. Donc les grandes eaux m'empêchent d'arriver auprès de celui que je cherche ; malgré toutes les peines que je me donne pour le trouver. Qui est donc ce personnage si désiré ? Un sage, qui pratique la vertu sur le bord de l'eau, ou sur les montagnes.

2ème Strophe.—L'Eleusine et le roseau sont denses ; la rosée blanche n'est pas encore séchée. Celui auquel je pense est caché par les herbes du bord. Si, contre le courant, je vais le chercher, le voyage sera long et pénible. Suivons le courant ; peut-être sera-t il sur ce petit îlot, au milieu de la rivière !

3ème Strophe.—L'Eleusine et le roseau sont bons à couper ; la rosée blanche tombe encore. Celui auquel je pense est sur le rivage : si je vais contre le courant pour le chercher, le chemin est incommode et tortueux : suivons le courant, il semble être sur cet îlot, au milieu des eaux !

---

(1) 蒹 Kien, roseau mince, haut de plusieurs pieds ; le P. Heude l'appelle Eleusine ; 葭 Kia, est le roseau qui n'a pas encore fleuri.

Commentaire: – Le royaume de T'sin ne chante pas les sages et les saints parce qu'il n'en a point mais il n'a pas non plus des mœurs corrompues, il chante la guerre et l amitié ; il désire la gloire et la fortune. Divers auteurs prétendent que cette ode a été composée pour blâmer Siang-kong de ce qu'il n'avait pas su s'approprier à fond les rites et la doctrine de la dynastie Tcheou 周 ; s il avait su le faire, il aurait fondé un royaume solide et durable.

La civilisation chinoise, comprise et appropriée au génie du peuple aurait consolidé l'état, comme la rosée blanche fortifie le roseau. lequel ensuite sert à bien des usages. Mais le prince Siang ne croit pas nécessaire de se soumettre à toutes ces finesses de doctrine et de cérémonies à la chinoise ; il traite tout cela de puérilités. Aussi restera-t-il sauvage; il n'aura su ni trouver, ni employer celui auquel mon cœur pense, c'est-à-dire le sage, le lettré enfin, qui comprend et possède la doctrine pure et capable de civiliser le monde.

Comme on le voit, cette ode jette une ombre sur la renommée du prince Siang. En somme elle semble dire qu'il n'a pas été à la hauteur de la situation Est-ce parce qu'il ne sut pas expulser les barbares ? Cela paraît vraisemblable. La 12ème année de son règne, il entreprit de les refouler jusque chez eux; mais étant parvenu à K i 岐, il mourut, laissant le trône à son fls et successeur Wen-kong 公文. Celui-ci reprendra la tâche de son père ; mais il lui faudra encore du temps avant de la mener à bonne fin.

En Europe, Rome venait à peine d'être fondée.

WEN-KONG 文公
(765—716)

Dès la première année de son règne, ce prince transporta sa résidence plus près de la frontière occidentale, à Kou-si K'iuen-k'ieou 故西犬邱 ville qui devint plus tard Si hien 西縣. C'est là qu'avait demeuré son grand-père Tchoang-kong, comme nous l'avons vu; c'était un endroit plus propice pour arrêter les incursions des barbares. (1).

La deuxième année, Wen-kong s'en alla vers les pays de l'est suivi de sept cents soldats pour s'y livrer à une grande chasse; il abandonnait donc pour un temps la guerre contre les Kiuen-jong et les Si-jong au grand contentement de ceux-ci.

La troisième, il se rendit aux grands haras, entre les rivières K'ien 汧 et Wei 渭 (2) Ce territoire, dit-il, appartenait autrefois à la maison impériale; notre ancêtre T'sin-yug 秦嬴 y demeura et fut ensuite élevé à la dignité de roitelet; ce lieu parait donc favorable à la prospérité de notre famille. Sur ce, il fit consulter les sorts, afin de savoir s'il devait y bâtir une ville; la réponse fut affirmative; aussitôt il y fit construire une nouvelle résidence (3).

La 10ème année [755] il construisit un autel à Lou-tche 鄜畤 (4) Pendant un songe, le prince Wen avait vu un grand serpent jaune pendre du ciel à la terre; sa gueule touchait juste à cet endroit appelé Lou. Wen kong interrogea un devin qui lui répondit : c'est le signe du sublime seigneur; offrez-lui un sacrifice. On employa trois genres de présents. (易 知 錄 I-tche-lou, vol. 2. p. 24).

A partir de la 12ème année [753], il commença à avoir un historiographe officiel, pour prendre note des choses mémorables arrivées dans la principauté.

La 15ème année [750], il leva une armée pour faire la guerre aux Jong. Ces sauvages furent vaincus, et s'enfuirent en grande hâte. C'est alors qu'il reçut effectivement en fief cet ancien territoire impérial, avec le peuple qui y habitait, jusqu'à la montagne K'i 岐; le reste, situé à l'est de cette montagne, fut réservé à l'empereur.

---

(1) Si-hien est à 120 ly à l'ouest de T'sin-tcheou 秦州 Kan-sou, 甘肅, (vol. 14, p. 27)

(2) D'après le Kiang-yu-piao, (vol. 上 p. 39), c'était dans l'espace compris entre les villes actuelles de K'ien hien 汧縣 et Long-tch'eou 隴州 (Chen-si).

(3) C'est à 15 ly nord-est de la ville actuelle de Mei-hien 郿縣 préfecture de Fong siang-fou 鳳翔府 [Chen-si] (vol. 上 p. 39).

(4) Le véritable emplacement, c'est la ville actuelle de Lo-tcheou-hien 洛周縣, préfecture de Yen-ngan-fou 延安府, [Chen-si, (vol. 中 p. 123). Le Fang-yu Ki-yao dit cependant que c'était à 70 ly au sud-est de cette ville, [vol. 14. p. 68].

La 19ème année [746], il reçut l'esprit T'cheng-pao 陳寶 [l'esprit du faisan]. (1)

La 20ème [745,] il établit la loi qui, pour certains crimes, punit trois générations à la fois ; c'est-à-dire qu'avec le coupable on mettait aussi à mort ses parents, ses frères, sa femme et ses enfants.

La 27ème année [738] il fit abattre un magnifique catalpa (ta-tse 大梓) sur la montagne du sud ; puis on construisit sur la rivière Fong 豐 une grande pagode en l'honneur des bœufs. (2)·(3).

La 48ème année [717], son fils ainé, le prince héritier étant mort, on lui donna un nom honorifique ; il fut ainsi appelé le duc pacifique (T'sing-kong 靖公). Le fils ainé du défunt fut alors déclaré prince héritier, à la place de son père.

Il est à remarquer que, depuis la plus haute antiquité, la succession était réglée sur l'ordre de la primogéniture. C'est plus tard seulement que des intrigues de concubines, ou des flatteries dérangèrent cet ordre si naturel. Plus tard encore, l'opinion était faite, et les peuples y étant habitués, on ne vit pas de difficulté à ce qu'un prince choisit son héritier et son successeur selon sa fantaisie.

Enfin, la cinquantième année de son règne, Wen-kong mourut et fu enterré sur la montagne Si chan 西山, (c'est à dire Si-hien 西縣).

Son petit fils va lui succéder, sous le nom de Ling-kong 靈公. (Se-mat t'sien, le prince de l'histoire en Chine, l'appelle Ning-kong 甯公). Il a dix ans quand il monte sur le trône ; il règnera douze ans, c'est-à-dire que l'autorité sera exercée par d'autres sous son nom.

---

(1) Voici ce que nous avons trouvé sur ce fait. A la 19ème année de son règne Wen kong fit l'acquisition d'une pierre précieuse qu'on appela T'cheng-pao. Ce joyau avait été trouvé sur le versant nord de la montagne T'cheng-t'sang 陳倉山, ressemblait à une pierre jouo-che 若石 ; un esprit venait y résider, et imitait le cri du faisan. Wen-kong lui offrit un sacrifice, et lui fit bâtir une pagode appelée Pao-ki-ming-se 寶雞鳴祠, ou temple du précieux faisan qui crie. A cause de cette prétendue merveille, la dynastie Tang 唐 changea le nom de la sous-préfecture, et l'appela Pao-ki-hien. Il s'agirait donc simplement d'une mystification ; le roi avait acheté à grand prix sans doute, un objet à l'usage de quelque sorcier. (Che-ki, ch p. 5, p. 5)

(2) Qu'est-ce que cette pagode ? Le commentaire dit qu'elle fut bâtie en l'honneur d'un grand bœuf qui était sorti de ce grand arbre, et d'un autre sorti de la rivière Fong.

(3) L'année 722 est réputée très-sainte, parce que Confucius date sa chronique T'choen-t'sieou 春秋 de cette année.

LING-KONG 靈公

(ou Ning-kong) 寧公 (715 704)

et

T'CHOU-TSE 出子

(703-688).

Dès la 2ème année, [713] on transfère la capitale à P'ing-yang 平陽, encore plus à l'ouest que la précédente. (1)

La 3ème année [712], des troupes vont attaquer T'ang-ché 蕩社, capitale des barbares occidentaux (2). Leur roi s'appelait Po-wang 亳王 et se prétendait issu de T'cheng-t'ang 成湯 [1766-1753], fondateur de la dynastie Chang 商; c'est pourquoi il avait donné ce nom de T'ang 蕩 à sa résidence. Les Si-jong furent vaincus, leur roi mis en fuite, et le territoire annexé à la principauté de T'sin 秦.

La 8ème année [707], on envahit le territoire de Joei 芮 (3). Voici la raison qu'en donne le Tsouo-tchoan 左傳 : "Joei-kiang 芮姜, mère du prince Wan 萬 de Joei, fort mécontente de ce qu'il avait tant de concubines, finit par le chasser. Celui-ci se retira chez le prince de Wei 魏". Une armée de T'sin attaqua donc le pays de Joei, mais elle fut battue, pour avoir avec trop de confiance en soi, méprisé ses adversaires.

Pour venger cet échec, une nouvelle armée, jointe aux troupes impériales, mit le siège devant Wei 魏, prit le prince de Joei, puis se retira. Qu'allait on faire de ce captif ? Nous allons voir cette même armée le replacer sur son trône [701]. Expédition singulière, et peu honorable pour l'empereur comme pour le pays de T'sin ! On soutenait un fils déraisonnable contre une mère très-sensée.

La 12ème et dernière année [703], il y eut encore une expédition contre T'ang-ché 蕩社, qui tentait un soulèvement ; la tranquillité fut vite rétablie, et la soumission des Si-jong assurée mieux qu'auparavant.

---

(1) A 46 ly ouest de Mei-hien 眉縣 préfecture de Fong-siang-fou 鳳翔府, Chen-si, il y a encore le vieux bourg de P'ing-yang, (vol. 14, p. 27).

(2) Etait au sud-ouest de San-yuen-hien 三原縣 dans la préfecture de Si-ngan fou (heu-si, (vol. 14. p. 15).

(3) La ville actuelle de Ta-li-hien 大荔縣 préfecture de T'ong-tcheou-fou 同州府 Chen-si, est l'ancienne principauté de Joei. (vol 中 p. 113)

Ling kong n'avait que vingt-deux ans, quand il mourut ; (1) malgré cela, il avait déjà trois fils ; l'ainé fut appelé Ou-kong 武公, et devait naturellement succéder à son père; les deux autres se nommaient Té-kong 德公 et T'chou-tse 出子. Leur mère était une princesse de Lou 魯, nommée Ki-tse 姬子. Celle-ci préférait sans doute T'chou-tse ; car avec le secours des ministres Fou-ki-wei-lei 弗忌威壘 et San-fou 三父 on écarta l'héritier légitime, et l'on plaça T'chou-tse sur le trône. [703-698] Il avait cinq ans. Il est censé avoir régné six ans; après quoi les mêmes ministres ameutèrent le peuple contre lui, le massacrèrent, et mirent à sa place celui qui y avait droit, c'est-à-dire Ou-kong. Celui-ci était le fils de la femme légitime.

---

(1) Il fut enterré comme son père, sur la montagne de Si-chan 西山, à 7 ly, nord-ouest de T'cheng-t'sang-hien 陳蒼縣, préfecture de K'i-tcheou-fou 岐州府. (cit-loc.)
Le Chen-si tong-tche, vol. 71, p. 8, dit que c'était la sépulture ordinaire des princes de T'sin.

OU-KONG 武公

[697-678.]

Comme on vient de le voir, le prétendu règne de T'chou-tse 出子 fut un véritable interrègne, ou plutôt une révolution de palais, qui avait duré six ans [703-697].

Le nouveau prince n'était aussi qu'un enfant. La 1ère année de son règne on alla combattre P'ong-hi-che 彭戲氏 (1); l'armée parvint jusqu'au pied de la montagne Hoa-chan 華山. Pendant ce temps, le jeune prince résidait à P'ing-yang 平陽, dans le palais nommé Fong-kong 封宮.

La 3ème année [694], il punit de mort San-fou 三父 et ses complices pour avoir massacré le prince T'chou tse; le châtiment atteignait trois générations, aux termes de la loi édictée sous le règne précédent.

La 1ème année [687], il fait attaquer Koei 邽 et Ki 冀, deux villes des barbares occidentaux ; elles sont prises, et annexées au pays de T'sin. L'année suivante, c'était le tour de deux autres villes, T'ou 杜 et T'cheng 鄭 (2) puis on anéantit le petit État nommé Siao-kouo 小虢 (3).

La 20ème année [678], Ou kong mourut et fut enterré à Yong-tcheou

Pour la première fois, comme nous l'avons dit, on introduisit l'usage barbare des sacrifices humains. Sous prétexte d'envoyer des compagnons assister les mânes du prince défunt, dans son voyage de l'autre monde, on enterra vivants soixante-six hommes. (4)

---

(1) C'est-à-dire P'ong-ya 彭衙. Maintenant c'est Pé-choei 白水 (Chen-si) (Dictionnaire du P. Couvreur). Le recueil Fang-yu Ki-yao, vol. 14 p. 20, dit que l'emplacement exact, était à 60 ly nord-est de Pé-choei-hien dans la préfecture de T'ong-tcheou-fou 同州府. La montagne Hoa-chan est à 10 ly au sud de Hoa-tcheou, même préfecture.

(2) Koei était à 60 ly à l'ouest de T'sin-tcheou 秦州, Kan-sou. Ki était au sud de Fou-kiang-hien 伏羌縣, 180 ly à l'est de Kong-t'chang-fou 鞏昌府 (vol. 15, p. 35) (vol. 上 p. p. 95, 96).

Tou (vol. 14, p. 4) à 15 ly sud-est de Si-ngan-fou, 西安府 il y a encore l'ancien bourg autrefois capitale de Tou pé 杜伯 (Chen-si). Quant à Tcheng, c'était au nord de Hoa-tcheou 華州, dans la préfecture de T'ong-tcheou-fou 同州府 (Chen-si).—(vol. 14, p. 21)

(3) Kouo, montagne et territoire. Le vol. 14 p. 24 met l'ancienne ville à l'ouest de P'ao-si-hien 寶雞縣, préfecture de Fong-siang-fou 鳳翔府, (Chen-si).

(4) Ou-kong est enterré à l'ouest de la ville de Mei-hien 郿縣, préfecture de Fong-siang-fou 鳳翔府, Chen-si. (Che-ki, chap. 6, p. 38 et suiv.)—(Chen, vol. 71, p. 4.)

Quant à Mei-hien, c'est l'antique Yong-tcheou, dont nous venons de parler.

TÉ-KONG 德公 (677-676)

Ou-kong n'avait qu'un fils, nommé Pé 白. Etait-il dépourvu de capacités ? C'est probable. Car on se contenta de lui donner un fief à P'ing-yang (46 ly à l'ouest de Mei-hien 縣) ; puis on établit prince régnant Té-kong 德公 le frère du défunt. Son règne ne sera pas long ; juste deux ans.

C'est sous le règne de Ou-kong, vers la 10ème année, que l'on commença à diviser le pays en circonscriptions, avec des gouverneurs à leur tête.

Le nouveau prince a trente-trois ans. Pour inaugurer son règne éphémère, il commence par transférer sa capitale à Yong-t'cheng 雍城, et fait sa demeure dans le palais Ta-tcheng (1). 大鄭.

Pour se rendre le ciel propice, il fait un grand sacrifice, sur l'autel de Lou-tche 鄜畤. Il y présente jusqu'à trois cents offrandes. Après quoi il consulte les sorts, pour savoir s'il doit résider dans sa capitale ou ailleurs; la réponse étant rendue dans ce dernier sens, il établit sa demeure au-delà de Yong. Grâce à cela, ses descendants abreuveront leurs chevaux dans le fleuve jaune (Hoang ho 黃河) à Long-men 龍門.

Cette même année, le prince de Leang 梁 et celui de Joei 芮 viennent lui offrir leurs hommages (2). Le premier, à titre de parent sans doute ; le second, à titre de protégé.

La 2ème et dernière année, on introduisit l'usage de diviser la canicule [19 Juillet à 19 Août] en trois parties appelées San-fou 三伏. Pour écarter alors les maladies pestilentielles, le prince sacrifia quatre chiens aux quatre portes de la ville. Grâce à cette même intelligence des choses supérieures, nous voyons encore de nos jours des gouverneurs de provinces murer la porte sud d'une ville pour empêcher la chaleur d'y pénétrer; ou encore lâcher solennellement des grenouilles avec mission de ramener la pluie, en temps de sécheresse. Ces grands hommes ne sont cependant plus des demi-sauvages comme le prince dont nous parlons.

Té-kong avait trois fils ; l'aîné va lui succéder, sous le nom de Siuen-kong 宣公, le second, Tcheng-kong 成公 et le troisième, Mou-kong 穆公 monteront aussi sur le trône ; ainsi les trois frères auront gouverné leur principauté pendant plus d'un demi-siècle.

---

(1) A 7 ly au sud de Fong-siang-fou 鳳翔府 Chen-si. (Chen vol. 72. p. 5) (vol. 14, p. 24).

(2) D'après le commentaire, le prince de Leang (Leang-pé 梁伯) était aussi de la famille Yng 嬴 ; celui de Joei était de la famille impériale Ki 姬. — L'ancienne ville de Leang était 22 ly au sud de Han-t'cheng-hien 韓城縣 dans la préfecture de T'ong-tcheou-fou, province de Chen-si. — La principauté de Joei, nous avons vu plus h ut que c'est le T'ong-tcheou-fou 同州府. A 30 ly au sud de la sous-préfecture Tchao-i-hien 朝邑縣 il y a encore l'ancien bourg de Joei. (Chen, vol. 2. p. 31) [vol, 14. p.-p. 18. 19.)

SIUEN-KONG 宣公
(676-664)

La 4ème année de son règne [672], Siuen-kong fait construire un autel à Mi-tche 蜜畤 au sud de la rivière Wei 渭; on y devait sacrifier uniquement au seigneur [du ciel] bleu, T'sing-ti 青帝.

Nous avons vu déjà comment le prince Ling-kong 靈公 avait aussi bâti un autel à Ou-yang-chang-tche ; là on sacrifiait au seigneur [du ciel] jaune, Hoang ti 黃帝 ; bien plus, ce même prince craignant la jalousie du seigneur [du ciel] rouge [couleur de feu] Yen ti 炎帝 lui avait aussi dédié un autel à Hia-tche 下畤.

Comme nous l'avons dit, Wen-kong 文公 voulut construire aussi son autel ; il le plaça à Lou tche 鄜畤 ; il voulait ainsi s'attirer les bonnes grâces du seigneur [du ciel] blanc, Pé-ti 白帝.

Plus tard, nous verrons Han-kao-ti 漢高帝 rechercher les faveurs du seigneur [du ciel] noir, Hé-ti 黑帝, et lui offrir un autel. Tous aussi intelligents les uns que les autres, nos bons princes ! Comment n'ont-ils pas pensé aux couleurs intermédiaires ou composées ? Ils auraient eu ainsi de nouveaux seigneurs à honorer et de nouveaux protecteurs à invoquer. C'est ainsi, du reste, que les pagodes se remplissent de toutes sortes de dieux, supérieurs, inférieurs, moyens.

Une autre observation plus importante à faire est celle-ci : malgré leurs erreurs, les anciens croyaient à des protecteurs célestes, vraies individualités, vraies personnes ; comme le prouve le caractère Ti 帝. Quand donc on remplaça ces expressions par le seul caractère T'ien 天 qui signifie d'abord un être impersonnel, puis le ciel matériel purement et simplement, c'était faire injure et violence à ce qui restait encore de bon sens à ces pauvres anciens.

Cette même année [672], on livra bataille à l'armée de Tsin 晉 et on la battit à Ho-yang 河陽. (2) C'est tout ce qu'il y eut de remarquable dans ce règne. C'est vraiment peu ; et encore, nous ignorons la cause de cette expédition.

A sa mort [664], Siuen-kong avait neuf fils. Aucun ne fut élevé sur le trône; ils étaient sans doute tous incapables de régner. C'est son frère Tcheng-kong qui lui succéda.

---

(1) C'est à partir de l'année 674 que la principauté de T'sin 秦 apparaît dans le livre des chroniques Tsono-tchoan 左傳.

(2) Ho-yang était à 30 ly sud-ouest de Mong-hien 孟縣 préfecture de Hoai-k'ing-fou 懷慶府 Ho-nan. (vol. 12, p, 29).

TCHENG KONG 成公

(663-660)

L'histoire est muette sur le compte de ce prince. On y lit seulement que dès sa 1ère année, les princes de Leang 梁 et de Joei 芮 vinrent lui présenter leurs hommages.

Il avait sept fils. Aucun ne lui succéda non plus. C'est son frère Mou-kong qui va occuper le trône pendant trente-neuf ans, et devenir célèbre.

MOU-KONG 穆公

(659-621)

En l'année 655, le pays de T'sin 秦 force l'attention des autres princes. Voici, ce que rapporte le Tsouo-tchoan, vol. 9. p. 15. " En hiver à la 12ème lune, l'armée de Tsin 晉 anéantit la principauté de Kouo 虢, dont le prince T'cheou 醜 s'enfuit chez l'empereur. En revenant, cette armée de Tsin 晉 passa par Yu 虞 occupa cette ville, la détruisit et fit prisonnier le prince avec un de ses officiers, nommé Tsin-pé 井伯 ou Pé-li-hi 百里奚 "

Le prince de Tsin 晉 nommé Hien-kong 獻公 avait promis sa fille à Mou kong (1) ; quand il la lui envoya, c'est ce Pé-li hi qui lui fut donné comme esclave et comme gardien d'honneur (2).

En 650, Hoei-kong 惠公 (650-636) de Tsin 晉 s'était enfui en exil parce que son père Hien-kong 獻公 avait destiné pour lui succéder le fils d'une concubine. Le nom de jeunesse de Hoei-kong était I-ou 夷吾. Le texte est ainsi conçu : " K'io-joei 郤芮 engagea I-ou à envoyer de grands présents au roi de T'sin 秦, pour le prier d'envahir le royaume de Tsin 晉, disant : " Mon pays est, de fait, entre des mains étrangères ; pourrais-je ne pas vous en offrir une partie ? Si je puis y rentrer et demeurer maître du peuple, serais-je assez avare pour ne pas vous en céder une partie ? " L'exilé suivit ce conseil. Bientôt Che-p'ong 隰朋 général du royaume de T'si 齊, arrivait avec une armée, la réunissait à celle de T'sin 秦 pour aller ensemble rétablir Hoei-kong dans ses droits (3).

---

(1) 任好 Jen-hao était son nom. Mou-Kong est son nom posthume. 布德執義曰穆 Distribuer les bienfaits d'après les règles et la justice. Le recueil Che-Ki, chap. 5. p. 8., dit cependant qu'en 659, Mou-Kong, en personne, conduisit une armée contre les sauvages Mao, 茅; il les vainquit près du gué appelé Mao-tsin 茅津, maintenant Ta-Yang-tsin, 大陽津 au nord de Chen-tcheou 陝州 au Ho-nan (vol. 12 p. 65).

(2) Plus tard, Pé-li-hi s'enfuit à Yuen 宛. Le roi le racheta moyennant cinq peaux de chèvres.—Yuen, c'est actuellement Nan-yang-fou 南陽府 [Ho-nan p. 40].

(3) Le recueil Che-Ki, chap 5. p, 9., dit que l'armée remporta la victoire à Ho-k'in 河曲, cette ville est maintenant Pou-pan-t'cheng, 蒲坂城, à 50 ly sud-est de Pou-tcheou-fou 蒲州府 Chan-si, vol. 8. p. 30.

À ce propos, Mou-kong s'adressant un jour à K'io-joei: "Quel appui, dit-il, peut avoir votre prince exilé?"—"J'ai entendu dire, répondit K'io-joei, qu'un exilé ne doit pas avoir de parti, sinon il se fera des ennemis. I-ou dans sa jeunesse, n'aimait pas les jeux ; dans ses querelles, il était mesuré. Devenu plus âgé, il a continué de même, c'est tout ce que je sais " (1)

Mou-kong voulait cependant savoir quelles espérances on pouvait fonder sur I-ou; il s'adressa donc, un jour à son propre officier, nommé Kong-suen-tche 公孫枝 et lui demanda s'il croyait I-ou capable de rétablir le royaume de Tsin 晉. Suen répond: " D'après ce que j'ai toujours entendu dire, il faut un homme supérieur pour rétablir un pays. Maintenant, les paroles de I-ou sont soupçonneuses et arrogantes; difficilement il réussira !" " Oui, dit Mou-kong, s'il est soupçonneux, il aura beaucoup d'ennemis; alors comment pourrait-il réussir ? Du moins dans cette expédition, nous n'aurons que de l'avantage." En fin de compte, Mou-kong et le prince de T'si 齊, Hoan-kong 桓公 rétablirent I-ou sur son trône; et il prit le nom de Hoei-kong 惠公.

A l'été de 649, P'ei-tcheng 丕鄭, officier de Tsin 晉, s'était rendu auprès de Mou-kong, pour le remercier (2) et lui annoncer que ses présents arriveraient plus tard. A son retour, il fut massacré avec ceux du parti de Li-k'é 里克.

Que signifie ce singulier texte ? En voici l'explication. P'ei-tcheng étant chez le prince de T'sin [Mou-kong] lui avait dit : " Liu chen 呂甥, K'io-tcheng 郤稱 et Ki-joei 冀芮 refusent absolument de vous céder les terres convenues: si vous leur envoyiez de beaux cadeaux, vous pourriez les attirer chez vous, [pour les tuer]. Moi, alors, j'irais chasser le prince Hoei 惠, vous mettriez Tcheng-eul 重耳 sur le trône à sa place. Ce plan réussira très bien." Sur ce, Mou-kong envoie l'officier Leng-tche 冷至 comme ambassadeur rendre visite à Hoei-kong de Tsin 晉. Cet officier, comme c'était convenu, invita les trois nobles personnages à venir le voir.

---

(1) Chen-cheng 申生 le légitime prince héritier de Tsin 晉 avait été mis à mort dès l'année 655; les troubles duraient encore et durèrent jusqu'à l'avènement de Tchong-eul 重耳 c'est-à-dire Tsin-wen-kong 晉文公, l'un des plus grands princes de la Chine. Celui-ci et son frère I-ou avaient pu s'enfuir dès le commencement de la révolution, causée par leur marâtre. Pour obtenir le secours de Mou-kong, I-ou lui avait promis huit villes avec leur territoire; mais quand il dut en venir à l'exécution, ce fut une autre affaire ! Ces villes se trouvaient dans les territoire actuels de T'ong-tcheou 同州 et de Hoa-tcheou 華州 (vol. 14 p. 17).

A la mort de Chen cheng, c'est Tchong-eul qui avait droit à la succession ; son frère I-ou le supplante comme on le voit ; et Mou-kong l'aide à perpétrer cette usurpation. Plus tard, il fera la contre-partie, détrônera le fils et héritier de I-ou pour mettre à sa place Tchong-eul. Jeu de bascule peu digne d'un grand prince ! (voir ci-après, année 635).

(2) On lui avait promis huit villes, avec leurs territoires, (vol. 10, p. 11); comme nous venons de le dire ; au lieu de les lui livrer tout de suite, on lui envoyait des présents ; on voulait temporiser, espérant trouver quelque moyen d'éluder cette embarrrassante promesse.

Ki-joei dit:—" Les cadeaux de cet homme sont considérables, et ses paroles mielleuses; bien sûr c'est un piège qu'on nous tend." Aussitôt il fait tuer P'ei-cheng, Ki-kiu 祁聚 et encore sept autres officiers qui l accompagnaient, tous gens des chars du parti de Li k'é. Hoei-kong approuva ce massacre.

P'ei-pao 丕豹, fils de P'ei-tcheng, s'enfuit chez le roi de T'sin et lui dit: " Le prince Hoei est ingrat envers votre seigneurie, il se venge pour des querelles de rien; le peuple est mécontent de lui; si vous lui faisiez la guerre, certainement il s'enfuirait." Mou-kong lui répliqua: " S'il avait perdu l'affection du peuple, comment a-t-il pu massacrer tant de nobles ? Vous qui avez dû fuir le brasier, comment pourriez-vous chasser ce prince."

Pendant l'hiver de 647, Hoei-kong voyait son pays désolé par la famine ; ni blé, ni millet. Il en avertit Mou-kong, demandant la permission de venir acheter des provisions chez lui. Celui-ci dit à Tse-sang 子桑 et Kong-suen-tche: " Faut-il lui vendre des vivres ?"—" Oui, répondirent ceux-ci; car si Hoei-kong, recevant pour la seconde fois un grand service, sait vous rendre la pareille, tout sera pour le mieux. Sinon son peuple sera honteux de lui ; si alors nous l'attaquons, le peuple ne l'aidant point, nous l'accablerons !"

Mou-kong demanda encore l'avis de Pé-li-hi 百里奚: " Les calamités du ciel, dit celui-ci, ont leurs révolutions ; chaque royaume a son tour. Si en temps de misère, on aide son voisin, c'est agir d'après les principes de la vertu ; quiconque fait ainsi sera béni du ciel."

P'ei-pao, au contraire, poussait Mou-kong à attaquer le pays de Tsin 晉 malgré sa misère. Mais Mou-kong lui répliqua : " Si le prince est mauvais et ingrat, quel crime a commis son peuple ?" Sur ce, on transporta au pays affamé une telle quantité de secours, que depuis Yong 雍, capitale de T'sin 秦 jusqu'à Kiang 絳, capitale de Tsin 晉, c'était une file ininterrompue de voitures (1).

En 646, Mou-kong devait à son tour recourir à la charité de Tsin 晉 pour sauver son peuple d'une semblable misère. Hoei-kong refusa tout secours. K'ing-tcheng 慶鄭 indigné s'écria : " Rendre le mal pour le bien, c'est manquer à la charité ; profiter des calamités d'autrui, c'est manquer à l'humanité ; être avare et ne pas secourir les autres, c'est s'attirer des calamités ; vexer ses voisins, c'est être injuste. Quiconque est chargé de ces quatre crimes ne pourra jamais garder son royaume."

---

(1) Kiang : C'est Y-t'cheng-hien 翼城縣 à 130 ly sud-est de P'ing-yang-fou 平陽府, Chan-si. D'ailleurs cette capitale a changé plusieurs fois de place. (vol. 8 p. 10)—(vol. 9. p. 4).

—Quoi ! interrompit Kouo-ché 虢 射, ayant perdu 'la peau, où pourraient croître les poils (1).

— Non ! reprit K'ing-tcheng, si nous manquons à la parole donnée, si nous rendons à un voisin le mal pour le bien, qui donc ensuite en cas de calamité aura pitié de nous ? Manquer à sa parole, c'est s'attirer des calamités; perdre l'appui de ses voisins, c'est aller à sa propre perte; ce sera le sort final.

—Kouo-ché répondait : Ne pouvant diminuer sa haine, pourquoi aller augmenter ses forces ?

— Agir comme vous le conseillez, reprenait K'ing-tcheng, c'est blesser les sentiments de notre peuple. Vous allez offenser une seconde fois Mou-kong, et vous le rendre à jamais irréconciliable !·

Hoei-kong persistant à refuser les secours demandés, K'ing-tcheng lui prédit qu'il s'en repentirait, mais trop tard ! ''

En 645, pour la 1ère fois, Confucius mentionne le royaume de T sin dans ses annales. Il dit sèchement : '' A la 10ème lune, le jour Jen-siu 壬 戌 les rois de Tsin 晉 et de T'sin 秦 se livrent bataille à Han 韓. Le prince de Tsin 晉 est fait prisonnier.'' (2)

Le commentaire ajoute: '' Quand, en 650, Hoei-kong rentra dans son royaume, sa sœur ainée, femme de Mou-kong, lui avait recommandé de bien traiter sa marâtre, c'est-à-dire la seconde femme de son père, une princesse de Kia 賈. Elle lui avait encore conseillé de rappeler tous les princes exilés du temps où la concubine Li-ki 驪姬 était en faveur. (3)

Rentré chez lui, Hoei-kong ne fit rien de cela ; il vivait en inceste avec sa marâtre, cette princesse Kia, et ne se souciait guère des princes exilés; aussi sa sœur ainée le détestait. Il avait promis de grandes récompenses aux nobles familles qui l'avaient aidé à monter sur le trône, mais il ne leur donnait rien.

---

(1) C'est-à-dire ayant offensé Mou-kong en lui refusant les huit villes promises, nous n'arriverons pas à nous réconcilier avec lui en lui vendant des vivres ; ainsi ce serait inutile pour nous; nuisible même puisque nous fortifierons notre ennemi irréconciliable.

(2) Han—C'est actuellement Han-t'cheng-hien 韓城縣 préfecture de T'ong-tcheou fou 同州府 (Chen-si). A 18 ly au sud de la ville actuelle, il y a encore les ruines de l'ancienne capitale de Han, anéantie par le royaume de Tsin 晉 avant les temps décrits par le T'chouen-tsiou 春秋 [vol. 1 p. 21] Le vol. 14 p. 20, place l'endroit exact à 20 ly sud-est de la ville actuelle.

(3) Le Kouo-yu, vol. 7, p. 16, raconte la guerre contre les Tartares, où le roi Hoei-kong fit connaissance avec cette Li-ki, cause de tant de malheurs ; au vol. 8. p. 1, il raconte toute les intrigues de cette marâtre.

Il avait promis à Mou-kong les huit villes qui se trouvaient en dehors du fleuve Jaune (Hoang-ho 黃河) c'est-à-dire au sud jusqu'à la montagne Hoa 華 ; à l'est, jusqu'à Kouo 虢 et son territoire; à l'intérieur jusqu'à Kiai-leang 解梁 (1) mais il ne les avait jamais livrées.

    Irrité par cette mauvaise foi, Mou-kong pensait à lui déclarer la guerre. Auparavant, il voulut consulter les sorts ; le devin lui dit : " Si vous passez le fleuve Jaune, les chars du prince Hoei seront à vous ".—" Qu'est-ce que cela signifie," demande Mou-kong ?—" Vous avez la plus grande chance, répond le devin ; vous battrez trois fois le roi Hoei et vous le prendrez lui-même; car le diagramme tiré par le sort est ䷫ Kou. Ils seront vaincus trois fois; ce qui en restera tombera entre vos mains, avec le renard mâle; le renard en question ne peut-être que le prince astucieux; la partie supérieure du symbole signifie les époque de la partie inférieure signifie le vent ; nous sommes en automne ; à cette montagnes; l'année on recueille les fruits, on coupe les arbres pour s'en servir."

    Fruits recueillis, arbres coupés ; qu'est-ce que cela veut dire, sinon la défaite de Hoei-kong ?

    En conséquence de ces présages, Mou-kong s'était mis en campagne. Après troi· batailles, il était parvenu jusqu'à Han 韓.

    Hoei-kong se voyant en danger, interrogea K'ing-tcheng 慶鄭 : " L'ennemi pénètre bien avant dans notre territoire, maintenant que faire ?—C'est vous qui l'avez appelé, répond l'officier, qu'y aurait-il à faire ?—" Vous êtes bien fier ! " reprit Hoei-kong. Aussitôt il consulta le sort, pour savoir qui serait à sa droite sur son char; ce fut le nom de K'ing-tcheng qui sortit de l'urne. " Je n'en veux point, dit Hoei-kong. Sur ce, il ordonne à Pou-yang 步揚 de conduire le char et mit Kia-pouo-t'ou 家僕徒 à sa droite. Le char avait quatre chevaux magnifiques, don du prince de Tcheng 鄭.

    K'ing-tcheng le bon censeur, fit encore ses observations : "Dans les circonstances graves, dit-il, les anciens se servaient toujours des chevaux de leur propre pays ; ceux-ci, ayant bu l'eau et mangé l'herbe de la contrée, étaient accoutumés aux gens du pays, obéissaient à leur voix, connaissaient les chemins ; vous pouviez les conduire où vous vouliez, ils obéissaient à la direction du guide.

---

    (1) Hoa—Actuellement dans le Chen-si, préfecture de Si-ngan-fou, à l'ouest de Hoa-yn-hien 華陰縣

    Kouo—Actuellement c'est la ville de Song-hien 蒿縣 dans la préfecture de Ho-nan-fou 河南府

    Kiai ou Liai— 'est maintenant Hiai-t'cheng 解城 à 18 ly sud-est de Liu-tsin-hien 臨晉縣 dans la préfecture de P'ou-tcheou-fou 蒲州府 Chan-si (vol. 8. p. 30).

Aujourd'hui Hoei-kong attèle des chevaux étrangers ; ceux-ci vont s'effrayer, s'emporter ; une fois affolés, ils seront intraitables ; leur sang court, bouillonnant dans leurs veines, leurs artères sont gonflées comme celles des chevaux vigoureux ; mais cela est factice ; ils n'ont pas de forces ; on ne pourra bientôt les faire avancer, ni reculer ; impossible de les conduire ; sa majesté s'en repentira !''

Hoei-kong laissa dire, et marcha à la rencontre de Mou-kong. A la 9ème lune, il envoya un officier, nommé Han kien 韓簡 examiner la situation de l'armée ennemie : ''Le nombre des hommes, dit celui-ci, est inférieur au nôtre, mais l'ardeur et la discipline chez eux est double.''—''Pourquoi cela, demande Hoei-kong ? —En voici la raison, répond l'officier ; quand votre majesté s'enfuyait dans le pays de Leang 梁, vous vous appuyiez sur l'amitié de Mou-kong ; quand, plus tard, vous rentriez chez vous, c'était grâce à ce même prince ; en temps de famine, votre peuple était encore sauvé par lui. Ainsi trois fois, vous avez reçu de lui de grands bienfaits et vous n'en avez montré aucune reconnaissance. Maintenant qu'il vous en demande raison, vous allez au contraire pour le combattre. Naturellement, nos soldats sont abattus, tandis que les siens portent la tête haute ; leur entrain est plus que doublé.''—''Quand il s'agit d'un ennemi, réplique Hoei-kong, il n'est pas prudent de mépriser un homme vulgaire ; à plus forte raison mépriser un grand royaume comme le nôtre !'' Sur ce, il envoya un message à Mou-kong pour demander le combat. Il disait : '' Moi, homme de peu, je manque totalement de capacités. Après avoir réuni tant de soldats, il m'est impossible de les renvoyer. Si votre majesté ne quitte mon pays, il ne me reste plus qu'à combattre à mort.''

Mou-kong répondit par un semblable message ; c'est Kong-suen tche 公孫枝 qui le portait. ''Quand votre majesté était en exil, notre prince était déjà mécontent de vous ; quand votre majesté fut sur le trône, sans y être encore bien affermie, le déplaisir de notre prince s'accrut encore ; maintenant que votre majesté est bien affermie sur son trône, elle lui demande de combattre : comment oserait-il vous refuser ?''

Han-kien, à son retour, avait prédit à ses amis : '' Si nous sommes faits seulement prisonniers, ce sera pour nous une grande chance !''

Donc le jour Jen-siu 壬戌, 13ème jour de la 9ème lune, la bataille s'engageait à Han-yuen 韓原. Les chevaux de Hoei-kong s'embourbèrent dans un bas-fond d'où ils ne pouvaient sortir. Le prince cria à K'ing-tcheng de venir à son secours. ''Vous n'avez pas écouté mes paroles, dit celui-ci ; vous avez méprisé l'oracle, c'était marcher à la défaite !'' Et il s'éloigna. Pendant ce temps, Han-kien, ayant Leang-yeou-mi 梁由靡 comme guide, et Kouo ché 虢射 à sa droite, combattait vaillamment. Déjà il était sur le point d'atteindre Mou-kong et de le faire prisonnier quand K'ing-tcheng lui cria d'aller au secours de Hoei-kong.

Il y courut aussitôt ; c'était un malheur. Il fut pris avec lui, et emmené captif dans le pays de T'sin 秦. Les officiers de Hoei-kong dénouèrent leurs cheveux en signe de désolation, ils arrachèrent de l'herbe pour s'asseoir et se coucher pendant la nuit. Ils suivaient ainsi tristement leur prince.—"Mais, leur disait Mou-kong, pourquoi vous chagriner jusqu'à ce point ? Moi, homme de peu, j'accompagne votre noble roi ; nous allons ensemble vers les pays de l'ouest, je ne fais qu'accomplir un songe malheureux du prince Hoei. (1) Comment oserais-je en venir avec lui à l'extrême (c'est-à-dire le tuer) ? (voir une note plus bas, à l'année 620, comment Mou-kong fut secouru par des sauvages).

Les officiers se prosternèrent dans la poussière et frappèrent trois fois la terre de leurs fronts, en disant : "Votre majesté a les pieds sur la terre immobile ; au dessus de sa tête, elle a le ciel bleu ; ces deux divinités ont entendu comme nous ses paroles !"

Quand Mou-ki 穆姬 [femme de Mou-kong et sœur de Hoei-kong] eut appris que son frère arrivait prisonnier, elle prit avec elle ses deux fils Yong 罃 et Hong 弘, puis sa fille Kien-pi 簡璧 et monta sur une tour, après y avoir fait amonceler de la paille et du bois. En même temps elle envoyait des domestiques en deuil à la rencontre de son époux lui porter ce message: " C'est un malheur envoyé par le ciel que vos deux majestés se soient rencontrées, non dans un mutuel échange de présents, mais sur un champ de bataille. Si le roi mon frère entre ici prisonnier le matin, je mourrai le soir; s'il y arrive le soir, je mourrai le matin suivant ; tenez-vous pour averti !" (2)

Mou-kong se contenta d'enfermer son prisonnier dans la fameuse tour nommée Ling-t'ai 靈臺 (3). Ses officiers lui conseillaient de l'emmener jusqu'à la capitale, il refusa : " Ce serait, dit-il, une bonne aubaine pour nous ; mais si après cela il arrive quelque mal à ma famille, quel profit en aurai-je retiré ? Et vous, quel avantage en aurez-vous remporté ? D'ailleurs les officiers de Tsin 晉 dans leur douleur m'ont fait l'honneur d'appeler le ciel et la terre en témoignage de la parole donnée. Si je ne vais terminer

---

(1) Voici le fait : Hou-t'ou 狐突, oncle maternel de Hoei-kong, avait eu un entretien avec les esprits ; il avait parlé avec Chen-cheng 申生 le défunt frère aîné du prince ; celui-ci, tué par sa seconde femme [marâtre et concubine de Hoei-kong], avait dit à Hou-t'ou : " J'ai parlé au maître du ciel qui m'a permis de le punir." La défaite et la captivité étaient donc un châtiment du ciel.

(2) La princesse voulait seulement effrayer son mari ; et le forcer ainsi à lâcher son frère. Se-ma-t'sien dit qu'elle était pieds nus et en deuil.

(3) C'est de cette tour qu'il est question dans Mong-tse 孟子. Actuellement, elle se trouve à 25 ly à l'est de Yu-hien 鄠縣 dans la préfecture de Si-ngan-fou, Chen-si.

[Edition impériale, vol. 13, p. 36]—(vol. 14, p. 12).

tous les chagrins publics du royaume de Tsin 晉, je doublerai la haine de ses habitants contre moi; et je serai parjure envers le ciel et la terre. Certainement je vais aller délivrer Hoei-kong et le rendre à son peuple."

Kong-tse-tche 公子縶, grand officier, lui répliqua ; " Il vaut mieux le tuer, sinon il ne fera que nourrir une plus grande haine contre nous." Kong-suen-tche 公孫枝 reprenait à son tour: "Renvoyez le prince, mais gardez en otage son fils aîné; ainsi vous pourrez faire la paix en toute sécurité et à votre avantage ; il est impossible de détruire le royaume de Tsin 晉; si vous tuez le roi ce serait un méfait." Che-i 史佚 dit: " N'ouvrez pas la porte au malheur ; ne tirez pas profit des infortunes d'autrui ; n'augmentez pas la haine qu'on a déjà contre vous, sinon, il vous sera difficile de vivre. Injurier et provoquer les autres porte malheur ! " (1)

Ayant entendu ce plaidoyer, Mou-kong promit au prince Hoei de faire la paix. Celui-ci envoya K'io-k'i 郤乞 avertir et appeler son ministre fidèle Liu-cheng 呂甥, qui se hâta d'arriver. " Je vous suggère un bon moyen de vous tirer d'embarras, lui dit-il. Réunissez au palais tous les grands de votre royaume, distribuez leur des cadeaux, puis vous leur direz : " Moi, homme de rien, si je rentrais dans mon royaume, la honte resterait attachée à notre patrie; c'est inévitable. Donc consultez le sort, pour savoir s'il n'est pas mieux de mettre sur le trône, à ma place, mon fils Yu 圉." Hoei-kong suivit ce conseil. A cette proposition, toute l'assemblée éclata en pleurs. Hœi-kong distribua alors les revenus des terres publiques aux grands du royaume. Liu-cheng continuant son rôle s'écria : " Notre prince en exil ne pense pas à ses intérêts, mais il exerce sa miséricorde envers nous ; c'est le comble de la bienfaisance ! Que pouvons-nous faire pour lui ? " Liu-cheng reprend: "Allons préparer l'argent et le matériel nécessaires pour la guerre, et aidons de toutes nos forces le prince héritier. Les autres pays apprendront que nous avons de nouveau un roi, après avoir perdu le précédent ; tous les officiers et employés resteront en paix. Notre matériel de guerre s'augmentera de jour en jour, nos amis nous aideront, nos ennemis auront peur, nous en retirerons certainement un grand avantage." Toute l'assemblée se réjouissait d'entendre ces paroles.

C'est alors qu'on divisa le royaume de Tsin 晉 en circonscriptions de deux mille cinq cents familles, appelées tcheou 州, qui devaient fournir chacune une somme déterminée pour le bien public, [chaque tcheou comprenait cinq tang 黨].

(1) Che-i est le grand historiographe du temps de l'empereur Ou 武. Celui-ci ayant appris que Mou-kong était décidé à tuer son prisonnier, et à l'offrir en guise de victime au ciel, lui députa ce grand dignitaire, avec le message suivant : " Le roi de Tsin porte le même nom que moi ; il est de ma famille ; ainsi je vous prie de l'épargner ! "

Précédemment, quand le roi Hien 献 (676-651) était sur le point de marier sa fille ainée au prince Mou-kong, il avait consulté les sorts. Il en avait obtenu le diagramme ou symbole ䷵ Koei (ou Koei-mei 歸妹); puis l'autre K'oei ䷥ (ou 睽). (1) L'historiographe Sou 蘇, expliquant ces symboles, avait dit : " Ce sort est mauvais ! En effet ; un homme tue une brebis, et ne trouve pas de sang; une jeune fille a un panier, et il n'y a rien dedans; notre voisin à l'ouest nous blâme, sans que nous puissions lui répondre. Le symbole Koei-mei, marier sa fille, rencontre le symbole K'oei, qui signifie opposition ; le sens est donc impossibilité de se rencontrer, de convenir. (Par ailleurs) le tonnerre rencontre le feu, et le feu rencontre le tonnerre; le Yng 嬴 défait le Ki 姬 ; le char a son essieu brisé; le feu a brûlé les drapeaux, il est inutile de partir en guerre ; nous serons battus sur notre propre territoire. Le symbole Koei-mei, rencontrant le symbole K'oei indique la solitude ; l'ennemi tirera son arc sur nous; le neveu va suivre sa tante. Après six ans, il s'enfuira; il rentrera dans ses états; il quittera sa femme; après un an, il mourra à Kao-leang 高粱 " (2).

 Hoei-kong captif, se rappelant ce fait, disait à Han-kien son compagnon: " Si le roi mon père avait ajouté foi au sort expliqué par Sou, je ne serais pas aujourd'hui tombé dans ce malheur." Celui-ci répond . " La carapace de la tortue (dans la divination) indique la figure (du sort); la fleur achillée donne les chiffres, [voilà qui est sûr dans cet art]; votre père a [en effet] manqué à la vertu à un degré qui n'a pas de nombre; mais cet historiographe était un diseur de bonne aventure [un conteur]; quel mal y avait-il à mépriser ses paroles ? Le livre des vers Siao-ya 小雅 [humile decorum] dit : Les malheurs du petit peuple ne viennent pas du ciel; ils [les détracteurs] vous flattent en face, (puis) par derrière ils vous ruinent. La décision dépend de l'homme [c'est-à-dire: vous-même, et vous seul avez attiré cette infortune ; car le but, l'action, tout dépendait de vous]." [Zottoli, vol. 3. No. 39, vers 7, p. 170].

---

(1) Voir Zottoli, vol. 3, p. 559 etc., diagrammes 54 et 38, avec les explications. Que le lecteur prenne un peu patience en lisant cette digression, qui fait partie de notre sujet ; il aura du moins un exemple de ces niaiseries auxquelles un peuple intelligent peut ajouter une foi en quelque sorte indestructible en dépit de toutes les déceptions qu'il a essuyées. Encore maintenant ces fameux diagrammes décident de toutes les affaires importantes; soit pour les entreprendre, soit pour les abandonner. Le sort même de l'empire dépend de ces six lignes entières ou brisées ! Et l'on y croira en Chine tant qu'il y aura des lettrés.

(2) A 37 ly nord-est de Ling-fen-hien 臨汾縣 il y a un endroit désert nommé Leang-k'iu 梁墟 préfecture de P'ing-yang-fou 平陽府 Chan-si. (vol. 8, p. 7).

A la 10ème lune de cette même année (644) Liu-cheng, l'habile ministre, se rendit chez Mou-kong, et fit la paix avec lui, à Wang-t'cheng 王城 (1): Mou-kong demanda si le pays de Tsin 晉 était tranquille? " Non, répond Liu-cheng: le peuple est honteux d'avoir perdu son roi, il est en deuil pour tant de morts laissés sur le champ de bataille; malgré cela, il s'impose des contributions pour continuer la guerre, et placer le prince Yu sur son trône; le peuple veut prendre sa revanche, et se soumettra plutôt aux Jong-ti 戎狄 que de ne pas venger son roi. Les nobles aiment leur prince, mais ils savent aussi ses fautes [d'ingratitude]; eux aussi réunissent des cotisations pour la guerre; ils attendent avec impatience quelle sera votre décision; pourtant, tous d'une commune voix, disent qu'on doit être reconnaissant (des bienfaits reçus), quand même on devrait en mourir." – Mou-kong reprend: "Quel est le sentiment de votre pays sur son roi?"—"Le peuple, répond Liu-cheng, a beaucoup de chagrin, disant que son prince n'échappera pas à la mort. Les nobles, au contraire, ont une haute opinion de votre générosité, et sont convaincus que le roi reviendra prochainement. Le peuple dit: " Nous nous sommes montrés ingrats et félons envers le roi de T'sin 秦; comment voudrait-il nous rendre notre souverain?" Les nobles disent au contraire: " Nous reconnaissons nos fautes, notre prince nous sera certainement rendu; nous avons failli deux fois à notre devoir, c'est pourquoi notre roi a été pris; maintenant, nous nous soumettons humblement, le roi de T'sin 秦 nous pardonnera; ce sera le comble de la vertu, et ce sera notre plus forte punition; ceux qui se soumettent, ont à coeur la reconnaissance; les autres ne craignent que les châtiments."—Cette fois-ci, votre majesté peut vraiment (grâce à sa clémence) devenir le chef suprême de tous les roitelets. Précédemment, vous aviez ramené notre prince, mais vous ne l'aviez pas établi solidement sur son trône; aujourd'hui, après l'avoir [vous-même] renversé, relevez-le; sinon vos bienfaits n'auront abouti qu'à obtenir la haine; une telle erreur ne peut vous arriver!"—" Vous avez bien deviné mon intention," dit Mou-kong. Sur ce, il donna une meilleure habitation à Hoei-kong; il lui fit don de sept boeufs, sept agneaux, et sept pourceaux, (présent vraiment princier à cette époque). (T'ou-ling. vol. 10, p 18).

L'officier Ngo-si 蝦折 demanda à K'ing-tcheng 慶鄭 s'il n'allait pas s'enfuir? "Non, répondit-il; j'ai causé la perte de mon roi; dans la défaite, je n'ai pas su combattre jusqu'à la mort, si je me soustrayais à ma juste punition, je serais indigne d'être officier; avoir le titre sans en être digne, quelle serait ma honte."

---

(1) Maintenant, c'est le bourg de Wang-t'cheng, à l'est de Tchao-i-hien 朝邑縣 préfecture de T'ong-tcheou fou 同州府, Chen-si, (Edition impériale, vol. 13. p.36)—[vol. 上 p. 38].—(vol. 14 p. 18.)

À la 11ème lune, Hoei-kong rentre dans son royaume ; c'était le jour nommé ting-t'cheou 丁丑, le 18 novembre ; mais auparavant il fit mettre à mort K'ing-tcheng. Le commentaire ajoute que ce prince ne sut profiter ni de son infortune, ni de l'exemple de clémence que lui avait donné son vainqueur; il se montra cruel et irréconciliable, même avant son retour dans sa capitale. (1)

Cette même année (644), le pays de Tsin 晉 fut de nouveau éprouvé par la famine. Mou-kong vint encore à son aide, en disant: "Je déteste son prince, mais j'ai pitié de son peuple; de plus, j'ai entendu dire que quand T'ang-chou 唐叔 [1106 avant J.C.] reçut de l'empereur l'investiture de ce fief, le prince Ki-tse 箕子 prophétisa que les successeurs seraient de grands rois ; comment donc espérer s'emparer de cette contrée ? Il vaut mieux pratiquer la vertu envers le royaume de Tsin, et attendre un digne prince."

A partir de cette époque, le royaume de T'sin 秦 perçut l'impôt des territoires à l'est du fleuve Tsin 晉, l'ancienne frontière, et y établit des officiers pour les administrer. Mais cela ne devait guère durer. Deux ans plus tard, à l'été de 643, Mou-kong, ayant reçu en otage le fils de Hoei-kong, le prince héritier Yu 圉, (2) lui rendait gracieusement ces territoires ci-devant annexés; de plus, il lui donnait une princesse pour épouse.

" En 642, (vol. 11. p. 5) le comte de Leang ayant augmenté le nombre de ses villes fortifiées n'eut pas assez de monde pour les garder. L'une d'entr'elles s'appelait Sin-li 新里 ; Mou-kong s'en empara, il y fit construire un mur plus solide, et l'occupa." (3)

---

(1) Hoei-kong dut céder à Mou-kong, tout le territoire qu'il possédait à l'ouest du fleuve Jaune.—Son fils, le prince héritier Yu 圉 resta en otage auprès de Mou-kong. (chap. 5. p. 11). Ainsi le royaume de T'sin s'étendit jusqu'au fleuve Jaune.

(2) En 654, quand le prince Hoei-kong avait du se réfugier chez le roi de Leang 梁, il épousa une de ses filles, nommée Leang-yng 梁嬴, laquelle ayant conçu, dépassa le terme de dix mois sans accoucher. Deux devins, le père et le fils, furent appelés pour consulter les sorts : " La princesse va mettre au monde, à la fois un garçon et une fille, s'écria le jeune sorcier; "— ' Oui, dit le vieux, les deux jumeaux seront serviteurs d'autrui." C'est pourquoi le garçon fut appelé Yu 圉, gardien de chevaux, palefrenier; et la fille Tsié 妾, servante, femme secondaire. De fait, en 644, Yu était donné en otage par son père ; et sa sœur l'accompagnait, pour être servante.—Voilà ce que nous lisons de l'histoire ; mais les auteurs chinois sont remplis de prophéties de ce genre, à la façon de Virgile; aussi ne méritent-elles pas plus notre croyance. Elles prouvent cependant, les unes et les autres, la conviction universelle que la divinité sait l'avenir, qu'elle peut le révéler s'il lui plait, et qu'elle le révèle quelquefois à des hommes choisis. Quant à la capitale de Leang, elle était à 22 ly au sud de Han-t'cheng-hien 韓城縣 préfecture de T'ong-tcheou-fou 同州府, Chen-si. La montagne Leang est à 19 ly au sud, et s'étend dans la sous-préfecture de Ho-yang-hien 郃陽縣 (vol. 14. p. 19).

(3) Cette ville nommée ensuite Sin-t'cheng 新城 était à 20 ly nord-est de Teng-t'cheng 澄城, préfecture de T'ong-tcheou-fou (ibid. p. 20).

"En 641 (vol. 11. p. 5 et 7), la principauté de Leang s'est éteinte". Tel est le texte même de Confucius; il est bref et amphibologique. Le commentaire de Tsouo-kieou-ming 左邱明 donne l'explication suivante : " Confucius dit que la principauté s'éteint sans ajouter comment, ni par qui elle est anéantie, pour montrer que le prince lui-même s'était attiré ce malheur, et s'était rendu indigne d'exister. Il aimait à bâtir, construisait partout des villes fortifiées, mais n'avait personne à y mettre. Le peuple était écrasé par ces corvées inutiles ; pour le forcer à obéir, le prince l'effrayait en disant : tel brigand va arriver ! Vite on creusait un fossé profond autour de son palais. Une autre fois il disait: le roi de T'sin 秦 va nous envahir ! Aussitôt le peuple se dispersait aux quatre vents du ciel. Mou-kong l'ayant appris, profita d'une si belle occasion; il se présenta avec son armée, et s'empara de la principauté."

"A l'automne de 638, (vol. 11. p. 10) les deux rois de T'sin 秦 et de Tsin 晉, par ruse et par surprise, réussirent à faire sortir les sauvages 允 Yun du pays du Lou-hoen 陸渾 pour émigrer dans le pays de I-t'choan 伊川 (1). Leur prince avait le titre de vicomte [子 tse], et habitait originairement à Koa-tcheou 瓜州 au nord-ouest des deux royaumes de T'sin et de Tsin. Le nom de sa famille était Yun ; de là venait le nom de son peuple et de son pays. C'est seulement après l'émigration que ce territoire fut appelé Lou-hoen."

Il paraît que ce changement avait eu aussi sa prophétie. Voici ce qu'on lit dans le Tsouo-tchoan: " Précédemment, quand l'empereur P'ing transféra sa capitale à l'est, au pays de Lo-i 洛邑 , l'officier Sin-yeou 幸有, passant par I-t'choan, remarqua comment les habitants avaient les cheveux épars, et offraient leurs sacrifices en pleine campagne. Il s'écria: "Avant cent ans, ce pays sera devenu le séjour des sauvages Si-jong, car c'est ce peuple qui a le premier oublié les rites chinois." (2)

Nous avons vu plus haut que le prince Yu était en otage à la cour de Mou-kong; il trouvait le temps bien long, et, pensant à s'enfuir, il voulut persuader à sa femme, la princesse Hoai-yng 懷嬴 de s'évader avec lui. Celle-ci était très embarrassée : " Vous êtes prince héritier de Tsin 晉, lui dit-elle, et vous êtes ici en captivité; vouloir vous enfuir est un sentiment bien naturel.

---

(1) Lou-hoen : à 20 ly au nord de Song-hien 嵩縣 dans a préfecture de Ho-nan-fou, 河南府; il y a encore les restes de cette ancienne ville.

I-t'choan : maintenant c'est I-yang-hien 伊陽縣 préfecture de Jou-tcheou 汝州 (Ho-nan).

ao-tcheou : maintenant Ngan-si-tcheou 安西州 préfecture de Tcheng-si-fou 鎮西府 [Kan-sou] (vol. 上, p. 41)—(vol. 12, p. p 39-63—vol. 15. p. 31.)

(2) Les Chinois pur-sang, de ce temps-là, avaient les cheveux noués au-dessus de la tête et portaient chapeau.

Quant à votre humble servante, mon roi m'a députée près de vous, pour vous tenir compagnie, avoir soin de votre mouchoir et de votre peigne, uniquement pour vous attacher à notre pays; si je vous accompagnais dans votre fuite je désobéirais à mon seigneur; je n'ose vous suivre mais je n'ose vous trahir" Le prince s'évada. (1) Singulière coïncidence ! Vers le même temps, arrivait à la cour de T'sin 秦 le prince Tchong-eul 重耳 chassé lui-même de Tsin 晉 par une révolution de palais, lui, l'oncle de Yu !

"En 636, Mou-kong donna au prince Tchong-eul, son hôte, cinq princesses pour femmes. Parmi elles se trouvait Hoai-yng elle-même. Un jour, celle-ci avait présenté à Tchong-eul une cuvette pleine d'eau pour se laver la figure; mais par mégarde, il l'éclaboussa. Elle entra en colère et lui dit : " Notre royaume de T'sin 秦 est bien égal au vôtre, pourquoi donc m'injurier à ce point ?"—Tchong-eul comprit la leçon, mais, craignant les suites de cette inadvertance il se dépouilla de ses vêtements de prince, s'offrit comme un coupable à sa discrétion, prêt à faire telle pénitence qu'elle voudrait lui imposer. (2)

Non-seulement Mou-kong pardonna cette inattention, mais encore il invita Tchong-eul à un grand dîner où celui-ci voulut avoir pour compagnon de table son oncle maternel Tse-fan 子犯. "Non, dit ce dernier, je ne vous suivrai pas; je ne suis pas assez fort en littérature pour cela. Prenez plutôt Tchao-t'souei 趙衰, il en est digne." Tchong-eul suivit ce conseil, et se rendit au dîner. Pendant le festin, il chanta l'hymne "L'eau du fleuve" (3) Mou-kong y répondit gracieusement par l'ode "A la 6ème lune [lou-yué 六月]" [voir Zottoli III. p. 145.] Le sens de l'hymne est celui-ci

---

(1) Où donc pouvait aller le prince Yu ? Son pays était en révolution; le désarroi régnait dans son palais, dans sa propre famille ! Son père même, Hoei-kong, ne pouvait le recevoir sans faire injure à Mou-kong. Il fallait donc se résigner à errer de pays en pays; c'est ce que venait de faire Tchong-eul. Celui-ci ne tardera pas à se rendre célèbre, sous le nom de Tsin-wen-kong 晉文公. Yu était fort mécontent de voir la patrie de sa mère, la principauté de Leang, annexée par Mou-kong; c'est pourquoi il chercha à s'enfuir.

(2) Pour comprendre cette scène d'intérieur, il faut se rappeler ceci : Chen-cheng ayant été mis à mort (voir note 4, l'année 650), et le royaume de Tsin 晉 étant en révolution Tchong-eul s'était enfui de pays en pays. Parvenu au royaume de T'chou 楚, le premier ministre voulait le tuer; mais le roi T'cheng-wang 城王 s'y opposa; il le traita très honorablement ; puis en 637, le fit conduire à la cour de Mou-kong. Se-ma-t'sien dit même que celui-ci l'invita à venir, pour réparer le déshonneur causé par l'évasion de Yu. En tout cas Mou-kong le traita en prince; il lui donna les cinq princesses dont nous venons de parler. Mais Hoai-yng, d'abord femme légitime de Yu, ne fut plus que femme secondaire de Tchong-eul ; elle en était très mécontente; elle profita donc de la première occasion, pour redresser fièrement la tête, et donner une leçon à son nouveau mari. (Kouo-yu, vol. 10 p, 9.)

(3) Cette ode ne se trouve plus dans le livre des vers (Che-king 詩經) ; elle a disparu, mais on en sait le sens.

l'eau du fleuve vénère et va saluer l'eau de l'océan; de même, moi, qui suis mince comme un ruisseau, je viens saluer votre grandeur, vaste comme la mer.

L'allusion de l'ode est celle-ci : de même que Yng-ki-fou 尹吉甫 aida grandement l'empereur Siuen 宣, ainsi Tchong-eul retourné dans sa patrie saura se rendre utile à l'empire.

Comme l'on voit, les deux convives faisaient assaut de flatterie, selon le goût de leur époque ; mais ce n'est pas fini, voyons la suite : " L'officier Tchao-t'soei dit à Mou-kong : " Le prince Tchong-eul est venu vous saluer et vous remercier de vos grands bienfaits." Aussitôt Tchong-eul descendit un degré, se mit à genoux, et frappa la terre de son front. Mou-kong se leva et descendit de même un degré, pour répondre à ce salut. Tchao-t'soei dit encore à Mou-kong : " Vous présagez que notre prince sera capable d'aider l'empereur dans l'emploi que vous lui destinez: pourrait-il ne pas vous remercier dignement ? " [T'ou-ling, vol. 12, p. 1] [Kouo-yu, vol. 10. p. 16]. (1)

Cette même année 637, mourut Hoei-kong. Avant de descendre au tombeau, il eut le chagrin de voir son royaume de Tsin 晉 troublé par les factions. Son fils aîné, le prince Yu 圉, était revenu ; mais Tchong-eul, réfugié auprès de Mou-kong, cherchait le moyen de supplanter son neveu. Yu monta sur le trône, et prit le nom de Hoai-kong 懷公. Dans ces circonstances, sa position était bien précaire ; aussi ses honneurs auront-ils une courte durée.

"Au printemps de 636, Mou-kong se mit en campagne pour aller installer de force sur le trône son protégé Tchong-eul. (T'ou-ling vol. 12. p. 1)—[Kouo-yu, vol. 10 p. 16]. Confucius n'en parle pas dans sa chronique parce que personne n'était venu en donner officiellement la nouvelle ; d'autres auteurs ont comblé cette lacune. Arrivé au bord du fleuve Jaune [Hoang-ho 黃河] avec l'armée, Tse fan 子犯 [l'oncle maternel cité plus haut] prit un jade et le remit à Tchong-eul en disant : " Jusqu'ici j'ai tenu la bride de votre cheval, et je vous ai accompagné dans vos pérégrinations à travers tant de pays; mes manquements ont été nombreux, j'en ai conscience; et vous, seigneur, à plus forte raison, vous en avez dû souffrir; permettez que maintenant je m'en aille vivre en exil hors de ma patrie." Tchong-eul lui jura solennellement : " Si dans mon cœur j'ai un ressentiment contre vous, mon oncle, que j'en sois puni ! J'invoque comme témoin ce fleuve limpide ! " Cela dit, il jeta le jade dans le fleuve.

---

(1) Pour les détails, voyez l'histoire de Tsin 晉 à l'année 672.

"L'armée de Mou-kong ayant traversé le Hoang-ho, assiégea Ling-hou 令狐, occupa Sang-t'siuen 桑泉 et s'empara de K'ieou-t'soei 臼衰". (1) "Les gens de Tsin 晉 étaient grandement effrayés. Tremblant pour sa vie, le prince Hoai, s'était enfui à Kao-leang 高梁 tandis que Liu-cheng 呂甥 et Ki-joei 冀芮 conduisaient une armée à la rencontre de Mou-kong." [Kouo-yu, p. 15. vol. 10].

A la 2ème lune, le jour kia-ou 甲午, c'est-à-dire le 26 février, celui-ci était déjà parvenu à Liu-lieou 廬柳 (2). De là il envoya l'officier Kong-tse-tche 公子縶 avertir les gens de Tsin 晉 qu'il leur amenait Tchong-eul pour être leur roi. Sur ce, Liu-cheng et Ki-joei se retirèrent avec leurs troupes jusqu'à Siun 郇. Ils y furent bientôt rejoints par Tse-fan qui réussit à faire un traité d'alliance et d'amitié entre les deux royaumes. Le jour jen-yn 壬寅, le 6 mars, Tchong-eul se rendit lui-même au milieu de l'armée de Tsin 晉 pour y être proclamé roi. Le jour ping-ou 丙午, 10 mars, il parvenait avec cette armée, devenue sienne, à la ville de K'iu-wo 曲沃 (3).

Le lendemain ting-wei, 丁未, le 11 mars, il offrait des sacrifices solennels à son ancêtre Ou-kong 武公 (678-676). Le jour meou-chen 戊申, le 12 mars on tuait à Kao-leang le prince Hoai dont le règne n'a pas duré deux années complètes. (Kouo-yu, p. 16).

Sous la protection de Mou-kong, Tchong-eul, devenu prince Tsin-wen-kong 晉文公, n'avait eu qu'à se présenter pour être accepté. L'expédition entreprise pour le mettre en possession de son trône ressemblait plutôt à une marche triomphale, et pourtant il était encore dans une situation précaire. Liu-cheng 呂甥 et Ki-joei 冀芮, anciens ministres de Hoei-kong 惠公, avaient organisé une conspiration contre lui; ils faillirent le brûler dans son palais. Heureusement, le complot fut découvert à temps. Tchong-eul effrayé du péril monta sur un char rapide, et vint demander conseil et secours à Mou-kong.

---

(1) A 15 ly, à l'ouest de I-che-hien 猗氏縣 préfecture de P'ou-tcheou-fou 蒲州府 (Chan-si) il y a encore le bourg de Ling-hou-t'cheng 令狐城 (vol. 8 p. 31).
    A 20 ly, à l'est de cette ville de I-che-hien, même préfecture, même province, il y a aussi le bourg de Sang-t'siuen-t'cheng 桑泉城 (vol. 上 p. 43).
    Au nord-ouest de la ville de Kiai-tcheou 解州 même préfecture, même province, il y a encore le bourg de K'ieou-t'cheng 臼城 (vol 8. p. 41).
(2) Au nord-ouest de I-che-hien, se trouve aussi le bourg de Liu-lieou-t'cheng. (vol. 14. p. 33).
(3) K'iu-wo est dans la préfecture de P'ing-yang-fou 平陽府 Chan-si, (p. 9.).
    Le Kouo-yu, vol. 10, p. 16, dit que Mou-kong retourna chez lui, après avoir accompagné Tchong-eul jusqu'au fleuve Jaune, frontière des deux royaumes ; mais à peine put-il y arriver, car il dut aussitôt revenir au secours de son protégé.

Il le rencontra dans la ville de Wang-t'cheng 王城 sur le fleuve Jaune, Hoang-ho 黃河 (1). Les conspirateurs avaient en vain brûlé le palais, le prince leur avait échappé. Mou-kong avait à peine eu le temps de retourner dans sa capitale qu'il lui fallut revenir sur ses pas. Il eut recours à la ruse, et attira les deux chefs des conjurés dans une embûche sur les bords du fleuve Jaune pour les faire massacrer. [Kouo-yu. p. 17.] De plus, il envoya trois mille soldats reconduire Tchong-eul jusque chez lui. C'étaient des hommes sûrs qui devaient rester attachés à la personne de Tchong-eul comme ses gardes-du-corps; on pouvait avoir toute confiance dans leur fidélité.

Comme on le voit, grâce à la protection qu'il avait accordée à Tchong-eul, Mou-kong se trouvait en quelque sorte maître des deux pays. Cette gloire ne durera pas longtemps. Nous allons bientôt voir Tchong-eul (ou Wen-kong) effacer son protecteur, le supplanter, de fait, à la tête des autres roitelets, et régner glorieusement jusqu'en 627.

En 635 (vol. 12, p. 10), l'armée de T'sin 秦 et celle de Tsin 晉 se réunissaient sur les bords du fleuve Jaune, pour aller ensemble remettre sur son trône l'empereur Tcheou Siang-wang 周襄王 (651-618) chassé aussi par son propre frère. Tchong-eul, en homme perspicace, persuada à Mou-kong de rentrer chez lui disant qu'il se chargeait d'arranger lui seul cette affaire. Mou-kong ne vit pas le stratagème, et s'en retourna dans son pays. Dès lors, Tchong-eul (Wen-kong) eut seul la prépondérance parmi les autres princes.

En automne de cette même année, nous trouvons de nouveau les deux armées en campagne, attaquant ensemble la ville de Jo 鄀 (2). [p. 11], puis celles de Chang-mi 商密 et de Si 析, pays feudataires du royaume de T'chou 楚, et situés aux confins de T'sin 秦 et de Tsin 晉. Le siège de la première ville se prolongeait en vain; car elle était bien fortifiée et bien défendue. De fait, c'est seulement treize ans plus tard qu'elle tombera au pouvoir du roi de T'sin 秦. En attendant quelque bonne occasion de prendre Jo, les gens de T'sin 秦 résolurent de tenter un coup d'audace ou de ruse contre Chang-mi. On passa de nuit devant la ville

---

(1) Wang-t'cheng était à l'ouest de Liu-che-hien 盧氏縣 dans la préfecture de Chen-tcheou 陝州, Honan, (vol. 12, p. 66).

(2) C'est actuellement le bourg de Tan choei-t'cheng 丹水城 dans la sous-préfecture de Nei-hiang-hien 內鄉縣 préfecture de Nan-yang-fou 南陽府 (Ho-nan). (vol. 1. p. 17) —(12. p. 45). Cette principauté s'appelait aussi Chang-mi, du nom de cette ville.—Plus tard, son prince émigra dans le Hou-pé ; il demeurait à Jo-t'cheng, 90 ly sud-est de I-t'cheng-hien 宜城縣 préfecture de Siang-yang-fou 襄陽府. Si 析 était à l'ouest de Nei-hiang-hien. La montagne Si-wei-chan 析隈山 est à 70 ly au sud de Teng-tcheou 鄧州, 120 ly sud-ouest de Nan-yang-fou. (vol. 12. p p. 44. 45—vol. 21. p. 28).

de Si 析 ; là se trouvaient campées les troupes de T'chou en marche pour Chang-mi, commandées par Teou-k'e 鬭 克, gouverneur de Chen 申, et par K'iu-yu-k'eou 屈 禦 寇, gouverneur de Si 息 ; on arriva sans encombre devant Chang-mi. Au lieu d'une attaque en règle, on eut recours à un stratagème assez curieux : on lia les conducteurs des chars, pour faire croire que c'étaient des prisonniers de guerre de T'chou. A la tombée de la nuit, on prépara un assaut simulé et pendant la nuit on creusa un trou, qu'on remplit de sang pour faire croire aux assiégés que l'on avait déjà juré paix et amitié. (1) On écrivit un faux traité, soi-disant conclu avec l'armée de T'chou 楚 et le lendemain on l'exhiba, aspergé de sang [pour faire croire, sans doute, qu'il avait été signé pendant la nuit même]. Les habitants de Chang-mi prirent peur. Ils se disaient entre eux : "Nos troupes sont vaincues, l'armée auxiliaire a pris la fuite, la ville de Si 析 est prise, qu'allons nous devenir ?" Alors, ils se rendirent au général de T'sin. Celui-ci revint devant Si 析, fit prisonniers les deux officiers, et s'en retourna tout fier de son habileté. En vain Tse-yu 子 玉, premier ministre de Tch'ou, se mit-il à sa poursuite, il ne put l'atteindre. [vol. 13. p. 4].
A la 4ème lune de 642, le jour Ki-se 己 巳, le 11 mai, grande bataille à T'cheng-pou 城 濮 (2), entre Wen-kong (ou Tchong-eul) et le roi de T'chou. Celui-ci voulait se venger du tour qu'on lui avait joué à Chang-mi, mais cette fois encore il fut malheureux ; son adversaire remporta sur lui une victoire éclatante. Mou-kong avait envoyé des troupes auxiliaires ainsi que les roitelets de T'si 齊 et de Song 宋 mais il ne paraît pas avoir joué le rôle principal. L'honneur de la victoire resta à Wen-kong. Du côté de T'chou, combattirent aussi les princes de T'chen 陳 et de T'sai 蔡.

---

(1) Dans les traités solennels, on immolait une victime sur le corps de laquelle on déposait le texte de la convention, afin qu'elle devint en quelque sorte "sacrée" ; on creusait un trou dans la terre, une partie du sang de la victime y était versé, pour rendre l'Esprit protecteur de la terre témoin et garant de la foi jurée, une autre partie du sang servait à asperger le texte du traité ; enfin on buvait la troisième partie ou plus ordinairement on s'en frottait seulement les lèvres A ces cérémonies, on mêlait des imprécations contre quiconque se parjurait ; souvent même elles étaient écrites dans le texte.

(2) Le général qui commandait les troupes de T'sin 秦 était Siau-tse-yu 小 子 憖 un des quarante fils de Mou-kong. (vol. 13, p. 10). Ce chiffre quarante ne doit pas effrayer. L'histoire rapporte que d'autres rois en eurent soixante-dix et plus !

T'cheng-pou était une ville du royaume de Wei 衛. Elle était à 70 ly sud de Pou-tcheou 濮 州, T'sao-tcheou-fou 曹 州 府, Chan-tong. (vol. 中, p. 35). Outre le désir de la revanche, le roi de T'chou avait une autre raison. Cette principauté était un de ses fiefs ; mais, croyant le roi de Tsin 晉 plus puissant, elle s'était donnée à lui, il s'agissait de punir cette défection, mais trop de rois vinrent la soutenir, T'chou fut vaincu. (vol. 10, p. 20)-(vol 10. p. 18).

Voici encore deux circonstances où Mou-kong n'a qu'un rôle bien effacé : (T'ou-ling, vol. 13 p. 5). Cette même année, en hiver, il envoya son fils Siao-tse-yn 小子憖 assister à la réunion des princes, tenue dans la ville de Wen 溫 (1). C'était dans le pays de Wen-kong, et sous sa présidence, qu'avait lieu cette assemblée. De même, l'année suivante [631], en été, le même Siao-tse-yn assista à une autre réunion des princes dans les mêmes conditions, à Tsi-t'siuen 泉翟 ville de Tsin 晉. (2) [vol. 14. p. 1].

Les commentaires, à ce sujet, font de véritables jérémiades: les rites n'étaient pas observés, les représentants n'étaient pas d'égale dignité, le délégué de l'empereur aurait dû avoir la préséance et recevoir des honneurs extraordinaires ; mais, hélas ! l'empereur était sur son trône grâce à Wen-kong; il avait un grand nom, mais personne ne se souciait de lui et s'il n'avait pas demandé l'aumône il serait mort de faim dans ses habits brodés. Le véritable empereur était Wen-kong; c'est par crainte de lui déplaire que les princes se rendent à ces réunions; là se trouvaient des roitelets ou leurs fils, ou leurs délégués, etc.; tout cela était contraire aux rites reçus des anciens saints. Les vrais lettrés sont on ne peut plus peinés, quand ils lisent chose semblable.

" A l'automne 630, Mou-kong, aidé par l'armée de Tsin 晉, assiège la capitale du royaume de Tcheng. (3) "

Voilà tout ce qu'en dit Confucius dans sa chronique [T'ou-ling, vol. 14, p. 2]. Tsouo-k'iou-ming, dans ses commentaires, nous donne les détails de cette expédition: " La 9ème lune, le jour Kia-ou 甲午, 23 septembre, eut lieu l'investissement de la ville; le prince de Tcheng 鄭 avait maltraité Wen-kong, quand il n'était encore que le prince fugitif Tchong-eul; celui-ci venait se venger. De plus, le roi de Tcheng avait des relations avec le pays de T'chou 楚 au grand déplaisir du pays de Tsin 晉; voilà les causes ou les prétextes de cette guerre.

---

(1) A 30 ly sud-ouest de Wen-hien 溫縣, Hoai-k'ing-fou 懷慶府 Ho-nan. (vol 中, p. 14)-(vol. 12, p. 29).

(2) Maintenant, c'est Lo-yang-hien 洛陽縣, Ho-ran-fou 河南府.

A cette réunion se trouvaient les princes de Song 宋, de T'si 齊, de T'chen 陳 de T'sai 蔡; mais elle fut présidée par le prince impérial Hou 虎 (vol. 中 p. 15) (p 33).

(Tong-ki-piao, vol. 1. p. 48). Si Wen-kong n'y eut pas la place d'honneur, il y eut cependant la préséance ; car c'est lui qui avait provoqué cette assemblée, où l'on signa un traité de paix.

(3) C'est maintenant la ville de Sin-tcheng-hien 新鄭縣 dans la préfecture de K'ai-ong fou 開封府, Ho-nan—(Yen-ko-piao, vol. 中 p. 5)-(vol. 12, p. 5)-(Se, chap. 5, p. 11).

L'armée de Tsin 晉 stationnait à Han-ling 函陵; celle de Mou-kong était campée à Fan-nan 氾南 (1). Sur ce, I-tche-hou, 佚之狐 grand officier de Tcheng, dit au prince : " Notre pays est dans un grand péril ! Si vous envoyiez T'chou-tche-ou 燭之武 auprès de Mou-kong, certainement il obtiendrait de lui le retrait de son armée." Le prince suivit ce bon conseil, et fit mander Tchou-tche-ou. Voilà que celui-ci refuse la commission! " Quand j'étais jeune, dit-il, j'étais incapable de remplir un emploi quelconque ; ' a fortiori ' maintenant que je suis vieux !" Le prince comprit l'allusion et la leçon: " Hélas, dit-il, je n'ai pas su me servir plus tôt de vous ; c'était déjà une faute; attendre ensuite que je sois dans un tel embarras pour recourir à vous, c'est encore une autre faute. Mais si le pays succombe, quel avantage aurez-vous ?" Là-dessus T'chou-tche-ou consentit à partir pour le camp de Mou-kong; pendant la nuit, on le fit descendre du haut des murs de la ville, au moyen d'une corde. Parvenu devant Mou-kong il lui dit: " Vos deux armées nous assiègent de concert, nous sommes perdus, c'est évident; mais si la ruine de notre pays devait vous être utile, aurais-je osé venir vous troubler ? Entre vous et nous, il y a un royaume intermédiaire ; comment garderez-vous une frontière si éloignée de votre capitale ? Nous tomberons bientôt au pouvoir de votre voisin; quel profit aurez-vous donc à agrandir votre rival à vos dépens ? Plus il se fortifie, plus vous vous affaiblissez.

" Si, au contraire, vous nous pardonnez; si vous nous constituez gardiens du chemin oriental, vous aurez un aide et un appui, quand dans vos expéditions vous manquerez du nécessaire. De notre côté vous n'aurez aucun dommage à craindre.

" D'ailleurs, vous avez vraiment rendu assez de services au roi de Tsin 晉 ; il vous avait promis pour récompense Tsiao 焦 et Hiai 瑕 (2); à peine aviez-vous, le matin, passé le fleuve, que déjà le soir, il faisait augmenter les fortifications de ces deux villes ; votre majesté le sait bien.

---

(1) Han-ling était à 13 lv au nord de la ville actuelle de Sin-tcheng-hien.—Fan-nan était au sud de Tchong-meou-hien 中牟縣 dans la préfecture de K'ai-fong-fou 開封府 Ho-nan, —(p. 4.)—Quant à l'entretien du roi avec Tchou-tche-ou, c'est un chef-d'œuvre de diplomatie, et de littérature; tous les étudiants le savent par cœur.

(2) Ces deux villes étaient au bord du fleuve jaune ; elles faisaient partie des huit villes promises, comme nous l'avons vu au début de ce règne.

Tsiao.—A 2 ly au sud de Chan-tcheou 陝州, Ho-nan, se trouvait le territoire en question. (vol. 16, p. 7) (V vol. 中 p. 17).

Hiai.—瑕 La carte des R. P. P'an-Lorando place cet endroit au sud-ouest de Kiai-tcheou 解州 Chan-si, (皇清經解卷二百五十三第十一張) (Hoang-Tsin King-kiai vol. 253, p 11 p. 64.)

Wen-kong est insatiable; après avoir pris à l'est le royaume de Tcheng, il voudra s'étendre à l'ouest; et si ce n'est pas à vos dépens, aux dépens de qui serait-ce donc ? Voudriez-vous amoindrir votre royaume au profit de Tsin 晉?"

Mou-kong fut frappé de ces observations; il conclut la paix avec le prince de Tcheng. Bien plus, il envoya trois officiers, Ki-tse 杞子, Fong suen 逢孫 et Yang-suen 楊孫 avec des troupes, pour aider à la défense de la capitale assiégée ; puis il se retira.

Comment qualifier cette conduite de Mou-kong ? Les commentaires sont muets ; ils disent seulement que Tse-fan, l'oncle maternel de Wen-kong, conseilla à celui-ci d'aller l'attaquer; mais il s'y opposa en disant; " Sans le roi de T'sin 秦, serais-je ce que je suis maintenant ? Etant devenu quelque chose, se tourner contre celui qui vous a élevé, serait manquer à l'humanité; s'associer à un félon serait une stupidité; mais après avoir été amis, devenir tout à coup ennemis, cela n'est pas digne d'un grand caractère. Retournons simplement chez nous ! "

Le commentaire fait remarquer que les jalousies et les inimitiés entre les deux royaumes datent de cette époque.

"A l'hiver de 628, Wen-kong mourait. Au jour K'eng-t'cheng 庚辰, 27 décembre, on transporta le cercueil à K'iu-wo 曲沃, situé à 90 ly sud-ouest de la capitale Kiang 絳 (1). (T'ou-ling, vol. 14. p. 6). On raconte que le cercueil rendait des sons semblables aux mugissements d'un bœuf.

Le devin Yen 偃 envoya les officiers faire des prosternations devant le tombeau; car, ajoutait-il, le roi défunt veut par ces clameurs vous recommander une grande entreprise : " Bientôt une armée viendra de l'ouest, passera près de moi; si vous l'attaquez, vous remporterez une grande victoire." Voilà quelles sont ses paroles ! Le commentaire fait observer que c'était un stratagème inventé pour gagner l'esprit du peuple; l'expédition était déjà convenue avec Wen-kong.

A cette époque, Ki-tse 杞子 envoya à Mou-kong un message ainsi conçu: " Le prince de Tcheng 鄭 m'a confié la garde de la porte nord de sa capitale : la clef est entre mes mains; si vous envoyez en secret une armée, vous pourrez vous emparer de cette ville." Mou-kong demande conseil à Kien-chou 謇叔 ; celui-ci lui répondit: " Fatiguer vos soldats pour aller si loin faire des conquêtes,

---

(1) Kiang. — 15 ly au sud-est de I-t'cheng-hien 翼城縣, P'ing-yang-fou 平陽府 (Chan-si), (vol. 中. p. 51).

A partir de l'année 584, cette capitale, qui s'appelait aussi Sin-tien-t'cheng 新田城 fut placée à 2 ly sud-ouest de K'iu-wo-hien 曲沃縣 (vol. 8. p. 9. et 10)-(vol. 上 p. 43)

c'est là une chose qu'on n'a jamais entendue; leurs forces seront épuisées longtemps avant d'arriver à la ville; les gens de Tcheng auront le temps d'être prévenus de votre marche, et auront de nouveau fait tous leurs préparatifs de défense; votre armée parviendra trop tard; elle sera mécontente d'avoir souffert en pure perte; vos troupes pourraient-elles parcourir en cachette une distance de mille ly? Vraiment, c'est une entreprise impraticable!" Mou-kong n'écouta pas ces sages avis; il députa les généraux Mong-ming 孟明, Si-k'i 西乞 et Pé-i 臼乙, à la tête d'une armée pour aller s'emparer de la ville. Kien-chou en pleura, et dit au général Mong: "Je vois bien l'armée partir; mais je ne la verrai pas revenir!" Mou-kong lui fit répondre: "Que veut encore ce radoteur? Quand il aura cent ans l'arbre planté sur son tombeau sera déjà bien grand! (1)"

Le fils de Kien-chou faisait partie de l'armée; il l'accompagna quelque temps en pleurant. "Certainement, disait-il, les gens de Tsin 晉 vous barreront le passage, au défilé de Hiao 殽 (2). Il y a là deux rochers; sur celui du sud est le tombeau de l'empereur Ti-kao 帝皋 [1848 1837, dynastie Hia 夏]; sous celui du nord, l'empereur Wen wang 文王 chercha un refuge contre l'orage; c'est là contre ces deux rochers que vous trouverez la mort, et que je chercherai vos ossements." Malgré toutes les représentations de ce sage peureux, l'armée s'en alla vers les pays de l'est. Nous allons l'y suivre en compagnie des meilleurs historiens.

"En 627, à la 2e lune, l'armée de T'sin 秦 anéantit la principauté de Hoa 滑 (3)." Telles sont les laconiques paroles de Confucius dans sa chronique. Tsouo-k'iou-ming 左邱朋 donne les détails dans une pièce litt raire très célèbre; en voici la traduction: Au printemps de l'année 627, l'armée de T'sin 秦 passa devant la porte nord de la capitale [Lo-i 洛邑] de l'empereur. Tous les guerriers montés sur les chars, excepté les conducteurs eux-mêmes, enlevèrent leur casque et descendirent (par respect pour la majesté impériale);

---

(1) C'est-à-dire: il ferait mieux de mourir tout de suite, au lieu d'attendre le retour de l'armée, c'est un homme nul, moralement mort depuis longtemps.

(2) Cet endroit se trouve dans le territoire de Ling-pao-hien 靈寶縣 préfecture de 陝州 Chan-tcheou, Ho-nan.—Plus tard et maintenant encore, il s'appela Han-kou-koan 閺谷關; il est fameux dans l'histoire de la Chine. Le torrent Yao choei 殽水 passe par ce défilé.—L'endroit exact de cette grande défaite de T'sin est à 60 ly au nord de Yong-ning-hien 永寧縣 (vol. 11. p. 3. vol. 12. pp. 36. 65).

(3) C'est à 20 ly au sud de Yen-che 偃師 Ho-nan-fou 河南府 (Yen-ko-piao, vol. 中 p. 15)—(Kiang-yu-piao, vol. 中 p. 16)-Hoa 滑 國 l'ancienne principauté détruite, est la même ville que Keou-che-t'cheng 緱氏城 à 20 ly au sud de Yen-che-hien (vol. 12 p. 34).

mais aussitôt après avoir passé, tous, sans exception, sautèrent rapidement sur leurs chars sans s'arrêter. Weng-suen-man 王孫滿, encore bien jeune alors, fit les remarques suivantes devant l'empereur: " L'armée de T'sin 秦 se montre bien légère et peu soucieuse des anciens rites; certainement elle sera battue !! Légère, elle manquera de prudence; n'observant pas les rites, elle ne prendra pas les précautions nécessaires; lancée dans les dangers, sans conseil, sans stratagème, comment pourrait-elle échapper à la défaite ? "—Parvenue à la ville de Hoa, un marchand du pays de Tcheng 鄭, qui se rendait à Lo-i 洛邑 (capitale de l'empereur) pour son commerce, la rencontra en chemin; aussitôt il offrit aux généraux quatre peaux de bœuf déjà tannées, puis douze bœufs vivants pour ravitailler leurs gens (1) : " Notre humble prince, dit il, a appris que vous alliez passer avec votre armée par notre ville; il ose donc offrir quelques vivres à vos gens; notre ville est bien pauvre; cependant elle a préparé, pour vous, les provisions d'une journée, si vous pensez vous y arrêter; il y aura pour vous des gardes de nuit sur le chemin, si vous avez hâte de marcher en avant ". En même temps, le rusé envoyait un courrier à toute vitesse avertir le prince de Tcheng 鄭. Celui-ci dépêcha aussitôt des gens pour examiner ce que faisaient les officiers de T'sin 秦 auxquels il avait confié la porte nord; leurs effets étaient bien empaquetés, les chars tout préparés, les armes bien aiguisées, leurs chevaux mêmes étaient prêts à partir.

Le roi leur envoya l'officier Hoang-ou-tse 皇武子 avec le message suivant: " Vous êtes déjà depuis bien longtemps dans notre pauvre ville ; viande sèche, animaux de boucherie et autres provisions, tout nous manque ; notre roi a un grand parc à Yuen 原, il est semblable à celui de votre prince à Kiu 具 ; allez-y donc; vous y abattrez quelques cerfs, vous allégerez d'autant notre pauvre ville; qu'en pensez vous? " Sur ce, les officiers comprirent que la trahison était découverte ; Ki-tse s'enfuit chez le roi de T'si 齊 ; Fong-suen et Yang-suen se réfugièrent dans le pays de Song 宋 (2).

Mong-ming, le général en chef de T'sin 秦 dit à ses compagnons : " La capitale de Tcheng 鄭 a été avertie de notre arrivée ; elle a dû faire ses préparatifs de défense. Impossible donc de la surprendre ; l'assiéger n'est pas plus pratique, nous n'avons pour cela ni les soldats suffisants, ni les appuis nécessaires; nous n'avons qu'à retourner chez nous. " Cela dit, on rebroussa chemin.

---

(1) Le commentaire observe qu'anciennement, quand on faisait des cadeaux on envoyait d'abord de menus objets, puis le présent principal.

(2) Le commentaire dit que les traîtres n'osèrent pas rentrer chez eux : l'expédition ayant si mal réussi, il leur en aurait coûté cher.

Ne voulant pas cependant rentrer avec une telle honte sur le visage, l'armée détruisit la principauté de Hoa 滑 placée sur sa route. Nous allons en voir les conséquences.

" Yuen-tchen 原軫, grand ministre de Tsin 晉 dit à son roi : " Le prince de Ts'in 秦 (Mou-kong) n'a pas écouté les sages conseils de Kien-chou; dans sa rapacité, il a écrasé son peuple; c'est une occasion offerte par le ciel; profitez-en; un ennemi pris ne doit pas être relâché ; sinon vous vous préparez des calamités. Contrecarrer les intentions du ciel, c est s attirer des maux; il faut absolument attaquer l'armée de Ts'in 秦." L'officier Loan-tche 欒枝 disait au contraire : " Nous n'avons encore montré aucune reconnaissance envers Mou-kong ; et nous irions attaquer son armée ! Serait-ce parce que notre roi qui a reçu ses bienfaits est défunt?" Yuen-tchen de répliquer : " Mou-kong ne nous a pas offert de condoléances, dans notre deuil national; il a voulu pendant ce temps faire la guerre à un prince de notre famille, Ki 姬 ; il méconnaît les anciens rites; et nous irions lui faire du bien ! Les anciens disaient toujours: si quelqu'un a le malheur de laisser échapper un ennemi, il en subira des calamités, des générations entières! Notre résolution doit être prise en vue de nos fils et petits-fils ; nullement parce que nous avons oublié les bienfaits rendus à notre roi défunt ". Là-dessus, une proclamation de guerre fut lancée, des courriers allèrent appeler les sauvages Kiang-jong 姜戎 (1). Le prince héritier portait encore les habits de deuil, c'est-à-dire une robe, une ceinture et un chapeau, le tout fait de chanvre grossier, et grossièrement travaillé; la couleur blanche était de rigueur d'après les rites anciens. Mais un prince vêtu de tels habits ne pouvait aller en guerre; le roi de Tsin 晉, en habile homme, fit teindre les siens en noir (2), puis il ordonna à son armée de se mettre en marche. Leang-hong 梁弘 conduisait le char royal; Lai-Kiu 萊駒 était à la droite du prince, sur ce même char. En été donc, à la 4ème lune, au jour Sin-se 辛巳 [27 avril], l'armée de Mou-kong fut écrasée dans le défilé de Hiao 殽 (3);

---

(1) Les sauvages Kiang-jong étaient les descendants de Kong-kong-che 共工氏, mauvais ministre de l'empereur Chouen , il avait été exilé au pays de Cha-tcheou 沙州 (aussi appelé Koa-tcheou 瓜州), qui est la sous-préfecture Toen-hoang hien 敦煌縣 , Ngan-si-tcheou, 安西州 Kan-sou, (vol. 15 p. 41.)

(2) Le roi avait des vêtements de chanvre, donc il était en deuil ; ses vêtements étaient noirs, au lieu d'être blancs, donc il n'était pas en deuil ; donc il pouvait partir en guerre ! Certes, voilà un casuiste habile dans l'interprétation des fameux rites anciens ! Il serait curieux de savoir ce qu'en pensait le censeur des censeurs, Confucius !

(3) Pour l'endroit exact de cette grande défaite, voyez un peu plus haut.—Un mot explique ce désastre : Siang-kong, le prince héritier de Tsin 晉, avait placé ses troupes en embuscade dans ce défilé ; puis il avait attendu le retour de l'armée de Mou-kong, laquelle ne s'en doutait guère !

les trois généraux furent emmenés prisonniers à la capitale de Tsin 晉. Aussitôt après, sans même avoir changé ses vêtements noirs, le roi procéda à l'enterrement de son père Wen-kong 文公. Depuis lors la famille royale de Tsin 晉 se servit d'habits noirs pour porter le deuil.

Wen-yng 文嬴, fille de Mou-kong, et veuve de Wen-kong, réclama pour elle ces trois généraux : " Ils sont cause de l'inimitié entre nos deux pays, dit-elle ; si notre père pouvait les avoir entre les mains, il les mangerait vivants, sans que sa colère pût encore être apaisée; que votre majesté ne daigne donc pas les punir elle-même; mais qu'elle veuille bien nous les envoyer ; nous les exterminerons sur-le-champ; j'espère que vous voudrez bien accéder aux désirs de notre père."

Le roi de Tsin 晉 se nommait Siang-kong 襄公 (627-620); il accorda ce qu'on lui demandait. Le lendemain, Yuen-tcheng 原軫, son premier ministre, étant venu 'e saluer, demanda à son tour les trois prisonniers : " Je les ai déjà remis à la reine-mère qui les désirait, " répondit Siang-kong. Le ministre furieux éclata en reproches ; "Nous autres, soldats, nous avons fait tant d'efforts pour les prendre sur le champ de bataille ; voilà une femmelette qui obtient leur retour au pays; nous avons en vain perdu nos soldats et nous allons encore fortifier notre ennemi; notre perte est assurée; elle ne tardera pas ! " Ayant ainsi parlé, sans même jeter un regard sur le roi, il cracha par terre, et sortit.

Siang-kong, si grossièrement insulté, fit cependant taire son ressentiment, pour ne penser qu'au moyen de ressaisir sa proie; vite il dépêcha Yang-t'chou-fou 陽處父 avec ordre de ramener les prisonniers, coûte que coûte ! Arrivé sur le bord du fleuve Jaune, celui-ci aperçoit la barque sur laquelle sont les trois généraux ; aussitôt il détèle le cheval de gauche de son propre char, et crie à Mong-kong de revenir le prendre de la part de Siang-kong à titre de cadeau d'adieu. Celui ci comprend la ruse; de sa barque il fait une prosternation solennelle en disant: " Votre illustre roi ne m'a pas tué, pour teindre de mon sang ses tambours de guerre; c'est déjà un grand bienfait de sa part; il me renvoie dans ma patrie pour y être mis à mort chez moi ; si notre humble roi juge à propos de me tuer, même en mourant, je serai encore reconnaissant envers votre prince ; si la générosité de notre roi égale celle du vôtre, et daigne me pardonner, dans trois ans, j'irai moi-même vous présenter mes actions de grâces." (1) De fait, pendant soixante-douze ans, ce seront des guerres continuelles

---

(1) Désormais ce fut une haine nationale irréconciliable entre les deux pays. Nous verrons le pays de Tsin 晉 plongé dans la discorde, se diviser en trois royaumes : Tchao 趙, Han 韓 et Wei 魏; le royaume de T'sin n'aura de repos que quand il les aura anéantis et annexés tous trois, sous Che-hoang-ti 秦始皇 ; puis lui-même disparaîtra, vaincu par une coalition générale de tous les pays subjugués par lui.

Mou-kong, en signe de deuil, avait quitté ses vêtements princiers pour aller au-devant des prisonniers ; vêtu comme un homme vulgaire, il les attendait hors des faubourgs de sa capitale. Quand ils furent arrivés en sa présence, il pleura à chaudes larmes en disant : " Je n'ai pas écouté les conseils de Kien-chou 蹇叔 et j'ai exposé vos excellences à la risée publique; j'ai commis là une grande faute; quant à Mong-ming, je lui continue sa charge; s'il n'a pas réussi dans son expédition, c'est encore ma faute ; d'ailleurs ce n'est pas pour un tel échec que j'oublierais ses grands mérites."

Ainsi parla Mou-kong; mais son entourage ne pensait pas comme lui; " La faute est à Mong-ming, disait-on, il faut le tuer !" " Non, répondait Mou-kong; la faute est à moi; Joei-leang-fou 芮梁父 dans son ode a dit: " Un coup de vent cause bien des maux; un homme cause la mort de ses semblables; s'il voulait écouter, je lui ferais des remontrances; mais les conseils fidèles lui servent autant qu'à un homme ivre; il ne veut point d'hommes probes; il me traite comme un rêveur et un ennemi." (1) Amis, ces vers sont faits pour moi, homme de peu que je suis; par ma cupidité j'ai jeté vos seigneuries dans les calamités; le tort est tout à moi !"

Malgré les récriminations des jaloux et des envieux de sa cour, Mou-kong laissa donc leur ancien office aux trois généraux vaincus. Il fit ensuite une proclamation pour tout son peuple ; la voici : (2) " Hé ; vous tous, mes officiers, écoutez avec attention ; je vais vous communiquer tout ce qu'il y a de plus important à savoir : les anciens avaient un proverbe : " Les hommes, tous en général, et chacun en particulier, aiment à jouir du repos, à blâmer les autres, ce qui n'est pas difficile ; mais recevoir des avis, et en tenir compte, voilà la difficulté !" Ce qui me chagrine le plus, c'est que les jours et les mois sont passés, et que l'occasion de réparer le mal ne reviendra peut-être plus. Les conseillers âgés et sages qui me contrecarraient me déplurent; ceux du jour, et parlant d'après mes goûts, m'étaient chers. Le mal est fait ; mais, dorénavant, je consulterai toujours les vieillards et j'éviterai de telles fautes. Vénérables et sages conseillers, vous n'avez pas beaucoup de forces corporelles ; néanmoins je vous aime.

---

(1) Ta-ya 大雅, ode 22ème, vers 12ème et suivants [Zottoli, III. p. 271].
(2) Cette pièce est dans le Chou-king 書經 (vol. 21. p. 33)—Zottoli III p. 517)— D'après la préface de ce livre, laquelle est de Confucius même, ou du moins très-ancienne, Mou-kong fit cette proclamation tout de suite après la défaite de Hiao. Tel est aussi l'avis de l'éditeur impérial.—Le Tsouo-tchoan 左傳 ne la donne pas expressément; mais il y est dit que Mou-kong se repentit de cette expédition, et la déplorait publiquement. — D'autres auteurs pensent que cette proclamation a été faite trois ans plus tard, quand Mou-kong, vainqueur, se trouvait à ce même défilé de Hiao, pour y enterrer les ossements des soldats morts dans la 1ère campagne.—Mais la pièce ne respirant que douleur et regret, semble indiquer qu'elle a été faite par le roi accablé de tristesse après la ruine de son armée ; les chants d'un vainqueur sont dans un tout autre ton !

Vous autres, qui êtes pleins de vigueur, qui êtes sûrs de vos coups de flèches et de vos chars, je ne suivrai plus vos avis. A plus forte raison, me garderai-je bien d'employer les hommes à la langue déliée et astucieuse, capables d'induire en erreur un sage lui-même."

A la 2ème lune de 625, le jour Kia-tse, 甲子, 30 janvier, les deux armées de Tsin et de T'sin se livraient bataille à P'ong-ya 彭衙 (1). Mou-kong, cette fois encore, fut mal secondé par le sort, car il fut complètement battu.—Voici comment le Tsouo-tchoan 左傳 raconte cette expédition :

" Au printemps de 625, Siang-kong appelle à son aide les troupes des royaumes de Song 宋, T'cheng 陳 et Tcheng 鄭. pour abattre enfin Mou-kong. Mong-ming étant à la tête de l'armée de T'sin 秦 veut venger son honneur compromis au désastre de Hiao 殽. Siang-kong 襄公 passe la frontière ; Sien-tsiu-kiu 先且居 est au centre de son armée, avec Tchao-t'soei 趙衰 pour aide-de-camp, Wang koan-ou-ti 王官無地 conduit le char royal ; Hou-k'iu-kiu 狐鞠居, est à la droite du prince, sur ce même char; la bataille a lieu à P'ong-ya, où l'armée de Mou-kong est vaincue et mise en déroute. Les gens de T'sin en riaient; voilà, disaient-ils, la revanche que Mong-ming voulait prendre !" Ici se place un épisode narré dans le même recueil; " Au lendemain de la victoire de Hiao, Siang-kong ayant lui-même capturé un soldat de T'sin 秦 ordonna à Lai-kiu 萊駒 de le tuer; mais celui-ci, ému par les cris du prisonnier, laissa tomber sa lance; Lang-chen 狼瞫 saisit l'arme, en perce le pauvre malheureux, lui coupe l'oreille gauche et suit le char royal. Siang-kong avait été si content de Lang-chen qu'il lui donna la place de Lai-Kiu. Mais bientôt après il était à son tour dégradé par le général Sien-tsiu-kiu. Ses amis le voyant furieux lui disaient : "Pourquoi ne meurs-tu pas ?"—" Je n'ai pas encore trouvé un endroit où je puisse le faire avec honneur ", répondit-il.—" Assassinons le général ! "répliquaient ses amis. —" Non, non, disait Lang-chen ; les annales de la dynastie Tcheou ont quelque part les paroles suivantes : Un homme courageux qui fait du mal à ses supérieurs n'aura jamais place dans le Temple de lumière [ou des ancêtres]; celui qui meurt pour une mauvaise cause n'est pas un brave; celui qui meurt pour le bien public, celui-là est brave. J'ai gagné ma dignité par un vrai acte de courage; maintenant le général me prend pour un lâche; il m'a enlevé mon office; si j'accusais mes supérieurs de méconnaître mon mérite; si je commettais le crime que vous me proposez, je prouverais que mes chefs ne s'étaient pas trompés sur mon compte. Mes amis, attendez une bonne occasion ! "

---

(1) C'était à 60 ly nord-est de Pé-choei-hien 白水縣, T'ong-tcheou-fou 同州府, Chen-si (vol. 甲, p. 114) (vol. 14, p. 20).

" Or à la bataille de P'ong-ya, quand les deux armées étaient déjà en présence, Lang-chen entraîna son régiment, fondit sur les gens de T'sin 秦 et combattit jusqu'à la mort. Le reste de l'armée le suivit, et remporta cette grande victoire. Au livre des vers [Siao-ya 小雅] (Zottoli, III, No. 44, vers 2, p. 181) nous lisons: " Si le prince se fâchait une bonne fois, les troubles seraient bientôt étouffés." Et encore (p. 239): " L'empereur se fâche tout rouge, et de suite prépare ses bataillons. " " L'homme sage dira que Lang-chen s'est montré un grand homme. Malgré son ressentiment, il ne causa pas de troubles; au contraire, il conduisit ses soldats à l'assaut de l'ennemi et mourut pour la patrie. Ce fut vraiment un homme supérieur !" (1)

---

(1) (Se-ma-tsien, chap. 5 p. 13). Le prince de ces Tartares ayant appris les hauts faits de Mou-kong, lui envoya un officier nommé Yeou-yu 由余, dont la famille était originaire de Tsin 晉, mais exilée depuis longtemps chez ces sauvages, il savait donc parler le chinois. Mou-kong le reçut fort bien, lui montra ses palais, ses trésors. Yeou-yu lui dit : "Si vous aviez des esprits à vos ordres, ces constructions les accableraient eux-mêmes ; combien plus votre peuple a-t-il dû en être écrasé !" Mou-kong fut bien frappé de cette remarque. Dans ses conversations il lui expliqua comment les princes chinois, pour gouverner leurs peuples s'appuyaient sur les principes et la doctrine contenus dans les livres des vers 詩, d'histoire 書, des rites 禮, et de la musique 樂; malgré cela il arrivait encore des révolutions ; comment donc faisaient les princes tartares, dépourvus de tous ces secours ? Yeou-yu répondit en riant : " C'est justement à cause de cette haute doctrine que vous avez des révolutions ; le plus vénéré des empereurs chinois, Hoang-ti 黃帝 avait commencé à pratiquer la vertu lui-même, avant qu'il y eût les rites et autres moyens d'administration ; s'il arriva à un résultat assez mince, ce fut bien pire plus tard, quand l'orgueil et les mauvaises passions augmentèrent de plus en plus ! Les lois ne purent arrêter les flots de corruption ; le menu peuple, réduit à la misère, opprimé au lieu d'être gouverné avec justice et humanité, s'érigea contre ses maîtres; supérieurs et inférieurs, tous nourrissaient entre eux une haine mortelle ; ils s'entre-tuèrent jusqu'à extinction ; c'était la conséquence nécessaire du régime établi. Chez les Jong, les choses vont bien autrement ; nos chefs pratiquent la vertu la plus intègre envers leurs inférieurs ; ceux-ci montrent la plus grande fidélité dans leurs services: ainsi le gouvernement de tout un Etat est aussi facile que la bonne conduite d'un seul individu ; et cela sans tous vos moyens d'administration savante ; voilà le vrai système des anciens saints !" Sur ce, Mou-kong consulta son conseiller 內史 nommé Leao 廖: " Les anciens nous ont enseigné, lui dit-il, que si un peuple a de saints gouvernants, il écrasera ses ennemis ; or Yeou-yu est un sage; moi, homme de peu, comment pourrais-je éviter les malheurs qui me viendront des sauvages de son pays ?" Le conseiller lui répondit:" Son prince réside bien loin de nous; il ne connaît pas notre musique ; envoyez-lui un cadeau de seize jeunes musiciennes pour ébranler son cœur ; retenez Yeou-yu au-delà du terme fixé pour son retour; son prince concevra des soupçons contre lui; une fois en désaccord, nous serons maîtres d'eux; le prince prenant plaisir avec ses musiciennes, se relâchera dans l'administration de son peuple."
Mou-kong approuva ce plan. Jour et nuit avec Yeou-yu, assis sur la même natte, mangeant au même plat, il s'informa de la position géographique et des forces militaires du pays; li envoya les seize musiciennes, les plus belles et les plus habiles qu'il put trouver; le prince Tartare tomba dans le piège, et fut bientôt ensorcelé par ces sirènes. Au bout d'un an, Yeou-yu retourna à la cour ; mais il trouva son prince tout changé, inaccessible à tout bon conseil. Alors Mou-kong l'invita plusieurs fois à revenir, puisqu'il n'était plus écouté; il finit par y consentir; Mou-kong le combla d'honneurs, reçut de lui tous les renseignements nécessaires pour faire la guerre aux Jong. C'est ainsi qu'il subjugua leurs douze principautés, et devint leur maître souverain, en l'année 623.

Mais revenons à Mou-kong : "Malgré cette nouvelle et grave défaite, il laissa la charge de ministre à Mong-ming Celui-ci s'employa avec plus d'ardeur à relever le gouvernement de son pays ; il s'attacha le cœur du peuple par des bienfaits signalés."

Tchao-t'soei 趙衰 disait aux officiers de Tsin 晉 : " Quand l'armée de Mou-kong reviendra nous attaquer, il faudra éviter sa rencontre. Un homme humilié une première fois qui s'applique à pratiquer la vertu avec plus de zèle, est invincible: le peuple l'aime, et donnera sa vie pour lui. [Vers 詩 小 雅] (Zottoli, III No. 1, vers 6. p. 229): " Est-ce que vous ne pensez pas à vos ancêtres ? Appliquez-vous à pratiquer la vertu !" Mong-ming médite ces paroles sans relâche ; un tel homme est inattaquable, qui pourrait lui résister ?"

"A l'été de 624 [vol. 15. p. 10], une armée de T'sin 秦 envahissait le pays de Tsin 晉." Voilà tout ce qu'en dit Confucius. Le commentaire ajoute: " Mou-kong ayant passé le Fleuve Jaune, avait brûlé ses vaisseaux, pour montrer qu'il fallait vaincre ou mourir. Il occupait bientôt le territoire de Wang-koan 王官; puis celui de Kiao 郊, assez voisins l'un de l'autre; l'armée de T'sin 晉 n'avait pas quitté ses retranchements. Mou-kong repassa le Fleuve Jaune au gué (1) de Mao-tsin 茅津 éleva des tombeaux à ses soldats morts au défilé de Hiao, 殽, enfin rentra chez lui. Tout homme sage reconnaîtra que Mou-kong était un prince capable; ayant donné sa confiance à quelqu'un, c'était pour tout de bon. Mong-ming était un ministre qui ne ménageait pas sa peine ; il savait craindre, et mettre son attention à mieux faire. Tse-sang 子桑 était un homme dévoué à son prince; un connaisseur, qui ne craignait pas de recommander les gens capables. (vers 詩 小 雅) (Zottoli III. p. 13,) " Ils vont ramasser l'artémise au bord des étangs et des lacs, pour l'employer au service du prince ". Ces paroles s'appliquent à Mou-kong. Et encore [Zottoli III, p. 279]: " Ni jour ni nuit il n'est négligent dans le service de son prince.' Cela va très bien à Mong-ming. Enfin (Zottoli, III. p. 245): "Il transmet à ses descendants de bonnes instructions pour les préserver du malheur." Cela convient très justement à Tse-sang.

"En 623, Siang kong, marquis de Tsin 晉, fait invasion dans le royaume de T'sin 秦; il assiége les villes de Yuen et Sin-t'cheng 邧 新城 pour venger l'occupation de Wang-koan (2). Cette même année,

---

(1) Ce gué est aussi appelé Ta-yang-tsin 大陽津 ; il est à 3 ly nord-ouest de Chan-tcheou 陝州 Ho-nan. (vol. 12, p 65)

Wang-koan était au Sud de Yu-hiang-hien 虞鄉縣, Pou-tcheou-fou 蒲州府 Chan-si.

Mou-kong brûla ses vaisseaux à Pou-tsin-koan 蒲津關 (vol. 7. p. 6)

Kiao, à l'Est de Kiai-tcheou 解州 (voyez la carte P'an-Lorando).

(2) Wang-koan, voyez un peu plus haut.

Sin-t'cheng se trouvait 20 ly au nord-est de T'cheng-t'cheng-hien 澄城縣 préfecture de Fong-tcheou (Fong-yü-ki-yao vol. 14, p. 20).

Yuen-t'cheng était dans la même sous-préfecture.

le roi du pays de T'chou 楚 anéantit la principauté de Kiang 江 (1). Quand Mou-kong en apprit la nouvelle, il enleva ses vêtements princiers, s'habilla comme un homme vulgaire, n'entra plus dans sa chambre à coucher, ne permit pas plusieurs mets sur sa table; il semblait vraiment trop accablé de chagrin. Les officiers de la cour l'en reprirent. Mou-kong leur répondit : "Une principauté amie a été anéantie; je n'ai pu la sauver; comment n'en aurais-je pas compassion? De plus je conçois des craintes pour mon propre pays. L'homme sage remarquera les paroles du livre des vers: {詩 小 雅} [Zottoli, III, No. 7 vers 1, p. 237] " Ces deux royaumes-là n'ont pas une administration convenable. Aussi les pays voisins s'examinent et réfléchissent sur eux-mêmes." Ces paroles s'appliquent très bien à Mou-kong.

En 622, la minuscule principauté de Jo 鄀 est occupée militairement par Mou-kong. Originairement, elle dépendait du roi de T'chou 楚; elle s'était révoltée pour adhérer au royaume de T'sin 秦; ensuite elle s'était de nouveau soumise au pays de T'chou. Mou-kong la reprenait donc, et voulait la punir de sa défection; il n'en eut guère le temps, car il mourut au printemps de l'année suivante [621] (2).

Son successeur, K'ang-kong 康 公, voulant lui rendre des honneurs funèbres extraordinaires, prit les trois fils de la famille Tse-Kiu 子 車, nommés Yen-si 奄 息 Tchong-hang 仲 行 et Kien-hou 鍼 虎 avec cent-soixante-quatorze compagnons ; il les fit tous enterrer vivants avec le cadavre du défunt pour lui servir d'escorte dans l'autre monde.

---

(1) C'était au Sud-est de Tcheng-yang-hien 正 陽 縣 dans la préfecture de Jou-ning-fou 汝 寧 府 Ho-nan (vol. 12, p. 50).

(2) Voici deux contes tirés du recueil Chen-si-t'ong-tche (vol. 73. pp. 41-42). "Mou-kong avait perdu un magnifique cheval, à un endroit situé un peu au sud de Fong-siang-fou 鳳 翔 府 actuel ; une bande de trois cents sauvages l'avaient pris et mangé. Les officiers voulaient punir les sauvages voleurs. Mou-kong fut plus avisé : "J'ai entendu dire, répondit-il, que quiconque mange du cheval sans boire de vin, en sera malade." Sur ce, il leur fit encore servir du vin ; ils se mirent à son service. Plus tard, dans une grande bataille contre le royaume de Tsin 晉, Mou-kong courait un grand danger, ce furent ces sauvages qui l'en sauvèrent. Il y a encore là une butte, en mémoire de ce fait. (Che-ki, chap. 5 p. 10). La bataille eut lieu en 645; voyez à cette année. Ce qui suit est plus poétique : "Mou-kong avait une fille nommée Long-yu 弄 玉 qui aimait passionnément la flûte à plusieurs tuyaux appelée Siao 簫. On la maria à un fameux musicien très habile à jouer de cet instrument ; au son de sa musique, les phénix, les grues, les paons venaient s'assembler autour de lui. Mou-kong fit construire un belvédère pour ce couple heureux, ils y vécurent ainsi une vingtaine d'années ; puis un beau jour, ils s'envolèrent avec les phénix. Depuis lors on continua d'entendre la voix des phénix dans ce palais enchanté ".

Le tombeau était placé à Yong 雍 (1). La famille Tse-kiu était illustre ; les trois jeunes gens donnaient de grandes espérances pour l'avenir ; le peuple tout entier était en deuil de leur mort; on fit l'ode Hoang niao 黃鳥 (Le loriot) pour perpétuer le souvenir de leur cruel sacrifice ; et cette ode a été conservée par Confucius, c'est tout dire en un mot !

La voici avec quelques explications : [Zottoli, III. p. 99, No. 131]. (Edition impériale, vol. 7. p. 33)."

1ère Strophe.—"Le loriot voltige çà et là, et se repose enfin sur le jujubier. Qui donc suit notre prince Mou-kong au tombeau ? C'est (Tse-kiu) Yen-si ; oh! c'est un héros entre cent héros! [Mais] approchant de la tombe quelle horreur il a! Le ciel bleu nous prend un homme si éminent ! S'il avait pu être arraché au sort. des centaines d'hommes auraient sacrifié leur vie!"

Le commentaire ajoute ceci: " Ce sacrifice humain est mentionné dans le recueil Tsouo-tchoan. Le loriot a un chant mélancolique ; il figure donc bien ces trois jeunes seigneurs qui ont eu un si triste sort. Le loriot a un endroit pour se reposer ; bien autrement malheureux sont ces trois seigneurs ! Cent personnes auraient donné leur vie, car cent personnes ne les valaient pas."

2ème Strophe —"Le loriot voltige çà et là, et se repose enfin sur un mûrier. Qui donc suit le roi Mou-kong au tombeau ? C'est (Tse-kiu) Tchong-hang. Oh ! c'est un mur d'airain qui protège des centaines de vies ! (Mais) approchant de la tombe, etc., etc."

3ème Strophe.—"Le loriot voltige çà et là et se repose enfin sur le buisson. Qui donc suit notre roi Mou-kong au tombeau ? C'est (Tse-kiu) Kien-hou. Oh ! c'est un solide rempart pour des centaines d'hommes ! (Mais) approchant, etc. etc."

Commentaire: "Comme le loriot voltige et se repose sur un arbre, ainsi les hommes s'appuient sur un héros: les trois frères surpassaient les autres hommes comme trois arbres magnifiques dominent une forêt d'arbrisseaux; et pourtant les voilà sacrifiés ! Et tant d'hommes restent sans appui !"

---

(1) Yong était à l'angle Sud-est de la préfecture de Fong-siang-fou 鳳翔府 (Chen-si). La circonférence du tombeau avait un peu plus de cinq tchang 丈, ou cinquante et quelques pieds. Au sud, il y a une pierre sépulcrale; on y offre chaque année des sacrifices. Tout près de là, il y a une source appelée du soufflet 橐泉. Plus tard on y bâtit un palais, résidence préférée de Hoei-kong 惠公 [500-491] 橐泉宮.

Les trois jeune princes enterrés avec lui ont leur tombeau à un demi-ly au Sud de Fong-siang-fou ; ils ont eu aussi une pierre sépulcrale. La ville de Yong changea un peu de place ; car leur tombeau était d'abord à l'intérieur. (chap. 6. p. 38 et suiv.)—(Chen vol. 71. p. 4). On appelle ordinairement ces trois jeunes gens: San-lang 三良.

Le commentaire ajoute encore ce qui suit : " K'ang-kong 康公 eut la faiblesse d'obéir, quoique à cette époque divers hommes éminents réprouvassent absolument cette cruauté. Cette ode a été composée par un témoin oculaire. C'est un chant de réprobation à l'adresse de Mou-kong et de son successeur. ' Tous deux sont blâmables, mais surtout Mou-kong, qui fut un des plus illustres princes de T'sin 秦; ses désirs étaient regardés comme des lois; il lui eut été facile d'abolir cet usage barbare, au lieu de le consacrer en quelque sorte, par un exemple si retentissant.

' A la vérité, d'autres auteurs, ne voulant pas ternir la gloire de Mou-kong, rejettent toute la faute sur son successeur K'ang-kong. Toujours, parmi les commentaires, se réalise le proverbe : Tot capita, tot sensus ! Mais suivons notre commentaire, dans son appréciation de Mou-kong ; elle est curieuse et nous fait voir le genre des lettrés: " Tout homme sage remarquera que c'est justice, si Mou-kong n'est pas devenu le chef des roitelets. A sa mort encore, il a nui à son peuple. Les anciens bons rois, en quittant ce monde, laissaient un héritage de bonnes institutions ; ce n'est pas eux qui eussent enlevé des hommes utiles et éminents ! D'après le livre des vers [Zottoli III, p. 289]: Quand les hommes éminents ont disparu, toute la république tombe et dépérit. Comment donc le détruire, de propos délibéré ? Les anciens bons rois sachant que la vie humaine ne dure pas longtemps, établissaient partout des hommes sages et éminents comme chefs et guides des peuples ; ils introduisaient des usages et des institutions salutaires ; ils distinguaient les divers rangs de la société par le moyen des habits et des couleurs; ils établissaient de bonnes lois; ils publiaient de bons règlements pour la musique et les nécessités journalières de la vie ; ils déterminaient avec équité les contributions; ils instruisaient le peuple par leurs propres exemples ; ils lui transmettaient les écrits des anciens ; ils l'engageaient par punitions et récompenses à éviter le mal et à faire le bien; ils établissaient des emplois et des dignités stables ; ils conduisaient donc leur peuple par les rites et par de sages règlements. De cette manière, le peuple ne perdait pas ce qui est propre et convenable au pays ; tous les rangs de la société se reposaient sur leur prince, et lui obéissaient en tout. Les successeurs dignes de ces rois les imitaient. Quant à Mou-kong, il est loin d'avoir de bons exemples à transmettre aux générations futures ; au contraire, il entraîne avec lui dans la mort des seigneurs éminents ; il lui eût donc été bien difficile d'occuper le premier rang parmi les princes ! Un homme sage dira que désormais le royaume de T'sin 秦 ne pourra jamais plus passer les frontières orientales pour attaquer ses ennemis."

Voilà ce qui peut s'appeler un panégyrique à rebours ! Mou-kong n'y est pas flatté. Mais il ne faut pas attribuer à cette amplification littéraire une infaillibilité qu'elle n'a point. La prophétie finale surtout, a été démentie par l'histoire. Nous verrons la maison princière de T'sin 秦 détruire toutes les autres, soumettre toutes les provinces, et réunir toutes ces nations diverses en un tout homogène, qui s'appellera simplement " La Chine".

Le Che-ki 史記 [vol. 2, p. 14] observe d'ailleurs que pendant un règne de trente-sept ans, Mou-kong réunit à sa principauté douze petits états ; agrandit de mille ly son territoire primitif. L'empereur lui-même lui envoya une ambassade pour le féliciter, et lui offrir en cadeau " un tam-tam et un tambour".

Avant de raconter l'histoire de K'ang-kong, voici une poésie composée par lui, quand il était encore bien jeune ; il reconduisait le prince Tchong-eul [Wen-kong], son oncle lorsque celui-ci allait prendre possession du trône de Tsin 晉 — [Zottoli, III, p. 101, No. 154]. [Edition impériale, vol. 7, p. 40].

1ère Strophe.—J'accompagne mon oncle; oui je l'accompagnerai jusqu'au Nord de la Wei 渭. Quels cadeaux lui offrirai-je ? Je vais lui offrir un char royal, et quatre chevaux jaunes.

2ème Strophe.—J'accompagne mon oncle. Mes pensées se reportent bien loin [à ma mère déjà morte]. Quels cadeaux offrir à mon oncle ? Je vais lui offrir des pierres précieuses rouges et des ornements de ceinture. "

Les chars princiers étaient de cinq espèces. Ceux qui étaient incrustés de perles précieuses, ou dorés, étaient spécialement réservés à l'empereur. Les grands vassaux avaient ordinairement des chars incrustés d'ivoire, ou surmontés d'une couverture en cuir verni.

On admire beaucoup, parmi les lettrés, cette tendre allusion à sa mère. Près de son oncle il reste en silence, pense à sa mère bien-aimée ; puis il reporte ses affections sur le frère de cette mère qui n'est plus; il lui a déjà offert un cadeau royal, un char et quatre beaux chevaux ; son cœur n'est pas encore satisfait ; il pense offrir quelque autre chose précieuse que son oncle puisse porter en souvenir de lui. Que la pensée soit touchante, soit ! Mais, comme poésie, c'est vraiment bien court.

K'ANG KONG 康公

[620-609] (1)

Ce prince est fils du précédent ; son nom était Yong 縊. Dès la première année de son règne, il a de grandes querelles avec le royaume de Tsin 晉.

" A l'été de 620, au jour Meou tse 戊子, 26 juillet, les armées de Tsin 晉 et de T'sin 秦 se livrèrent bataille à l ing-hou 令狐 (2). Sien-mié 先篾, officier de Tsin 晉, s'enfuit dans le pays de T'sin 秦.'' Voilà ce qu'en dit Confucius. Le Tsouo-tchoan [vol. 16. p 2] donne le commentaire suivant—'' K'ang-kong fit reconduire le prince Kong Tse-yong 公子雍, frère de Siang-kong 襄公, roi de Tsin 晉 (3) dans son pays, en lui disant : Quand votre grand-père Wen-kong 文公 rentra dans son royaume, il n'avait pas de gardes sur lesquels il pût compter ; c'est pourquoi il lui arriva la révolution causée par Liu 呂 et K'io 郤. Sur ce, il lui donna une escorte plus nombreuse. Pendant ce temps, la reine douairière, Mou-yng 穆嬴, portant le prince héritier dans ses bras, pleurait à chaudes larmes dans la cour, en criant : " Quel crime le prince défunt a-t-il commis ? Quel crime a donc commis ce faible enfant ? Quelle raison a-t-on de rejeter l'héritier légitime, pour aller chercher un roi à l étranger ? Que ferez vous de cet enfant ?" Aussitôt elle s'en va chez le premier ministre Tchao-siuen-tse 趙宣子, se prosterne devant lui; puis frappant la terre de son front, lui dit : " Le feu roi vous confia cet enfant; vous n'avez pas oublié ses propres paroles : " Si ce fils réussit, ce sera un bienfait reçu de vous; sinon, vous encourrez ma colère." Comment pourriez-vous négliger pareille recommandation ? "

Tchao-siuen-tse et les autres officiers furent émus de cette réclamation; ils craignaient aussi l'impression qu'elle ferait sur le peuple; il était à prévoir que celui-ci, touché de compassion, viendrait les forcer à faire droit aux plaintes de la reine.

---

(1) Son nom posthume est K'ang ce qui signifie : fleuve d'un beau parcours ; d'un cour paisib'e. 謚法淵源流通曰康

(2) A 20 ly au sud de la sous-préfecture I-che-hien 猗氏縣 P'ou-tcheou-fou 蒲州府, Chan-si, il y a encore les restes de l'ancienne ville Ling-hou (vol. 上, p. 43)-(vol, 8 p. 31).

(3) Il faut en quelques mots expliquer la présence de ce prince à la cour de K'ang-kong. La plus simple et la plus plausible, est celle-ci : les divers rois ou roitelets s'envoyaient mutuellement des otages, en signe d'amitié ; c'étaient presque toujours quelques princes de leur cour, souvent le fils et héritier présomptif de la couronne. D'ailleurs cela ne les empêchait pas de se faire des guerres à outrance, comme nous le verrons.

D'autre part, ils avaient eux-mêmes délégué Sien-mié 先 箆 pour aller recevoir le prince Tse-yong 子 雍. Comment se tirer d'embarras? C'est bien simple ! Ils révoquent le mandat confié à Sien-mié, et proclament roi le prince I-kao 夷 皋, ce jeune enfant que la reine porte dans ses bras. Ils ne l'avaient d'ailleurs écarté du trône qu'à cause de son bas âge; il sera connu plus tard dans l'histoire sous le nom de Ling-kong 靈 公.

Il s'agissait ensuite d'aller à la rencontre de l'armée envoyée par K'ang-kong; il fallait, à tout prix, l'empêcher d'arriver jusqu'à la capitale. Ki-tcheng 箕 鄭 s'y enferma avec une bonne garnison; quant aux troupes de marche, Tchao-siuen-tse fut établi général de l'armée du centre, avec Sien-k'é 先 克 comme aide de camp, à l'aile droite était Siun-lin-fou 荀 林 父; Sien-mié 先 箆 à l'aile gauche, avec Sien-tou 先 都 comme aide-de camp; Pou-tchao 步 招 conduisait le char de guerre; Jong-tsin 戎 津 était l'assesseur sur ce même char du généralissime.

L'armée des trois généraux était déjà parvenue jusqu'à King-yng 堇 陰 dans le pays de Tsin 晉; Tchao-siuen-tse dit alors à ses collègues: " Si nous recevons les gens de T'sin 秦 ils seront nos hôtes; et nous devons les traiter en hôtes ; si nous ne les recevons pas, ils deviendront nos ennemis ; il faudra donc agir en conséquence. Puisque nous avons pris ce dernier parti, il ne faut pas nous attarder en route ; bien sûr, les gens de T'sin 秦 apprenant notre résolution, tâcheront de nous rendre odieux parmi le peuple, publiant partout qu'ils viennent en amis, tandis que nous les traitons en ennemis. D'ordinaire c'est le premier arrivé sur le champ de bataille qui remporte la victoire. Fondons sur eux à l'improviste, comme si nous poursuivions des fuyards ; c'est la meilleure des tactiques !" Sur ce il ordonne aux soldats d'aiguiser leurs épées, de bien nourrir les chevaux ; eux-mêmes doivent manger étendus sur leurs lits et dans le plus grand silence, afin d'arriver jusqu'à l'ennemi pendant la nuit, et dans le plus grand secret possible. Ainsi donc, le jour meou-tse 戊 子, on surprit l'armée de T'sin 秦 à Ling-hou ; et on la poursuivit jusqu'à K'ou-cheou 刳 首 (1).

Une telle conduite de la part de ces officiers, après l'acceptation du prince Kong Tse-yong 公 子 雍 s'appelle une trahison. Mais voici un épisode assez curieux, après une telle victoire : " Le jour Ki-tcheou 己 丑, 17 juillet, le général Sien-mié 先 箆 avec l'officier Che-hoei 士 會 s'enfuyait au pays de T'sin 秦."

(1 A 30 ly à l'ouest de Ling-hou 令 狐, se trouvait la rivière Kou-cheou-choei, au sud de Ho-yang-hien 郃 陽 縣 dans la préfecture de T'ong-tcheou-fou 同 州 府 Chen-si (vol. 14 p. 19—vol. 8, p. 31).

Que ne le faisait-il plus tôt ! Il n'aurait pas eu à se reprocher une lâcheté ! Mais enfin, comment explique-t-on cette fuite ? Voici le commentaire; " Quand auparavant Sien-mié avait reçu la mission d'aller au royaume de T'sin 秦 et d'en ramener le prince Tse-yong, Siun-lin fou 荀林父 l'en dissuada, en lui disant : " La reine douairière, avec le prince héritier étant ici, il n'est pas possible d'aller à l'étranger chercher un roi ; prétextez une maladie, et n'y allez pas ; sinon vous vous en repentirez ! Envoyez un autre à votre place ! Pourquoi y aller vous-même ? Comme officiers nous sommes camarades ; c'est un conseil d'ami que je vous donne là ! " Mais Sien-mié ne voulait rien entendre. Siun-lin fou lui chanta alors la troisième strophe de l'ode Chang-ti-pan-pan 上帝板板 (Zottoli, 111 p. 261) : " Quoique j'aie un autre office, cependant je suis ton collègue ; je te donne un bon conseil; tu n'y fais pas attention; mes paroles sont bonnes et acceptables; ne les méprise pas ! Un ancien a dit: Un bon conseil est à suivre, même s'il vient d'un mendiant ! " Sien-mié persista dans sa résolution de partir."

Cela nous donne à comprendre que le contre-ordre qui l'empêcha d'exécuter la mission d'abord reçue, lui fut désagréable, et qu'il assista à contre-cœur à l'expédition, ou plutôt au guet-apens de Ling-hou. Mais il n'avait pas eu le cœur assez haut pour blâmer cette trahison, ni pour refuser d'y prendre part, s'il ne pouvait l'empêcher d'avoir lieu.

" Quand Sien-mié se fut enfui dans le pays de T'sin 秦, Siun-lin-fou lui fit parvenir sa famille, ses meubles, et le reste, en lui disant: "Nous sommes d'anciens camarades ! "

Quant à Che-hoei, il était déjà expatrié depuis trois ans sans qu'il lui eût fait une seule visite; quelqu'un lui en ayant manifesté son étonnement, il lui répondit. " Si je l'ai suivi, ce n'est pas par attachement pour lui; mais parce que je croyais bien faire; s'il est coupable je le suis aussi; s'il a bien agi, moi de même; pourquoi irais-je le voir? " Et pendant six années que dura son exil, jamais il ne le visita.

A l'été de 619, une armée de K'ang-kong envahissait le pays de Tsin 晉, et prenait la ville de Ou-t'cheng 武城 (1); c'était pour venger la trahison de Ling-hou.

---

(1) Il y a plusieurs villes appelées Ou-t'cheng. Celle dont il est question en ce moment, était à 13 ly nord-est de Tcheng-hien 鄭縣, T'ong-tcheou-fou; (elle a été détruite, dit-on, au temps de la dynastie Han 漢 postérieure?) (vol. 上, p. 38). Tcheng-hien est la même que Hoa-tcheou actuel, (vol. 14. p. 21).

En 618 un ambassadeur d· K'ang-kong est envoyé auprès du duc de Lou 魯 (nommé Hi 僖) et de sa mère, pour leur offrir des vêtements funéraires. Or le duc était mort depuis neuf ans; sa mère [nommée T'cheng-fong, 成風] était morte aussi depuis quatre ans (1). Et cependant cet envoi si tardif était conforme aux rites. K'ang-kong cultivait l amitié des princes chinois proprement dits afin de paraître lui-même un vrai Chinois; en même temps, il se cherchait des alliés contre l e prince de Tsin 晉, son parent, mais aussi son rival trop puissant. Il avait auparavant fait un traité d'amitié avec le duc de Lou, Wen-Kong 文公, à Ti-t'siuen 翟泉.

L'usage de ces cadeaux funéraires n'existait qu'entre des royaumes amis et voisins; cela se comprend; on ne notait pas que l'offrande arrivât trop tard, vu qu'elle n'était pas obligatoire; on la notait aux archives, comme une preuve des bonnes relations qui existaient entre les deux pays. Il en était de même pour d'autres ambassades de condoléance ou de congratulation que les princes de ces temps s'envoyaient mutuellement.

Au printemps 617, une armée de T'sin 秦 envahit le royaume de Tsin 晉 et prend la ville de Chao-leang 少梁 (2). En été K'ang-kong envahit à son tour le pays de Tsin 晉 et prend la ville de Pé-tcheng 北徵 (3) En 615, K'ang-kong envoyait Si-k'i-chou 西乞術 en ambassade auprès du duc de Lou, pour le saluer et lui offrir des cadeaux d'amitié; en même temps, pour lui annoncer une nouvelle campagne contre le pays de Tsin 晉.

Siang-tchong 襄仲, premier ministre, refusa le jade qu'on lui présentait; " Votre glorieux prince, disait-il, n'oublie pas les bonnes relations qui existent entre nos deux pays; et il daigne nous honorer d'une ambassade; c'est vraiment affermir la prospérité commune; vous nous estimez digne d'un si précieux cadeau;

---

(1) 襚 Soei : offrir l'habit porté par le défunt, dans son cercueil. C'était une délicate marque d'amitié, paraît-il, d'offrir à quelqu'un ce genre spécial de vêtement;c'était en quelque façon l'accompagner dans le tombeau, à tout le moins, c'était un souvenir emporté par lui dans le tombeau—Le commentaire dit que l'envoi de tels habits, même longtemps après l'enterrement, était regardé comme une marque d'honneur, une preuve d'amitié, par les parents du défunt. Il ne faut pas oublier que nous parlons de la Chine ; or, même maintenant, on vous envoie une cargaison de cadeaux; vous seriez bien mal avisé si vous les preniez tous : acceptez en la minime partie; le reste est seulement pour vous faire honneur ! Souvent même vous devez n'en point prendre du tout; et cependant vous devez remercier la personne qui les a envoyés, comme si vous aviez tout gardé. Autres pays, autres moeurs !

(2) Maintenant c'est Han-t'cheng-hien 韓城縣 T'ong-tcheou-fou 同州府, Chen-si ; à 20 ly de la ville, il y a encore le bourg de Chao-leang 少梁 (vol. 中, p. 113).

(3) A 22 ly au sud de la ville de T'cheng-t'cheng-hien 澄城縣 T'ong-tcheou-fou, il y a l'antique bourg de Pé-tcheng 北徵 (vol. 上, p. 38)-(vol. 14 ı p. 19. 20).

mais notre humble prince n'ose l'accepter (1)."—" Le cadeau est si mince qu'il ne mérite pas d'être refusé, reprit l'ambassadeur." Mais malgré son insistance, le ministre refusa par trois fois. "Mon maître, dit enfin l'ambassadeur, espère qu'en servant votre glorieux roi, il sera chéri de votre illustre ancêtre, Tcheou-kong 周公. Cette tablette insignifiante nous a été transmise par nos aïeux, notre prince l'offre à votre Excellence pour servir de sceau à vos actes publics; en particulier au traité d'amitié que nous désirons faire avec votre noble royaume. C'est pour ce motif que mon maître m'a délégué ; ainsi j'ose vous offrir ce jade."

Siang-tchong répondit : "Sans hommes sages, un royaume ne saurait subsister. Mais je vois que votre pays est loin d'être en décadence !"—Le ministre ayant enfin consenti à recevoir le cadeau, à son tour combla de présents l'ambassadeur de T'sin 秦, et lui donna congé.

Pendant ce temps, K'ang-kong avait fait les préparatifs de son expédition projetée; il ne se croyait pas encore assez vengé du guet-apens de Ling-hou. Donc à l'hiver de cette même année, il envahit le pays de Tsin 晋, et prit la ville de Ki-ma 羈馬 (2). Une armée de Tsin 晋 alla vite à sa rencontre. Tchao-siun-tse 趙宣子 était au centre, comme général en chef, avec Siun-lin-fou 荀林父 pour son aide-de-camp, Fan-ou-siu 范無恤 pour conducteur de son char ; K'io-k'iué 郤缺 était à l'aile droite, avec Yu-p'ien 臾駢 comme aide-de-camp ; Loan-toen 欒盾 était à l'aile gauche, avec Siu-kia 胥甲 pour aide-de-camp. On rejoignit l'armée de K'ang-kong à Ho-k'iu 河曲 (3) Alors Yu-p'ien 臾駢 dit à ses collègues : "Les gens de T'sin 秦 ne peuvent rester longtemps ici ; creusons un fossé très-profond; faisons des remparts très hauts; fortifions notre camp; puis attendons tranquillement." On suivit ce conseil.

L'armée de K'ang-kong, au contraire, brûlait d'en venir aux mains; K'ang-kong manda Che-hoei, le réfugié, et lui demanda comment forcer les gens de Tsin 晋 à combattre. Celui-ci répondit : "Cette fois, le général en chef a emmené avec lui un de ses subordonnés très-habile, nommé Yu-p'ien;

---

(1) Il refuse, pour ne pas être obligé de signer un traité d'amitié avec K'ang-kong, contre le roi de Tsin 晋 qui est le suzerain du duc de Lou.

(2) A 36 ly au sud de P'ou-tcheou-fou 蒲州府, Chan-si, il y a encore le vieux bourg de Ki-ma-t'cheng 羈馬城 ; on le nomme aussi Tche-k'ieou 陟邱.

C'était donc la sixième campagne contre le pays de Tsin, depuis la fameuse défaite de Hiao 殽. Les deux pays s'affaiblissaient mutuellement par ces guerres continuelles; tandis que leur voisin, le royaume de T'chou 楚 allait grandissant et devenait le plus puissant de tous les états. [vol. 8. p. 31]-[vol. 上. p. 43]-[Tcho-eul-k'ang 卓爾康 vol. 18. p. 17.]

(3) A 5 ly sud-est de P'ou-tcheou-fou, Chan-si, au vieux bourg de P'ou-pan 蒲坂.

C'est à Cho-tchoan 涑川 que fut arrêtée l'invasion de la contrée; c'est à 20 ly nord-est de P'ou-tcheou-fou ; serait-ce Ho-k'iu ? (vol. 8. p. 30); la carte marque Cho-tchoan au nord-ouest, Ho-k'iu au nord-est de P'ou-tcheou-fou, (voir la carte P'an-Lorando).

bien sûr, c'est lui qui a suggéré ce statragème; ils veulent lasser votre armée. Mais le général en chef a aussi avec lui un neveu nommé T'choan 穿 ; celui-ci est gendre du roi défunt, et ainsi en grande faveur; c'est un esprit faible, et sans connaissance des choses de la guerre: il aime à faire parade de courage; un vrai étourdi ! Et de plus, il n'aime pas ce Yu-p'ien; il cherchera à le contrecarrer ; envoyez des troupes légères harceler ce neveu ; vous réussirez à avoir une bataille." Sur ce conseil, K'ang-kong sacrifia une tablette de jade au fleuve Jaune pour lui demander la victoire.

Donc à la 12ème lune, au jour meou-ou 戊 午, 26 janvier, K'ang-kong tombait à l'improviste sur l'aile droite de l'ennemi; T'choan 穿 s'élança à la poursuite de ces attaquants, sans pouvoir les atteindre dans leur fuite simulée. Revenu au camp, il dit avec fureur : " Nous avons des provisions abondantes; nous restons ici sous les armes attendant une attaque; l'ennemi vient, et personne ne remue ! Qu'attendons-nous encore ? "—" Une bonne occasion pour vaincre," répondirent les autres officiers."—" Je ne comprends rien à vos stratagèmes, reprend T'choan; moi tout seul, je vais aller livrer bataille ! " Et il partit avec son régiment.

Le général en chef dit : " K'ang-kong va le faire prisonnier, c'est sûr ! et il retournera chez lui avec la gloire de nous avoir pris un grand ministre d'Etat; à notre retour, que dire devant notre prince pour nous excuser ? Mieux vaut combattre !" Là-dessus, toute l'armée se mit en marche; il y eut un engagement, mais on se retira, de part et d'autre, sans grand résultat.

Pendant la nuit un messager de K'ang-kong se rendait au camp de Tsin 晉, avec les paroles suivantes: " Des deux côtés, personne n'est encore tombé sur le champ de bataille; nos soldats ne sont pas contents à si bon marché; demain matin, s'il vous plaît, recommençons le combat; il faut savoir qui est vainqueur, qui est vaincu !"

Yu-p'ien fit remarquer que les yeux du messager étaient hagards, et sa voix étranglée, comme un homme qui a grand peur: " Sûrement, dit-il, les gens de K'ang-kong vont prendre la fuite ! Poussons-les jusqu'au Fleuve Jaune; et nous allons les exterminer jusqu'au dernier ! " Mais alors Siu-kia 胥 甲 et T'choan 穿 , debout sur le pas de la porte, crièrent: " Nous n'avons pas encore ramassé nos morts, ni nos blessés; les abandonner serait inhumain; sans avoir indiqué ni le jour, ni le champ de bataille, aller attaquer quelqu un dans l'embarras, c'est une lâcheté ! " Ce fut cet avis qui triompha dans la discussion; et l'on resta au camp.

Pendant la nuit K'ang-kong avait repris le chemin de sa capitale; c'était encore une ruse de guerre; car il revint presque aussitôt sur ses pas et prit la ville de Hia 瑕 (1).

En 614 au printemps, le roi de Tsin 晉 envoya Tchan-kia 詹 嘉 dans ce même territoire de Hia pour protéger tout le pays de T'ao-lin 桃 林 (2) menacé de tomber au pouvoir de K'ang-kong.

Cette même année, en été, les six grands ministres d'Etat tenaient conseil entre eux, à Tchou-feou 諸浮 (3). Tchao-siuen-tse 趙宣子 dit: " Depuis que Che-hoei 士會 est chez le roi de T'sin 秦, et Kia-ki 賈季 chez les tartares [Ti 狄], les calamités fondent journellement sur nous, que pouvons-nous faire ?" Siun-lin fou 荀林父 répond : " Allons inviter Kia-ki à revenir ; il est capable de diriger nos affaires étrangères; c'est un homme qui a bien mérité de son pays, avant de s'exiler." Mais K'io-k'iué 郤 缺 réplique: " Kia-ki est un révolutionnaire, un assassin; il vaut mieux rappeler Che-hoei, qui se contentera même d'un poste inférieur: Il a de la conscience, il est maniable, il est incapable de tout méfait, il est digne des postes les plus importants; enfin il n'a aucun crime à se reprocher."

Sur ce, on charge Wei-cheou-yu 魏讐餘 de simuler une rébellion, d'aller à la cour de K'ang-kong comme pour lui offrir son fief de Wei 魏, afin d'avoir occasion de s'aboucher avec Che-hoei et de l'exhorter à revenir Le complot ainsi arrêté, on fait semblant de saisir la femme et les enfants de Cheou-yu pendant qu'il se rend au pays de T'sin 秦. Là il est bien reçu de K'ang-kong qui accepte son hommage ; il rencontre Che-hoei à la cour et lui donne à entendre qu'il veut lui parler, en mettant son pied sur le sien.

Mais bientôt K'ang-kong envoie une armée prendre possession du nouveau fief; celle-ci marche sur la rive ouest du Fleuve Jaune, tandis que les gens de Wei sont sur la rive est. En chemin Cheou-yu dit à K'ang-kong: " Donnez-moi, s'il vous plaît, un de mes anciens compatriotes qui comprenne notre langue afin qu'il puisse, de votre part, s'entretenir avec les magistrats de ma capitale; nous irons tous deux ensemble à l'avance préparer notre réception".

---

(1) Au sud ouest de Kiai-tcheou 解州, voyez année 629 plus haut.

(2) Depuis le défilé de Tong-koan 潼關 jusqu'au défilé de Han-kou 函谷, tout le pays de 陝州 Chen-tcheou, de Hoa-tcheou 華州 s'appelait Tao-ling. Maintenant, c'est depuis Hoa-yn-hien 華陰縣 dans le Chen-si, à l'ouest, jusqu'à Ling-pao-hien 靈寶縣 dans le Ho-nan, à l'est. (Voir la carte).

(3) Tchou-feou. — Quelques auteurs placent cette ville entre Kiang-tcheou 絳州 et T'ai-p'ing-hien 太平縣 dans la préfecture de P'ing-yang-fou 平陽府 Chan-si. Mais le vol. 8. p. 8 ne parle que d'une montagne de ce nom.

K'ang-kong ne se doute point de la ruse; il propose Che-hoei, mais celui-ci se récrie: " Les gens de T'sin 晉 sont des loups et des tigres; s'ils ont changé d'idée, c'en est fait de moi ! Alors vous tuerez ma femme et mes enfants; nous serons tous anéantis et vous, vous n'en aurez aucun profit. Plus tard tout regret sera bien inutile. ' K'ang-kong jure par le fleuve Jaune: " S'ils ne tiennent pas leur parole, dit-il, je vous enverrai votre femme et vos enfants, c'est aussi certain que ce fleuve coule devant vous ! " Aussitôt Che-hoei se met en route. Jao-tchao 繞 朝 lui fait cadeau d'un fouet, en lui disant: " Ne dites pas que notre royaume est dépourvu d'hommes intelligents ! Vous réussirez dans votre complot, car on n'écoute plus mes conseils et notre roi est bien berné ! "

Cheou-yu et Che-hoei passent le Fleuve Jaune. Arrivés au milieu des gens de Wei, ceux-ci poussent de grandes clameurs et s'en vont dans leur capitale (1). Le tour a réussi à merveille. K'ang-kong ne s'en aperçut peut-être pas tout de suite ; en tous cas, il accomplit sa promesse. Il envoya fidèlement à Che-hoei sa femme et ses enfants. Quelques membres de sa famille préférèrent rester dans le pays de T'sin. Ils se nommèrent alors la famille Lieou, 劉 du nom de leur ancêtre Lieou-lei 劉累, descendant de l'empereur Yao 堯.

" En 611, les armées réunies de T'chou 楚, de T'sin 秦 et de Pa 巴 détruisirent la petite principauté de Yong 庸 (2) ". Le Tsouo-tchoan donne les détails sur cette curieuse expédition; mais il ne mentionne rien de spécial au sujet de K'ang-kong. " Le prince de Yong voulut profiter de l'embarras du royaume de T'chou où régnait alors une famine terrible; s'adjoignant les tribus sauvages de l'est et de l'ouest, il envahit le pays affamé. Le roi de T'chou se retira d'abord devant cette coalition dangereuse, et quitta sa capitale, puis il appela à son secours les gens de T'sin 秦 et de Pa 巴.

Non seulement il arrêta l'invasion, mais il prit bientôt l'offensive et détruisit la principauté de Yong. Il fit ensuite un traité de paix avec les sauvages qui le reconnurent pour leur suzerain."

Pendant ces guerres continuelles, le peuple eut sans doute bien des souffrances à supporter. Grâce à leur caractère belliqueux, les gens de T'sin s'en consolaient plus facilement. Pourtant, il est tel chant populaire où une femme gémit sur l'absence de son mari [Zottoli III, p. 99].

---

(1) Maintenant c'est Joei-t'cheng-hien 芮城縣. Pou-tcheou-fou 蒲州府, Chan-si. L'antique ville se trouvait à 7 ly plus au nord-est. En 659, le roi de Tsin 晉 avait détruit cette principauté, et l'avait donnée en fief à Pi-wan 畢萬 (K. vol 8, p. 42).

(2) Yong était à 40 ly à l'est de Tchou-chan 竹山, Yun-yang-fou 隕陽府, Hou-pé (Ed. vol 18, p. 40)-(F. vol. 21, p. 33).

Pa, c'est actuellement Pa-hien. Tchong-k'ing-fou 重慶府, Se-t'choan 四川 C'était, autrefois, une principauté très importante. (F. vol. 24, p. 47).

1ère **Strophe** :—" Ce faucon a le vol rapide ! Cette forêt au nord est bien épaisse ! Je ne vois point mon seigneur [revenir] ! Le chagrin de mon cœur s'en accroît ! Quoi ! M'aurait-il oublié jusqu'à ce point ? "

2e **Strophe** :—" La montagne a quantité de chênes, la plaine abonde en ormes. Je ne vois point mon seigneur [revenir] ! Mon cœur en saigne de douleur ! Comment ? M a-t-il oubliée jusqu'à ce point ?'

3e **Strophe** :—" La montagne a beaucoup de pruniers, la plaine abonde en poiriers. Je ne vois point mon seigneur [revenir] ! Mon cœur en devient fou ! Comment ? Oh, comment ? M a-t-il oubliée jusqu'à ce point ?'

Le commentaire dit : " Il y a une belle gradation dans l'expression de la douleur, la peine grandit à mesure que l'absence se prolonge. On voit aussi combien le peuple de ce pays était belliqueux, le mari quitte si facilement et si longtemps sa famille qu'il semble l'avoir oubliée. Les gens de Tcheng 鄭 et de Wei 衞 étaient bien loin d'avoir une humeur si guerrière. " (1)

Il faut pourtant savoir que certains lettrés expliquent cette ode dans un sens bien différent. Suivant en cela l'opinion de Tchou-fou-tse, 朱夫子, ils disent que cette poésie a été faite pour célébrer Mou-kong qui aimait les sages, et blâmer K'ang-kong qui ne les aimait pas. D'après ces lettrés, la femme délaissée c'est le sage oublié ou méconnu. Cette idée n'aurait, en soi, rien d'invraisemblable; car dans les temps passés, comme de nos jours, chaque lettré se croyait un sage et un génie méconnu, mais nous avons vu certaine amplification littéraire où Mou-kong n'était pas précisément comblé de louanges. Laissons donc à ce chant naïf son sens naturel. En voici un autre où les plaintes des lettrés n'ont pas besoin de commentaires. [Zottoli, III, p. 101, No 135]

---

(1) Cette poésie ressemble fort au fameux chant intitulé Yen-i 扊扅 qui fut fait dans les circonstances suivantes: quand Hien-kong 獻公 prince de Tsin 晉 (676—651), détruisit la petite principauté de Yu 虞, le ministre nommé Pé-li-hi 百里奚 s'enfuit et fut pris par les gens de T'chou 楚. Mou-kong sachant que Pé-li-hi était un sage et un "saint" le racheta moyennant 5 peaux de chèvres et l'établit son premier ministre. La jouissance d'une si grande fortune lui permettait de faire de la musique et de jouer de la guitare. Un jour, une pauvre veuve qu'il avait prise à son service lui dit: "Moi aussi je sais chanter "; et, sur son invitation, elle commence la complainte suivante: " Le ministre Pé-li-hi fut racheté pour 5 peaux de chèvres. A son départ sa femme tua sa poule chérie et brûla la barre de sa porte pour la faire cuire. Maintenant, dans l'opulence, il oublie la pauvresse ! " A ces mots Pé-li-hi reconnaît sa femme.

C'est une de ces historiettes si goûtées des Chinois, encore actuellement. Partout dans les " thés " on peut en entendre débiter de semblables ; on ne s'occupe guère de la vraisemblance ; ce sont des récits et des chants populaires inventés pour ce peuple qui les écoute toujours avec grand plaisir.

(Yen-i signifie la pièce de bois qui sert à fermer les portes des maisons chinoises et qui remplace un verrou.)

1ère **Strophe** :—" Il y avait autrefois de grandes et spacieuses maisons pour nous recevoir. Maintenant, il n'y a plus de restes à nos repas. Hélas ! Quelle douleur ! On ne continue plus de si beaux commencements."

2e **Strophe** :—" Pour nous, à chaque repas, il y avait autrefois quatre grands pots. Maintenant nous n'avons pas de quoi nous rassasier. Hélas ! etc."

Tchou-fou-tse 朱夫子 n'est cependant pas content de cette pièce. Il dit qu'un lettré doit être plus fier que l'auteur de cette complainte et il propose pour modèle Mou-cheng 穆生, lettré à la cour de l'empereur Han 漢. Il paraît que ce personnage ne but jamais de vin. Or, un jour qu'on ne lui en servit point, il se leva de table et s'en alla, disant: " L'empereur précédent savait que nous sommes dépositaires de la saine doctrine, et nous honorait comme tels. Maintenant on nous méprise puisqu'on ne nous sert pas de vin ; c'est donc aussi oublier et mépriser la bonne doctrine. Avec des gens qui n'estiment pas la bonne doctrine il ne faut pas demeurer longtemps. Ce n'est pas une petite affaire que d'avoir oublié de me servir du vin ! " Sur ce, il quitta la cour, malgré ses amis qui essayèrent tous les moyens pour le retenir. Voilà l'exemple d'un vrai lettré qui a conscience de sa valeur !

Il y a une dizaine de poésies du pays de T'sin 秦 qui n'ont pas été biffées par Confucius. Il les a conservées dans son recueil, sachant qu'un peuple si fier et si guerrier ferait la conquête de tout le pays situé entre les quatre mers [les quatre points cardinaux]. Il savait qu'après avoir obtenu cette gloire et cette puissance, la dynastie serait renversée dès la seconde génération. C'est naturel, puisque, d'après les lettrés, leur chef vénéré savait absolument tout. Leur argument irréfutable c'est que Confucius n'a reçu aucune poésie des royaumes de Ou 吳 et de T'chou 楚, aussi sauvages que ce lointain pays de Tins 秦. Mais ces savants oublient que le royaume de T'sin est l'ancien pays chinois des premiers empereurs. Quoique souvent envahi par les Tartares, occupé même par eux, le pays garda la civilisation supérieure chinoise. En même temps, la population devint très belliqueuse, à cause du contact continuel avec les races guerrières des Tartares. Les royaumes de Ou et de T'chou ne parlaient pas même chinois. Comment donc Confucius aurait-il pu conserver quelques-unes de leurs poésies chinoises ? Mais revenons à notre histoire :

" En 609, à la 2e lune, Yong 縡 prince de T'sin 秦 mourut." Telles sont les laconiques paroles de Confucius, dans sa chronique. Or, ce prince Yong c'est K'ang-kong lui-même. Pourquoi donc l'inscrire au catalogue des morts avec son nom propre ? Le commentaire nous répond :

" Il n'avait pas conclu de traité d'amitié avec le duc (1) de Lou 魯 ; donc son nom de prince régnant est censé inconnu." Mais alors pourquoi est-il inscrit même sous ce petit nom ? Car c'est la première fois que la chronique de Confucius [t'choen-ts'ieou 春秋] fait mention de la mort d'un prince de T'sin 秦. Le commentaire nous répond encore: " K'ang-kong avait envoyé des vêtements mortuaires à Hi-kong 僖公, prince de Lou et à sa mère." Nous avons vu qu'un tel cadeau était une marque d'amitié; K'ang-kong devait donc avoir pour cela une mention honorable dans les fastes du duché.

D'ailleurs ce royaume s'était agrandi rapidement ; il était de force à tenir tête au roi de Tsin 晉 lequel était censé le chef des roitelets, le lieutenant, le bras droit de l'empereur. Depuis Mou-kong il avait des traités d'amitié avec plusieurs princes chinois; il fut donc traité par eux d'égal à égal et eut l'honneur d'être consigné dans les livres historiques chinois. Car tout ce qui n'était pas Chinois ou ami des Chinois était censé ignoré ou n'avoir même pas existé. Cet orgueil national si enraciné ne date donc pas d'hier !

---

(1) Le prince de Lou, officiellement, n'était que marquis. De fait il était roi indépendant, comme les autres. Bien plus, en qualité de descendant de Tcheou-kong 周公. on lui donnait souvent le titre officiel de duc. Il faut s'en souvenir pour la suite de cette histoire.

KONG-KONG 共公

(608-605) (1)

Ce prince était le fils du précédent. A peine sur le trône, le voilà obligé de se mettre en campagne En voici la curieuse raison : "Le roi de Tsin 晉 (Ling-kong) désirait faire la paix avec le nouveau prince de T'sin 秦. Le premier ministre, Tchao-t'choan 趙穿, [l'étourdi déjà connu du lecteur] proposa le stratagème suivant: " Je vais fondre à l'improviste sur la petite principauté de T'chong 崇. Comme c'est un fief de T'sin 秦, Kong-kong accourra pour lui porter secours ; alors je proposerai un traité de paix et d'amitié. " Ce qui fut dit fut fait. Malheureusement Kong-kong refusa le traité désiré (2).

D'après les commentaires, le roi de Tsin 晉 aurait dû envoyer un ambassadeur, et prouver que depuis des générations la paix et l'amitié avaient existé entre les deux pays, ce qui n'était pas facile vu les guerres continuelles qu'ils se faisaient. De plus, attaquer un vassal de Kong-kong était un singulier moyen d'incliner celui-ci à la bienveillance. Aussi l'échec fut mis sur le compte du premier ministre. On l'accusa d'ambition, on lui prêta des projets de révolte ; il aurait voulu avoir toujours une armée sous la main, l'augmenter sans cesse pour augmenter sa propre puissance.

Le commentaire dit encore : "Depuis la défaite subie au défilé de Hiao 殽, le roi de T'sin 秦 recherchait l'amitié du prince de T'chou 楚 et détestait le roi de Tsin 晉, son parent. Mou-kong avait bien juré qu'il ne voulait plus entreprendre d'expédition à l'est mais c'était un serment de politique ; et comme tel il devait durer tant qu'il y aurait avantage à le garder. Après le guet-apens de Ling-hou 令狐, les combats recommencent de plus belle, et l'animosité des deux pays devient plus profonde. Par ailleurs, Tsin 晉 étant le rival de T'chou 楚 aurait voulu se lier d'amitié avec T'sin 秦, pour avoir les bras libres et pour avoir un associé puissant capable de l'aider à abattre T'chou et à garder la prééminence parmi les roitelets. L'idée avait donc été raisonnable ; l'exécution fit défaut, grâce à l'ineptie du ministre T'choan.

---

(1) D'après le commentaire, son nom de prince était Kia 貑. Mais Tsouo-k'ieu-ming l'appelle Tao 稻. Se-ma-t'sien, p 15, lui donne 5 ans de règne ; la chronologie ordinaire ne lui en attribue que 4.

(2) T'chong était à 5 ly à l'est de Hou-hien 鄠縣.
Si-ngan-fou 西安府, Chen-si. C'était une antique principauté établie à l'époque de Yn 殷 (K. vol. p. 16)-(F. vol. 14, p. 12).

" En 607 une armée de T'sin 秦 met le siège devant Tsiao 焦 (1) pour venger l'attaque de T'chong 崇. En été, Tchao-siuen-tse 趙宣子 vient au secours de la ville et fait déguerpir les assiégeants " A ce propos, voici les réflexions de l'édition impériale : " Quand Wen-kong 文公, prince de Tsin 晉 régnait si glorieusement, le roi de T'sin 秦 avait aussi part à sa grandeur ; maintenant Tsin 晉 est en décadence, T'sin 秦 a pareillement aussi part à la ruine. A la journée de T'cheng-pou 城濮, l'armée de T'sin 秦 aidait l'armée de Tsin 晉 contre le roi de T'chou. Cette victoire fit du prince de Tsin 晉 le chef des roitelets. Au contraire, [en 611], K'ang-kong fit un traité d'amitié avec le roi de T'chou; ensemble ils détruisirent Yong 庸. Ainsi le roi de T'chou put insulter les princes chinois, surtout le roi de Tsin 晉. Ce dernier, Ling-kong 靈公. à la vérité, était un tyran. Ayant des ennemis si puissants, son pays ne tarda pas à déchoir de sa splendeur.' Nous voici déjà à la fin du règne de Kong-kong. Confuciu sécrit : " En 605, au printemps, Tao 稻. comte de T'sin 秦, mourut." Le commentaire ajoute : " Ni le titre officiel de prince régnant, ni le jour de la sépulture, ni l'endroit où elle eut lieu, ni autre détail n'est mentionné, parce que personne n'est venu officiellement apporter la nouvelle. D'ailleurs les deux pays de T'sin 秦 et de Lou 魯 n'avaient pas encore conclu de traité d'amitié."

Le successeur de Kong-kong est son fils. Il monte sur le trône et prend le nom de Hoan-kong ; son règne va durer 28 ans. Un grand prince n'aurait pas besoin d'un temps si long pour s'illustrer.

---

(1) Maintenant c'est Chen-tcheou 陝州, Ho-nan (voyez année 629).

HO'N-KONG 桓公

(604—577)

Les auteurs ne disent rien sur les quatre premières années de ce règne. Se-ma-t'sien a seulement les mots suivants : " En 601 l'armée de Tsin 晉 battit un de nos généraux. ' De qui parle-t-il ? A quoi fait-il allusion ? De quelle guerre s'agit-il ? De nouvelles recherches nous mettront peut-être sur la voie [Vol. 2, chap. 5, p. 15].

" En 601, au printemps, les Tartares blancs [Pé-ti 白狄] et le roi de sin 晉 faisaient un traité d'amitié; en été ils joignirent leurs forces et s'en allèrent faire la guerre au royaume de T'sin." Le commentaire observe que ces Tartares blancs apparaissent pour la première fois dans la Chronique de Confucius. Les gens de Tsin 晉 prirent un espion envoyé par Hoan-kong, et le tuèrent sur la grande place de leur capitale Kiang 絳. Six jours plus tard, le mort ressuscitait ! "

D'après le Hou-tchoan 胡傳 [Ed impér., vol 20, p. 8], le roi de Tsin 晉 avait tort. Au lieu de reconnaître sa faute, de s'en corriger, et de faire la paix avec Hoan-kong, il poussa les choses au pire, en s'alliant avec les Tartares, sauvages si méprisés des Chinois, et pour faire une guerre injuste. Pour cette raison, il est blâmé de tous les historiens.

Kao-kang 高開 observe encore que ce sont les Tartares qui voulaient faire la guerre à Hoan-kong ; ils invitèrent et excitèrent le roi de Tsin 晉 à s'unir à eux contre l'ennemi commun. La faute serait donc plutôt aux Tartares.

Quelques auteurs rejettent cette sottise et les autres sur Tchao-siuen-tse 趙宣子 qui, après plusieurs années de paix, eut la malencontreuse idée d'envahir la petite principauté de Tchong 崇 et rouvrit ainsi l'ère des calamités. King-kong 景公, prince de Tsin 晉, envoya une lettre à Hoan-kong déclarant qu'il rompait à tout jamais avec lui et avec son pays ; il ajoutait. " Les Tartares blancs demeurent dans la même contrée que vous et sont pourtant vos ennemis depuis longtemps; notre famille, au contraire, est unie à eux par des liens d'amitié." De fait, le roi de Tsin 晉 avait procuré, entre les deux pays, un certain nombre de mariages et d'alliances; il voulait, par là, s'attacher les Tartares, et profiter de leurs nombreux soldats, dans ses luttes avec le royaume de T'sin 秦. Bientôt la guerre va commencer et durer d'un coup sept années consécutives. Pendant ce temps, le royaume de T'chou 楚 grandit sans cesse et devient le plus puissant de tous les Etats, le véritable maître de tout l empire.

En 594, "une armée de T'sin 秦 envahit le pays de Tsin 晉." Voilà le récit de Confucius; le Kouo-yu 國語 nous fournira les détails; " Quand le roi de Tsin 晉 était occupé à combattre victorieusement les Tartares rouges nomm s Lo 維, Hoan-kong, jaloux de ses succès, résolut de le frustrer du fruit de ses exploits. Mais le général Wei-kouo 魏顆 lui opposa son corps d'armée comme un mur infranchissable, et le repoussa devant la ville de Fou che 輔氏 (1); le général en personne s'empara du fan eux géant de T'sin 秦 nommé T'ou-heo 杜回. Cet épisode de la bataille est gravé sur la cloche du roi King-kong, quoique celui-ci n'y ait pris aucune part. Après avoir promené son armée à travers le pays des Tartares Ti 翟 nouvellement conquis; après avoir séjourné quelque temps sur le territoire de Tsi 稷 [2], pacifié cette contrée, et rétabli sur son trône le prince Li 黎, King-kong, secondé par son général Siun-ling-fou 荀林父, avait entrepris la conquête des Tartares rouges, et se trouvait à la rivière Lo 維, quand il apprit la belle conduite de son autre général Wei-kouo.

Au sujet de la capture du fameux géant, voici ce qu'on raconte: "Le père de Wei-kong, nommé Wei-ou-tse 魏武子 avait eu une concubine qu'il chérissait, mais n'en avait pas eu d'enfant. Etant malade, Wei-ou-tse avait d'abord recommandé à son fils de remarier cette femme; puis, sur le point de mourir, il avait changé d'idée, et avait ordonné de l'enterrer vivante dans la même tombe que lui. Ou-tse étant mort, Wei-kong se dit : "Au dernier moment mon père n'avait plus l'esprit lucide, c'est pourquoi il m'a donné cet ordre cruel; j'exécuterai donc sa première recommandation donnée en pleine lucidité. C'est sûrement sa véritable volonté" Or, pendant la bataille de Fou-che, Wei-kong aperçut un vieillard qui liait ensemble plusieurs touffes d'herbes; c'est à cet endroit même que le géant fut capturé; il s'était pris le pied dans cette sorte de piège et était tombé à terre. Cette nuit même, Wei-kong revit en songe ce même vieillard qui lui dit: "Je suis le père de la concubine que vous avez remariée au lieu de l'enterrer vivante; ce matin je suis venu vous remercier de votre acte de vertu."

---

(1) Fou-che était à 13 ly nord-ouest de Tchao-i-hien 朝邑縣, T'ong-tcheou-fou 同州府 Chen-si (F. vol. 14, p. 18).

(2) La montagne Tsi-chen-chan 稷神山 est à 50 ly au sud-ouest de Kiang-tcheou 絳州, Chan-si. La ville actuelle de Tsi-chan-hien n'en est pas très éloignée (F. vol 8. p. 44).

La rivière Lo 維 se trouve au sud de Tchao-i-hien (F. vol. 14, p. 19).

En 589 " au jour ping-chen 丙申 [18 Décembre] un délégué du roi de T'sin 秦 se trouvait à Chou 蜀 (1) pour prendre part au traité d'amitié conclu par les envoyés des royaumes de Lou 魯, T'chou 楚, Song 宋, T'cheng 陳 Wei 衛, Tcheng 鄭, T'si 齊, T'sao 曹, Tchou 邾, Sié 薛 et Tseng 鄫 " Voilà ce qu'a écrit Confucius.

Le Tsouo-tchoan complète ce récit en ajoutant les noms de tous les délégués. Celui de Hoan-kong s'appelait Yué 說 ; c'était un grand officier de droite à la cour de T'sin 秦. Cette convention avait pour but de se liguer contre le pays de Tsin 晉, rival de T'chou 楚.

En 582 " une armée de T'sin 秦, ayant pour auxiliaires les Tartares blancs (Pé-ti 白狄) envahit le pays de Tsin 晉, parce que les divers princes détestaient ce roi."

En l'année 600, au contraire, ces mêmes Tartares blancs avaient aidé le pays de Tsin 晉, contre celui de T'sin 秦. Leurs chefs ne considéraient que leurs goûts et leurs avantages, sans aucun égard pour le droit et la justice. Hélas ! même dans d'autres contrées, non plus sauvages mais très civilisées de l'ancien monde et du nouveau il en arrive de même !

En 580, " Li 厲, roi de Tsin 晉, est établi sur le trône. Il fait enfin un traité de paix avec Hoan-kong. Chacun des deux princes demeura sur son terrain (pendant la conférence tenue par leurs délégués); ils étaient séparés par le Fleuve Jaune". Voilà ce que raconte Se-ma-tsien 司馬遷. Le Tsouo-tchoan est un peu plus explicite, mais place le fait en l'année suivante, ce qui donne à entendre que les pourparlers avaient duré depuis la fin d'une année jusqu'au commencement de l'autre :

"En 580, dit-il, en hiver, les princes de T'sin 秦 et de Tsin 晉 résolurent de faire un traité de paix; la réunion devait avoir lieu à Ling-hou 令狐; le marquis de Tsin 晉 arriva le premier au lieu du rendez-vous. Le comte de T'sin 秦 prit peur, et ne voulut pas passer le fleuve Jaune ; il s'arrêta donc à Wang-t'cheng 王城 (2) et députa Che-k'ouo 史顆 pour le représenter à la conférence.

De son côté le marquis de Tsin 晉 députa K'io-tcheou 郤犫 dans le même but. Fan-wen-tse 范文子 remarquant les mutuelles suspicions des deux partis, dit:

---

(1) Cette ville appartenait au duc de Lou. A l'ouest de T'ai-n'gan-fou 太安府, Chan-tong, il y a encore un kiosque, nommé Chou-ting 蜀亭 qui marque l'endroit précis où se fit cette convention. (F. vol. 10, p. 11.)

(2) A l'ouest du Fleuve Jaune ; c'était à 14 ly sud de Ho-yang 郃陽縣, T'ong-tcheou-fou 同州府, Chen-si. Le marquis de Tsin 晉 était à l'est du fleuve à l'endroit appelé maintenant P'an, Pou-tch'eou-fou 蒲州府, Chan-si. [F. vol. 8, p. 29 ; vol. 14, p. 29.]

,' Quelle utilité peut avoir un tel traité ? Si les cœurs sont d'accord, on ne craint pas une entrevue; la confiance mutuelle est la base d'un traité d'amitié; sans cette base, sur quoi s'appuyer?' De fait, Hoan-kong rentra dans son pays et ne tint aucun compte de cette convention soi-disant amicale. Bien plus, il fit un traité d'alliance avec les Tartares Ti 翟, dans le but d'aller ensemble attaquer le royaume de Tsin 晉.

En 578 "à la 5e lune, le duc de Lou 魯 quitta la cour de l'empereur pour aller à une réunion des princes de Tsin 晉, T'si 齊, Song 宋. Wei 衞, Tcheng 鄭, Tsao 曹, T'chou 楚 et Teng 滕, dans le but de faire la guerre à Hoan-kong. Le prince de Tsao mourut pendant la campagne. Le duc de Lou en revint à la 7e lune." Telles sont les paroles de Confucius. Ecoutons maintenant les détails du Tsouo-tchoan.

" Au printemps, le roi de Tsin 晉 envoya K'io-i 郄錡 chez le duc de Lou, pour demander une armée auxiliaire. Au cours de sa mission, le délégué se montra peu respectueux. Sur ce, Mong-hien-tse 孟獻子 dit : " Cet homme va bientôt mourir ! car les rites sont le soutien de la vie; le respect est la base de l'homme; or K'io-i n'a point cette base; de plus, il a la dignité de ministre par héritage, non par son mérite personnel; il a reçu mission de demander une armée auxiliaire, cela doit se faire en vue du bien public; or il s'est montré négligent dans l'exécution de son mandat, comment ne mourrait-il pas bientôt ?" (1) A la troisième lune, le duc de Lou se rendit à la capitale de l'empereur pour marquer son respect, et pour demander l'autorisation de prendre part à cette nouvelle guerre; d'ailleurs cette capitale [Lo-yang 雒陽] se trouvait sur son chemin pour aller rejoindre l'armée de Tsin 晉. Son premier ministre, Chou-suen-kiao-jou 叔孫僑如 espérait recevoir de l'empereur de riches cadeaux; il demanda donc le premier une entrevue, mais l'empereur ne le traita que comme un envoyé ordinaire. L'autre ministre, Mong-hien-tse, accompagna le duc de Lou; l'empereur le traita avec honneur, comme le bras droit de son maître, et lui fit de magnifiques présents.

Le duc de Lou, ayant salué l'empereur, avec les autres princes, celui-ci leur donna deux de ses ministres pour les accompagner jusque chez le roi de Tsin 晉 qui n'était pas venu à l'entrevue. Les deux ministres étaient Lieou-k'ang kong 劉康公 et T'cheng-sou-kong 成肅公 ; ils avaient mission de porter au roi de Tsin 晉 de la viande offerte en sacrifice par l'empereur lui-même.

---

(1) Encore une prophétie à la façon de Virgile ! K'io-i fut, de fait mis à mort quatre ans plus tard, par ordre de son roi. L'auteur a eu le temps d'écrire après coup sa soi-disant prophétie, en ayant soin de la mettre dans la bouche d'un homme célèbre de ce temps-là. C'est un secret littéraire bien connu de tous les historiens chinois; cela ne tire pas à conséquence.

Quand ils la présentèrent au ministre T'cheng 成 celui-ci, paraît-il, ne montra pas tout le respect voulu en pareille circonstance. Lieou en fit la remarque et dit : " J'ai entendu dire qu'à sa naissance chaque homme reçoit en dot, du ciel et de la terre, les principes de justice et la conscience ; on appelle cela sa nature. Les hommes capables cultivent ce don céleste et en deviennent heureux; les hommes incapables le détruisent et en deviennent malheureux. C'est pourquoi un homme sage s'applique aux rites; un homme vulgaire s'applique à la force corporelle. En fait de rites, le plus important est la déférence et la politesse; en fait de force corporelle, le plus important est la fermeté et l'application à son office; par le respect on cultive son esprit; par l'application on conserve sa fortune. Dans un royaume, le plus important, ce sont les sacrifices et la guerre; dans les sacrifices au temple des ancêtres, on reçoit de la viande rôtie; en partant pour la guerre on reçoit aussi de la viande sacrifiée sur l'autel de la terre; voilà le point capital dans les relations avec les Esprits. Maintenant, le ministre T'cheng se montre sans respect dans ces actes si importants, il a donc rejeté sa nature; comment pourrait-il revenir de cette expédition ? " (1).

Mais venons-en aux préparatifs de campagne : "A la 4e lune, le jour meou-ou 戊午 (17 Mai), le roi de Tsin 晉 envoya Liu-siang 呂相 dire à Hoan-kong qu'il rompait absolument avec lui." (2)

Voici la traduction de ce message fameux dans la littérature chinoise: ' Autrefois, jusqu'à notre prince Hien-kong 獻公 et votre roi Mou-kong 穆公, nos deux pays avaient toujours été amis; unis de corps et de cœur, ensemble nous faisions des traités de paix; nous faisions des mariages fondés sur l'estime mutuelle. Mais bientôt le ciel châtia notre royaume; le prince Wen 文 s'enfuit chez le roi de T'si 齊, le prince Hoei 惠 s'enfuit chez vous. Par malheur encore, notre prince Hien 獻 mourut. Mais votre roi Mou-kong n'oubliait pas les anciens bienfaits;

---

(1) De fait il fut tué à Hiai 瑕. Donc encore une prophétie de lettré !

(2) Sur cette déclaration de guerre, voir, outre le Tsouo-tchoan. le Kouo-yu 國語 Tcheou-yu 周語, chap. 2, art 9.—Le message est un chef-d'œuvre littéraire et diplomatique; tout lettré sait cette pièce par cœur. L'histoire y est si habilement racontée et expliquée qu'on croirait le roi de Tsin innocent comme un agneau; celui de T'sin, au contraire, auteur de tous les maux. Dans le Tsouo-choan (p. 7,) il est dit : " Toute cette pièce est factice; les expressions sont extrêmement travaillées et ciselées; l'exposé des faits, tout à l'honneur de Tsin 晉, chaque caractère pesé attentivement; le style est dans le genre antique; chaque phrase est d'une perfection achevée; toute la pièce est serrée; même après l'avoir lue des dizaines de fois, on la savoure encore de nouveau, tellement l'élocution a de charme ! " Han-wen-kong 韓文公 dit aussi en parlant de ce factum littéraire: " Les bienfaits de T'sin 秦 envers Tsin 晉 sont effleurés légèrement; les reproches abondent en détails et reviennent à plusieurs reprises; le choix des expressions est incomparable " Pauvres Romains qui déclariez la guerre en deux mots, vous n'y entendiez vraiment rien !

grâce à lui, le prince Hoei put régner à la suite de ses ancêtres, et leur offrir les sacrifices accoutumés; mais il ne put montrer ses grandes qualités. Il entreprit la campagne de Han 韓, où il fut fait prisonnier par votre armée. Cependant votre roi en eut du regret; il usa de son pouvoir pour nous donner notre prince Wen 文. Ce sont les mérites de Mou-kong envers notre pays. Notre prince Wen, portant le casque et la cuirasse, parcourut diverses contrées, sans craindre ni montagnes ni fleuves, ni aucun danger; il soumit à son obéissance tous les roitelets qui sont à l'orient, tous descendants des dynasties Yu 虞, Hia 夏, Chang 商 et Tcheou 周; il les conduisit rendre hommage à votre roi. Ainsi nous avons montré notre gratitude pour les bienfaits reçus de vous. Quand le roi de Tcheng 鄭 était fâché contre vous, pour des querelles de frontière, notre roi Wen 文 réunit à votre armée les troupes auxiliaires des divers princes nos amis et assiégea la capitale de Tcheng 鄭 (1).

" Vos ministres, sans prévenir notre roi, conclurent traîtreusement la paix avec Tcheng. Les autres princes étaient si mécontents qu'ils voulaient laver cette injure dans votre sang ; mais notre roi, craignant des complications, calma tous les esprits; et vous avez pu retourner chez vous sans être attaqués. Ce fut un grand bienfait de notre prince envers vos pays de l'ouest. Hélas ! Notre roi Wen-kong mourut trop tôt ! Votre prince Mou-kong ne daigna même pas prendre part à notre deuil; pouvait-il avoir un mépris plus grand pour le défunt ! Il n'eut pas plus d'estime pour notre roi Siang 襄 ; il nous fit la guerre à Hiao 郩, rompant de nouveau l'ancienne amitié. Il attaquait ensuite notre ville de Pao-t'cheng 保城, et abattait notre associé Fei-hoa 費滑 (en 626). Nous séparant de nos frères, troublant nos amis et nos associés, il méditait la perte de notre famille régnante. Notre roi Siang-kong n'avait nullement oublié les grands bienfaits reçus de vous; mais, craignant la ruine de notre pays il conduisit une armée à Hiao 郩. Malgré cela [c. à d. malgré notre éclatante victoire], notre prince consentait encore à demander pardon à votre roi Mou-kong; mais celui-ci ne voulut rien entendre; il se rendit chez le roi de T'chou 楚 pour comploter avec lui notre perte. Mais le ciel se déclara pour nous, car T'cheng 成, le roi de T'chou mourut en ce moment; ainsi votre prince Mou-kong ne put exécuter ses projets [612].

---

(1) Le commentaire dit : " En réalité ce fut parce que le roi de Tcheng avait abandonné Tsin 晉 pour se donner au roi de T'chou. C'est un exemple qui montre bien comment les évènements sont tournés à l'honneur de Tsin 晉. Le lecteur, du reste, s'en aperçoit déjà lui-même.

Quand les deux rois Mou et Siang furent morts, votre prince K'ang 康 et le nôtre Ling 靈 parvinrent au trône. Votre roi K'ang était de notre famille; malgré cela, il aurait voulu déraciner et anéantir notre maison régnante, abattre notre pays, nous livrer aux incursions et déprédations de sauvages de la pire espèce (1).

" Ainsi, nous en sommes venus à nous livrer bataille à Ling-hou 令 狐. Malgré cela, votre roi K'ang ne fut pas rendu plus sage; il envahit notre territoire à Ho-k'iu 河 曲; il occupa aussi le pays de Sou-tchoan 涑 川 (2); il dévasta Wang-koan 王 官 et prit Ki-ma 羇 馬; c'est pourquoi nous nous sommes battus à Ho-k'iu. Le chemin de l'orient vous fut donc entièrement coupé, uniquement parce que K'ang-kong avait rompu toute relation amicale avec nous. Cela dura ainsi jusqu'à votre roi actuel Hoan-kong. Notre prince King-kong 景 公 dressait la tête, pour regarder à l'ouest, vers votre pays, se disant avec confiance : " Bien sûr, T'sin 秦 va venir à notre aide ! " Mais votre roi fut sans pitié, il refusait tout traité de paix. Il cherchait encore à profiter de notre embarras avec les Tartares, car il envahit le territoire de Ho-k'iu 河 曲, brûla les villes de Ki 箕, de Kao 郜 (3) et dévasta toutes les récoltes de ce pays; il massacra tous les habitants de la frontière. C'est pour cela que nous nous étions massés à Fou-che 輔 氏 (593). Votre roi lui-même regrettait cette continuation de calamités, et demandait enfin à rétablir entre nous l'amitié qui avait existé entre Hien-kong 献 公 et Mou-kong 穆 公. Il envoya donc le grand officier Pé-kiu 伯 車 intimer ses ordres à notre roi King-kong (4). Voici ses paroles: " Je veux faire avec vous un traité de paix, enlever tout sujet de plainte, renouveler les anciennes et bonnes relations d'amitié, marcher sur les traces de nos ancêtres qui se rendirent de mutuels services ". Malheureusement, pendant les pourparlers préliminaires, notre roi King-kong mourut (581).

---

(1) Le commentaire dit que c'est là une allusion aux efforts tentés pour établir Kong-tse-yong 公 子 雍, roi de Ts n 晉. On ne s'en douterait guère ! Surtout quand on se rappelle que ce prince était accepté par la nation gouvernée alors par les grands ministres ; ceux-ci n'avaient-ils pas déjà délégué l'un d'entre eux pour aller chercher ce prince ? Donc cet amas d'accusations est là pour donner le change et faire oublier le guet-apens de Ling hou 令 狐 " Ainsi nous en sommes venus à nous livrer bataille ".... Quel euphémisme !

(2) Le commentaire dit que l. rivière ou est de la rive gauche, à 26 ly nord-est de Pou-tcheou-fou 蒲 州 府, Chan-si ; elle va au sud-ouest ; puis rejoint le Fleuve Jaune dans la sous-préfecture de Pou-fan-hien 蒲 坂 縣. Ho-k'iu est à 5 ly sud-est de la même ville Pou-tcheou-fou ; Wang-koan, à 60 ly sud-est ; Ki-ma, à 36 ly sud-est. (F. vol 8, p. 30).

Fan s'écrit de 3 façons: 坂 ou 岅 ou encore 阪; il signifie versant de colline (Couvreur, p. 62).

(3) Ki-t'cheng, à 35 ly à l'est de T'ai-kou-hien 太 谷 縣, T'ai-yuen-fou 太 原 府, Chan-si. Kao, à 7 ly à l'ouest de Ki-hien 祁 縣, même préfecture. (F. vol. 8, p. 4).

(4) Pé-kiu était fils de Hoan-kong (Commentaire).

Alors notre prince tint la conférence de Ling hou 令狐 pour examiner les ordres de votre roi ; ce fut en vain, car Hoan-kong changea d'idée et agit contre ses propres serments. Les Tartares blancs et vous autres, gens de T'sin 秦, habitez une même contrée [Yong-tcheou 雍州]; ils sont vos ennemis jurés tandis qu'ils nous sont unis par les liens du sang, et de l'amitié (1). Votre roi nous envoya le message suivant : '' Je m'en vais en guerre contre les Tartares; venez avec moi.'' Notre prince, sans égard pour les liens du sang et de l'amitié, accéda par déférence pour votre roi à l'injonction apportée par votre délégué. Mais Hoan-kong, plein d'astuce, dit aux Tartares: '' Le roi de Tsin 晉 va vous faire la guerre!'' Ceux-ci, à la vérité, vous répondirent amicalement, mais au fond ils vous détestèrent et vinrent nous raconter cette trahison. A son tour le roi de T'chou 楚 méprisant votre versatilité vint aussi nous dire: '' Le roi de T'sin 秦, oubliant le traité de Ling-hou 令狐 vient chez nous pour faire un traité d'alliance; il jure par l'auguste ciel et son sublime seigneur, par ses trois ancêtres Mou 穆, K'ang 康 et Kong 共, par nos trois illustres aïeux T'cheng 成, Mou 穆 et Tchoang 莊 : '' Nous autres, gens de T'sin 秦, dit-il, malgré notre parenté avec Tsin 晉 nous ne considérons que notre avantage '' Aussi notre roi de T'chou 楚, détestant cette noire déloyauté, vous en donne connaissance, afin qu'ensemble nous allions l'en punir. Tous les roitelets apprenant cela en furent indignés; le cœur ému, la tête montée, ils s'adressèrent à notre prince. Je vais donc les conduire vers vous pour demander vos ordres (2). Nous ne voulons que la paix; si votre Majesté daigne avoir égard à tous ces princes, elle aura pitié de notre pays, elle nous accordera un traité de paix; c'est tout ce que nous souhaitons. Ayant reçu un tel bienfait, je calmerai les divers princes, et nous rentrerons chez nous. Comment pourrais-je désirer vous causer du trouble ? Que si vous nous refusez cette insigne faveur, je ne suis pas capable d'apaiser la colère de tous ces princes contre vous ! Excusez cet exposé de notre situation respective; je l'envoie à vos ministres, afin qu'ils se concertent et voient ce qu'il y a de mieux à faire.''

---

(1) Ki-koei 季魏, la femme de Wen-kong, roi de Tsin, était la fille de T'siang-kiou-jou 廧咎如 roi des Tartares rouges. Elle avait été emmenée captive dans une invasion des Tartares blancs. Quand Wen-kong se réfugia chez ces derniers on lui avait donné cette princesse pour épouse (Commentaire.)

(2) C'est-à-dire pour régler notre querelle sur le champ de bataille. Cet euphémisme ''prendre vos ordres'', '' demander vos ordres,'' etc, est souvent employé, comme on pourra le voir dans le courant de cette histoire.

Enfin nous voilà sortis de ce "memorandum" comme on dirait aujourd'hui. Au lieu de tout ce fatras d'obséquieuses rouéries, trois lignes suffisaient amplement : Hoan-kong, après le traité de paix conclu à Ling-hou 令狐 est allé de nouveau exciter les Tartares et le roi de T'chou 楚 contre le pays de Tsin 晉, c'est pourquoi plusieurs princes se liguent contre lui. Voilà toute la raison de cette nouvelle expédition.

Le général en chef de toutes les troupes réunies était Loan-chou 欒書 avec Siun-k'eng 荀庚 pour aide-de-camp. Che-sié 士燮 était à l'aile droite avec K'io-i 郤錡 ; Han-kiué 韓厥 était à l'aile gauche avec Siun-yong 荀罃 ; Tchao-tcheng 趙旃 commandait les auxiliaires avec K'i-tche 郤至. Sur le char du généralissime, le conducteur était K'io-i 郤毅 ; le lancier assesseur était Loan-tcheng 欒鍼.

Mong-hien-tse 孟獻子 (ministre du duc de Lou) voyant le bon ordre des troupes, annonça leur triomphe en disant: " Nos généraux et nos guides n'ont qu'un seul cœur ; bien sûrement nous remporterons une grande victoire."

De fait, à la 5e lune, au jour ting-hai 丁亥 (15 Juin), la rencontre eut lieu à Ma-soei 麻隧 (1). L'armée de Hoan-kong fut complètement vaincue: " Un officier de la cour nommé T'cheng-t'chai 成差 fut fait prisonnier ainsi qu'un autre dignitaire nommé Jou-fou 女父." Le Tong-ki-piao, vol. 1, p. 55, fait remarquer que cette guerre avait été faite avec l'autorisation formelle de l'empereur Kien 簡.

Siuen-kong 宣公, prince de Ts'ao 曹 mourut à l'armée. Après la victoire, les troupes passèrent la rivière King 涇, parvinrent à la ville de Heou-li 侯麗, puis se détournèrent quelque peu de leur chemin pour aller saluer le roi de Tsin 晉 qui se trouvait à Sin-t'chou 新楚. T'cheng-sou-kong 成肅公, ministre de l'empereur, mourut à Hiai 瑕 (ville de Tsin 晉) (2).

Quant à Hoan-kong, l'histoire n'en parle plus, sinon pour dire qu'il mourut en 577, laissant le trône à son fils King-kong.

---

(1) Li-korg 厲公, roi de Tsin 晉, avec ses alliés, était parvenu jusqu'à la rivière King 涇 à 7 ly au sud de la ville actuelle de King-yang-hien 涇陽縣. Ma-soei était un peu au sud de cette même ville, dans la préfecture Si-ngan-fou, Chen-si. (F. vol. 14, p. 8). Heou-li était aussi dans cette même sous-préfecture. Sin-t'cheou était sur la frontière, entre Si-ngan-fou et T'ong-tcheou-fou. (Ed. vol. 24, p 8).

(2) Ces détails ne se trouvent pas dans la chronique de Confucius ; on croit que les documents qui les renfermaient avaient été perdus dans les archives ou bien que le duc de Lou n'en avait pas été informé officiellement. Les trois villes Ma-soei, Heou-li, Sin-t'chou se trouvaient dans le pays de T'sin 秦 ; l'invasion gagnait donc du terrain. Hiai est indiqué plus haut (Année 614).

KING-KONG 景公
(576-537)

Pour les treize premières années de ce long règne de 40 ans, les documents nous font défaut. Peut-être en cherchant de nouveau, quelqu'un sera-t-il plus heureux (3).

"En 564 le roi King envoya un grand officier de sa cour, nommé Che-kien 士匃 chez le roi de T'chou 楚, demander une armée auxiliaire pour faire la guerre au pays de Tsin 晉. Le roi de T'chou l'accorda immédiatement. Mais son premier ministre Tse-nang 子囊 n'était pas de cet avis; il fit à son maître une longue remontrance : "Actuellement, disait-il, nous ne sommes pas de force à lutter avec le royaume de Tsin, car ce prince emploie chacun de ses officiers d'après ses talents; il fait monter les gens capables et ne manque jamais de les choisir soigneusement.

" Les officiers ne sont pas facilement changés du poste qu'il remplissent bien; les ministres sont d'une humilité telle qu'ils cèdent leur charge à d'autres plus capables qu'eux; les grands officiers remplissent leur devoir avec zèle. Les subordonnés sont obéissants aux ordres reçus; le peuple est soigneux de l'agriculture; les marchands et les artisans sont actifs; les employés des tribunaux ne sont pas négligents dans leur office. Han-kiué 韓厥 est vieux, c'est vrai; mais le premier ministre actuel le consulte en toute son administration; Fan-kai 范匄 est plus jeune que Tchong-hing-yen 中行偃, malgré cela celui-ci lui a cédé sa place et l'a fait nommer aide-de-camp du général en chef. Han-k'i 韓起 est plus jeune que Loan-yen 欒黶; malgré cela ce dernier, avec Che-fang 士魴, l'ont fait avancer et nommer aide-de-camp du général de l'aile gauche. Wei-kiang 魏絳 homme de tant de mérite, estime lui-même Tchao-ou 趙武 plus capable que lui, et se contente d'être son aide dans la conduite de la nouvelle armée. Ainsi donc, le roi est sage, les ministres fidèles, les officiers humbles, les inférieurs obéisssants et maniables. Ce royaume est inattaquable, attendons qu'il ait des embarras; alors nous pourrons tomber sur lui. Que votre Majesté y réfléchisse !"

---

(1) En 569 pendant l'hiver, le roi de Tsin 晉 avait fait un traité de paix et d'alliance avec les Tartares Jong 戎 nommés On-tchong 無終. Depuis la dernière défaite de Ma-soei 麻隧, le royaume de T'sin 秦 subit une éclipse, son rival est d'autant plus actif ; il affirme et consolide son autorité sur les autres vassaux ; il s'attache les Tartares pour s'en servir contre le pays de T'sin. Ces sauvages étaient venus d'eux-mêmes demander un traité d'alliance ; à cette occasion ils offrirent des peaux de tigres et de léopards. Le commentaire explique les cinq grands avantages que le roi de Tsin 晉 recueillit de cette amitié avec les barbares de l'ouest (Tiré de Tsouo-k'iou-ming) (Tong-kien Kang-mou, vol 20, p. 3).

Le lecteur a déjà reconnu un de ces lieux communs si prisés des lettrés chinois ; c'est la fine fleur de leur philosophie. Naturellement, nous nous dispenserons de croire sur parole que tous ces officiers étaient des saints à canoniser; la vertu pouss'e jusqu'à l'héroïsme n'est pas le partage de ces gens-là, surtout dans une cour pareille à celle de Tsin 晉. Toute l'histoire nous apprend que ce royaume était dans une grande décadence morale, même alors qu'il était matériellement le plus florissant; ce n'étaient que jalousies, ambition, soif d'argent et de cadeaux. La nature humaine est ainsi faite; pleine de passions, elle ne peut s'en délivrer qu'après une longue et sérieuse pratique de la vertu, aidée de la grâce divine, chose qui ne se trouve pas ici.

" A la longue tirade de son ministre, le roi répondit deux mots : " J'ai promis, il n'y a qu'à accomplir. Faites donc partir l'armée; pourtant il n'est pas nécessaire qu'elle envahisse elle-même le royaume de Tsin 晉 " De fait, en automne, le roi conduisit ses troupes jusqu'à Ou-t'cheng 武城 (1). L'armée de King-kong entra dans le pays de Tsin 晉 ; celui-ci, éprouvé par la famine, ne put tenir tête à l'ennemi. "

Que veut dire ce dernier membre de phrase ? King-kong se contenta-t-il d'une démonstration militaire toute platonique, une sorte de revue générale de son armée sur le territoire ennemi? Ne prit-il aucune ville ? Alors, à quoi bon cette guerre ? Il semble que ce fut une razzia plutôt qu'une véritable expédition. D'ailleurs le roi de Tsin 晉 lui rendit aussitôt la pareille, d'après Confucius. Voici ses paroles :

" En 563 une armée de Tsin 晉 envahit le pays de T'sin 秦 ". Le commentaire ajoute : " Le général en chef était Siun-yong 荀罃 ; il venait venger les déboires de l'année précédente." L'édition impériale ajoute un autre détail; c'est que la sœur de King-kong avait été promise en mariage au roi de T'chou 楚, et qu'ainsi ce dernier, nommé Kong 共 était en très bons termes avec King-kong. Le résultat de l'expédition fut la prise de Tcheng 棫 enlevée au roi de T'chou.

" En 562, l'armée de T'sin 秦 envahit (de nouveau) le pays de Tsin 晉 ". C'est tout ce qu'en dit Confucius; il ajoute pourtant que ce fut en hiver. Le commentaire parle de deux expéditions en ces termes: " Tse-nang 子囊, premier ministre de T'chou 楚 était venu demander à King-kong une armée auxiliaire; un grand-officier nommé Tchen 詹, envoyé avec des troupes, rejoignit le roi de T'chou déjà en marche. Ils allaient reprendre la principauté de Tcheng 鄭.

---

(1) Il y a plusieurs villes de ce nom, anciennes et nouvelles. Il est bien probable que celle-ci se trouvait dans la préfecture de T'ong-tcheou-fou 同州府, Chen-si, 13 ly au N E. de Hoa-tcheou 華州. (F. vol. 14, p. 21.)

Celle-ci ayant fait sa soumission sans combat, les gens de King-kong retournèrent dans leur pays, sans suivre davantage le roi de T'chou qui s'en allait attaquer la principauté de Song 宋. Pendant ce temps, Pao 鮑 et Ou 武, deux généraux de King-kong, étaient entrés sur le territoire de Tsin 晉. Pao étant le premier arrivé, Che-fang 士魴, général de Tsin 晉, voyant le petit nombre des ennemis, était venu à leur rencontre, et ne se tenait pas assez sur ses gardes.

Au jour Jen-ou 壬午 [13 Novembre], le second général (Ou) passa le fleuve à Fou-che 輔氏, se réunit à Pao; puis, tous deux allèrent attaquer Che-fang. Celui-ci fut, le 20 Novembre, mis en déroute complète à Li 櫟 (1).

En 561, Tse-nang 子囊, avec le général Ou-ti 無地, s'en allaient attaquer le royaume de Song, comme on l'a dit tout-à-l'heure. En chemin, ils campèrent à Yang-leang 楊梁 (2) pour punir, de leur côté, le roi de Tsin 晉 de ce qu'il avait pris Tcheng 鄭 deux ans auparavant.

Pendant ce temps, la princesse Yng 嬴, sœur de King-kong, était conduite chez le roi de T'chou son époux. Après les noces, un grand officier de la cour fut envoyé chez King-kong pour le saluer et le remercier; et cela était conforme aux anciens rites. Les parents de la jeune reine étant défunts, celle-ci ne devait pas aller en personne faire cette salutation, mais envoyer quelqu'un à sa place. Le délégué de la princesse était Tse-keng 子庚; l'histoire a conservé son nom, nous ne voulons pas le supprimer, quoique ce soit un détail bien minime. Revenons à notre récit, car voici que Confucius annonce une véritable coalition.

En 559 " à la 4e lune, le roi de Tsin 晉, avec douze autres princes, allèrent en guerre contre King-kong." Le commentaire nous donne quelques détails : " En été, les grands officiers de tous les princes suivirent le marquis de Tsin 晉 qui voulait venger la défaite de Li 櫟. Homme prudent, celui-ci ne passa pas sa frontière ; il envoya ses six généraux conduire les troupes réunies. Mais arrivées à la rivière King 涇 (3), toutes ces armées refusèrent de la passer.

---

(1) D'après divers auteurs, ce serait Ling-tong-hien 臨潼縣, Si-ngan-fou 西安府, Chen-si. (Ed. impér., vol. 26, p 14). Le F. vol. 14, p. 10. la met à 30 ly au Nord de la ville actuelle. Il place de même à 35 ly, à l'est de Tchao-i-hien 朝邑縣, même préfecture, le gué de Fou-che (voi. 14, p. 18). Il indique aussi une autre ville de Li, sur le territoire de Yu-'cheou 禹州, Honan (vol 12, p. 16).

(2) A 30 ly sud-est de Koei-t'é-fou 歸德府 (Ho-nan) (Ed., impér., vol. 26, p. 16) D'après le vol 12, p. 12, c'est la même identification.

(3) Dans la géographie de ce royaume, nous avons parlé de cette rivière (Introduction).

Pour ce qui concerne cette coalition, voyez notre " Royaume de Ou " p. 31. Les divers princes avaient décrété cette campagne dans une assemblée tenue à Hiang 向 ville du royaume de Tcheng 鄭.

Hiang était à 50 ly au S. O. de Wei-che-hien 尉氏縣 préf. de K'ai-foung-fou 開封府. (F. vol. 12, p. 4).

Chou-hiang 权 向, ministre de Tsin 晉, alla visiter Chou-suen-mou-tse 权 孫 穆 子. Celui-ci lui chanta l ode K'oa-yeou-k'ou-iє 匏 有 苦 葉 (Zottoli, III p. 29, No 34). " Le concombre a les feuilles amères ; le gué est difficile à passer ; est-il plus profond ? Il faut relever les vêtements jusqu'à la ceinture ; est-il moins profond? Relevons les vêtements jusqu'au genou " Chou-hiang comprit l'allusion, et s'en alla préparer des barques. Les gens de Lou 魯 et de Kiu 莒 passèrent les premiers. Tse-kiao 子 蟜, de Tcheng 鄭, faisant visite à Pé-kong-i-tse 北 宮 懿 子 lui dit : " S'en aller en guerre avec d'autres troupes et ne pas avoir le cœur solide est on ne peut plus mauvais ! Comment pourrait réussir une telle entreprise ? " I-tse fut grandement réjoui de ce conseil, et tous deux allèrent et semble encourager les troupes à passer la rivière. Quand ce fut fini, on campa sur le bord opposé. Par malheur, les gens de T'sin 秦 empoisonnèrent l'eau, en sorte que beaucoup de soldats moururent. Tse-kiao 子 蟜, le premier, conduisit ses hommes plus avant dans l'intérieur, le reste de l'armée le suivit ; on parvint ainsi jusqu'à Yu-lin 棫 林 (1) sans avoir obtenu un traité de paix. Alors Siun-yen 荀 偃, le général en chef, publia l'ordre du jour suivant . " Demain matin au premier chant du coq, que chacun prépare les chevaux, comble les puits creusés et détruise les fourneaux de cuisine ; puis qu'il regarde la tête de mon cheval pour me suivre ! '

Loan-yen 欒 壓, autre général, rival de Siun-yen, fut fort mécontent de cette proclamation; " Jusqu'ici, dit il, dans notre pays on n avait jamais entendu chose pareille ! La tête de mon cheval se tourne vers l'est, ajouta-t-il ; ' et il se retira avec son corps d'armée. Sur ce, Tsouo-che 左 史, un officier de Tsin 晉, dit à Tchoang-tse, 莊 子, officier de Wei 魏: "On refuse donc d'obéir au commandant en chef ? " — " L'ordre du jour dit d'obéir à son général " répond l'autre; mon général, c'est Loan-yen, je le sais, et comme cela j'exécute l'ordre du jour ' Siun-yen apprend ce commencement de défection: "C'est vrai, dit il, mon ordre du jour était peu convenable ; mais maintenant il ne nous sert de rien de s'en repentir; si nous sommes désunis, nous risquons d'être pris en bloc par les gens de King-kong. " Là-dessus, il ordonne à chacun de retourner dans son pays. Les gens de T'sin 秦 appelèrent cette journée, la journée de la grande fuite. Loan-kien 欒 鍼, frère de Loan-yen, était furieux d'une expédition si ridicule:

---

(1) Yu-ling et Tcheng-t'cheng 鄭 城 seraient les deux noms d'une même ville. (K. vol.... ? ? ? p, 37). (F. vol. 14, p. 21.)

C'était au nord de Hoa-tcheou 華 州, T'ong-tcheou-fou 同 州 府, Chen-si. (Ed. impér vol. 26, p. 20.)

Ce Pé-kong-i-tse était du royaume de Wei 简.

" Nous étions venus venger la défaite de Li 櫟, nous n'avons rien fait ! C'est une honte pour notre pays, et pour notre famille qui a deux de ses membres parmi les grands officiers; je ne puis rentrer ainsi chez moi !" Sur ce, lui et Che-yang 士鞅, fils de Che-kai, conduisirent leurs troupes à la rencontre des gens de King-kong; mais ils furent accablés; Che-yang revint sain et sauf; tandis que Loan-kien fut tué. Loan-yen dit à Che-kai : " Mon frère ne voulait pas entreprendre cette al surbe chevauchée; c'est votre fils qui l'y a entraîné; mon frère y est mort, tandis que votre fils s'est sauvé; c est lui qui a tué mon frère ! Si vous ne le chassez pas d'ici, je le tuerai certainement." Che-yang s'enfuit alors à la cour de King-kong. (1)

Pendant ce temps, T'soei-chou 崔杼 du royaume de T si 齊, Hoa-yué 華閱 et Tchong-kiang 仲江 du royaume de Song 宋, tenaient une réunion pour attaquer aussi King-kong; ce fut encore sans résultat. Confucius ne mentionne pas cette assemblée, parce que les assistants s'y montrèrent négligents. De même, à la réunion de Hiang 向, Pei-kong-kouo 北宮括 n'est pas inscrit, pour le même motif ; tandis qu'il est marqué parmi les belligérants contre King-kong, parce qu'alors il s'était distingué.

Che-yang 士鞅 étant donc à la cour de King-kong, celui-ci lui demanda : " Parmi les grands officiers de Tsin 晉, qui tombera le premier ? " — Ne sera-ce pas la maison de Loan 欒 ?" répondit Che-yang.—N'est-ce pas parce qu'ils sont trop orgueilleux ?" reprit le roi.

" En effet dit Che-yang; Loan-yen 欒黶 est orgueilleux et tyran au delà de toute mesure ; mais il échappera encore au malheur ; les calamités commenceront avec son fils Yng 盈."—" Pourquoi cela ? dit le roi.—" Parce que les grands services de son père sont encore présents à la mémoire du peuple; ainsi il sera épargné; de même qu'au temps de T'cheou 紂, le peuple avait souvenir des bienfaits de Tchao-kong 召公, et, par affection pour lui, n'osait pas couper (déraciner) le sorbier [Zottoli, III, p. 15, No. 16 umbrâ virentem dulcem sorbum]. A la mort de Loan-yen, les mérites de son père seront oubliés; sa tyrannie personnelle sera toute fraîche dans la mémoire de tout le monde, son fils Yng n'aura pas encore eu le temps de rendre service au peuple; c'est sur lui que tombera la colère commune ; c'en sera fait de lui (2) ' "

King-kong, voyant que Che-yang avait de l'esprit, intercéda pour lui auprès du roi de Tsin 晉, qui lui permit de rentrer dans son pays.

---

(1) On voit ici combien les grandes familles se souciaient peu de l'intérêt public ; leurs querelles particulières passaient avant tout et par-dessus tout.

(2) Sept ans après cet entretien, arrivèrent les malheurs annoncés

Au sujet de cette coalition tombée dans le ridicule, voici ce que raconte l'éditon impériale [vol. 26, p. 20, Kao-kang 高閌] : " L'armée fut sur pied tout le printemps et tout l'été ; c'était un grand ennui pour tant de principautés ; et cependant on ne fit rien, faute d'union parmi les généraux ; le roi de Tsin 晉 n'avait plus ni autorité ni bienveillance ; son royaume était en pleine décadence." On ajoute encore les remarques suivantes : " Les deux pays de Tsin 晉 et de T'sin 秦 se faisaient la guerre depuis soixante-dix ans ; le début date du siège de Tcheng 鄭 ; la haine réciproque s'accrut au désastre de Hiao 殽 ; elle grandit encore pendant les trois expéditions suivantes ; elle arriva à l'extrême, lors de l'invasion de neuf princes à la fois ; enfin, elle éclata avec cette coalition générale de treize principautés. Wen-kong 文公, roi de Tsin 晉, était devenu le chef des roitelets ; il avait sous ses ordres une armée sans égale jusqu'alors ; maintenant, son arrière-petit-fils est devenu un sujet de risée (1) ; la cause est tout entière dans la négligence de son gouvernement, et dans l'orgueilleux entêtement de ses officiers. (2) "

Pour l'année 549, voici deux lignes de Se-ma-t'sien: " La 27ème année de son règne, King-kong se rendit au pays de Tsin 晉 ; il y fit un traité de paix avec le nouveau roi nommé P'ing 平, mais il ne l'observa pas."

A l'année 558, le Tsouo-tchoan, constate une certaine amélioration dans cette attitude des deux royaumes : " Jusqu'alors, dit-il, c'étaient des guerres annuelles ; cette année enfin on commença à se rapprocher ; Han-k'i 韓起 de Tsin 晉 se rendit auprès de King-kong demander quelles seraient ses conditions pour un traité de paix définitif ; celui-ci envoya son frère Pé-kiu 伯車 les proposer et les discuter à la cour du prince P'ing 平." Il en résulta une convention assez précaire, il est vrai, mais c'était une préparation pour un traité ultérieur plus sérieux. (3)

---

(1) Le prince Tao 悼.

(2) En 551, le 4 octobre, naissance de Confucius ; notre auteur enregistre ce fait à la manière des plus grands événements ; il dit que ce fut à la onzième lune ; le jour, l'heure, la minute même, tout cela serait indiqué, si c'était possible, pour montrer plus de vénération envers ce " saint des saints " des lettrés chinois. Nous devons au moins lui consacrer ces trois lignes en note. D'autres disent : 9 Octobre 552, opinion moins commune 周靈王二十有一年庚戌十一月庚子魯孔子生.

(3) Pé-kiu s'appelait encore Kien. Il semble donc bien probable que l'auteur ne raconte pas un nouveau traité de paix, mais continue le récit précédent et complète les détails.

Les messagers, ou plutôt les délégués, comme nous dirions aujourd'hui, portaient le titre de bing-jen 行人 c'est à dire "entremetteur, interprète, celui qui porte les réponses,"

En 547, au printemps, Kien 鍼, frère de King-kong, se rendit à la cour de Tsin 晉 pour conclure la paix. Le premier ministre, Chou-hiang, 叔向 fit alors appeler le messager Tse-yuen 子員. Un autre, nommé Tse-tchou 子朱, répondit: " C est moi qui devais être mandé pour cet office ! " Ayant répété trois fois son observation, sans recevoir de réponse, il entra en colère: " Nous autres, dit-il, nous sommes aussi des officiers de la cour ; comment donc nous mettez-vous de côté ! " Sur ce, il tira son épée ; il allait en frapper Chou-hiang ; celui-ci l'arrêta : " Il y a trop longtemps que la paix n'existe plus entre les deux pays, il faut cette fois faire les derniers efforts pour l'obtenir ; alors le royaume de Tsin sera vraiment solide ; si l'on ne réussit pas aujourd'hui à faire la paix, les ossements des trois généraux blanchiront au soleil. Or Tse-yuen explique et pèse les raisons des deux royaumes sans idées préconçues, tandis que vous êtes inconstant dans vos paroles ; ce n'est pas avec une fidélité éprouvée que vous servez votre prince ; je vais vous en corriger ! " Et il releva ses vêtements, se mit en garde, attendant l attaque de Tse-yuen ; mais on les sépara. Le roi P'ing 平 apprit cette altercation: " Très-bien ! dit-il, mon royaume a quelque chance de se relever, puisque l'objet des querelles entre mes officiers est le bien public ! " Mais Che-koang 師曠 dit au contraire : " La famille royale s'amoindrit, car les grands officiers vident leurs querelles à coups de poing, et non à coups de raisons ; ils ne s'appliquent pas à la vertu, et cependant veulent en avoir l'air ; quand les passions sont si vives, les hontes publiques sont inévitables ! "

Cette même année 547, les armées réunies de T'chou 楚 et de Tsin 秦 tombaient à l'improviste sur le royaume de Ou 吳. Mais arrivées à Yu-leou 雩婁 (1), apprenant que les troupes ennemies étaient prêtes à les recevoir elles se retirèrent sans avoir rien fait. On ne pouvait cependant retourner chez soi avec la honte d'un échec ; c'est pourquoi on se jeta sur l'état de Tcheng 鄭, malheureux pays pris et repris par ses voisins plus puissants. On se battit à T'cheng-kiun 城麇 [2]. le général de Tcheng fut vaincu et fait prisonnier ; il y eut même une dispute assez curieuse pour savoir qui l'avait fait captif ; un officier nommé T'choan-fong-siu 穿封戌 prétendait avoir fait ce bel exploit ; mais le prince Wei lui disputait cet honneur ; on demanda alors au prisonnier lui-même qui des deux avait le premier mis la main sur lui. " Pesez bien vos paroles, lui dit Pé-tcheou-li 伯州犁 ; car les deux contestants sont deux grands seigneurs, vous ne pouvez l'ignorer." Le captif, nommé Hoang-hié 皇頡, élevant la main:

---

(1) C'était le territoire de Ho-k'iou-hien 霍邱縣, Yng-tcheou-fou 潁州府, Ngan-hoei ; à 80 ly sud-ouest de Ho-k'iou, il y a encore un vieux bourg nommé Yu-leou (Ed, vol 27. p. 38).

(2) Tcheng-kiun ; inconnu, mais sans doute près de Tcheng.

" Ce seigneur dit-il, est le prince royal Wei 圉 le plus âgé et le plus chéri des frères de notre roi;" puis baissant la main il ajouta: " Celui-ci est T'choan-fong-siu, gouverneur d'une ville."—" Très bien ! lequel des deux vous a pris ? "

" —Me trouvant face à face avec le prince Wei, répondit-il, j en fus tout troublé."—Alors Siu furieux tira sa lance et courut sur le prince Wei, sans pouvoir l'atteindre. Sur ce, les gens de T'chou emmenèrent le prisonnier chez eux.

Précédemment, Yn-king fou 印堇父 et Hoang-hié avaient eu ensemble à garder cette même ville de T'cheng-kiun 城麇: Ils avaient été faits prisonniers par les troupes de T'chou 楚, puis avaient éte remis comme un trophée entre les mains du roi de T'sin 秦. Les gens de Tcheng 鄭, c'est-à-dire les compatriotes de Yn, avaient reçu de l'argent de la famille pour sa rançon. Tse-t'ai-chou 子太叔 était alors le rédacteur des pièces officielles; on lui dit que dans la pétition au prince il fit allusion à cette somme. " Ne faites pas cela ! dit Tse-t'chan 子產, sinon vous aurez certainement un refus. Le roi de T'sin ne peut échanger un trophée de victoire contre de l'argent ; un prince ne peut s'abaisser à ce point ! Mais, au contraire, écrivez ceci : Nous remercions votre Majesté de toutes ses bontés envers notre royaume de Tcheng; sans la miséricorde de votre Majesté, les troupes de T'chou seraient encore à notre charge. Ainsi rédigée, votre supplique sera favorablement reçue." On ne tint pas compte de ce sage avis; aussi le roi de T'sin refusa-t-il la grâce demandée. Alors on changea l'offrande et le texte de la pétition, selon le conseil de Tse-t'chan; et l'on obtint l'élargissement de King-fou.

A l'année 546, est relaté le fameux traité de Song 宋 (1). C'était, paraît-il, le gage d'une paix éternelle; espoir bien légitime sans doute, mais qui ne tenait pas assez compte des passions humaines; malgré tout, on avait obtenu quelque relâche à ces guerres continuelles; il n'en est plus fait mention par les historiens, jusqu'en 541.

En 541, Confucius écrit : " Kien 鍼 frère du roi King-kong s'enfuit au pays de Tsin 晉." Voici les détails donnés par le commentaire sur cet événement étrange : " Le prince Kien avait été très aimé du roi précédent [Hoan 桓]; il avait sur le peuple presque autant d'autorité que son frère le roi King.

---

(1) Pendant l'été de cette même année, il y eut une réunion de quatorze princes, dans le royaume de Song. Il s'agissait de déterminer quels étaient les vassaux de Tsin 晉 et ceux de T'chou. Il y avait rivalité entre ces deux grands royaumes; et, de fait, plusieurs feudataires quittèrent le premier, pour se donner au second. King-kong n'assista pas à cette réunion.

Leur mère était effrayée des suites qu'elle prévoyait; elle dit donc à Kien: "Si vous ne fuyez pas, je crains qu'un jour on ne vienne vous apporter toute une liste de méfaits dignes de mort." Sur ce, le prince Kien s'enfuit chez le roi de Tsin 晉" (1). Il avait une suite de mille chariots. Par une coïncidence assez curieuse, le prince héritier de T'chou 楚 se trouvait aussi réfugié à la cour de Tsin 晉; mais il n'avait amené que cinq chars; il se nommait Tse-pi 子比. Alors le ministre des finances était Chou-hiang 叔向; l'officier Han-siuen-tse 韓宣子 lui demanda combien il fallait donner d'appointements à chacun des deux princes, puisque tous deux venaient se mettre au service du roi. Chou-hiang répondit: "Un grand ministre a pour appointements un lot de terre de cinq cents hommes, [cinquante mille meou 畝]; un officier supérieur a un lot de cent hommes [dix-mille meou]. Ces deux princes sont considérés comme des officiers supérieurs; ils auront donc chacun dix-mille meou de terres (2) pour leur entretien." Han-siuen-tse fut surpris: "Le prince Kien est riche, dit-il, comment lui donnez-vous autant qu'à l'autre?" — "On donne les dignités pour traiter les affaires et gouverner, répondit Chou-hiang; si quelqu'un est capable, il reçoit des dignités; et les appointements correspondants lui sont donnés pour son entretien; on ne s'occupe pas de ses richesses personnelles. D'ailleurs, les deux royaumes de T'sin 秦 et de T'chou 楚 sont égaux; comment et pourquoi amoindrir les appointements du plus riche?"

Tel qu'il est rédigé, le texte de Confucius est un blâme infligé à King-kong; c'est dire qu'il n'a pas su morigéner son frère. C'est une vieille ritournelle des lettrés chinois; d'après eux, la littérature est infaillible pour former à la vertu le cœur de l'homme; ils ne voient pas ce nombre vraiment incroyable de mauvais employés, du haut en bas de la hiérarchie chinoise: ce sont cependant des hommes versés dans la littérature; et même formés par elle ! Si l'on disait que cette littérature enfle et corrompt le cœur de l'homme, on serait bien plus près de la vérité. Mais si malgré la bonne éducation reçue dans son enfance, mon frère vient ensuite à se mal conduire, en suis-je coupable ? Certainement oui vous en êtes responsable, répondent les lettrés; vous auriez dû l'instruire si bien qu'il ne pût même pas penser un instant à déchoir ! Ce raisonnement ne reste pas toujours à l'état d'utopie; un jeune homme vient-il à commettre un méfait quelconque; s'il n'a plus ses parents, on poursuivra son frère aîné; il aurait dû le mieux élever !

---

(1) Quand le roi P'ing 平 fut malade, King-kong lui envoya un fameux médecin nommé Houo 和. Celui-ci le trouva malade d'abus de femmes; en sage lettré il lui prédit une fin prochaine. [Ko. vol. 14, p. 13].

(2) Un meou 畝 c'est, à peu près, un arpent de terre.

Mais revenons à notre sujet : Le prince Kien prépara un dîner de gala pour le roi de Tsin 晉. Pour faciliter l'accès de sa résidence, il fit disposer sur le Fleuve Jaune, un pont de bateaux; il avait décidé d'offrir neuf genres de cadeaux au roi; il avait apporté lui-même le premier; les huit autres devaient arriver juste après le grand diner; pour cela, il avait espacé de dix ly en dix ly cent stations de huit chars qui se relayaient pour apporter plus vite les présents. Tout s'exécuta comme il le désirait ; Heou 侯 ministre de la guerre lui dit : " Tous vos chariots sont-ils ici ? N'en avez vous plus d'autres ? " — " Je trouve que c'est déjà un beau chiffre, répond le prince Kien 鍼; si j'en avais eu moins je ne serais pas venu ici ! J'étais trop orgueilleux; de là mon malheur ! " Heou rapporta ces paroles au roi, et dit : " Le prince Kien sera bientôt rappelé dans son pays; car j'ai ouï dire par les anciens; si un prince reconnaît ses fautes, il prendra certainement de bons moyens pour s'en corriger, or les conseils prudents sont aidés du ciel."

Ce même prince Kien allant saluer le premier ministre Tchao-mong 趙孟, celui-ci lui demanda: " Quand comptez-vous retourner dans votre pays? " — " Je suis venu, répond le prince, pour éviter que le roi ne m'envoyât toute une liste de méfaits dignes de mort ; j'attendrai donc l'avènement de son successeur pour retourner dans ma patrie."— " Que pensez-vous du roi ? " reprit le ministre. — " Il est mauvais; il n'a pas de principes," répond Kien. — "Alors il périra ? " repart le ministre. — " Pourquoi cela ? dit Kien; un pays n'est pas perdu à cause d'un seul mauvais roi; il reste encore, malgré cela, fondé sur la terre et soutenu par le ciel; il est encore solide; si ce n'est pas pendant des générations que la maison régnante est mauvaise, le royaume ne périt pas."— " Est-ce que le ciel s'en occupe ? " reprend le ministre. — " Assurément, " répond Kien. — " Pendant combien de temps ? " — " D'après ce que j'ai entendu dire, quand un royaume n'a pas de principes, et cependant a de bonnes récoltes, c'est encore une protection du ciel; et cela peut durer environ cinq ans." — " Tchao-mong, regardant l'ombre du soleil, dit: " Le matin n'est pas sûr du soir; qui donc peut compter sur cinq ans ? "

En sortant de l'entrevue, le prince Kien dit à ses amis: " Tchao-mong va bientôt mourir ! car lui, le chef du peuple, se joue avec le temps, et s'amuse avec les jours; cela ne peut durer longtemps ! "

L'édition impériale renferme de longues dissertations de lettrés sur ce texte de Confucius; les uns prétendent y voir un blâme à l'adresse du roi King-kong; les autres affirment du même ton infaillible que le fuyard seul y est blâmé; les assertions des uns et des autres n'ont pas de base solide.

À l'automne de 537, " mourut le comte de T'sin 秦 ". Le fait est inscrit dans les annales du pays de Lou 魯 parce qu'il avait été annoncé officiellement; le nom du défunt n'est pas exprimé, parce qu'il n'avait pas de traité d'amitié avec le duc.

A la nouvelle de cette mort, le prince Kien 鍼 rentra dans son pays. (1)

En 536, au printemps, le cercueil fut déposé dans le tombeau. King-kong, pendant ce long règne, avait fortifié et agrandi son royaume. Son fils Ngai 哀 va lui succéder, et règner presque aussi longtemps.

---

(1) Le duc de Lou envoya un grand officier de sa cour, pour assister à l'enterrement. D'après les rites, en effet, à la première nouvelle de la mort d'un prince, on envoyait de suite un officier inférieur porter les condoléances ; pour l'enterrement, c'était un officier supérieur qui devait être délégué. [Ts. ibid.]

NGAI-KONG 哀公

(536-501) (1)

Les documents font défaut pour les premières années de ce règne. Dans le Tsouo-tchoan se trouvent quelques minces détails sur le royaume de T'sin 秦 à cette époque. " Autrefois, quand P'ing 平 le roi de T'chou 楚 était encore prince, il avait été envoyé en ambassade au royaume de T'sai 蔡. Pendant son séjour dans ce pays, la fille du gardien de la forteresse de Kien-yang 郹陽 était venue chez lui, et était devenue mère du prince héritier Kien 建. Etant monté sur le trône, il nomma Ou-ché 伍奢 premier maître de ce jeune prince; le second était Fei-ou-ki 費無極. Celui-ci n'était pas agréable au noble élève; il le sentait bien; il résolut de se venger; il dit donc au roi: " Maintenant le prince Kien est assez grand pour se marier; veuillez donc lui chercher une épouse digne de lui ". Le roi choisit une princesse de T'sin 秦: Fei-ou-ki fit partie de l'ambassade chargée de négocier le mariage; au retour il loua extrêmement la fiancée devant le roi, et l'engagea à la prendre lui-même pour femme.

En 522, à la 1ère lune, la jeune princesse arrivait au royaume de T'chou 楚; en été le roi envoyait son premier ministre Tse-hiai 子瑕 remercier Ngai-kong; et le tour était joué. (2)

A partir de cette époque, et pendant plusieurs années de suite, il n'y eut pas de guerre entre les deux pays de T'sin 秦 et de Tsin 晋. Car la maison régnante de ce dernier était tout-à-fait affaiblie; les six grands ministres avaient toute l'autorité en main, et s'étaient ligués contre le roi.

En 505, le roi de T'sin 秦 allait au secours du pays de T'chou 楚 qui se trouvait à deux doigts de sa perte. (3) Voici comment le fait est raconté par le Tsouo-tchoan et par Se-ma-tsien:

---

(1) Divers auteurs nomment ce prince Pi-kong 璧公. De même, le recueil Li-tai Tong ki-piao (vol 1. p. 61) l'identifie avec le prince Kien 鍼, l'exilé dont il vient d'être question. Se-ma-tsien le croit être le propre fils de King-kong. Ne sachant sur quels documents s'appuie l'opinion du Tong-ki-piao, nous préférons celle de Se-ma-tsien, qui est aussi celle de notre auteur T'ong-kien Kang-mou (vol. 21. p. 21).

(2) Se-ma-tsien place ces fiançailles, à la 11ème année de Ngai-kong.

(3) Se-ma-tsien ne donne guère que le résumé des faits. C'est l'événement capital de ce long règne; c'est aussi le plus connu des lettrés. Nous ne donnons ici que ce qui concerne le royaume de T'sin; on peut voir le reste de cette grande guerre dans notre "Royaume de Ou" pages 71 et suivantes.

" Précédemment, dans le royaume de T'chou 楚, le fameux Ou-tse-siu 伍子胥 avait été lié d'une amitié intime avec le non moins fameux Chen-pao-siu 申包胥. Dans la suite, Ou-tse-siu ayant dû s'enfuir au royaume de Ou 吳, avait dit à son ami : " Certainement je reviendrai me venger du royaume de T'chou 楚 !"—" Eh bien, avait répondu Chen-pao-siu, si vous avez ce mauvais dessein, mettez-vous-y tout entier; car si dans votre fureur vous êtes capable de renverser votre pays, moi je serais capable de le rétablir !" Sur ce, les deux sages s'étaient séparés; et Ou-tse-siu devenu ministre au pays de Ou 吳, était venu accomplir sa promesse. Le roi de T'chou 楚 nommé Tchao 昭, avait dû s'enfuir dans la principauté de Soei 隨 (1). Alors Chen-pao-siu se rendit au pays de T'sin 秦 demander secours pour son roi. S'adressant aux officiers de Ngai-kong, il leur dit : " Le roi de Ou est un grand sanglier, un immense serpent, qui dévorera tous les états supérieurs de la vieille Chine; sa tyrannie s'exerce maintenant sur le royaume de T'chou 楚 ; notre roi n'a pu protéger son trône et a dû se réfugier parmi les broussailles, dans quelque endroit solitaire ; il m'a député, moi infime officier, pour vous faire connaître sa détresse ; voici les paroles qu'il vous adresse : " L'appétit de ces sauvages est insatiable ; s'ils deviennent vos voisins, vous aurez aussitôt des difficultés de frontières ; profitez de ce que leur roi ne s'est pas encore établi dans notre pays ; prenez-en vous même une partie ; si nous devons disparaître, vous aurez acquis une belle contrée ; si, par votre secours efficace, nous échappons au péril, nous vous servirons de générations en générations."

(2) Ngai-kong envoya d'abord une réponse évasive en ces termes: "Notre roi a reçu vos ordres : ainsi allez tranquillement dans votre hôtel; nous allons prendre conseil ; ensuite nous vous ferons connaître la décision."

Chen pao-siu répondit: " Mon maître demeure au milieu des herbes sauvages, sans refuge aucun ; comment moi, son infime serviteur, pourrais-je demeurer dans un hôtel ?". Ayant ainsi parlé, il restait appuyé au mur de la salle, et pleurait à chaudes larmes, sans vouloir accepter aucune nourriture; et cela pendant sept jours.

---

(1) C'est la ville actuelle de Soei-tcheou 隨州 à 180 ly, nord-ouest de Té-ngan-fou 德安府 Houpé (vol. 21. p. 17).

(2) Ngai-kong était un buveur; il ne s'occupait guère des affaires. Cette fois, pourtant, il fut impressionné par la persistance de Chen-pao-siu. " Le royaume de T'chou a de tels hommes; et cependant le roi de Ou a pu s'en emparer ! Quel sort est donc réservé à notre pays de T'sin, qui n'a point de tels sages ? Nos jours sont comptés !" Ainsi parla-t-il à son entourage. Après quoi, il se rendit auprès de Chen-pao-siu.

Ngai-kong, touché de ce dévouement lui apporta lui même une promesse de secours. Il lui chanta l'ode populaire intitulée Ou-i 無衣 ; la voici (Zottoli, III p. 101, No. 133) - éd, vol. 7 p. 37) :

1ère Strophe.—Comment dites-vous que vous n'avez pas de vêtements ? Je partagerai avec vous mes habits d'hiver. Puisque notre roi organise une armée, je prépare donc ma longue épée et ma lance ; puis, avec vous, je courrai à l'ennemi. (1)

2ème Strophe.—Comment dites-vous que vous n'avez pas de vêtements ? Je partagerai avec vous mon linge. Puisque notre roi réunit ses troupes, je prépare mon croc et mon trident; (2) puis, avec vous, je pars à la guerre.

3e Strophe.—Comment dites-vous que vous n'avez pas de vêtements ? Je partagerai avec vous ma longue robe. Puisque notre roi convoque ses guerriers, moi, je prépare ma cuirasse et mon armure; (3) puis je pars avec vous. (4)

Chen-pao-siu se jeta à terre, fit neuf prostrations pour remercier Ngai-kong de sa bienveillance; et consentit enfin à aller prendre du repos.

L'année suivante [505], en été, Chen-pao-siu étant de retour au pays de T'chou 楚, l'armée de T'sin 秦 le suivit, composée de neuf cents chars de guerre, environ trente-sept mille cinq-cents hommes, commandés par Tse-pou 子浦 et Tse-hou 子虎. Ceux-ci ne connaissant pas encore la tactique des gens de Ou 吳 envoyèrent les soldats de T'chou 楚 ouvrir le chemin jusqu'à la ville de Tsi 稷 où ils les rejoignirent bientôt.

---

(1) L'épée était longue de six pieds.

(2) Le croc était double, à l'extrémité d'un bois de lance: le trident mesurait seize pieds de long.

(3) Autrefois les cuirasses étaient en peau de rhinocéros, ou de bœuf sauvage; c'est plus tard seulement qu'elles furent en métal.

(4) Ce chant était depuis longtemps populaire dans le pays de T'sin 秦. Il représente un homme qui exhorte son voisin à répondre bien vite à l'appel du prince ; si votre fourniment n'est pas prêt, peu importe, nous partagerons ensemble le mien; hâtons-nous ! Les gens de T'sin 秦 étaient à la fois rustiques et belliqueux ; ils n'aimaient guère les civilités ennuyeuses des pays chinois ; ils s'entr'aidaient mutuellement en tout, soit à la maison, soit à l'armée. Comme de bons voisins et de bons compagnons d'armes.

D'après l'édition impériale (p. 39), l'auteur de ce chant populaire aurait eu pour but de blâmer K'ang-kong 康公 de ce qu'il guerroyait à droite et à gauche sans avoir demandé les ordres ou l'autorisation de l'empereur ; bien différent en cela de ses ancêtres, lesquels n'auraient pas remué le petit doigt sans le bon plaisir de l'auguste personnage. Mais c'est encore une de ces ritournelles à l'usage des lettrés, qui font de la haute politique au fond de leur chambre. Les anciens princes, comme leurs successeurs, avaient l'orgueil, la soif de la domination ; tout au plus peut-on dire qu'ils avaient des prétextes meilleurs ou plus spécieux.

Le commandant en chef des troupes de Ou était Fou-kai-wang 夫曁王, frère du roi. Il fut complètement battu près de la ville de I 沂. A la 7ème lune Tse-ki 子期 général de T'chou 楚 aidé encore par Tse-p'ou, détruisit la principauté de Tang 唐 qui avait aidé le roi de Ou dans cette invasion. A la 9ème lune, l'armée de T'chou fut vaincue à Yong-che 雍澨 par les gens de Ou; mais cet échec fut aussitôt vengé par l'armée de T'sin 秦; et bientôt après le pays envahi était délivré. (1)

"A l'automne de 501 mourut le comte de T'sin 秦." Nous savons depuis longtemps pourquoi le nom du prince n'est pas inscrit ; il n'y avait pas encore de traité d'amitié entre le pays de T'sin 秦 et le duché de Lou 魯.

Ngai-kong tant mort, son petit-fils régna, sous le nom de Hoei-kong 惠公. Se-ma-tsien nous en donne la raison; I-kong 夷公 fils et héritier de Ngai-kong était mort prématurément.

Confucius dit encore que l'enterrement de Ngai-kong eut lieu l'hiver suivant. L'édition impériale remarque avec raison, que la Chronique (春秋) de Confucius n'a plus parlé du pays de T'sin 秦 depuis le roi Tao 悼. De là on peut conclure que les comtes de T'sin 秦 étaient occupés à leurs frontières de l'ouest; ils y soumirent bon nombre de barbares, et du même coup rendirent leurs armées capables de grandes entreprises. Ils avaient peu de rapports avec les princes chinois proprement dits; et s'occupaient peu de leurs affaires.

---

(1) Tsi—C'est maintenant Tong-pé-hien 桐柏縣, Nan-yang-fou 南陽府, Honan, (vol. 34. p. 22 Ed.).

I, Ville de T'chou.

L'armée de Ou fut encore battue à Pé-kiu 柏舉 et à Kiun-siang 軍祥; elle remporta la victoire à Yong-che 雍澨, mais fut de nouveau vaincue à Kiun 麇; enfin elle dut se retirer.

Pé-kiu—C'est-à-dire confluent des deux rivières Pé et Kiu; c'est maintenant à l'est de Ma-t'cheng-hien 麻城縣, dans la préfecture de Hoang-tcheou-fou 黃州府, Houpé—(F. vol. 21. p. 10).

Kiun-siang—La carte Lorando place cet endroit un peu au Sud-ouest de Soei-tcheou (Houpé) dont on vient de parler un peu plus haut.

Yong-che—était à 5 ly sud-est de Yo-tcheou-fou 岳州府 Hou-nan. (F. vol. 22, p. 17).

Kiun, est un bourg, à l'est de Pa-ling-hien 巴陵縣 même préfecture de Yo-tcheou-fou (Ed.). La carte Lorando le place bien plus loin vers l'est.

HOEI-KONG 惠 公

(500-492)

L'histoire est muette sur ce prince. Sa gloire sera donc d'avoir su régner paisiblement dix années.

D'après Se-ma-tsien, à la première année de Hoei-kong, Confucius était premier ministre du duc de Lou 魯.

En 495, il y avait grande révolution au pays de Tsin 晉 ; l'an 范 général et ministre d'Etat avait pris les armes contre son roi.

Ce pays était bien malade ! Le pouvoir était entre les mains des trois grandes familles Tchao 趙, Han 韓 et Wei 魏. Celles-ci finiront par se diviser aussi le territoire, et formeront les trois principautés que nous retrouverons en guerre avec le royaume de T'sin ; ce sera une lutte à mort. Pour le moment, les rois de T'sin n'ont qu'à laisser le pays rival s'affaiblir par les révolutions intérieures. C'est assurément une des causes de leur inaction envers Tsin. Les diplomates auront été d'autant plus occupés.

TAO-KONG 悼 公
(491-477)

Ce prince, fils du précédent, est aussi comme lui sans histoire.

Se-ma-tsien ne relate que les évènements contemporains des autres pays; les révolutions réitérées dans le royaume de T'si 齊; les victoires et la puissance de F'ou-t'chai 夫差, (1) roi de Ou 吳; la rivalité de ce dernier pays avec le royaume de Tsin 晉. En 579, le 18e jour de le 4e lune, mort de Confucius—14 avril. 夏四月乙丑大聖孔子卒於魯.

---

(1) Voyez dans le royaume de Ou, p, 101, ce que nous avons raconté sur ce grand roi.

LI-KONG-KONG 厲共公

(476-443)

Ce prince est le fils du précédent. Se-ma-tsien rapporte qu'en 474, les gens de la principauté de Chou 蜀 vinrent offrir des cadeaux. C'était un acte de bonne politique ; il était prudent de gagner l'amitié d'un voisin puissant tel que le roi de T'sin 秦. En 463, des ambassadeurs de Tsin 晉 et de T'chou vinrent aussi le saluer.

En 460, on creuse un canal latéral au Fleuve Jaune. Avec une armée de vingt mille hommes, Li-kong-kong attaque la principauté de Ta-li 大茘, prend cette ville, puis celle de Wang-t'cheng 王城 (1). C'était alors un pays tartare assez puissant ; son prince avait même le titre de roi ; il avait sous sa domination une dizaine de villes; c'était peu; mais le peuple était belliqueux.

En 455, Li-kong-kong construit les murs de Ping-yang 頻陽 qui désormais prend le nom de ville ! (2)

En 452, révolution au pays de Tsin 晉. On y tue le prince Tche-pé 智伯, et l'on partage le royaume entre les trois grandes familles Tchao 趙, Han 韓 et Wei 魏.

En 451, Tche-kien 智開 un des princes de Tsin 晉, s'enfuit avec les habitants de son fief au pays de T'sin 秦. Quelques exemplaires disent que l'année suivante (450) on bâtit les murs de Nan-tcheng 南鄭. D'après le recueil Li-tai-yen-ko-piao [vol. 中. p. 118], cet endroit fut entouré de murs, et devint ainsi une ville.

En 449, le roi de Yué 越 prend pour épouse une princesse de T'sin 秦. C'était une précaution contre l'ennemi commun, le roi de T'chou.

En 447, T'che-k'oan 知寬, grand officier de Tsin 晉, se réfugie aussi près de Li-kong-kong. Il amenait avec lui toute la population de sa ville. Trois ans plus tard, ces mêmes gens feront une révolution.

---

(1) C'est maintenant la ville de Tchao-i 朝邑, T'ong-tcheou-fou 同州府, Chen-si. A trente pas, à l'est de la ville, il y a encore le vieux bourg de Wang-t'cheng. (Y vol. 中 p. 113.) (Grand vol. 54 p. 20).

(2) C'était sur la fontière des villes actuelles de T'ong-koan-hien 同官縣 et Fou-p'ing-hien 富平縣 dépendants de Si-ngan-fou 西安府 Chan-si. (ibid p. 111).

[101]

En 445, le roi de T'chou ayant détruit la petite principauté de Ki 杞, recule ses frontières jusqu'à la rivière Se 泗. Li-kong-kong accepte le fait accompli. (1)

En 444, Li-kong kong attaque le pays de I-kiu 義渠 (2), dont le prince fut fait prisonnier; les habitants étaient des Tartares [Jong 戎].

En 443 il y eut une éclipse de soleil. Cette même année mourait Li-kong-kong; son fils monta sur le trône, sous le nom de Tsao-kong 躁公.

* *

Note : Voici quelques explications au sujet de Nan-tcheng 南鄭 dont nous venons de parler :

" Les premiers habitants vinrent vers l'an 770 de la ville de Tcheng, qui se trouvait un peu au nord de la sous-préfecture actuelle de Hoa-tcheou 華州 préfecture de T'ong-tcheou-fou 同州府, Chen-si. Cette ville avait été saccagée par les Tartares K'iuen-jong 犬戎, les habitants s'étaient dispersés; ils vinrent alors en grande partie se fixer au sud de la montagne, dans la plaine de la rivière Han 漢; ils y formèrent une ville, en souvenir de leur ancien séjour, et l'appelèrent Tcheng la méridionale (Nan tcheng); mais elle n'avait pas encore de murs. Ce fut la ville principale d'une petite principauté appelée Pan; sous le roi actuel Li-kong-kong, elle s'agrandit encore, grâce aux fuyards amenés par Tche-kien, comme nous venons de le dire : c'est alors qu'on y construisit des murs. Nous verrons bientôt sa révolte, puis sa soumission forcée, sous le roi Hoai-kong. Enfin, au partage de l'empire, après la mort de Che-hoang-ti, Lieou-pang 劉邦 ou Pei-kong 沛公 recevra en fief cette vallée de la Han, et fixera sa capitale dans cette ville. Le nom de sa jeune dynastie lui viendra donc de celui de cette rivière et de sa féconde vallée.

---

(1) La rivière Se est dans le Chan-tong, préfecture de Yen-tcheou-fou 兗州府. La capitale de cette principauté de Ki s'appelait Choen-yu-t'cheng 淳于城 et se trouvait à 30 ly nord-est de Ngan-k'iou-hien 安邱縣, dans la préfecture de Tsing-tcheou-fou 青州府 Chan-tong (F. vol. 10. 26).

Li-kong-kong, en reconnaissant par un traité cette nouvelle acquisition de T'chou, prétendait bien en déterminer définitivement les frontières orientales, et l'empêcher de s'étendre encore dans cette direction. La jalousie, la crainte, l'intérêt lui dictaient cette conduite. C'est pour cela aussi qu'il s'alliait au roi de Yue, rival de T'chou.

(2) C'est maintenant K'ing-yang-fou 慶陽府 province du Kan-sou 甘肅 (V. vol. 中 p. 133). (Grand F. vol 57 pp. 32-44.)

TSAO-KONG 躁公

(442-429)

Rien, ou presque rien, dans l'histoire au sujet de ce prince.

La 13ème année de son règne, les Tartares I kiu 義渠 dont on avait pris le roi, firent une irruption et pénétrèrent jusqu'au bord du fleuve Wei 渭. Depuis que Li-kong-kong 厲共公 avait détruit la ville de Ta-li 大荔 et avait annexé son territoire, le reste du peuple avait fui vers l'ouest, au-delà du fleuve K'ien et des montagnes Long 隴. Alors les pays chinois proprement dits n'eurent plus à souffrir de ces incursions et brigandages. Il n'y avait plus que ces restes de I-kiu; ils s'étaient fortifiés dans leur retraite occidentale, pendant quatorze ans; après cela ils essayèrent une revanche, à l'avènement du nouveau prince Tsao-kong.

Celui-ci mourut après 14 ans de règne. Son frère lui succéda sous le nom de Hoai-kong. Ce dernier se trouvait au royaume de Tsin 晉; il se hâta de revenir pour monter sur le trône dont il ne jouira pas longtemps, comme nous le verrons.

Faut-il ajouter foi à notre auteur [le T'ong-kien kang-mou], lorsqu'il nous raconte qu'en 439, à Long-men 龍門, l'eau du fleuve fut toute noire pendant trois jours. De même lorsqu'il rapporte qu'en 435, à la 6ème lune, c'est-à-dire vers notre mois de juillet, époque des grandes chaleurs, il tomba de la neige ; phénomène inouï jusqu'alors ! Les gens du pays durent prendre ces deux évènements pour de funestes présages.

HOAI-KONG 懷 公

(428-425)

Encore le silence, dans l'histoire, autour de ce prince. Pour un pays belliqueux comme celui de T'sin 秦, voilà une suite de rois pacifiques bien remarquable.

D'ailleurs ce prince n'eut presque pas le temps de régner. Dès la 4ème année, son officier 庶 長 nommé Tchao 鼂 secondé par quelques grands dignitaires, l'assiégea dans son palais où il se suicida.

Son fils et héritier était déjà mort ; il se nommait Tchao-tse 昭 子. Les grands dignitaires élevèrent donc sur le trône le fils de celui-ci, sous le nom de Ling-kong 靈 公. Le nouveau roi établit sa résidence à King-yang 涇 陽 (1) ; mais on n'en dit point la raison; peut-être ne changea-t-il pas la capitale; mais seulement sa résidence personnelle.

A l'année 426, notre auteur rapporte que la famille impériale se divisa en deux branches. La principale demeurait à Kong 鞏 (2), dans la partie orientale du pays ; pour cela elle fut appelée Tong-tcheou 東 周. L'autre branche resta à Lo-yang 洛 陽 (3), l'antique résidence de la famille. Ainsi donc, la maison impériale étant ruinée, l'ancien royaume de Tsin divisé en trois principautés toujours en guerre, le pays de T'sin 秦 grandira de plus en plus au nord, dans les contrées vraiment chinoises; au sud, il n'a de rival que le pays de T'chou 楚 tenu en échec par le royaume de Yué.

---

(1) **King-yang** était à 70 ly au nord de Si-ngan-fou 西 安 府 Chen-si. (F. vol. 14, p. 7.)
(2) **Kong** était à 30 ly sud-ouest de Kong-hien.  鞏 縣 à 130 ly à l'est de Ho-nan-fou 河 南 府
(3) **Lo-yang** était à 20 ly nord-est de Ho-nan-fou. (F. vol. 12, pp. 34-31.)

LING-KONG 靈公 (1)

(424-414)

Sous le règne précédent, c'est-à-dire vers l'an 427, les deux armées de T'sin 秦 et de Tsin 晉 s'étaient battues sous les murs de Chao-leang 少梁; le fait est consigné dans l'histoire; mais on ne dit pas quel fut le résultat de cette expédition. Il semble que les gens de T'sin 秦 furent vainqueurs et détruisirent les fortifications de la ville, qui par sa proximité de la frontière paraissait être une insulte et une provocation continuelles; car à l'année 419, l'historien rappelle que Tsin-wei 晉魏 c'est-à-dire le prince Wei, rebâtit les murs de Chao-leang. C'est le prince connu dans l'histoire sous le nom de Wen heou 文侯; il était le chef d'une des trois familles qui s'étaient partagé le pays de Tsin (2) 晉.

En 421, on bâtit les deux autels mentionnés au début de cette histoire [voyez année 777-765 Siang-kong], c'est-à-dire Chang-tche 上畤 et Hia-tche 下畤; on les éleva sur la montagne Ou-yang 吳陽 c'est-à-dire: à l'endroit toujours exposé au soleil. (3) Sur le premier, on sacrifiait à l'empereur Hoang-ti 黃帝; sur le second, à l'empereur Yen-ti 炎帝 lequel est le même personnage que Chen-nong 神農.

---

(1) Nous avons vu précédemment (715-708) un prince de Tsin 晉 nommé Ling-kong. Divers auteurs l'appellent Ning 甯; et pourquoi ? Pour sauver le principe sacro-saint, qui interdit à un roi de porter le même nom qu'un de ses prédécesseurs ; ce serait arrogant, impie. Pauvres lettrés ! avec leurs observances pharisaïques, toujours mêlées, plus ou moins, de craintes superstitieuses ! Interrogez ces gens-là, vous finirez par voir que sous l'enveloppe de ce respect pour les ancêtres, ou les prédécesseurs, se cache le véritable motif, à savoir : la crainte que le nom d'un défunt ne porte malheur au prince vivant. Quant au roi actuel, le recueil T'ong-kien-kang-mou lui donne dix années de règne (vol. 25. p. 35 正編) tandis que Se-ma-t'sien lui en attribue treize (vol. 2. chap. 5, p. 17). Nous préférons la première version à la seconde ; car celle-ci paraît renfermer quelque contradiction. Comme on peut le voir dans le Tong-ki-piao (vol. 1 pp. 75-76), il y est dit que le règne de Ling-kong finit à la onzième année de Wei-lié-wang 威烈王, donc en 414.—

(2) Chao-leang, c'est maintenant le territoire de Han-t'cheng-hien 韓城縣 à 32 ly au sud de la ville actuelle; dans la préfecture de T'ong-tcheou-fou 同州府 (Chen-si). Il y avait deux villes nommées Leang, la petite (Chao 少) dont il s'agit ici formait alors le territoire de deux minuscules états indépendants, Han 韓 et Leang 梁. Le roi de Tsin 晉 l'ayant prise dans la suite, l'appela Hia-yang 下陽 d'où lui est venu le nom de Hia-yang-hien.

(3) Cette montagne est dans le territoire de Long-tcheou 隴州, Fong-siang-fou 鳳翔府 (Chen-si) — (voir Y-vol 中. p. 118)—Le F. vol. 14, 29, la met à 130 ly sud-est de Long-tcheou.

Le T'ong-kien-kang-mou n'oublie pas de rappeler que l'érection de ces autels était une vraie et formelle usurpation des pouvoirs réservés à l'empereur seul. Mais l'auteur serait bien embarrassé s'il devait prouver d'où venaient ces prétendus pouvoirs et cette prétendue réserve. Pouvait-il invoquer la coutume de temps immémorial? On lui aurait montré deux autres autels semblables, bâtis plus de trois siècles auparavant, et faisant également concurrence à l'autel impérial. Pour trouver l'origine de ce privilège, réclamé par les empereurs de la Chine proprement dite, il faudrait sans doute remonter jusqu'à l'époque où les Patriarches (聖祖) offraient des sacrifices comme chefs de famille, au vrai Dieu, créateur du ciel et de la terre. Mais cette notion, déjà ignorée des empereurs eux-mêmes, était encore bien plus inconnue de leurs historiens. Et nos lettrés actuels n'en ont pas même le soupçon, ils se contentent de crier à l'usurpation des privilèges impériaux et c'est fini. C'est en 417 que l'on commença à sacrifier une jeune fille à l'esprit du fleuve Jaune ; on la noyait dans les flots; ou bien on l'enterrait vivante dans un fossé voisin.

Dès le début de son règne, Ling-kong avait fait des préparatifs en prévision d'une guerre prochaine; il avait bâti des forteresses.

En 418, les gens de Tsin 晉 ayant reconstruit les murs de Chao-leang, comme nous venons de le dire plus haut, Ling-kong envoya une armée l'attaquer de nouveau. Quelle fut l'issue de cette expédition ? Nous n'avons pu trouver les documents.

En 414, Ling-kong répara les murs de Tsi-kou 籍姑 (1) et de P'ang-t'cheng 厖城. Cette dernière ville était très voisine de Chao-leang ; chacune avait sa forteresse ; donc grande facilité pour se combattre mutuellement. Aussi de part et d'autre on se surveillait d'un œil jaloux et menaçant.

Ling-kong étant mort, son fils, le futur Hien-kong 獻公, ne put monter sur le trône; on n'en dit pas le motif. Ce fut T'ao-tse 悼子 son oncle [fils de Hoai-kong] qui prit sa place, sous le nom de Kien-kong 簡公, comme nous allons le voir.

---

(1) C'était à 35 ly au nord de la ville actuelle de Han-t'cheng-hien, indiquée ci-dessus ; P'ang-t'cheng était au sud-est de la même ville, à deux cent vingt ly nord-est de T'ong-tcheou-fou. (F. vol. 14, p. 19).

KIEN-KONG 簡公

(414-409)

Ce prince était en exil dans le pays de Tsin 晉 quand il fut rappelé pour monter sur le trône. A peine était-il de retour qu'il dut se défendre contre le pays où il avait été reçu. En 412, son armée fut battue par celle de Tsin 晉 près de Tcheng 鄭 (1).

En 411, Ki 擊, fils de Wei-wen-heou 魏文候, venait à son tour assiéger la ville de Fan-p'ang 繁龐, et en chassait la population. (2)

En 408, Wei-wen-heou, grand prince et grand guerrier, attaquait le pays de T'sin 秦. Voici à quelle occasion. Autrefois, les princes de T'sin 秦 avaient pris et détruit la ville de Ta-li 大荔, ils l'avaient ensuite rebâtie et l'avaient appelée Lin-tsin 臨晉 c'est-à-dire donjon pour surveiller le royaume de Tsin 晉, nom injurieux pour ce dernier pays; aussi cherchait-il à se venger et à reprendre cette ville. Il cherchait même à prendre Yuen-li 元里 autre forteresse peu éloignée de là (3). Nous connaissons maintenant la cause de l'expédition; l'issue est vague; Ou-k'i 吳起 général de Wei aurait pris cinq villes! Dans la suite, le prince Hiao-kong 孝公 reprochera ces attaques pour justifier ses propres entreprises; mais nous n'avons pu trouver le nom de ces villes.

En 403, ce même Wen-heou 文候, prince de Wei 魏 revint à la charge; il pénétra dans le pays de T'sin 秦 jusqu'à Tcheng 鄭; puis, rebroussant chemin, il fortifia Lo-yng 洛陰 et Ki-yang 郃陽 (4).

---

(1) C'était au nord de Hoa-tcheou 華州 T'ong-tcheou-fou 同州府 Chen-si (voyez année 558).

(2) C'est la ville (et la forteresse) nommée P'ang-t'cheng, dans le règne précédent. Cette jeune principauté de Wei, fraîchement éclose de la révolution de Tsin 晉, se montrait bien agressive envers le pays de T'sin 秦! Elle venait cependant de subir de grands désastres! Car les digues du Fleuve Jaune avaient cédé, depuis Long-men 龍門 jusqu'à Ti-tchou 底柱.—La montagne de Long-men est à 30 ly au nord de Ho-tsin-hien 河津縣 dans la préfecture de Kiang-tcheou, Chan-si.—La montagne de Ti-tchou est à 50 ly au sud-est de P'ing-lou-hien 平陸縣 dans la préfecture de 解州 Kiai-tcheou, Chan-si (F. vol. 8. pp. 42-44).

(3) Lin-tsin, ou Ta-li, était à 2 ly sud-ouest de Tchao-i-hien 朝邑縣 de T'ong-tcheou-fou 同州府 Chen-si.
Yuen-li était au nord-est de Ta-li-hien, même préfecture de T'ong-tcheou, [F. vol. 14, pp. 17-18].

(4) Lo-yng était à l'ouest, et Kio-yang au sud de la ville actuelle de T'ong-tcheou.

Encore une invasion dont on ne voit pas trop le résultat. Si Kien-kong en avait souffert quelque grand dommage, l'histoire en aurait conservé quelque vestige. Son silence paraît donc indiquer que le royaume de T'sin 秦 était assez fort pour mépriser ces diverses incursions des voisins; il lui suffisait de se tenir sur une prudente défensive à leur égard. Pendant ce temps Kien-kong creusa des fossés, ou canaux, autour des villes de Lo-t'cheng 洛城 et de Tchong-t'siuen 重泉 (1).

Cette année 403, est encore digne de mémoire, parce qu'alors pour la première fois, le prince de T'sin 秦 exigea un impôt régulier et déterminé; mais on ne sait pas s'il était considérable, ou non. Jusque-là le coutumier des pays chinois proprement dits, c'est à-dire le Tcheou-li 周禮 ou usages établis par la famille impériale Tcheou, n'avait pas encore été adopté par les gens de T'sin 秦. (2)

En 401, Kien-kong voulut sans doute infliger une sage correction à son voisin, le remuant prince de Wei 魏 [Wen-heou] ; car il se mit en campagne contre ce pays. Le T'ong-kien-kang-mou, qui relate ce fait, n'en dit pas l'issue; en revanche, il a toute une dissertation philologique sur le caractère fa 伐, attaquer, punir un coupable pour ses méfaits, etc.... (正編 vol. 1. p. 4).—

Avant de finir, mentionnons un détail assez curieux; c'est que Kien-kong, vers la sixième année de son règne, avait déterminé que désormais, dans son royaume, les mandarins porteraient l'épée. Bien mieux, quelques auteurs disent que l'année suivante, cet ordre fut donné à tout le peuple (3).

Se-ma-t'sien (vol. 2. p. 17) lui attribue seize années de règne; il y a encore quelques auteurs du même avis; tels que les recueils Tong-ki-piao, Tong-kien-kang-mou; ce qui cause, comme pour le prince précédent, une certaine confusion dans la chronologie détaillée de ces deux règnes. Mais l'erreur ne peut être bien considérable.

---

(1) Lo-t'cheng, ou Chang-lo 上洛 c'est la ville actuelle de Chang-tcheou 商州 Chen-si.—Tchong-t'siuen était à 15 ly sud-est de Pou-t'cheng-hien 蒲城縣 de T'ong-tcheou-fou ; à 45 ly au sud-est de cette ville, se trouve encore un vieux bourg de ce nom. [F. vol. 14 pp. 22, 58].

(2) C'est en 403 que commence l'époque connue dans l'histoire de Chine sous le nom d'époque des royaumes belligérants ; temps malheureux ! guerres à l'extérieur et révolutions à l'intérieur ! Nos historiens prétendent que les neuf trépieds tremblèrent et se mirent d'eux-mêmes en mouvement. Croira qui voudra ce prétendu présage ; mais les guerres de ce temps sont un fait trop réel pour soulever le moindre doute.

(3) Notre historien fait remarquer la différence de tempérament et de caractère entre les gens de T'sin et les Chinois de ce temps-là. Ceux-ci aimaient à porter des pendeloques de jade à leur ceinture; ceux-là préféraient une épée, ou tout au moins un poignard; le sang de leurs ancêtres sauvages n'était point éteint dans leurs veines !

A la mort de Kien-kong, c'est son fils qui lui succéda, sous le nom de Hoei-kong 惠公.

Justement à cette époque, il y eut un grand éboulement de la montagne Kouo chan 虢山 (1) dont les débris obstruèrent le fleuve Jaune. C'était une coïncidence remarquable pour les gens du pays; puisque la mort d'un prince s'exprime par le caractère 崩 pong [montagne qui s'écroule].

---

(1) Cette montagne est à 3 ly au nord de Chen-tcheou 陝州 Ho-nan. (F vol, 12, p. 64).

HOEI-KONG 惠公

(399-387)

En 390 Hoei-kong attaqua la principauté de Han 韓, et prit la ville de I-yang 宜陽 avec cinq autres territoires, moins considérables, puisqu'ils ne sont pas nommés. (1)

En 389, il livrait bataille à l'armée de Tsin 晉 près de Ou-t'cheng 武城, ville située sur la frontière. (2) Mais on ne dit pas quelle fut l'issue du combat.

En 388, il revenait à la charge et prenait la ville de Yn-tsin (3) 陰晉.

En 387, il battait de nouveau l'armée de Tsin 晉 près de Ou-t'cheng, ville qui s'appelait encore Ou-hia, 武下; il faisait même prisonnier le général Tche 識.

Cette même année, il attaquait encore le petit royaume de Chou 蜀; et reprenait encore la ville de Nan-tcheng 南鄭 qui s'était révoltée (4) Nous avons dit que le prince Li-kong 厲公 [476-442] avait fait de grands travaux pour protéger cette ville, afin de s'en servir comme d'une forteresse contre les invasions des Tartares.

Enfin, cette même année encore, Hoei-kong mourait et laissait le trône à son fils T'chou-tse 出子, enfant de trois ans à peine. On pouvait prévoir des malheurs. En effet, le grand officier Kai 改 se rendit deux ans plus tard à Ho-si 河西 (5) chercher le prince exilé Hien-kong 獻公, fils de Ling-kong 靈公 lequel avait été écarté du trône, comme nous l'avons vu précédemment. Le territoire de Ho-si était précisément l'ancien fief de Fei-tse 非子, l'ancêtre de la famille princière régnante.

---

(1) C'est I-yang-hien préfecture de Ho-nan-fou 河南府. Ceux qui sont familiarisés avec le Che-king 詩經 savent que c'est là que le duc Tchao-kong 昭公 jugeait les procès de son peuple, assis sous un poirier sauvage (Kan t'ang 甘棠 sorbier). (V. vol 中 p. 16)

(2) Etait à 13 ly nord-est de Hoa-tcheou 華州, T'ong-tcheou-fou 同州府 Chen-si.

(3) Etait à 5 ly sud-est de Hoa-yn-hien 華陰縣, 同州府 T'ong-tcheou-fou. [Fong-yn-ki-yao, vol 14 p. 29].

(4) C'est maintenant encore la ville du même nom, préfecture de Han-tchong-fou 漢中府 Chen-si.

(5) Kang-mou l. c. p. 31 in verso—Actuellement c'est T'sin-tcheo 秦州 à 120 ly au sud-ouest de la ville. (V. 上 p. 55). Voilà, du moins, ce que dit le commentaire.—Le F. ne connaît pas d'endroit ainsi nommé, dans le Kan-sou; en revanche, il indique 2 villes de ce nom (vol 14 p. 18) qui ne peuvent être le lieu de l'exil.

Le prince Hien-kong, étant revenu de son exil, fut placé sur le trône. Le roi-enfant disparut, ainsi que sa mère. C'est la première fois que la mère d'un roi est tuée. Ce crime est donc enregistré et flétri, comme il le mérite, par tous les historiens. En cela, ils suivent l'exemple de Confucius, qui écrivit sa chronique [T'choen-t'sieou 春秋] pour flétrir des forfaits de ce genre. (1)

Cette révolution de palais ne fut pas sans détriment pour le royaume. N'ayant plus la paix, ni l'union des esprits, malgré sa force réelle, il se laissera enlever jusqu'à huit villes par son rival, le pays de Tsin 晉. (2)

---

(1) La mère et l'enfant furent tués, puis jetés dans le fleuve, à l'endroit le plus profond. Les caractères employés pour exprimer ce détail, sont ceux-ci: 淵厐 Yuei-pang. c'e t-à-dire: à côté de l'abîme.

C'est l'officier (Chou-tch'ng) Fai 改 qui accomplit ce crime, inouï jusque-là dans l'histoire chinoise ; c'est encore lui qui alla chercher le nouveau roi; mais alors il était devenu ministre.

(2) Nous aurions désiré donner les noms et l'identification de ces huit villes; mais nous n'avons pu les découvrir. De même, quand et comment furent-elles perdues ? Tout cela reste inconnu pour nous Un autre plus heureux trouvera peut-être les documents qui nous font défaut. On dit seulement qu'elles étaient à l'ouest du Fleuve Jaune.

[III]

HIEN-KONG 獻公

(384-362)

Dès la première année de son règne, Hien-kong défend d'enterrer des vivants avec des morts. Fallait-il donc attendre si longtemps, pour mettre fin à une coutume si barbare ! Ce prince est donc digne d'éloges, puisqu'il eut meilleur cœur et plus de courage que ses prédécesseurs. Il eut le bon sens de rejeter ce que les autres avaient cru faussement nécessaire pour relever le prestige de leur autorité. Désormais on ne verra plus des dizaines ou des centaines de personnes enterrées dans la tombe d'un prince défunt, sous prétexte d'envoyer ces malheureuses victimes lui servir d'escorte dans l'autre monde, honneur peu recherché d'ordinaire.

La 2ème année, c'est-à-dire en 383, il entourait de murs la ville de Li-yang 櫟陽 (1). C'est cette ville, qui plus tard, sous la dynastie Soei 隨 [590-620], aura l'honneur d'être la capitale de tout l'empire, sous le nom de Ta hing 大興 ; pour le moment, elle devient la capitale de T'sin 秦.

En 380, à la 1ère lune, au jour Keng-yn 庚寅 il eut un fils qui lui succédera sur le trône, et sera célèbre sous le nom de Hiao-kong 孝公.

En 373, le grand historiographe de l'empereur, nommé Tan 儋 venait demander l'aumône pour son auguste maître. Il était sans doute assez embarrassé de sa mission. Voici, paraît-il, les paroles flatteuses qu'il adressa à Hien-kong, pour le disposer à se montrer généreux : " Autrefois, la famille impériale et la maison régnante de T'sin 秦 étaient liées d'une intime amitié ; les relations furent interrompues pendant cinq cents ans. Renouées de nouveau, elles dureront soixante-dix-sept ans; alors votre famille donnera le jour au chef des princes, et gouvernera tout l'empire '' (2).

En 368, un pêcher fleurit en plein hiver. Dans ces pays du nord, ce dut être une rare merveille, et quel bon augure pour le prince ! Mais voici bien plus fort. En 366 à Li-yang, il plut de l'or ! Prodige inouï jusque-là bien entendu; mais prodige qui ne se renouvela plus sans doute nulle part ailleurs, dans la suite.

---

(1) C'était à 50 ly au nord de Lin-tong hien 臨潼縣, Si-ngan fou 西安府 Chen-si. (K vol. 上 p. 37) – (F. vol. 14. p. 10.)

(2) Le lecteur reconnaît ici une nouvelle prophétie de lettré. Evidemment, l'auteur ne sait trop quel discours mettre dans la bouche de son personnage ! Venir renouer une amitié interrompue depuis cinq cents ans; ce n'est pas chose facile ! surtout quand il s'agit de demander l'aumône ! et à un prince qui se préoccupait bien peu de la majesté de cet empereur !

Aussi, Hien-kong fit-il bâtir un autel spécial [Hi-tche 畦畤] et offrit des sacrifices à Pé-ti 白帝, l'empereur blanc, qui était censé présider aux pays occidentaux.— [vol. 76 p. 78] — (1).

En 365, Hien-kong battait les armées réunies de Wei 魏 et de Han 韓 à Lo-yang 洛陽 c'est à-dire sous les yeux de l'empereur, devant sa capitale; et sans en avoir, au préalable, demandé la permission, comme il aurait dû le faire, selon les rites des anciens temps, ou plutôt, selon les imaginations des lettrés; car les autres roitelets se souciaient fort peu de ces cérémonies, quand elles les gênaient. (2)

En 364 le roi de T'sin continua ses guerres contre le royaume de Wei, qui fut secouru et sauvé par le roi de Tchao 趙.

En 363, Hien-kong battit l'armée de Tsin au défilé de Che-men 石門 (3); il y fit décapiter soixante mille prisonniers! L'empereur eut la faiblesse de le féliciter de cette exécution, véritable boucherie de sauvage! En récompense, il lui envoya même une robe d'honneur! (4) Avait-il donc reçu l'aumône demandée, pour se montrer si plat devant ce vassal? Le Tong-ki-piao [vol. 2. p. 4] le blâme, comme il le mérite, pour cet acte déshonorant.

En 362, une armée de Hien-kong attaquait la ville de Chao-leang 少梁, dans le pays de Wei 魏, mais ce fut en vain; car le roi de Tchao 趙 vint à son secours et força les assaillants à lever le siège. L'année suivante [361], Hien-kong revint venger cet échec; il battit les deux armées réunies de Wei 魏 et de Tchao 趙 à ce même endroit; il fit prisonnier le général en chef, Kong-suen tsouo 公孫座; de plus, il reconquit une autre ville nommée P'ang 龐 voisine de Chao-leang et tombée au pouvoir de Wei en 411, [voyez à cette année].

Enfin cette même année, Hien-kong mourait et laissait le trône à son fils Hiao-kong 孝公.

---

(1) En mémoire de ce fait, à 30 ly sud-est de Fou-p'ing-hien 富平縣 il y a encore une digue appelée tertre de la pluie d'or (yu-kin-pao 雨金堡)-(chen-vol. 73. p. 41.)

(2) Comment expliquer la présence des deux armées belligérantes sur le territoire même de l'empereur? Lo-yang était à 20 ly nord-est de Ho-nan-fou 河南府.

(3) Cette fois les 3 principautés (Han, Wei, Tchao) luttaient ensemble contre T'sin 秦.— D'après le F. vol 41 p. 29, et d'après le Tong-kien kang-mou, 正編 vol. 1 p. 40. ce défilé est au sud-est de la ville de Kiai-tcheou 解州 Chan-si, entre les montagnes de Pé-king-ling 白徑嶺 et Tchong-t'iao-chan 中條山; celles-ci semblent de leur cime toucher le ciel; droites comme des murailles, elles sont si resserrées qu'un seul char a de la peine à passer.

(4) Cette robe avait deux genres d'ornements en broderie; l'un représentait des haches, et s'appelait fou 黼, l'autre représentait le caractère chinois Ya 亞 et s'appelait aussi ' ou 黻.

Quant à ce dernier, le P. Zottoli II. p. 73, dit que c'était le caractère 巳 i (fini, autrefois. trop); mais il était disposé par groupes, deux à deux, dos à dos, et en sens inverse, comme ceci 吅.

HIAO KONG 孝公

(361-338)

Le nouveau monarque avait vingt et un ans, quand il monta sur le trône. S'il ne pouvait encore avoir la réputation de prince guerrier, celle de son peuple belliqueux suffisait amplement. Aussi, nous voyons dès cette année 361 le prince de Wei 魏 entreprendre un immense travail pour se protéger du côté de ce redoutable voisin. Il fit construire un mur de fortification sur toute la longueur de sa frontière, entre son pays et celui de T'sin 秦. Il fallait avoir grand peur, pour en venir à une telle détermination ! Le royaume de Wei 魏 n'était cependant pas si petit ! D'ailleurs, moyen inefficace, pour ne pas dire puéril; nous allons voir presque chaque année, pendant deux siècles, ce mur franchi par les armées de T'sin 秦 ! C'était donc une véritable panique, inspirée à tort ou à raison par la renommée de ces anciens sauvages. La fameuse boucherie des soixante mille prisonniers devait y être pour quelque chose. (1)

A l'époque où nous sommes, à l'est du Fleuve Jaune et des montagnes se trouvaient les puissants royaumes de T'si 齊 et de T'chou 楚, puis Wei 魏, Yen 燕, Han 韓 et Tchao 趙 ; entre les deux rivières (ou fleuves) Hoai 淮 et Se 泗, il y avait bien une dizaine de petits états. Le pays de T'sin 秦 avait pour voisins immédiats, au nord-est, la principauté de Wei 魏 arrachée à l'ancien royaume de Tsin 晉 ; à l'est et au sud-est, le pays de T'chou 楚 ; au sud, les états indépendants de Pa 巴 et de Yu 渝 [qui sont dans le Se-tch'oan actuel]. (2)

---

(1) Ce mur de Wei allait du sud au nord, partait de Hoa-tcheou 華州 et Tcheng-hien 鄭縣, passait le fleuve Wei 渭, longeait la rive est du fleuve Lo 洛, montait vers le nord par Fou-tcheou 鄜州, Yen-ngan-fou 延安府, Tan-fang 丹坊 et Mi-tche 米脂. Toutes ces villes sont dans le Chen-si. [Voir la carte du Chen-si, vol. 2. p 8].

Nous n'indiquons pas ici toutes les villes qui se trouvent sur l'ancien parcours de ce mur; on peut, sur cela, consulter le F. vol. 14. pp. 21. 46. 66. 67. 68.

Se-ma-ts'ien dit plus brièvement. "Ce mur allait de Tcheng-hien 鄭縣 à Chang-kiun 上郡. Or le Chang-kiun de Wei allait de Yen-ngan-fou et Fou-tcheou jusqu'à Mi-tche-hien. Donc il ne faut pas s'imaginer, comme il arrive quelquefois, que le fameux Che-hoang 始皇 fut le premier à construire de tels remparts. Ce qui est vrai c'est que sa grande muraille dépasse tout ce qui avait été fait dans ce genre avant lui.

(2) F. vol. 22.p. 18—La frontière méridionale de T'sin 秦 était formée par les territoires de Han-tchong 漢中 [c'est-à-dire Han-tchong-fou, Chen si] et Pa 巴 [ou Pao-niug-fou 保寧府 Se-tch'oan]—Toutes ces indications sont trop vagues, pour être comprises, il faut avoir sous les yeux la carte ci-dessus indiquée du Chen-si vol. 2 p. 8.

Mais, aussi bien qu'à l'ouest et au nord, toutes ces frontières étaient plus ou moins mal définies ; cela permettait au roi de T'sin 秦 de réclamer tout ce qui lui faisait plaisir. Est ce encore pour ce motif que ses voisins construisirent leur muraille, comme ligne de démarcation ?

La maison impériale étant réduite à l'impuissance, les princes feudataires rivalisaient entre eux à qui accaparerait le plus de territoires; celui de T'sin 秦 faisait comme les autres ; peut-être avec plus de succès que ses voisins. D'alleurs, demeurant dans son ancien pays de Yong-tcheou 雍州 loin du centre des lumières et de la civilisation des Chinois; n ayant avec ceux-ci, ni traité d'amitié, ni même des relations ordinaires; vivant toujours à la manière des demi-barbares, il ne songeait qu'à agrandir et fortifier son royaume. Les vrais Chinois en souffrirent en plus d'une occasion, comme nous l'avons vu sous le règne précédent ; ils s'en vengèrent en grandes paroles, en termes de mépris comme de nos jours envers les sauvages ou diables d'Occident; au fond, ils avaient grand peur de lui; nous verrons bientôt un certain Sou-t'sin 蘇秦 essayer de former une ligue générale contre lui; mais en vain.

A peine sur le trône, Hiao-kong répandit toutes sortes de bienfaits sur son peuple; il secourait tous ceux qui n'avaient pas de soutien, comme les vieillards, les orphelins, il appelait auprès de lui les gens de guerre, et récompensait largement ceux qui se distinguaient. Voilà du moins, ce qu'en a écrit Se-ma-ts'ien. Ensuite il publia par tout le royaume l'édit suivant: "Autrefois notre ancêtre Mou-kong 穆公 pratiqua la vertu et accomplit nombre d'exploits guerriers dans tous le pays de K'i-yong 岐雍. A l'est, il rendit la paix au royaume de T'sin 晉 troublé par les révolutions; et lui assigna le Fleuve Jaune comme frontière; à l'ouest il soumit à son obéissance tous les sauvages Jong 戎 et Ti 翟. Son domaine avait une étendue de mille ly 里; l'empereur le nommait son oncle, et l'établit chef de tous les princes; ceux-ci vinrent lui offrir leurs hommages et leurs cadeaux. C'est lui qui a assuré la fortune de ses successeurs, fortune glorieuse entre toutes. Mais plus tard, notre famille vit des princes faibles, comme Li 厲, Tsao 躁, Kien 簡 et T'chou-tse 出子; l'intérieur du pays étant troublé et dans la détresse, on ne pouvait s'occuper des affaires du dehors; les trois familles princières de Tsin 晉 vinrent nous enlever nos anciennes possessions à l'ouest du Fleuve Jaune; et bientôt les roitelets nous méprisèrent au dernier point. Mais quand mon père Hien-kong 獻公 monta sur le trône, il releva notre pays ; il mit l'ordre partout; rendit la sécurité aux frontières; transféra sa capitale à Li-yang 櫟陽 ; et voulut reconquérir à l'est les pays possédés par Mou-kong, pour y établir un gouvernement aussi florissant qu'autrefois.

Moi donc, faible prince, me rappelant les intentions de mon père, j'ai dans le cœur une douleur bien grande. Vous tous qui que vous soyez, étrangers de passage dans mon royaume, ou officiers en place dans ce pays, écoutez mes paroles ; quiconque est capable d'indiquer de bons stratagèmes pour rendre puissant ce royaume de T'sin 秦, je le comblerai d'honneurs et de richesses.'

Après avoir fait cette proclamation, Hiao-kong se met en campagne : à l'est, il assiège la ville de Chen-t'cheng 陝城 (1) ; à l ouest, il attaque les Tartares Jong 戎 et tue le roi de Yuen 源.

En 360, un certain individu du royaume de Wei 衞 nommé Kong-suen-yang 公孫鞅, ayant entendu parler de l'édit ci-dessus, se rendit au pays de T'sin 秦 et par l'entremise de l'eunuque King-kien 景監 demanda une entrevue à Hiao-kong. Nous allons bientôt faire connaissance avec cet étranger devenu si célèbre.

En 359, l'empereur envoyait à Hiao-kong une partie des viandes offertes en sacrifice au ciel, pour demander le bonheur, (elles portaient alors le nom de tsou 胙).

En 358, Wei-yang, c'est-à-dire Kong-suen-yang, engageait Hiao-kong à entreprendre une grande réforme dans l'administration du pays, à savoir; changer les lois, aggraver les peines, relever l'agriculture, attirer par des récompenses les étrangers de génie. Hiao-kong approuvait ces plans; mais les deux grands dignitaires Kan-long 甘龍 et Tou-tche 杜摯, avec leurs amis et partisans, s'y opposaient de tout leur pouvoir, et voulaient faire partir cet audacieux novateur. Enfin, il finit par triompher de leur résistance; les réformes proposées furent ntroduites ; le peuple en souffrit d'abord; puis au bout de trois ans il en ressentit les avantages et s'en réjouit. En récompense, Wei-yang fut nommé premier ministre. Il est temps de raconter son histoire [Se, vol. 8 p. 1 ; I che 繹史 vol. 115. p. 2]:

Histoire de Wei-yang 衞鞅 (ou Kong-suen-yang) ennobli sous le titre de Chang-kiun 商君:—" Chang-kiun, ou le seigneur de Chang, [titre qu'il reçut plus tard, et sous lequel il fut plus connu dans l'histoire], était fils d'une concubine du roi de Wei 衞 ; son nom propre [名 ming] est Yang 鞅 ; son nom de famille princière est Kong-suen-che 公孫氏 c'est à-dire: neveu du prince régnant, prince du sang [ce titre lui fut donné officiellement pour lui et sa descendance; dans le Tsouo-tchoan, il y a beaucoup d'exemples de ce genre].

---

(1) Actuellement, c'est Chen-tcheou 陝州.

Quant au pays de Yuen, ce nom lui fut donné sous la dynastie Han. Actuellement c'est le territoire le Long-si-hien 隴西縣, préfecture de Kong-tch'ang-fou 鞏昌府 Kan-sou. L'antique capitale des Tartares était à 27 ly sud-est de la ville actuelle (vol. 15 p. 7).

Ses ancêtres étaient de la famille impériale Ki 姬, donc alliés aux princes de Lou 魯, Yen 燕, Wei 衛, Tcheng 鄭, Tsin 晉, T'sao 曹, etc. etc... Dans sa jeunesse Yang aimait à étudier la jurisprudence; plus tard il se mit au service du premier ministre Kong-chou-t'souo 公叔痤 (1), et obtint la dignité de Tchong-chou-tse 中庶子 (2). Le Ministre avait apprécié ses hautes qualités, mais n'avait pas encore trouvé l'occasion de lui donner un emploi digne de son mérite. Etant tombé malade, il reçut la visite du roi Hoei 惠, qui lui dit dans le cours de la conversation : "Si votre maladie devient plus grave, à qui dois-je confier votre charge?" Le ministre répondit : "A l'administrateur de la famille royale; il est encore jeune; mais il a des talents extraordinaires; que votre Majesté lui confie le royaume, et suive tous ses conseils." Le roi ne répondit pas. Au moment où il allait se retirer, le ministre fit sortir tous les assistants, puis dit au roi seul: "Si votre Majesté n'est pas de mon avis, et ne veut pas établir Yang premier ministre, il faut le tuer de peur qu'il n'aille se mettre au service d'un autre pays." Le roi le lui promit, et s'en alla. Aussitôt le ministre appela Yang et lui raconta cet entretien: "Mon premier soin ajouta-t-il, a été pour le bien de ce royaume; maintenant je veux procurer le vôtre; il faut vous enfuir, sinon vous serez pris et mis à mort." Yang répliqua: "Le roi n'ayant pas suivi votre premier conseil, ne suivra pas davantage le second; inutile donc de m'enfuir !" (3) Le roi étant revenu dans son palais, dit à son entourage: "La maladie du premier ministre est bien grave ; il m'a proposé Yang pour le remplacer; certainement il a perdu la tête."

Après la mort du premier ministre, Yang eut connaissance de l'édit proclamé par Hiao-kong; il dirigea aussitôt ses vues de ce côté, dans l'espoir d'y faire fortune. Il se rendit au pays de T'sin 秦 puis, par l'entremise de l'eunuque favori du roi, il obtint une entrevue avec Hiao-kong; il l'entretint longuement sur plusieurs points de l'administration; mais celui-ci sommeillait à divers reprises: et ne lui prêtait pas grande attention.

---

(1) Ce nom fut d'abord celui de l'oncle du prince régnant ; il passa ensuite comme titre de noblesse à ses descendants ; car les hautes dignités étaient toujours données à des membres de la famille régnante ; comme encore aujourd'hui, les mandarins sont entourés des membres de leur famille. De tout temps, en Chine, le népotisme a toujours été bien vu. Ne pourrait-on pas en dire autant de l'Europe ?

(2) Ce titre pourrait se traduire par gouverneur ou administrateur de la famille régnante. Il avait le soin de la fortune royale, surveillait les mariages et les mœurs de tous les membres de la famille, etc. etc.

(3) C'était une fine flatterie; c'était dire que le roi n'avait pas su s'élever à la hauteur de ses conseils infaillibles !

L'ayant congédié sans plus de façon, le roi se plaignit ensuite à l'eunuque: " L'étranger que vous avez introduit est un radoteur, il est absolument inutile ! " Yang ne s'attendait guère à un pareil compliment; après cela il dut encore essuyer le blâme de l'eunuque. " J'ai entretenu votre roi, répliqua-t il, de la doctrine la plus sublime, à savoir : comment on devient empereur et saint, votre roi n'a pas assez de tête pour comprendre de telles choses."

Cinq jours plus tard, Hiao-kong voulut voir de nouveau cet étranger. Yang parla encore mieux que la première fois, mais sans plus de succès; le roi blâma de nouveau l'eunuque; celui-ci, à son tour, fit de plus grands reproches à Yang ! " J'ai pourtant baissé le râtelier, répondit celui ci, mais il n'a pu encore y atteindre ! Je ne lui ai parlé que du second degré de sagesse, à savoir: comment on devient un bon roi ; procurez-moi encore une entrevue, je vous prie ! " A cette audience, Hiao-kong fut ravi de ses conseils; mais le congédia sans lui accorder de dignité. " Cet étranger, dit-il à l'eunuque, est vraiment intelligent ! Avec lui on peut parler administration ! " L'eunuque rapporta ce compliment à Yang. " Je lui ai parlé, dit celui-ci, du troisième degré de la sagesse, à savoir: comment on devient chef des grands vassaux; son intelligence peut s'élever jusque-là; vraiment si je puis encore obtenir une entrevue, je saurai comment le prendre ! " L'audience fut accordée. Hiao-kong fut si enchanté qu'insensiblement, en parlant, il s'était rapproché de son interlocuteur; et les entretiens durèrent ainsi plusieurs jours ; Hiao-kong n'en était point encore rassasié. L'eunuque demanda à Yang: " Comment avez-vous fait pour captiver à ce point l'esprit de notre prince ? Il est vraiment ravi de vous ! "—" Je lui ai parlé, répondit il, des cinq empereurs [Ou ti 五帝] et des trois rois [San-hoang 三皇]; j'ai comparé entre elles les trois dynasties Hia 夏, Chang 商 et Tcheou 周: j'ai expliqué ce qui manquait à chacune d'elles; le roi me dit: " Cette doctrine est trop subtile pour que je puisse y parvenir; de plus, chaque grand prince a sa manière de faire pour se rendre illustre en ce monde; comment pourrais-je me contenir, et patienter des dizaines, des centaines d'années avant de devenir enfin un empereur modèle ? " Alors je lui ai développé comment par la force des armes on parvient à être un grand prince; le roi en était enchanté; mais une telle doctrine est bien loin de la vertu pratiquée par les dynasties Yng 殷 et Tcheou 周 ! " (1).

---

(1) Lieu commun sans cesse réédité par le pinceau des lettrés ! Selon eux les anciens "saints empereurs" pratiquaient la vertu à un tel degré que tout le peuple était saint et sans défauts. Le second degré de gloire et de vertu consiste à imiter les bons empereurs des dynasties Yng et Tcheou; leurs bons exemples ne convertissaient pas tout-à-fait tout le monde, mais peu s'en fallait ! Le troisième degré de gloire et de vertu s'acquiert par la force des armes ! Quelle pauvre doctrine, vide de réalité ! C'est cependant la quintessence de la sagesse des lettrés ! Tout le monde n'est pas apte à la comprendre, il faut pour cela avoir la bosse du génie !

Hiao-kong prit donc à son service notre sage étranger. Celui-ci voulait aussitôt changer tout le vieux système de gouvernement; mais le roi craignait de soulever tout le monde contre lui. Yang lui dit: "Celui qui est indécis n'arrivera jamais à la gloire ; qui hésite dans ses actions ne fera jamais rien de grand. Quiconque entreprend une chose au-dessus du vulgaire sera certainement blâmé par un grand nombre de gens; quiconque est seul capable d'idées sublimes sera méprisé par la multitude ! Les intelligences pauvres ne comprennent pas, même quand le mal est déjà fait ; les intelligences relevées aperçoivent le mal dans sa racine; le peuple est incapable de méditer une entreprise ; quand elle a réussi, il est seulement capable de s'en réjouir ; un homme extraordinaire ne va pas par les sentiers battus ; quiconque entreprend une grande chose ne prend pas le conseil de la multitude; pourvu qu'un homme éminent soit capable de rendre fort son pays, il n'a pas besoin de s'astreindre à suivre les traces de ses prédécesseurs; pourvu qu'il puisse rendre service et faire du bien à son peuple, il n'a pas besoin de s'en tenir aux anciens rites !"

"C'est bien ! répond Hiao-kong"—"Non! dit le ministre Kan-long 甘龍 (1), ce sont de mauvais conseils ! Les anciens saints ne changèrent pas leur gouvernement, mais ils instruisirent le peuple; les anciens sages n'abolissaient pas les lois; ils les appliquaient avec prudence; ils s'adaptaient à leur peuple pour leur montrer le vrai chemin ; ils n'écrasèrent personne, et cependant firent de grandes choses; ils se pénétrèrent de l'esprit des lois pour gouverner; les officiers et les mandarins suivirent le chemin tracé; et le peuple jouissait d'une grande paix !"

"Ce que dit Kan-long, répliqua Yang, est vrai pour les choses ordinaires de la vie; le commun des hommes se tient aux anciens usages; l'élève ne sait que ce qui lui a été enseigné; en suivant l'une ou l'autre de ces méthodes, un mandarin peut veiller à l'observation des lois; mais ce n'est plus le cas, quand il s'agit des affaires non prévues par la loi. Les trois anciennes dynasties n'observèrent pas les mêmes rites et cependant leurs grands princes gouvernèrent leur peuple avec une égale sagesse; les cinq grands chefs de roitelets n'eurent pas les mêmes lois, et tous étaient cependant les maîtres écoutés dans toute la Chine; les esprits supérieurs font la loi, les esprits plus bornés se contentent de la suivre; les génies créateurs changent les rites, les hommes ordinaires s'y cramponnent." (2)

---

(1) Kan était le nom de famille; Long le nom propre; cet homme était de la famille impériale.

(2) I-che 繹史 donne, de ce discours, une rédaction plus développée, travail d'un génie caché parmi les lettrés des temps postérieurs. Nulle part les génies ignorés ne sont plus nombreux qu'en Chine !

Le ministre Tou-tche 杜摯 intervint : " Si la nécessité du changement, dit-il, ne s'est pas montrée cent fois, on ne change pas les lois; si l'avantage n'est pas prouvé dix fois, on ne change pas un instrument ; quiconque imite les anciens, ne se trompe pas; quiconque suit les rites transmis ne s'égare pas."

Yang reprit la parole : " Le bien du pays n'est pas enchaîné à un seul système de gouvernement; le bien du peuple est la raison suprême qui autorise à changer les anciennes lois. Ainsi le comprit T'cheng-t'ang 成湯. (1766-1753) de la dynastie Chang 商, ainsi le comprit Ou-wang 武王 (1122-1115) de la dynasie Tcheou 周; tous deux sont pourtant des princes modèles ! Leurs successeurs, ou plutôt leurs pastiches, sous la dynastie Hia 夏, comme sous la dynastie Chang 商, tenaient servilement aux rites transmis; ils ont péri misérablement. Donc, changer les anciens usages n'est pas un crime en soi ; les suivre ne suffit pas pour être parfait."

Ayant entendu ce long débat, Hiao-kong dit : " C'est très bien ! " Il approuva les plans de réformes proposés par Kong-suen-yang ; il nomma celui-ci son premier ministre, afin qu'il eût assez d'autorité pour imposer les changements nécessaires.

On manda donc au peuple d'avoir à se fractionner par groupes de dix ou de cinq familles, afin de se dénoncer mutuellement, en cas de besoin (1) ; quiconque ne dénonce pas les malfaiteurs aura les reins coupés ; quiconque dénonce les malfaiteurs aura la même récompense que s'il avait coupé la tête à un ennemi sur le champ de bataille (2) ; quiconque aura recélé un malfaiteur sera puni comme celui qui passe à l'ennemi sur le champ de bataille, c'est-à-dire, sera tué et ses biens confisqués ; quiconque, parmi le peuple, gardera près de soi deux ou plusieurs fils, sans former de nouvelles familles paiera double impôt ; quiconque à la guerre se distinguera, recevra des récompenses fixées par la loi ; quiconque se battra par vengeance ou pour une querelle privée, sera puni selon la gravité du délit; tout le monde, grands et petits doit s'appliquer sérieusement à son office ; les cultivateurs et les tisserands qui produiront beaucoup de riz ou de toile, seront délivrés des corvées; le marchand et le manœuvre paresseux et ne gagnant pas sa vie sera avec toute sa famille donné en esclavage à quelque noble personnage; quiconque, à la guerre, n'aura pas remporté d'avantage, n'aura pas son nom inscrit sur le registre de sa famille, et sera incapable d'aucune dignité ; il faut clairement distinguer la noblesse du menu peuple;

---

(1) 相牧司 ; ou encore d'après le commentaire: 相糾發也 c'est-à-dire se dénoncer mutuellement. Si parmi les dix ou cinq familles un individu avait commis un crime, il devait être dénoncé; sinon tous seront responsables et punis.

(2) Le vainqueur d'un ennemi montait d'un degré en dignité.

pour cela les dignitaires devront avoir des appointements et des marques distinctives en rapport avec leurs fonctions; les bonnes terres (1) auront une inscription particulière; les employés, les femmes secondaires, seront reconnaissables à leurs habits, en sorte qu'on puisse savoir à quelle famille ils appartiennent; quiconque, à la guerre, se sera distingué, verra son nom glorifié; quiconque aura été lâche, fût-il riche, n'aura pas le droit de porter de beaux habits, ni d'ornements.

  Cet édit élaboré, il s'agissait de le publier; or on craignait qu'il ne fût pas accepté par le peuple; comment s'y prendre ? On plaça un arbre d'une certaine longueur, par terre, sur la place méridionale de la capitale; on publia en même temps que quiconque le transporterait à la porte du nord recevrait dix pièces d'argent. D'abord le peuple ne crut pas à cette promesse, habitué qu'il était à être trompé. On publia la chose de nouveau, et l'on promit cinquante pièces d'argent. Un individu transporta cet arbre, et reçut la somme fixée. Ainsi on prouva publiquement que désormais les édits ne seraient pas de pures formalités; ensuite on publia le rescrit préparé, et on l'imposa au peuple. C'était en l'an 358. (T'ong-kien kang-mou 正編 vol. 1. p. 47)—(Chen 陝西通州 vol. 76, p. 18).

  La première année, les gens de la capitale attaquèrent ces changements, comme inopportuns; tout le monde les blâmait comme des nouveautés; le prince héritier lui-même ne tint pas compte de l'édit, et le transgressa. Yang dit alors: "Les lois ne sont pas observées, parce que les grands s'en soucient peu; il faut punir le prince héritier; mais, puisque c'est un personnage sacré, comme le roi lui-même, il ne subira pas sa peine en personne; on punira son premier précepteur Kong-tse-k'ien 公子虔; on marquera au fer chaud le front du second précepteur Kong-suen-kia 公孫賈." Ce qui fut dit fut fait. Alors le peuple comprit qu'il fallait obéir. Quatre ans plus tard, le 1er précepteur lui-même ayant enfreint les nouvelles lois, eut le nez coupé. (Se-che-ki chap. 68. p. 4).

  Après dix années d'expérience, les gens de T'sin 秦 étaient tous gagnés au nouveau régime. Sur les chemins, personne n'aurait osé s'approprier un objet trouvé; sur les montagnes on ne voyait ni brigands, ni voleurs; chaque famille avait de quoi vivre; tous vivaient heureux, craignant les querelles privées; chacun se montrait vaillant à l'armée; à la ville, à la campagne, régnait un ordre parfait. D'abord on avait crié contre le nouveau système, comme inopportun; maintenant on le proclamait très avantageux. "Les gens qui l'ont blâmé, dit Yang, comme ceux qui le glorifient, sont tous des gens inquiets; qu'on les transporte tous à la frontière !" Désormais personne n'osait souffler mot.

---

  (1) 名田 terre qui a un nom, de la renommée; c'est-à-dire bien cultivée, fertile qui peut suppléer à l'indigence des pauvres. D'autres auteurs écrivent 古田, c'est-à-dire cultivée depuis longtemps.

En 358, Hiao-kong battait l'armée de Han à Si-chan 西山 (1), dont on ne connaît pas la position exacte, dans la province de Chan-si.

En 354, il avait une entrevue avec le roi de Wei 魏 nommé Hoei 惠, à Tou-p'ing 杜平 (2).

En 353, on battait de nouveau l'armée de Wei, à Yuen-li 元里, puis on reprenait Chao-leang 少梁, mentionné sous le règne précédent. Kong-suen-yang se distingua grandement dans cette expédition; nous allons l'en voir tout de suite récompensé.

En 351, il recevait le titre de Ta-chang-tsao 大上造 (3); c'était la seizième dignité dans la hiérarchie alors en usage à la cour demi-barbare de T'sin 秦. Aussitôt il se remettait en campagne, et assiégeait la capitale de Wei, c'est-à-dire Ngan-i 安邑. Celle-ci se soumit sans grande résistance.

---

(1) Si-chan est la montagne T'ai-hang-chan 太行山 la grande chaîne de montagne du Chan-si sud-est [Grand Fang-yu vol. 10 p. 9 in verso vol. 11. p, 7].

(2) C'est maintenant T'cheng-t'cheng-hien 澄城縣 dans la préfecture de T'ong-tcheou-fou 同州府 Chen-si.

(3) Dès l'année 451, notre auteur mentionne un officier portant le titre de tsouo-chou-t'chang, le 10ème dans le catalogue ci-après; donc cette hiérarchie n'est pas l'invention de Wei-yang. Il la réorganisa plutôt et la remit en honneur.

L'historien remarque que les royaumes de T'sin et de T'chou avaient des dignités et des titres empruntés aux sauvages 夷狄 (i-ti), et ignorés de l'antique Tcheou-li 周禮 (Recueil des rites en usages dans la famille impériale Tcheou); celui-ci ne renferme que les dignités des cours purement chinoises.

Le texte porte: Ta-leang-tao 大良造 mais d'après le commentaire, c'est une faute de copiste: 大上造.

Se-ma-t'sien, vol, 5. p. 20, énumère les vingt dignités du royaume de T'sin 秦 à cette époque; on peut encore les vérifier dans le Tsi-kiai-han-chou 集解漢書, comme l'indique le commentaire; en voici la liste:

1—公士	Kong-che	11—右庶長	Yeou-chou-t'chang
2—上造	Chang-tsao	12—左更	Tsouo-keng
3—簪褭	Tchen-piao	13—中更	Tchong-keng
4—不更	Pou-keng	14—右更	Yeou-keng
5—大夫	Ta-fou	15—少上造	Chao-chang-tchao
6—官大夫	Koan-ta-fou	16—大上造	Ta-chang-tchao
7—公大夫	Kong-ta-fou	17—駟車庶長	Se-kiu-chou-t'chang
8—公乘	Kong-cheng	18—大庶長	Ta-chou-t'chang
9—五大夫	Ou-ta-fou	19—關內侯	Koan-nei-heou
10—左庶長	Tsouo-chou-t'chang	20—徹侯	Tch'e-heou

Indiquer les fonctions correspondantes à tous ces titres, serait un travail; et le lecteur le trouverait fastidieux. Ces vingt dignités furent créées pour récompenser les divers genres de mérite à la guerre; ensuite on les accorda à ceux qui s'étaient distingués dans l'administration civile. Chaque degré donnait droit à recevoir cinquante tan 担 de riz (un tan 担 est une mesure de dix boisseaux; on l'appelle aussi che, 石). Se-ma-t'sien, Che-ki 史記 à l'endroit cité, ajoute encore deux dignités; Si-cheou 犀首, la tête de rhinocéros et Hou-ya 虎牙, la dent de tigre—Elles étaient inférieures à la seizième; mais on n'indique pas leur degré. Du reste, à l'appendice de cette histoire, nous ajouterons quelques notes sur toutes ces dignités.

Cette ville antique avait été autrefois la capitale des empereurs de la dynastie Hia 夏 (1). Wei-yang assiégea et prit la ville de Kou-yang 固陽 de Wei ; car la guerre continuait toujours.

En 350, il revint encore à la charge contre ce malheureux pays de Wei qu'il semblait vouloir anéantir !

En 349, on transféra la capitale de Yong 雍 à Hien-yang 咸陽 ; on y bâtit des palais et des salles de réception plus vastes qu'auparavant. Hiao-kong ordonna de nouveau de séparer les fils devenus grands d'avec leurs parents, afin de former de nouvelles familles; de même on sépara les frères; et l'on partagea les maisons et les terres. On réunissait plusieurs bourgs, et l'on en formait une ville que l'on confiait à un officier. On eut bientôt ainsi trente et une villes nouvelles. Devant la grande porte du palais, on bâtit deux tours pour y afficher les édits du roi. (2) On força enfin le peuple à venir habiter la nouvelle capitale. On abolit l'ancien système de culture en commun qui remplaçait l'impôt (3).

---

(1) Ngau-i-hien 安邑縣 Kiai-tcheou 解州 Chan-si 西山 près du Fleuve Jaune [V. vol. 中 p. 55]—F. vol. 8. p. 42].

(2) Ces deux tours s'appelaient Siang-wei-kiué 象魏闕. Pour comprendre le sens de ce nom, il faut étudier chaque caractère en particulier.

象—Siang, éléphant, forme, image; donc modèle, règle de bon gouvernement, loi, idée; d'où encore l'expression t'che-siang 治象 modèle de gouvernement.

魏—Wei, porte sur laquelle on affiche les édits ; le caractère équivalent (wei) 巍 signifie haut, élevé, les édits étant affichés en haut, il faut élever les regards, écouter les avis du roi, et s'examiner.

闕—K'iué, ouverture, vide ; passage toujours ouvert, sans porte ; défaut, déficit ; (passant par là, il faut se rappeler ses fautes, ses défauts.... et autres explications mystiques des lettrés....)

Au lieu de Siang-wei-k'iué, on écrit aussi Ki-kiué 冀闕 avec le même sens ; car ki 冀 équivaut à ki 記 se souvenir, se rappeler.

Enfin Kiué 闕 même tout seul, et comme par abréviation a fini par signifier : palais.

(3) On avait jadis partagé tous les terrains en carrés de neuf cents meou (arpents) : huit familles cultivaient huit cents arpents, comme leur terrain ; les cent autres étaient cultivés, en commun, et la récolte était donnée à l'empereur. Au berceau du génie humain, la population étant moins dense, les paresseux et les dissipateurs étant moins nombreux, ce système a pu peut-être réussir ; mais à l'époque où nous en sommes dans cette histoire, ce système patriarcal était devenu une utopie. Malgré cela, les lettrés blâment sévèrement Wei-yang de l'avoir aboli ; selon eux, c'était une institution sacrée ; grâce à elle, tout le monde avait de quoi vivre ; l'impôt régulier est un fardeau intolérable pour le peuple ; les anciens en perçura ne l'eussent jamais imposé à leurs sujets ; ils étaient bien autrement prudents dans leurs résolutions et leurs lois ; pour établir un tel système, il fallait être un tyran ! Wei-yang flattait le roi, aux dépens du peuple ; si le ciel a, dans la suite, exterminé cette dynastie, la cause en est là en grande partie !

On décréta que partout les mesures de longueur, de poids, de capacité seraient absolument les mêmes (1).

En 347, on exigea pour la première fois l'impôt en argent; et personne ne songea à résister; on pouvait donc se féliciter de l'heureuse issue d'une entreprise si difficile.

En 343, l'empereur élevait Hiao-kong à la dignité de Pé [ou Pa 伯] la troisième dans la hiérarchie impériale; c'était un acte de politique plutôt qu'une récompense : L'empereur voulait, par là, affirmer son pouvoir suprême sur tous les princes, alors qu'il n'en avait plus que l'ombre; il voulait aussi faire croire que le roi de T'sin 秦 n'agissait que sous son autorité, et avec son approbation; enfin, il voulait vraiment gagner les bonnes grâces de ce terrible vassal. D'après le commentaire, cette dignité établissait le prince de T'sin 秦 chef suprême des roitelets ; être appelé " oncle de l'empereur " était alors le titre le plus élevé auquel pût parvenir un personnage étranger à la famille impériale régnante. Attendons encore soixante-dix-sept ans, et le prince de T'sin 秦 sera officiellement reconnu roi [王 Wang].

En 341, tous les roitelets [諸侯 tchou-heou] ou grands vassaux de la Chine proprement dite, vinrent rendre hommage à Hiao-kong. Or, l'année précédente, étant réunis en assemblée, dans la capitale même de l'empereur, ils avaient refusé à celui-ci les honneurs traditionnels ; cela prouve assez clairement qu'à leurs yeux le personnage poétique appelé empereur était à Lo-yang 洛陽 ; mais que l'autorité se trouvait avec Hiao-kong à Hien-yang 咸陽. Aussi personne ne s'occupait plus de cette majesté tombée dans la poussière. En homme prudent, Hiao-kong voulait se servir de ce grand nom pour rehausser son propre prestige. Donc, après avoir reçu les hommages des roitelets, il ordonna à un de ses grands officiers Kong-tse-chao-koan 公子少官 de réunir une armée pour conduire ces princes tenir une assemblée à Fong-t'che 逢池 (2); de là ils se rendraient ensemble auprès de l'empereur pour lui présenter leurs hommages et lui offrir leurs cadeaux en guise d'impôt. Ainsi Hiao-kong, montrait à tous qu'il prenait au sérieux sa dignité de chef des roitelets; il leur fit comprendre que désormais ils eussent à se présenter tous les ans à sa propre cour; et qu'au besoin il saurait le leur rappeler s'ils venaient à l'oublier.

---

(1) Institution si sage, et si blâmée aussi par les lettrés! Encore maintenant, chaque ville, que dis-je ? chaque porte de ville, a ses poids et ses mesures à elle. Si vous interrogez, on vous dira que ce système est le plus favorable au commerce. Oui ! dans ce sens qu'il permet plus facilement de duper les gens simples, inexpérimentés, peu rompus à comparer ou à vérifier une balance.

(2) Actuellement à 14 ly au sud-est de Siang-fou-hien 祥符縣 K'ai-fong-fou 開封府 Honan (vol 中 p. 2).

Il ne daigna même pas présider en personne leur assemblée de Fong-t'che; ni les conduire lui-même à l'empereur; il donna cette commission à un grand officier; il sentait sa force, et il connaissait la platitude de tous ces roitelets. Malgré ces façons cavalières, l'empereur dut encore lui savoir gré d'avoir rappelé les vassaux à leur devoir traditionnel.

En 340, Kong-suen-yang 公孫鞅 faisant de nouveau la guerre au royaume de Wei 魏, prit par trahison le général en chef nommé Kong tse-yang 公子仰 et battit l'armée en désarroi. Le roi fut obligé de céder tout son territoire, à l'ouest du Fleuve Jaune; de plus ne se trouvant plus en sûreté, si près d'un tel ennemi, il transféra sa capitale à Ta-leang (1) 大梁.

Comme récompense de cette expédition, Hiao-kong éleva Kong-suen-yang à la dignité de Chang-kiun 商君, c'est-à-dire, seigneur de Chang 商 et de Yu 於 (2). Le T'ong-kien-kang-mou raconte ainsi cette campagne : " Kong-suen-yang disait souvent à Hiao-kong : " Les royaumes de T'sin 秦 et de Wei 魏 quoique subsistant encore, sont gravement atteints tous deux; semblables à un homme qui souffre des entrailles et du cœur; ou bien Wei nous absorbera, ou bien nous devons l'anéantir ! La raison est très-simple: Le Fleuve Jaune est le seul obstacle qui le sépare de nous; sa capitale est à Ngan-i; à l'est, il va jusqu'aux montagnes Ling-yai 嶺阨 (3) dont il est le maître incontesté.

" Quand il se sent fort, c'est sur nous qu'il se jette [allusion aux incursions faites sous le règne de Kien-kong 414-399]; quand il est afaibli, il s'en va prendre quelque pays à l'est pour se renforcer. Puisque dans la personne de votre Majesté nous avons un prince sage, un vrai saint, digne des anciens empereurs, notre royaume doit profiter de sa grande puissance pour abattre son ennemi ; les grands vassaux n'ont plus aucun respect pour le roi de Wei, depuis que l'an dernier il a subi une défaite éclatante dans sa guerre avec le pays de T'si 齊.

---

(1) K'ai-fong-fou (vol. 12. p. 2).

(2) Chang; c'est Chang-tcheou 商州 (Si-ngan-fou 西安府) Chen-si. C'était autrefois une petite principauté indépendante. (Y. vol. 中 p. 112}—(F. vol. 12 p. 45)

Yu ; c'est Nei-hiang-hien 內鄉縣, Nan-yang-fou 南陽府 Ho-nan. (Y. bid. p. 19). Ces deux territoires ensemble comprenaient quinze petites villes; autrefois, cette contrée avait une étendue de six cents ly, depuis Nei-hiang jusqu'à Chang-tcheou; elle avait été enlevée au royaume de T'chou. La capitale était Chang-yu-t'cheng 商於城.

(3) A l'est de la ville de Ngan-i; montagne escarpée, pleine de gorges et de défilés dangereux, comme l'indiquent les deux caractères; ling signifie col de montagne ; yai veut dire étroit, dangereux. Là se trouve le défilé de Che-men dont nous avons parlé à l'année 363.

Profitons de l'occasion ; attaquons-le ; il ne pourra nous résister; il s'en ira sûrement vers l'est; nous occuperons et le fleuve Jaune et les montagnes (1); notre pays ainsi agrandi sera inexpugnable ! Nous pourrons alors poursuivre nos conquêtes vers l'est, dominer les grands vassaux de l'empereur ; c'est un plan infaillible; il vous conduit à la royauté, à l'empire !"

" Hiao-kong suivit ce conseil; il ordonna à Wei-yang [Kong-suen-yang] de réunir une armée, et d'attaquer le pays de Wei. Les troupes étant en présence et sur le point d'en venir aux mains, Wei-yang écrivit au général Kong-tse yang la lettre suivante : "Autrefois, votre Exellence et moi, nous étions deux amis intimes; aujourd'hui nous voici généraux de deux armées ennemies ; je n'ai pas le courage d'engager le combat contre vous ! Je voudrais avoir une entrevue avec votre Excellence, pour nous entendre à l'amiable, en vidant une coupe de vin; nous cesserions les hostilités, et nos deux pays retrouveraient la paix " !

Kong-tse-yang fut enchanté de cette proposition et se rendit à l'entrevue, sans prendre garde au piège qui lui était tendu; en chemin, il fut pris par des soldats de Wei-yang placés en embuscade; son armée attaquée à l'improviste, et n'ayant plus de chef, fut affreusement battue. Le roi fut si terrifié à cette nouvelle, que de lui même il céda une grande partie des territoires, à l'ouest du fleuve et quitta son ancienne capitale Ngan-i, pour aller à Ta leang. " Hélas ! disait-il en gémissant, je n'ai pas su suivre les conseils de mon oncle Kong-chou-tsouo 公叔痤 ; il m'avait bien dit d'employer Wei-yang, ou de le tuer. Maintenant il est trop tard pour me repentir !"

Le roi Hoei 惠 qui se lamentait ainsi, est bien connu de tous ceux à qui sont familiers les " quatre livres " classiques chinois; c'est ce fameux Leang-hoei-wang 梁惠王 à qui Mong-tse 孟子 fit des discours si vertueux [Zottoli II p. 375]; il parle même de la défaite infligée au pays de Wei par le roi de T'sin 秦.

---

(1) Voici comment Elisée Reclus décrit les montagnes de la province de Chan-si (Chine & Japon p. 368):

"Les montagnes conservent une direction parfaitement régulière du sud-ouest au nord est. La contrée toute entière a la forme d'un gigantesque escalier, s'élevant des plaines basses du Ho-nan aux terrasses de Mongolie. mais chaque degré est bordé d'une longue saillie. Ainsi se forment des bassins longitudinaux et parallèles, dans lesquels serpentent les eaux jusqu'à ce qu'elles trouvent une brèche pour descendre dans la plaine. On peut compter huit de ces bassins, s'étageant successivement...... Les premiers degrés, les plus rapprochés des campagnes basses, ont pour chaines bordières des crêtes de mille à quinze cents mètres de hauteur ; puis elles montent de plus en plus.

Les fourberies de Wei-yang [Kong-suen-yang] sont flétries par divers auteurs, comme elles le méritent. Pour ce ministre d'un prince " si sage, si saint, si digne des anciens empereurs ", tous les moyens étaient bons; et comme ils étaient couronnés de succès, le vertueux roi les récompensait largement, comme on l a vu plus haut. De leur côté, les soldats de T'sin 秦 déjà belliqueux de tempérament, étaient encore encouragés par la certitude du profit et des honneurs après la victoire; aussi étaient-ils terribles au combat, et renversaient-ils tous les obstacles.

Hiao-kong mit en pratique les conseils de Wei-yang pendant dix-huit années; il l'employa comme son premier ministre pendant onze ans; s'il avait lieu de s'en féliciter, il ne pouvait ignorer combien cet étranger était détesté dans le royaume; toute la maison royale attendait avec impatience le moment de s'en débarrasser. On ne peut cependant nier ses qualités éminentes; pour introduire quelque chose de la civilisation chinoise parmi ces barbares de T'sin 秦 il fallait une main plus ferme, une volonté plus persévérante, une intelligence plus lucide que celles du commun des ministres; il exagéra sans doute, dans le sens de l'autorité et de la force; mais le peuple qu'il gouvernait n'était pas non plus très délicat. Le chapitre 68 p 6. de Se-ma-t'sien nous explique par exemple, pourquoi Wei-yang tenait si fort à séparer de leurs parents les enfants devenus grands et déjà mariés; c'est que la promiscuité de telles familles engendrait une grande corruption de mœurs. Ne pouvant obtenir cette séparation, Wei-yang punissait les récalcitrants; il leur faisait payer double impôt. Avait-il donc tort ? Si dans la nouvelle capitale il bâtit des palais et des salles de réception, comme à la cour des princes de Lou 魯 et de Wei 魏, nous ne lui chercherons pas querelle; en cela, il relevait le niveau intellectuel comme le niveau moral de son peuple.

En 338, Hiao-kong battait de nouveau l'armée de Wei 魏 près du défilé de Ngan-men 岸門 (1), et faisait prisonnier le général Wei-t'souo 魏錯. Quelle fut a raison de cette reprise d'hostilités ? On ne le dit pas. De même, quelle fut la conséquence de cette nouvelle victoire ? On ne le dit pas non plus En revanche, Se-ma-t'sien rapporte longuement une entrevue de Wei-yang avec un sage de cette époque, nommé Tchao-leang 趙良; cette pièce puérile absolument dans le goût des lettrés, est farcie de maximes vertueuses et philosophiques ; c'est là qu'on montre toute la finesse de son esprit dans de jolies antithèses; mais c'est là aussi qu'on laisse voir une bassesse rampante jointe à un orgueil repoussant ; l'écrivain donne libre carrière à son pinceau pour faire briller un génie plus vaste que le monde; et cependant toujours caché, toujours méconnu. Se-ma-t'sien est un des premiers dans ce genre de littérature.

---

(1) A 28 ly au nord-est de Hiu-tcheou 許州 Ho-nan (vol. 中 p. 7.)—F. vol. 12 p. 58).

Cette même année 338, Hiao-kong étant mort, les gens de T'sin 秦 massacrèrent Wei-yang, et exterminèrent toute sa maison. Le lecteur s'attendait à cette catastrophe; les lettrés la racontent avec force amplifications philosophiques, destinées à prouver que toutes les calamités attendent quiconque méprise les leçons de leur sagesse. Donnons plutôt quelques détails historiques, d'après Se-ma-t'sien lui-même, et le T'ong-kien-kang-mou :

Cinq mois après les exhortations du sage Tchao-leang, Hiao-kong étant mort, le prince héritier monta sur le trône; son ancien précepteur au nez coupé, soutenu par son parti, accusa Wei-yang de préparer une révolte pour se déclarer indépendant; le nouveau roi envoya des satellites; mais le premier-ministre ne les avait pas attendus; il était déjà parvenu à une douane de frontière, près du pays de Wei 魏 ; un aubergiste lui refusa l'hospitalité en disant : " Vous n'avez point de passeport; d'après les nouvelles lois de Chang-kiun, vous recevoir, serait nous exposer aux peines des fugitifs eux-mêmes; aussi allez ailleurs !"—"Hélas ! soupira Wei-yang, ma tyrannie est-elle parvenue à ce point ! moi-même, je vais en être victime !" Arrivé au royaume de Wei 魏 quel accueil allait-il recevoir? lui qui en avait juré l'anéantissement ! D'abord, on lui refusa l'hospitalité; mais on ne le savait pas encore tombé si bas ; voyant qu'il allait s'enfuir dans un autre pays, les gens de Wei comprirent la réalité ; ils l'arrêtèrent et le reconduisirent à la frontière de T'sin 秦 : " Vous avez été l'âme damnée de Hiao-kong, lui disaient-ils; si nous vous recevions sans vous livrer au nouveau roi, il nous arriverait malheur !" Contraint de repasser la frontière, Chang-kiun (Wei-yang) se rendit dans sa seigneurie, parcourut les villes qui lui étaient soumises, leva une armée, attaqua la ville de Tcheng 鄭 (1), perdit la bataille, s'enfuit à trois cents ly de là vers l'est, jusqu'à Ming-t'che 澠池 (2) où il fut pris et massacré.

Son cadavre fut rapporté à la capitale de T'sin 秦; le nouveau roi le fit étendre par terre, fit passer son char de guerre par-dessus, et publia " Que personne ne songe à se révolter comme Wei-yang, seigneur de Chang !" Aussitôt toute sa famille fut exterminée.

Voici maintenant comment ce même ouvrage fait le procès de la victime (正編, vol. I. p. 62): "Wei-yang, dans son administration, avait été vraiment tyrannique; si quelqu'un dépassait tant soit peu les bornes prescrites, il était puni (3); si quelqu'un répandait de la cendre sur les chemins, il était puni; [et ainsi de suite].

---

(1) Hoa-tcheou 華州 préfecture de 同州府 Chen-si.

(2) Aujourd'hui, Ming-t'che-hien 澠池縣 Ho-nan-fou 河南府.

(3) L'expression chinoise est celle-ci 步過六尺者 pou kouo lou t'che tché ! si l'on outrepassait de six pieds !....

Pour rendre ses jugements, Wei-yang se tenait sur les bords du fleuve Wei 渭 ; les eaux en furent souvent rougies par le sang des décapités; aussi en dix ans, s'était-il amassé une haine incroyable. Un jour, il demanda au sage Tchao-leang 趙良: "Dans l'administration de ce pays de T'sin 秦, qui de nous deux Pé-li hi 百里奚 ou moi, s'est montré le plus grand ?"—" Les louanges exagérées de mille flatteurs, répondait Tchao leang, ne valent pas le blâme d'un homme de bien; si moi, votre serviteur, je vous dis aujourd'hui la vérité nue et sincère serai-je pardonné ?" " Assurément dit Wei-yang." — " Le grand ministre racheté moyennant cinq peaux de chèvres [c'est-à-dire Pé-li-hi], reprend Tchao-leang, était un simple roturier du royaume de T'chou 楚 ; notre prince Mou-kong 穆公 distingua cet éleveur de bœufs, et en fit son premier ministre ; personne n'y eût songé ! Son administration ne dura guère que six à sept ans ; malgré cela, à l'est, il battit le royaume de Tcheng 鄭; par trois fois il donna un roi au pays de Tsin 晉; une fois, il sauva le pays de T'chou 楚 ; les sauvages de Pa 巴 vinrent, aussi bien que les sauvages K'iuen-jong 犬戎 offrir le tribut à notre roi; quoique extrêmement occupé et fatigué, Pé-li-hi n'usa jamais de voiture; même dans les chaleurs de l été, jamais il n'usa de parasol ; dans ses voyages à travers le pays, les gens de sa suite n'avaient ni boucliers ni lances. A sa mort, hommes et femmes, tout le monde pleura; les jeunes gens ne chantaient plus à travers les campagnes ; et ceux qui décortiquaient le riz, faisaient leur besogne en silence. Votre seigneurie au contraire est venue dans ce royaume de T'sin par l'entremise de l'eunuque King-kien 景監 ; vous avez ensuite continué à vous appuyer sur cet homme; vous avez insulté et opprimé toute la famille royale; vous avez écrasé et écorché le peuple; le premier précepteur Kong-tse-k'ien 公子虔 a tenu sa porte fermée pendant huit ans, sans sortir. Or le livre des vers dit : " Quiconque a gagné les cœurs s'élèvera, quiconque s'aliène les cœurs est perdu ! " Ce que vous avez fait ne vous a pas gagné les cœurs ; aussi quand votre Seigneurie sort, vos gens portent cuirasse; ce sont de vrais géants; et ils serrent leurs rangs avec grand soin; ils sont comme un rempart sur votre chariot; outre cela, des hommes arm's de javelots, de lances et de piques forment la haie de chaque côté, et vous suivent partout. Le livre des Annales dit : " Quiconque s'appuie sur la vertu, prospèrera ; quiconque s'appuie sur la force périra (1)." Ce que vous faites n'est pas s'appuyer sur la vertu; aussi, votre Seigneurie est en danger; et en danger imminent ! Et vous pourchassez encore les richesses de Chang 商 et de Yu 於 ! Vous vous cramponnez au gouvernement arbitraire de ce royaume !

---

(1) Actuellement ce texte n'existe pas dans ce livre.

Vous amassez sur votre tête la colère de tout un peuple, sans songer à changer votre système ! Le roi actuel disparu, ce sont des masses qui se jetteront sur vous !"

Si Wei-yang eut la patience d'endurer un tel réquisitoire, il ne manquait donc pas totalement de vertu ! Mais il ne crut pas devoir changer de conduite, aussi les malheurs fondirent sur lui. Il n'avait pas pratiqué l'humanité, et l n'avait pas répandu les bienfaits parmi le peuple, ni écouté les conseils d'un sage lettré.

HOEI-WEN-WANG 惠文王

(337-311) (1)

Dès la première année, les princes de T'chou 楚, de Han 韓, de Tchao 趙 et de Chou 蜀 viennent à la cour du jeune roi succédant à son père.

L'année suivante, l'empereur lui-même lui envoie une députation, pour le féliciter de son avènement au trône (2). Le fameux Mong-tse 孟子 se rend à la cour de Wei 魏.

En 335, le jeune prince atteint sa vingtième année, et reçoit le bonnet viril. Son armée attaque le pays de Han 韓, et prend la ville de I-yang 宜陽 (3). On frappe les premières monnaies dan le royaume de T'sin. (Che. chap. 6. 40). Le royaume de T'chou anéantit le royaume de Yué 越.

En 333, l'empereur ayant sacrifié aux ancêtres Wen 文 et Ou 武 envoie une partie des victimes à Hoei-wen-wang. Cette même année, les princes de T'si 齊 et de Wei 魏 prennent le titre de roi.

En 332, Kong-suen-yen 公孫衍, originaire de Yn-tsin 陰晉, au pays de Wei 魏, est élevé à la dignité de Ta-chang-tsao 太上造, la 16ème dans la hiérarchie de T'sin 秦 comme nous l'avons vu au règne précédent; auparavant il n'avait que le titre de Si-cheou 犀首 (tête de rhinocéros).

En 330, Kong-tse-ngang 公子卬 général de T'sin 秦 écrase l'armée de Wei 魏 lui tue quatre-vingt-mille hommes, fait prisonnier le général Long-kia 龍賈 et prend la ville de Tiao-yn 雕陰 (4). Pour obtenir la paix, et pour prouver sa soumission, le roi de Wei offre en cadeau la ville de Yn-tsin 陰晉 dont on vient de parler. Hoei-wen-wang est si content qu'il change aussitôt le nom de cette ville, et l'appelle Ning-t'sin 寧秦, c'est-à-dire " pacification du pays de T'sin " (5).

---

(1) Il y a divergence, parmi les auteurs, sur la chronologie détaillée de ce règne; celle de Se-ma-t'sien est extrêmement fautive, puisqu'elle se contredit.

(2) C'était, paraît-il, un usage antique et solennel.... [Cf. Zottoli III. Li-ki, p 622].

(3) Nous avons vu plus haut [année 390] que c'est la ville actuelle de I-yang-hien 宜陽縣, Ho-nau-fou 河南府. Mais pourquoi cette guerre ? Le prince de Han venait d'offrir ses hommages; comment s'est-il donc attiré la colère de ce même roi ?—Pas de réponse connue.

(4) Etait à 40 ly au sud de Kan-t'siuen-hien 甘泉縣 Yen-ngan-fou 延安府 Chen-si (vol 中 p. 123) F. vol. 14. p 47).

(5) Maintenant, c'est Hoa-yn-hien 華陰縣 préfecture de T'ong-tcheou-fou 同州府 Chen-si (Y. vol. 中 p. 114) Grand Fang in vol. 54 p. 4 in verso, a des détails historiques très intéressants.

"L'année suivante [329], ce même roi de Wei offrait encore en cadeau la ville de Chao-leang 少梁 et tous les territoires à l'ouest du Fleuve Jaune. Par ces grands sacrifices il espérait enfin conjurer sa perte; mais il ne parvenait pas encore à apaiser l'avidité de son terrible ennemi; une entrevue avec lui, à Yng 應 (1) n'avait pas eu meilleur résultat.

En 328, l'armée de Hoei-wen-wang passait le Fleuve Jaune et prenait encore les trois villes de Fen-yn 汾陰, P'i-che 皮氏 et Tsiao 焦 (2). C'était vraiment un duel à mort entre les deux pays; on ne cherche même pas un prétexte pour légitimer cette guerre à outrance; il n'y a que la raison donnée autrefois par Wei-yang; il faut que l'un des deux royaumes périsse !

Ce que nous allons maintenant raconter est une des phases les plus célèbres dans les annales chinoises ; c'est l'une des plus connues des lettrés; parmi eux, vous en trouveriez bon nombre ne sachant pas la situation géographique des dix-huit provinces de l'empire ; mais aucun n'ignore les noms des grands personnages dont nous allons parler. Il s'agit de la ligue formée par les six royaumes ou grands vassaux Yen 燕, Tchao 趙, Han 韓, Wei 魏, T'si 齊 et T'chou 楚, contre un seul et même ennemi, le roi de T'sin 秦. Pour plus de brièveté nous suivons le récit de notre T'ong-kien Kang-mou [正編, vol. 1. p. 67] (3). Le promoteur de cette ligue est le fameux Sou t'sin 蘇秦.

Sou t'sin était originaire de Lo-yang 洛陽, la capitale de l'empereur. Il avait d'abord offert ses services au roi de T'sin 秦, et lui avait promis que par ses stratagèmes il arriverait à lui soumettre tout l'empire. Mais le roi n'avait pas agréé ses conseils. Sur ce, Sou-t'sin avait dirigé ses pas vers le pays de Yen 燕.

---

(1) Yng—appelée plus tard Lin-tsin 臨晉 se trouvait à 2 ly au sud-ouest de la sous-préfecture de Tchao-i 朝邑 (F. vol. 14 p. 19) laquelle est à 30 ly à l'est de sa préfecture T'ong-tcheou-fou 同州府 Grand ... vol. 54. p. 20 in verso).

(2) Fen-yn : était à 9 ly au nord de Yong-ho-hien 榮河縣 Pou-tcheou-fou 蒲州府 Chan-si. P'i-che, c'est Ho-t'sin-hien 河津縣 Kiang-tcheou 絳州 Chan-si (F. vol. 41. p. 25) Tsiao, c'est Chen-tcheou 陝州 (Ho-nan). C'était autrefois un état indépendant; l'antique ville était à 30 ly au nord-est sur le bord de la rivière Tsiao—(Y. vol. 中 p. p. 17 et 55). C'est là que Tcheou-ou-wang 周武王 après sa victoire sur la dynastie Chang 商 relégua la descendance de Chen-nong 神農 (F. vol. 12 p 14 vol. 48 p.51).

(3) Les deux expressions chinoises suivantes sont à noter : 合縱 Ho-tsong—signifie réunir ensemble, dans une ligue commune, les 6 grands royaumes qui s'étendent du nord au sud : donc s'associer contre T'sin 秦 ; 連橫 . Lien-hong—c'est tout l'opposé; réunir en une ligue tous les royaumes de l'est à l'ouest, pour soutenir le pays de T'sin ; donc faire cause commune avec lui ; être à sa remorque ; mettre le trouble dans l'autre ligue ; tout cela est compris dans cette expression, telle qu'elle est employée ici. (Che-ki, chap. 69, Sou-t'sin.)

Présenté au roi Wen-kong 文公, il lui dit: "Si votre royaume n'a pas à souffrir des invasions si fréquentes ailleurs, c'est grâce au pays de Tchao 趙 qui vous protège au sud comme un rempart; si le roi de T'sin 秦 voulait vous attaquer il devrait d'abord parcourir une distance de mille ly; tandis que celui de Tchao 趙 n'aurait pas à faire cent ly. Le meilleur moyen de vous sauvegarder est donc de tenir à l amitié d'un voisin si proche; et de ne pas vous inquiéter d'un ennemi si éloigné. Mon avis serait que votre Majesté fît un traité d'alliance avec le roi de Tchao 趙 ; si l'empire est bien uni, vous n'avez rien à craindre." Wen-kong goûta ce conseil ; il envoya Sou-t'sin avec des cadeaux en chevaux et chariots à Sou-heou 蕭候 [349 325] prince de Tchao 趙. Arrivé à la cour, Sou-t'sin y expliqua son système de politique: "Actuellement, dit-il, c'est le royaume de Tchao 趙 qui est le plus puissant à l'est des montagnes; c'est aussi le pays le plus détesté du roi de T'sin 秦 ; il n'ose pourtant pas vous attaquer, parce qu'il a peur de voir les princes de Han 韓 et de Wei 魏 venir à votre secours ; s'il voulait s'en prendre à ceux-ci, il n'aurait pas à franchir de hautes montagnes, ni à passer de grands fleuves ; c'est à la manière des vers-à-soie qu'il rongerait peu à peu ces deux pays, et s'approcherait de leurs capitales. Si ces deux princes ne résistent pas efficacement, ils finiront par n'être plus que les officiers du roi de T'sin 秦 ; alors celui-ci se jettera sur vous. Si je considère la carte de Chine, je vois que les territoires des grands vassaux sont cinq fois plus grands que le pays de T'sin 秦 ; leurs soldats sont dix fois plus nombreux que les siens. Ses émissaires vont partout, effrayant les princes par le fantôme de ce roi, soit-disant si puissant; et les engageant à se mettre à sa remorque, après lui avoir cédé quelque territoire; s'ils réussissent dans leur entreprise, ces séides sont comblés de fortune et d'honneurs ; s'il arrive malheur à leurs dupes, ils se gardent bien de venir à leur secours. Mon humble avis serait donc que votre Majesté unît en une ligue étroite les royaumes de Han 韓, Wei 魏, T'si 齊, T'chou 楚, Yen 燕, et Tchao 趙, pour se délivrer du roi de T'sin 秦; il faudrait que les généraux et les ministres des six pays se réunissent en assemblée sur les bords de la rivière Hoan 洹 (1) pour conclure un traité d'alliance offensive et défensive ; si le roi de T'sin 秦 attaquait l'un des alliés, chacun des autres enverrait une armée fondre de son côté sur l'ennemi commun : si l'un des confédérés agissait mollement, tous les autres s'uniraient pour le punir;

---

(1) Le T'ong dit que cette réunion devait se tenir à la ville actuelle de Ta-ming-fou 大名府 Tche-li 直隸 ; l'endroit exact était à 40 ly à l'est de l'emplacement actuel et s'appelait autrefois Hoan-choei-ti 洹水地.—Cette rivière Hoan a sa source dans la sous-préfecture de Lin-hien 林縣 ; elle va ensuite dans celle de Ling-tchan-hien 臨彰縣, enfin se rend au Tche-li. Elle porte aussi le nom de Ngan-yang-ho 安陽河 (F. vol. 12 p. 18).

ainsi quoique les troupes de T'sin 秦 soient bien équipées, elles n'oseront sortir des défilés de Han 函 (1) pour envahir les pays au-delà des montagnes orientales."

Sou-heou [349-325] reçut avec grande joie des conseils si sages; il prépara des présents pour les princes en question; et envoya Sou-t'sin ménager cette alliance si avantageuse.

Celui-ci se rendit à la cour de Han 韓 dont le roi était Siuen-hoei-wang 宣惠王 (332-311). " Votre pays, lui dit-il, a une étendue de neuf cents ly et plus, en carré ; vos troupes ont de vingt à trente mille hommes; les meilleurs archers, les meilleures arbalètes, les meilleures épées viennent de chez vous; un soldat de Han, avec sa solide cuirasse, son arc rebondi, son glaive effilé, vaut cent soldats des autres pays; c'est une vérité connue de tout le monde. Si votre Majesté se met à la remorque de T'sin 秦, celui-ci vous demandera certainement le territoire de I-yang, 宜陽 et de T'cheng-kao 成皋 (2); aujourd'hui vous le lui accorderez ; demain il vous demandera quelque nouveau pays; si vous cédez toujours, vous n'aurez bientôt plus rien à donner; si vous refusez, il se fâchera, oubliera vos anciennes concessions, et vous subirez toute sa colère; votre royaume a des limites; l'avidité de ce roi n'en a pas; vos lambeaux de territoires ne rassasieront pas ce famélique; et vous aurez de gaieté de cœur attiré son courroux et ses attaques. Vous abandonneriez donc votre royaume ! Et cela, sans coup férir ! Le proverbe dit: " Mieux vaut la bouche d'une poule que l'arrière-train d'un bœuf." (3) Un prince aussi sage que votre Majesté, avec une armée si forte, consentirait à être le valet de T'sin 秦 ! Ce serait par trop déshonorant !"

Le roi approuva ces paroles, et donna son adhésion à la ligue.

Sou-t'sin se rendit auprès du roi de Wei 魏 nommé Siang-wang 襄王 (334-295): " Votre pays, lui-dit-il, a un millier de ly carrés; si le territoire n'est pas grand, la population est très dense : les soldats portant cuirasse, les autres portant turban; dans les troupes d'élites, chaque catégorie a plus de vingt mille hommes, le train compte encore dix-mille hommes; vous avez six cents chariots de guerre, cinq mille chevaux. Maître d'une telle armée, pourrez-vous suivre les conseils de quelques trembleurs parmi vos officiers ? Irez-vous donc vous ranger parmi les valets du roi de T'sin 秦 ? Je prie votre Majesté de peser mûrement ce qu'il y a de mieux à faire !"

---

(1) Ce défilé est à 30 ly au sud-ouest de la ville actuelle de Ling-pao-hien 靈寶縣 Chen-tcheou 陝州 Ho-nan (Y. vol. 中. p. 17) (vol. 上. p. 40).

(2) I-yang a été indiqué ci-dessus.—T'cheng-kao se trouvait un peu au nord-ouest de la ville actuelle de Fan-choei-hien 汜水縣 dans la préfecture de K'ai-fong-fou 開封府 Ho-nan (G. vol. 12. p.p. 10. 36.)

(3) César rendait la même idée d'une façon moins triviale quand il disait : " J'aime mieux être le premier dans un village reculé des Alpes que le second à Rome."

Siang-wang fut enchanté des propositions de Sou-t'sin, et entra dans la ligue.

A la cour de Siuen-wang 宣王 [332-313] roi de T'si 齊, Sou-t'sin parla en ces termes : '' Votre pays est naturellement fortifié des quatre côtés; il a une étendue de plus de deux mille ly; vos cuirassiers se comptent par dizaines de mille; vos provisions de riz forment de vraies montagnes; pour entreprendre une expédition, vous n'avez pas à courir bien loin pour réunir vos troupes ; votre seule capitale de Lin-tche 臨淄 (1) a plus de vingt-mille hommes tout préparés. Les royaumes de Han et de Wei redoutent le roi de T'sin 秦 parce qu'ils sont ses voisins; quand les armées sortent en campagne, il ne leur faut pas dix jours pour se rencontrer et se livrer bataille, le sort des armes est aussitôt décidé : ces deux pays sont-ils victorieux ? la moitié de leurs troupes est sacrifiée ; les quatre frontières sont dégarnies; sont-ils battus ? le péril est imminent; leur extinction n'est plus qu'une affaire de temps. Voilà pourquoi ces deux pays doivent réfléchir avant d'entrer en lutte avec le roi de T'sin 秦 ; ils préfèrent être ses valets. Mais si Hoei-wen-wang voulait se mesurer avec vous, ce serait une autre affaire ! il lui faudrait tourner les deux royaumes de Han et de Wei, passer Yang-tsin 陽晉, traverser K'ang-fou 亢父 (2) ; là, deux chariots ne peuvent aller de front ; une centaine d'hommes suffit pour garder ces défilés ; ils arrêteraient une armée entière ; si les gens de T'sin 秦 voulaient pousser plus loin, pénétrer dans d'autres royaumes, ils devraient veiller à ce que la retraite ne leur soit pas fermée par les troupes de Han et de Wei. C'est pourquoi le roi de T'sin 秦 hésite à vous attaquer ; il cherche à vous effrayer par de vains épouvantails ; il se vante partout ; il se montre fier ; mais il n'ose entrer en campagne contre vous; il est évident qu'il ne saurait vous nuire. Si quelqu'un de vos officiers vous exhorte à porter vos regards vers l'ouest, et à vous soumettre au roi de T'sin 秦, il est dans une grande erreur. Que votre Majesté veuille donc examiner un peu ces pensées que je lui présente humblement.''

Le roi de T'si 齊 acquiesça aux propositions de Sou-t'sin.

Celui-ci se rendit enfin à la cour de T'chou 楚 et dit au roi Wei 威 [328-295]: '' Votre royaume est le plus grand de toute la Chine ; il a une étendue de plus de six mille ly ; vous avez cent mille cuirassiers, mille chars de guerre, dix-mille cavaliers, des provisions pour dix ans; votre puissance est vraiment celle d'un chef des princes; le pays de T'sin ne peut mettre sur pied une armée comme la vôtre.

---

(1) C'est Lin-tche-hien 臨淄縣 T'sing-tcheou-fou 青州府 Chan-tong 山東 (Y. vol. 甲 p. 41).

(2) Yang-tsin — Etait un peu nord de T'sao-hien 曹縣 T'sao-tcheou-fou 曹州府 Chan-tong.

K'ang-fou—Etait à 50 ly au sud de T'si-ning-tcheou 濟寧州 Chan-tong. (F. vol. 10 p.p. 17. 38). C'était et c'est encore un point stratégique très important. (F. vol. 33 p. 2).

Mais les deux royaumes ne peuvent subsister ensemble; si vous entrez dans notre ligue, les princes alliés prendront de leurs territoires pour vous en offrir; si vous suivez T'sin 秦 vous devez lui offrir quelques parcelles de votre pays; voilà deux choses bien différentes ; laquelle choisira votre Majesté ? "

Le roi Wei se rangea donc ainsi du côté de la ligue.

Sou-t'sin était au comble de ses vœux ; sa coalition était acceptée; il en était le chef: chacun des six royaumes l'adoptait comme son représentant ou son ministre dans l'organisation de cette ligue; il voyait devant lui s'ouvrir toute une ère de gloire et de prospérité; il se croyait certainement la cheville ouvrière du monde entier ! Quelle politique plus profonde, plus habile que la sienne? Il se remit donc en marche vers le nord pour aller rendre compte à son roi de toutes ses négociations; il avait un train de chariots et de cavaliers plus considérable que celui d'un prince.

Hélas ! notre recueil nous avertit de suite que tout cet échafaudage de royaumes coalisés ne devait pas résister au premier choc ! Hoei-wen-wang sut bientôt que l'on tramait quelque chose contre lui; il envoya un ambassadeur à la cour des six royaumes; tous excepté Wei s'empressèrent de renoncer à la confédération. L'envoyé de T'sin 秦 était Tchang-i 張儀 ; s'il n'était pas si éloquent que Sou-t'sin, son maître avait plus d'autorité que le roi de Tchao 趙; on le vit bien !

Malgré cet échec, le fameux Sou-che 蘇軾 , (1036-1101) prétend que Sou-t'sin avait fait là un coup de maître en diplomatie, avoir uni entre eux six pays de mœurs et d'aspirations si différentes, n'est-ce pas une chose admirable ? Assurément ! Mais cette ligue, si savamment élaborée, a disparu comme un château de cartes au souffle du vent. Son promoteur n'était peut-être pas non plus à la hauteur de sa tâche; nous allons de suite lui voir tourner les talons à l'approche de l'ennemi.

" En 327, Hoei-wen-wang ayant envoyé le prince Kong-suen-yen 公孫衍 chez les rois de T'si 齊 et de Wei 魏, cet ambassadeur fut si habile qu'il persuada aux deux pays de s'unir à celui de T'sin 秦 pour attaquer le royaume de Tchao 趙 ; c'était comme un coup de théâtre ! la ligue tournée contre le premier des ligueurs ! Aussi Wei-kong 文公 fut-il fort irrité contre Sou-t'sin. Celui-ci demanda d'être envoyé auprès du roi de Yen 燕 , qui certainement détournerait le roi de T'si de cette entreprise. Une fois parti, notre héros oublia de revenir. Hoei-wen-wang ne voulait sans doute que cela; car on ne voit pas qu'il ait fait une véritable expédition ; la ligue étant dispersée, le plus important était accompli.

Mais ce roi de Wei 魏, qui avait tant d'intérêt à soutenir la confédération, comment a-t-il si vite changé d'attitude ? Voici l'explication: Hoei-wen-wang voyant son obstination, résolut de le punir; il envoya ce même Tchang-i 張儀, ministre sans portefeuille (K'o-k'ing 客卿), à la tête d'une armée, prendre a ville de P'ou-yang 蒲陽 (1); il la lui rendit presque aussitôt; mais le roi de Wei céda en échange le territoire de Chang-kiun 上郡, bien autrement considérable (2). Après avoir reçu une telle correction, le prince de Wei comprit qu'il n'y avait plus à résister et se soumit humblement aux désirs du roi de T'sin 秦.

Il est temps de faire connaître ce nouveau personnage nommé Tchang-i 張儀:

Il était originaire du royaume de Wei 魏, l'ancien pays de T'sin 秦; il avait été condisciple et ami de Sou-t'sin; leur maître était Koei-kou-sien-chang 鬼谷先生 (dont les ouvrages existent encore (3), ou du moins des ouvrages portant son nom), sophiste du pays de T'si 齊 que les paysans invoquent encore maintenant pour savoir l'avenir.

---

(1) Pou-yang — C'est l'ancienne capitale de l'empereur Choen 舜. Ce territoire comprenait alors les deux préfectures actuelles de P'ou-tcheou-fou 蒲州府 et de P'ing-yang-fou 平陽府 Chen-si [V. vol. 中 p, 54].

(2) Chang-kiun—C'est le territoire des deux préfectures actuelles de Yen-ngan-fou 延安府 et de Yu-lin-fou 榆林府 Chen-si.

(3) C'est-à-dire le maître qui demeure dans la vallée du diable. Le T'ong ainsi que plusieurs autres auteurs, rapportent toutes sortes de contes sur ce célèbre sophiste, mais on ignore quel était son nom. Il enseignait, paraît-il, les moyens d'unir et de désunir les rois, selon que le désirait un prudent diplomate ; c'est-à-dire qu'il avait sans doute un certain nombre de dissertations pour et contre quelques questions de la politique de ces pays et de ces temps-là ; à peu près comme Sénèque et Quintilien en ont sur différents sujets. Quelques auteurs disent que son nom de famille était Wang 王, son nom propre Hiu 詡; mais c'est plutôt un sobriquet ; car Wang signifie roi ; Hiu signifie beau parleur ; les deux réunis peuvent signifier : Wang, le beau parleur; ou encore : le roi des beaux parleurs. Sa figure était assez belle, dit-on; il cherchait des herbes médicinales dans les montagnes de Yun-k'i-chan 雲乞山 ; il y aurait en même temps trouvé la sagesse. Il habita la "vallée-du-diable" sur le bord du torrent T'sing-k'i 清溪. Sou-t'sin et Tchang-i entendirent ses leçons pendant trois ans; alors ils se crurent assez bien formés pour prétendre aux plus hautes dignités. Le maître mécontent leur dit : " Vous méprisez la longévité d'un antique sapin; et vous estimez la vaine gloire d'un moment. Koei-kou-tse vécut jusqu'à cent ans; puis il disparut sans qu'on pût savoir ce qu'il était devenu. — Nous avons dit que Sou-t'sin, d'après Se-ma-t'sien était originaire de Lo-yang 洛陽, la capitale de l'empereur; donc il étudia dans le royaume de T'si 齊; car il fréquenta Koei-kou-tse. Quant à celui-ci d'aucuns prétendent qu'il suivit les leçons de Lao-tse 老子 lui même. En tout cas, il est en grande vénération chez les Tao-che 道士 (Sectateurs de Lao-kiun 老君).

Pendant longtemps, Tchang-i ne put trouver une place digne de son ambition. Sou t'sin, plus heureux, était devenu ministre au pays de Tchao 趙; il appela près de lui son ancien condisciple, et se moqua de ce qu'il n'était pas encore devenu quelque chose; il lui cacha aussi ses préparatifs contre le royaume de T'sin 秦. Tchang-i fut froissé de ses procédés, et s'en alla offrir ses services à Hoei-wen-wang lui-même, pour contrecarrer les manœuvres de Sou t'sin; il y réussit à merveille, nous l'avons vu; de plus, continuateur des plans de Kong-suen-yang 公孫鞅 à l'égard du pays de Wei 魏, il sera en quelque sorte le mauvais génie de ce malheureux royaume.

Il débuta donc par la prise de P'ou-yang 蒲陽. Aussitôt il suggéra à Hoei-wen wang de restituer cette ville, et de demander seulement en otage le prince Kong-tse-yao 公子繇; puis il dit au roi de Wei : " Le prince de T'sin 秦, vous traitant avec une telle générosité, vous devez vous en montrer reconnaissant." Déçu par ce conseil, le roi de Wei offrit en cadeau le territoire de Chang-kiun 上郡. Un tel service méritait bien une récompense; Tchang-i fut établi ministre de T'sin 秦.

En 326, Hoei-wen-wang établissait une administration régulière dans le pays de I-kiu 義渠 (1) ancienne contrée tartare des Si-jong 西戎, voisine de Tchao 趙 et de Wei 魏 (2). De plus, il rendait au roi de Wei 魏 les deux villes de Tsiao 焦 et de K'iu-wo 曲沃 (3). Enfin, il changeait le nom de la ville de Chao-leang pour celui de Hia-yang 夏陽. En 3 4, à la 4ème lune, Hoei-wen-wang prenait officiellement le titre de roi [王 wang]. On dit que c'est par colère et par dépit que notre recueil précise, non seulement l'année, mais même la lune à laquelle eut lieu cet évènement qu'il appelle une usurpation. (4)

---

(1) Le pays de I-k'iu se trouvait au nord-ouest de Ning-tcheou 寧州 au Kan-sou (F. vol. 15. p. 18) (vol. 57. p. 44).

(2) Actuellement au nord-ouest de K'ing-yang-fou 慶陽府 et de Ning-tcheou 寧州, Kan-sou 甘肅. (Y. vol. 中, p. 133)– (F. vol. 15. p. 18).
En dehors des officiers et magistrats de T'sin, on laissa encore au roitelet du pays une certaine autorité ; son territoire était aussi divisé.

(3) K'iu-wo-hien 曲沃縣 préfecture de P'ing-yang-fou 平陽府 Chan-si (Y. ibid p. 52).—Tsiao est indiqué un peu plus haut (voyez année 328).

(4) Dans le pays de T'sin, on croyait vraiment commencer une ère nouvelle, des temps nouveaux ; on compta donc les années subséquentes, en prenant celle-ci comme point de départ. C'est Se-ma-t'sien qui le dit ; on peut l'en croire. Mais les autres historiens n'ont pas ratifié cette prétention des gens de T'sin ; ils n'ont même pas constaté ce fait.
L'année suivante [323] les princes de Yen 燕, de Han 韓 et de Wei 魏 prenaient aussi ce même titre officiellement. Depuis longtemps dans cet ouvrage, nous le leur avons donné; parce que, de fait, ils étaient aussi indépendants que n'importe quel autre roi. La Chine a été de tous temps, un pays à formules, d'après lesquelles il n'y avait qu'un seul roi, c'est-à-dire le poétique personnage de Lo-yang ; tous les autres princes étaient censés ses humbles vassaux. Les temps avaient bien changé ; mais les formules, les titres officiels étaient restés les mêmes jusqu'à l'époque où nous sommes arrivés. Fort de leur puissance, les princes mettaient un terme à ce système vieilli.
D'ailleurs en Europe, il y eut choses semblables. Par exemple, le prince de Prusse se disait roi depuis longtemps, tandis que les pièces diplomatiques ne l'appelaient que l'électeur de Brandebourg.

En 324, Tchang-i attaquait de nouveau le pays de Wei 魏, et lui reprenait cette même ville de Tsiao 焦 qu'on venait de rendre; la raison de ce revirement si subit ne nous est pas connue. On envoya la population au roi de Wei, pour s'en débarrasser ; cela fait supposer quelque rébellion de la part des habitants.

Cette même année, notre héros diplomate, ce saint des Tao-che 道士, ce philosophe aux paroles si vertueuses, s'enfuyait du pays de Yen 燕, et pour un motif encore moins honorable que le précédent. Ayant eu de mauvaises relations avec la reine-mère, veuve de Wen-kong 文公 [361-332], et voyant que la chose allait s'ébruiter, il chercha un prétexte pour s'éclipser. Il dit donc à I-wang 易王 [322-320], le nouveau roi fils de Wen-kong : " Quoique je demeure dans ce pays de Yen, je n'ai pas encore pu le rendre grand et fort : laissez-moi passer dans le royaume de T'si 齊, afin d'y travailler dans ce but plus efficacement. Le jeune roi le lui permit." Sou-t'sin feignit donc d'avoir commis un crime, et d'être obligé de se réfugier dans le pays de T'si,. pour échapper à la mort. Le roi ne soupçonnant pas le piège, fut ravi d'avoir un tel homme à son service; il l'établit aussitôt son ministre, mais sans portefeuille [K'o-k'ing 客卿]. Il eut bientôt gagné l'oreille du prince ; alors il lui suggéra de hausser et d'embellir son palais, d'agrandir ses jardins et ses parcs, afin de mieux montrer à tout le monde sa puissance et sa gloire. Son intention était de ruiner le pays par des dépenses inutiles, et de le livrer à la merci de I-wang : ainsi, du même coup, il s'esquivait au bon moment, nuisait à son voisin trop crédule, et se préparait un retour triomphal au pays de Yen. Quel habile politique ! Mais la roue de la fortune ne tournera pas tout-à-fait selon ses désirs; nous le verrons bientôt.

En 323, Tchang-i organise une entrevue avec les délégués de T'si 齊, et de T'chou 楚, dans la ville de Yé-sang 齧桑 (1), mais on ne dit ni le but ni le résultat de cette assemblée. De leur côté, les princes héritiers de Han et de Wei viennent à la cour de T'sin offrir leurs hommages.

Cette même année, Tchang-i résigne son office et s'en va chez le roi de Wei 魏 qui en fait de suite son premier-ministre; ce pauvre prince ne semble pas même avoir soupçonné la fourberie de son pire ennemi: lui confier le gouvernement du royaume, c'est en rendre la perte quasi nécessaire, inévitable.

---

(1) (F. vol. 4. p. 29). Yé-sang était au sud-ouest de P'ei-hien 沛縣 préfecture de Siu-tcheou-fou 徐州府 Kiang-sou. (vol. 4. p. 29). Le Grand Fang-yu ki-yaó vol. 29 p. 17 in verso confirme ces détails.

De son côté, Hoei-wen-wang faisait une promenade militaire vers l'ouest jusqu'au nord du fleuve Jaune. (1)

En 322, Hoei-wen-wang envoie une armée reprendre la ville de K'iu-wo 曲沃 rendue cinq ans auparavant ; de plus on s'empare encore de P'ing-tcheou (2) 平州. Tchang-i travaillait pour son ancien maître ; il cherchait à persuader au roi de Wei que le meilleur moyen d'éviter les guerres continuelles avec Hoei-wen-wang était de se déclarer son vassal ; et cet exemple serait suivi sûrement par les autres roitelets. Le roi de Wei n'eut pas le courage de faire ce dernier pas; c'est pourquoi Hoei-wen wang s'était mis en campagne, et avait pris les deux villes de K'iu-wo et P'ing-tcheou. Le traître Tchang-i jouait bien son rôle

En 319, Mong-tse 孟子, le grand philosophe, quitte le royaume de Wei où il avait fait des discours magnifiques, il est vrai, mais sans succès. Son protecteur étant mort, il dut se retirer; le successeur ne tenait pas à ses leçons de morale.

En 318, les rois de Tchou 楚, Tchao 趙, Wei 魏, Han 韓 et Yen 燕, ayant sans doute repris l'ancienne idée de la ligue, attaquèrent le pays de T'sin 秦; ils pensaient arriver à temps pour s'emparer du défilé si important de Han-kou-koan 函谷關 (3) ; mais Hoei-wen wang les prévint, fit sortir ses troupes, présenta la bataille en rase campagne, culbuta et dispersa l'armée des cinq royaumes confédérés.

Bien mieux, l'année suivante [317], il remportait une éclatante victoire sur les troupes de Han 韓, à Sieou-yu 修魚 (4) ; il prit vivants les deux généraux Seou 鯠 et Chen-t'chai 申差, officiers de grande renommée. Le commentaire ajoute qu'on passa au fil de l'épée quatre-vingt mille hommes, et que tous les princes étaient terrifiés. Cette fois la ligue était bien morte, noyée dans le sang.

---

(1) C'est-à-dire jusqu'aux territoires actuels de Ning-hia-fou 寧夏府 et Ning-tcheou 寧州 Kan-sou. (F. vol. 15 p. 26).

(2) C'est à 50 ly au sud de la ville actuelle de Kiai-hieou-hien 介休縣 Fen-tcheou-fou 汾州府 Chan-si, près de la montagne Kiai-chan 介山 (Y vol. 中 p. 60) Grand Fang-yu vol. 42 p. 7 in verso.

(3) A 30 ly sud-ouest de Ling-pao-hien 靈寶縣 préfecture de Chen-tcheou 陝州 Ho-nan.—A cette époque, Ling-pao-hien s'appelait Hong-nong 宏農. L'historien rapporte que les Huns, appelés Kiai-nou 丐奴 (mendiants esclaves), s'étaient joints à la ligue contre T'sin.

(4) Sieou-yu se trouvait près de Hou t'ing 扈亭 qui est au nord-ouest de la sous-préf. Yuen-ou 原武 de la préf. Hoan-k'ing-fou 懷慶府 [Gran Fang iu vol 47 p. 27 in verso].

Se-ma-t'sien ajoute que le prince Kong-tse-k'o 公子渴 de Tchao 趙 et le prince héritier Hoan 兔 de Han 韓 furent aussi vaincus dans ces batailles. Le général de T'sin se nommait Tsi 疾 ; il avait alors la dignité de Chou-tchang 庶長 (F. vol 12 p. 58.)

Il fallait pourtant venger l'honneur des princes confédérés : Sou-t'sin était le premier auteur de toutes ces calamités venues avec la ligue ; il se trouvait alors dans le pays de T si 齊 ; le roi lui fit trancher la tête ; ainsi finit sa gloire et sa fortune !

Sur ce, le roi de Wei 魏 offrit de conclure un traité de paix et d'amitié avec le pays de T'sin 秦. "Votre royaume de Leang 梁 (c'est-à-dire Wei 魏) lui disait Tchang-i, n'a pas une étendue de mille ly ; vous n'avez pas plus de trente mille soldats sous les armes ; la contrée est une grande plaine ouverte de tous côtés ; vous n'êtes protégé ni par de hautes montagnes, ni par de grands fleuves ; pour vous garder efficacement, il ne faudrait pas moins de cent mille hommes ; votre territoire n'est qu'un immense champ de bataille ; vous aviez formé une ligue ; tous les princes confédérés avaient juré de s'entr'aider comme des frères ; mais vous savez que des frères, nés de mêmes parents, se querellent, se battent, s'entre-tuent, même pour une simple question d'argent, et vous auriez confiance dans ces promesses de ligueurs ! Vous vous reposeriez sur ce remuant et inconstant Sou t'sin ! C'est chose impossible ! Si votre Majesté ne se met pas au service du roi de T'sin 秦 celui-ci n'a qu'à envoyer ses troupes envahir le sud du fleuve Jaune, occuper les territoires de K'iuen 卷, Yen 衍 et Soan-tsao 酸棗 (1) ; de là il passera au pays de Wei 衛 et prendra Yang-tsin 陽晉 ; ainsi, du même coup, le sud du royaume de Tchao 趙 et le nord de celui de Wei 魏 seront fermés pour vous ; car l'espace intermédiaire sera coupé par les gens de T'sin 秦. Et votre Majesté espère échapper à un tel péril ! c'est impossible !"

Le traité de paix fut conclu, au grand avantage de Hoei-wen-wang. Pour récompense, Tchang-i fut de nouveau rétabli à son poste de premier ministre. Notre recueil prétend même que sa démission précédente n'avait été qu'une comédie, pour mieux tromper le roi de Wei 魏 en lui faisant croire à une véritable disgrâce. Quel motif poussait donc ce Tchang-i à trahir ainsi sa propre patrie ? Serait-ce la pure admiration pour un gouvernement fort et intelligent comme celui de T'sin 秦 ? On a peine à le croire. D'ailleurs les traîtres ont toujours des raisons pour légitimer leurs méfaits.

---

(1) K'iuen—Au nord-ouest de Yuen-ou-hien 原武縣 Hoai-k'ing-fou 懷慶府 Ho-nan, il y a encore les restes de l'ancienne ville. (Y. vol. 中 p. 14) (K. vol. 上 p. 42)

Soan-tsao—à 15 ly au nord de Yen-tsin-hien 延津縣 Wei-hoei-fou 衛輝府 Ho-nan. (Y. vol. 中 p. 12)—(K. vol. 上 p. 65—(F. vol 12 p. 22)

Yang-tsin—au nord de la ville actuelle de T'sao-hien 曹縣, T'sao-tcheou-fou 曹州府 Chan-tong [Y. 中 p. 37] (Ch. chap. 70 p. 5) (F. vol. 10 p 17)

Yen—à 30 ly au nord de Tcheng tcheou 鄭州 K'ai fong-fou 開封府 Ho-nan. (F. vol. 12 p. 7).

En 316, Hoei-wen-wang s'annexa le pays de Chou 蜀. (1) Voici à quelle occasion, et dans quelles circonstances. Cette principauté et celle de Pa 巴 se faisaient la guerre; toutes deux étaient dans la détresse, et demandaient du secours au pays de T'sin 秦. Hoei-wen-wang résolut d'aider les gens de Chou; mais à ce moment le roi de Han 韓 fit lui même irruption dans le pays de T'sin 秦. Le ministre Se-ma-t'souo 司馬錯 priait Hoei-wen-wang d'aller tout d'abord attaquer la principauté de Chou : Tchang-i au contraire, voulait chasser avant tout l'armée de Han. " Quelles sont vos raisons? " demanda le roi.=" Nous sommes en paix avec Wei 魏 et T'chou 楚, dit Tchang-i ; donc rien à craindre de leur côté ; conduisons notre armée à San-t'choan 三川 ; attaquons Sin-t'cheng 新城 et I-yang 宜陽 (2) ; puis fondons sur les territoires de l'empereur, nous enlèverons les neuf trépieds (3), les cartes et le cadastre de toute la Chine; nous nous servirons ensuite de l'empereur lui-même pour imposer nos volontés à tout l'empire; il n'y aura personne à résister. Voilà la manière de devenir empereur ! Les anciens disaient : qui veut la gloire, doit aller à la Cour, qui veut de l'argent, doit aller à la foire. En ce moment la Cour est chez la famille Tcheou 周 ; la foire est à San-t'choan ; votre Majesté s'en irait chez ces barbares Jong 戎 et Ti 翟 ! Vous seriez alors bien loin de la fortune, et de la dignité impériale ! "

---

(1) Trait de génie digne d'Annibal : le roi de Chou chassait dans la vallée appelée maintenant Pao kou 褒谷 aux frontières de Pao-t'cheng-hien 褒城縣 dans la préfecture de Han-tchong-fou 漢中府 ; son cortège était de mille guerriers. Hoei-wen wang étant venu par hasard à cet endroit pour y chasser aussi, envoya un panier plein d'or en présent au roi de Chou; celui-ci lui renvoya le panier plein de terre. Hoei-wen-wang était furieux. Son entourage au contraire y vit le présage que l'on aurait bientôt le pays de ce barbare. Mais comment s'en emparer ? On en ignorait les chemins ! On inventa une ruse: on fit sculpter cinq grands bœufs, en pierre; sous leur queue on incrusta des masses d'or, en guise de fiente ; pour persuader à ces sauvages que le pays de T'sin renfermait des troupeaux de bœufs célestes qui produisaient ce précieux métal. Les barbares furent pris au piège. Ils construisirent une grande route pour venir prendre le pays de T'sin, et c'est par ce chemin que Hoei-wen-wang conduisit son armée chez eux, et les subjugua.(Chen vol. 73 p. 46).

(2) San-t'choan 三川 province du Ho-nan. Sin-t'cheng—à 70 ly au sud-ouest de Ho-nan-fou, ibid (K. vol. 上 p 42)—Y-yang—(K vol. 上 p. 40)—Y. vol. 中 p. 16).

(3) Les neuf trépieds sont aussi fameux dans l'histoire chinoise que les livres sybilliques chez les Romains; aussi fameux que le palladium chez les Troyens; mais ils n'ont pas une histoire plus sûre. Le Tsouo-tchoan prétend que c'est le grand Yu 禹 qui a fait construire ces neuf trépieds; il aurait employé pour cela tous les métaux précieux qui lui avaient été offerts par les neuf provinces il aurait fait bosseler tous les objets précieux et particuliers de chacun de ces pays. Ces bosselages étaient destinés pour l'usage du peuple; il aurait eu là un moyen de reconnaître les bons et les mauvais esprits ; ainsi il n'aurait eu plus rien à craindre, ni dans les forêts, ni sur les lacs et les mers [以象九州之物].—D'après le Che-ki 史記 ces bosselages auraient été la configuration même de chacune des neuf provinces indiquant la population, la répartition des fiefs et des provinces—Ces trépieds passèrent d'une dynastie à l'autre. Le fait même de leur translation était regardé comme une preuve visible que l'empire avait été enlevé par le ciel à telle famille et passé à telle autre. A cette époque de notre histoire, ils se trouvaient à Kia-jou-mé 郟鄏 c'est-à-dire Lo-yang 洛陽 Ho-nan-fou 河南府 vol. 上 p. 41

Arrivé au pays de T'sin, le rusé Tchang-i feignit une chute de voiture, s'excusa pendant trois mois de ne pas aller à la cour de son prince. Le roi de T'chou en fut averti; il se dit : " Tchang-i trouve sans doute que je n'ai pas suffisamment rompu avec T'si "; aussitôt il donna ordre à un courageux officier, nommé Song-i 宋 遣 d'aller à la cour même injurier le roi. Celui-ci entra en fureur ; il alla jusqu'à faire des bassesses auprès de Hoei-wen-wang, pour obtenir vengance de l'insulte ; il se mit absolument à ses ordres pour une campagne contre le pays de T'chou.

Quand donc l'amitié de T'si et de T'sin fut ainsi assurée, Tchang-i admit le général à son audience: ' Pourquoi, lui dit-il, ne prenez-vous pas le territoire de tel endroit, dont l'étendue est justement de six cents ly carrés, comme je l'ai promis?' Sur cette moquerie, le général s'en retourna près de son prince. Celui-ci était si furieux qu'il voulait sur le champ envoyer une armée attaquer Hoei-wen-wang.

"Maintenant, dit T'cheng-tchen, me permettez-vous d'ouvrir la bouche?" " Parle ! " répond le roi.—"Au lieu de déclarer la guerre à Hoei-wen-wang, reprend T'cheng-tchen, ne vaut-il pas mieux lui faire cadeau de quelque grande ville, réunir notre armée à la sienne pour aller ensemble attaquer le royaume de T'si ? Nous prendrons alors à celui-ci les six cents ly de territoire que nous avons perdus par la fourberie de Tchang-i. Après avoir rompu avec T'si, nous ne pouvons blâmer Hoei-wen-wang de son injustice ; nous attirerons la guerre des deux côtés ; les armées de toute la Chine nous accableraient de toute part ; ce serait pour nous le plus grand malheur ! ".

Le roi de T'chen ne voulut rien entendre à ce sage conseil ; la colère l'avait troublé ; il s'en repentira bientôt.

En 312, Hoei-wen-wang s'en alla au pays de Wei 魏, où il établit le prince Tcheng comme héritier du trône, et eut une entrevue avec le roi à Lin tsin 臨 晉 (1). Grâce à cette amitié passagère, Hoei-wen-wang put lancer l'armée de Wei sur le pays de T'chou.

Donc en 311, l'armée de T'sin 秦, sous la conduite du Chou-tchang 庶 長 nommé T'chang 章 étant allée à la rencontre des troupes de T'chou, remporta une victoire éclatante à Tan-yang 丹 陽 (2), fit prisonnier le général,

---

(1) Ling-tsing (voyez année 408) à 2 ly de Tchao-i-hien 朝 邑 縣 de T'ong-tcheou-fou 同 州 府 Chen-si.

(2) Tan-yang signifie pays situé au nord du fleuve Tan 丹 dans la préfecture de Nan-yang 南 陽 Ho-nan.

Grand Fang-yu ki-yao, vol. 54 p. 12 et vol. 51 p. 23.

Ki'u-kai 屈匄, passa au fil de l'épée quatre-vingt mille hommes et soixante-dix officiers inférieurs ; puis du même pas, courut détruire une seconde armée qui venait au secours de la première: cette nouvelle victoire eut lieu à Lan-t'ien 藍田 (1). Sur ce, les troupes de Han 韓 et de Wei 魏 envahirent aussi le royaume de T'chou; le moment était critique ; le roi sacrifia le territoire de deux villes pour obtenir la paix. Hoei wen-wang y consentit (2). L'envie d'acquérir les territoires de Chang 商 et de Yu 於 fut grandement fatale au pays de T'chou.

Le Che-ki confirme ce que nous venons de raconter; il ajoute que le général K'iu-kai fut tué; ce n'est pas contraire à notre récit; nous avons averti que si l'on pouvait s'emparer du cadavre d'un grand-officier tué sur le champ de bataille, cela s'appelait encore l'avoir fait prisonnier. Le Chen-si-t'ong-tche (vol. 76 p. 21) rapporte un incident: un certain individu, nommé Kan-meou 甘茂, demanda une entrevue au roi de T'sin 秦; il l'obtint par l'entremise de Tchang-i et de Tchou-li-tse 樗里子 ; il plut au prince qui l'envoya avec une armée aider le général Wei-tchang 魏章, au siège de Han-tchong. Plus de soixante-dix marquis, tenant en mains leurs marques de distinction, restèrent sur le champ de bataille; et le pays fut annexé. Après cette grande victoire, le chou-tchang T'si 疾 aida le roi de Han contre le pays de T'si 齊 ; le général Tao man 倒滿 aida le roi de Wei contre le pays de Yen (3).

En 310, le premier-ministre T'cheng-tchoang 陳莊, envoyé par Hoei-wen-wang, comme son représentant au pays de Chou 蜀, en tua le prince, quoiqu'il se fut volontairement soumis au royaume de T'sin. C'était une trahison !

Les deux petites principautés de Tan 丹 et de Li 黎 font aussi leur soumission. (4) A cette même époque Hoei-wen-wang députait Tchang-i vers les rois de T'chou 楚, de Han 韓, de T'si 齊, de Tchao 趙 et de Yen 燕 pour les amener à faire alliance avec lui ; nous allons bientôt le voir à l'œuvre; sa mission réussit à souhait ; il en fut récompensé généreusement par son élévation à la dignité de Ou-sin-kiun 武信君 ; mais le fruit de ses efforts ne durera pas longtemps.

---

(1) Près de cette ville on trouve des jades ; d'où vient son nom de Lan-t'ien (champ des jades) ; c'est Lan-t'ien-hien 藍田縣 Si-ngan-fou 西安府, Chen-si (Y. ibid. p. 110).

(2) L'une des deux villes était Han-tchong 漢中 prise autrefois sur le royaume de T'sin 秦; ce fut donc une restitution; c'est maintenant Han-tchong-fou 漢中府 Chen-si. (Y. ibid. 118.)

Le Che-ki, chap. 5 p. 22. dit que dans sa rage, le roi de T'chou envoya une armée mettre le siège devant Yong-che 雍氏. C'était à 40 ly sud-ouest de Fou-keou-hien 扶溝縣 préfecture de 許州府 Hiu-tcheou-fou, Ho-nan (F. vol. 12 p. 57).

(3) On ne connait ni les détails, ni le résultat de ces deux expéditions.

(4) Elles étaient au sud-ouest de Chou; les habitants étaient soit-disant sauvages. A l'époque des royaumes belligérants, elles étaient soumises à la principauté de Tien 滇; celle-ci est actuellement un royaume Lolo, dans le Yun-nan; Tien-tche 滇池 est le grand lac de cette province.

La principauté Li est actuellement Ning-tcheou 寧州, au Yun-nan. A l'époque de la dynastie T'ang 唐, la ville capitale s'appelait Li-tcheou ; c'est encore son nom officiel ou littéraire [Y. vol T. p. 82].

La manière dont il commença son ambassade est assez curieuse; Hoei-wen-wang avait d'abord envoyé un messager au roi de T'chou, lui demandant d'échanger le territoire en dehors de Ou-koan 武關 contre celui de King-tchong 黔中 [1]. " L'échange n'est pas nécessaire, avait répondu le roi Hoai 懷 ; que je puisse seulement mettre la main sur Tchang-i; je vous accorderai volontiers le territoire que vous désirez ! " Cette parole ayant été rapportée par le messager. T'chang-i s'offrit de lui-même à se rendre à la cour de T'chou. " Vous ne pouvez y aller, lui répondit Hoei-wen-wang; le roi est irrité contre vous, il vous fera certainement massacrer. "—" Laissez-moi faire, reprit T'chang-i : le royaume de T'sin 秦 est puissant ; celui de T'chou est faible ; tant que votre Majesté sera là, le oi de T'chou n'osera jamais me saisir; de plus j'ai des relations amicales avec Kin-chang 靳商 favori du roi; celui-ci a les bonnes grâces de Tcheng-sieou 鄭袖 la concubine favorite du même prince : tout ce qu'elle demande, elle l'obtient." Après cet entretien T'chang-i se mit en marche pour accomplir sa mission. Arrivé à la cour de T'chou, il fut aussitôt mis en prison; le roi voulait le tuer: Kin-chang dit à la concubine: " Le prince de T'sin 秦 aime T'chang-i d'une manière extraordinaire ; pour obtenir sa liberté, il céderait volontiers six villes et les plus belles de son pays. Or notre roi sera bien content d'agrandir son royaume; vous savez aussi combien il aime les belles femmes de T'sin; dès que celles-ci seront venues, ce sera fait de vous ! La concubine s'en alla pleurer jour et nuit devant le roi: chaque ministre, lui disait-elle, cherche le bien de son maître; si votre Majesté tue T'chang-i, le roi de T'sin sera mécontent; votre humble servante demande à s'en aller avec ses enfants dans le pays au sud du Yang-tse-kiang. Je ne veux pas servir de jouet au glaive des gens T'sin."

Sur ce, le roi pardonna à T'chang-i; il lui fit même de riches cadeaux, celui-ci pouvait donc se féliciter de son audace. A cette même époque il apprit la mort de son rival Sou-t'sin 蘇秦. Sa mission de ce fait devenait plus facile : " Votre ligue, disait-il au roi de T'chou, ressemble à un troupeau de moutons conduit à l'attaque d'une bande de tigres; si maintenant votre Majesté ne veut pas suivre mon maître, celui-ci prendra Han 韓 et Wei 魏, les amènera à l'assaut de votre pays; vous serez en grand danger !

---

(1) Le défilé de Ou-koan 武關 se trouve 180 ly à l'est de Chang-tcheou 鄭州 Chen-si —Nous donnerons ailleurs de plus amples détails sur ce défilé si important. C'était la porte méridionale de T'sin 秦. Au temps de la dynastie dernière (Ming 明) il y avait un chef militaire préposé à sa garde (V. vol 中 p. 102)-(F. vol 12 p. 46- vol. 13 p 16)

Kin-tchong, la capitale était 21 ly à l'ouest de Tchen-tcheou-fou 辰州府 Hou-nan. [K. vol 上 p. 31]-[F. vol 21. p. 18].

[147]

Les gens de Chou 蜀 et de Pa 巴 vous envahiront à l'ouest; notre prince a dans ces contrées des montagnes de provisions; en descendant le fleuve Min-kiang 岷江 (Yang-tse-kiang supérieur) son armée peut faire en un seul jour plus de trois cents ly ; il ne lui faudrait donc pas dix jours pour arriver à Han-koan 扞關 (1): ce pays étant paralysé par la terreur, nous serons de suite maîtres de K'ien-tchong 黔中 et de Ou-kiun 巫郡 sans que vous puissiez l'empêcher; de plus, une armée viendra par le défilé de Ou-koan 武關, votre région du nord sera aussi occupée. Ainsi une invasion de T'sin 秦 est gran-dement dangereuse pour vous; en moins de trois mois, votre pays peut être anéanti. Votre humble serviteur prévoit toutes ces calamités ; ne comptez pas sur les autres princest il leur faudrait bien six mois pour arriver à votre secours ; il serait trop tard ; Si votre Majesté voulait m'écouter, je ferais en sorte que les royaumes de T'chou et de T'sin soient unis comme des frères."

Le roi de T'chou avait donc son ennemi dans la main ; il aurait bien voulu assouvir sur lui sa vengeance ; mais la conséquence était redoutable ; tout considéré, il aima mieux se ranger à son avis et le laissa partir.

De là, T'chang-i se rendit à la cour de Han 韓 et dit au roi : "Votre pays est élevé et peu fertile ; partout ce ne sont que montagnes; vous n'avez pas de provisions pour deux ans; votre armée n'a pas vingt-mille hommes; celle de T'sin en a plus de quatre-vingt mille; vos gens situés à l'est des montagnes auront beau mettre leur casque de fer ; nos soldats au contraire, abandonneront leur armure et se lanceront à découvert sur vos troupes; ce sera comme si l'on jetait un poids de dix milles livres sur un tas d'œufs d'oiseaux ! comment vous échapperez-vous? Si votre Majesté ne se met pas aux ordres du roi de T'sin, celui-ci conduira une armée occuper I-yang 宜陽 (2); il fermera Tcheng-kao ; votre royaume sera coupé en deux. Le meilleur conseil à vous suggérer, c'est de faire alliance avec mon maître, et d'aller ensemble attaquer le pays de T'chou; ainsi votre prospérité serait assurée." Le roi de Han finit par se ranger à cet avis.

---

(1) Min-kiang—c'est-à-dire le Yang-tse-kiang qui vient de la montagne Min, dans l'antique royaume de Jan-mang-kouo 丹䭾國. Ainsi disent les géographes chinois (Zottoli 111 p. 358, Chou-king, chap du Yu-kong). La montagne Min est près du bourg de Lié-ngo-t'suen 裂鵝村 dépendant de la ville de Meou-tcheou 茂州 T'cheng-tou-fou 成都府, Se-tchoan Le nom officiel de cette ville de Meou-tcheou est encore maintenant Wen-kiang 汶江 autre appellation de cette partie du Yang-tse-kiang (Y. vol. 下 p. 6).

Han-koan—ce défilé est dans le Se-tchoan, préfecture de Kouei-tcheou-fou 夔州府 sous-préfecture de Fong-tsé-hien 奉節縣 dont le nom antique est Yu-feou 魚復. Fang-yu-ki yao vol. 21 p 36 in verso, vol. 24 p. 23, indique les chaînes de montagnes et la suite des défilés si dangereux de ce pays.

(2) I-yang—maintenant I-yang-hien 宜陽縣 à 70 ly au sud-ouest de Ho-nan-fou 河南府 (K. vol. 上 p. 40)—(Y. vol. 中 p. 16). (F. vol 12 p. 36 in verso) grand vol. 48 p. 35 a des détails.

Tcheng-kao—c'était le territoire des villes actuelles de Se-choei-hien 汜水縣 et Yong-yang-hien 滎陽縣 (K'ai-fong-fou 開封府 Ho-nan—(K. vol. 上 p. 42) (Y. vol. 中 p 4).

T'chang-i revint à la cour de T'sin 秦 rendre compte de cette première partie de sa mission; Hoei-wen-wang fut si content qu'il lui accorda sur le-champ un fief de six villes, et lui donna le titre de Ou-sin-kiun 武信君 seigneur de Ou-sin ; c'était l'encourager à se montrer encore plus habile pour le reste de ses négociations.

T'chang i se remit en route pour la cour de T'si 齊 où il tint ce langage : "Les gens de la ligue disent à votre Majesté que votre royaume est à l'abri du danger, grâce aux trois pays de Tsin 晉; ils vous flattent et disent encore que votre territoire est étendu, le peuple nombreux, les soldats forts, les officiers hardis; quand même cent royaumes comme celui de T'sin 秦 voudraient vous attaquer, vous n'auriez rien à redouter. Votre Majesté se plaît à entendre de telles paroles, sans en examiner la réalité. Maintenant, les rois de T'sin 秦 et de T'chou 楚 sont alliés par des mariages; le prince de Han 韓 a offert le territoire de I-yang 宜陽, celui de Wei 魏 a offert le pays situé au delà du fleuve Jaune[河外]; le roi de Tchao 趙 a accordé la région enfermée par ce même fleuve [河間]. Si votre Majesté refuse de servir mon maître, celui-ci va de suite entrer dans les royaumes de Han et de Wei, pour attaquer votre frontière méridionale; les troupes de Tchao 趙 se rendront au défilé de Pouo-koan 博關 les villes de Lin tche 臨菑 et d Tsi-mé 郎墨 (1) ne seront bientôt plus en votre pouvoir."

Le roi ayant entendu ce discours, se rangea aussi à ce pa ti qui lui parut le plus sage. T'chang-i se rendit chez le roi de Tchao 趙: "Il y a quinze ans, lui dit-il, votre Majesté conduisait les troupes de toute la Chine contre le pays de T'sin 秦; nos gens n'osèrent sortir de leur défilé de Han-kou koan 函谷關; vous vouliez absolument nous punir de nos fautes ; maintenant grâce à cette attaque, nous avons obtenu les pays de Chou 蜀 et de Pa 巴 ; nous avons pris Han-tchong 漢中; nous entourons les possessions occidentales et orientales de l'empereur, nous tenons le gué du fleuve Pé-ma-tsin 白馬津. Quoique nous soyons à une grande distance, notre pays a depuis longtemps une grande haine contre vous; nos cuirasses sont usées, il est vrai; notre matériel de guerre est vieux ; mais nous allons quand même conduire nos troupes à Ming-t'che 澠池, nous passerons le

---

(1) 河外—c'est-à-dire le territoire qui forme maintenant le c in à l'est du Ho-nan c'est-à-dire Chen-tcheou 陝州, Hoa-tcheou 華州, T'ong-tcheou 同州 (F: v l. 14 p. 20).

Pouo-koan—c'est Pouo-p'ing-hien 博平縣 Tong-t'chang-fou 東昌府, autrefois nommée Pouo-ling 博陵 Chan-tong (Y. vol. 中 p. 38)—(F. vol. 10 p. 1).

Liu-tche—c'est Liu-tche-hien 臨菑縣 T'sing-tcheou-fou 青州府 Chan-tong.

Tsi-mé-hien—préfecture de Lai-tcheou-fou 萊州府 (Y. vol. 中 pp. 40 et 45). (F. vol. 10 p. 37).

fleuve Jaune et le fleuve Tchang 漳 ; nous occuperons P'an-ou 番吾; nous nous réunirons sous les murs de Han-tan 邯鄲 (3) votre capitale; enfin au jour Kia-tse 甲子, nous voulons en venir aux mains avec vous, décider le sort de nos deux royaumes, comme T'cheou-ou-wang 周武王 fit envers le tyran T'cheou 紂 de la dynastie Yng 殷. Mon maître, plein de déférence pour votre Majesté, m'a envoyé avertir vos ministres. Maintenant les rois de T'sin et de T'chou sont unis comme deux frères; ceux de Han 韓 et de Wei 魏 se sont déclarés vassaux de mon maître : celui de T'si 齊 lui a offert des territoires abondant en sel et en pêcheries; ainsi votre épaule droite est dénudée, votre épaule gauche est de même exposée aux coups de l'ennemi; et vous voudriez encore hasarder la chance des combats ? Ayant perdu vos compagnons, vous êtes isolé; et vous espérez encore échapper sain et sauf ? Est-ce possible ? Si vous rejetez mes propositions, mon maître envoie aussitôt trois corps d'armée; il occupe le pays de Ou-tao 午道 (2); les troupes capment à T'cheng-kao 成皐 et Ming-t'che 澠池; quatre royaumes sont assemblés pour vous attaquer; le pays une fois vaincu sera divisé entre les combattants; les quatre lots sont déjà fixés d'avance. S il m'était permis de vous suggérer un conseil, je crois que le meilleur parti à prendre c'est de faire un traité d'amitié entre votre Majesté et le roi de T'sin 秦 ; unis comme deux frères, vous serez inattaquables !"

Le p ince de Tchao consentit à cet arrangement. Enfin Tchang-i se rendit chez le roi de Yen et lui dit : " Le pays de Tchao s'est rangé au service de mon maître; si votre illustre Majesté refuse d'en faire autant, l'armée de T'sin va s'emparer de Yun-tchong 雲中 et de Kieou-yuen 九原 ; traversant le royaume de Tchao, elle pourra facilement arriver jusqu'à vous ; alors vos territoires de I-choei 易水 et de Tchang-t'cheng 長城 ne seront plus longtemps sous votre autorité.

(3) Ming-t'che—c'est Min.-t'che-hien 澠池縣 Hoai k'ing-fou 懷慶府 Ho-nan.

P'an-ou—à 20 ly à l'est de P'ing-cha -hien 平山縣 Tcheng-ting-fou 正定府 Ho-nan; le nom officiel est encore le même qu'autrefois, c'est-à-dire P'ou-ou 蒲吾 (F. vol. 2 p. 41).

Han-tan—c'est Han-tan-hien 邯鄲縣 dont le nom officiel et encore Tchao-tou 趙都 [capitale de Tchao] préfecture de Kouang-p'ing-fou 廣平府 Tche-li 直隸.

[Y. vol. 中 p. 16 ; vol. 上 p. 18. 25—K. vol. 上 p.p. 51-52].

Le gné de Pé-ma—est un des plus fameux du fleuve Jaune. Il est l'ouest de Hoa-hien 滑縣 Wei-hoei-fou 衞輝府 Ho-nan. (F. vol. 12 p. 24).

(2) Ou-tao—Carrefour à l'ouest de Pouo-tcheou 博州 à la frontière occidentale de T'si 齊 : il y avait là un chemin de communication entre ce royaume, celui de Tchao, et toue les pays du nord. On l'appelle encore la plaine de Tong-t'chang-fou. 東昌府 (F. vol. 10 pp. 20-21).

Le roi de Yen 燕 offrit de céder au roi de T'sin les cinq villes situées au bout de la montagne de T'chang-chan 常山 afin d'obtenir la paix. Hoei-wen-wang eut encore le temps, cette même année, de faire la guerre au royaume de T'chou, et de lui prendre la ville de Tchao-ling 召陵 (1).

Tchang-i retournait au pays de T'sin pour rendre compte de sa mission, quand il apprit la mort de Hoei-wen-wang. Du coup, la face des choses fut changée ! Les princes qui s'étaient soumis, bien malgré eux, à la suzeraineté de T'sin rompirent aussitôt leurs engagements et recommencèrent de nouveau une ligue générale contre ce pays, d'après les plans de Sou t'sin.

Hoei-wen-wang fut enterré à Kong-ling 公陵 (2). Son fils et successeur, Ou-wang 武王 n'aimait point T'chang-i; étant prince héritier, il ne pouvait le supporter; devenu roi, il songea de suite à s'en débarrasser. D'ailleurs, celui-ci va s'empresser de lui ôter ce souci, comme nous allons le voir.

---

(1) Yun-tchong, était à 400 ly nord-ouest de Ta-t'ong-fou 大同府 Chan-si. (Y. vol. 中 p. 63)—K. vol. 上 p. 108).

La rivière I-choei, passe à I-tcheou 易州 Tche-li—(Y vol. 上 p. 9)—(F. vol. 1. p. 3).

Kiou-yuen—à l'est de Yun-tchong ; juste à l'endroit où le fleuve Jaune fait une courbe pour se diriger vers l'est. Ce pays fut occupé par les Tartares jusqu'à la dynastie des Han 漢 ; c'est alors qu'il devint définitivement chinois. Les princes de T'sin y ouvrirent des routes, afin de pouvoir pénétrer à l'intérieur. [K. vol. 上, p. 107]. Il fait partie de la Mongolie, [F. vol. 14. p. 54].

Tchang-t'cheng est le pays au nord de Ta-t'ong-fou. [F. vol. 8. p. 20].

T'chang-chan, qui s'appelle aussi Heng-chan 恒山 et a encore d'autres noms, est la grande chaîne de montagnes dans l'onest du Tche-li. (F. vol. 1. p. 1).

Tchao-ling était à 45 ly à l'est de Yen-t'cheng 郾城, Hiu-tcheou 許州 Ho-nan. (F. vol. 12 p. 59)—Grand.... vol. 47 p. 47).

(2) A 14 ly au nord-ouest de Hien-yang-hien 咸陽縣 préfecture 'e 西安府 Chen-si. Chen, vol. 71 p. 5).

OU-WANG 武王

(310-307)

Le nouveau prince n'aura pas le temps de devenir illustre, comme son père: et il finira d'une façon peu royale; d'ailleurs ses goûts ne semblaient pas le porter à la gloire militaire; il aimait à faire parade de grandes forces corporelles, comme un athlète; il élevait à de hautes dignités ceux qui étaient remarquables par leur force herculéenne (1).

Avec un roi de ce calibre, Tchang-i comprit que sa place n'était plus à la cour de T'sin 秦, sa vie elle-même n'y eut pas été en sûreté; il s'en retourna au royaume de Wei 魏; il y fut de nouveau établi premier ministre; mais ce ne fut pas pour longtemps, car un an plus tard il mourut. (2).

Lui et Sou-t'sin 蘇秦 étaient des sophistes voyageurs, qui à tour de rôle unissaient et désunissaient les princes; le métier était lucratif; ils y gagnèrent de grandes dignités et de grandes richesses ; la conscience ne semblait guère les inquiéter. Bien des lettrés en auraient voulu faire autant : parmi ceux-ci, un certain Kong-suen-yen 公孫衍 fut assez remarquable imitateur de ces deux grands maîtres, sans les avoir égalés. Deux frères de Sou-t'sin, l'un nommé Tai 代, l'autre Li 厲 acquirent aussi une certaine renommée dans le métier. Il y a encore Tcheou-tsoei 周最 et Leou-hoan 樓緩 qui méritent une mention spéciale dans la partie; eux aussi couraient à droite et à gauche, dans tout l'empire et croyaient avoir fait de grands exploits quand ils avaient pu tromper quelque prince par leurs belles paroles. Mais les plus fameux furent T'chang-i, Sou-t'sin et Kong-suen-yen ; différents lettrés les comptent parmi les grands hommes. Mong-tse 孟子 en fut peut-être jaloux; car il leur refuse carrément ce titre [Zottoli, 11, livre 3, p. 473]. Un de ses disciples nommé King-t'choen 景春 lui ayant un jour posé la question suivante : " Kong-suen-yen et Tchang-i ne sont-ils pas des grands hommes ? Dès qu'ils se mettent en colère, les princes tremblent; quand ils se tiennent tranquilles, l'empire tout entier est eu paix ! "

---

(1) A son avènement, les rois de Han, de Wei, de T'si, de T'chou et de Tchao, vinrent lui offrir leurs hommages. La peur était pour beaucoup dans ces congratulations ; il ne faisait pas bon avoir le roi de T'sin pour ennemi. D'office ces princes auraient dû aller ensemble saluer l'empereur ; puis, avec son approbation, aller féliciter ce premier vassal, censé son bras droit. Aucun n'y songea même ! L'empire était une ruine qui subsistait grâce au bon plaisir du roi de T'sin.

(2) Ainsi, Tchang-i et Wei-tchang 魏章 rentrèrent tous deux dans leur patrie. (Chen. vol. 72 p. 21)—Che-ki-wei-che-kia 史記魏世家

Mong tse répondit : " Comment pourraient-ils être comptés parmi les grands hommes ? Par sa colère effrayer les gens, c'est la méthode des femmelettes. Un grand homme est celui qui réside dans sa vaste demeure d'où personne n'est exclu [la vertu d'humanité], qui possède la haute dignité de laquelle chacun trouve accès [l'urbanité], qui suit toujours la grande voie [la justice], qui pratique ces trois vertus envers le peuple; quand il est laissé de côté, qui ne laisse corrompre son cœur ni par les richesses, ni par les honneurs; qui dans la pauvreté et l'abaissement ne change pas de conduite, qui ne se laisse ébranler ni par les menaces ni par la violence."

Ou-wang mit à mort T'cheng-tchoang 陳莊 " pour avoir assassiné le prince de Chou 蜀," comme nous l'avons dit; car cet acte de cruauté avait révolté les principautés sauvages de l'ouest qui s'étaient précédemment alliées à T'sin. Ainsi le roi sacrifia son gouverneur à la haine de ces populations sans les calmer par là. Il partit en guerre contre les pays de I-k'iu 義渠, Tan 丹 et Li 犁. (1) Ici les commentaires se demandent pourquoi le texte n'emploie pas le mot " parricide, Che 弑 ", pour exprimer cet assassinat? La raison vraie, et vraiment chinoise, c'est que ce caractère ne s'emploie que pour l'assassinat d'un prince " régnant ": or, celui dont il s'agit était détrôné. Peut-être que le crime en lui-même, n'avait pas déplu au roi de T'sin 秦 qui se voyait ainsi délivré d'un ennemi terrassé, mais toujours dangereux; il fallait cependant une punition, pour effrayer ceux qui seraient tentés de suivre cet exemple.

La même année, les deux rois de T'sin 秦 et de Wei 魏 avaient une entrevue à Ling-tsin 臨晉 (2).

En 309, Ou-wang institue dans sa cour, la charge qui n'y existait pas encore, de premier ministre attitré sous le nom de T'cheng-siang 丞相 [l'aide du roi, son bras droit]. Cette même année, Ming 泯, roi de T'si 齊, se rend à la cour de Ou-wang, pour se marier avec une princesse de T'sin 秦.

En 308, le fleuve 渭 eut pendant trois jours de l'eau rouge.

---

(1) Les petites principautés de Tan 丹 et de Li 犁 se trouvaient au sud-ouest de Tchou 蜀; Ce dernier fit mettre à mort l'ancien prince de Chou 蜀 quoiqu'il se fût soumis au roi de T'sin.

Ces deux petites principautés de Tan et de Li se trouvaient au sud ouest de Chou 蜀, c'étaient des sauvages d'après les idées reçues. A l'époque des guerres civiles 戰國 elles étaient soumises à la principauté de Tien 滇, royaume Lolo, dans la province actuelle de Yun-nan. Le grand lac de cette province s'appelle encore maintenant Tien-t'che 滇池. La capitale de Li forme actuellement la ville de Ning-tcheou 寧州 au Yun-nan. Le nom littéraire de la ville est toujours Li-tcheou 犁州 [Y. T. p. 82.]

(2) Tchao-i-hien 朝邑縣 T'ong-tcheou-fou 同州府 Chen-si. (Y. vol. 中 p. 113).

En 307, nouvelle entrevue de Ou-wang avec le prince de Wei, à Yng 應 (1)

Cette même année, Ou-wang envoyait le général Kan-meou 甘茂 (2) attaquer la ville de I-yang 宜陽 (3). Kan-meou avait d'abord reçu la mission d'aller au pays de Wei 魏 engager le roi à s'unir à celui de T'sin 秦 pour attaquer le pays de Han 韓. Arrivé à la cour de Wei, Kan-meou députa vers Ou-wang, un messager chargé de lui dire : " Le roi promet son concours ; mais je prie votre Majesté de ne pas m'envoyer faire cette expédition." Ayant reçu cette dépêche, Ou-wang ne savait quoi penser ; il alla au-devant de Kan-meou jusqu'à Si-jang 息壤 (4) et lui demanda explication.

Le général répondit "—" Nan-yang 南陽 est une grande ville, bien peuplée, bien préparée à la défense ; nous devrions passer des défilés dangereux, ensuite nous hasarder à une distance de cent ly, en pays inconnu ; c'est une chose difficile ! Permettez-moi de ne pas conduire cette entreprise. Autrefois, au royaume de Lou 魯, il y avait un homme du même nom que le fameux sage Tseng-ts'an 曾參 [disciple de Confucius 孔夫子] ; cet homme ayant commis un assassinat, on vint par erreur chez la mère du sage lui annoncer le crime commis [disait-on] par son fils ; la mère continua à tisser sans prendre garde à une telle nouvelle, et sans avoir le moindre doute sur le compte de son fils ; trois messagers vinrent aussi annoncer la même chose ; alors la mère commença à douter ; elle jeta sa navette, sauta de son métier, passa par dessus le mur et s'enfuit. Or, votre serviteur est loin d'avoir la vertu du sage Tseng-ts'an ; votre confiance en moi est aussi grande que celle de cette mère en son fils ; mais il y a plus de trois individus près de vous qui chercheront à me nuire ; j'ai peur que votre Majesté ne jette aussi la navette, et s'irrite contre moi ! Autrefois encore Wen-heou 文侯 de Wei 魏 envoya Yo-yang 樂羊 attaquer la principauté de Tchong-chan 中山 ; le siège dura trois ans ; ayant enfin pris la ville, il rentra et raconta au roi tous les hauts faits accomplis pendant ce siège. Alors Wen-heou lui montra une malle remplie d'accusations contre lui. Yo-yang se prosterna, frappa la terre de son front et dit : " Les choses étant ainsi, je vois que tous les mérites de cette victoire reviennent uniquement à votre Majesté ! "

(1) Nous avons déjà dit que Yng 應 est actuellement la sous-préfecture Ling-tsin 臨晉 Chen-si. (Fang-yu vo . 54 p. 20 in verso.)

(2) Kan-meou était originaire de Hia-t'sai 下蔡 ; maintenant Fong-t'ai-hien 鳳臺縣 Fong-yang-fou 鳳陽府 Ngan-hoei 安徽 (Y. vol. 上 p. 56).—Ou-wang lui avait fait part de ses projets : " Je veux absolument, lui avait-il dit, faire la conquête de San-t'choan 三川 (le Ho-nan actuel) et devenir empereur ; dussé-je périr dans cette entreprise, je ne le regretterai pas ! Sur ce, ils avaient dressé leurs plans ; et c'est pour en commencer l'exécution qu'il envoyait le général à la cour de Wei.

(3) Voyez au règne précédent.

(4) Quelle est cette ville ? Je n'ai pu le trouver. Le commentaire n'a que des contes en l'air à ce sujet. En tout cas c'était une ville de T'sin 秦

Ayant rapporté ces deux apologues, Kan-meou continua en disant : " Votre serviteur n'est qu'un étranger dans ce royaume ; T'chou-li-tse 樗里子[1] et Kong-suen-che 公孫奭 discuteront les événements de Han, et m'accuseront ; votre Majesté leur prêtera l'oreille ; ainsi j'aurai trompé le roi de Wei 魏 et je subirai encore les ressentiments de Kong-tchoug-t'che 公孫佟. Voilà les raisons pour lesquelles je suggère à votre Majesté de renoncer à son projet."

Ou-wang répondit : " Moi, prince de peu de valeur, je vous promets de ne rien écouter contre vous ; je vais faire un pacte d'amitié éternelle avec vous." Sur ce, l'on offrit un sacrifice solennel pour cimenter la convention, et la rendre inviolable. En automne, l'armée partait sous la conduite de Kan-meou.

Cette même année Ou-wang eut une entrevue avec le roi de Han 韓 ; sans doute qu'on ne put s'accorder, car Kan-meou continua d'assiéger la ville ; les travaux, les attaques duraient déjà depuis cinq mois sans résultat ; T'chou-li-tse et Kong-suen-che ne manquèrent pas de déblatérer contre le général ; tellement, que Ou-wang voulait faire cesser la campagne. Kan-meou lui répondit: " Avez-vous oublié les serments faits à Si-jang 息壤 "? Alors Ou-wang conduisit toutes les troupes disponibles au secours de Kan-meou ; la ville fut prise ; et l'on passa au fil de l'épée plus de soixante mille hommes. Après cela, le général traversa le fleuve Jaune, pour aller fortifier la ville de Ou-soei [2] 武遂.

On était alors en 306. Un jour, Ou-wang qui s'amusait avec Mong-chouo 孟說 à soulever un énorme trépied, se rompit un vaisseau sanguin; il mourut à la 8ème lune; toute la parenté de Mong-chouo fut exterminée.

Ou-wang n'avait pas de fils ; tous ses frères se disputèrent le trône ; parmi eux, un demi-frère, nommé Tsi 稷, se trouvait comme otage au pays de Yen 燕 ; sa mère Mi-pa-tse 芊八子 (3), c'est-à-dire concubine du titre de Pa tse 八子, avait à la cour un frère [de même mère mais non de même père] qui déjà sous le roi précédent avait eu de hautes dignités et traité des affaires importantes ; celui-ci s'associa un certain nombre d'hommes influents, et alla chercher le prince Tsi 稷 pour le placer sur le trône. Celui-ci n'était qu'un enfant ; sa mère gouverna à sa place; elle établit son frère, nommé Wei-jan 魏冉, général en chef de l'armée; et comme tel lui confia la garde de la capitale Hien-yang 咸陽.

---

(1) Pour la biographie de ce T'chou-li-tse, consulter le Che-ki, chap 71. p. 1. C'était le demi-frère de Hoei-wen-wang [de même père, mais d'une autre mère] ; il s'appelait T'si 稷 ; il habitait le pays actuel de Wei-nan-hien 渭南縣 Si-ngan-fou 西安府 Chen-si. C'était un beau parleur, jamais à court d'expédients ; le peuple de T'sin 秦 l'appelait " le sac à ressources." Dans sa résidence, il avait un grand et bel arbre nommé Tchou 樗 [Atlantus glandulosa] ; c'est de là que lui est venu son surnom de T'chou. Sa mère était une princesse de Han. [F. vol. 14, p. 10 grand vol. 53 p. 46].

(2) Ou-soei—Était à 70 ly à l'est de P'ing-yang-fou 平陽府 Chan-si (F. vol. 9 p. 7).

(3) [Che-ki, vol. 5 p. 25]. La reine légitime s'appelait Hoang-heou 皇后 ; les femmes de second et troisième rang s'appelaient Fou-jen 夫人, Mei-jen 美人, Leang-jen 良人, Pa-tse 八子, Tsi-tse 七子, Tchang-che 長使 et Chao-che 少使.

[155]

Le tombeau de Ôu-wang est un grand monument, au milieu d'une plaine nommée Pi-mé 畢 陌 à 21 ly à l'est de Hien-yang-hien, et s'appelle Yong-ling 永 陵 [K. vol, 上 p. 39].

D'après le F. vol. 14 p. 7. Cette plaine commence cinq ly au nord de la ville, et s'étend au sud jusqu'à la grande montagne de Tchong-nan-chan 終 南 山.

TCHAO-SIANG-WANG 昭襄王

(306-251)

    Le royaume de Yen 燕 s'empressa de libérer son royal otage, pour lui permettre de monter sur le trône; d'autres pays, en semblables circonstances, ne montraient pas toujours autant de bonne volonté. Mais il ne suffisait pas d'arriver au pouvoir ; il fallait s'y maintenir, en dépit des nombreux compétiteurs ; cette seconde partie du programme n'était pas la plus facile, comme nous allons le voir.

    Le nouveau prince est connu sous le nom de Tchao-siang-wang ; sa mère reçut bientôt le titre de Siuen-tai-heou 宣太后 ou reine-mère; elle était originaire du royaume de Tchou et princesse de la famille régnante, dont le nom était Mi 芈. Dans un traité de paix avec le roi de Han, le nouveau roi de T'sin lui rendit la ville de Ou-soei 武遂 où se trouvaient les tombeaux des princes de Han.

    Dès l'année suivante [306], le grand prince de Tchao 趙 [qui refusait le titre de roi] fit une expédition vers l'ouest de son royaume; il envahit les territoires de Tchong-chan 中山 et de Hou-ti 胡地. L'histoire du Chen-si dit que c'était tout le pays voisin, jusqu'à Yu-tchong 榆中 (1) ; les habitants étaient ces fameux Tartares connus en Europe sous le nom de Huns. Cette contrée, située au grand coude du Hoang-ho sera définitivement conquise par le général Mong-t'ien 蒙括 sous le roi Che-hoang 始皇, le plus célèbre des rois de T'sin 秦. Mais revenons à notre prince de Tchao; il lui envoya un messager prier les rois de T'sin 秦, Han 韓, T'chou 楚, Wei 魏 et T'si 齊 de réunir leurs troupes et venir aussi attaquer ces Tartares; mais leur roi nommé Ling-hou-wang 林胡王 envoya un ambassadeur offrir de magnifiques chevaux à Tchao-siang-wang, et le prier de ne pas prêter son concours à cette ligue. L'envoyé réussit dans sa mission; il s'était adressé à Leou-hoan 樓緩.—Les autres princes, excepté celui de Wei, persistèrent dans leur projet ; l'année suivante, le pays des Tartares fut occupé par le roi de Tchao 趙 nommé Ou-ling-wang 武靈王 (325-298).

---

    (1) Tchong-chan : maintenant Ting-tcheou 定州 Tche-li 直隸 (Y. vol. 上 p. 21—vol. 2. p. 70). Yu-tchong ; préfecture de Yu-ling-fou 榆林府 Chen-si vol 中 p. 126.) Le K. vol. 上 p. 96 dit que Yu-tchong était à 50 ly à l'est de Lan-tcheou-fou 蘭州府 à savoir, dans la sous-préfecture de Kin-hien 金州 Kan-sou.

    Le pays de Hou-ti est la Mongolie ; c'est-à-dire toutes les tribus tartares au nord et à l'ouest des états chinois.

    Le grand seigneur Leou-hoan, dont il est question, était originaire du royaume de Tchao, d'autres disent de Wei ; il devint ministre de T'sin ; le roi tartare l'avait gagné à sa cause, et le priait d'intercéder pour lui auprès de son maître.

    Quant aux détails de cette expédition de Tchao, voyez l'histoire de Tchao.

L'année suivante [305], éclatait une révolution de palais; un certain nombre de grands dignitaires furent impliqués dans ce complot; parmi eux se trouvaient les princes Yong 雍 et Tchoang 壯; celui-ci était officier du dixième degré, c'est-à-dire Chou-tchang 庶長. Heureusement pour le jeune roi, son oncle Wei-jan 魏冉 avait l'énergie et le caractère d'un grand capitaine; il massacra tous ceux qui n'acceptèrent pas le régime établi; puis il prit en main les rênes du gouvernement; ce fut le salut du royaume. La femme principale du précédent roi Ou 武 réussit à s'enfuir au pays de Wei 魏 sa patrie. La reine-douairière, c'est-à-dire la femme principale de Hoei-wen-wang 惠文王, fut mise à mort avec les princes révoltés, disent quelques auteurs; d'autres croient qu'elle mourut de chagrin; cette dernière version parait plus probable; car Wei-jan était un homme d'une grande probité; il s'était montré tel dans l'administration des affaires sous les deux rois précédents : et n'avait aucune vengeance personnelle à exercer contre cette vieille princesse. Il avait encore un frère, nommé Mi-jong 芋戎: il le fit seigneur de Hoa-yang 華陽 et lui confia une partie de l'administration. Le jeune roi avait lui même deux frères utérins; l'un nommé Hien 顯 fut fait seigneur de Kao-ling 高陵君, l'autre nommé Hoei 悝 fut seigneur de King-yang 涇陽君.

En 304, le jeune roi devenu majeur, fait un traité de paix avec celui de T'chou 楚, à Hoang-ki 黃棘; il lui rend le territoire de Chang-yong (1) 上庸.

En 303, l'armée de Tchao-siang-wang prend au roi de Wei 魏 les villes de P'ou-fan 蒲阪, Tsin-yang 晉陽 et Fong-ling 封陵, puis au roi de Han 韓, la ville de Ou-soei (2) 武遂.

Cette même année, les rois de T'si 齊, Han 韓 et Wei 魏 font la guerre au roi de T'chou 楚, pour le punir d'avoir rompu le pacte d'alliance conclu avec eux précédemment, lors de la guerre avec les Tartares [305]. Dans son embarras, le roi de T'chou envoie son fils, le prince héritier Hong 橫 comme otage à la cour de Tchao-siang-wang; celui-ci interpose sa médiation, et les trois rois ramènent leurs troupes dans leurs pays.

---

(1) Hoang-ki; c'était autrefois un état indépendant nommé Sié 謝; la ville était située au nord du fleuve Ki d'où elle avait reçu le nom de Ki-yang 棘陽—Maintenant, c'est à 77 ly nord-est de Sin-yé-hien 新野縣 Nan-yang-fou 南陽府 Ho-nan. (K. vol. 上 p. 77. (Y. vol. 中 p. 19)—(F. vol. 12. p, 46).

Chang-yong-fou—Était à 40 ly à l'est de Tchou-chan-hien 竹山縣 Yun-yang-fou 鄖陽府 Hou-pé 湖北 (Y. vol. 中 p. 77); c'était auparavant une petite principauté; le roi de T'chou se l'était annexé (F. vol. 21 p 33).

(2) P'ou-fan—l'ancienne capitale de l'empereur Chcen 舜 était à 5 ly à l'est de P'ou-tcheou-fou 蒲州府. Fong ling—était à 55 ly au sud de la même ville (Y. vol. 中 p. 54)—(F. vol. 8 pp. 20-30) (Grand.... vol. 41 p. 18-19). Tsing-yang—c'est actuellement Tché-tcheou-fou 澤州府 Chan-si (F. vol. 8. p. 27)—(Grand.... vol. 41 p. 22). Ou-soei—Voyez à la fin du règne précédent.

En 302, Tchao-siang-wang a une entrevue à Liug-tsing 臨晉 avec les rois de Han 韓 et de Wei 魏 ; il rend à celui-ci la ville de P'ou-fan 蒲阪 ; c'était la résidence du prince Houg ; elle lui plaisait peu, sans doute ; car il avait tué l'officier qui en avait la garde, et s'était enfui dans sa patrie.

En 301, l'armée de Tchao-siang-wang prend au roi de Han 韓 la ville de Jang 壤 (1) Cette année encore, le gouverneur du pays de Chou [蜀守] s'étant révolté, l'armée de T'sin 秦 sous la conduite du général Se-ma-t'souo 司馬錯 entre dans le pays, tue le gouverneur rebelle, et rétablit la paix. Se-ma-t'sien donne à ce gouverneur le titre de prince ; le commentaire ajoute que c'était un des princes de la famille régnante ; le pays, le Se-t'choan 四川 actuel, restait toujours mécontent du gouvernement de T'sin.

Cette même année, les troupes réunies de T'sin 秦, Han 韓, Wei 魏, et T'si 齊 s'en vont attaquer le royaume de T'chou 楚 ; elles tuent le général T'ang-mei 唐昧 et prennent le pays de Tchong-k'ieou 重丘. D'après Se-ma-t'sien vingt mille hommes furent passés au fil de l'épée, le général fait prisonnier, mais non pas tué ; de même il met cette campagne à l'année suivante ; il dit aussi qu'on avait assiégé Fang-t'cheng 方城 la forteresse la plus renommée de toute la Chine dans les anciens temps. Dans cette même campagne, le général Mi-jong prit encore la ville de Sin-che (2) 新市.

Après cette expédition, il y eut une éclipse de soleil telle qu'en plein midi il faisait nuit, dit l'historien.

En 300, mourait le premier-ministre T'chou-li-tse 樗里子 ; et le prince Kong-tse-hoei 公子悝 frère de Tchao-siang-wang était envoyé comme otage à la cour de T'si 齊. De même, Mi-jong 芊戎 frère de Wei-jan, et général d'armée, remportait une victoire décisive sur le royaume de T'chou 楚 ; il tuait le général King-k'iué 景缺 et prenait la ville de Siang-t'cheng 襄城 (3). Sur ce, le roi de T'chou envoyait son fils le prince héritier Hong 橫, comme otage à la cour de T'sin 秦 pour obtenir la paix.

---

(1) C'était à 2 ly au sud-est de Teng-tcheou 鄧州 Nan-yang-fou 南陽府 Houan (Y. vol. 中 p. 19)-(F. vol. 12 p 44). Tchong-k'iecu—sur les bords de la rivière Pi au sud de la sous-préfecture T'ang 唐 de Nan-yang-fou.

(2) Grand...... vol. 51 p. 11—F. vol. 12 p. 42)—cf 呂不韋 vol. 25 p. 11 a des détails entièrement intéressants.
Fang-t'cheng—C'est maintenant Yu-tcheou 裕州 Nan-yang-fou 南陽府 Ho-nan A 40 ly de la ville, au nord, il y a la montagne du même nom, Fang-chan. (F. vol 12 p. 47).
Sin-che—Etait à 100 ly au nord-est de King-chan-hien 京山縣 Ngan-lou-fou 安陸府 Hou-pé (F. vol. 20; 14).

(3) C'est maintenant encore la ville de Siang-t'cheng-hien 襄城縣 de Hiu-tcheou Ho-nan (Y. vol. 中 p. 7). Autrefois elle porta aussi le nom de Sin-t'cheng 新城 (F. vol 12. p. 59).

En 299, le roi de Tchao 趙 enlève à son fils Tchang 章 la dignité de prince héritier, il la reporte sur son jeune fils Ho 何 et pour assurer ce transfert, il abdique le pouvoir en sa faveur, nomme Fei-i 肥義 premier-ministre du jeune prince ; il ne garde pour soi que le titre de Père du roi (Tchou-fou 主父). La raison de tout cela n'était qu'une faiblesse du cœur paternel envers cet enfant ; ce roi, en effet, s'était remarié avec Mong-yao 孟姚 fille de Ou-kouang 吳廣 ; celle-ci intrigua si bien qu'elle obtint pour son fils la succession au trône.

(1) Débarrassé des soins du gouvernement, le roi de Tchao 趙 prit le costume des Tartares de Hou 胡 ; puis en compagnie de son général en chef et de ses grands officiers, il s'en alla combattre ces Tartares et prendre leur pays. De là il se dirigea tout droit vers le sud, avec l'intention d'envahir le royaume de T'sin 秦. La tentative était bien hardie. Pour mieux réussir, il chercha d'abord un stratagème pour entrer dans l'intérieur du pays, et l'explorer à son aise sans être découvert. Il se présenta donc à la frontière, comme ambassadeur des Tartares ; en cette qualité, la route lui fut ouverte sans défiance ; Tchao-siang-wang lui accorda une entrevue ; personne ne soupçonnait un espion ; le roi de T'sin 秦 fut pourtant bien étonné de la prestance et de l'aisance de ce singulier ambassadeur ; après lui avoir donné congé de repartir, il s'en repentit, et envoya des officiers pour le ramener à la cour ; mais il était déjà trop tard ; le faux ambassadeur avait, grâce à la vitesse de son cheval, repassé la frontière et rejoint son armée. Tchao-siang-wang, ayant fait prendre des informations, apprit d'une manière certaine qu'il avait été joué par ce royal espion ; il fut grandement irrité ; mais il fut encore plus inquiet sur les projets de son mystificateur.

L'historien observe que les troubles du royaume de Tchao 趙 commencèrent dès cette époque ; on n'en est point étonné ; un parti devait nécessairement se former en faveur du légitime prince héritier, et chercher tous les moyens possibles pour lui faire restituer ses droits à la couronne.

Cette même année, nous trouvons de nouveau l'armée de T'sin 秦 en guerre avec le roi de T'chou 楚. Déjà huit villes étaient occupées, quand on employa une ruse très déloyale pour s'emparer du roi lui-même. Tchao-siang-wang lui écrivit une lettre ainsi conçue :

---

(1) Nous avons déjà parlé de ce pays, un peu plus haut (dans la Mongolie actuelle) ; voyez encore à la fin de l'année 311, la note sur Yun-tcheng et Kieou-yuen ; il s'agit de ces parages.

" Moi, homme de peu de valeur, j'avais fait avec votre Majesté un traité de paix, par lequel nous devions désormais vivre en parfaite harmonie, comme deux frères. C'était dans la ville de Hoang-ki 黃棘, vous ne l'avez pas oublié; votre prince héritier vint près de moi à titre d'otage, ce dont j'étais grandement réjoui; mais il tua un de mes officiers et s'enfuit sans prendre congé de moi; j'entrai en colère, et envoyai une armée envahir le territoire de votre Majesté. Maintenant j'ai entendu dire que vous avez envoyé ce même prince auprès du roi de T'si 齊 afin que ce dernier fît la paix entre nous. Moi, homme de peu de valeur, je suis votre voisin; nos deux familles sont parentes et alliées; et cependant nous ne sommes pas en bons termes; ainsi il est impossible de régir les autres princes. Je voudrais donc avoir une entrevue avec votre Majesté à Ou-k'oan 武關 pour lui parler face à face, et conclure à nouveau un traité de paix; c'est mon unique désir." Le roi de T'chou 楚 était tout disposé à accepter l'invitation; il craignait pourtant un piège; d'autre part, ne pas se rendre à Ou-koan, c'était raviver la colère de Tchao-siang-wang. Tchao-tsiu 昭睢 et K'iué-p'ing 屈平 (1) lui conseillaient de ne pas y aller : " Préparez plutôt votre armée en toute hâte, lui disaient-ils, pour protéger votre royaume; car les gens de T'sin 秦 sont des tigres et des loups; ils veulent absorber les territoires de tous les autres princes; on ne peut se fier à des gens semblables." Au contraire Tse-lan 子蘭 le jeune fils du roi, engageait son père à se rendre au lieu désigné. Le roi choisit ce dernier parti. Tchao-siang-wang députa un de ses généraux, pour jouer le rôle de roi, en même temps il plaçait des soldats en embuscade dans le défilé de Ou-koan; ceux-ci capturèrent le roi de T'chou 楚 et l'amenèrent à Tchao-siang-wang; celui-ci le conduisit à sa capitale Hien-yang 咸陽 le força à lui rendre hommage dans la tour de Tchang-t'ai 章臺 comme à son suzerain. Il voulait encore le contraindre à lui céder les deux territoires de Ou 巫 et de K'ien 黔中 (2); mais le roi ne voulut jamais y consentir; on le garda donc en captivité.

Pendant ce temps, le prince héritier Hong 橫 était toujours en otage chez le roi de T'si 齊. Les grands dignitaires tinrent conseil. Notre roi est prisonnier, disaient-ils; le prince héritier est à la cour du roi de T'si 齊; si ce dernier s'entend avec Tchao-siang-wang, notre pays est perdu ! En conséquence, plusieurs dignitaires conseillaient de placer immédiatement sur le trône un autre jeune prince.

---

(1) Tchao-tsiu était un général, K'iué-p'ing, ou K'ié-yuen 屈原 est l'auteur du Li-sao 離騷 poésie élégiaque bien connue. K'iué-yuen était prince de la famille régnante.

(2) Ou.—C'est maintenant Ou-chan-hien 巫山縣 K'ouei-tcheou-fou 夔州府 Se-t'choan. [Y. vol. F. p. 20]—[F. vol. 24 p. 25].

K'ien—(ou K'ien-tchong)—maintenant T'chen-tcheou-fou 辰州府 et les quatre villes qui en dépendent, Ho-nan 河南 (Y. vol. 中 p. 37)-(K. vol. 上 p. 31).

Mais Tchao-tsiu 昭睢 leur dit : " Notre roi et notre prince héritier étant retenus à l'étranger, vous voulez mettre à leur place un fils de concubine [Chou-tse 庶子]: cela est impossible; ce serait aller contre tous les droits." L'assemblée reconnaissait la sagesse de cet avis; mais alors quelle ressource avait-on pour sortir d'embarras ? On envoya un faux message à la cour de T'si 齊 annonçant la mort du roi de T'chou 楚 ; mais la ruse faillit coûter cher: parmi les grands dignitaires de T'si, les uns conseillèrent de le garder captif, pour forcer les gens de T'chou à céder le pays situé au nord du fleuve Hoai-pé 淮北 ; le premier ministre leur répliqua, " Les gens de T'chou n'ont qu'à placer un autre prince sur le trône; alors à quoi nous servirait notre otage ? De plus nous aurions une très mauvaise réputation dans tout l'empire." A cela d'autres dignitaires répliquaient à leur tour : " Si les gens de T'chou établissent un autre prince sur le trône, nous pourrons entamer de nouvelles négociations avec ce roi: cédez-nous le territoire en question, dirons nous; en retour, nous tuerons le prince héritier, vous serez délivré d'un compétiteur redoutable; si vous ne consentez pas, nous allons, avec le concours de nos alliés, proclamer roi le prince Hong, notre otage, et le conduire malgré vous à sa capitale. "

Le roi de T'si suivit l'avis de son premier ministre; il renvoya le prince héritier dans sa patrie ; les gens de T'chou le proclamèrent aussitôt roi. Il est connu dans l'histoire sous le nom de K'ing-siang wang 頃襄王 [295-262]. (1) Vers la fin de cette même année [279] Tchao-siang-wang, pria T'ien-wen 田文 d'occuper la place de premier-ministre. C'était un homme de T'si 齊 ; il était de la puissante famille Tcheng 陳 laquelle en 385, après avoir écarté du trône les descendants de la famille régnante Kiang 姜 s'était mise à leur place et avait changé son nom pour celui de T'ien-wen 田文. Tchao-siang-wang avait appris par la renommée que ce T'ien wen était éminent en sagesse ; il résolut donc de l'appeler et de lui confier le poste le plus élevé. Ce ne fut pas pour longtemps ; car dès l'année suivante cet homme s'enfuyait et retournait dans sa patrie.

---

(1) (Che-ki, vol. 5. p. 24)—La chronologie de Se-ma-t'sien diffère encore ici d'une année ; il met cette invitation en 297.—Il dit que c'est Hoan 奐 général de T'sin 秦 qui avait pris les huit villes de T'chou 楚 et tué King-k'iué 景缺 le général ennemi. Il dit encore que Hoai-wang 懷王 le roi de T'chou, était allé saluer Tchao-siang-wang, qui le retint prisonnier. Mais à cette époque, les divers princes étaient trop fiers et trop fins pour aller sans nécessité exposer leur liberté ou leur vie dans de semblables visites. Le récit du T'ong-kien-kang-mou parait donc le plus naturel.

De mauvaises langues avaient dit à Tchao-siang-wang. " T'ien-wen votre ministre procurera certainement l'avantage de sa patrie et non celui de votre royaume. " Sur ce, Tchao-siang-wang était devenu soupçonneux, l'avait fait arrêter et emprisonner; il voulait même le mettre à mort. Dans cette extrémité, T'ien-Wen implora la protection de la concubine nomm e Ki 姬 ; celle-ci désirait une magnifique fourrure blanche en peau de renard, apportée par T'ien-wen; mais il l'avait déjà offerte au roi lui-même ; que faire ? T'ien-wen avait parmi les gens de sa suite un joueur de tours ou voleur des plus habiles; il le chargea d'aller reprendre la fourrure, et 1 offrit à la concubine ; celle-ci intercéda pour le prisonnier, et obtint sa liberté (1). T'ien-wen ne tenait pas à faire une nouvelle expérience de la clémence royale; il prit en toute hâte le chemin de son pays. Tchao-siang-wang, qui déjà se repentait de l'avoir lâché, fit courir après lui pour le ramener. T'ien-wen était déjà à la frontière, il attendait avec impatience le moment de la passer; mais on ne pouvait ouvrir la porte de la douane qu'au chant du coq. Le danger devenait imminent ; les émissaires du roi approchaient, ils allaient bientôt arriver ; un des hommes de T'ien wen le tira encore d'affaire; il imita si bien le chant d'un coq que toutes les basses-cours environnantes y furent trompées ; partout les coqs firent chorus ; les gardiens ouvrirent la porte, et T'ien-wen se mit à galoper de grand cœur sur le sol de sa patrie, (2) jurant de se venger d'une manière éclatante.

En 298 encore, Tchao-siang-wang attaque de nouveau le royaume de T'chou 楚. Les grands dignitaires de ce pays lui avaient envoyé ce message provocateur : " Grâce à la protection des génies tutélaires, nous avons un nouveau roi." Tchao-siang-wang envoya aussitôt son armée envahir le pays de T'chou ; on passa par le défilé de Ou-koan 武關, on prit le territoire de Si 析 (3) et de quinze autres villes; on passa au fil de l'épée cinquante mille hommes.

---

(1) Les fourrures blanches en peau de renard sont très estimées en Chine ; elles coûtent fort cher, jusqu'à mille onces d'or ! Elles sont faites uniquement de morceaux de la peau tendre et blanche des pattes du renard ; ainsi il faut un grand nombre de peaux pour une seule fourrure ; un vêtement si précieux valait mille autres fourrures déjà très belles elles-mêmes ; aussi était-il porté presque uniquement par les princes. (Cf. Li-ki, chap. 玉 藻).

(2) T'ien-wen est plus connu sous le nom de Mong-tchang-kiun 孟嘗君 ; sa fuite, le chant du faux coq, et le reste, tout cela se raconte encore maintenant parmi le peuple ; les lettrés n'ont garde de l'oublier dans leurs compositions.

(3) Si,—c'est actuellement Nei-hiang 內鄉 et Si-t'choan 析川, préfecture de Nan-yang-fou 南陽府 Ho-nan, (K. voll 上 p. 40)-(Y. vol. 中 p. 19)-(F. vol. 12 p. 45).

Tchao-siang-wang n'eut guère le temps de se réjouir de ses succès; T'ien-wen 田文 avait pu réunir les armées de T'si, 齊 de Han 韓 et de Wei 魏 (1); il avait réussi de même à passer le défilé de Han-kou-koan 函谷關; il se trouvait presque au cœur du pays de T'sin 秦 avant que Tchao-siang-wang, occupé ailleurs, eût pu l'en empêcher. Celui-ci décontenancé par ce coup hardi auquel il ne s'attendait pas, tint conseil avec le prince Kong-tse-t'che 公子池 et le premier-ministre Leou-hoan 樓緩 : il proposa d'offrir trois villes situées à l'est du fleuve Jaune (2): " Traiter de la paix en pareilles circonstances, dirent les conseillers, est une dure nécessité ; n'en pas traiter serait encore pire; si après avoir accepté votre proposition, les armées ennemies se retirent, votre Majesté regrettera le sacrifice de ces trois villes ; ne rien offrir, c'est s'exposer à voir votre capitale assiégée ; dans ce grand danger, votre Majesté regretterait bien d'avoir tant tenu à ces villes." Ainsi donc, reprit Tchao-siang-wang, de part et d'autre le chagrin est inévitable ; je préfère abandonner ces trois villes et sauver ma capitale". Sur ce, il envoya le prince Kong-tse-t'che traiter des conditions de la paix. Contre toute attente, T'ien-wen 田文 sembla renoncer à tirer profit de sa situation, et cessa aussitôt les hostilités. Que s'était-il donc passé ?

Précédemment, T'ien-wen manquant de provisions pour son armée avait voulu envahir le territoire même de l'empereur; mais Sou-tai 蘇代 frère du ministre Sou-t'sin 蘇秦 plaida en faveur de l'empereur : " Il y a neuf ans, dit-il, que votre seigneurie fit la guerre au roi de T'chou 楚 et lui prit, au nord, les deux villes de Yuen 宛 et de Che 葉 (3);

---

(1) D'après le Che-ki, les royaumes de Tchao 趙 de Song 宋 et de Tchong-chan 中山 avaient aussi joint leurs troupes à celles des trois royaumes ci-dessus nommés ; il dit aussi que les envahisseurs étaient déjà parvenus jusqu'à Yen 鹽. Or cette ville était à 20 ly à l'ouest de Ngan-i-hien 安邑縣 Kiai-tcheou 解州 où il y a des lacs salés [Chan-si]—[F vol. 8. p 42].

On explique la prise du défilé de Han-kou-koan par cette circonstance que les deux fleuves Hoang-ho 黃河 et Wei 渭 furent à sec pendant un jour, ne coulèrent pas, selon l'expression de l'auteur [絕一日 t'siné i je]; peut-être y a-t-il une autre explication plausible de ce passage.

(2) C'est maintenant le territoire de P'ing-yang-fou 平陽府 préfecture de Nan-yang-fou, Chan-si [K. vol. 上 p. 42]. [Y. vol 中 p. 51].—Outre ces trois villes, le roi dans sa détresse, offrit le territoire de Fong-ling 封陵.

(3) Yuen ou Nan-yang-kiun 南陽郡 c'est Nan-yang-hien, préfecture de Nan-yang-fou. Ho-nan. [K. vol. 中 p. 67] [y. vol. 中 p. 19]—[F. vol. 12. p. 40].

Che.—C'est Che-hien 葉縣, même préfecture de Nan-yang-fou. (K. vol. 上 p. 77.)—(Y. vol. 上 p. 20)—(F. vol. 12. p. 48).

vous avez aussi fortifié les deux royaumes de Han 韓 et de Wei 魏 ; maintenant vous attaquez ce pays de T'sin 秦 ; c'est encore par-là même fortifier ces deux royaumes ; au sud, ils n'auront plus rien à craindre de T'chou; à l'ouest ils n'auront plus à craindre T'sin; ainsi c'est notre pays de T'si 齊 qui deviendra l'objet de leurs attaques. Le mieux serait de laisser en paix l'empereur et Tchao-siang-wang; après avoir occupé le défilé de Han-kou-koan 函谷關, cessez l'invasion; en considération de votre bienveillance, mon maître exhortera le roi de T'sin, et lui dira: " T'ien-wen 田文 n'est pas votre ennemi personnel, et ne tient pas à agrandir ses alliés Han et Wei; il désire seulement que vous rendiez la liberté au roi de T'chou 楚 à condition qu'il cède la partie orientale de son territoire. Ainsi la paix sera facile à conclure ; Tchao-siang-wang n'aura de fait subi aucun dommage ; il acceptera volontiers votre proposition ; le roi de T'chou sera heureux de se voir délivré ; il vous en rendra grâces ; votre pays aura acquis une belle province de plus, sans coup férir, tout le monde bénira votre seigneurie, de génération en génération.''

Tien-wen 田文 trouva ce conseil fort sage ; quand le prince Kong-tse-t'che se présenta pour parlementer, au nom de son maître, la partie était déjà gagnée ; il n'était même pas nécessaire de discuter la cession des trois villes. Bien mieux ! finalement, Tchao-siang-wang garda encore son prisonnier. (1) En 297, Hoai 槐 (2) roi de T'chou 楚 tente de s'échapper ; mais il ne réussit pas à passer la frontière ; il fut ramené par les gens de T'sin 秦 qui le poursuivaient ; l'année suivante [296] il tomba malade et mourut ; on le déposa dans son cercueil que l'on envoya dans son pays ; là il fut pleuré comme un père.

Les commentaires observent que tous les malheurs de ce royaume avaient une cause unique, la convoitise du prince; il avait voulu absolument les territoires de Chang 商 et de Yu 於 ; malgré toutes ses ruses, il dut y renoncer; son fils avait été pris en otage ; son pays était mutilé ; lui-même enfin était mort en captivité, après s'être attiré la haine des princes voisins.

---

(1). D'après le Che-ki (vol. 5. p. 24), Tchao-siang-wang aurait vraiment cédé aux princes de Han et de Wei une certaine partie de son territoire ; il dit même l'endroit, à savoir ; 河北 Ho-pé, dans le Chan-si actuel et encore Fong-ling 封陵, pays très-important à 60 ly au sud de P'ou-tcheou-fou 蒲州府. [Grand Fang Yu vol. 41 p 20—Petit Fang vol. 8 p. 30.]

A cette occasion, l'auteur relate une éclipse de soleil. On pourrait calculer la date exacte de celle-ci, pour mettre au véritable point la chronologie de ce règne.

(2) Depuis sa captivité, les historiens nomment le roi de T'chou—Hoai 槐 de son nom de jeunesse ; or cela n'avait lieu que pour les rois détrônés ; donc celui-ci était considéré comme tel. Il avait fui chez le roi de Tchao 趙, mais celui-ci n'osa le recevoir ; c'eût été s'attirer la colère de Tchao-siang-wang.

Sur ce, on exhorte ses successeurs à ne pas l'imiter, mais à pratiquer la loyauté, la modération; car souvent les hommes pervers sont punis dès cette vie. (1)

Sur la fin de cette même année 296, le premier ministre de T'sin 秦 voyait, à son tour, son étoile pâlir et sa puissance chanceler; il se nommait Leou hoan 樓 綏 [comme nous l'avons dit plus haut]; il était originaire de ? chao 趙; à l'époque où nous sommes, on était mécontent de lui dans son pays; son roi envoya un grand officier prier Tchao-siang-wang de lui retirer son office pour le confier à Wei jan 魏 冉 qui en était plus digne que tout autre.

L'envoyé de Tchao se nommait K'ieou i 仇 液; avant son départ, un de ses amis, fin lettré, appelé Song-kong 宋 公 vint lui donner quelques avis pour mener à bonne fin son entreprise : " Ne vous adressez pas directement au roi, lui dit-il; car s'il refusait, vous auriez en vain provoqué la colère du premier ministre, mis au courant de votre démarche. Commencez plutôt par une visite à Leou-hoan; expliquez lui le but de votre mission; vous ajouterez ensuite la promesse de ne pas trop presser l'exécution si pénible pour vous. Tchao-siang-wang voyant que vous n'insistez pas beaucoup, pourra croire que votre maître ne tient pas fort au changement proposé, et gardera son premier ministre, comme il en avait peut-être l'intention; dans ce cas celui-ci vous sera reconnaissant de l'avoir tenu au courant des réclamations de Tchao. Si Wei-jan est mis à sa place, il sera flatté d'avoir été désigné et demandé personnellement comme un homme de grand mérite, et spécialement agréable à votre maître." Grâce à ces bons conseils, l'ambassadeur obtint le changement désiré.

En 295 donc, Leou-hoan 樓 綏 résigna sa charge, qui fut aussitôt confiée à Wei-jan 魏 冉. Celui-ci avait le titre de marquis de Jang (Jang-heou 穰 侯 (2); il avait reçu cette dignité en récompense de ses grands services; un des premiers et des plus remarquables faits de son administration fut l'envoi de cinquante mille charges de riz au royaume de T'chou 楚 alors éprouvé par la famine; c'était traiter bien loyalement un adversaire au lieu de profiter de son malheur pour l'accabler.

---

(1) Il n'était pas rare alors de voir les plus hautes dignités d'un état confiées à des étrangers. C'était l'époque des " sages " errants; comme plus tard, en Europe, il y eut les chevaliers errants qui faisaient du bien où l'occasion s'en présentait. Dans les œuvres de Mong-tse 孟 子 on voit que lui aussi a eu cette vocation.

Note.—Se-ma-kouang, vol. 4, p. 4, au verso mentionne une autre expédition des rois alliés contre le roi de T'sin, en 296, aussi heureuse que celle en 298. Le roi de T'sin aurait cédé tous les territoires qu'il avait conquis au nord du Fleuve Jaune, c'est-à-dire dans le Chan-si actuel.—Grand F. vol. 4, p 30 in verso.

(2) Jang, c'est maintenant Teng-tcheou 鄧 州 Nan-yang-fou 南 陽 府 Ho-nan [V. vol. 中 p. 19] [K. vol. 上 p 76]. Le vrai emplacement de l'ancienne ville était deux ly plus à l'est. C'est un pays fertile, qui a toujours de bonnes récoltes (jang); de là lui est venu ce nom. C'est le roi précédent, Ou-wang 武 王, qui en avait fait la conquête et l'avait donné en fief à Wei-jan.

Cette même année, Wei-jan établit Pé-k'i 白起 commandant en chef des forces de T'sin, à la place de Hiang cheou 向壽; il avait sans doute reconnu les talents militaires de cet officier, quand lui-même avait la direction générale de l'armée. De fait, nous verrons bientôt par cette histoire que ce fut un des plus grands génies de ce royaume de T'sin, si riche en grands capitaines (1).

Wei-jan était à la tête des affaires depuis deux ans seulement quand il tomba malade, et dut se retirer; un étranger prit sa place; il se nommait Cheou-tchou 壽燭; un an plus tard, Wei-jan guéri reprenait son poste, et presque aussitôt partait en campagne avec son ami Pé-k'i 白起 contre le royaume de Wei 魏. On prit soixante et une villes, dont le territoire formait un carré de quatre cents ly. Enorgueilli des succès de ses troupes, Tchao-siang-wang songea quelque temps à prendre le titre d'"Empereur occidental," mais il dut bientôt renoncer à ce projet. Quant à Wei-jan, il garda sa charge pendant six années consécutives, la résigna pendant deux ans, puis la reprit encore pour quatre ans. C'est pendant ce temps qu'il envoya Pé-k'i en expédition contre le royaume de T'chou 楚 et l'éleva à la dignité de Ou-ngan-kiun 武安君 en récompense de ses exploits.

En 294, l'armée de T'sin 秦 battait de nouveau celle de Wei 魏 à Hiai 解, puis celle de Han 韓 à Ou-che 武始 (2); d'après le Che-ki, [vol. 5. p. 24], c'est Hiang-cheou 向壽 qui combattait contre le pays de Han; quoique inférieur en génie à Pé-k'i, c'était encore un bon général.

En 293, une armée composée des troupes de Han et de Wei attaque à son tour le royaume de T'sin 秦; ce fut pour son malheur, car Pé-k'i la mit en déroute, et fit la conquête de cinq villes; à la bataille de I-k'iué 伊闕? (3),

---

(1) Pé-k'i était originaire de Mei 郿 ancienne ville déjà mentionnée dans le livre des Vers [Ta-ya 大雅]. C'est maintenant Mei-hien 郿縣 Fong-siang-fou 鳳翔府 Chen-si (Y. vol 中 p. 116) A 15 ly nord-est de la ville actuelle, il y a encore les restes de la famille de Pé-k'i (V. vol 中 p. 47). (Chen. vol. 27. p 42).

Il débuta par une expédition contre la ville de Sin-t'cheng 新城 au pays de Han. C'est maintenant Lo-yang-hien 洛陽縣 à 75 ly sud-ouest de Ho-nan-fou 河南府 [K. vol. 上 p. 42]—[Y, vol. 中 p. 15].

Pé-k'i avait alors le grade de Tsouo-chou-tchang 左庶長, le 19e dans la hiérarchie de T'sin.

(2) Hiai—maintenant Hiai-tcheou 解州, Chan-si (Y. vol. 中 p. 55)—(F. vol. 8. p. 4) (On prononce aussi Kiai).

Ou-che—était à 50 ly sud-ouest de Han-t'an-hien 邯鄲縣 Kouang-p'ing-fou 廣平府 Tche-li (K. vol. 中 p. 49)—(F. vol. 2. p 50).

(3) I-k'iué défilé très dangereux.

C'est à 30 ly sud-ouest de Lo-yang-fou 洛陽縣 Ho-nan-fou 河南府 (Y. vol. 中 p. 15). Cet endroit a reçu encore d'autres noms, Kiué signifie porte passage, défilé (F vol. 12. p. 32). Le général ennemi s'appelait Kong-suen-hi 公孫喜. Après cet exploit, Pé-k'i passa le fleuve Jaune, prit la ville de Ngan-i 安邑; c'est maintenant Ngan-i-hien, de Kiai-tcheou 解州 Chan-si. De là il poursuivit la campagne vers l'est, et prit tous le pays jusqu'à la rivière (maintenant desséchée) de Kan-ho 乾河 aujourd'hui au nord-est de la ville de Wen-hi-hien 聞喜縣 Kiang-tcheou-fou 絳州府, Chan-si. (K. vol. 上 p. 42 p. 43)—(Y. vol 中 p. p. 55-56)—(F.vol. 3 p. 42 et p. 44).

il passa deux cent quarante mille hommes au fil de l'épée; jamais on n'avait vu pareille tuerie. Avant cette expédition, il avait la dignité de Tsouo keng 左更: après la victoire, il fut créé Kouo-wei 國尉, que l'on peut traduire par généralissime de tout le royaume, mais, de fait, on ne sait plus quelles étaient les attributions de cette dignité.

En 292, le roi de T'chou 楚 se rend en personne à la cour de Tchao-siang-wang, pour se marier avec une princesse de T'sin 秦; voici la raison de ce fait assez curieux; Tchao siang-wang avait écrit à ce prince la lettre suivante: "Le royaume de T'chou a abandonné notre parti; moi, je vais conduire les armées de divers princes demander une réparation; ainsi veuillez préparer vos troupes afin que nous puissions nous mesurer ensemble." Le roi de T'chou fut si effrayé qu'il consentit à faire de nouveau un traité de paix, et à prendre pour épouse une princesse de T'sin.

D'ordinaire, l'historien ne mentionne pas les mariages des princes, ni des rois; il relate celui-ci à cause de l'extrême humiliation qu'en subit le royaume de T'chou; le roi d'un si grand pays s'abaisser jusqu'à prendre pour femme la fille de son ennemi mortel, et cela, à peine quatre ans après l'indigne guet-apens qui lui a ravi son propre père! Hélas! si le roi de T'chou s'était appliqué à la vertu; si ses officiers avaient accompli leur devoir, le roi de T'sin, avec toute sa puissance, n'aurait pu les injurier jusqu'à ce point! Car Siun-k'ing 荀卿 [philosophe ou plutôt sophiste, du IVe siècle avant Jésus-Christ] a dit avec raison: "Quiconque pratique la vertu, même s'il n'a qu'un petit royaume de cent ly d'étendue, peut se tenir debout sans craindre personne; si l'on ne pratique pas la vertu, le royaume eût il une étendue de six mille ly, comme celui de T'chou, il faudrait encore se courber devant l'ennemi et lui obéir (3) [cf. commentaire]."

En 291, une armée de T'sin 秦 attaquait encore le pays de Han 韓 et lui prenait le territoire de Yuen 宛 (4). En récompense, Kong-tse-t'che 公子池 fut créé marquis de Yuen [Yuen-heou 宛侯] et Kong-tse-li 公子悝 marquis de Teng (Teng-heou 鄧侯); ces deux contrées étaient voisines de Jang 穰 dont Wéi-jan était déjà marquis. Le général T'souo 錯 avait aussi conquis la ville de Tche 軹, mais on ne dit pas comment il en fut récompensé.

---

3) Siun-k'ing le philosophe bien connu.

(4) Yuen—Nan-yang-fou 南陽府 Ho-nan (F. vol. 12 p. 40).

Teng—Teng-tcheou 鄧州 préfecture de Nan-yang-fou. (Y. vol. 中 p. 19)—(F. vol. 12 p. 43)

Jang—était à 2 ly sud-est de Teng-tcheou. (F, vol. 12 p. 44).

T'che—était à 13 ly sud de Hoai-k'ing-fou 懷慶府 Ho-nan, (F. vol. 12 p. 27)

En 290, le seigneur oriental de l'empire vient saluer Tchao-siang-wang. Quel est donc ce personnage ? C'est l'empereur lui-même; poétique personnification d'une autorité tombée depuis longtemps, mais dont le nom subsistait encore, comme un vieux monument en ruines. Un autre personnage vint aussi saluer le roi de T'sin; c'est le prince de T'cheng-yang 城陽 de l'antique maison impériale (1).

Cette même année, Wei-jan conduisait de nouveau son armée au pays de Wei 魏; pour obtenir la paix, le roi céda quatre cents ly de territoire, à l'est du fleuve Jaune, c'est-à-dire la contrée alors Ho-tong 河東. Le roi de Han 韓 prévoyant ce qui l'attendait, offrit le pays de Ou-soei 武遂 qui avait deux cents ly d'étendue (2).

En 289, Pé-k'i 白起, élevé alors à la dignité de Ta-chang-tsao 大上造 prend encore seize villes à ce malheureux pays de Wei 魏. En vérité, c'était une guerre d'extermination; et pour toutes ces entreprises, il n'y a pas de raison véritable, sinon celle-ci toujours renouvelée : " Il faut que l'un des deux royaumes périsse ! "

En 288, à la dixième lune, Tchao-siang-wang, toujours obsédé de sa grandeur, surtout après avoir vu le " Seigneur oriental " en quelque sorte à ses pieds, prend enfin le titre d'empereur occidental [Si-ti 西帝]; en même temps, il envoie un ambassadeur au roi de T'si pour l'engager à en faire autant, et à prendre le titre d'empereur oriental [Tong-ti]; c'était faire bon marché du vieillard de Lo-yang 洛陽; c'était lui enlever le peu qui lui restait de son antique splendeur, c'est-à-dire son nom vénéré (3).

---

(1) T'cheng-yang, la capitale de cette petite principauté, était à 60 ly nord-est de T'sao-cheou-fou 曹州府 Chan-tong. C'était un fief que l'empereur Tcheou-ou-wang 周武王 avait donné à son frère cadet. [F. vol. 10 p. 16].

(2) Ho-tong—Maintenant P'ing-yang-fou 平陽府 Chan-si [Y. vol 中 p. 51].
Ou-soei—était à 70 ly à l'est de P'ing-yang-fou 平陽府 Chan-si [F. vol. 9 p. 7]. Se-ma-t'sien dit que Tchao-siang-wang céda le territoire de Yuen 垣 au roi de Wei, pour avoir, en échange, les territoires de P'ou-fan 蒲阪 et de P'i-che 皮氏. Puis, l'année suivante, le général T'souo allait reprendre cette ville de Yuen, au mépris des traités ! Il s'emparait encore, par dessus le marché, de la ville de Ho-yong 河雍 et de K'iué [決橋],
Yuen 垣 était à 20 ly nord-ouest de Yuen-k'iu-hien 垣曲縣 préfecture de Kiang-tcheou 絳州 Chan-si [F. vol. 8 p. 45]. Ho-yong, c'est I-yang-hien 宜陽縣 Ho-nan-fou 河南府.

(3) Le caractère Ti 帝 signifie dominateur, maître, seigneur. Celui de Wang 王 signifie roi. Le commentaire dit que le nom est différent, mais que la dignité est la même. Il faut pourtant remarquer que le premier titre est réservé aux anciens grands et saints empereurs de la Chine ; il était si vénérable qu'aucun de leurs successeurs n'aurait jamais dû se l'arroger sous peine de profanation !

Tchao-siang-wang craignait donc le roi de T'si ; du moins, il ne tenait pas à avoir de démêlés avec lui ; c'est pourquoi il lui envoyait cette ambassade. La proposition ne déplaisait pas absolument au roi de T'si ; un prince, comme tout autre mortel, n'est pas mécontent de monter un peu plus haut ; il voulut toutefois avoir l'avis de son premier-ministre Sou-tai 蘇代 déjà connu du lecteur.

"Acceptez le titre qui vous est offert, répondit celui-ci; mais n'en usez pas; ainsi tout l'empire admirera votre modération et tournera ses espérances vers vous; car quiconque s'humilie gagne l'estime des autres." Le roi de T'si 齊 goûta et suivit ce conseil; pendant deux jours il se fit appeler empereur, puis il reprit son titre ordinaire. Tchao-siang-wang fit de même. Ce fut une simple comédie; un jour viendra où Che-hoang 始皇 balaiera et l'empereur nominal et tous ces rois ou roitelets de toute nuance pour se constituer le seul maître de tous. Les prédécesseurs sur le trône de T'sin étaient d'abord bien contents et fiers de leur titre de comte [pé 伯]; leur autorité grandissant avec leur territoire, ils ambitionnèrent un nom plus glorieux ; nous avons vu Hoei-wen-wang (324) se faire appeler roi [*wang* 王]; c'était une usurpation; car d'après les idées chinoises de l'époque, il n'y avait qu'un roi : à savoir, le vieillard de Lo-yang 洛陽, il ne pouvait y en avoir deux; c'était un axiôme; mais comme la réalité était tout autre, on finit par passer outre; chaque prince voulut être roi, les rois voulurent être plus que roi; c'est ainsi qu'on créa pour eux le nouveau titre d'empereur. Tout cela ne dépasse pas le cours ordinaire des choses humaines; les hommes civilisés ont eu partout des chefs dont l'ambition rêva un territoire plus grand, un titre plus retentissant. A quoi bon venir jeter feu et flamme sur le roi de T'sin 秦 et sur celui de T'si 齊 ?. A quoi bon marquer l'année, le mois et au besoin le jour où cette prétendue usurpation eut lieu? Selon eux, le roi de T'si fut moins coupable, parce qu'il ne fit que céder aux conseils de Tchao-siang et abandonna de suite son titre usurpé; mais, nous l'avons vu, ce ne fut pas par esprit de justice et de modération qu'il agit ainsi, mais par politique et pour arriver plus sûrement à la première dignité.

Cette même année 288, une armée de T'sin 秦 faisait une campagne contre le royaume de Tchao 趙 et lui prenait le territoire de Keng-yang 梗陽. (1) De son côté, Tchao-siang-wang faisait un voyage d'inspection dans les pays de Han-tchong 漢中 et de Chang-kiun 上郡.

---

(1) C'est Sin-keou-hien 徐溝縣 80 ly au sud de la préfecture de T'ai-yuen-fou 大原府 Chan-si (F. vol. 8, p. 5).

En 287 une autre armée attaquait le pays de Wei, 魏 lui prenait Sin-yuen 新垣 et K'iu-yang 曲陽.

L'année suivante (286), pour avoir la paix au moins jusqu'à nouvel ordre, le prince de Wei céda de lui-même la contrée de Ngan-i 安邑 (1); Tchao siang wang chassa les habitants de cette ville et les remplaça par des gens de T'sin. En même temps, il remportait une victoire éclatante à Hia-chan 夏山 sur l'armée de Han 韓 (2).

Cette même année 286, le roi de T'si 齊 avait, de son côté, anéanti le pays de Song 宋 et se l'était annexé. Ce rival de T'sin 秦 n'était nullement à mépriser; on comprend que Tchao-siang-wang usât de déférence à son égard; bientôt commenceront les hostilités ouvertes entre les deux pays.

En 285, Tchao-siang-wang a une entrevue avec le roi T'chou 楚 à Yuen 宛, ville ci-dessus indiquée; puis une autre avec le roi de Tchao 趙 à Tchong-yang 中陽 (3) après quoi, il organise l'administration régulière dans le pays nouvellement conquis à Ngan-i et toute la province de l'est [河東]

Cette même année Mong-ou 蒙武, général de T'sin 秦 attaque le pays de T'si 齊 et lui prend neuf villes. Et pourquoi? l'histoire n'en dit pas la raison. Ce qui est sûr c'est que ce Mong-ou était originaire de T'si; son père appelé Ngao 驁, avait émigré au pays de T'sin. Mong-tien 蒙括, le général que nous verrons à l'œuvre sous le règne de Che-hoang 始皇, est son fils.

En 284, Yo-i 樂毅, général en chef de Yen 燕, avec les troupes de T'sin 秦, Wei 魏, Han 韓, et Tchao 趙 envahit de nouveau le pays de T'si 齊, prend la capitale Ling-tche 臨淄 (4) et plus de soixante-dix villes. Le roi, nommé Ti 地, s'étant enfui, est massacré par son premier-ministre T'chouo-t'che 淖齒. En récompense de cette brillante expédition, le roi de Yen élève Yo-i à la dignité de T'chang-kouo-kiun 昌國君, seigneur de T'chang-kouo.

---

(1) K'iu-yang — était à 15 ly sud-ouest de Tsi-yuen-hien 濟源縣 Hoai-k'ing-fou 懷慶府 (Ho-nan). Sin-yuen était voisine (F. vol. 12. p. 27).
Ngan-i — était à 2 ly à l'ouest de Ngan-i-hien 安邑縣, Kiai-tcheou-fou 解州府 Chan-si. [Y. vol. 中 p. 55].
C'était une ville sainte; elle avait été la capitale des "saints" empereurs Choen 舜 et Yu 禹. Il fallait un sauvage comme Tchao-siang-wang pour en chasser les habitants, les forcer à s'en aller ailleurs, dans le pays de Wei 魏, et les remplacer par des condamnés libérés, des gens sans aveu; ce moyen ne suffisant pas à repeupler cette ville, on donna des récompenses à qui voulait y émigrer, (F. vol. 8. p. 42).

(2) Emplacement inconnu aujourd'hui.

(3) C'était un peu au nord-ouest de Hiao-i-hien 孝義縣 30 ly au sud de la préfecture de Fen-tcheou-fou 汾州府 Chan-si (Y. vol. 中 p. 61) — (F. vol. 8. p. 16).

(4) C'est maintenant Ling-tche-hien 臨淄縣 T'sing-tcheou-fou 青州府 Chan-tong (V. vol. 中 p. 40). L'armée de T'sin était commandée par Se-li 斯離.

Après cela, Tchao-siang-wang se rend à la capitale même de l'empereur [King-che 京師], pour une entrevue avec les rois de Wei 魏 et de Han 韓; mais aucun d'eux ne va saluer l'empereur. Chose inouïe jusque là, et qui prouve à quel degré on se moquait de ce poétique personnage! Se-ma-t'sien dit cependant que la 1ère entrevue eut lieu à I-yang 宜陽, la 2ème à Sin-t'cheng 新城. Cela ne sauve pas la "face" de l'empereur: car ces rois, étant si près de lui, auraient dû aller le saluer (1).

En 283, Tchao-siang-wang a une entrevue avec le roi de Tchao 趙 à Jang 穰, ville déjà indiquée plus haut et fief de Wei-jan.

Pendant ce temps, une de ses armées enlève au roi de Wei 魏 la ville de Ngan-t'cheng (2), s'avance ensuite jusque sous les murs de la capitale, puis s'en retourne sans l'assiéger; c'était partie remise à plus tard; les armées de Yen 燕 et de Tchao 趙 accourant au secours, on n'était pas en mesure de lutter. Wei-jan, sans doute malade, résigne sa charge pour un an.

Ici se place un incident assez curieux et des plus connus des lettrés. Le roi de Tchao 趙 avait acquis du roi de T'chou 楚 une célèbre pierre précieuse [Pi 璧] connue sous le nom de Houo-che 和石, c'est-à-dire joyau offert par Pien-houo 卞和. Tchao-siang-wang voulait l'avoir en sa possession; il alla jusqu'à offrir quinze villes en échange. Le roi de Tchao était bien embarrassé; refuser, c'était s'attirer la colère de ce terrible prince; accorder, c'était pure perte; le roi de T'sin 秦 n'était pas assez sot pour sacrifier même une seule ville. Ling-siang-jou 藺相如 dit alors: "Si Tchao-siang-wang refuse de livrer les quinze villes, le tort sera de son côté; confiez-moi cette affaire; si l'on vous dupe, je promets à votre Majesté de rapporter la pierre précieuse." Arrivé à la cour de T'sin, l'envoyé accomplit sa mission; mais voyant que le roi ne livrait pas les villes promises, il menaça de le tuer: bientôt, de fait, on lui rendit sa pierre précieuse; il la confia à l'un de ses compagnons; celui-ci se hâta de retourner au pays de Tchao 趙 en prenant les chemins les plus sûrs et les plus courts.

---

(1) Le lecteur a déjà remarqué que les rois actifs et intelligents de T'sin ne restaient pas confinés dans leurs palais, mais gouvernaient effectivement leur pays, allaient examiner, règler eux-mêmes les affaires. C'est ainsi que nous voyons Tchao-siang-wang, au sortir de l'entrevue avec les rois de Wei et de Han, dont nous venons de parler, avant même d'aller à Jang trouver le roi de Tchao, se rendre à Yen 鄢, conférer avec le roi de T'chou. Et pendant ce temps, ses armées ne chôment pas! — Yen était la capitale d'une petite principauté de ce nom, conquise et annexée par le roi de T'chou. Elle se trouvait à 9 ly sud-ouest de I-t'cheng 宜城 Siang-yang-fou 襄陽府 Hou-pé. [F. vol. 21; p. 28).

(2) Ngan-t'cheng — à 20 ly sud-est de Yuen-ou-hien 原武縣 Hoai-k'ing-fou 懷慶府 Ho-nan (F. vol. 12 p. 30).

Pendant ce temps, Ling-siang-jou restait à la cour de T'sin, attendant son sort, comme un homme décidé à mourir pour son prince. Mais Tchao-siang-wang, au contraire, ayant reconnu en lui un sage, le renvoya tranquillement chez lui. En récompense, le roi de Tchao l'éleva à la dignité de Chang-ta-fou 上大夫.

Cette pierre précieuse avait été trouvée à l'état brut par Pien-houo, dans les montagnes de T'chou 楚, et avait été offerte comme un cadeau vraiment royal à Ou-wang 武王 [740-689]; celui-ci appela un joaillier qui la déclara de nulle valeur; sur ce, Ou-wang indigné fit couper le pied gauche à Pien-houo. Quand Wen-wang 文王 monta sur le trône [689-676], le pauvre mutilé présenta de nouveau son diamant; mais le joaillier le déclara de nouveau sans valeur; le roi fit couper le pied droit. A l'avénement de Tcheng-wang 成王 [671-625], Pien-houo embrassa sa pierre précieuse et pleura à chaudes larmes. Le roi fut averti; il ordonna de tailler cette pierre; c'est alors seulement qu'on en reconnut le prix. Elle est restée célèbre entre toutes.

En 282, une armée de T'sin 秦 attaque le pays de Tchao 趙 et lui prend deux villes. L'année suivante, 281, on lui enlève encore la ville de Che-t'cheng 石城 (1). En 280 le général Pé-k'i 白起 lui-même s'empare du territoire de Tai 代, puis de la ville de Koang-lang t'cheng 光狼城. (2)

Son émule, le général Se-ma-t'souo 司馬錯 passant par le pays de Chou 蜀 [Se t'choan actuel], envahit le royaume de T'chou 楚 et prend K'ien-tchong 黔中 (3). Sur ce, le roi offre de lui-même la contrée située au nord de la rivière Han 漢 [Hou-pé 漢北] et le territoire de Chang-yong 上庸 (4).

---

(1) Les deux villes en question sont Ling 藺 et Li-che 離石.—Li-che, c'est Yong-ning-tcheou 永寧州 Fen-tcheou-fou 汾州府 Chan-si.

Ling était à l'ouest de Yong-ning-tcheou. [F. vol. 8. p. 18]. Che-t'cheng—était à 80 ly au sud de L'an-tcheou 欒州 Yong-p'ing-fou 永平府 Tche-li [F. vol. 2. p. 20].

(2) Tai comprenait le pays de Tai-tcheou 代州 au Chan-si et Wei-tcheu 蔚州 Siuen-hoa-fou 宣化府 Tche-li. C'était autrefois un petit état indépendant; il fut conquis par le roi de Tchao 趙 nommé Ou-ling 武靈 (325-298). Pour les détails, voir l'histoire de Tchao [Y. vol. 上 p. 8]—[K. vol. 上 p.20]—[F. vol. 2 p. 59 vol. 8. p. 37] Koang-lang-t'cheng —maintenant Ling-t'choan-hien 陵川縣 Tche-tcheou-fou 澤州府 Chan-si (Y. vol. 中 p. 63).

(3) K'ien-tchong, à 21 ly à l'ouest de T'cheng-tcheou-fou 辰州府 Hou-nan 湖南. [F, vol. 21 p. 18]-[Kiang-in-piao, vol, 上, p. 31].

(4) Chang-yong — maintenant Tchou-chan-hien? Yun-yang-fou 鄖陽府 Hou-pé, [Y. vol. 中 p. 77).

L'année suivante, 279, Pé-k'i arrive à son tour au pays de T'chou, et prend encore les villes de Yen 鄢, Teng 鄧 et Si-ling 西 陵 (1). Cherchez, si vous voulez, les raisons de toutes ces guerres annuelles; pas de réponse ; cela ressemble fort à des incursions de brigands ; d'ailleurs, les voisins étaient-ils meilleurs (2) ?

Cette même année 279, Tchao-siang-wang faisait savoir au roi de Tchao 趙 qu'il désirait avoir une entrevue avec lui, à Ming-t'che 澠池 (dans la contrée appelée Ho-wai 河外). Les rendez-vous de ce genre, avec le roi de T'sin 秦, étaient devenus suspects depuis le guet-apens de Ou-koan 武 關 [289]; aussi le roi de Tchao était-il peu flatté de cette invitation. Deux grands hommes de sa cour, le général Lien-pouo 廉 頗, et le beau discoureur Ling-siang-jou 藺 相 如 l'exhortèrent à s'y rendre, pour ne pas faire soupçonner la faiblesse de son royaume et sa propre crainte. Sur ce, le roi se mit en route, avec Ling-siang-jou pour compagnon. Lien-pouo les conduisit jusqu'à la frontière; là il dit au roi ; "En calculant le temps qui vous sera nécessaire pour le voyage, le séjour, l'entrevue et toutes les cérémonies, je vois qu'il ne faut pas plus de trente jours : passé ce terme, si votre Majesté n'est pas de retour, j'établirai le prince héritier sur le trône pour déjouer les plans de T'sin 秦." Le roi approuva ce projet. A l'entrevue, pendant que les deux princes buvaient le vin de l'amitié, Tchao-siang-wang invita son convive à jouer de la guitare ; c'était une grande injure ; car c'était faire allusion aux nombreuses courtisanes de Tchao, très habiles à pincer de cet instrument, surtout dans la capitale Han-tan 邯 鄲. Le roi dissimula son humiliation et s'exécuta. Ling-siang-jou était indigné ; pour venger l'honneur de son prince, il invita Tchao-siang-wang à battre le pot de faïence [appelé feou 缶] ; car les gens de T'sin n'avaient que cela pour toute musique. Tchao-siang-wang s'y refusa. " Nous sommes à cinq pas l'un de 'autre, cria Ling siang-jou, je vais faire ruisseler le sang sur la nuque de votre Majesté, et laver l'injure faite à mon maître." Les officiers présents voulaient se jeter sur lui, pour le massacrer ; mais il leur fit des yeux si terribles et les maudit si fort, qu'ils n'osèrent mettre la main sur lui. Alors Tchao-siang-wang frappa un seul coup sur le pot de faïence, et mit fin à la réunion.

---

(1) Yen.—Nous venons de voir plus haut, que c'était à 9 ly sud-ouest de I-tcheng-hien 宜城縣 Siang-yang-fou 襄陽府 [Hou-pé] [K. vol. 上 p. 44].

Teng.—Il y a plusieurs villes de ce nom. Celle-ci était à 20 ly au nord-est de Siang-yang-fou. (F. vol. 21 p. 26).

Si-ling.—C'est actuellement I-t'chang-fou 宜昌府 Hou-pé. C'est le vrai endroit; car il y a beaucoup de Si-ling. [F. vol. 21 p. 36].

(2) Ming-t'che était au sud-ouest de Ming-t'che-hien 澠池縣 de 河南府. [F. vol. 12. p. 38].

Malgré toutes leurs ruses, les gens de T'sin ne purent duper les gens de Tchao, tellement ceux-ci étaient sur leur garde ! On n'osa pas non plus les emprisonner ; ainsi il purent rentrer sains et saufs dans leur pays. En récompense, Ling-siang-jou fut élevé à la dignité de Chang-k'ing 上卿 ministre.

A la fin de cette même année 279, mourut Mong-tchang-kiun 孟嘗君, c'est-à-dire T'ien-wen 田文 ministre de T'si déjà connu du lecteur.

En 278, Pé-k'i 白起 recommençait une campagne contre le royaume de T'chou 楚. La capitale Yng 郢 tomba en son pouvoir ; il brûla la ville de I-ling 夷陵 où se trouvaient les tombeaux de la famille régnante (1). Quel honteux désastre pour le pays ! Le roi s'était enfui ; il résidait à T'chen 陳 (2), impuissant à lutter contre un tel capitaine. Le territoire conquis fut annexé au royaume de T'sin 秦 et reçut le nom de Nan-kiun 南郡, province méridionale. En récompense, Pé-k'i fut créé seigneur de Ou-ngan [Ou-ngan kiun 武安君]. L'année suivante, 277, Tchao siang-wang organisa l'administration du nouveau domaine de K'ien-tchong 黔中 c'est-à-dire l'ensemble des conquêtes faites sur le même pays de T'chou par Tchang-jo 張若 gouverneur de Chou 蜀.

En 276, Pé-k'i prenait encore deux villes au royaume de Wei 魏. Mais, de son côté, l'armée de T'chou reconquérait quinze villes perdues quelque temps auparavant, au sud du Yang-tse-kiang ; le roi les réorganisa aussitôt comme autant de forteresses contre les invasions de T'sin 秦.

---

(1) Yng, maintenant King-tcheou-fou 荊州府 Hou-pé. L'ancien emplacement était à 3 ly au nord-est. I-ling c'est maintenant I-chang-fou, Hou-pé. (F. vol. 21 p. 20. p. 35)—(Y. vol. 中 p. 81). Pé-k'i s'avança vers l'est jusqu'à King-ling 竟陵 un peu au nord-ouest de T'ien-men-hien 天門縣 Ngan-lo-fou 安樂府 Hou pé (K. vol. 上 p. 78)—(Y. vol. 中 p. 75).

(2) T'chen, c'est T'chen-tcheou-fou 陳州府 Hou-nan (Y. vol. 中 p. 5).
Dans sa détresse, le roi de T'chou pria l'empereur d'interposer sa médiation, et celui-ci alla faire une visite au roi de T'sin. Tchao-siang-wang consentit à une entrevue dans la ville de Siang-ling 襄陵 ; là, il voulut bien lui laisser encore quelques territoires ; mais peu après, Tchang-jo 張若 son gouverneur au pays de Chou, entrait en campagne, prenait encore la contrée de Ou 巫, et celle que l'on nommait Kiang-nan 江南 [c'est-à-dire placée au sud du Kiang]. C'est alors que l'administration régulière fut établie dans les pays conquis, sous le nom de province de K'ien-tchong. Siang-ling—était à 25 ly à l'est de Siang-ling-hien 襄陵縣 P'ing-yang-fou 平陽府 Chan-si [F. vol. 8. p. 8].

Ou, c'est Ou-chan-hien 巫山縣 préfecture de Koei-tcheou 夔州 Se-t'choan. (F vol. 24 p. 25).

Kiang-nan, c'était le territoire de la préfecture actuelle de T'cheu-tcheou-fou 辰州府 Hou-nan (F. vol. 22. p. 18).

K'ien-tchong, c'était précisément cette préfecture de Ling-tcheou-fou, avec ses 4 villes (voyez année 298). La nouvelle province de ce même nom fut donc bien plus étendue.

En 275, nouvelle expédition contre le pays de Wei 魏. Celui-ci aidé de Tchao 趙, assiégeait la ville de Hoa tch'eng 華陳 (1) du royaume de Han 韓. Wei-jan et Pé-k,i arrivèrent avec la rapidité propre aux grands capitaines, firent lever le siége, s'emparèrent de huit villes, et se rendirent aussitôt sous les murs de Ta-leang 大梁 (2), la capitale de Wei. (Che-ki chap. 45, p. 8.— chap. 72. p. 2.)

C'est alors que Siu-kia 須賈, lettré de Wei 魏 vint trouver Wei-jan pour lui faire les remontrances suivantes, dont l'exorde est un modèle du genre. " J'ai entendu dire que le ministre de notre prince lui a conseillé de vous résister jusqu'à la mort ; voici ses paroles très exactes : " Autrefois, quand le roi Leang-hoei-wang 梁惠王 [370-334] fit la guerre au roi de Tchao 趙 et gagna la bataille de San-leang 三梁 (3), il voulait absolument avoir le territoire de Han-tan 邯鄲 ; le roi de Tchao le lui refusa obstinément et finit par le garder.

Quand le roi de T'si 齊 fit la guerre au pays de Wei 衛, il avait conquis la contrée de Kou-kouo 故國 (4), et tué Tse-leang 子良 ; mais déjà quand on traita de la paix, le roi de Wei ne voulut jamais consentir à une cession de terrain ; et finalement Kou-kouo lui fut rendu. Au contraire, les principautés de Song 宋 et de Tchang-chan (5), à force de céder du territoire, finirent par disparaître. Tchao et Wei doivent être nos modèles ; Song et Tchang-chan sont un avertissement. Le royaume de T'sin 秦 est un glouton insatiable et sans égards pour personne ; lentement, mais sûrement il absorbe le pays de Wei 魏, comme le vers à soie dévore la feuille de mûrier, il finira par engloutir l'ancien royaume de Tsin 晉 tout entier, si vous ne l'arrêtez enfin dans ses incursions." Ainsi parla notre ministre. Maintenant votre Excellence me permet-elle de lui dire ma pensée ? Qu'elle se rappelle ce qui est écrit dans le Chou-king 書經 : Les missions confiées par le ciel ne sont pas irrévocables !

---

(1) A 30 ly sud-est de Sin-tcheng-hien 新城縣 Koei-fong-fou 開封府 Ho-nan(F. vol, 12 p, 5).

(2) K'ai-fong-fou actuel, c'est-à-dire la sous-préfecture de Siang-fou-hien 祥符縣 Ho-nan (Y. vol. 中 p. 2).

(3) San-leang 三梁 même pays que Nan-leang 南梁 pour le distinguer de Ta-leang 大梁 et de Chao-leang 少梁 Maintenant, c'est le territoire de Jou-tcheou-fou 汝州府 Ho-nan, à 45 ly sud-ouest de la préfecture actuelle, (K. vol. 上 p. p. 42) (V. vol. 中 p. 23).

(4) A 40 ly sud-est de T'sao-hien 曹縣 T'sao-tcheou-fou 曹州府 Chan-tong.—Il s'ap elait encore Tchou-k'eou 楚邱.

Là il y a encore un kiosque nommé Tchou-k'ieou-t'ing 楚邱亭 (Che. chap. 37 p. 4) (Y. vol. 中 p. 36)—(P. vol. 10 p. 17).

(5) Tchang-chan, Ting-tcheou 定州 Tche-li [K. vol. 上 p. 53]—[F. vol. 2. p. 70].

Vous avez battu Pao-tse 暴子 et vous avez pris huit villes ; vous ne devez pas attribuer des succès si extraordinaires à la force de vos armes, ni à la sagesse de vos conseils, mais bien à la faveur du ciel ; maintenant, après avoir encore vaincu Mang-mao 芒卯, pris la ville de Pé-tché 北宅 (1), vous assiégez une place comme Ta-leang ; croyez-vous que le ciel ait fait un pacte avec vous, et soit obligé de vous accorder toujours ses faveurs extraordinaires ? Un homme sage ne sera pas de cet avis ! Je suis informé que le roi réunit toutes les forces du pays pour aller au secours de Ta-leang ; cette forteresse a des murs hauts de cinquante-six pieds ; trois cent mille hommes vont arriver sur vous ; en pareilles circonstances, des héros comme les empereurs T'ang 湯 et Ou 武 abandonneraient une telle entreprise. Oubliez-vous encore que les troupes de T'chou 楚 et de Tchao 趙 sont aussi en chemin ? Vous espérez vaincre un tel nombre de combattants ? Vraiment, depuis que la terre a été séparée du ciel, jamais chose pareille n'est arrivée ! Si vous donnez l'assaut en vain, votre armée perdra courage ; votre ville de T'ao-i 陶邑 (2) vous sera bientôt reprise ; votre gloire précédente sera perdue ! Donc, avant que le peuple de Wei 魏 n'ait conscience des succès qui l'attendent, contentez-vous d'une petite portion de terrain qu'on vous cèdera ; hâtez-vous de conclure la paix avec notre roi ; les gens de T'chou et de Tchao, apprenant cela, seront mécontents de nous ; ils voudront se venger en se déclarant vos amis ; ainsi cette ligue orientale qui vous menaçait sera dissoute ; vous resterez le maître absolu de tous les princes. Vous désirez de nouveaux territoires ; est-il donc nécessaire de batailler pour cela ? Notre roi vous cèdera volontiers Kiang 絳 et Ngan i 安邑 (3), ce qui vous procurera deux chemins pour vous rendre à T'ao 陶 ; ainsi encore, vous serez presque seul possesseur de l'ancien royaume de Song 宋, car le roi de Wei 衞 vous cèdera sans doute aussi la ville de Chan-fou 單父 (4) ; votre armée n'aura pas perdu un seul homme ;

---

(1) Pé-tché, Yong-yang-hien 滎陽縣 K'ai-fong-fou, à 17 ly sud-ouest de la ville actuelle.—[K. vol. 上 p. 62—[F. vol. 12. p. 8.]—[Y. vol. 中 p. 4].

(2) T'ao-i, à l'ouest de Ting-t'ao-hien 定陶縣 Tsao-tcheou-fou. (F. vol. 10 p. 17)—(Y. vol. 中 p. 36).

Le texte dit que la hauteur des murs était de sept jen [七仞] ; or un jen avait huit pieds. Mais, sur les mesures, et sur les chiffres en général, il ne faut pas chercher une exactitude absolue.

(3) Kiang, maintenant Kiang-tcheou-fou 絳州府 Chan-si.
Ngan-i, maintenant Ngan-i-hien 安邑縣 Kiai-tcheou 解州 Chan-si. (Y. vol 中 p. p. 55 et 56).

(4) Chan-fou se trouvait à un demi-ly au sud de Chan-hien 單縣 T'sao-tcheou-fou 曹州府 Chan-tong. Cette ville avait autrefois appartenu au royaume de Lou 魯 et avait été gouvernée successivement par deux disciples de Confucius. [F. vol. 10 p. 16].

votre Excellence disposera de tout à son gré ; tout ce qu'elle désire lui sera accordé ; tout ce qu'elle entreprendra lui réussira. Veuillez donc y réfléchir mûrement, et ne pas vous exposer à des risques si graves et si inutiles ''.

Wei-jan n'avait sans doute pas besoin de ces puérils arguments pour accorder une paix qui ne l'empêchait pas de recommencer la guerre quand il le jugerait à propos ; il daigna se contenter, pour lors, de ce qu'on lui offrait ; et il cessa le siège de Ta-leang. Le roi de Wei lui céda le territoire de Wen 温 (1).

Le commentaire observe que ces faits démontrent la faiblesse de Wei, de Han et des autres états comme aussi l'arrogance et l'insatiabilité de T'sin 秦 qui foulait aux pieds n'importe quel voisin sans égard pour la justice.

Mais ce même roi de Wei 魏 donna presque aussitôt l'occasion de recommencer les hostilités ; il manqua le premier à la parole donnée, s'allia étroitement avec le roi de T'si 齊 et entra dans cette ligue orientale qui avait juré haine à T'sin 秦. Pour réponse, Wei-jan ramena ses troupes, culbuta l'armée de Wei 魏, coupa la tête à quarante mille hommes, mit en fuite le général en chef Pao-tse 暴子 et prit trois villes avec leur territoire. La correction était suffisante ! En récompense, il reçut une nouvelle dignité.

En 273, nouvelle campagne contre les armées réunies de Tchao 趙, Han 韓 et Wei 魏 ; Wei-jan et son ami Pé-k'i 白起 prennent encore trois autres villes au malheureux royaume de Wei ; puis celle de Koan-tsin 觀津 (2) à celui de Tchao et coupent cent mille têtes !

Tout d'un coup, il se fait un grand revirement : Wei-jan rend la ville de Koan-tsin au roi de Tchao, fait avec lui un traité offensif et défensif ; puis, réunissant leurs deux armées, s'en va attaquer le pays de T'si 齊. A cette nouvelle, le roi nommé Siang-wang 襄王 [282-264] est pris de frayeur ; heureusement il a près de lui un sauveur, le vieux lettré Sou-tai 蘇代 ; il le charge d'écrire une lettre de sa façon à Wei-jan lui-même, pour l'exhorter à renoncer à son entreprise.

---

(1) A 30 ly sud-ouest de Wen-hien 温縣 Hoai-king-fou 懷慶府 Ho-nan. (Y. vol. 中 p. 14).

(2) Etait à 25 ly sud-est de Ou-i-hien 武邑縣 Ki-tcheou-fou 冀州府 Tche-li (K. vol. 上 p. 54)—(Y, vol. 上 p. 19)—(F. vol. 2 p. 66).

Quelques auteurs rapportent qu'on massacra cent trente mille hommes, le Che-ki, chap. 5. p. 26, dit même cent cinquante mille. Le général de Wei était Mang-mao 茫卯 (ou Wang-mao 芒卯) ; la bataille eut lieu à Hoa-yang 華陽 à 30 ly au sud de Sin-t'cheng-hien 新鄭縣 K'ai-fong-fou 開封府 (F. vol. 12 p. 5). Trois généraux furent pris. Celui des Tchao, ayant essayé de continuer la lutte, fut de nouveau vaincu ; il eut vingt mille hommes noyés dans le Fleuve Jaune ; ce général se nommait Ki-yen. (Y. vol. 中 pp. 4 etc.)—Quelques auteurs disent seulement quinze mille hommes ; voyez un peu plus loin le même fait, terminé par la cession du territoire de Nan-yang.

Elle nous a été précieusement conservée par Se-ma-t'sien; elle prouve ce que nous savons déjà depuis longtemps, à savoir que le pinceau d'un lettré suffit pour arrêter les armées les plus redoutables. " J'ai entendu dire que votre prince va envoyer quarante mille hommes au roi de 趙 pour l'aider à nous faire la guerre. Pour ma part, je crois que c'est vrai; mais notre humble prince me fait les objections suivantes: 1° Le roi de T'sin 秦 est trop intelligent et trop prudent dans ses conseils, Wei-jan son premier ministre est trop fin et trop rompu aux affaires pour entreprendre une telle expédition en faveur de Tchao. Celui-ci n'est-il pas l'ancien allié de Han et de Wei ? Tous trois ne sont-ils pas les perpétuels ennemis de T'sin, rompant tous leurs traités, cherchant tous les moyens de vous leurrer, fourbes capables de tout méfait, gens auxquels on ne peut se fier ? Et votre prince viendrait nous abattre au profit de tels ennemis ? Et cela sans aucune utilité pour lui ? C'est impossible !—2° Les sages conseillers de votre prince diront sans doute qu'il faut d'abord nous anéantir, afin d'aller ensuite écraser l'ancien pays de Tsin 晉 [Tchao, Han et Wei] et celui de T chou 楚 . Mais notre royaume ne compte plus pour rien, tant il est faible, et l'on mettrait la Chine entière en mouvement pour nous attaquer ! Ce serait prendre une arbalète de trente mille livres par écraser un insecte ! Ce serait la mort de T'si 齊, sans avoir affaibli ni Tsin ni T'chou 楚 . —3° Si vous n'envoyez qu'une petite armée, ces deux pays se douteront pour eux ensuite d'un sort semblable au nôtre ; en telle conjoncture, il n'est nullement certain que notre prince se tourne vers vous pour faire un traité d'amitié ; il pourrait parfaitement s'allier contre vous avec vos deux rivaux.—4° Vous voulez nous enlever quelque territoire pour le leur donner et vous en faire des amis ; mais au contraire, vous auriez fortifié deux ennemis.—5° Ils veulent se servir de vous pour nous anéantir, puis nous employer à vous abattre; mais sont-ils donc seuls si fins ? Nous croient-ils si stupides, que ni vous ni nous n'apercevions leur piège ?- 6° L'acquisition paisible et sûre de Ngan-i 安邑 (1) est pour vous de la plus grande importance; vous pouvez l'avoir, sans aucune complication à craindre; alors le roi de Han ne pourra plus s'emparer du territoire de Chang-tang 上黨 (2);

---

(1) Ngan-i (Voyez un peu plus haut). Que parle-t-il de la paisible acquisition de cette ville ? Elle était prise ou cédée depuis plusieurs années ! Fait-il allusion aux efforts du roi pour la reprendre ? C'est possible. Veut-il dire plutôt : la possession possible. etc... ; c'est plus naturel.

(2) Chang-tang—C'est Lou-ngan-fou 潞安府 avec tout le plateau dans le Chan-si 山西 vol. 8 p. 11 in verso. Dans l'histoire de Tsin 晉 nous donnons les détails.

vous serez maître de ce chemin qui vous livre toute la Chine et qui lui est aussi nécessaire que le gosier l'est à l'homme ; vos soldats partis en expédition n'auraient pas à craindre qu'on leur coupe la retraite. Quels plus grands avantages pouvez-vous rêver ? Voilà les raisons pour lesquelles notre humble prince ne croit pas que vous entrepreniez cette guerre contre nous."

Wei-jan le terrible fut-il vaincu par le charme magique de ce pin eau de lettré ? Céda-t-il à d'autres considérations ? Nous ne saurions le dire. En tout cas, il abandonna pour le moment son projet d'invasion et ramena son armée. Trois ans plus tard, il jugea nécessaire d'agrandir son fief de Ting-tao 定陶 (1); pour cela, il fit enlever au roi de T'si 齊 les territoires de Kang 剛 et de Cheou 壽 (2).

Cette même année vint à la cour de T'sin 秦 le fameux lettré Fan-tsiu 范雎. Dans l'espace de quatre ans, par sa langue de vipère, il parvint à ruiner l'influence de Wei-jan et à prendre sa place. Ainsi finit ce grand homme qui peut être regardé avec son ami Pé k'i comme le fondateur de la puissance de T'sin. Il dut passer la frontière et s'en aller en exil avec ses partisans les plus redoutés du nouveau ministre. Sa fortune personnelle dépassait celle du roi lui-même ; à son départ, il avait une suite de mille chariots chargés de ses trésors. Il se retira dans son fief de Ting-tao, où il mourut et fut enterré. Ce fief retourna ensuite au roi de T'sin.

Se-ma t'sien ne manque pas de faire ses réflexions sur les mérites de cet illustre personnage et sur l'ingratitude de Tchao-siang-wang ; inutile de nous y arrêter : les faits parlent d'eux-mêmes.

En 273, Hou-chang 胡傷 général de T'sin prenait au roi de Wei les territoires de K'iuen 卷 de T'sai-yang 蔡陽 et de Tchang-che 長社 (4).

Encore en 273 les armées réunies de Tchao 趙 et de Wei 魏 attaquaient le roi de Han. Tchao-siang-wang vint à son secours et tua quinze mille hommes. Le roi de Wei dut céder encore la ville de Nan-yang 南陽 (5).

---

(1) Ting-tao—[voyez : Tao-i, un peu plus haut].

(2) Kang—35 ly nord-est de 寧陽縣 Ning-yang-hien 兗州府 Yen-tcheou-fou, Chan-tang.
Cheou—50 ly sud-est de 壽張縣 Cheou-tchang-hien dans cette même préfecture (F. vol. 10. pp. 8-10).

(3) Ce général Hou-chang 胡傷 était un aventurier venu chercher fortune au pays de T'sin ; il était devenu ministre surnuméraire K'o-king 客卿
K'iuen, au nord-ouest de Yuen-ou-hien 原武縣, Ho-nan-fou 河南府.
T'si-yang—à 10ly au sud de Ch ng-t'sai-hien 上蔡縣 Jou-ning-fou 汝寧府 Ho-nan.
Tchang-che, à un ly à l'ouest de Tcha g ko-hien 長葛縣 Hiu-tcheou 許州 Ho-nan. [F. vol. 12, p.p. 29-50-60].

(4) Un peu au nord de Sieou-ou-hien 修武縣 Hoai-k'ing-fou 懷慶府 Ho-nan, [Y. vol 中 p. 14] — [Tong-ki piao vol. 2. p. 13].

C'est Toan-tse 段子 [probablement un prince de la famille royale] qui conseilla cette cession, pour obtenir la paix; mais le vieux roué Sou-tai 蘇代 s'y opposait de toutes ses forces: " Celui qui veut s'emparer de votre sceau [et partant de votre dignité dont il est l'emblême et la garantie], c'est Toan-tse; celui qui veut votre territoire, c'est le roi de T'sin. Vous laissez le prétendant faire le partage de votre territoire et le voleur disposer de votre sceau; ainsi c'est la fin de votre royaume. Céder cette ville, c'est apporter de la paille pour éteindre le feu"—"C'est vrai répondait le roi de Wei, mais il n'est plus temps de changer; l'affaire est conclue, je ne puis reculer."—"Pardon, reprenait Sou-tai, il est encore temps; quand on joue aux dés (1) c'est le caractère Hiao 梟 qui est le plus désiré, parce qu'il gagne tout; si on a de la chance donc on prend tout; sinon, l'on cesse de jouer; pourquoi votre Majesté veut-elle employer toutes sortes de petits moyens, au lieu du seul efficace?" —Malgré ces belles remontrances, le roi de Wei s'exécuta et livra Nan-yang.

En 272, Wan 完, prince héritier de T'chou 楚, est envoyé comme ôtage à la cour de T'sin 秦. Voici pourquoi: Tchao-siang-wang était alors sur le point d'envoyer son grand général Pé-k'i attaquer ce pays; les armées de Han et de Wei devaient prêter leur concours. A cette époque, Hoang-hé 黃歇 (2), plus connu sous le nom de T'choen-chen-kiun 春申君, était justement en ambassade à la cour de T'sin; ayant appris les projets du roi, il craignait que du coup son pays ne fût anéanti: il écrivit donc un mémoire et le présenta à Tchao-siang-wang; la pièce était ainsi conçue: " J'ai toujours entendu dire qu'une puissance parvenue à son apogée commence à décliner; l'extrême froid n'est pas durable; l'extrême chaleur non plus ; on ne peut sans fin entasser des billes les unes sur les autres ; votre territoire est immense; il atteint l'extrême-orient comme l'extrême occident; depuis que l'empire existe, jamais un vassal n'a eu telle puissance. Votre Majesté commande au roi de Han 韓 ; celui de Wei est à vos pieds; vous avez conquis tout le nord du fleuve Pou 濮 et Mo 磨 (3).

---

(1) Sur les dés étaient gravés les caractères suivants :
梟 hiao, hibou.
盧 lou, fourneau, réchaud.
雉 tche, faisan.
犢 tou, veau.
塞 Se [sai], emplir une fosse.
Ces cinq pièces formaient un jeu appelé t'eou 骰.
Le premier hiao, gagnait tout l'enjeu ; parcequ' cet oiseau était si vorace, dit-on, qu'il mangeait sa mère et ses petits.

(2) Cf Mayers. p. 70, No. 218—Voir au royaume de Ou, où nous avons déjà parlé de ce personage. Ici, il se montre ministre prudent et prévoyant, tout dévoué à son prince et à son pays. C'est une célébrité parmi les beaux parleurs et lettrés distingués, qui réussissent tout ce qu'ils traitent.

(3) Le fleuve Pou est à 60 ly sud-est de K'ai-tcheou 開州 Ta-ming-fou 大名府, Tche-li, il se jette dans le fleuve T'si 濟. Le fleuve Mo est aussi dans cette région ; mais on ne sait au juste où [Y. vol. 上 p.27].

" Vous tenez les défilés les plus importants entre votre pays et celui de T'si 齊, vous avez coupé les communications entre les royaumes de Tchao 趙 et de T'chou 楚; même cinq ou six armées réunies n'oseraient vous attaquer; comparée à votre autorité, celle de l'empereur même est nulle. Si votre Majesté pouvait se contenter de ce qu'elle possède, réprimer l'envie d'acquérir encore, cultiver dans son cœur la modération, l'humanité, elle se préserverait de tout malheur. Il n'y a eu que trois grands empereurs; jamais un quatrième n'a pu les égaler; il n'y a eu que cinq grands chefs de vassaux; jamais un sixième n'a pu atteindre à leur hauteur. Si votre Majesté se confie dans la multitude de ses peuples et sur la force de ses armées pour subjuguer toute la Chine, votre humble serviteur craint qu'il ne vous arrive quelque malheur. Le livre I-king 易經 [au 64ème hexagramme intitulé Wei t'si 未濟] [Zottoli III. p. 560] dit sagement: Le petit renard essayant de passer le fleuve se mouille la queue; c'est-à-dire : entreprendre une affaire, c'est facile; la parachever est plus difficile. Le royaume de T'chou vous est tout dévoué, tandis que vos autres voisins vous sont hostiles; cependant, il semble que votre Majesté ne sera tranquille que quand elle nous aura anéantis ; elle oublie que nous ruiner c'est fortifier d'autant les pays de Han et de Wei. Considérant ces circonstances, je vois que votre Majesté ne trouvera pas son compte dans cette expédition. Vous savez que depuis dix générations, pères et fils, frères aînés et frères cadets des familles royales de Han et de Wei sont tous morts chez vous ; tant que subsisteront ces deux royaumes, jamais vous n'aurez la paix ; vous les croyez maintenant devenus vos amis ; vous vous appuyez sur eux pour nous faire la guerre ; vous faites comme Fou-t'chai 夫差 roi de Ou 吳 [495-473] qui se fia au traître Keou-tsien 勾踐 roi de Yué 越. A mon humble avis, il vous est plus avantageux d'être bien avec nous; si nos deux royaumes sont unis comme deux frères, les princes de Han et de Wei viendront chez vous en humbles vassaux ; vous occuperez les points stratégiques du pays de T'si 齊; nous-mêmes n'aurons plus de contact avec Yen 燕 et Tchao 趙; alors, si le malheur atteint Yen et Tchao, du même coup il atteindra T'si et T'chou : ainsi, ces quatre pays n'attendront pas d'être contraints par la force des armes pour se soumettre à votre Majesté."

Tchao-siang-wang se rendit à ce raisonnement. Très content de T'choen-chen-kiun, il le députa pour ménager un mariage qu'il méditait avec une princesse de T'chou 楚; il revint ensuite pour servir de protecteur au prince héritier Wan 完 envoyé comme ôtage à la cour de T'sin 秦.

Cette même année Tchao-siang-wang régla l'administration officielle de la province de Nan-yang 南陽 (1). Il envoya aussi une armée pour faire la guerre au pays de Yen 燕 ; les troupes de T'chou et de Wei 魏 étaient auxiliaires dans cette expédition ; mais nous n'en avons pas les détails.

En 271, c'est le roi de Tchao 趙 qui attaque le royaume de T'si 齊 ; c'est tout ce que nous en savons.

En 270, une armée de T'sin 秦 envahit à son tour le pays de Tchao 趙, et met le siége devant la ville de Ngo-yu 閼與 (2); mais le général Tchao-ché 趙奢 lui inflige un échec, et la contraint de se retirer. Le roi de Tchao fut si content de ce succès inespéré qu'il éleva ce général à la dignité de Ma-fou-kiun 馬服君 (3). C'est un fait bien remarquable; les gens de T'sin étaient si belliqueux, si accoutumés à la victoire en tous pays; comment se sont-ils montrés inférieurs, cette fois ? Cela mérite un récit détaillé :

Ce Tchao-ché avait d'abord été employé à l'administration des finances [T'ien-pou-che 田部史]. Un membre de la famille royale, nommé P'ing-yuen-kiun 平原君 (4) ayant refusé de payer les droits, Tchao-ché, d'après les lois en usage, tua les neuf hommes qui faisaient résistance aux employés; leur maître fut si irrité qu'il voulait massacrer Tchao-ché lui-même ; mais celui-ci lui dit :

---

(1) D'après le K. p. 76, vol. 上, il s'étendait depuis Nan-yang-fou (Ho nan), jusqu'à Kiun-tcheou 均州 c'est-à-dire actuellement dans la province de 湖北, préfecture de 襄陽府 Siang-yang-fou. (F. vol. 12 p. 39 au verso donne les mêmes détails. Vol. 21 p. 30 au ver o. Tous les officiers furent changés, la population renouvelée par des émigrés de Tsin, transplantés là.

(2) Ngo-yu—à 20 ly nord-ouest de T'sin-tcheou 心州 Chan-si. Quant au camp retranché de Tchao-ché, il était à 50 ly à l'est de Houo-choen-hien 和順縣 Lao-tcheou 遼州 Chan-si. (Y. vol. 中 p. 63—F. vol. 8. pp. 32-34).

Note—Il y a la montagne de Ngo-yu, à 50 ly sud ouest de Ou-ngan-hien 武安縣 Tchang-té-fou 彰德府 Ho-nan. Cette montagne s'appelle encore Pé-chan 北山 (F. vol. 12. p. 18). Ainsi la ville de Ngo-yu est au nord dans le Chan-si; la montagne de Ngo-yu au sud dans le Ho-nan.

L'ancienne ville de Ngo-yu se trouvait auprès de cette montagne. C'est là que guerroyait l'armée de T'sin (cf. l'histoire de Tchao, où je donne plus de détails).

(3) C'est-à-dire seigneur de Ma-fou 馬服 La montagne et le pays de Ma-fou ou Tse-chan 紫山 se trouvait 30 ly au nord-ouest de la ville de Han-tan 邯鄲 Kouang-p'ing 廣平府 Tche-li: (Grand F vol. 15 p 26 in verso).

(4) Son nom était Tchao-cheng 趙勝, c'était le frère cadet du roi. Il est un des plus fameux diplomates et généraux de cette époque. L'histoire en compte quatre qu'elle décore du nom de héros (Hao) à savoir:

1º Mong-tchang-kiun 孟嘗君 ou T'ien-wen 田文 du royaume de T'si 齊
2º Sin-ling-kiun 信陵君 du royaume de Wei 魏 (244) (Mayers, No. 586).
3º P'ing-yuen-kiun, du royaume de Tchao.
4º T'choen-chen-kiun, du royaume de T'chou 春申君

"Votre seigneurie est un des plus grands princes de notre royaume ; si vous lâchez la bride aux gens de votre maison, s'ils peuvent impunément commettre toutes sortes d'injustices, alors c'en est fait des lois de ce pays; il s'affaiblira de jour en jour, et sera la proie facile de n'importe quel ennemi ; alors que deviendront vos richesses et vos dignités? Vous, princes de la famille royale, devez observer les lois communes ; ainsi la noblesse et le vulgaire vivront en paix ; si la paix règne dans le royaume, il sera fort, et conservera son existence. Un prince de la famille royale ne peut s'exposer à devenir la risée de toute la Chine."

P'ing-yuen-kiun était homme à comprendre ce langage. Il recommanda même au roi, son frère, un officier si fidèle et si ferme. Il fut aussitôt mis à la tête des finances du royaume qui devinrent fort prospères. Quand donc l'armée de T'sin 秦 se présenta devant Ngo-yu, le roi de Tchao assembla tous ses grands officiers pour leur demander conseil; Lien-p'ouo 廉頗 et Yo tchen 樂乘 dirent unanimement : "Le chemin est très long et très-dangereux, à cause des défilés; il est bien difficile de porter secours." Tchao-ché répondit : "Le chemin est long et si étroit qu'il ressemble à un trou où deux rats devraient se battre pour y passer ; mais c'est le plus courageux qui triomphera" Sur ce, le roi chargea Tchao-ché de mener une armée au secours de la ville.

Tchao-ché quitta la capitale Han-tan 邯鄲 et après avoir marché trente ly s'arrêta pour établir un camp; il fit publier parmi l'armée: "Quiconque critiquera le plan de campagne sera puni de mort". Pendant ce temps, l'armée de T'sin 秦 guerroyait à l'ouest de Ou-ngan 武安 ; les tambours et les cris des soldats faisaient un tapage infernal; les maisons en tremblaient ; alors quelqu'un dit qu'il fallait tout d'abord secourir Ou-ngan Tchao-ché lui fit aussitôt couper la tête ; on fortifia davantage le mur du camp, pendant vingt-huit jours, sans conduire les soldats au combat. Un espion de T'sin étant venu dans ces parages fut fait prisonnier; au lieu de le tuer, Tchao-ché le régala et le mit en liberté; celui-ci raconta tous ces détails à son général qui fut grandement content de les apprendre. L'espion parti, Tchao-ché fit aussitôt plier bagage; puis on se mit en marche au pas de course, en un jour et une nuit on arriva à cinquante ly de Ngo-yu ; là on fit un camp semblable au premier

Quand l'armée de T'sin apprit cette nouvelle, elle prit les armes pour venir attaquer le camp retranché. Alors Hiu-li 許歷 officier de Tchao demanda à parler à Tchao-ché: "L'armée de T'sin, lui dit-il, ne se doutait pas que nous pousserions jusqu'ici ; maintenant elle arrive et fait rage; il serait prudent de serrer et d'appuyer nos rangs pour la recevoir; sinon nous serons battus."—" C'est bien, répondit Tchao-ché, votre remarque est juste."—

"Maintenant, dit Hiu-li, punissez-moi de mon audace." Tchao-ché n'en fit rien. "Me permettez-vous encore un mot, reprit l'officier ? Le premier qui occupera cette montagne au nord, celui-là aura la victoire." Aussitôt Tchao-ché envoya dix mille hommes y prendre position. Quand les gens de T'sin furent arriv s, ils essayèrent en vain de les en déloger. Tchao-ché lança alors le reste de ses troupes à l'attaque de l'armée de T'sin, qui fut complètement battue, et dut abandonner le siège de Ngo-yu Pour récompense, Tchao-ché fut fait seigneur de Ma-fou, comme nous l'avons dit: Hui-li fut élevé au grade de Kouo-wei 國尉, l'un des plus élevés du royaume.

Cette même année, comme nous l'avons indiqué plus haut, Wei-jan prenait les deux villes de Kang 剛 et de Cheou 壽 au royaume de T'si 齊; lui même ne dirigea pas cette expédition; il avait conseillé à Tchao-siang-wang d'y envoyer le ministre étranger Tsao 竈 (1) qui lui semblait un homme de talent ; de fait il réussit cette campagne.

Cette même année encore, l'armée de T'sin 秦 anéantit l'ancien petit état tartare de I-k iu 義渠 (2) situé au nord-ouest de la capitale. V ici la raison qu'en donne le commentaire. Le roi de ces tartares, Jong 戎, avait eu de mauvaises relations avec la reine-mère Siuen-t'ai-heou 宣太后, et en avait eu deux fils ; c' tait un grand déshonneur pour la famille royale; on ne sait pourquoi cette princesse attira traîtreusement son complice à Kan-t'siuen 甘泉 (3), et l'y fit périr ; aussitôt après ce meurtre, on expédia des troupes, et l'on s'empara du pays.

Malheureu ement pour le royaume de T'sin, cette même année encore, Tchao-siang-wang recevait à sa cour, et nommait ministre étranger [K'o-k'ing 客卿] l'intrigant personnage nommé Fan-tsiu 范雎 déjà connu du lecteur. Cet individu originaire de Wei 魏, avait d'abord été donné comme compagnon à Siu-kia-t ai-fou 須賈大夫 envoyé comme ambassadeur à la cour de T'si 齊.

---

(1) 客卿 K'o-k'ing . ministre venu d'un pays étranger; c'était un ministre consort, aide-ministre, ministre qui n'en a pas le titre officiel ni le portefeuille, en sa qualité de nouvellement venu; un homme qui remplace n'importe quel ministre, ou grand officier, ou général ; c'ét it u e des plus hautes dignités du royaume.

(2) C'est maintenant Ning-tcheou 寧州 K'ing-yang-fou 慶陽府 Kan-sou. (K. vol 中 p. 02) -[Y. vol. 中, p. 135]—[. vol. 15 p. 18].

(3) Kan-t'siuen-hien 甘泉縣 Yen-ngan-fou 延安府 Chen-si. (Y. vol. 中 p. 122.)
Le même fait est raconté dans le Chen, vol. 75. p. 23.
Ce défilé est 40 ly à l'est de la sous-préfecture Wen-hiang-hien, Ch n-tcheou, (Honan]

[F. vol. 12 p. 65, au verso].

Le roi de ce pays l'ayant entendu discourir, avait été frappé de son éloquence et de sa sagesse; il pensa sans doute l'attirer à son service; il lui envoya secrètement des cadeaux : Siu-kia l'apprit et le soupçonna d'avoir livré quelques secrets d'état; rentré dans son pays, il l'accusa de trahison. Wei-t'si 魏齊, premier ministre, entra en fureur; il le fit fouetter si cruellement qu'on lui cassa les dents et rompit des côtes; ensuite on le jeta dans une fosse d'aisances; il fit le mort et réussit à s'échapper; un homme charitable nommé Tcheng-ngan-p'ing 鄭安平 le cacha d'abord, puis l'aida à s'enfuir hors du royaume, sous le nom de Tchang-lou 張祿. Il se dirigea du côté de T'sin; juste à ce moment, Wang-ki 王稽, ambassadeur de ce pays à la cour de Wei 魏, retournait auprès de Tchao-siang-wang rendre compte de sa mission ; il le reçut sur son char et, le long du chemin, eut le temps de connaître son génie. Sur la route même, ils rencontrèrent Weijan; de loin apercevant le cortège, Fan-tsiu demanda qui c'était: " C'est le premier-ministre," répondit l'ambassadeur. " J'ai entendu dire, reprend Fan-tsiu, que Wei-jan est le maître absolu du pouvoir, et qu'il aime fort peu les lettrés voyageurs; j'ai peur qu'il ne me maltraite, si j'ai le malheur d'être aperçu; il est plus prudent de me tenir caché à l'intérieur du char " Peu après, Wei-jan arrivait et saluait l'ambassadeur, sans mettre pied à terre : " Y a-t-il quelques nouvelles importantes en dehors de nos frontières ?" lui demanda-t-il.—" Rien de nouveau !" répondit l'ambassadeur. — " Amenez-vous quelque lettré voyageur, cherchant place et fortune chez nous, race inutile, engeance destinée à mettre le trouble partout?" — " Comment oserais-je amener pareilles gens ?" répond l'ambassadeur.—Sur ce, l'on se quitta. Pendant cet entretien, Fan-tsiu tremblait dans sa cachette. Le péril étant passé, il dit à Wang-ki: " J'ai ouï dire que Wei-jan est un homme très intelligent, mais lent à pénétrer les choses; il se doutait bien qu'il y avait quelqu'un dans le char; mais il n'a pas songé tout de suite à examiner; il va peut-être s'apercevoir de son oubli et va revenir : je m'en vais." Wei-jan avait à peine fait quelques dix ly qu'il renvoyait en effet des cavaliers visiter le char; ceux-ci n'ayant trouvé personne, retournèrent auprès de leur maître.

Tous ces menus détails sont racontés par l'historien pour montrer quel modèle de fin lettré était ce Fan-tsiu; ces gens ont la prescience de tout ! Grâce à la recommandation de son protecteur, Fan-tsiu fut reçu en audience par Tchao-siang-wang, au palais Li-kong 離宮 (3). Cette entrevue est restée célèbre; elle est classique; elle est encore maintenant un sujet d'amplification pour nos futurs académiciens; il faut voir avec quelle satisfaction Se-ma-t'sien la décrit jusque dans ses plus minimes détails; il y met tous les raffinements

---

(3) C'était à 13 ly au nord de Tchang-ngan 長安 Si-ngan-fou 西安府 Chen-si. [Y. vol. 中 p. 108.]

de son meilleur style ; c'est une des plus brillantes pièces de son ouvrage; malgré tout, ce n'est qu'un de ces lieux communs si fréquents chez les auteurs chinois; ils croient y faire de la philosophie, ce ne sont que phrases ronflantes; ce morceau est extrêmement dramatique; plein de surprises, de déguisements, de fausses lettres, de quiproquos, enfin, de tout ce qui peut tourner à l'honneur de nos lettrés et surtout de leur glorieux représentant Fan-tsiu, génie capable de tout emploi, pénétrant jusqu'aux plus intimes replis du cœur. C'est ici qu'on voit un lettré estimé à sa juste valeur; un grand roi est à ses pieds, demandant humblement et en grâce d'obtenir les trésors cachés de sa sagesse. Ce sont des prophètes qui lisent dans l'avenir; ce sont les colonnes de l'empire, les défenseurs du pays, ces grands capitaines qui ont pâli sur les livres ; sans eux, rien de bon ne saurait se faire. On voit là que si le royaume de T'sin est devenu si puissant, ce n'est pas grâce à son génie militaire, à son ardeur belliqueuse; mais uniquement parce qu'une fois un grand lettré y a passé, y a donné une bonne impulsion, l'a rendu maître de la Chine ; si plus tard il y eut des malheurs, c'est qu'on a négligé et méconnu les génies lettrés qui ont l'intuition des esprits.

Fan-tsiu fit semblant d'ignorer qu'il se trouvait dans le palais du roi. Tchao-siang-wang arrivait juste à ce moment; sa suite voulait chasser cet intrus qui entrait si librement; il en demanda la raison. Ne voyez-vous pas que c'est sa Majesté qui arrive ? lui répondirent les officiers.—" Comment ! reprend-t-il, le royaume de T'sin 秦 a un roi ? Je croyais qu'il n'y avait qu'une reine mère et un prince de Jang 穰 侯 pour tout gouvernement !" Tchao-siang-wang avait entendu ces paroles et compris la pensée de cet étranger; il fit sortir son entourage, se mit à genoux devant Fan-tsiu, et lui dit: " Vénérable maître, quelle instruction daignez-vous m'accorder, à moi homme de peu de valeur ? "—" Hé bien oui, hé bien oui, hé-bien oui !" répond Fan-tsiu.

—"Ainsi, vénérable maître, reprend le roi vous ne dédaignerez pas de m'instruire, moi, homme de peu de valeur ? " — " Je n'oserais, dit Fan-tsiu ; car je ne suis qu'un étranger vagabond, inconnu à votre Majesté; de plus, ce que j'aurais à vous dire regarde votre gouverne, l'intime de votre famille; volontiers je voudrais vous prouver mon dévouement ; mais je ne vous connais pas encore assez intimement ; voilà pourquoi je n'ose dire ma pensée ; si je parlais franchement aujourd'hui, demain ce serait fait de moi ! Cependant, ajouta-t-il, pourvu que je puisse vous rendre un petit service, la mort ne m'effraie pas ; je crains seulement une chose ; c'est qu'en apprenant ma mort, toutes les bouches ne se ferment, tous les pieds ne se raidissent ; alors vous n'aurez plus personne pour vous avertir, personne qui veuille venir dans votre royaume."

Tchao-siang-wang se mit de nouveau à genoux : " Que parlez-vous de mort ? lui dit-il; moi, homme de peude valeur, j'ai le bonheur de rencontrer votre personne; c'est le ciel qui vous envoie; vénérable maître, pour mon profit, pour la conservation du temple de mes ancêtres, daignez m'instruire sans aucun souci de ma dignité."

Fan-tsiu, voyant l'entourage du roi, n'osa pas d'abord parler sur la famille du prince; il voulait aussi savoir ce que Tchao-siang-wang pouvait porter; il commença donc par traiter de la politique : "Wei-jan, dit-il, promène ses troupes à travers les pays de Han et de Wei, pour prendre les deux villes de Kang et de Cheou: c'est souverainement imprudent. Ming 湣 roi de T'si 齊 (313,282), est allé deux fois attaquer le pays de T'chou 楚 ; il a conquis un territoire de cent ly; il n'a pu en garder un pouce; il avait bien l'intention d'agrandir son royaume; les circonstances l'en ont empêché, comme aussi la grande distance ; les autres princes, voyant T'si affaibli, allèrent l'attaquer à son tour, et il faillit périr dans la catastrophe. Le mieux est d'entretenir l'amitié avec les pays éloignés et d'attaquer nos voisins ; dussiez-vous ne gagner qu'un pied ou un pouce de territoire, il serait du moins sûrement à vous. Han et Wei sont le pivot de la Chine ; si vous voulez devenir le chef des princes, il faut vous attacher ceux de la Chine [proprement dite] et être le point de ralliement de tout l'empire ; ainsi votre autorité s'étendra sur les pays de T'chou et de Tchao 趙 ; celui de T'si vous viendra alors de lui-même; Han et Wei seront facilement soumis."

Tchao-siang-wang goûta ce conseil et d'autres semblables ; il en fut si content qu'il créa Fan-tsiu ministre étranger [K'o k'ing 客鄉].

En 269, nouvel échec devant la même ville de Ngo-yu, infligé par le même général de Tchao, nommé Tchao-ch' 趙奢 (1)

En 368, une armée de T'sin 秦 prenait la ville de Hoai 懷 [2] au roi de Wei 魏; c'était l'inauguration des plans de Fan-tsiu.

En 267, le prince héritier de T'sin meurt à la cour de Wei 魏 où il était otage. (3) Le prince héritier est l'espérance d'un royaume; matin et soir, il doit

---

(1) Tchao-siang-wang, humilié par le premier échec, voulait à tout prix le venger ; il envoya donc Hou-chang 胡傷, ce ministre étranger, cet ancien aventurier, dont nous avons parlé plus haut; celui-ci avait alors le grade de Tchong-keng 中更 [1ème degé] ; mais il dut aussi se retirer honteusement. Il faut croire que Tchao-ché était un fameux capitaine ; car depuis des siècles, l'armée de T'sin ne connaissait guère que la victoire.

(2) Dans la préfecture de Hoai-k'ing-fou 懷慶府, Ho-nan, à 11 ly sud-ouest de Ou-tsien-hien 武踐縣.—[F. vol. 12 p 28].

(3) Ce prince héritier se nommait Tao 悼. Son cercueil fut rapporté et enterré à Tche yang 芷陽 c'est-à-dire à 6 ly à l'ouest de Lan-tien-hien 藍田縣 Si-ngan-fou 西安府 Chen-si. La colline où était le tombeau est à l'est de la rivière Pa-choei 灞水. (F. vol. 14, p. 11). Après la mort du prince Tao, c'est le seigneur de Ngan-kouo 安國 [Ngan-kuo-kiun] qui fut déclaré prince héritier ; nous en reparlerons plus loin.

visiter le roi son père, pendant ses repas, (pour voir s'il se porte bien, s'il a bon appétit). S'il est otage dans un autre pays, comment remplir cet office? Il y a des circonstances où l'on ne peut faire autrement;par exemple, le roi de T'chou dut envoyer ses fils Hong et Wan à la cour de T'sin, pour avoir la paix avec ce pays; la nécessité l'y contraignit. Mais qu'un prince aussi puissant que Tchao-siang-wang donne son fils héritier en otage au royaume de Wei, quelle raison peut-il avoir? Pendant plusieurs années de suite il lui a fait des guerres continuelles, l'a envahi, l'a tyrannisé sans trêve; il veut maintenant lier avec lui une amitié durable; pour gage il lui envoie son fils; mais, malgré ces belles apparences, qui peut se fier à lui? A cette époque de guerres civiles, les amitiés les plus intimes se changeaient en inimitiés acharnées; c'est pourquoi Mong-tse 孟子 dit: " Celui qui ne pratique pas l'humanité se montre sans égards pour les autres, et finit, lui aussi, par être atteint dans ses affections les plus chères; ce principe s'est vérifié dans le cas présent. (Commentaire).

En 236, Fan-tsiu envoie une expédition contre le royaume de Han 韓, auquel on prend les deux villes de Chao-k'iu 少曲 et Kao-p'ing 高平 (1): Une autre armée enlève au roi de Wei 魏 le territoire de Hing-k'iou 邢邱. (2)

Cette même année 236, Tchao-siang-wang éloigne sa mère et ne lui permet plus de se mêler de l'administration; il chasse de même Wei-jan 魏冉 Mi-jong 芈戎 ses deux oncles, puis Kong-tse-che 公子市 et Kong-tse-hoei 公子悝 ses deux frères; il se livre à la merci de Fan-tsiu, qu'il élève à la dignité de Yng-heou 應侯 marquis de Yng, et en fait son premier ministre [3].

Voici comment cet intrigant parvint à son but: Il était devenu le familier du roi, chargé d'affaires confidentielles; ainsi enhardi par la faveur, il dit à Tchao-siang-wang: "Quand votre serviteur était à l'est des montagnes [au pays de T'si, 齊]. je n'entendais parler que de Mong-tchang-kiun 孟嘗君 [ou Tien-wen] et jamais du roi; s'il était question du royaume de T'sin 秦, on nommait la reine mère, le prince Wei-jan; jamais on ne mentionnait votre Majesté.

---

(1) Chan-k'iu—au sud-ouest de la montagne T'ai-hing-chan 太行山; c'est maintenant Mong-hien 孟縣 Hoei-k'ing-fou [suprà]. [Y. vol. 中 p. 14].

Kao-p'ing—à 40 ly nord-ouest de la même sous-préfecture de Mong-hien. Ce deux villes étaient alors voisines l'une de l'autre. (K. vol. 上 p. 41).

(2) Hing-k'ieou — vol. 上 p. 40, c'est P'ing-kao 平臯 à 70 ly sud-est de Hoai-k'ing-fou, [vol. 12 p. 26].

(3) Yng—30 ly ouest de Lou-chao-hien — Sou-tcheou-fou, Ho-nan (F. vol. 12 p. 26. (Grand.... vol. 51 p. 36).

De fait, celui qui a l'autorité en main élève et abaisse les hommes, distribue les récompenses et les punitions, est maître de la vie et de la mort des sujets; celui-là est le véritable roi du pays; en ce moment, c'est la reine-mère qui a seule l'autorité en main, sans se préoccuper de qui que ce soit; Wei-jan envoie des ambassadeurs vous dire un mot de ce qui a été traité; Mi-jong et Kong-tse-hoei jugent en dernier ressort n'importe quelle cause, même capitale, sans même s'en cacher devant votre Majesté; Kong-tse-che donne entrée à qui bon lui semble au palais, sans s'occuper de vous (1). Si ces quatre potentats continuent ainsi, le royaume marche à sa perte inévitable ! Eux seuls sont quelque chose dans le pays; le reste n'est rien !

C'est pourquoi l'on dit qu'il n'y a pas de roi. Sous le couvert de votre Majesté, Wei-jan envoie les ambassadeurs, gouverne les divers princes, fait des contrats dans toute l'étendue de la Chine, déprime ses ennemis, fait la guerre aux autres pays; et personne n'ose répliquer; si la guerre est heureuse, il en a la gloire et les profits; si elle est malheureuse, la haine et le dommage retombent sur le peuple. Votre serviteur a toujours entendu dire que si un arbre à fruits est trop chargé, les branches ploient et nuisent à l'arbre même (2); des fiefs trop considérables sont un danger pour le royaume; les dignitaires trop élevés offusquent la Majesté royale; Tchouo-t'che 淖齒 le tout-puissant ministre de T'si 齊 assassine le roi Ming 湣王 [293]; Li-toei 李兌 potentat de 趙, mit son prince en prison, et le massacra (3). Ici je vois quatre hommes maîtres de tout dans le royaume et ce sont gens semblables à Tchao-t'che et à Li-toei; comment ne craindrais-je pas des malheurs? Les trois grandes dynasties ont perdu leur trône parce que ces princes avaient trop confié d'autorité à leurs ministres, tandis qu'eux-mêmes s'abandonnèrent au vin et à la chasse; ces puissants ministres tenaient avec une jalousie extrême tous les gens intelligents éloignés des charges; ils écartaient les hommes capables; ils interceptaient les plaintes et les remontrances des inférieurs; ils tenaient leurs rois dans une ignorance complète; pour mener à bonne fin toutes leurs intrigues, ils ne communiquaient aucun de leurs plans; les princes avaient perdu leur trône sans même l'avoir soupçonné.

---

(1) Mi-jong était seigneur de Hoa-yang 華陽君; mais ou ignore la position de cette ville; il n'est pas sûr que ce soit la ville de Hoa-yang mentionnée en 274. Kong-tse-hoei était seigneur de King-yang 涇陽君; c'est King-yang-hien 涇陽縣 Si-ngan-fou 西安府 Chen-si (Y. vol. 中 p. 100).

Kong-tse-che était seigneur de Kao-ling 高陵君; c'est Kao-ling-hien 高陵縣 Si-ngan-fou [Y. ibid. p. 109].

(2) Ce proverbe est tiré d'une ancienne poésie éliminée du "livre des vers" par Confucius.
(3) En 294. Voir ces annales dans les 統紀表 Tong-ki-piao, vol, 2 p. p. 11 et 12

Mainentant, tout ce qui a de l'autorité en mains, depuis les grands officiers jusqu'aux serviteurs attachés à votre illustre personne, tous sont les créatures de Wei-jan; votre Majesté est vraiment isolée dans son palais ; je suis tout effrayé en pensant que peut-être, après dix-mille générations, ce ne sera plus votre famille qui règnera sur ce pays."

Ainsi parla cette langue de vipère ; et Tchao-siang-wang trouva ses remarques très-justes ; il était comme fasciné par ce serpent ; c'est à la suite de ce discours qu'il éloigna sa mère et envoya en exil ceux qui avaient jusque-là fait la force et la gloire de son règne.

Nous verrons la piteuse fin de l'intrigant ; il aura su démolir, mais ne saura pas si bien rebâtir ; il aura su détrôner ses rivaux, mais ne saura pas si bien tenir leur place. Devenu maître absolu du pouvoir, c'était le moment de montrer son génie de lettré transcendant ; au lieu de cela, nous verrons seulement une âme basse, avide de satisfaire ses rancunes privées ; il ne saura guère que faire parade de sa dignité et grossir sa fortune ; il aura tout à souhait, il fera tout ce qu'il vient de critiquer ; il s'entourera de ses créatures et leur distribuera les charges; malheur à ses ennemis! Un regard malveillant, ou cru tel, sera sévèrement puni ! Son protecteur Wang-ki 王稽 deviendra gouverneur de province ; son sauveur Tcheng-ngan-p'ing 鄭安平 général d'armée, à la place du grand capitaine Pé-k'i (1); mais alors les malheurs commenceront à pleuvoir sur cet ambitieux; il sentira enfin qu'une éloquence intarissable à se vanter aux dépens d'autrui ne suffit pas pour faire un grand homme, un grand capitaine, un grand ministre.

Siu-kia 須賈, l'ambassadeur déjà connu, l'auteur de la fameuse bastonnade, vint à la cour de T'sin 秦 pour saluer Tchao-siang-wang. Quelle occasion pour Fan-tsiu ! il l'insulta en public, et le renvoya dire au roi de Wei : "Hâtez-vous de couper la tête à votre premier ministre Wei-t'si 魏齊 ; sinon, une armée viendra et embrochera tous les habitants de votre capitale Ta-leang 大梁 !" Sur ce, le premier-ministre s'enfuit au pays de Tchao.

Wei-t'si demeura caché dans la famille du seigneur de P'ing-yuen 平原 (2); dans la suite, il devint ministre de ce royaume où nous le retrouverons.

Le commentaire est quelque peu embarrassé de son héros Fan-tsiu; à la page 162, il remarque avec mélancolie que c'est pour la première fois que l'histoire de la Chine mentionne une telle ingratitude d'un prince envers sa mère ;

---

(1) 三江. Inexplicable. Probablement faute d'impression ; peut-être pour 大江.

(2) P'ing-yuen-kiun 平原郡, frère cadet du roi et l'un des quatre héros [四豪] mentionnés plus haut.

les annales ne contiennent en tout que trois cas de ce genre; c'est une monstruosité, dans un pays surtout où la piété filiale est regardée comme la première des vertus; ici, la faute était encore plus grande, puisque le roi devait absolument tout à sa mère, et le trône, et un gouvernement florissant entre tous. Comment disculper l'auteur de ce m fait ! Aussi, le commentaire hasarde-t-il quelque blâme à l'adresse de son héros, mais bien faible et bien timide.

Quant à Wei-jan, nous l'avons vu à l'œuvre au sud; il avait conquis les territoires de Yen 鄢 et de Yng 郢 (1) ; à l'est, il avait reculé les frontières du royaume jusqu'aux pays de T'si 齊, payant de sa personne dans toutes ses expéditions, ses mérites étaient vraiment au dessus de toute récompense. Il était autoritaire, indépendant, orgueilleux, rapace même; mais il se faisait pardonner tout cela par sa fidélité et son dévouement.

L'année suivante, 265, la reine-mère mourait de chagrin: on ne voit pas que Tchao-siang-wang ait rien fait pour réparer ses torts envers elle, même après sa mort; Fan-tsiu semble l'avoir comme ensorcelé! Cette princesse, nous l'avons raconté plus haut, avait gravement failli dans sa conduite privée ; mais ni le roi son fils, ni Fan-tsiu n'y font allusion. C'est qu'en Chine, d'après un sentiment reçu des lettrés comme du peuple, une mère peut commettre n'importe quel crime sans que le fils ait le droit de lui en faire la remarque, encore moins de l'en reprendre; c'est l'exagération païenne de la piété filliale; cela vient aussi de ce principe païen admis sans contradiction (2) : "La vie et la mort de l'enfant sont à la discrétion des parents 生也由爹娘死也由爹娘" Ce n'est que dans le cas où la mère commettrait un crime contre les ancêtres, c'est-à-dire capable de causer la ruine de leur temple ou la ruine de la famille au profit d'une maison rivale, que le fils pourrait intervenir et se mêler de la conduite de sa mère; alors il n'agirait pas seul ; toute la parenté intéressée serait d'accord avec lui. Voilà pourquoi Fan-tsiu n'a fait valoir que ces deux derniers motifs, pour engager Tchao-siang wang à écarter sa mère du gouvernement. Cette doctrine est encore en vigueur, même parmi le peuple ; car celui-ci, ordinairement, garde plus longtemps que les lettrés les principes de la loi naturelle, même après les avoir tronqués ou exagérés. Bien plus, une

---

(1) Yen—à 9 ly sud-ouest de I-t'cheng-hien 宜陽縣 préfecture de 襄陽縣 Siang-yang-fou, Hou-pé. Yng—à 3 ly nord-est de King-tcheou-fou 荊州府 Hou-pé (F. vol. 12 pp. 20, 28).

La reine-mère fut enterrée à Tche-yang 芷陽 dont nous venons de parler.

(2) Tiré du commentaire Cheng-iu-kouang-hiun 聖諭廣訓 (Zottoli, I. p. 76).

mère a-t-elle commis un crime, le fils le niera toujours ou dira l'ignorer, même quand il y aurait évidence! C'est la piété filliale païenne. La doctrine chrétienne seule garde le juste milieu; elle enseigne que le fils peut faire des remontrances modestes à ses parents et l'inférieur à ses supérieurs, si la chose le demande pour le bien de leur âme ou pour le bien public.

Cette même année 265, une armée de T'sin 秦 fit la guerre au pays de Tchao 趙, et lui prit trois villes. Une armée de T'si 齊 vint heureusement à son secours, et força les gens de T'sin de se retirer.

Ensuite, le roi de T'si envahit le royaume de Yen 燕, auquel il prit le territoire de Tchong-yang 中陽 (1); puis il attaque le royaume de Han 韓 et lui enleva Tchou-jen 柱人 (2). Le roi de Tchao, nommé Hoei-wen-wang 惠文王 (298-265) venait de mourir; son fils, Hiao-t'cheng-wang 孝成王 (265-244), était encore jeune; sa mère tenait en main le gouvernail; Tchao-siang-wang crut l'occasion favorable pour une invasion; mais il se trompait sur le caractère de la reine-mère; elle réussit à gagner à sa cause le puissant roi de T'si et sauva ainsi son pays d'un grand danger. On peut voir dans Zottoli, IV. p. 189, le document littéraire relatif à cette expédition; nous y renvoyons le lecteur; cette pièce est célèbre; mais elle nous mènerait trop loin de notre sujet.

En 264, Pé-k'i 白起, le terrible capitaine de T'sin 秦, attaquait à son tour le pays de Han 韓; il lui prit neuf villes, passa cinquante mille hommes au fil de l'épée; une de ces villes se nommait Hing-t'cheng 陘城 (3).

En 163, il revient à la charge, prend le territoire de Nan-yang 南陽 (4) et s'empare du défilé de T'ai-hang-tao 太行道, le grand chemin de communication de tout le pays, point stratégique des plus importants; c'était une vraie conquête; aussi est-elle mentionnée expressément et avec insistance par les historiens.

Cette même année, Wan 完, prince héritier de T'chou 楚, depuis longtemps otage à la cour de T'sin, s'enfuit et rentre dans son pays.

---

(1) Il y a deux Tchong-yang—L'un est dans le Chan-si, au nord-ouest de Hiao-i-hien 孝義縣 Fen-tcheou-fou 汾州府; mais il ne s'agit pas de celui-là (F. vol. 8. p. 16).

L'autre, celui qui nous occupe, s'appelait aussi Tchong-jen 中人; il était à 23 ly nord-ouest de Tang-hien 唐縣 Pao-ting-fou 保定府 Tche-ly. (F. vol. 2. p. 23).

(2) Tchao-jen—appelé aussi Tchou-t'cheng 柱城 était à 45 ly à l'ouest de Jou-tcheou-fou 汝州府 Ho-nan. (F. vol. 12. p. 62).

(3) C'e t maintenant Kiang-hien 絳縣 à 35 ly N. E. de Kiang-tcheou 絳州 Chan-si. (Y. vol. 中 p. 56.

(4) Nan-yang, 南陽 au nord du fleuve Jaune, mais au sud du pays de Tsin 晉, de là son nom de Nan-yang. Ce défilé est à 20 ly au nord de la sous-préfecture Sieou-ou-hien 修武縣 Hoai-k'ing-fou 懷慶府 Ho-nan. (K. vol. 上 p. 41)—(Y. vol. 中 p. 17 p. 14).

On appelait encore ce défilé: boyau de Chèvre 太行羊腸 pour exprimer son étroitesse. [F. vol. 11 p. 2 de verso, vol. 8 p. 27. Grand.... vol. 43 p. 4.]

Sur ces entrefaites, son père étant mort, on le place sur le trône; de suite il prend le célèbre Hoang-hié 黃歇 pour premier ministre, avec le titre de Seigneur de T'choen-chen 春申君, nom sous lequel il est plus connu. Voir: Le Royaume de Ou, p. 164, ce que nous avons déjà raconté sur cet intéressant personnage.]

Voici ce que l'on raconte sur le prince Wan et sa fuite. Le roi de T'chou, King-siang-wang 項襄王 [295-262] étant gravement malade, Hoang-Hié, protecteur du prince Wan, dit au premier-ministre Fan-tsiu : Notre roi va probablement mourir ; si vous donnez au prince la liberté de s'en retourner, il vous conciliera à jamais l'amitié de son pays; ce sera pour votre armée un renfort de dix-mille chariots de guerre; si vous retenez le prince, vous n'aurez qu'un homme de plus entre les mains; les gens de T'chou établiront un autre roi à sa place; et celui-là ne sera pas votre ami. Fan-tsiu en parla à Tchao-siang-wang; celui-ci répondit: " Que le tuteur du prince aille d'abord à la cour de T'chou pour s'enquérir au juste de l'état de la maladie; il reviendra ensuite nous en informer; alors nous examinerons ce qu'il y aura à faire." Ce n'était pas ce que Hoang-Hié désirait; il dit donc au prince: " La maladie du roi votre père est très-grave; or Yang-wen-kiun 陽文君 a deux autres fils près de lui; si le roi meurt, un de ces deux jeunes princes sera placé sur le trône; et vous serez privé d'offrir des sacrifices à vos ancêtres dans le temple de vos aïeux. Prenez plutôt le char et les vêtements de votre messager; retournez en toute hâte dans votre pays; moi, je resterai enfermé dans mes appartements, sous prétexte de maladie, pendant que vous gagnerez la frontière." Ainsi fut fait. Quand le prince était déjà bien loin, Hoang-Hié dit franchement la vérité et s'offrit à mourir. Tchao-siang-wang lui répondit qu'il pouvait se suicider ; mais Fan-tsiu apaisa sa colère en lui disant : " Cet homme a montré un grand dévouement affrontant la mort pour son maître; le prince, devenu roi, le prendra certainement pour son ministre; le mieux serait de le renvoyer, et de gagner ainsi l'affection du prince." Tchao-siang-wang suivit ce conseil. Trois mois plus tard, le roi de T'chou mourait, le prince Wan montait sur le trône, prenait Hoang-hié pour son premier ministre et lui accordait d'abord le titre de Seigneur de Hoai-pé 淮北 puis plus tard celui de T'choen-chen-kiun 春申君.—(1)

---

(1) Se-ma-t'sien rapporte qu'un certain dignitaire, du titre de Ou-ta-fou 五大夫 (le 9ème degré), nommé Pen 賁, prit dix villes au royaume de Han; mais il n'indique ni les noms, ni les places. Il dit encore que Hoai 悝 seigneur de Yé-yang (Yé-yang-kiun 葉陽君) fut éloigné de la cour ; mais qu'il ne put arriver à son fief; il mourut en chemin. Nous ne connaissons aucun seigneur de Yé-yang. Mais le prince Mi-jong, frère de la reine douairière, oncle du roi, s'appelait Hoai. Est-ce bien de lui qu'il s'agit ?

En 262, le nouveau roi de T'chou 楚 cède à Tchao-siang-wang le territoire de Tcheou 州 (1); et cela, sans doute, pour lui faire oublier sa fuite.

Cette même année Pé-k'i 白起 prend encore au roi de Han 韓 les territoires de Heou-che 緱氏 et de Ling 藺; puis celui de Yé-wang 野王 (2); tandis que la ville de Chang-tang 上黨 (3) se soumet au roi de Tchao 趙. Voici comment ce fait est raconté. Pé-k'i, seigneur de Ou-ngan 武安君 fit la guerre au pays de Han, et s'empara de Yé-wang; alors le pays de Chang-tang fut séparé du reste du royaume; le gouverneur, nommé Fong-t'ing 馮亭, consulta son peuple: "Nous n'avons plus de communication possible avec le reste du pays; le mieux serait de nous donner au roi de Tchao; à cette nouvelle, les gens de T'sin 秦 viendront certainement l'attaquer; sans aucun doute, il cherchera l'amitié de Han; les deux royaumes ainsi unis pourront repousser toutes invasions".

Sur ce, on proposa la chose au roi de Tchao: "Le pays de Han, lui dit-on, ne peut défendre notre province contre les gens de T'sin; nous donc, officiers et peuple unanimement, nous voulons nous soumettre à votre Majesté; nous ne voulons pas être sujets de T'sin; ce sont dix-sept villes, bourgs et hameaux que nous vous offrons; de tout cœur, nous en faisons hommage; et voulons être vos fidèles sujets." Le roi de Tchao demanda conseil à son ministre Pao 豹, seigneur de P'ing-yang 平陽. Celui-ci lui répondit: " Les anciens saints avaient une vraie peur des avantages qui n'étaient pas gagnés à la sueur de leur front." Le roi reprit: " Ce peuple nous estime à cause de notre probité et de notre vertu; ainsi le profit n'est pas purement gratuit; mais bien gagné avec de la peine."

---

(1) A 50 ly sud-est de Hoai-k'ing-fou 懷慶府 Ho-nan. Autrefois, c'était un état indépendant. (K. vol. 上 p. 40).

(2) Heou-che,—c'est Yen-che-hien Ho-nan-fou 河南府 (Y. vol. 中, p. 15)—(K. vol. 上 p. 41).

Yé-wang,—maintenant Ho-nei-hien 河內縣 Hoai-K'ing-fou. (Y. vol. 中 p. 13)— Ling, c'est Yong-ning-tcheou 永寧州 Fen-tcheou-fou 汾州府 Chan-si. (K. vol. 上 p.p. 74-105) d'après le Che-ki, il faut probablement écrire Luen-che 綸氏 au lieu de Ling, (chap: (3, p. 2).

(3) Chang-tang comprenait les préfectures actuelles de Lou-rgan-fou 潞安府 Leao-tcheou 遼州 Tché-tcheou 澤州 T'sin-tcheou 津州 Chan-si. Il renfermait 14 sous-préfectures. (K. vol. 中 p. 103)—(Y. vol. 上 p. 58).

Il s'appelait encore Tcheng 鄭, parce que le roi Tcheng-ou-kong 鄭武公 l'avait possédé. C'était aussi le nom de la capitale de Han, maintenant Sin-tcheng-hien 新鄭縣 K'ai-fong-fou 開封府 Ho-nan. (Y. vol. 中 p. 5).

Chang-tang,—signifie le haut plateau, [le plateau supérieur] ; c'est un pays de première importance pour lequel on s'est toujours battu. (F. vol. 8. p. 12).

Pour les détails, voir l'histoire locale de 澤州府志 vol. 3. p. 10 ; vol. 7 p. 7 a une longue description de cette guerre. Voyez aussi l'histoire de Tsin 晉 royaume de Han.

Le ministre insista et dit: " Le roi de T'sin absorbe le pays de Han, comme le ver-à-soie dévore la feuille du mûrier, lentement, partie par partie ; le milieu est déjà rongé; les deux bouts ne se tiennent plus; bien sûr, la province de Chang-tang subira le même sort; ses habitants se donnent à vous pour détourner la colère de T'sin et l'attirer sur le royaume de Tchao. Tchao-siang-wang aurait la peine et vous le profit ? Un royaume puissant n'obtiendrait pas cela d'un pays faible; à plus forte raison, un royaume faible comme le nôtre ne peut songer gagner un tel avantage sur un pays puissant comme le royaume de T'sin; évidemment, ce serait un avantage gratuit; le mieux serait donc de le refuser." Le frère du roi, seigneur de P'ing-yuen kun 平原君 poussait au contraire à l'accepter. Tout considéré, le roi envoya ce même frère recevoir l'hommage de Chang-tang; le gouverneur Fong-t'ing 馮亭 fut élevé à la dignité de Hoa-yang-kiun 華陽君; il en pleura à chaudes larmes, et ne voulut même pas voir l'envoyé du roi: "Il m'est impossible, disait-il, de vendre le territoire de mon prince pour en tirer profit !"

En 260, Wang-hé 王齕 général de T'sin, attaquait le pays de Tchao, et lui enlevait ce même territoire de Chang-tang; ensuite Pé k'i 白起, étant venu le remplacer, battit encore l'armée de Tchao dans un combat décisif; cet homme terrible fit enterrer vivants quatre cent cinquante mille hommes qui s'étaient rendus à lui sur le champ de bataille (1). Voici ce qu'on raconte à ce sujet: Wang-hé étant allé attaquer le pays de Chang-tang, le peuple s'enfuit au royaume de Tchao. Lien-p'ouo 廉頗, le général de Tchao, se tenait dans un camp fortement retranché à Tchang-p'ing 長平 (2) pour protéger le pays envahi. Wang-hé marcha directement à l'attaque de Tchao; l'armée fut continuellement battue; alors le grand-officier Leou-tch'ang 樓昌 proposa d'envoyer un grand dignitaire traiter de la paix. Mais Yu-k'ing 虞卿 remarqua : "La paix dépend uniquement du bon plaisir de Tchao-siang-wang; or il veut absolument détruire notre armée ;

---

(1) 坑 Kang — fosse; faire tomber dans une fosse; enterrer dans une fosse. C'est ce caractère que l'on a employé pour exprimer le méfait terrible du roi de T'sin 秦 nommé Che-hoang 始皇, quand il brûla tous les livres qu'il put trouver, et enterra vivants les lettrés (樊書坑儒 fen chou, Kang-jou). Ce n'est donc pas ce prince qui inventa ce système.

L'historien relate que l'armée se rendit, au nombre de quatre cent cinquante mille hommes, et que Pé-k'i les fit tous mourir. Nous inscrivons ce témoignage; y croie qui voudra !

(2) Tchang-p'ing. Il y en a plusieurs. Celui qui nous occupe est un défilé dangereux à 40 ly au sud de Tchang-tse-hien 長子縣. Lou ngan-fou 潞安府 Chan-si (F vol. 8. p. 13). Le champ de bataille est différent de l'endroit du massacre ! La ville de Tchang-p'ing se trouvait 21 ly au nord-ouest de la sous-préfecture Kao-p'ing 高平 laquelle est 83 ly au nord de sa préf. Tche-tcheou 澤州府 Petit..... F. vol. 8. p. 27 de verso et 澤州府志 vol. 51 p. 7 qui a des détails intéressants. (Grand F.... vol. 43 p. 4 de verso.

aller chez lui, c'est peine perdue ; il vaut mieux envoyer de grands cadeaux au roi de Tch'ou 楚 et de Wei 魏 ; alors il craindra que les princes chinois [proprement dits] ne fassent une ligue contre lui ; il se montrera plus disposé à la paix." On ne tint pas compte de cet avis ; on envoya Tcheng-tchou 鄭朱 négocier la paix. Yu-k'ing s'y opposa encore en vain : "Les ambassadeurs de tous les princes, disait-il, sont tous à la cour de Tchao-siang-wang pour le féliciter de ses victoires ; notre délégué étant un des plus grands dignitaires, sera traité avec les plus éclatants témoignages d'amitié, pour faire connaître à tout le monde le sujet de notre ambassade ; sachant que nous traitons de la paix, personne ne songera à nous secourir ; quand Tchao-siang-wang aura la certitude que personne ne viendra nous aider, il refusera brutalement nos propositions." C'est ce qui arriva. Le général Lien-p'ouo 廉頗 se tenait donc dans son camp sans sortir ; bon nombre de ses soldats prirent la fuite ; le roi de Tchao blâma sévèrement et plusieurs fois son général. Fan-tsiu profita de cette mésintelligence ; il envoya un traître, payé mille livres d'or, augmenter encore la discorde; l'espion disait de tous côtés : "Lien-p'ouo est nul; les gens de T'sin craignent seulement que vous le remplaciez par Kouo 括, fils du seigneur de Ma fou 馬服." Aussitôt le roi de Tchao l'envoya prendre le commandement en chef, et destitua Lien-p'ouo. Le ministre Ling-siang-jou 藺相如 essaya d'empêcher ce changement : "Kouo, disait-il, est tout au plus capable de lire les traités militaires de son père; il ne saura pas s'adapter aux circonstances imprévues."—" Mais le roi persista dans sa décision. Depuis sa jeunesse, Kouo étudiait l'art de la guerre, mais dans les livres; il était si convaincu de son génie militaire qu'il se croyait au-dessus de tout le monde ; dans ses entretiens avec son père, c'est toujours lui qui avait le dernier mot; malgré cela, son père même, nommé Tchao-ché 趙奢 ne l'avait pas en haute estime; sa mère en demanda la raison :"— " Être soldat, répondait le père, c'est être prêt à verser son sang pour la patrie ; Kouo parle de cela comme d'une chose facile ; s'il devient général, bien sûr il sera vaincu, et par sa faute !" Sur ce, la mère écrivit une lettre au roi pour l'avertir que son fils n'était pas capable d'une telle commission ; le roi la fit venir pour s'expliquer : "Quand mon mari était général, dit-elle, c'est moi qui lui préparais sa nourriture; à chaque repas, il y en avait pour une dizaine d'hommes; il invitait tout son entourage à sa table; quelquefois une centaine de convives étaient ainsi réunis; recevait-il des récompenses, il distribuait tout entre ses officiers ; partait-il en expédition, il ne se préoccupait pas de sa maison. Au contraire, aussitôt après sa nomination, mon fils Kouo a pris de grands airs pour recevoir les hommages de ses inférieurs; aucun des officiers n'osait lever les yeux sur lui;

l'or et les soieries, tout ce que votre Majesté lui a envoyé, a été porté chez lui, sans qu'il en distribue rien à personne; il ne pense qu'à son profit; s'il peut acheter terre ou maison, il l'achète aussitôt; bref, le père et le fils sont d'un caractère bien différent! Ainsi, je prie votre Majesté de ne pas l'envoyer à la tête de l'armée''—''Vous êtes une bonne mère, répondit le roi; soyez tranquille! J'ai déjà pourvu à tout''—'' S'il arrive malheur, ajouta la digne femme, votre servante n'y sera donc pas compromise? Le roi le lui promit.

Tchao-siang-wang fut averti par son espion. Vite il envoya son terrible Pé-k'i 白起; Wang-hé 王齕 devint son aide; on menaça de mort quiconque divulguerait ce changement. A son arrivée au camp, Kouo avait relâché la sévère discipline établie par son prédécesseur; il avait aussi changé plusieurs officiers, et s'était aussitôt mis en marche pour livrer bataille. Pé-k'i le laisse venir, engage un simulacre de combat, et feint de se retirer vaincu; mais les deux ailes de son armée sont en embuscade.

Kouo triomphant le poursuit, fier d'arriver si facilement jusqu'au camp ennemi; mais il essaye en vain de s'en emparer; derrière lui, les deux ailes de Pé-k'i se rejoignent, ferment le cercle qui entoure le malheureux Kouo, et coupent son armée en deux. Plus de communications, plus de vivres. Pé-k'i envoie sa milice légère le harceler sans cesse; Kouo n'a plus qu'une ressource, élever un camp retranché pour se protéger et attendre du secours. Tchao siang-wang averti du succès de Pé-k'i, se rend en personne à Ho-nei 河內 (1) pour y faire une levée en masse; tout homme au dessus de quinze ans est expédié à Pé-k'i, pour l'aider à fortifier le blocus. Le roi de Tchao implore des vivres auprès du roi de T'si; celui-ci les refuse, malgré les exhortations de Tcheou-tse 周子 son ministre. "Le pays de Tchao, lui disait celui-ci, est pour nous et le royaume de Tch'ou 楚 ce que les lèvres sont pour les dents; si aujourd'hui Tchao est ruiné, demain nous et Tch'ou serons écrasés; le secourir sera un acte de haute vertu; vaincre T'sin serait une gloire immense pour nous! Ne pas le faire, pour économiser nos vivres, est un procédé malheureux pour notre pays!" Mais le roi persista dans son refus. Pendant quarante-six jours, l'armée de Kouo fut ainsi abandonnée aux horreurs de la faim; les soldats s'entremangeaient.

---

(1) C'est maintenant Ho-nei-hien 河內縣 Hoai-k'ing-fou 懷慶府. Ho-nan. (Y. vol. 中 p. 13) — (Voyez un peu plus haut; Ye-wang est ce même pays de Ho-nei).

Les deux ailes de l'armée de Pé-k'i n'avaient que 25,000 hommes; la cavalerie chargée de harceler Tch'o-kouo n'en avait que cinq mille; donc un grand renfort était nécessaire pour assurer le blocus. L'endroit où Tchao-kouo établit son camp retranché s'appelle encore Tchao-tong-tchang-lei 趙東長壘 à 5 ly au nord de Kao-ping-hien 高平縣 dans la préfecture de Tché-tcheou-fou 澤州府 Chan-si. (Y. vol. 中 p. 62).

Dans son désespoir, Kouo lance en vain ces malheureux à l'attaque du camp ennemi, pour se frayer un passage; pendant le combat, une flèche de T'sin l'atteint et le tue raide lui-même; aussitôt toute son armée rend les armes. (1) "Nous avons donc le pays de Chang-tang 上黨 dit Pé-k'i; mais son peuple ne veut pas de nous; de plus, l'armée de Tchao est bien changeante, et bien capable de se révolter." Sur ce, il usa si bien de fourberie qu'il finit par lier tous les prisonniers; deux cents des plus jeunes furent relâchés; le reste massacré. A cette nouvelle, le royaume de Tchao fut saisi d'une frayeur indescriptible (2).

C'est pour ce fait surtout que ce grand capitaine Pé k'i a été flétri par l'histoire. Le commentaire observe que semblable boucherie était inouïe jusque là dans les annales de la Chine. S'il veut parler de gens à qui l'on a promis la vie sauve, soit ; sinon c'est une erreur démentie à chaque page de cette histoire même pendant le seul règne de Tchao-siang-wang. Mais combien le roi de Tchao dut regretter d'avoir accepté ce territoire de Chang-tang, et de n'avoir pas écouté les sages avis de son ministre Pao 豹 qui l'en dissuadait !

En 259, une armée de T'sin 秦 recommençait la guerre avec le pays de Tchao 趙 et lui enlevait encore les deux villes de Ou-ngan 武安 et de P'i-lao 皮牢 (3). Ensuite on établit l'administration régulière dans les pays conquis de T'ai-yuen 太原 et de Chang-tang 上黨 (4). Les royaumes de Han 韓 et de Tchao cédèrent encore de leur territoire, pour obtenir la paix. C'est encore Pé-k'i avec Wang-hé 王齕 et Sé-ma-keng 司馬梗 qui menèrent cette expédition pendant laquelle Pé k'i tomba malade, et dut revenir en arrière.

---

(1) Tchao-kouo 趙括 étant en faveur, avait reçu pour fief, le pays situé à 60 ly au nord de Tcheng-t'cheng-hien 澄城縣. 同州府 T'ong-tcheou-fou, Chen-si.
(Chen vol. 73, p. 42). Ses soldats se montrèrent donc aussi endurants dans leur détresse, que les Gaulois au siège d'Alise par César. Ces asiatiques efféminés sont donc aussi capables d'héroïsme ! Dans les divers massacres, le royaume de Tchao perdit 850,000 hommes ; chiffre qui n' jamais été atteint depuis, dans aucune guerre.

(2) Pé-k'i bâtit une forteresse, appelée de son nom (Pé-k'i-t'cheng 白起城) pour garder le pays de Han-tchong; c'est ainsi qu'il parvint à dompter les sauvages Man-leao, 蠻獠 Cette forteresse était près de la ville actuelle de Yang-hien 洋縣 à 120 ly sud-est de Hane tchong-fou, 漢中府 Chen-si. (Chen vol. 73 p. 42).

(3) A 50 ly sud-ouest de Ou-ngan-hien 武安縣 Tchang-té-fou 彰德府 Ho-nan. (Y. vol. 中 p. 10)

L'emplacement de P'i-lao était un peu au nord-est de I-t'cheng-hien 翼城縣 P'ing-yang-fou 平陽府 Chan-si. [F. vol. 8 p. 10].

(4) T'ai-yuen—c'est T'ai-yuen-fou 太原府 capitale du Chan-si. [Y. vol. 中 p. 47].

Les rois de Han 韓 et de Wei 魏 voyant le pays de T'sin 秦 acquérir une telle puissance, furent saisis de frayeur ; ils cherchèrent le moyen d'anéantir l'instrument dont se servait Tchao-siang-wang pour obtenir toutes ses conquêtes, c'est-à-dire Pé-k'i. A cet effet, ils députèrent le vieux roué Sou-tai 蘇代 auprès de Fan-tsiu 范雎. " Si le royaume de Tchao est détruit, lui dit-il, Tchao-siang-wang deviendra empereur ; Pé-k'i sera fait san-kong 三公 ( ) ; votre seigneurie lui sera inférieure. Le mieux serait d'accorder la paix, moyennant cession de territoire; ainsi la gloire du succès ne lui reviendra pas uniquement." Sur ce, Fan-tsiu dit à Tchao siang-wang. " Notre armée souffre depuis longtemps dans ces guerres continuelles, si pénibles ; daignez donc lui accorder quelque repos; les rois de Han et de Tchao demandent la paix et offrent des territoires en compensation; montrez vous favorables et vous en ferez vos amis." Tchao-siang-wang y consentit. Ce fut le principe de l'inimitié entre Fan-tsiu et Pé-k'i ; elle augmenta de jour en jour ; elle finit par la disgrâce et la mort de Pé-k'i Fan-tsiu était le mauvais génie de T'sin 秦, et il semblait avoir ensorcelé son roi.

Le prince de Han 韓 céda donc le territoire de Hiuen-yong 垣雍 (2) ; Tchao 趙 abandonna six villes ; et la paix fut conclue. Au moment où le roi de Tchao allait signer le traité, le sage Yu-k'ing 虞卿 (3) lui fit encore des remontrances: " Est-ce parce que l'armée de T'sin est accablée qu'on cesse la guerre? Cela ne paraît point; d'après moi, elle est encore forte, et pourrait bien continuer l'envahissement; est-ce par affection pour votre Majesté qu'on cesse les hostilités?" Le roi répondit: " L'armée de T'sin n'en peut plus; c'est pour cela qu'elle est forcée de rentrer chez elle."—"Ainsi donc, reprit Yu-k'ing, cette armée a déployé en vain toutes ses forces ; elle n'a pu prendre ces six villes, et vous les cédez bénévolement ! Cela s'appellerait aider le roi de T'sin et vous faire du mal à vous-même; l'an prochain, cette armée reviendra nous attaquer; nous n'aurons plus de secours à espérer de personne." Leou-wan 樓緩, un autre ministre, répliqua: "Yu-k'ing ne voit qu'un côté de la question ; nous sommes la risée de tous les princes chinois en continuant la guerre contre le roi de T'sin ; si nous faisons la paix sans céder de territoire, personne n'y comprendrait rien ; tous les princes voudraient consoler Tchao-siang-wang de cet échec, et l'aider à se venger;

---

(1) 三公—les trois Kong, c'est-à-dire le t'ai-che 太師 le t'ai-fou 太傅 et le t'ai-pao 太保 ; ce sont encore maintenant les trois plus hauts dignitaires de la cour impériale. (Zottoli, II, p. 61).

(2) A 5 ly nord-ouest de Yuen-ou-hien 原武縣 préfecture de 懷慶府 Ho-nan. (F. vol. 12 p. 29)

(3) Biographie de Yu-k'ing. Se-ma-t'sien, chapitre 76 p. 420.

fort de son ressentiment et de notre faiblesse, ils se partageraient notre pays, comme on se partage une pastèque."—"C'est un conseil bien dangereux que vous donnez là, reprit Yu-k'ing; on comprendra encore moins notre conduite, et le cœur de T'chao-siang-wang n'en sera nullement consolé; si je dis qu'il ne faut pas livrer ces six villes, ce n'est pas que je tienne à ce territoire; au lieu de les donner au roi de T'sin, offrez les plutôt à celui de T'si 齊 ; vous vous concilierez ce prince, et vous aurez encore les remerciements de Tchao-siang-wang; publions partout notre intention; aussitôt vous allez voir les envoyés de T'sin vous apporter de riches cadeaux et vous supplier de leur accorder la paix."—"Oui, dit le roi, ce conseil est le meilleur !" [?] Sur ce, il députa Yu-k'ing à la cour de T'si ; celui-ci n'était pas encore de retour que les ambassadeurs de T'sin arrivaient auprès du roi de Tchao. Pé-k'i était on ne peut plus irrité ; une paix si misérable après des succès pareils ! Il remit pour toujours son épée au fourreau.

Le commentaire fait les observations suivantes: les gens intelligents et circonspects, comme le ministre de Wei 魏, K'ong-ping 孔斌, prévoyaient bien que tôt ou tard le roi de T'sin 秦 s'emparerait de toute la Chine (1). Quand il attaqua le royaume de Tchao, le prince de Wei demanda conseil à ses ministres : ceux-ci répondirent : " Si Tchao-siang-wang est vaincu, nous le poursuivrons jusqu'à la ruine absolue ; s'il est vainqueur, nous le flatterons de notre mieux ; en tous cas, nous n'avons rien à craindre de lui." K'ong-pin était d'un tout autre avis : " Le roi de T'sin, disait-il, est insatiable et intraitable ; quand il aura dévoré Tchao, tous les autres auront le même sort ; je crains bien alors pour notre pays ! Les anciens nous ont donné l'enseignement suivant: quand hirondelles et moineaux sont tranquilles dans une maison, ce n'est partout que joie, becquées et roucoulements ; ils n'imaginent pas que le malheur puisse fondre sur eux; mais voilà tout-à-coup le fourneau renversé, le feu à la maison ! Il faut quitter son nid et s'envoler au loin ! De même, aujourd'hui vos seigneuries ne voient pas que d'abord Tchao sera dévoré, puis ce sera notre tour ; vous n'êtes pas plus fins que des hirondelles ou des moineaux."

Voilà des cris prophétiques semblables à ceux de Cassandre; mais personne ne les prit en considération. Cette même année 259, les gens de T'sin 秦 attirèrent Kong-tse cheng 公子勝, frère du roi de Tchao 趙 dans un indigne guet-apens, le retinrent captif pendant quelque temps, puis lui rendirent la liberté. Le commentaire observe que, dans l'histoire, il n'y avait eu jusque-là que trois faits de ce genre ; et tous trois commis par les gens de T'sin ; ailleurs, c'était chose inouïe.

---

(1) D'après ce ministre, cela devait arriver avant un an !

Fan-tsiu n'avait jamais pardonné sa fameuse bastonnade ; il rêvait toujours d'en tirer une vengeance éclatante ; Tchao-siang-wang voulut enfin le satisfaire ; il fit prendre Kong-tse-cheng, comme nous venons de le dire; puis il envoya au roi de Tchao le message suivant : " Si je ne reçois pas la tête de votre ministre Wei-ts'i 魏齊, vous ne reverrez plus votre frère." Wei-ts'i effrayé se sauva auprès de Yu-k'ing 虞卿; celui-ci jeta son sceau de ministre et s'enfuit avec lui à la cour de Wei 魏. Là, le ministre Kong-tse-ou-ki 公子無忌 seigneur de Sin-ling 信陵君 ne voulut même pas les recevoir en audience. Wei-ts'i furieux se suicida. Le roi de Tchao se fit apporter sa tête, et l'envoya à Tchao-siang-wang, qui lâcha alors son prisonnier

En 258, Tchao siang wang reprenait la guerre contre Tchao 趙 et mettait le siège devant la capitale Han-tan 邯鄲. Pé-k'i étant alors malade, c'est le général Wang-ling 王陵 qui fut chargé de cette expédition; mais il ne fut pas heureux; il perdit presque la moitié de ses gens, et cinq chefs d'armée; on lui envoya en vain des renforts venus de Hien-yang 咸陽 ; l'entreprise était au-dessus de ses forces Pé-k'i étant guéri, ou au moins convalescent, Tchao-siang-wang lui ordonna d'aller prendre la direction des armées; mais il refusa : " Han tan, disait il, est vraiment difficile à emporter d'assaut; de plus, les troupes des divers princes sont en chemin et sont attendues de jour en jour; nous avons pu encore vaincre à Tchang p'ing 長平, mais nous y avons perdu plus de la moitié de notre effectif; nos provisions de guerre sont épuisées; il s'agit de guerroyer loin de notre pays; des montagnes, des fleuves nous séparent de cette contrée; il s'agit de prendre une capitale; l'armée de Tchao la défend à l'intérieur; les alliés la protègeront à l'extérieur; s'ils réussissent à se mettre d'accord, nos gens seront perdus sans aucun doute. " On sent que ces excuses partent d'un cœur ulcéré. En d'autres temps, ce grand capitaine serait allé d'une seule traite jusqu'à son poste, et n'aurait pas eu besoin d'un ordre formel; cette fois, le roi envoya Fan-tsiu lui-même l'exhorter à obéir; c'était déjà une première vengeance de voir son ennemi venir le supplier de sauver l'honneur du pays compromis par la jalousie de cet ambitieux; mais Pé-k'i persista dans son refus. Le général Wang-hé 王齕 fut envoyé à la place de Wang-ling; mais il ne fut pas plus heureux dans son commandement; il fut vaincu, et subit de grandes pertes. Pé-k'i voyait donc ses ennemis humiliés; il ne sut pas se taire : " Ils n'ont pas voulu m'écouter, disait-il; voyons maintenant ce qu'ils feront !" Ces paroles furent rapportées à Tchao-siang wang, qui lui envoya l'ordre d'aller prendre le commandement du siège; Fan-tsiu vint de nouveau le presser d'obéir; tout fut inutile. Sur ce, Tchao-siang-wang lui retira toutes ses dignités, le réduisit au rang de simple soldat et l'exila à Yn-mi 陰蜜. (1) Mais Pé-k'i était de nouveau retombé malade; il attendit environ trois mois avant de partir.

---

(1) 50 ly à l'ouest de Ling-t'ai-hien 靈臺縣 King-tcheou 涇州 Kan-sou (F. vol. 15 p. 33. vol. 上 p. 101).

Pendant ce temps, l'armée se trouvait dans un grand embarras; elle avait été vaincue dans plusieurs combats; les messagers de défaite se suivaient de jour en jour. Dans sa colère, Tchao-siang-wang força Pé-k'i à se mettre en route pour l'exil et ne lui permit plus de rester à Hien-yang, où il était au courant des nouvelles de l'armée. Sorti par la porte occidentale, il était parvenu à Tou-yeou 杜郵 (1) à trente-huit ly de Hien-yang, quand Fan-tsiu pria Tchao-siang-wang d'en finir avec cet opiniâtre; le roi répugnait sans doute à se défaire d'un tel homme; il avait espéré vaincre son obstination par un coup d'autorité; il espérait encore que l'exil finirait par adoucir ce caractère altier; Fan-tsiu ne manqua pas de lui dire que l'honneur du roi serait à jamais perdu s'il n'avait le dernier mot dans cette lutte. Sur ce, Tchao-siang-wang envoya une épée à Pé-k'i qui comprit et se la passa au travers du corps. C'était à la onzième lune de l'année 258. Ainsi périt misérablement cet homme qui pendant trente-sept ans avait été la force et la gloire de son pays; lui qui n'avait jamais connu que la victoire, mourait comme un malfaiteur. Aucun des plus grands héros des temps précédents ne l'a surpassé. C'est Se-ma-t'sien lui-même qui lui décerne cet éloge. On comprend ce que vaut un tel hommage arraché par la force de l'évidence à un pareil lettré en faveur d'un homme de T'sin. Et ce grand capitaine fut la victime de Fan-tsiu! Cet orgueilleux "sage" ne put souffrir les succès et la gloire de ce rival illettré; il réussit à l'anéantir. Quelle dut être sa rage quand il vit le peuple tout entier le pleurer comme un père et lui offrir partout des sacrifices!

Avec Pé-k'i fut mis à mort Se-ma-king 司馬靳 un des ancêtres de Se-ma-t'sien (au 7ème degré). Cette famille était originaire de Tsin 晉: de père en fils elle se distingua dans l'armée; elle cultiva aussi les lettres; car c'est Se-ma-t'an 司馬談 qui commença l'histoire de la Chine; Se-ma-t'sien, son fils, ne fit que la continuer; mais avec tant de succès que la gloire en est restée attachée à son nom; il éclipsa son père.

---

(1) L'endroit est marqué exactement par un kiosque appelé Hiao-li-t'ing 孝里亭 ou de la piété filiale; il est à 38 ly sud-ouest de Hien-yang. Il y a aussi une pagode en l'honneur de Pé-k'i. [Chen, vol. 73 p. 40]. Nous avons vu que Pé-k'i fut créé seigneur de Ou-ngan (Ou-ngan-kiun 武安君). Mais d'autres hommes célèbres furent aussi honorés de ce titre; tels que Sou-t'sin 蘇秦 connu du lecteur; puis Li-mou 李牧 grand général, tous deux au pays de Tchao 趙; enfin T'ien-fen 田蚡 sous la dynastie des Han 韓. Ils sont mentionnés par Se-ma-t'sien; il faut donc y prendre garde. Mais le seigneur de Ou-ngan par excellence, c'est Pé-koi 白起 (Kai-iu-t'song-k'ao 陔餘叢考, vol. 39 p. 17). On dit qu'avant de se tuer, il gémissait, demandant quel crime il avait commis pour que le ciel le traitât si durement; puis se rappelant le massacre de Tchang-p'ing: "Oui, dit-il, là j'ai fait une grande faute; elle mérite un grand châtiment." Il ne mourait donc pas innocent; il en avait conscience!

Cette famille avait sans doute des traditions et des documents privés sur sa patrie d'adoption (1); car elle y joua un grand rôle pendant plusieurs générations. (Che-ki, chap. 130). Son office principal fut la direction générale des armements, poste extrêmement important dans un pays si belliqueux.

Reprenons notre récit : Le roi de Tchao députa le prince Kong-tse-cheng 公子勝 à la cour de T'chou pour demander du secours; l'ambassadeur y conclut, au nom de son maître, un pacte d'alliance de la manière la plus solennelle possible (2) ; après quoi, le premier ministre Hoangh-ié 黃歇 ou T'choen-chen-kiun 春申君 partit avec une armée de renfort. Les circonstances dramatiques de cette ambassade appartiennent à l'histoire du royaume de T'chou ; nous ne les raconterons pas ici.

La conduite du roi de Wei 魏, dans cette circonstance, fut assez singulière; pour ne pas déplaire au roi de Tchao, il lui envoya une armée de secours; d'autre part, craignant les conséquences ultérieures, au cas où Tchao-siang-wang finirait par triompher, il manda à Tsin-pi 晉鄙, son général, de ne pas se rendre jusque sur le champ de bataille et de camper à Yé 鄴 (3) ; mais le prince Kong-tse-cheng, ayant appris cette duperie, fit massacrer le général, prit le commandement de l'armée et la conduisit sous les murs de Han-tan. Tchao-siang-wang connut bientôt l'envoi de cette armée ; il fit parvenir au roi de Wei l'avis suivant:

---

(1) Se-ma-king est enterré à Kao-men 高門 au sud-ouest de Han-t'cheng-hien 韓城縣 T'ong-tcheou-fou 同州府 Chen-si.—Se-ma-t'sien et les autres membres de la famille sont aussi inhumés en ce lieu. [Chen, vol. 71, p. 26].

Se-ma-king était le petit-fils de Se-ma-t'souo 司馬錯 que nous avons vu en lutte avec Tchang-i 張儀 pour la conquête de Chou 蜀 (année 315). C'était un aide de Pé-k'i; voilà pourquoi Fan-tsiu voulut aussi le faire disparaître.—Se-ma-t'sien prétend que sa famille vient de Tchong-li 仲丘, un descendant de Yng 嬴, le vrai ancêtre de la dynastie T'sin. (Chavannes I p-p. 12, 321—II. p. 99).

(2) To p. 175. On faisait un sacrifice en grande pompe ; l'empereur offrait un bœuf ou un cheval ; les princes, des chiens ou des cochons mâles ; les officiers et les autres dignitaires offraient un coq. Dans les premiers temps, on buvait le sang des victimes et l'on proférait des imprécations sur les parjures ; plus tard, on se frotta seulement les lèvres de ce même sang ; de là ce genre de sacrifice fut appelé Cha-hiué 歃血 ; le reste du sang était confié à la terre, comme pour la rendre témoin des serments contractés ; on appelait la mort et les plus grandes calamités sur celui qui les violerait. [cf. Mong-tse ; Zottoli II. p. 591]. Au lieu de l'expression Cha-hiué, on écrit aussi T's'é-hiué 喋血 ; le sens est le même. — Dans le cas présent, on sacrifia un coq, un chien, et un cheval, pour montrer que tous, peuple et roi, s'engageaient à secourir le pays de Tchao ; on ne pouvait rien de plus solennel !

(3) A 20 ly à l'ouest de Ling-tchang-hien 臨漳縣 Tchang-té-fou 彰德府 Ho-nan [K., vol. 上 p. 49]—[F. vol. 12 p. 16].

"La capitale sera prise au premier jour; ceux des princes qui auront prêté secours à mes ennemis, en seront punis par mon armée, à commencer par celui de Wei; qui aura été le premier, sera puni le premier." Effrayé de cette menace, le roi de Wei ordonna à son général de s'arrêter à Yé ; en même temps il envoya un autre général, nommé Sin-yuen-yen 新垣衍 exhorter le roi de Tchao en ces termes : " Que votre Majesté veuille bien venir avec moi saluer Tchao-siang, et le reconnaître souverain de la Chine [Ti 帝] ; aussitôt cesseront les hostilités." Nous venons de voir que les choses n'allèrent pas à son gré. Quand I ou-tchong-lieu 魯仲連 apprit ce projet, il se rendit auprès de Sin-yuen-yen et lui dit: " Tchao-siang-wang s'est dépouillé de toute notion de justice et de convenance ; il n'estime que ses "coupeurs de têtes" (1) ; dépourvu de tout honneur, comme il est, s'il devient souverain de toute la Chine, je m'en vais à la mer orientale pour y mourir, car je ne veux pas être le sujet d'un pareil monstre; mais vous, hommes de Wei, vous n'avez donc pas songé quels malheurs fondront sur vous ? Pourtant le marquis de K'ieou [K'ieou-heou 九侯], le marquis de Ngo [Ngo-heou 鄂侯] et le baron occidental [Si-pé 西伯, le futur Wen-wang 文王] devraient vous servir d'exemple; c'étaient les trois plus grands dignitaires vassaux de l'empereur Tcheou 紂 [1154-1121]; ce tyran fit hacher en morceaux le premier; le second, lui ayant reproché cette cruauté, fut lentement mis en pièces; le troisième, ayant seulement soupiré à l'annonce d'une telle barbarie, fut mis en prison dans l'arsenal de Yeou-li 羑里 (2) ; il était condamné à mort aussi bien que les deux autres. Maintenant vous pouvez, aussi bien que Tchao-siang wang, mettre dix-mille chariots de guerre en campagne; votre roi est son égal; pourquoi voulez-vous le saluer souverain de la Chine ? Parce que vous lui avez vu remporter une victoire ? Vous croyez-vous donc déjà en danger d'être coupés en morceaux ? D'ailleurs il ne se contentera pas d'un titre; il voudra être souverain véritable; il imposera ses ordres à toute la Chine; des princes indépendants, il fera ses officiers; il cassera ceux qui lui déplairont, élèvera aux dignités ceux qui lui seront agréables; il enverra ses filles et ses concubines querelleuses comme épouses des princes i dépendants.

---

(1) On se rappelle que Wei-yang 衛鞅 [ou Kong-suen-yang 公孫鞅 ou Chang-kiun 商君] avait fait établir une loi récompensant tout soldat qui aurait coupé la tête d'un ennemi, sur le champ de bataille ; nous avons vu quels massacres en furent la conséquence ; de là, le sobriquet donné aux gens de T'sin. (Voyez, année 358, ce qui est raconté sur les réformes du gouvernement sous Hiao-kong).

(2) T'ang-yng-hien 湯陰縣 Tchang-té-fou 彰德府 Ho-nan. [Y. vol. 中 p. 10]

Comment votre roi peut-il se faire à une pareille idée ? Et vous, ses officiers, comment pourrez-vous recevoir de tels honneurs d'une telle main ?" Sin-yuen-yen se jeta à genoux et dit: " Je vois que vous êtes le premier lettré de toute la Chine; je m'en vais, sans dire un mot de la mission qui m'avait été confiée."

Voici encore un incident de cette campagne: Le prince Chen 勝 (1), seigneur de P'ing-yuen [P'ing-yuen-kiun 平原君] avait pour femme la sœur aînée du prince Kong-tse-ou-ki 公子無忌 de Wei; celle-ci fit de grands reproches à son frère de ce qu'il ne venait pas au secours de la capitale; ce frère s'adressa en vain au roi pour l'engager à agir; il ne reçut qu'un refus; sur ce, il fit assassiner le général Tsin-pi, campé à Yé, prit la direction de l'armée et la conduisit à Han-tan, en compagnie de Kong-tse-chen.

A la 10e lune de cette même année 258, Tchang-t'ang 張唐 de T'sin attaquait le royaume de Wei ; c'était l'accomplissement des menaces de Tchao-siang-wang ; le pauvre roi de Wei était bien embarrassé ; quoique son armée fût partie malgré lui, il en subissait tout de même le châtiment. Un grand officier, T'sai-wei 蔡尉, ayant abandonné le poste qu'il devait garder fidèlement, fut rappelé et mis à mort par Tchao-siang-wang ; les affaires n'allaient donc pas très bien non plus de ce côté. La mort de Pé-k'i, en ces circonstances, était une véritable calamité.

Quant au siège de la capitale, en voici la piteuse conclusion : Kong-tse-ou-ki, arrivé avec les gens de Wei, remporta une grande victoire sur les troupes de T'sin ; Wang-hé s'enfuit et se retira à Fen 汾 (2) où il se retrancha. Tcheng-ngan-p'ing 鄭安平 [l'ancien sauveur de Fan-tsiu], le successeur de Pé-k'i, continua courageusement la lutte contre l'armée de Tchao; mais il n'avait que vingt mille hommes ; que pouvait-il espérer ?

Kong-tse-ou-ki victorieux n'osa pourtant rentrer dans son pays, à cause de sa désobéissance ; de fait, elle va coûter cher ; les gens de T'sin vont se venger et ne s'arrêteront que quand ils auront anéanti le pays de Wei, ce qu'ils voulaient depuis longtemps.

---

(1) Kong-tse-ou-ki, seigneur de Sin-ling [Sin-ling-kiun 信陵君] était le frère de Ngan-li 安釐 roi de Wei ; mais d'une autre mère. On ne sait plus où se trouvait cette ville de Sin-ling.

(2) Fen ou Fen-t'cheng 汾城 ou encore Ling-fen-t'cheng 臨汾城 était à 25 ly au sud de T'ai-p'ing-hien 太平縣 P'ing-yang-fou 平陽府 Chan-si. (K. vol. 上 p. 43)—(Y. vo'. 中 p. 63)—(F. vol. 8. p. 9).

En attendant, on peut se figurer leur honte d'avoir été battus sous les murs de Han-tan; ils ne pouvaient se résigner à un tel échec, le plus fort qu'ils eussent subi depuis deux siècles au moins. Quant à l'historien, c'est avec une complaisance marquée qu'il le raconte. Cette cour de T'sin ne plaisait pas à messieurs les lettrés; tout ce qui lui était défavorable a été soigneusement noté. Voyons maintenant comment Tchao-siang-wang va se tirer du mauvais pas où il était engagé : tout d'abord, il envoya des renforts à son général Wang-hé, pour garder la position qu'il occupait à Fen 河橋.

En 257, il fit bâtir un pont flottant [Feou k'iao 浮橋] sur le fleuve Jaune (1); on l'appela P'ou-tsin-k'iao 蒲津橋 ou pont du gué de P'ou ; c'était une grande amélioration pour la rapidité des opérations militaires qu'il avait en tête. [Che, chap. 5 p. 27.]

Son général Tchang-t'ang n'avait pas réussi contre le pays de Wei : nous venons de le voir ; il fut plus heureux contre le royaume de Han 韓 ; la capitale Tcheng 鄭 (2) tomba en son pouvoir. [Chap. 5 p. 27.]

Deux mois plus tard, on attaquait les trois armées réunies de Tchao 赴 de Wei 魏 et de Han 韓 ; on coupait la tête à six mille hommes; vingt mille fuyards se noyaient dans le fleuve Jaune ; après quoi on attaqua la ville de Fen, auprès de laquelle s'était retranché Wang-hé ; puis, partant de T'ang 唐 (3), on prit encore la ville de Ning-sin-tchong 寧新中 (4) au pays de Wei. L'armée de T'sin n'avait donc pas perdu tout son courage dans la défaite précédente !

Cette même année I-jen 異人, fils du prince héritier de T'sin, qui se trouvait au pays de Tchao 赴 comme otage, s'enfuyait et retournait dans sa patrie; on en est peu étonné; pendant ces guerres continuelles, le pauvre prince ne dut pas être traité très amicalement, et dut souffrir beaucoup. La femme légitime du prince héritier, la dame Hoa-yang [Hoa-yang-fou-jen 華陽夫人] n'avait pas de fils; c'est donc I-jen, fils de la concubine Hia-ki 夏姬 que l'on avait envoyé autrefois à la cour de Tchao, comme un gage de paix et d'amitié. Nous avons déjà vu bien des fois que cela n'empêchait pas beaucoup les deux pays soi-disant amis de se faire la guerre.

---

(1) A l'est de Tchao-i-hien 朝邑縣 T'ong-tcheou-fou 同州府, Chen-si. (F. vol. 7. p. 6).

(2) Tcheng-tcheou 鄭州 K'ai-fong-fou 開封府 Ho-nan.

(3) P'ing-yang-fou 平陽府 Chan-si.

(4) Ngan-yang-hien 安陽縣 Tchang-té-fou 彰德府 Ho-nan. Ce nom de Ngan-yang, ni fut donné par les rois de T'sin (F. vol. 12. p. 15).

Au moment où nous en sommes, se trouvait à Han-tan, capitale de Tchao, un grand marchand nommé Liu-pou-wei 呂不韋 natif de Yang-ti 陽翟 (1), avec lequel nous devons faire connaissance, car il est resté célèbre et joua un rôle considérable dans les événements de cette époque. Quelques auteurs disent qu'il était originaire de Pouo-yang 濮陽 (2); d'ailleurs, pour ce qui le concerne, bien des détails sont racontés différemment par les divers historiens; ce qui prouve qu'on ne tenait pas à la vérité historique; dès le principe, on l'a chargé tant qu'on l'a pu. Sur lui et sur son prétendu fils, le très-fameux Che-hoang 始皇, l'incendiaire des livres chinois, le massacreur des lettrés, on a versé des flots d'encre; il n'y a pas d'épithète malsonnante qu'on ne leur ait jetée à la face; les témoignages que l'on apporte contre ces deux hommes viennent de sources suspectes; il faut les contrôler et en rabattre une bonne partie.

Notre marchand Liu-pou-wei, voyant donc le prince I-jen si malheureux à la cour de Tchao, pendant la guerre : "Voilà, se dit-il, une marchandise qui peut me rapporter de grands profits !" Sur ce il trouva moyen de s'aboucher avec lui : " Tchao-siang-wang est bien âgé, lui dit-il; le prince héritier chérit son épouse, la dame Hoa-yang; mais elle n'a pas de fils; de ses autres femmes, au contraire, il en a bien une vingtaine; parmi eux, vous n'êtes ni l'aîné, ni le plus en faveur, il s'en faut ! Quand votre père sera monté sur le trône, vous n'aurez aucun titre pour vous prévaloir sur vos frères, et devenir à votre tour prince héritier."—" C'est bien vrai, répondit I-jen; mais que faire ?"—" Il y a un moyen, reprend Liu-pou-wei; il faut gagner le cœur de la dame Hoa-yang; je ne suis qu'un pauvre marchand; mais je puis toujours vous avancer mille livres pour vous aider dans ce projet."—" Soit ! dit I-jen; si je réussis, ce n'est qu'avec vous que je gouvernerai mon royaume !" Là-dessus, Liu-pou-wei lui donna d'abord cinq cents livres pour se concilier des amis et des confidents; avec les cinq cents autres il se procura toutes sortes de raretés; lui-même s'offrit à les porter à la noble dame. Il se rendit à la cour de T'sin, obtint une audience de la sœur aînée de la dame, et par son entremise lui fit parvenir les cadeaux; il exalta les hautes qualités du jeune prince; raconta que ses amis et ses confidents étaient nombreux par toute la Chine; que jour et nuit il pleurait en pensant à elle et s'écriait souvent: " Madame est tout pour moi, mon ciel, mon refuge !" Celle-ci fut grandement ravie à cette nouvelle. Liu-pou-wei, par la même intermédiaire, lui fit dire encore: "La noble dame est bien aimée de son mari; malheureusement elle n'a pas de fils;

---

(1) Yu-tcheou 禹州 K'ai-fong-fou 開封府 (K. vol. 上 p. 44)—(Y. vol. 中 p. 5).
(2) K'ai-tcheou 開州 Ta-ming-fou 大名府 Tche-ly [F. vol. 2 p. 54].

si elle ne profite pas de ce temps de faveur pour se choisir un héritier, plus tard, quand sa beauté aura passé, l'écoutera-t-on, quand elle recommandera le prince qu'elle aura préféré ? Maintenant I-jen est un jeune homme distingué; il n'a pas grand espoir d'être désigné parmi ses frères; si la noble dame l'adoptait dès aujourd'hui, elle serait assurée de garder les bonnes grâces du prince héritier; I-jen, se voyant désormais sur les marches du trône, pourrait-il oublier celle à qui il devrait cet honneur ? Pourrait-il ne pas se montrer un fils reconnaissant?'' La dame Hoa-yang trouva ces remarques très justes; elle profita d'une bonne occasion pour en parler à son mari; celui-ci adopta I-jen pour fils et successeur; il en dressa un acte authentique; puis il fit préparer une tablette de jade destinée au jeune prince; il chargea Liu-pou-wei de la lui porter; en même temps il le constitua tuteur et gardien du futur héritier.

Les affaires de Liu-pou-wei marchaient donc à souhait. Quand il était à Hantan, il avait pour concubine une fille de grande maison, d'une beauté remarquable, bonne musicienne, bonne danseuse. Quand il revint de T'sin, il sut bientôt qu'elle était enceinte; il résolut de la passer à I-jen, qui l'ayant vue la lui demanda avec grande instance; Liu-pou-wei fit semblant d'en être fort fâché; enfin il finit par la lui accorder. Douze mois plus tard, elle mit au monde un fils qui fut appelé Tcheng 政 ; c'est le futur Che-hoang 始皇 ; aussitôt cette concubine fut déc'arée la femme légitime de I-jen. (1)

Pendant la guerre, les gens de Tchao voulaient massacrer ce prince, à titre de représailles ; c'est encore Liu-pou wei qui le sauva; il donna une grosse somme, et le gardien le laissa s'évader ; il s'enfuit à l'armée de T'sin, puis se rendit à la Cour. En fin diplomate, Liu-pou-wei lui avait conseillé de s'habiller à la façon des gens de T'chou 楚 pour gagner le cœur de la dame Hoa-yang ; celle-ci en fut très flattée: " Je suis originaire de T'chou, dit-elle, il est convenable que mon fils en porte le nom avec les habits; elle voulut qu'il s'appelât désormais T'chou; le prince y consentit de grand cœur. Mais (2) revenons à la guerre.

(1) Cette narration est faite par des ennemis ; il faut donc s'en défier. Pas de preuves, Rien que des affirmations malveillantes! Il faut absolument souiller tout ce qui regarde Che-hoang. Ainsi ils ont sali sa naissance, et en font le fils illégitime de la concubine d'un vilain marchand. Mais ils sont embarrassés de cette donnée historique d'après laquelle l'enfant vint au monde douze mois après que sa mère eut été cédée à I-jen. Voici leur explication: si, par exception, l'enfant a dû attendre si longtemps avant de naître, c'est que la nature a eu besoin de tout ce temps pour former un tel monstre. Etes-vous content? Quand à Liu-pou-wei, il fut assez habile pour cacher la grossesse de sa concubine, et faire passer celle-ci pour une jeune fille simple et ingénue! Et le prince? fut-il donc aussi assez simple et assez ingénu pour ne s'apercevoir de rien? (Che vol. 6. p. 1)—(正編 p. 82).

(2) La femme de I-jen courut aussi un grand danger; mais étant fille de grande maison, elle réussit à se cacher et à sauver sa vie. Après la mort de Tchao-siang-wang, le roi de Tchao la renvoya à son mari devenu prince héritier; il espérait ainsi se concilier son amitié.

En 256, l'armée de T'sin, poursuivant ses opérations contre le royaume de Han, lui prit les deux villes de Yang-t'cheng 陽城 et de Fou-chou 負黍 (1); puis coupa la tête à quarante mille hommes. Au roi de Tchao, elle prit plus de vingt villes et massacra quatre-vingt-dix mille prisonniers. L'échec de Han-tan était vengé !

L'empereur, nommé Nan-wang 赧王, voyant les progrès de Tchao-siang-wang, commença à trembler pour sa propre existence; il n'osait cependant tout seul entrer en lutte; il fit appel aux divers princes, censés ses vassaux ; mal lui en prit. Tchao-siang-wang ordonna au général Kieou 摎 d'envahir la partie occidentale de ses états; il était trop tard pour se repentir ! L'empereur se rendit auprès de Tchao-siang-wang, se mit à genoux devant lui, fit amende honorable, offrit trente-six bourgs et trente mille habitants; le reste de la population avait fui à l'approche de l'armée, et s'était réfugiée dans la partie orientale du pays. Tchao-siang-wang se montra inflexible; il accepta l'offrande; mais il relégua l'empereur à Tan-hou-tsiu 憚狐聚 (2) ; il lui enleva encore ses trésors, et surtout les neuf trépieds, palladium de l'empire (3). En principe, cette famille avait donc cessé d'exister ; en réalité, elle continua encore pendant six ans dans la partie orientale, où régna l'ombre d'empereur que l'on appela Tong-tcheou-kiun 東周君, c'est-à-dire le seigneur du pays oriental de Tcheou; celui-ci était un descendant de l'empereur K'ao-wang 考王 [450-425] ; il résidait à Kong 鞏 (4). Quant au malheureux exilé, il mourut cette même année.

---

(1) L'armée des alliés avait passé le fameux défilé du fleuve Jaune, c'est-à-dire de I-kiué 伊闕 au sud-ouest de Ho-nan-fou 河南府 ; elle voulait couper aux gens de T'sin les communications avec Yang-t'cheng 陽城. Quant à cette ville, elle était à 40 ly sud-est de Teng-fong-hien 登封縣 appelée aussi Hoang-t'cheng 黃城. Fou-chou à 27 ly sud-ouest de cette même ville de Yang-t'cheng. La 6ème année du duc Ting 定公 (503), l'armée de T'cheng 鄭 y avait battu celle de Tcheou 周. (F. vol. 12 p. p. 32. 39). Pour le cas présent, le commandant de T'sin était le général Kiou.—Se-ma-t'sien l'écrit 摎. D'ailleurs c'était un surnom; le nom n'est pas connu.

(2) A 30 ly nord-ouest de Jou-tcheou 汝州 (F. vol. 12. p. 62).

(3) Voyez à l'année 315, ce que nous avons dit sur ces trépieds: On dit qu'ils furent fondus en l'an 2202, au pied de la montagne King-chan 荊山, 90 ly au nord de Si-ngan-fou ! 西安府 Chen-si.

(4) Kong, ou Tong-tcheou 東周 à 30 ly sud-ouest de la ville actuelle de Kong, qui est à 120 ly à l'est de Ho-nan-fou. (F. vol. 12 p. p. 31.32.34 et 35).

N'oublions pas de noter qu'un des trépieds s'envola pendant le trajet et alla se jeter dans la rivière Se [Se-choei 泗水] (1). Che-hoang épuisa en vain ses efforts pour le retrouver; preuve évidente que le ciel était courroucé contre ce monstre à face humaine Nos philosophes sont intarissables sur ces faits si merveilleux. Remarquons seulement, avec le commentaire, que l'historien a employé le caractère Tsou 卒, qui indique le trépas d'un simple mortel; il aurait dû écrire p'ong 崩 [montagne qui s'écroule], comme c'était la coutume pour expriemr la mort d'un empereur; la raison est que Nan-wang avait perdu sa couronne ; ce n'est pas absolument exact, puisqu'il lui restait encore un successeur et la partie orientale de ses états. La vraie raison est donc celle-ci : la dynastie était censée éteinte ; c'est pourquoi plusieurs historiens suppriment tout simplement ce Tong-Tcheou-kiun, et inscrivent dans leurs annales un interrègne de vingt-quatre ans. Ainsi fait Se-ma-koang 司馬光 qui termine l'histoire de la dynastie Tcheou 周 en 255 ; tandis que Tchou fou-tse 朱夫子 [c'est-à-dire Tchou-hi 朱熹] la conduit jusqu'en 249, où la dynastie T'sin fut plus universellement reconnue. Les sinologues ont adopté ce dernier système ; nous nous conformerons à la chronique chinoise.

Wang-ki 王稽 gouverneur de Ho-tong 河東, (2) celui-là même qui avait amené sur son char Fan-tsiu fugitif, fut accusé d'avoir des intelligences secrètes avec les divers princes ; on le trouva coupable, et on le mit à mort sur la place publique de la capitale. Tchao-siang-wang devint tout triste et poussait des gémissements Fan-tsiu lui en demanda la raison: " Hélas! répondit le roi, Pé-k'i est mort; les généraux Tcheng-ngan-p'ing 鄭安平 Wang-ki et consorts ne sont que des traîtres! A l'intérieur, je n'ai pas de bons généraux ; à l'extérieur les ennemis sont nombreux; comment ne serais-je pas chagrin ? " Fan-tsiu fut effrayé; tous les incriminés étaient ses amis, ses protégés, ses créatures; le roi regrettait Pé-k'i, son ennemi; le vent de la fortune avait donc changé ! Fan tsiu commença à craindre pour sa sûreté.

T'sai-tche 蔡澤, un sage lettré de Yen 燕, ayant entendu ces nouvelles, vint au pays de T'sin pour y offrir ses services; par une personne intermédiaire, il fit dire à Fan-tsiu: "Si un homme comme T'sai-tche peut obtenir une audience du roi, c'en est fait de votre dignité ! " Fan-tsiu fut curieux de connaître ce nouveau génie ; il l'invite à une entrevue, le blâme d'ambitionner sa charge :

---

(1) Le fleuve Se a sa source dans la montagne Pei-wei-chan 陪尾山 (F. vol. 10. p. 8).

(2) Ce gouvernement comprenait les préfectures actuelles de P'ing-yang-fou 平陽府 Ngan-i-fou 安邑府 etc., en tout 24 villes, à l'est du fleuve jaune. [K. vol. 上 p. 42.]

"Hé, répondit celui-ci, que votre seigneurie est lente à comprendre ! Les saisons se succèdent l'une à l'autre ; penseriez-vous être seul stable ? Pourquoi être insatiable, et se cramponner au pouvoir ? Voudriez-vous finir comme Chang-yang 商鞅 Ou-ki 吳起 et Ta-fou-tchong 大夫種 (1)"—" Pourquoi non ? dit Fan-tsiu, blessé d'un tel langage ; le sage, pourvu qu'il ait de la gloire, ne craint pas la mort ; il perd la vie sans regret !"—" Mais, reprend T'sai-tche, ne serait-il pas mieux de conserver ensemble et la gloire et la vie, personne ne peut être plus fortuné que Hong-yao 閎夭 et Tcheou-kong 周公 (2); le proverbe dit: le soleil arrivé à son apogée décline à l'occident; la lune parvenue à son plein commence à décroître; votre seigneurie s'est vengée de tous ses ennemis, a récompensé tous ceux qui lui ont fait ou voulu du bien; tous vos désirs sont remplis; vous êtes à votre plein et vous ne décroîtriez point ! Je tremble vraiment pour votre seigneurie." On dit que Fan-tsin fut persuadé par ce discours, et qu'il recommanda ce nouveau personnage pour la charge de premier-ministre; quant à lui, il prétexta une maladie pour se retirer. Nous avons vu qu'il avait d'autres raisons pour agir ainsi ; il sut s'arrêter devant l'abîme.

En 254, l'armée de T'sin prenait la ville de Ou-t'cheng 吳城 (4) au roi de Wei ; c'était pour punir une sorte d'injure : tous les princes avaient envoyé leurs ambassadeurs saluer Tchao-siang-wang comme souverain de la Chine et véritable empereur ; le roi de Wei, le plus proche voisin, était en retard. Le roi de Han était même venu en personne ; c'était la preuve d'une grande crainte; car depuis plus de cent soixante ans, jamais un roi de Han n'avait paru à la Cour de l'empereur pour offrir ses hommages. Des six grands Etats de la Chine, celui de Han fut le premier à reconnaître le roi de T'sin comme empereur; pour remerciement, celui-ci l'annexa le premier ; la flatterie ne réussit donc point auprès de cet ennemi héréditaire.

---

(1) Voyez à l'année 337 la triste fin de Chang-yang (Wei-yang, ou Chang-kiun, ou Kong-suen-yang).

Ou-ki, natif de Wei 衛, avait été disciple de Tseng-tse 曾子 qui lui-même avait religieusement suivi les leçons de Confucius. C'était un grand capitaine, la victoire lui resta fidèle, soit qu'il fût au royaume de Wei, soit qu'il fût chez le duc de Lou. Finalement il se mit au service de T'chou, devint ministre tout-puissant, soumit les pays de Yué 越 et de T'cheng 陳, repoussa l'armée de Tsin 晉, vainquit celle de T'siu, éleva le pays de T'chou à une telle puissance que tous les autres états en avaient peur. Malgré tant de services, il fut massacré.

Ta-fou-tchong finit aussi misérablement. [Voyez le Royaume de Ou 吳].

(3) Nous n'avons rien trouvé sur ce Hong-yao. Tcheou-kong, fils de Wen-wang 文王, le fondateur du royaume de Lou 魯; c'est un des grands saints des lettrés; il a été exalté par Confucius; il a été et sera longtemps encore célébré par quiconque sait bâtir une amplification littéraire.

(4) C'est maintenant P'ing-lou-hien 平陸縣 Kiai-tcheou-fou 解州府 Chan-si —L'ancien emplacement était à 45 ly nord-est de la ville actuelle, près de la montagne de Yu-chan 虞山 (ou encore Ou-chang 吳山)—(Y. vol. 中 p. 56)—(F. vol. 8 p. 42).

Cette même année, le roi de Wei se rendit à la cour de Tchao-siang-wang, lui offrit son royaume, et se mit absolument à sa disposition ; le sacrifice était consommé. Ainsi, deux des familles qui s'étaient autrefois partagé l'ancien pays de Tsin 晉 sombraient à leur tour ; à savoir : Han et Wei. A bientôt la troisième, c'est-à-dire Tchao. La providence divine ne perd pas ses droits sur les nations, quoiqu'elle en soit méconnue ou méprisée.

En 253, Tchao-siang-wang commence à agir en empereur ; il offre les sacrifices au ciel et à la terre, à Yong 雍 (1) ; prérogative réservée au maître souverain de la Chine. Les commentaires renouvellent leurs malédictions à ce sauvage occidental, qui avait l'audace de s'arroger une fonction si sainte ! laissons-les crier. Notons seulement que le sacrifice au ciel avait lieu au solstice d'hiver, dans les champs situés au sud de la capitale ; tandis que le sacrifice à la terre s'offrait au solstice d'été dans les champs situés au nord [Li-ki 禮記] (2). En sacrifiant au ciel et à la terre comme à la source de toutes les choses qui sont dans l'univers, on sacrifiait aussi aux ancêtres, comme à la souche de la dynastie; on demandait l'accroissement de la descendance, la paix du royaume, la victoire sur les ennemis, etc...... Dans le Tsouo-tchoan 左傳, Hi-Kong 僖公, 31, les commentaires parlent longuement de ce sacrifice [appelé Kiao 郊], que le duc de Lou pouvait aussi offrir, à l'imitation de l'empereur, en vertu d'un privilège très-particulier accordé à Tcheou-kong 周公 fondateur de la famille ducale. Confucius blâme le duc de Lou d'avoir usé de ce privilège personnel accordé à Tcheou-kong. Cela n'est pas certain; car on explique ce fait par la communication de cette faveur.

En 252, les gens de Wei massacrent leur propre roi, et placent son frère sur le trône; l'historien n'en donne pas la raison ; c'est sans doute parce que ce prince avait fait sa soumission à Tchao-siang wang. Le peuple préférait la guerre à outrance jusqu'à extinction. Ce n'est pas le seul exemple de folie dans ce genre; on la retrouve dans l'histoire de plusieurs autres pays.

En 251 mourait le roi Tchao-siang-wang; son tombeau est à Tche-yang 芷陽 (3). Le roi de Han vint en grand deuil vénérer ce défunt, et offrir ses condoléances. Se-ma-t'sien ajoute que les autres princes envoyèrent des ministres d'état, ou des généraux, pour les représenter aux funérailles.

---

(1) Les autels étaient à Ou-tche-yuen 五畤原 au sud de la ville actuelle de Fong-siang-hien 鳳翔縣 Fong-siang-fou 鳳翔府. Autrefois, ce pays de Yong comprenait plusieurs des préfectures actuelles.—(F. vol. 14 p. 24).

(2) Li-ki, vol. 8 p. 24, la victime était un jeune taureau.

(3) A 35 ly sud-ouest de Ling-tong-hien 臨潼縣 Si-ngau-fou 西安府 entre la montagne Li-chan 驪山 et la rivière 灞水 (F. vol. 14 p. 10).

Nous avons vu plus haut, qu'on employait le caractère P'ong 崩 pour exprimer la mort d'un empereur. L'histoire a écrit Meng 薨, comme pour un prince quelconque. Se-ma-t'sien a encore été plus loin; il a encore employé le caractère Tsou 卒, qui signifie la mort d'un simple mortel. Pauvres gens! qui s'imaginent que la dénégation du caractère accoutumé pouvait empêcher le roi de T'sin d'être en réalité le véritable empereur de la Chine! Cependant l'époque de l'année est indiquée; ce qui n'avait lieu que pour les événements insignes. De plus, ils blâment le roi de Han, pour sa grande déférence; il aurai dû être plus fier! Oublient-ils donc sa situation? Ils affirment courageusement qu'il n'aurait pas eu besoin de craindre le roi de T'sin, s'il avait su pratiquer la vertu comme les anciens; il aurait triomphé d'ennemis encore plus forts que Tchao-siang-wang.

Le Che-ki ajoute que la femme de Tchao-siang-wang, nommée Tang-pa-tse 唐八子, était morte avant lui; son nom indique assez que ce n'était qu'une concubine; son fils, le prince héritier, devenu roi, l'éleva à la dignité de reine, t'ai-heou 太后, quoiqu'elle fût déjà défunte; en conséquence, elle fut inhumée avec son époux dans le tombeau des rois. Ces idées chinoises sont encore en vigueur maintenant et attestent une croyance, au moins confuse, à l'immortalité de l'âme.

HIAO-WEN-WANG 孝文王

(250)

Le T'ong-kien-kang-mou est muet sur ce règne d'un an.

Le Che-ki, dit que le nouveau roi avait cinquante-trois ans, quand il monta sur le trône. Il accorda une amnistie, donna de l'avancement aux mandarins qui avaient bien mérité sous le règne précédent, fit de grandes faveurs aux membres de la famille royale, diminua les parcs où l'on nourrissait des bêtes et des oiseaux de chasse. Le temps du deuil étant écoulé, il prit en main l'administration, à la 10ème lune, au jour appelé Ki-hai 巳亥; mais il ne gouverna que trois années; il mourut au jour Sin-tcheou 辛丑; et fut enterré à Cheou-ling 壽陵 (1). Son fils et successeur accorda à la dame Hoa-yang 華陽, sa mère adoptive, comme nous l'avons vu, le titre de reine, T'ai-heou 太后; il en fit autant à l'égard de sa propre mère, la concubine Hia-ki 夏姬. La dame Hoa-yang fut donc aussi enterrée près de son époux à Cheou-ling (2).

---

(1) A l'ouest de Hien-ning-hien 咸寧縣 Si-ngan-fou 西安府 (Y· vol. 中 p. 108).

(2) Cheou-ling n'est pas indiqué exactement; mais on peut y suppléer; car la reine Hia-t'ai-heou avait désiré voir le tombeau de son fils, à l'est du sien; celui de son mari à l'ouest; or, elle fut enterrée à T'ou-tong 杜東 son fils à Tche-yang 芷陽, comme nous le dirons bientôt; le roi son mari fut donc inhumé à l'ouest de Hien-ning-hien.

T'ou-tong—à 15 ly sud-est de Hien-ning-hien 咸陽縣 (F. vol. 14. p. 10).

TCHOANG-SIANG-WANG 莊襄王

(249-347)

Le nouveau roi est ce prince I-jen déjà connu du lecteur ; il a trente-deux ans. Sachant qu'il devait le trône à Liu-pou-wei 呂不韋, il l'éleva à la dignité de premier ministre, et lui accorda le titre de marquis de Wen-sin (Wen-sin-heou 文信侯.) Après quoi, il s'empare de la région orientale des états du défunt empereur ; et le relègue " seigneur de Tcheou " à Yang-jen-tsiu 陽人聚 (1). On prend pour prétexte une soi-disant conspiration ourdie par ce prince avec les autres vassaux. C'est alors que la dynastie impériale Tcheou est regardée comme définitivement éteinte. Par crainte superstitieuse, le roi de T'sin fait offrir les sacrifices accoutumés, en l'honneur des ancêtres si vénérés de cette antique famille; il applique pour cela les revenus de la ville même de Yang-jen-tsiu ; et charge les anciens officiers de cette maison d'offrir des sacrifices.

Les devoirs envers la famille impériale accomplis, Tchoang-siang-wang songe à la guerre ; c'était en quelque sorte l'élément de son peuple ! Il envoie son général Mong-ngao 蒙驁 attaquer le pays de Han 韓; celui-ci prend les villes de Yong-yang 滎陽 et de Tcheng-kao 成皋 (2); pour obtenir la paix, le roi cède encore Kong 鞏 et tout le pays jusqu'à Ta-leang 大梁 (3). Tchoang-siang-wang en forme une province appelée San-t'choan-kiun 三川郡 ou des trois fleuves, savoir: I 伊 Lo 洛 et Se 汜, dans la province actuelle de Ho-nan (4).

Cette même année, le duché de Lou 魯, qui végétait depuis longtemps, est enfin annexé par le royaume de T'chou 楚. Les mânes de Confucius durent en gémir ! Là aussi, malgré ses leçons, les princes n'avaient donc su pratiquer la vertu !

---

(1) A son avènement le nouveau roi accorde amnistie, avancement, faveurs comme son prédécesseur. (Che 5 p. 28)

(2) A 40 ly à l'ouest de Leang-hien 梁縣 qui est à 45 ly sud-ouest du Jou-tcheou 汝州 Ho-nan. (F. vol. 12. p. 62).

(3) Au nord de Yong-yang-hien 滎陽縣 K'ai-fong-fou 開封府 Tcheng-kao au nord-ouest de Se-choei-hien 汜水縣 même préfecture.—(F. vol. 12 p. 8).

Kong — [Voyez année 256] était à 30 ly sud-ouest de Kong-hien 鞏縣 Ho-nan-fou 河南府

Ta leang—c'est K'ai-fong-fou.

(4) Cette province comprenait 22 sous-préfectures actuelles ; (on peut en voir le détail dans le K. 上 p. 41); les trois rivières indiquées sont tributaires du fleuve Jaune.

En 248, éclipse de soleil. Une armée de T'sin, sous la conduite de Mong-ngao (1), attaque le pays de Tchao 趙 et lui prend trente-sept villes, parmi lesquelles Yu-tse 榆次 Sin-t'cheng 新城 et Lang-mong 狼猛 (2). Après ce, le même général marche contre le royaume de Wei, et lui prend les villes de Kao-eou 高寶 et de Ki 汲 (3). On complète l'organisation officielle de la province de T'ai-yuen 太原 commencée en 259.

En 247, une autre armée de T'sin, commandée par le général Wang-he 王齕, enlève encore au roi de Wei ce qui lui restait du pays de Chang-tang 上黨 ; on incorpore cette région dans la province de T'ai-yuen ; et l'on y établit définitivement l'organisation régulière.

Le Commentaire observe de nouveau que cette région de Chang-tang était la plus importante de toute la Chine ; il l'appelle la clef de voûte ; le maître de ce pays avait accès partout, et pouvait se garder contre tous ses ennemis ; c'est pourquoi le roi de T'sin tenait si fort à l'avoir ! Il ajoute les détails suivants : depuis Lo-yang 洛陽 jusqu'à Sin-ngan 新安, le chemin est plan et facile ; depuis Sin-ngan jusqu'à Tong-koan 潼關, c'est-à-dire quatre cents ly, le chemin est extrêmement difficile et dangereux, toujours sur des montagnes rattachées les unes aux autres; du matin au soir, on marche entre deux murs de montagnes, dans une suite de défilés où deux chars, deux cavaliers même, ne peuvent aller de front ; l'endroit le plus périlleux est à la jonction des montagnes de Hiao 崤 et de Han 函, où l'on s'est si souvent battu. (4) [F. vol. 11 p. 1.]

Cette même année 247, le général Mong-ngao est vaincu par les troupes de Wei. Est ce un rêve ? Non ; c'est une réalité bien honteuse pour les gens de T'sin ! Voici le fait : On se souvient que le prince Kong-tse-ou-ki 公子無忌,

---

(1) Mong-ngao, était originaire du royaume de T'si 齊 C'est le père de Mong-ou 蒙武 ; et le grand-père de Mong-tien 蒙恬 que nous allons voir à l'œuvre au règne suivant.

(2) Yu-tse au nord-ouest de Yu-tse-hien 榆次縣 T'ai-yuen-fou 太原府, Chan-si. Sin-t'cheng—à l'ouest de Chan-yang 鄯陽 c'est-à-dire Cho-tcheou 朔州. Lang-mong—à 70 ly au nord de T'ai-yuen-fou (Y. vol. 中 p. 47)—(F. vol. 8. pp. 2,5).

(3) Kao-eou—à 30 ly à l'est de Tche-tcheou-fou 澤州府 Chan-si. Ki-à 25 ly sud-ouest de Ki-hien 汲縣 Wei-hoei-fou 衛輝府, Ho-nan. (F. vol. 8. p. 27.—vol 12, p. 19).—(Y. vol. 中 p. 47).

Toutes les villes qui composaient la province de T'ai-yuen sont énumérées dans le K. vol. 上 p. 102 ; c'était tout le nord du Chan-si, en tout 29 sous-préfectures actuelles. Le sud, c'est-à-dire 14 sous-préfectures actuelles, formait la province de Chang-tang-kiun ; la capitale était la ville actuelle de Lou-ngan-fou 路安府.

(4) Le fameux défilé de Han-kou-koan 函谷關 dont on parle si souvent dans les livres, et que les lettrés ne savent pas indiquer, est à 10 ly au sud de Ling-pao-hien 靈寶縣 Chen-tcheou 陝州 Ho-nan. (Y. vol. 中 p. 27)—(F. vol. 12, p. 65).

frère du roi, après avoir battu l'armée de T'sin, sous les murs de Han-tan 邯鄲 capitale de Tchao 趙 et l'avoir forcée à lever le siège, n'avait pas osé retourner dans son pays, parce qu'il avait fait cette glorieuse campagne malgré le roi ; il était donc resté en exil dans le royaume de Tchao. Son absence était une calamité ; un si bon capitaine aurait peut-être sauvé son pays. Après les dernières défaites, dont nous venons de parler, le roi de Wei lui envoya un message, pour le prier de revenir; ce fut en vain. Sur ce, les seigneurs Mao 毛 et Si 薛, ses intimes, lui dirent : " Tous les rois et les princes ne vous estiment que parce que vous êtes prince de Wei; maintenant, votre pays est en grand danger, et votre seigneurie n'en a pas pitié ! D'un jour à l'autre, le roi de T'sin peut prendre votre capitale Ta-leang, détruire le temple de vos ancêtres ; alors votre seigneurie aura-t-elle encore la face de vivre en Chine ?" A peine avaient-ils achevé ces paroles que le prince changea de couleur, bondit d'indignation, sauta sur son char, et se hâta de rentrer dans sa patrie. Le roi de Wei l'embrassa, pleura à chaudes larmes, et le nomma généralissime de toutes ses troupes. Il fit aussi demander du secours à tous les autres rois. Ceux-ci répondirent à cet appel désespéré. Kong-tse-ou-ki se mit à la tête des armées, battit Mong-ngao dans un combat décisif à Ho-wai 河外 (1), poursuivit les fuyards jusqu'au défilé de Han-kou-koan, endroit trop dangereux pour y engager son armée; puis mit le siège devant la forteresse de Ngan-ling Koan 管 (2). Kong-tse-ou-ki fit appeler Sou-kao 縮高, natif de 安陵 (3), lui fit les plus belles promesses, lui offrit la dignité d'officier du 5ème degré [Ou-ta tou 五大夫] et celle de porte-étendard du général; tout cela pour l'engager à aller attaquer la forteresse, si bien défendue par son fils. Sou-kao répondit au messager : " Si le père attaquait le fils, les assiégés se mettraient à rire; si le fils se rendait au père, ce serait une trahison; votre seigneurie ne pourrait approuver chose semblable ; ainsi veuillez donc m'excuser !" Kong-tse-ou-ki, furieux de ce noble refus, envoya au gouverneur de Ngan-ling l'ordre d'enchaîner Sou-kao, et de le lui remettre; sinon cent mille hommes allaient arriver sous ses murs.

(1) Ho-wai, en dehors du fleuve jaune, était au sud de ce fleuve, dans la région actuelle de Chen-tcheou 陝州 Ho-nan, et de Hoa-tcheou 華州 Chen-si; du moins voilà ce que dit le Commentaire (La version de Se-ma-t'sien est un peu différente ; quant au lieu de la bataille, il ne l'indique pas ; il dit que Mong-ngao, battu, se retira jusqu'à Ho-wai).

(2) Tcheng-tcheou 鄭州 à 140 ly à l'ouest de K'ai-fong-fou 開封府 [F. vol. 12 p. 7] —Y. vol. 中 p. 4).

(3) A 15 ly nord-ouest de Yen-ling-hien 鄢陵縣 K'ai-fong-fou. [Y. vol. 中 p. 3]—F. vol. 12 p. 4).

D'après le Tchan-kouo-tché 戰國策 vol. 7. p. 59, le Tche-tsi-wei 執節尉 ou porte-drapeau, avait des dignités qui sont encore incertaines et mal définies.

Ce gouverneur, à son tour, fit une aussi belle réponse : " Mon ancêtre Tcheng-heou 成侯 [1] a reçu du roi Siang 襄王 cette ville comme fief; de sa propre main il en a reçu l'édit; or, le 1er chapitre disait expressément: le fils qui tue son père, l'officier qui tue son prince, n'aura jamais part à aucune amnistie, même générale.

" Selon moi, rendre une ville, ou livrer son fils, est un crime semblable à ceux-là, et mérite la même peine. Sou-kao a refusé une grande dignité pour conserver intacts les devoirs du père et du fils; et votre seigneurie m'ordonne de vous le livrer vivant pour l'en punir; c'est me commander de mépriser les ordres de la capitale et de feu le roi Siang-wang lui-même; je préfère plutôt la mort!" Sou-kao apprit cette nouvelle: " Kong–tse-ou-ki, dit-il, est un homme violent et intraitable, qui ne connaît que sa fougue; si le messager lui rapporte ces paroles, tout est perdu! Je sais mon devoir d'homme et de sujet; je ne puis permettre que mon seigneur subisse à cause de moi la fureur des gens de Wei !" Sur ce, il se rendit chez le messager et s'y coupa la gorge. Quand Kong-tse-ou-ki l'eut appris, il se mit en habits de grand deuil, et se retira dans une chambre solitaire, pour s'y livrer à son chagrin; en même temps, il envoya un messager prier Ngan-ling-kiun de l'excuser lui-même.

---

(1) Ce Tcheng-heou, est le frère du roi Siang de Wei 319-296. L'ancienne ville de Ngan-ling se trouvait 15 ly ouest de la sous-préfecture de Yen-ling  laquelle est un peu au sud de sa préf. K'ai-fong-fou 開封府.

Petit F. vol. 12 p. 14.

Grand F. vol. 47 p. 23 a des détails historiques.

CHE-HOANG-TI 始皇帝

(240-210)

Nous sommes arrivés au plus célèbre de tous les rois de T'sin 秦; l'abondance des matières nous oblige à diviser son histoire en plusieurs chapitres, pour éviter la confusion.

CHAPITRE 1er: CHE-HOANG-TI EN TUTELLE.

Liu-pou-wei 呂不韋 avait pris en main l'administration du royaume, avec le titre de Tchong-fou 仲父, oncle du roi ; il était donc ministre tout puissant. Comme le prince Kong-tse-ou-ki 公子無忌 de Wei 魏; comme Tch'oen-chen-kiun 春申君 [Hoang-hié 黃歇] de T'chou 楚; comme P'ing-yuen-kiun 平原君 de Tchao 趙 ; comme Mong-tchang-kiun 孟嘗君 de T'si 齊 ; il avait plus de trois mille familiers, grands et petits, lettrés, guerriers et autres; il s'entretenait avec eux sur toutes sortes de sujets. Il fit écrire tout ce que, dans ces sortes d'académies, chacun avait traité, vu, ou entendu; il en forma un recueil considérable que l'on révisa, corrigea, édita sous le nom de Liu-che-t'choen-ts'iou 呂氏春秋 à l'imitation de Confucius. Cet ouvrage avait la prétention de contenir tout ce qu'il est nécessaire ou utile de savoir sur le ciel, sur la terre, sur les temps passés et présents. On le suspendit à la porte de la capitale ; auprès du recueil on exposa mille livres d'or, comme récompense à qui pourrait faire ajouter ou retrancher un caractère [懸千金于國門]. On ne dit pas si quelqu'un eut jamais cette audace.

Le Che-ki 史記 raconte qu'à la mort du précédent roi Tchong-siang-wang, le pays de Tsin-yang 晉陽 se révolta ; il était annexé depuis peu de temps ; il espérait donc profiter de la jeunesse du nouveau roi pour reprendre sa liberté; mais le général Mong-ngao 蒙驁 l'eut bientôt mis à la raison. Ce pays est actuellement le nord du Chan-si 山西.

En 246, on fit de grands travaux, pour rendre navigable la rivière King-choei 涇水. Voici ce qu'on raconte à ce sujet : Le roi de Han 韓 tremblait pour l'existence de son pays; voulant faire diversion et occuper la cour de T'sin, il lui envoya un homme expérimenté dans ce genre de travaux; celui-ci nommé Tcheng-kouo 鄭國, réussit à persuader Liu-pou-wei de la grande utilité de cette entreprise; et on y employa l'armée. On se mit à l'œuvre sans défiance; le travail fut long; car on creusa cette rivière depuis l'ouest de la montagne Tchong-chan 仲山 jusqu'à l'autre montagne Pé-chan 北山 à l'est;

c'est-à dire jusqu'à la jonction du fleuve Lò 洛. Je ne sais comment on finit par s'apercevoir de la ruse; on voulut tuer Tcheng-kouo; celui-ci avoua qu'il avait ainsi voulu prolonger de quelques années l'existence de son pays ; mais il remarqua que ce canal enrichirait le royaume de T'sin pendant des milliers de générations; sur ce, on lui pardonna son audace; et l'on acheva le creusement. Les endroits obstrués furent ouverts ou élargis ; le parcours fut dirigé de manière à arroser les terrains salins. On gagna ainsi quatre cent mille arpents de terre labourable, dont chacun rapportait soixante-quatre mesures de grain ; l'abondance régna dès lors dans toute la contrée. Ce canal a plus de trois cents ly de longueur. (1)

En 245, le gouverneur de Piao 麃公 (2) conduisit une armée de T'sin contre le royaume de Wei 魏 et prit le pays de K'iuen 卷 ; il coupa la tête à trente mille hommes.

En 244, grande disette au pays de T'sin ; malgré cela, ou peut-être à cause de cela, une armée attaque le royaume de Han, et lui prend le territoire de douze sous-préfectures actuelles.

Cette même année, mort du prince Kong-tze-ou-ki, le vainqueur de T'sin. En voici les circonstances : La défaite de Ho-wai 河外 sous le roi précédent avait été une grande humiliation ; les gens de T'sin l'avaient toujours sur le cœur ; Liu-pou-wei, chercha le moyen de se délivrer d'un ennemi si redoutable ; il employa dix mille livres d'or pour brouiller ensemble e roi de Wei avec son généralissime ; parmi ses complices se trouvait un ancien ami de Tsin-pi 晉鄙 (3); il dit au roi : " Pendant ses dix ans d'exil, Kong-tse-ou-ki a lié amitié avec tous les princes qui sont tous à ses ordres; partout on parle de lui, et peu de Votre Majesté." D'autres traîtres furent envoyés féliciter le prince sur sa victoire, et lui demander s'il ne prendrait pas bientôt la couronne. Le roi tomba dans le piège et retira à Kong-tse-ou-ki sa dignité de généralissime; celui-ci fut fort mécontent; sous prétexte de maladie, il ne parut plus à la cour ; jour et nuit, il s'adonna au vin et aux femmes;

---

(1) Cf. Che-ki chap. 87. p. 2.—Y. vol. 中 p. 110—Selon eux, le canal commençait à 25 ly sud-ouest de King-yang-hien 涇陽縣 Si-ngan-fou 西安府 Chen-si.
L. F. vol. 14. p. , dit qu'il commençait à 60 ly nord-ouest de la même ville.

(2) Kong, est le titre d'un préfet ou d'un sous-préfet, dignité bien plus grande autrefois que maintenant [Che. vol. 6. p. 1] Piao est le nom d'une ville, mais où était-elle ?

K'iuen — 7 ly au nord-ouest de Yuen-ou-hien 原武縣 Hoai-k'ing-fou 懷慶府 Ho-nan.
[Y. vol. 中 p. 14]. Petit F. vol. 12 p. 29.
Grand ,, 47 p. 26.

(3) Nous avons vu, sous le règne précédent, comment ce général Tsin-pi avait été assassiné par Kong-tse-ou-ki.

il mena cette débauche pendant quatre ans, et finit par en mourir. Le roi de Han, auquel Kong-tse-ou-ki avait sauvé la couronne, ayant appris la mort de ce grand capitaine, vint lui rendre les honneurs funèbres. Le fils du défunt était dans la jubilation; il en parla au sage Tse-choen (1) 子順: " D'après les anciens rites, lui répondit celui-ci, le roi doit lui-même présider aux honneurs ainsi rendus ; sinon, il vaut mieux y renoncer." D'après ce conseil, le fils de Kong-tse-ou ki déclina la visite du roi de Han.

En 243, une armée de T'sin prend au roi de Wei la ville de Tchang-yeou-koei 暘有詭 (2), puis rentre aussitôt dans ses foyers. Le prince de T'sin, otage à la cour de Tchao, rentre dans sa patrie; le prince héritier de Tchao, otage à la cour de T'sin, imite cet exemple.

A l'automne, les sauterelles, venant de l'est, firent irruption dans le pays de T'sin; elles étaient si nombreuses qu'elles obscurcissaient le soleil; puis vint la peste. Pour conjurer la famine, le roi accorda un degré de dignité à quiconque apporterait au trésor public mille charges de riz. Sur ce, le commentaire observe que c'est le roi de T'sin qui, le premier, commença ainsi à vendre les honneurs et es dignités, au lieu de les accorder au seul mérite. Si c'est vrai, il faut convenir que dans le cours des siècles il eut beaucoup d'imitateurs. (3)

En 242, le général Mong-ngao 蒙驁 attaque de nouveau le pays de Wei 魏 et lui prend les territoires de Soan-tsao 畯棗, de Hiu 虛, de Yen 燕, de Tchang-p'ing 長平 Yon, de g-tcheng 雍正 et de Chan-yang 山陽 (4); en tout, vingt sous-préfectures actuelles. C'est alors qu'on établit l'administration régulière dans la province de Tong-kiun 東郡 (5).

---

(1) Ce Tse-choen est le 6ème descendant de Confucius et une célébrité de son temps.
(2) Le siège de cette ville avait été déjà commencé à la 10ème lune de l'année précédente.
(3) Se-ma-t'sien dit que ces sauterelles revinrent à la dixième lune ; c'est sans doute une erreur de transcription ; à cette époque de l'année, il fait déjà froid dans notre pays du Kiang-nan, à plus forte raison dans ces contrées du nord !
(4) Soan-tsao, maintenant Yen-tsin-hien 延津縣 Wei-hoei-fou 衛輝府 Ho-nan (Y vol. 中 p 12.)
Hiu se trouvait sur la frontière de Tsiu-tcheou 睢州 Ho-nan Edit. Imp. vol. 6. p. 8 Grande géographie vol. 50 p. 12.
Yen, 90 ly sud-ouest de Hoa-hieu 滑縣 Wei-hoei-'ou·
Tchang-p'ing, à 60 ly à l'ouest de Tch'eng-ch'ou-fou 陳州府 Ho-nan (F.vol vol. 12 p 55).
Yong k'ieou, maintenant Ki-hien 杞縣 K'ai-fong-fou 開封府.
Chan-yang, c'est Sieou-ou-hien 修武縣 Hoai-k'ing-fou 懷慶府 Ho-nan.
(5) La province de Tong-kiun comprenait le territoire de la préfecture de Ta-ming-fou 大名府 Tche-ly 直隸 jusqu'à la préfecture de Tong-tchang-fou 東昌府 Chan tong 山東.

En hiver, il y eut une tempête avec tonnerre; le fait a dû être bien extraordinaire, puisque l'historien l'a consigné dans son ouvrage.

En 241, les rois de T'chou 楚, de Tchao 趙, de Wei 魏, de Han 韓 et de Wei 衛 ayant fait ensemble un traité d'alliance, attaquèrent le royaume de T'sin ; leurs troupes réunies pénétrèrent jusqu'au défilé de Han-kou-koan 函谷關, là elles furent battues et dispersées. La raison de cette ligue est facile à comprendre ; les divers princes avaient, plus ou moins forcément, salué le roi de T'sin comme leur maître, et comme le souverain de toute la Chine, le seul et unique empereur; mais chacun tremblait pour l'autonomie de son propre royaume ; le nouvel empereur n'était point d'humeur à se contenter d'un vain titre, comme ceux de la dynastie Tcheou 周 ; ses états immenses ne suffisaient pas même à son ambition ; les gens de T'sin ne semblaient pas non plus pouvoir passer une année sans guerroyer quelque part; nous en avons la preuve dans tout ce qui précède. Les divers princes eurent quelque espoir en voyant le roi si jeune ; Mong-ngao 蒙驁 était un bon général ; mais il n'était point à la hauteur du défunt Pé-k'i 白起 ; on pouvait arriver à le vaincre; Kong-tse-ou-ki lui avait infligé deux grandes défaites. Le puissant roi de T'chou se mit donc à la tête d'une coalition ; il y était d'ailleurs poussé par son ministre Hoang-hié 黃歇 [ou Tchoen-chen-kiun 春申君] qui avait lui-même remporté bien des victoires. Celui-ci se mit à la tête des armées fédérées ; prit d'abord la ville de Cheou-ling 壽陵 (1), puis s'avança en triomphe jusqu'au défilé de Han-kou-koan. Voulait-il donc s'engager dans ce couloir si périlleux ? On ne sait; en tout cas, les gens de T'sin ne lui en laissèrent pas le loisir; ils s'élancèrent de là sur ses troupes, les dispersèrent aux quatre vents du ciel; puis à leur tour, envahirent le pays de Wei 衛. Sur ce, le commentaire fait de profondes réflexions de lettré. D'après lui, il était facile de prévoir cette défaite ; ces divers royaumes étaient sans force, exténués, semblables à des vieillards ; leurs princes auraient dû commencer par pratiquer la vertu, à la façon des anciens ; alors c'eût été un jeu d'abattre le pays de T'sin !

Cette même année 241, une armée de T'sin prenait au roi de Wei 衛 la ville de Tchao-ko 朝歌 puis au roi de Wei 衛, la ville de Pouo-yang 濮陽 (2).

---

(1) Cheou-ling-très probablement à l'ouest de Hien-ning-hien 咸寧縣 Si ngan-fou 西安府 (Y. vol. 中 p. 108). Voyez la note sous le roi précédent Hiao-wen-wang (250).

(2) L'ancienne ville de Tchao-ko, se trouvait un peu au nord de la sous-préf. Ki 淇, laquelle est 50 ly au nord de la préf. Wei-hoei-fou 衛輝府 Ho-nan. Petit F. vol. 12 p. 20 grand Fang. vol. 49 p, 23 et Verso.

Pouo-yang—à 30 ly sud-ouest de K'ai-tcheou 開州 Ta-ming-fou 大名府 Tche-ly. Une partie de son territoire est maintenant à la ville de Pouo-tcheou 濮州 Tsao-tcheou-fou 曹州府 Chan-tong. (Y. vol. 中 p. 11.35)—(K. vol. 上 p. 59).

Notons en passant que les deux caractères Wei 魏 et Wei 衛 ont la même prononciation et le même accent (K'iu-cheng 去聲) ; comme on peut le voir dans le dictionnaire du P. Couvreur. p. p. 1012 et 1013.

[223]

A cause de cette invasion, ce dernier prince transporta sa capitale à Yé-wang 野 王 (1). Se-ma-t'sien dit que ce roi s'appelait Kio 角; il ne se crut en sûreté qu'après avoir mis une montagne entre ses envahisseurs et lui.

En 240, parut une comète bien remarquable; elle se leva à l'est; puis fut vue au nord, enfin apparut encore à l'ouest, à la cinquième lune. Sur ces entrefaites le général Mong-ngao 蒙驁 mourait dans une campagne contre les pays de Kou 孤 de Long 龍, et de K'ing-tou 慶都 (2).

A peine rentrée dans ses foyers, l'armée repartait en expédition contre le malheureux royaume de Wei 魏, auquel elle prit la ville de Ki 汲 (3). C'est alors que la comète fut vue à l'ouest. Seize jours plus tard mourait la reine douairière Hia-t'ai-heou 夏太后, la propre mère du roi précédent Tchoang-siang-wang 莊襄王; elle fut enterrée à Tou-tong 杜東 (4), comme nous l'avons déjà indiqué.

En 239, Tcheng-kiao 成蟜 seigneur de Tchang-ngan [Tchang-ngan-kiun 長安居] frère de l'empereur, conduisait une armée contre le royaume de Tchao 趙; mais arrivé à Touen-lieou 屯留 (5), il se mit en révolte contre son frère, et excita le peuple de cette contrée à faire cause commune avec lui. Aussitôt une nouvelle armée fut envoyée contre lui; il fut battu et se suicida; ceux de ses soldats qui étaient tombés sur le champ de bataille, soit à Touen-lieou soit à Pou-kao 蒲鵲 (6), eurent la tête tranchée. Le peuple du pays fut censé avoir pris part au complot, et fut transporté à Lin-t'ao 臨洮 (7).

---

(1) Yé-wang—c'est Ho-nei-hien 河內縣 Hoai-k'ing-fou 懷慶府 Ho-nan. (Y. vol. 中. p. 13).

(2) Kou-chan, à l'est de Wang-tou-hien [Se-ma-t'sien, commentaire, vol. 6. p. 2] — [F. vol. 2. p. 4].

Kia-long-chan—avec la rivière Pé-long-choei 白龍水 est à 40 ly sud-ouest de K'iu-yang-hien 曲陽縣 Ting-tcheou 定州 Tche-ly. [Y. vol. 上 p. 21]—[Se-ma-t'sien, commentaire, ibid].

King-tou, à 7 ly nord-ouest de Wang-tou-hien 望都縣 Pao-ting-fou 保定府 Tche-ly. (Y. vol. 上 p. 8).

(3) Ki, c'est Ki-hien 汲縣 Wei-hoei-fou 衛輝府 Ho-nan [Y. vol. 中 p. 11].

(4) Tou-tong, à 15 ly sud-est de Hien-ning-hien 咸寧縣 Si-ngan-fou 西安府 [F. vol. 14 p. 10]. Cette reine avait dit : "Placez mon tombeau de manière que je voie mon époux à l'ouest, mon fils à l'est;" le 1er étant enterré à Cheou-ling, le second à Tche-yang 芷陽 on la plaça entre les deux, à Tou-tong.—Tche-yang, c'est Pa-ling-t'cheng 霸陵城 cf. grande géographie vol. 35. p. 17).

(5) Toen-lieou, c'est Toen-lieou-hien 屯留縣 Lou-ngan-fou 潞安府 Chan-si, (Y. vol. 中 p. 58).

(6) Où était cette ville ? Je n'ai pu le découvrir. En tout cas, elle n'était pas loin de Toen-lieou. Des commentaires, pour se tirer de la difficulté, disent que c'était la même ville sous un autre nom !

(7) Ling-t'ao, c'est Ming-tcheou 岷州 Kong-t'chang-fou 鞏昌府 Kan-sou. (Y. vol. 中 p. 141).

En 238, une armée de T'sin prend encore au roi de Wei 魏 les deux villes de Yuen 垣 et de Pou 蒲 (1). A la 4ème lune de cette même année, il fit un froid si intense que beaucoup de gens en moururent.

Cette même année, le jeune empereur est déclaré majeur ; il reçoit le bonnet viril et ceint l'épée. On était alors à la 5ème lune, il se retira à Yong 雍, et fit abstinence, pour se préparer à ce grand acte. Il avait alors vingt-deux ans. Le commentaire observe que c'est pour la première fois que l'on mentionne un tel détail dans les annales de la Chine; pour les autres rois, la chose passait inaperçue; les autres étaient majeurs à vingt ans [remarque le Che-ki]; pour lui, on attendait jusqu'à vingt-deux ; comme il avait mis douze mois avant de naître tout en lui devait être singulier !

Vers cette époque, une armée de T'sin, sous le commandement de Yang-toan-houo 楊端和, prenait au roi de Wei 魏 la ville de Yen-che 衍氏 (2). Pendant quatre-vingts jours, apparition d'une comète à l'ouest, puis au nord ; ayant ensuite rejoint l'étoile polaire, elle redescendit vers le sud, où elle disparut. A la 9ème lune, Lao-ngai 嫪毐 (3) était mis à mort à Hao-tche 好畤 (4); sa parenté, jusqu'au 3ème degré, était anéantie ; et la reine-mère exilée à Yong. Que signifie tout cela ? Voici l'explication de nos historiens. A son avènement au trône, Che-hoang-ti n'ayant que treize ans, sa mère, l'ancienne concubine de Liu-pou-wei, continua à vivre avec cet homme devenu marquis de Wen-sinn. Dans la suite, Liu-pou-wei craignit que ces relations ne fussent découvertes et lui attirassent des malheurs; il introduisit auprès de la reine un faux eunuque nommé Lao-ngai; elle en eut deux fils.

---

(1) L'ancienne ville de Yuen à 20 ly au nord-ouest de la sous-préf. Yuen-k'iu-hien 垣曲縣 Kiang-tcheou-fou 絳州府 Chan-si. F. vol. 8. p. 45 in verso.
Pou c'est Pou-hien 蒲縣 Hien-tcheou-fou 隰州府 Chan-si (Y. vol. 中 pp. 59. 57). Petit F. vol. 8. p 46 in verso—Grand F. vol. 4 p. 13 in verso.

(2) A 30 ly au nord de Tcheng-tcheou 鄭州, K'ai-fong-fou 開封府 [F. vol. 12. p. 7.]

(3) 嫪 Lao, aimer follement, éperdument, débauché [Couvreur p.562]—毐 Ngai, homme perdu de mœurs.
Lao-ngai est un nom propre ; il fut ensuite donné comme sobriquet pour signifier un débauché, un Don Juan.—Quant à notre héros, il festoyait et menait joyeuse vie avec les officiers de sa cour ; un jour qu'on était échauffé par le vin, on finit par se battre à coups de poing ; pour imposer silence, il s'écria : "Je suis le beau-père de l'empereur ; des parvenus de basse extraction osent me résister !" C'est alors qu'on rapporta ses méfaits ; de là vint la débâcle !

(4) C'est K'ien-tcheou 乾州 préfecture du Chen-si. Le vrai emplacement était à 40 ly sud-est de la ville actuelle. [K. vol. 上 p. 59]. [Y. vol. 中 p. 115]. C'était un antique sanctuaire des Chinois. [F. vol. 14. p. 60].

[225]

Ce Lao-ngai devint marquis de Tchang-sin [Tchang-sin-heou 長信侯]; toute l'administration du royaume passait par ses mains; les chars, les chevaux, les habits, les parcs pour la chasse, tout était à sa disposition; toute affaire, grande ou petite, décidée par lui; on lui avait attribué en fief le territoire de Chan-yang 山陽; mais, en dehors de cela, les provinces de Ho si 河西 et de T'ai-yuen 太原 (1) dépendaient de lui comme si elles eussent été son propre domaine; il avait sa résidence dans l'intérieur du palais impérial. Mais enfin le jeune empereur, étant devenu majeur, fut averti que cet homme était un faux eunuque; Che-hoang-ti ordonna d'examiner et de juger le cas. Lao-ngai prit peur; il s'était emparé du sceau impérial et du sceau de la reine-mère; il signa des ordres aux troupes de la ville pour le suivre dans une prétendue expédition; il était en réalité décidé à la révolte. Che-choang-ti envoya deux ministres à sa poursuite, à savoir: le seigneur de Tchang-p'ing (2). [Tchang-p'ing-kiun 長平君] et le seigneur de Tchang-wen (Tchang-wen-kiun 長文君); un édit fut publié : quiconque prendrait Lao-ngai vivant recevrait un million de livres d'argent; quiconque le prendrait mort, en aurait la moitié. Il livra bataille à Hien-yang 咸陽 (3); il fut vaincu et fait prisonnier avec ses principaux partisans et ses officiers; c'est-à-dire : quatre archivistes, les préposés à la chasse des oiseaux, l'officier T'si 齊, en tout vingt personnages. Lao-ngai fut tué, broyé sous un char; son corps coupé en morceaux fut suspendu, sa parenté exterminée, ses adhérents furent décapités, ceux de ses domestiques trouvés moins coupables, furent adjugés à la grande pagode des ancêtres pour y subir trois ans de corvée; des centaines de soldats qui, dans la bataille, avaient coupé la tête aux révoltés, reçurent des dignités en récompense; des eunuques même ayant pris part à ce combat montèrent aussi d'un degré; grand nombre de personnes impliquées dans cette affaire perdirent leurs dignités et furent exilées au pays de Chou 蜀 (4);

---

(1) T'ai-yuen—C'est T'ai-yuen-fou 太原府 capitale actuelle du Chan-si.

(2) Lao-ngai avait aussi trompé les troupes tartares, officiers et soldats; et les avait conduites à l'assaut du palais Ki-nien-kong 蘄年宮 [palais des iris].

Le seigneur de Tchang-p'ing était un prince de la cour de T'chou 楚, qui s'était enfui. Plus tard, il rentra dans sa patrie; à l'avènement de la dynastie Han 韓 il devint prince de Kirg [King-wang 荊王] [Mayers, 164-165].

Le seigneur de Tchang-wen est inconnu.

(3) Hien-yang était la capitale de T'sin; c'est donc non loin de là qu'eut lieu la bataille.

(4) C'est le Se-t'choan 四川 actuel.

quatre mille familles furent transportées à Fang-ling 房陵 (1). " La reine-mère fut reléguée à Yong, où elle habita le palais Pei-yang-kong 負陽宮 (2); ses deux enfants furent massacrés. Che-hoang-ti publia l'édit suivant : quiconque viendra faire des observations pour m'engager à changer ces dispositions, sera mis à mort !

Che-hoang-ti, dès ce premier coup d'autorité, donnait la mesure de ce qu'il devait être plus tard, un homme vraiment terrible; nous le retrouverons à l'œuvre ! En attendant, l'historien dit que vingt-sept grands dignitaires, étant venus faire des remontrances, furent l'un après l'autre mis à mort; leurs mains et leurs pieds coupés et mis en monceau devant le palais impérial, pour effrayer ceux qui seraient tentés de les imiter.

Malgré cela, Mao-t'siao, grand dignitaire natif de T'sang-tcheou 滄州, au pays de T'si 齊, demanda une audience à l'empereur pour lui faire ses représentations. Che-hoang-ti la lui accorda; il ceignit son glaive et s'assit sur son trône; la bave lui coulait de la bouche ; il ordonna de chauffer une chaudière pour y jeter l'importun exhortateur. Mao-t'siao s'approcha gravement, se prosterna deux fois jusqu'à terre, demanda permission de se relever, et dit : " Les anciens nous ont enseigné que quiconque vit doit se rappeler qu'il est mortel; quiconque règne doit se rappeler que le trône est fragile; quiconque oublie qu'il est mortel est près de la mort; quiconque oublie la fragilité du trône est près d'en tomber. Les anciens rois désiraient de tout cœur entendre les principes sur la vie, la mort, la conservation et la perte du trône; est-ce que votre Majesté souhaite aussi les entendre ? " Che-hoang-ti répondit " De quoi voulez-vous parler ? " Mao-t'siao dit : " Votre Majesté a un caractère présomptueux et violent; vous ne vous possédez pas; vous avez fait broyer votre beau-père; mettre dans un sac et assommer vos deux demi-frères; vous avez exilé votre mère, massacré tous ceux qui voulaient vous ramener à des sentiments plus humains; vous avez surpassé en cruauté les anciens tyrans Kié 桀 et Tcheou 紂. Maintenant pareils faits sont connus dans toute la Chine; personne ne tournera plus ses regards vers le royaume de T'sin; j'ai peur des dangers qui vous menacent ! Voilà tout ce que j'avais à vous dire." Sur ce, il enleva ses habits, et s'approcha de la chaudière. L'empereur descendit du trône et lui tendit la main; il lui accorda la dignité de conseiller de la cour.

---

(1) C'est Fang-hien 房縣 Yun-yang-fou 隕陽府 Hou-pé.
(2) Pei-yang-kong.—On écrit encore : Pei 倍 ; c'est le nom d'une montagne près de Yang. Les dictionnaires ne donnent au caractère 負 que la prononciation Fou. Ce palais avait été bâti par le roi Hoei-wen-wang [337-310], à 23 ly sud-ouest de Si-ngan-fou 西安府 Chen-si, c'est-à-dire dans la sous-préfecture de Yu-hien (Chen, vol. 72, p. 6).

Il alla en personne chercher sa mère, lui céda la première place sur son char, la reconduisit à sa demeure, et reprit avec elle les relations d'un bon fils. Elle habita dès lors le palais nommé Kan-t'siuen-kong 甘泉宮 ou de l'eau douce (1).

En 237, à la 10ème lune, Liu pou-wei 呂不韋, à cause de ses crimes, perdit sa charge de premier-ministre ; il se retira dans ses possessions qui équivalaient à un royaume. Che-hoang ti était fort mécontent de cette révolte de Lao-ngai ; le déshonneur de sa mère retombait sur lui et sur la famille impériale. Liu-pou-wei, dit le commentaire, ne fut pas mis à mort, parce qu'il avait rendu de grands services ; peut-être aussi eût-il été imprudent de s'attaquer à un tel homme; c'était un politique consommé, fin, habile, tout puissant, auquel tous les moyens étaient bons ; il était déjà âgé ; mieux valait attendre sa mort ; encore deux ans, et il se suicidera !

Bien que l'empereur fut majeur, tant que Liu-pou-wei vécut, le jeune roi resta de fait sous sa tutelle ; c'est après l'avoir mis de côté qu'il commença vraiment à prendre en main l'administration de l'empire. Nous allons bientôt le voir à l'œuvre ; en vérité, il fut un grand politique, un grand guerrier, un grand roi ; mais non un prince juste.

Note sur le sceau impérial.—Un peu plus haut, nous avons dit que Lao-ngai s'était emparé du sceau impérial; donnons quelques détails sur cette pierre précieuse, restée célèbre entre toutes. A l'année 285, nous en avons déjà parlé. C'était un jade blanc trouvé par Soei-houo 隨和 ; la poignée était un dragon sculpté; on y grava le caractère Si 璽. Depuis Che-hoang-ti, ce sceau fut réservé à l'empereur. Il est de tradition que c'est Li-se 李斯 qui l'a taillé; il a été ensuite transmis de dynastie en dynastie; d'après les idées reçues, qui a ce sceau a l'empire, de par le ciel. Il est carré et large de quatre pouces; sur la face sont gravés cinq dragons entrelacés; ils forment ainsi les huit caractères suivants : 受命于天旣壽永昌 cheou ming-yu t'ien, ki cheou yong-t'chang, dont la traduction serait: J'ai reçu mandat du ciel, depuis longtemps déjà, je suis pourtant toujours florissant ! D'aucuns prétendent que les huit caractères sont ceux-ci : 昊天之命皇帝壽昌 hao-t'ien-tche-ming, hoang-ti-cheou-t'chang, et qu'il faut traduire comme il suit : Par le mandat de l'auguste Ciel, qu'éternellement vive l'empereur !

---

(1) Kan-t'siuen-kong — Le palais était dans la capitale au sud du fleuve Wei, non loin du parc Chang-lin 上林. Plus tard, la dynastie Soei 隋 eut là un palais du même nom ; de même que la dynastie Han. (Chen vol. 72 p. 8).

Un angle a été brisé; car lorsque l'usurpateur bien connu Wang-mang 王莽 [an 33 avant Jésus-Christ], envoya un officier auprès de l'impératrice Yuen heou 元后 réclamer le sceau impérial, celle-ci le jeta par terre, où il se brisa; l'angle a été remplacé par un morceau d'or. Mais tout cela est un peu légendaire. Quelques auteurs affirment que ce même sceau est encore à l'usage de l'empereur actuel; d'autres disent fermement que depuis longtemps il a été perdu. On peut sur cela consulter le Che-ki, vol. 6, p. 3 ; il indique les personnages qui s'en sont rendus possesseurs, au changement de chaque dynastie. On peut encore consulter l'ouvrage des deux frères Fong yun-p'ong 馮雲朋 et Fong-yun-yuen 馮雲鵷, intitulé : Kin-che souo 金石索 ; ils prétendent qu'au moins depuis la dynastie Tang [後唐] postérieure [923-936], ce sceau a été brûlé. [vol 3. p. 1]—On peut enfin voir dans le Kai-yu tsong-k'ao 陔餘叢考  vol 20, pp. 11 à 16, tous les détails historiques désirables sur ce sujet.

CHAPITRE II
CHE-HOANG-TI PARVIENT A ANÉANTIR LES SIX GRANDS ROYAUMES VASSAUX

L'année 237 n'était pas encore écoulée que le jeune empereur faillit chasser de ses états tous les lettrés, tous les officiers, tous les employés quelconques, venus chercher fortune chez lui ou chez ses prédécesseurs; il n'aurait pas même excepté de cette proscription générale les marchands, les artisans, le simple peuple des pays étrangers. Voici ce qu'on en raconte : Les grands dignitaires de la famille régnante étaient jaloux des officiers venus d'ailleurs; ils se consultèrent entre eux, et dirent à l'empereur: "Tous ces étrangers sont des espions au service de leur propre pays; ils n'attendent qu'un moment favorable pour vous nuire. Nous prions Votre Majesté de les chasser jusqu'au dernier. Sur ce, Che hoang-ti rendit un dit d'expulsion générale. Parmi les grands dignitaires étrangers, se trouvait le ministre de la justice nommé Li-se 李斯 (1), natif de T'chou 楚 ; il quitta aussitôt sa charge et se mit en route; mais auparavant il fit parvenir à l'empereur le mémorandum suivant, fameux dans les annales de la Chine : "Autrefois, votre prédécesseur Mou-kong 穆公 (659-620) appela à son service Yeou yu 由余, du pays des Tartares [jong 戎] ; il alla chercher Pé-li hi 百里奚 au pays de Yuen 宛 ; Kien chou 蹇叔 au royaume de Song 宋; il alla de même à la découverte de Pei pao 丕豹 et de Kong-suen-tche 公孫支 au royaume de Tsin 晉 ; c'est ainsi qu'il fut capable d'annexer vingt principautés, et devint le chef reconnu de tous les Tartares occidentaux. Votre prédécesseur Hiao kong 孝公 (361-337) se servit de Chang-yang 商鞅 comme ministre; et tous les divers princes se soumirent d'eux-mêmes; votre royaume devint puissant entre tous jusqu'à maintenant. Votre prédécesseur Hoei-wen-wang 惠文王 [337-310] employa Tchang-i 張儀 et sut déjouer les ligues formées contre lui; tous les princes se soumirent à sa loi. Votre prédécesseur Tchao-siang wang 昭襄王 [306-250], ayant gagné à son service Fan-tsiu 范雎, consolida la famille régnante et relégua ceux qui ne travaillaient qu'à leur profit. De là, votre Majesté voit si les officiers venus d'ailleurs ont nui à la maison de T'sin. Maintenant, sans examiner le pour et le contre, sans distinguer les bons et les mauvais, on chasse de votre pays tous les étrangers ; vous vous privez d'une population vigoureuse pour envoyer ces forces à vos ennemis ; vous vous privez d'hommes éminents, pour qu'ils aillent enrichir vos rivaux ; cela s'appelle fournir des armes à ses adversaires et donner des aliments à ceux qui cherchent votre perte.

---

(1) Le ministre de la justice avait alors le titre de Ting-wei 廷尉.

Les anciens nous ont enseigné que même la haute montagne T'ai-chan 泰山 ne dédaigne pas une corbeille de terre ; et c'est pour cette raison qu'elle est grande ; le Yang-tse kiang 楊子江 et le fleuve Hoang hô 黄河 ne rejettent pas le moindre cours d'eau ; voilà pourquoi ils contiennent une masse d'eau si considérable. Quiconque, parmi les princes, ne repousse personne de parti pris, sera grand et glorieux. Agissant d'après ces principes, les trois empereurs 三皇 et les cinq seigneurs 五帝 n'ont jamais eu d'égaux. C'est ce que je soumets humblement aux considérations de Votre Majesté."

L'empereur fut frappé de ces remarques; il rapporta aussitôt son décret d'expulsion; il envoya un exprès rappeler Li-se; celui-ci était déjà parvenu à Li-i 酈邑 quand il fut rejoint par le messager; il revint, reprit sa charge. Désormais Che-hoang-ti, dans toutes ses entreprises, suivit les inspirations de cet homme. Celui-ci conseilla d'envoyer partout des agents secrets, sachant bien parler, et n'épargnant ni or ni cadeaux pour fomenter des troubles chez les divers princes; par de grandes largesses, on s'attacha les lettrés éminents; on se défit, même par le poignard, de ceux qu'on ne pouvait gagner; par tous les moyens possibles, on tâcha de brouiller les princes avec leurs ministres. A la suite de de ces agents secrets, on envoya de vaillants capitaines, à la tête de fortes armées; c'est ainsi qu'en peu d'années la Chine tout entière fut soumise, comme nous le verrons bientôt.

C'est à Li-se que les lettrés chinois attribuent tous les succès et tous les revers de la dynastie T'sin. Assurément, ce ministre fut un bon instrument au service de Che-hoang-ti; mais le meilleur instrument veut encore une main capable pour produire des merveilles.

D'après Se-ma-t'sien, Hoan-ki 桓齮 fut l'un des meilleurs généraux qui aidèrent l'empereur dans ses projets de conquêtes.

Les rois de T'si 齊 et de Tchao 趙, prévoyant sans doute le sort qui les attendait, recherchèrent à l'envi l'amitié de Che-hoang-ti; ils préparèrent en son honneur une fête si splendide que les historiens la jugèrent digne de mémoire. Les annales de la Chine ne relatent que quatre faits de ce genre; celui-ci est le premier.

Li-se conseillait à l'empereur de prendre d'abord le royaume de Han 韓 pour effrayer les autres ; en conséquence, il reçut lui-même l'ordre d'exécuter ce qu'il proposait. Le roi de Han en eut connaissance, il trembla pour sa couronne ; il consulta Han-fei-tse 韓非子 (1) sur les moyens d'affaiblir le pays de T'sin. Hélas ! il était trop tard pour songer à un pareil projet !

---

(1) Han-fei-tse a une biographie, avec Lao-tse, chez Se-ma-t'sien, chap. 63.

Vers ce temps-là, un certain Wei-leao 尉繚 natif de Ta-leang 大梁 (1), lettré voyageur qui vendait sa sagesse au plus offrant, vint à la cour de T'sin, et dit à Che-hoang-ti : " Votre royaume est si puissant qu'en comparaison les autres rois ne sont que des gouverneurs de provinces ou de villes ; votre serviteur craint qu'ils ne se liguent tous ensemble contre votre Majesté ; alors il vous arrivera comme à Tche-pé 智伯, Fou-t'chai 夫差 et Ming-wang 潘王 (2), qui ont perdu leur couronne. N'épargnez donc ni or ni largesses pour vous concilier les officiers influents des autres rois ; et mettre ainsi le trouble et la discorde dans leurs conseils. Trois cent mille pièces d'or seraient bien suffisantes pour ce dessein. Alors les divers princes seront tous perdus." Che-hoang-ti trouva le conseil très-bon; semblable du reste à celui de Li-se. Il le traita avec les plus grands honneurs; à tel point que ses vêtements et sa nourriture furent les mêmes que ceux de l'empereur. Après l'audience, Wei-leao remarqua: " Che-hoang-ti a le nez aquilin; des yeux de guêpe; la poitrine bombée comme un épervier; il a la voix d'un loup, le cœur d'un tigre; il est sans affection; tant qu'il sera à l'étroit, il sera encore traitable; s'il devient maître souverain, il se gênera peu pour dévorer les hommes. Je ne suis qu'un pauvre lettré; cependant, il m'a montré une grande déférence; s'il peut s'emparer de toute la Chine, le peuple tout entier sera traité en esclave; impossible de vivre avec un tel homme ! " Là-dessus, notre Wei-leao se mit en route pour chercher fortune ailleurs.

Che-hoang-ti sut-il quel horoscope avait tiré de lui ce sage ambulant ? Peut-être. En tout cas, ayant appris son départ, il le contraignit de revenir et le constitua son ministre de la guerre ; il suivit fidèlement ses conseils et exécuta tous les stratagèmes qu'il lui proposa; mais l'administration générale du royaume resta entre les mains de Li-se.

Cette même année [237] encore, les rois de T'si 齊 et de Tchao 趙 vinrent à la Cour de T'sin présenter leurs hommages à l'empereur ; à cette occasion, il y eut une grande solennité où l'on but une énorme quantité de vin.

---

(1) C'était la capitale de Wei 魏 ; maintenant K'ai-fong-fou 開封府.

(2) Tche-pé, nommé encore Siun-yao 荀瑤, fut battu et tué par Tchao-ou-si 趙無恤, celui-ci partagea alors le royaume de Tsin 晉 en trois portions; une pour lui, ce fut le royaume de Tchao; une pour Wei-kiu 魏駒 royaume de Wei 魏; une pour Han-hou 韓虎, royaume de Han 韓.

(Li-tai-tong-ki-piao, année 452).

Fou-t'chai-roi de Ou 吳 (495-473) perdit le trône et la vie par sa négligence. (Voir notre Royaume de Ou). Ming-wang, roi de T'si (312-282) finit comme Fou-t'chai.

Les commentaires blâment sévèrement ces deux princes de venir ainsi se mettre à plat ventre aux pieds de Che-hoang-ti; selon eux, c'était une trahison envers leurs royaumes.

En 236, les généraux Wang-t'sien 王翦, Hoan-ki 桓齮, Yang-toan-houo 楊端和 attaquent le pays de Yé 鄴 dans le royaume de Tchao 趙 et prennent neuf villes. Singulière récompense des bassesses de ce roi ! Puis Wang-t'sien seul attaque Ngo-yu 閼與 et Leao-yang 橑楊 (1). De nouveau les trois généraux réunissent leurs troupes en une seule armée; Wang-t'sien en a le commandement en chef pendant dix-huit jours seulement ; il en profite pour envoyer dans leurs foyers tous les petits sous-officiers qui pour solde n'avaient que onze hou 斛 de riz par mois (2) ; il n'en garde que deux sur dix pour le reste de l'expédition. A la prise de Yé et de Ngan-yang 安陽 (3), c'est le général Hoan qui commandait en chef.

En 235, Liu-pou-wei, exilé au pays de Chou 劉 (4), se suicide par le poison. Après sa disgrâce, il s'était retiré dans son fief; il y était depuis plus d'un an, quand il reçut l'ordre d'en sortir. Tous les princes lui envoyaient tant de députations que les chemins en étaient quasi encombrés. Che-hoang-ti craignit qu'il ne fomentât une rébellion; il lui écrivit donc la lettre suivante: " Vous avez reçu, au sud du fleuve Jaune, un fief de cent mille familles ; vous portez le titre de tchong-fou 仲父 [oncle du roi]; quelle preuve d'affection donnez-vous à la famille régnante ? Allez ! retirez-vous au pays de Chou ! " Liu-pou-wei obéit ; mais craignant d'être mis à mort d'une manière violente, il prit lui-même du vin empoisonné, et mit fin à son existence devenue malheureuse.

---

(1) Yé—C'est Ling-tchang-hien 臨漳縣 Tchang-té-fou 彰德府 Ho-nan.—F. vol. 10) —(F. vol. 12 p. 16).

Ngo-yu—C'est là que Tchao-ché 趙奢 battit l'armée de T'sin. C'est maintenant Houo-choen-hien 和順縣, Leao-tcheou-fou 遼州府 Chan-si,—F. vol. 8. pp. 32.33—vol. 12 p. 18) Leao-yang, c'est Leao-tcheou-fou. (ibid).

(2) Tcou-che 斗食 celui qui reçoit onze hou 斛 par mois (pour sa solde); c'était le 15ème parmi les 16 degrés institués dans l'armée par Wei-yang Celui qui lui était immédiatement supérieur, appelé: I-pé-che 一百石 avait seize hou par mois (Chavannes, II p. 257).

(3) C'est Ngan-yang-hien 安陽縣 Tchang-té-fou 彰德府.

(4) C'est le Se-tchoan 四川 actuel [cf 四川通志 vol. 24 p. 2].

Ses familiers prirent son corps, et l'enterrèrent secrètement sur la montagne Pé-mang-chan 北芒山 (1). Mais, parmi eux, ceux qui allèrent pleurer sur son tombeau furent tous punis. Etaient-ils natifs de T'sin 晉 ? On les renvoya dans leur pays. Etaient-ils originaires de T'sin, avec un traitement au-dessus de six cents charges de riz ? On les priva de leur office, et on les exila au pays de Chou. Quant à ceux qui avaient un traitement inférieur à cinq cents charges de riz, et qui n'avaient pas été pleurer sur le tombeau, ils furent aussi relégués au même pays; mais non privés de leur dignité. C'est depuis ce temps-là que l'usage s'établit d'écrire exactement la liste des familiers, quand il y eut des princes ou des grands-dignitaires dévergondés, comme Lao-ngai et Liu-pou-wei, ils entraînèrent dans leur ruine toute cette foule de parasites qui vivaient à leurs dépens; ceux qui n'étaient pas alors massacrés tombaient en esclavage (2).

En automne de cette même année [235], les familiers de Lao-ngai, qui étaient en exil au pays de Chou purent rentrer dans leurs foyers, puisque leurs principaux adversaires étaient anéantis.

En 235, il y eut une sécheresse extrême : depuis la 6ème lune jusqu'à la 8ème, il ne tomba pas une goutte de pluie [N. B.] Malgré cela, Che-hoang-ti avait fourni des troupes auxiliaires au roi de Wei 魏 pour attaquer le royaume de T'chou 楚 ; mais on ne dit pas quel fut le résultat de cette expédition.

En 234, à la 1ère lune, il y eut une comète à l'orient. Le général Hoan-ki conduisit une armée contre le royaume de Tchao 趙; la ville de P'ing-yang 平陽 fut prise (3); le général en chef de Tchao fut tué; cent mille hommes eurent la tête tranchée. Che-hoang-ti se rendit alors en personne dans la région nouvellement conquise, située au sud du fleuve Jaune, probablement pour y organiser l'administration régulière. A la 10ème lune, ce même général Hoan-ki revenait à la charge contre le pays de Tchao; mais il trouva un nouvel adversaire sur lequel il ne comptait pas. Celui-ci s'appelait Li-mou 李牧 ; il battit complètement les gens de T'sin à I-ngan 宜安 (4). Cet échec humiliant demandait une revanche ; elle ne se fit pas longtemps attendre.

---

(1) Près de Lo-yang 洛陽 c'est-à-dire 10 ly au nord de la préfecture Ho-nan-fou. [F. vol. 12, p. 31 in verso].

(2) Le nombre de ces familiers qui bravèrent le pouvoir, et montrèrent une affection sincère et inconsolable à cette grandeur tombée, ne dut pas être considérable. La nature humaine est ainsi faite! Donec felix eris multos numerabis amicos ; tempora quum fuerint nubila, solus eris ! Ce que les Chinois traduisent gentiment : Quand l'arbre tombe, les singes s'enfuient 樹倒猢猻登. De plus, on ne fait guère cas des pauvres gens ; s'ils bougent on leur coupe la tête, sans scrupule aucun !

(N. B.) La saison des pluies occupe ordinairement les 5e, 6e et 7e lunes.

(3) A 25 ly à l'ouest de Ling-tchang-hien 臨漳縣 Tchang-té-fou 彰德府, il y a encore un ancien bourg sur l'emplacement même de cette antique ville, comme l'affirme le commentaire du Che-ki 史記 F. vol. 12 p. 16 in verso—Le général de Tchao se nommait Hou-tche 扈輒.

(4) A 25 ly sud-ouest de Kao-t'cheng-hien 藁城縣 Tcheng-ting-fou 正定府 Tche-ly (Y. vol. 上 p 18).

En 233, Hoan-ki reprend les hostilités ; il campe d'abord à P'ing-yang, disperse l'armée de Tchao, tue le général en chef [non pas le vainqueur de l'année précédente], et s'empare de I-ngan où il avait été battu; après quoi, il établit l'administration régulière à P'ing-yang et à Ou-t'cheng 武城 (1).

Vers cette époque, Han-fei-tse 韓非子, dont nous avons déjà dit un mot [en 237], vint à la cour de T'sin pour traiter de la soumission de son maître, le roi de Han 韓. Che-hoang-ti suivit le conseil de Li-se, et retint prisonnier le pauvre ambassadeur qui finit par mourir à Yun-yang 雲陽 (2). C'était une violation flagrante du droit des gens; mais nous avons déjà averti que l'empereur se montrera peu scrupuleux sur les moyens.

Vie de Han-fei-tse 韓非子. — Quel était donc cet homme ? C'était un prince de la maison régnante de Han. Il aimait les lettres (3) ; il s'était adonné à l'étude des lois pénales, et était partisan des moyens de coërcition. Voyant son pays s'affaiblir de plus en plus, par ces continuelles cessions de territoire, il avait bien souvent adressé des mémoires au roi, et offert ses services ; toujours il avait été rebuté. Il était désolé de voir ceux qui avaient l'autorité en main faire fi des gens capables; et au contraire, donner les emplois aux flatteurs, aux individus frivoles, perdus de mœurs, teignes malfaisantes qui rongeaient la substance du pays. Le royaume était-il en paix ? tout était gouverné par les favoris; survenait-il une difficulté ? alors on cherchait de tous côtés des hommes à casque et à cuirasse. Ainsi ceux qui dépensaient les deniers publics ne servaient jamais de rien; les gens utiles n'avaient point part aux avantages. Pour remédier à cet état de choses, il composa plusieurs traités, qui existent encore, et forment vingt fascicules, en 25 chapitres, renfermant plus de cent mille caractères. L'un de ces traités a pour titre : Kou-fen 孤憤 c'est-à-dire : Ceux qui dans la solitude dévorent leur chagrin; un autre a pour titre Ou-tou 五蠹, les cinq espèces de teigne; un autre est intitulé :

---

(1) Le vol. 上 p. 51 et vol. 中 p. 39, dit que c'est Ou-t'cheng-hien 武城縣 Tong-tchang-fou 東昌府 Chan-tong.

Le vol. 2. p. 50. dit que c'est Tsing-ho-hien 清河縣 Koang-p'ing-fou 廣平府.

Or Tong-t'chang-fou et Koang-p'ing-fou sont voisines, et ne formaient autrefois qu'une seule préfecture; de là la confusion apparente.

La ville de Pei-tcheou 貝州 est la même que Tsing-ho-hien, (Y. vol. 上 p 25).

Ngen-hien 恩縣 était aussi du territoire de Ou-t'cheng (ibid).

(2) King-yang-hien 涇陽縣 Si-ngan-fou 西安府 ; le vrai emplacement était à 30 ly au nord de la ville actuelle, [K. vol. 上 p. 38]—F. vol. 14. p. 7].

(3) Il étudia sous le lettré Siun-king 荀卿, et Li-se, qui sera cause de sa mort, fut son condisciple.

Chouo-nau 說 難 ou: ressources dans les temps difficiles. C'était donc encore un génie incompris, comme il y en a tant en Chine, au dire des lettrés; si on l'avait connu et apprécié, il aurait sauvé le monde! Ses livres sont peu lus; ils ne brillent ni par la pensée, ni par le style; cependant il est rangé parmi les dix philosophes. On lui reproche précisément ce qui fait le fond de sa science; à savoir, sa prédilection pour les moyens coercitifs, ou les lois pénales; il s'écartait en cela de la doctrine des anciens saints, qui ne prêchaient que l'humanité, les rites, etc...... Mais à cette époque, paraît-il, on eut recours à son génie; le roi de Han l'envoya porter sa mission à Che-hoang-ti; il devait remettre le cadastre, le bilan des impôts, le sceau royal; c'est à-dire les insignes de l'indépendance ; en échange, il ne devait demander pour son maître que le titre de Gouverneur du pays. Il donna de bons conseils à l'empereur: " Si votre illustre Majesté veut m'écouter, elle va d'un seul coup avoir la Chine tout entière ; tous les royaumes se tourneront vers vous etc. etc...." Mais ces conseils ne sont pas rapportés par les auteurs; c'étaient sans doute des hâbleries dont les lettrés ont le secret; et qu'ils croient uniques dans le monde. Malheureusement, jamais on ne les comprend! Cette fois, pourtant, Che-hoang-ti était à la hauteur de cette sublime sagesse; il aurait voulu faire de cet homme un ministre. Mais Li-se et un autre nommé Yao-kia 姚 賈 se mirent à la traverse, et le démolirent dans l'opinion si favorable de l'empereur. Il ne réussit pas dans son ambassade et fut jeté en prison. Il s'empoisonna, disent les uns; se perça de son épée, disent les autres; bref, il finit misérablement, comme tous les génies de son calibre. Se-ma-koang a exhalé ses lamentations sur le triste sort de ce lettré, qui a écrit un livre plein de bons conseils pour le temps de l'adversité ; conseils qu'il n'a pas su mettre lui-même en pratique.

En 232, une grande armée de T'sin attaquait le royaume de Tchao 趙; une partie des troupes se dirigea sur Yé 鄴 (1) ; une autre partie sur T'ai-yuen 太 原; on s'empara de Lang-moung 狼 孟 et de Fan-ou 番 吾 (2). Mais se trouvant en en face de Li-mou 李 牧, on ne voulut pas tenter les chances d'une bataille avec lui; et l'on se retira honteusement. Jusque-là jamais l'histoire officielle de la Chine n'avait noté une retraite si déshonorante !

---

(1) Voir à l'année 236.
(2) T'ai-yuen la capitale du Chan-si actuel. [F. vol S. p 1].
Lang-mong.—C'est Yang-k'iu-hien 陽 曲 縣 T'ai-yuen-fou 太 原 府.
Fan-ou.—C'est P'ing-chan-hien 平 山 縣 Tcheng-ting-fou 正 定 府 Tche-ly. [Y. vol. 中 pp. 18-47],

Cette même année, Tan 丹, prince héritier de Yen 燕 étant en otage à la cour de T'sin 秦 réussit à s'enfuir dans son pays. Autrefois il avait été otage au pays de Tchao 趙 en même temps que Che-hoang ti; tous deux avaient été bons amis ; mais celui-ci, parvenu au trône, le traita avec peu d'égards : Tan ne chercha plus que les moyens de s'évader. A partir de là, il fut son ennemi irréconciliable ; lui-même mourra de mort violente.

Se-ma-t'sien dit que cette même année encore, il y eut un tremblement de terre si fort à Tai 代 que depuis Yo-siu 樂徐 au nord-ouest, jusqu'à P'ing-yang 平陽 (1), les trois quarts des tours, maisons ou murailles s'écroulèrent. Le T'ong-kien-kang-mou relate ce même événement; mais il le place à l'année suivante. On dit qu'il se forma alors un gouffre béant, long de cent trente pas, de l'est à l'ouest. C'est pour la première fois que les annales de la Chine mentionnent un tremblement de terre.

Cette même année toujours, et les cinq années suivantes, il y eut une grande famine. On comprend bien la pensée des historiens ; ils notent avec soin comètes, tremblements de terre, sécheresse, famine, etc., pour prouver combien le ciel et la terre avaient en horreur le monstre couronné. Ces événements terribles étaient considérés comme de mauvais augure ; nos philosophes ne s'aperçoivent pas que la conclusion de leurs principes se tourne contre eux ; ces pronostics funestes devaient s'adresser non à Che-hoang-ti, dont la gloire et la puissance augmentèrent de jour en jour, mais à tous les autres princes, qui finirent par être anéantis à ses pieds. Peu importe ; selon eux, Che-hoang-ti est un monstre abhorré du ciel et de la terre, tout est là ! Les gens d'alors en jugeaient sans doute un peu différemment; témoin une suite de complaintes ou de chansons à l'adresse du roi de Tchao.

Comment faire pour que le roi Tchao se rattrape?

Maintenant le roi de T'sin rit sous cape;

Car de la chevelure de la terre elle-même il s'échappe [etc.]

En 231 à la 9ème lune, une armée de T'sin s'étant mise en campagne contre le pays de Han 韓, le roi offrit aussitôt la ville et le territoire de Nan-yang 南陽. Comme gouverneur de cette contrée on plaça l'officier T'eng 騰 (2).

---

(1) Tai.—C'est Wei-tcheou 蔚州 Siuen-hoa-fou 宣化府 Tche-li.

P'ing-yang.—était à 30 ly à l'est de Se-choei-hien 泗水縣 Yen-tcheou fou 兗州府 Chan-tong. [F. vol. 10 p. 8 in verso].

(2) 內史騰 Nei-che-t'eng—Chavannes [vol. 2 p. 513] une belle note où il montre que le Nei-che était le préfet de la capitale ; j'accepte cette identification. Mais j'ai déjà dit que les attributions des anciennes dignités, soit civiles, soit militaires, ne peuvent guère être fixées sûrement.

Ce même officier a le titre de Kia-cheou 假守 dans quelques auteurs ; ce qui indique assez qu'il avait la charge de préfet, par intérim, tout en conservant son propre office. Le Kai-yu-tsong-kao [vol. 36 p. 28] explique ainsi le titre de Kia-cheou 假二攝,非眞假之假也言借也, Kia eul che ; fei-tcheng-kia tche-kia ; ien tsie ié, dont voici le sens : Kia-égale-che ; che, ce n'est pas le titulaire, le Kia ; c'est le suppléant ; c. à. d. le [remplaçant] prêté [Voir : Couvreur p. 12, où le caractère Che 攝 signifie cumuler, suppléer tout en gardant sa propre fonction. Tsié 借 signifie emprunter, se servir, profiter [p. 149]. Le recueil, pour confirmer son explication, apporte plusieurs exemples des anciens livres.

C'est lui qui le premier commença à tenir un registre exact des jeunes gens en état de tenir les armes. Cette même année, le roi de Wei 魏 offrait aussi des terres; Che-hoang-ti les rattacha au territoire de Li-i 麗邑 (1).

En 230 l'officier T'eng, dont nous venons de parler, attaquait de nouveau le pays de Han. Le roi Ngan 安 lui-même fut pris; et le royaume annexé définitivement, sous le nom de province de Yng-t'choan-kiun 潁川郡 (2). Depuis longtemps ce pays n'avait plus qu'une indépendance nominale; cette fois, on en finit avec lui. Cette même année, dit l'historien, il y eut un tremblement de terre, mais il n'indique pas dans quelle contrée. Le commentaire en conclut que la chose ne fut pas de grande importance. Se-ma-t'sien y reconnut cependant un mauvais présage; car aussitôt après cela, il enregistre la mort de la reine douairière Hoa-yang-t'ai heou 華陽太后; puis une grande famine où le peuple eut beaucoup à souffrir. Mais le T'ong-kien-kang-mou observe que ce fléau se fit aussi sentir au pays de Tchao 趙; le présage funeste ne concernait donc pas le seul Che-hoang-ti!

En 229, une grand armée de T'sin envahit le pays de Tchao 趙; elle comprenait deux corps d'armée considérables; le premier levé sur le territoire de Chang-ti 上地 avait pour général Wang-t'sien 王翦, commandant en chef de l'expédition; le second levé dans la contrée appelée Ho-nei 河內 avait deux généraux, à savoir: Toan-houo 端和 et K'iang-koei 羌鬼. On mit le siège devant la capitale Han-tan (3) 邯鄲. On se souvient de la défaite désastreuse infligée, sous les les murs de cette même ville, à l'armée de T'sin, par Kong-tse-ou-ki 公子無忌 frère du roi de Wei 魏; on comprend alors pourquoi Che-hoang-ti avait massé des forces si considérables, pour tenter un suprême effort. Mais comment expliquer la conduite du roi Tchao? Celui-ci avait plus que jamais besoin de son fameux Li-mou 李牧, ce capitaine dont la seule présence avait suffi pour obliger l'armée de T'sin à une honteuse retraite! Comment choisir un tel moment pour le faire mourir? C'est que Che-hoang-ti et ses généraux n'avaient guère confiance dans le succès de l'expédition, tant qu'ils auraient pour adversaire ce grand capitaine. C'est pourquoi Wang-t'sien n'engagea pas tout de suite les hostilités; il commença par envoyer une forte somme à Kouo-k'ai 郭開 intime favori du roi, pour l'engager à faire tomber Li-mou dans l'estime du roi;

---

(1) Voyez année 237.

(2) Cette province comprenait vingt villes; maintenant ce sont les préfectures actuelles de K'ai-fong-fou 開封府 Yu-tcheou 禹州 Tcheng-tcheou 陳州府 Jou-ning-fou 汝寧府 jusqu'à Jou-tcheou 汝州 villes du Honan. Le siège du gouverneur était dans la préfecture actuelle de Yu-tcheou-fou.

(3) C'est Han-tan-hien 邯鄲縣 Koang-p'ing-fou, 廣平府 Tchely vol. p. 24.

le traître joua très habilement son rôle, accusa Li-mou de préparer une révolte, obtint sa révocation immédiate, et l'envoi de deux généraux à sa place, à savoir Tchao-tsong 趙忩 et Yen-tsiu 顏聚. Li-mou ne voulut pas résigner sa charge; il préféra se suicider. Le roi de Tchao pouvait-il plus stupidement courir à sa perte ? C'est le cas d'appliquer le mot de Talleyrand :—c'était plus qu'un crime, c'était une faute ! Il va la payer de suite, et cher ! Wang-t'sien et K'iang-koei s'emparèrent de tout le pays; le roi T'sien 遷 fut fait prisonnier, l'armée victorieuse s'avança jusqu'à Tong-yang 東陽 (1); Che-hoang-ti vint lui-même, et entra dans la capitale; il relégua son captif à Fang-ling 房陵 (2) il établit l'administration régulière dans ce pays, définitivement annexé; il massacra, ou enterra vivants tous les ennemis de la famille de sa mère (3) puis retourna chez lui en passant par les provinces de T'ai-yuen 太原 et Chang-kiun 上郡. C'est alors que mourut sa mère [Mou-t'ai-heou 母太后]; on était déjà arrivé à l'année 228 après la soumission, ou plutôt l'extinction du royaume de Tchao 趙. L'armée de T'sin se dirigea vers celui de Yen 燕. D'abord elle campa à Tchong-chan 中山 (4) pour observer les plans de défense des adversaires. Sur ces entrefaites, le prince Kong-tse-kia 公子嘉 de Tchao 趙 avait rassemblé les quelques membres de sa famille qui restaient encore, les avait conduits à T'ai 代 (5), y avait pris le titre de roi, avait organisé une armée, l'avait réunie à celle de Yen, et campait à Chang-kou 上谷 (6). Des deux côtés l'on était donc prêt au combat.

En 227, l'armée de T'sin commença les hostilités; elle mit le siège devant Ki 薊 (7). Le prince héritier Tan 丹 avait autrefois demandé à son précepteur Kiu-ou 鞠武 un moyen efficace pour se défaire de Che-hoang-ti. Son maître lui avait dit de faire alliance avec les rois de Wei 魏, Han 韓, Tchao 趙, T'si 齊, T'chou 楚, et même avec ses ennemis séculaires, les Huns Hiong-nou 匈奴; ainsi il pourrait attaquer le pays de T'sin. " Ce moyen, avait alors répondu le prince, demande beaucoup trop de temps; je ne puis me résoudre à tant de patience." Justement sur ces entrefaites, un général de T'sin, ayant offensé Che-hoang-ti, s'était réfugié dans le pays de Yen; il se nommait Fan-yu-ki 樊於期; malgré les remontrances de son précepteur, le prince héritier avait pris le fugitif à son service.

---

(1) C'est à Nang-kong-hien 南宮縣 Ki-tcheou-fou 冀州府 Tchely vol, 1 p. 24.
(2) Voyez année 238; c'est Fang-hien 房縣.
(3) Se-ma t'sien emploie le caractère 阬 que l'on traduit d'ordinaire: enterrer vivant (Couvreur p. 308) Notons seulement que ce massacre est enregistré avec soin par l'historien ; car la vengeance assouvie dans le sang d'un ennemi est le plus grand bonheur que puisse rêver un philosophe chinois.
(4) (5) (6). Ces notes sont bien indiquées dans le texte, mais une erreur de copie ne nous permet pas d'en donner la teneur.
(7) C'est Pékin 北京 qu'on appelle aussi Choen-t'ien-fou 順天府. Autrefois c'était une petite principauté ; elle fut annexée par le roi de Yen Le 1er vol, page 2, dit expressément que la partie orientale de Pékin, nommée Ta-hing-hien 大興縣 est l'ancien emplacement de la ville Ki-t'cheng.

Mais il ne voyait pas encore le moyen d'employer cet homme pour ses projets contre Che-hoang-ti; un autre personnage le mit sur la voie. C'était un lettré nommé King-ko 荊軻 originaire de Wei 衞, grand buveur, très colère, humble en paroles, très poli dans ses manières. Le prince était allé lui faire visite: " Che-hoang-ti, lui dit-il, a pris le roi de Han, anéanti le royaume de Tchao; le malheur viendra bientôt jusqu'à nous; hélas ! notre pays est si petit; comment nous attaquer à celui de T'sin ! Les autres princes sont tous à la remorque de Che-hoang-ti et n'osent former une ligue contre lui. Je voudrais bien trouver le plus brave de toute la Chine pour l'envoyer poignarder ce tyran; aussitôt les divers princes auraient l'espoir de rentrer en possession de leur territoire. C'est ainsi que Tsao-wei 曹沫 (8) força Hoan 桓, roi de T'si 齊 à conclure un traité d'alliance avec le duc de Lou 魯. Si nous ne pouvons obtenir semblable avantage, que du moins un bon coup de poignard nous délivre de cet oppresseur; aussitôt chacun recouvrera son indépendance ! Réfléchissez un peu à cela !" King-ko se déclara prêt pour cette besogne; il ne s'agissait plus que de trouver une bonne occasion pour agir. En attendant, ce lettré fut aussi admis au service du prince héritier, qui le visitait chaque jour et lui accordait tout ce qu'il pouvait désirer. Quand Che-hoang-ti s'annexa le royaume de Tchao, le prince eut grand peur d'une invasion dans son propre pays; il pressa son sicaire de se mettre en route pour la cour de T'sin :

" Je veux bien partir à l'instant, répondit celui-ci; mais sans une bonne recommandation, je ne serais pas reçu en audience; je voudrais pouvoir présenter à l'empereur la tête de Fan-ou-ki avec les cartes et le cadastre du territoire de Tou-kang 督亢 (9); Che-hoang-ti, enchanté, ne se défiera pas de moi, je pourrai exécuter mes desseins."—" Fan-ou-ki, reprit le prince, est venu chercher l'hospitalité chez moi ; tuer un hôte m'est pourtant impossible." King-ko alla lui-même trouver Fan-ou-ki: " L'empereur, lui dit-il, veut à tout prix vous saisir. Toute votre parenté a été exterminée; mille livres d'or avec un fief de cent mille familles à qui apportera votre tête. Qu'en dites-vous, général ?" Fan-ou-ki soupirait, gémissait, pleurait à chaudes larmes, et s'écriait:

---

(8) On l'appelle encore Tsao-koei 曹劌 ; il vivait vers l'an 684 ; il est resté célèbre parce qu'il a forcé à coups de poignard, le roi de T'si 齊 Hoan-kong 桓公, à conclure un traité de paix favorable avec sa patrie le duché de Lou 魯. Son histoire est racontée par Se ma-t'sien, au chapitre 82 page I, où il traite des plus braves guerriers de la Chine. C'est le premier de ces héros.

(9) Sin-t'heng-hien 新城縣 Pao-ting-fou 保定府 Tche-ly. C'est le pays le plus fertile de toute la province.

" Quel remède à de tels maux ? " — " Si j'avais votre tête, répondit King-ko pour l'offrir à l'empereur, je serais certainement admis en audience; de la gauche, je saisirais la manche de Che-hoang-ti; de la droite, je lui enfoncerais un poignard dans le cœur; ainsi votre Excellence serait vengée; notre pays sauvé." — " Nuit et jour je frémis de rage, je suis altéré de vengeance," répondit Fan ou ki ! A ces mots, il se coupa la gorge. Le prince héritier averti accourut aussitôt, se jeta sur le cadavre en poussant des cris, des lamentations; il était trop tard ! King-ko plaça la tête du défunt dans une boîte. Le prince héritier avait acheté, pour cent livres d'argent, chez Siu-fou-jen 徐夫人 natif de Tchao 趙, le meilleur poignard de toute la Chine; il le trempa dans le poison le plus violent qu'il avait pu trouver, l'essaya sur un homme; à peine quelques gouttes de sang avaient-elles coulé de la blessure, que le patient tombait raide mort. Tout étant ainsi préparé, on organisa une ambassade solennelle et l'on se mit en route pour Hien-yang, la capitale de T'sin. King-ko fut reçu en audience, tendit respectueusement, des deux mains, les cartes et le cadastre; l'empereur allongea le bras pour les recevoir; le poignard y était caché; le sicaire comptait sur ce mouvement; de la main gauche, il saisit la manche de l'empereur; de la droite, il retire le poignard et le lui plonge dans la poitrine. Le coup mal assuré n'avait pas atteint jusqu'au corps. D'un bond Che-hoang-ti saute de son siège et s'enfuit; un pan de la manche reste dans la main du meurtrier; celui-ci poursuit sa victime; mais l'empereur tourne autour d'une colonne et lui échappe; tout s'était passé en un clin d'œil. Revenu de sa première stupeur, l'entourage se précipite sur l'assassin; mais, d'après les règlements, personne n'avait d'armes sur soi; on crie à l'empereur de tirer son épée et de l'en frapper. Che-hoang-ti lui perce la cuisse gauche. King-ko, dans sa rage, lance son poignard contre l'empereur, espérant du moins le blesser; mais il manque encore son coup. Il pousse l'audace jusqu'à crier qu'il ne voulait pas tuer Che-hoang ti, mais l'effrayer, l'amener à conclure un traité de paix et d'alliance avec le royaume de Yen, à donner satisfaction au prince héritier. Mais on l'assomme à coups de poings et à coups de pieds; on le coupe en morceaux qu'on suspend à la porte du palais. (1)

---

(1) Se-ma-t'sien, chapitre 86, p. 8 et suiv., raconte ce même fait, à grands renforts de rhétorique. Nous avons suivi le T'ong-kien-kang-mou, qui est plus sobre. Cet assassin a été grandement honoré par la postérité. En haine de Che-hoang-ti, on lui a élevé un beau tombeau dans la préfecture de T'ong-tcheou-fou 同州府 Chensi. Bien des légendes courent sur son compte parmi le peuple; nous en faisons grâce au lecteur. Le tombeau est à 20 ly de Ho-yang-hien 郃陽縣.

On peut s'imaginer la fureur de Che-hoang-ti ; il leva aussitôt une armée, plus nombreuse que la précédente, et l'envoya rejoindre Wang-t'sien à Tchong-chan; le général Sin-cheng 幸勝 commandait ces troupes de renfort. L'armée de Yen et de Tai essaya la lutte, à l'ouest de la rivière de I-chouei 易水 (1), mais elle fut complètement battue. C'est alors qu'on assiégea la capitale Ki 薊. C'était vraiment une guerre à mort.

La ville tombait au pouvoir de Che-hoang-ti en 226 ; mais, le roi nommé Hi 喜 réussit à s'enfuir au Liao-tong 遼東 (2) où il continua de régner. Le général Li-sin 李信 le poursuivait de près et sans relâche. Kia 嘉 soi-disant roi de Tai, comme nous l'avons vu, écrivit une lettre au fugitif : '' L'unique raison, disait-il, pour laquelle on vous poursuit avec tant de rage, c'est que Che-hoang-ti veut la tête du prince héritier; envoyez la lui, vous sauverez ainsi votre personne et votre royaume; les sacrifices aux ancêtres pourront continuer dans votre famille '' Le prince héritier, réduit aux abois par le général Li-sin, se cachait dans les broussailles du fleuve Yen 衍水 (3); son père eut le triste courage d'envoyer des soldats lui couper la tête et la remettre à l'empereur. Pour récompense, celui-ci expédia une nouvelle armée au pays de Yen. La lutte dura encore cinq années ; bientôt le roi lui-même sera fait prisonnier, le royaume anéanti.

Cette même année, il y eut révolte au pays de Sin-tcheng 新鄭 (4); et le seigneur de T'chang-p'ing 昌平君 s'enfuit à Yng 郢 capitale du royaume de T'chou.

Il tomba une telle quantité de neige qu'il y en avait deux pieds d'épaisseur.

Che hoang-ti commença la guerre d'extermination contre le grand et puissant royaume de T'chou 楚. L'empereur demanda à Li-sin combien il lui faudrait de troupes pour faire cette conquête : '' Deux cent mille hommes seront bien suffisants, dit celui-ci. Le général Wang-t'sien 王翦 interrogé à son tour répondit. '' Si vous n'avez pas au moins six cent mille hommes, il n'y faut pas songer. ' — '' Je vois que vous êtes vieux, dit l'empereur en riant de lui, vous êtes devenu peureux ! '' Sur ce, il envoya Li-sin et Mong-tien 蒙恬 à la tête de deux cent mille hommes envahir le pays.

---

(1) Cette rivière est dans la préfecture de I-tcheou 易州, à une dizaine de lieues sud-ouest de Pékin.

(2) Cette province, dont le nord du Tche-ly actuel faisait partie, comprenait 18 villes : Siang-p'ing 襄平 Liao-yang-tcheou 遼陽州 [etc.], de la préfecture de Fong-t'ien-fou 奉天府, province de Cheng-king 盛京 Mandchourie.

(3) Fleuve de Liao-tong.

(4) C'est Sin-tcheng 新鄭縣 K'ai-fong-fou 開封府 Yng.—C'est King-tcheou-fou 荊州府 Houpé.

Quant à Wang-t'sien, il prétexta une maladie et se retira à Ping-yang 頻陽 (1).

En 225, Wang-pen 王賁, fils de Wang-'sien, attaquait pour la dernière fois le pays de Wei 魏 persécuté par le royaume de T'sin pendant plusieurs siècles. Pour se rendre maître de Ta-liang 大梁, la capitale, il eut recours à un moyen extrême; (2) il creusa un canal; dirigea les eaux du Fleuve Jaune sur les murs de la ville; ceux-ci ne tardèrent pas à s'écrouler. Le roi Kia 假 se rendit à discrétion. Pour récompense, on le mit à mort ; et son royaume anéanti fut annexé au pays de T'sin.

C'est pour la première fois que pareil stratagème est relaté dans les annales de la Chine. De fait, il n'avait peut-être jamais été employé ; divers auteurs prétendent que les inondations si fréquentes du Fleuve Jaune ont leur cause dans cette brèche faite par Wang-pen; d'après eux, la terre des rives ne put jamais bien se consolider. On n'est pas obligé de suivre l'opinion de ces lettrés; il est plus raisonnable de croire les géologues; ceux-ci disent que le Hoang-ho charrie une telle quantité de sable et de vase chaque année, qu'à la fin son lit est plus élevé que les plaines environnantes. On lui oppose des digues insuffisantes; ses inondations sont terribles quand il y a une forte crue.

Mais revenons au pays de T'chou. Les choses n'y allaient pas si bien qu'on l'avait espéré. Li-sin avait d'abord vaincu l'armée ennemie; après quoi il s'était dirigé vers l'ouest, s'était réuni à Mong-tien son collègue, à T'cheng-fou 城父 (3).

Les troupes de T'chou le suivirent pendant trois jours, sans prendre de repos; il ne s'y attendait pas; aussi fut-il vaincu dans une grande bataille; l'ennemi pénétra dans les deux camps; sept grands officiers furent tués; Li-sin lui même dut s'enfuir et rentrer honteusement chez lui. Che-hoang-ti alla en personne à Peing-yang, demanda pardon au vieux général Wang-t'sien 王翦, insista pour lui faire reprendre le commandement de l'armée. Celui-ci s'excusait en disant: " Je suis un vieux, cassé, inutile, mais pourtant si votre Majesté veut absolument que je parte, il me faut au moins six cent mille hommes; sinon c'est impossible de venir à bout d'un si grand royaume." L'empereur accorda tout.

---

(1) Fou-p'ing-hien 富平縣 Si-ngan-fou 安西府.
Quant au général Li-sin, il était originaire de Tcheng-ki 成紀.
C'est aussi la patrie du fameux Fou-hi 伏羲.
(2) C'est le canal actuel de Che-men-kiu 石門渠, à vingt ly à l'ouest de Yong-tché-hien 滎澤縣.
(3) A 70 ly sud est de Po-tcheou 亳州, au nord du Ngan-hoei 安徽, sur les confins du Ho-nan. Po-tcheou dépend de la préfecture de Yng-tcheou-fou 頴州府 [Ngan-hoei].

De plus, il lui donna la princesse Hoa-yang 華陽, et cent femmes choisies parmi les plus belles de son palais; toutes partirent vers le nord, à la rencontre du généralissime, et le mariage se fit avec la plus grande solennité, au milieu de cette immense armée ; Wang-t'sien avait déjà fait cinquante ly quand il fut rejoint par le cortège royal. Trois jours plus tard, l'armée se mettait en marche. La princesse suivit son époux jusqu'à la capitale; puis elle le quitta pour retourner à Ping-yang où Che-hoang-ti lui fit bâtir un palais (1).

L'empereur accompagna l'armée jusqu'à la rivière Pa 霸 (2). Sur le chemin, Wang-t'sien demanda encore de meilleurs biens, de plus beaux palais, et en plus grande quantité; des parcs, des ménageries. " Partez toujours, disait l'empereur; ne vous inquiétez pas de votre pauvreté ! " Wang-t'sien insistait: " J'ai été général en chef et j'ai bien mérité de votre Majesté; pourtant je n'ai pas encore réussi à être fait marquis; je profite de la présente occasion pour vous demander des terres, des maisons, afin de laisser quelque héritage à ma descendance." L'empereur riait aux éclats ! Plus tard Wang-t'sien envoya des messagers renouveler la même prière. Quelqu'un l'ayant blâmé d'insister à outrance pour obtenir des largesses, il répondit : " Che-hoang-ti est soupçonneux et ne se fie à personne; en ce moment, il a dégarni son royaume de toutes ses troupes; si je ne me consolidais ainsi dans sa faveur, des doutes sur ma fidélité pourraient facilement lui venir à l'esprit."

En 224, Wang-t'sien, parvenu au pays de T'chou, vit qu'il avait devant lui toutes les forces de ce royaume, décidées à lui barrer le chemin. Engager un combat dans ces conditions avec des troupes fatiguées d'un long voyage, c'était courir de grands risques; il préféra temporiser. Il fit donc élever un camp retranché, le fortifia du mieux possible; fit prendre des bains à ses soldats, les nourrit copieusement, les soigna comme un père, jusqu'à prendre ses repas avec eux; leur fit faire des exercices de gymnastique, tels que lancer de grosses pierres, faire le saut périlleux, etc., et cela dura longtemps; il demanda un jour si les soldats étaient contents, s'amusaient bien ? Sur leur réponse affirmative: " C'est bien ! dit-il; des hommes comme ceux-là remporteront la victoire !"

---

(1) vol. 72, pag. 15 pag 47 ;

(2) A 30 li à l'est de Si-ngan-fou 西安府 ; cette rivière se jette dans le fleuve Wei 渭. Le roi de T'sin, Mou-kong 穆公 avait bâti sur la rive un magnifique palais; il lui donna ainsi qu'à cette rivière le nom de Pa 霸, en mémoire de ses victoires, et du titre de chef des princes de la Chine après l'empereur.

Le gouverneur de T'si-mé 卽墨 (1) ayant appris cela, se rendit près du roi et lui dit:"Le royaume de T'si a une étendue de plusieurs milliers de ly;il peut mettre sur pied des soldats par centaines de mille; dans les provinces de Ngo 阿 et de Yng 鄄 (2) vous avez des centaines d'officiers de l'ancien royaume de Tsin 晉 [c. a. d. Han, Wei et Tchao] qui ont refusé le joug de Che-hoang-ti; servez-vous en, donnez-leur quelques vingtaines de mille hommes; envoyez-les reprendre les anciens pays, ainsi on pourra pénétrer dans les défilés de Lin-tsin 臨晉 (3) et envahir les états de Che-hoang-ti. Au sud de votre capitale vous avez encore des centaines d'officiers venus de Yen 鄢 et de Yng 郢 (4) [royaume de T'chou] qui ont aussi refusé le joug de l'empereur; donnez-leur aussi quelques vingtaines de mille hommes ; envoyez-les de même reconquérir leur ancien pays ; ainsi vous aurez les défilés de Ou-koan 武關 (5) ; vous pourrez par le sud envahir le royaume de T'sin ; si vous faites cela, vous acquerrez une grande gloire ; à votre tour, vous pourrez conquérir les états de Che-hoang-ti ; ce sera bien autre chose que de continuer seulement à subsister."

Le roi ne voyait sans doute pas les choses aussi faciles que ce lettré belliqueux ; il le laissa dire et n'en fit rien. Quand Wang-pen 王賁, avec sa nombreuse armée, quitta le pays de Yen 燕 et se jeta sur celui de T'si, absolument personne ne vint lui disputer le passage de la frontière ; il s'avança jusqu'à la capitale de Lin-tche 臨淄 (6) et s'en empara ; le roi fit aussitôt sa soumission, et fut relégué à Kong 共 (7) ; il y vécut au milieu des pins et des cyprès ; finalement, il y mourut de faim.

Le peuple de T'si était indigné de ce que son prince, suivant les conseils de ses officiers étrangers vendus au roi de T'sin, n'avait pas plus tôt secouru les autres royaumes, et avait ainsi préparé sa perte. On fit des chansons pour se moquer de lui et de ses étrangers ; voici le refrain de l'une d'elles :

Voyez, pins ! voyez, cyprès ! un nommé Kien demeure à Kong ; c'est aussi un étranger.

---

(1) Tsi-mé-hie 卽墨縣 Lai-tchéou-fou 萊州府 Chan-tong. Cette ville était ainsi nommée, parce qu'elle était sur le bord de la rivière Mé [Mé-choei] 墨水.

(2) Ngo—C'est Tong-ngo-hien 東阿縣 Chan-tong. Yng — C'est Pouo-tcheou 濮州 [Chan-tong].

(3) Les défilés de Lin-tsin se trouvent maintenant dans la sous-préfecture de Tchao-i-hien 朝邑縣 [Chen-si].

(4) Yen et Yng étaient les deux capitales de T'chou, comme nous l'avons dit.
Yen—c'est Ngan-lou-fou 安陸縣 [Houpé].

(5) Ces défilés se trouvent à la frontière de Chang-lo-hien 上洛縣 [Chensi] ; ils sont plutôt sur le territoire de Lo-nan-hien 雒南縣, même préfecture.

(6) C'est Lin-tche-hien 臨淄縣 (Chan-tong) C'était l'ancien fief donné à Kiang-t'ai kong 姜太公 l ancêtre de la dynastie T'si.

(7) Hoei-h'en 輝縣 Ho-nan.

CHAPITRE III

CHE-HOANG-TI RÉFORMATEUR.

Che-hoang-ti, ayant conquis toute la Chine, convoqua tous les hauts dignitaires, civils et militaires, à une réunion solennelle; il leur fit un long discours, rapporté par Se-ma-t'sien [chap. 6, p. 8] ; il est inutile de le traduire; en somme c'est le discours du loup qui se dit attaqué et traqué par les agneaux. Nous connaissons tous les détails de ses guerres avec les divers princes; l'histoire n'accepte pas les hypocrites raisons qu'il en donne; selon lui, il fut obligé de se défendre contre eux, et bien à regret ! Che-hoang-ti avait conscience de sa force et de leur faiblesse; il était ambitieux et rapace; il se jeta sur eux et les dévora ; voilà tout.

Après avoir rappelé ses exploits militaires, il conclut en ces termes: " Grâce aux mérites de mes glorieux ancêtres, je vois tout l'empire soumis à mon sceptre (1). La face de la terre étant changée, il faut aussi changer le nom du prince, autrement l'œuvre serait inachevée; elle ne serait ni connue ni appréciée des âges futurs. Veuillez donc examiner et discuter quel nom doit porter le chef d'un tel empire."

Sur ce, le premier ministre Wang-koan 王綰, et le grand censeur Fong-hié 馮切, le ministre de la justice Li-se 李斯, et les autres dignitaires, dirent unanimement : " Autrefois, du temps des cinq empereurs, les territoires avaient à peine mille ly carrés; en dehors de cela, il y avait les cinq dépendances de prince, marquis, comte, vicomte et baron; puis il y avait encore les principautés des sauvages. Ces différents vassaux rendaient ou refusaient hommage, sans que l'empereur pût les règlementer. Maintenant votre Majesté a levé une armée vengeresse de la justice, a puni tous les récalcitrants, a pacifié tout l'empire; entre les quatre mers, il n'y a plus de princes, mais uniquement des provinces et des villes; les lois et les ordres viennent d'un seul maître universel; chose semblable ne s'est jamais vue depuis l'antiquité la plus reculée; des cinq empereurs si célébrés aucun n'a atteint une telle puissance. Nous autres dignitaires, vos humbles sujets, nous nous sommes consultés avec les sommités du savoir [Pouo-che] 博士 et nous sommes tombés d'accord sur ceci.

---

(1) Les commentaires ont calculé le chiffre des morts que cette unification coûta à la Chine: un million quatre cent mille hommes.

Dans les temps anciens il y a eu l'empereur du ciel [T'ien-hoang 天皇], l'empereur de la terre [Ti-hoang] 地皇, et le sublime empereur [T'ai-hoang] 太皇; ce dernier était le plus révéré et le plus grand des trois. Ainsi, nous, vos humbles sujets, au péril de notre vie [pour notre hardiesse] proposons l'avis d'appeler votre Majesté T'ai-hoang; et qu'au lieu de dire nous ordonnons [Ming 命], vous disiez seulement nous réglons [Tche] 制; au lieu de nous avertissons [Ling] 令, vous disiez informons [Tchao 詔]; et qu'enfin, en sa qualité de fils du ciel [Tien-tse], 天子 V. M. se réserve l'appellation honorifique [Tchen 朕 nous]''.

Che-hoang-ti répondit : '' Enlevez le caractère [t'ai] 太; gardez celui de Hoang 皇; puis faisons revivre l'antique titre impérial Ti 帝; ainsi nous aurons Hoang-ti 皇帝 J'approuve le reste de votre avis.'' Un décret fit connaître cette décision dans toutes les provinces, pour qu'on s'y conformât. En même temps Che-hoang-ti décerna à son père défunt Tchoang-siang-wang 莊襄王 la plus haute appellation honorifique, à savoir : T'ai-chang-hoang 太上皇. Le décret disait encore : '' Les anciens nous ont transmis que, dans l'antiquité la plus reculée, les défunts reçurent un nom honorifique posthume, mais il n'indiquait pas le mérite de leur vie ni de leurs actions (1); c'est plus tard seulement qu'on lui attribua cette signification; or il ne convient pas que le fils juge ainsi son père, le sujet son prince. Moi, l'empereur, je n'admets pas cela. Ainsi désormais cet usage est aboli. Je serai donc appelé Che-hoang-ti 始皇帝 le 1er auguste-empereur; mes successeurs, par ordre de série, seront appelés: deuxième, troisième, [etc.] jusqu'au dix-millième; et ainsi sans fin. '' — Comme cadeau de joyeux avènement, chaque dignitaire monta d'un degré, [i-ki] 一級. Comme on le voit, le nouvel empereur n'avait pas une petite idée de sa personne! Avec lui le monde entrait dans une voie nouvelle; et sa descendance devait durer au moins dix-mille générations comme les flatteurs et les diseurs de bonne aventure l'en assuraient. Pauvre grand homme! à peine aura-t-il fermé les yeux, que sa dynastie sera éteinte! Où sont les dix mille générations?

---

(1) On peut se rendre compte par le Li-ki 禮記, par les disciples de Confucius, par le Tsouo-t chsan 左傳, que cette sorte de canonisation païenne date de bien loin. Elle fut d'ailleurs pratiquée aussi chez les Egyptiens et les Romains, etc.

Après Che-hoang-ti, cet usage fut repris; il existe encore maintenant. Quant à ce soi-disant jugement, il n'était pas si à craindre que l'empereur feignait de le croire; car des morts on ne dit que du bien, de mortuis nil nisi bene! c'est le proverbe; les princes défunts reçurent en général des titres trop flatteurs que l'histoire n'a pas ratifiés. Cette sorte de canonisation a été introduite sous la dynastie Tcheou 周. Le Kai-yu-tsong-k'ao, vol. 16, page 23, dit que d'après les différentes époques, ces noms posthumes eurent deux ou trois caractères. Maintenant c'est l'empereur qui les décerne aux grands dignitaires défunts.

En attendant, il faut voir les récriminations des lettrés contre cette arrogance de Che-hoang-ti ! D'après eux, en réunissant sur sa tête les deux titres les plus vénérés de *hoang* et de *ti*, c'était se déclarer égal ou supérieur en vertu aux trois saints empereurs de l'antiquité: Yu 禹 fondateur de la dynastie Hia 夏, T'ang 湯 fondateur de la dynastie Chang 商 et Wen 文 fondateur de la dynastie Tcheou 周 ; égal ou supérieur aux cinq personnages si célèbres des temps anciens: Fou-hi 伏羲, Chen-nong 神農, Hoang-ti 黄帝, Yao 堯 et Choen 舜(1). Quel orgueil insupportable ! Ne sont-ce pas les pères, les législateurs de la Chine !

Ils lui reprochent encore d'avoir changé la signification des caractères : au lieu de *ming*, ordre, ordonner, pourquoi employer *tche*, dont le sens premier est rogner, découper ? Mais nos gens oublient que ce caractère *tche* signifiait aussi modérer, régler, gouverner, et cela avant Che-hoang-ti. Dans le livre classique Tchong-yong se trouve l'expression *Tche-tou*, loi, faire une loi. Mong-tse a aussi l'expression Kiai-kou-tche-tche-yé, tout est conforme à la règle des anciens. L'empereur a donc seulement déterminé de l'employer dans les pièces officielles; l'usage l'a conservé ainsi jusqu'à nos jours, mais l'on se sert aussi de *ming*; quant au caractère *tchoo* au lieu de *ling*, nous ferons la même remarque; c'était affaire de bureaucratie, non de littérature. D'ailleurs ce sont les ancêtres de nos lettrés, les sommités du savoir d'alors, qui ont suggéré ces diminutifs à leur égard; ils ne savaient comment ramper assez bas devant l'idole du jour.

---

(1) Voici une question fort controversée, encore maintenant : Qui sont ces trois hoang 三皇 et ces cinq ti 五帝 ? Le Kai-yu-tsong-k'ao, vol, 16, page 1, traite cette matière ex professo. De tout temps, il y a eu ces deux formules (san-hoang ou ti) ; et il le prouve par des citations ; mais on n'est pas d'accord sur leur identification. Les grands lettrés de Che-hoang-ti [dans Se-ma-t'sien] sont les premiers qui aient parlé de ces empereurs du ciel, de la terre, et du troisième (resté dans le vague), le sublime auguste. Plus tard, K'ong-ngan-kouo 孔安國 un descendant de Confucius à la onzième génération (vers l'an 150 avant J. C.) dit que les trois Hoang sont : Fou-hi 伏羲, Chen-nong 神農, et Hoang-ti 黄帝 ; les cinq Ti sont : Chao-hao 少昊, Tchoan-yu 顓頊, Kao-sin 高辛, Yao 堯, et Choen 舜. D'après Se-ma-t'sien, le premier des cinq Ti est Hoang-ti ; Chao-hao ayant été rayé.

Depuis, les lettrés ont émis bien des opinions, pour mettre de l'ordre dans l'énumération et dans l'identification de ces noms ; il serait trop long de les transcrire. D'ailleurs, à quoi bon, puisque les sommités de la littérature chinoise ne peuvent se mettre d'accord sur cette question. Un homme comme Se-ma-t'sien a écrit exprès un traité sur ces trois hoang (San-hoang-ki) 三皇記 ; mais son autorité n'a pu empêcher chacun de faire à sa guise.

Une chose pourtant semble certaine ; c'est qu'avant Che-hoang-ti il n'y avait pas eu d'essai d'identification ; chacun se contentait de la formule, sans chercher quels personnages elle représentait.

Quant au caractère *tchen*, je, moi, [nous] tout le monde s'en servait autrefois ; Che-hoang-ti, toujours sous l'impulsion de ses grands littérateurs, en a prohibé l'usage vulgaire; on a trouvé la chose si bonne, que l'on a continué scrupuleusement cette interdiction jusqu'à nos jours ; quel académicien, quel grand dignitaire oserait employer ce caractère pour son propre compte ?

Che-hoang-ti examina aussi et régla la nomenclature des cinq vertus ou cinq éléments; à savoir: *kin* or (métal), *mou* bois, *houo* feu, *choci* eau, *t'ou* terre (1).

Comme la dynastie Tcheou 周 avait pris pour emblème le feu, la dynastie T'sin qui lui succédait, adopta l'eau, qui suit le feu dans l'énumération susdite; peut-être aussi, parce que l'eau éteint le feu, comme la famille royale T'sin venait d'anéantir la maison impériale Tcheou.

A chacun des éléments correspond une des cinq couleurs ; à l'eau correspondait la couleur noire *hé* 黑 ; surtout parce que Wen-kong 文公 [765-715], un des ancêtres de Che-hoang-ti, avait soit-disant capturé un dragon noir. A l'eau correspondait encore le point cardinal nord, *pé* 北.

Voilà de la philosophie difficile à comprendre ! ce sont jeux d'enfants, sans la moindre apparence de fondement scientifique ; on en peut déduire tout ce que l'on veut, selon l'adage de la vraie philosophie : *ab absurdo sequitur quodlibet*, de l'absurde suit tout ce que vous voudrez. Mais tout cela se débite encore maintenant, comme une haute sagesse réservée aux seuls lettrés, et incompréhensible aux étrangers.

Le noir devint donc la couleur impériale; les vêtements officiels, les guidons en queue de vache (*mao* 旄 Couvreur, p. 524), les guidons en plumes de faisan (*tsing* 旌, ib, p. 963), les tablettes, ou insignes de mandat officiel (2) [*tsié* 節, ib. p. 949], les drapeaux militaires (*Ki* 旗, p. 328), tout cela devait être de couleur noire.

---

(1) Le Kai yu tsong-k'ao, vol. I, p. 3, a tout un chapitre sur ce fait que les cinq éléments ne se trouvent pas dans le livre classique I-King 易經 ; ce qui prouve que cette fameuse nomenclature n'était pas très-ancienne.

(2) Voir le Tcheou-li 周禮, sur les tsié 節 (Voir aussi Couvreur, p. 949.)

Le commentaire de Se-ma-t'sien cite Sou-ou 蘇武, encore nommé Tse-King 子卿, (vers l'an 100 avant J.-C.), comme le modèle de ceux qui ont reçu un mandat officiel. Fait prisonnier par les Huns, et gardant les brebis, il tenait encore sa tablette (tsié) en main. Devenu vieux il put enfin rentrer dans sa patrie; il y revint portant toujours sa tablette! Sur cet homme, il y a beaucoup de légendes poétiques. (Mayers, No 628).

Le commentaire de Se-ma-t'sien, vol. 6, p. 9, dit : le délégué envoyé vers un pays montagneux recevait une tablette [tsié] sur laquelle était gravée une figure d'homme ; envoyé vers un pays d'eau, il recevait une tablette à figures de dragons ; elles étaient en or. En guise de passeport on recevait une tablette à figures de guidons ; envoyé vers un défilé, ou une douane à la frontière, on recevait une tablette à double partie ; envoyé en ville, ou dans la banlieue, ou recevait une tablette en forme de tuyau ; toutes ces dernières étaient en bambou. b. 3).

Che hoang-ti changea le calendrier. Il fixa comme premier jour de l'an, où tous les dignitaires devaient se présenter à la cour, et offrir leurs hommages, le 1ᵉʳ de la dixième lune selon le calendrier des temps de Se-ma-t'sien [dynastie Han] et celui de nos jours encore (1). Sous Che-hoang-ti l'année commença donc au mois (lunaire) *hai* 亥 ; c'était le douzième de l'année astronomique, le soleil passant au sagittaire.

Il ne faut pas trop s'étonner de cette entreprise de Che-hoang-ti; les dynasties précédentes en avaient fait autant, avec autant d'intelligence et de bonheur; chacune d'elle s'imaginant que ciel et terre commençaient aussi une voie nouvelle, différente de l'ancienne. C'est encore un des privilèges de l'empereur de fixer le premier jour de l'an, de faire imprimer et distribuer le calendrier (2).

Suivons encore Che-hoang-ti dans une autre réforme : Le nombre *six* devint la base du système arithmétique et de beaucoup d'autres choses encore ! Ainsi, les tablettes de mandat officiel eurent une longueur de six pouces ; les chapeaux officiels une hauteur de six pouces; les chariots, une largeur de six pieds; le pas, une longueur de six pieds ; les chars de cour étaient attelés de six chevaux ; etc , etc. Voulez-vous savoir la raison profonde de tout cela ? C'est que le nombre six correspond à l'eau, emblème de la nouvelle dynastie impériale. Comment cela ? demandez-vous, puisqu'il n'y a que cinq éléments ? C'est que si vous commencez par l'eau l'énumération des cinq éléments, son nombre correspondant sera le chiffre un; celui-ci ne peut être la base d'un système arithmétique; car 1 multiplié par 1 donne 1 pour résultat; il faut donc chercher un autre moyen, tout en conservant notre eau et son nombre correspondant. Une première énumération finie, recommencez-en une seconde ; alors l'eau se trouve en face du nombre six. Nous y voilà ! La seconde opération représente l'avènement de la nouvelle dynastie impériale, le renouvellement du ciel et de la terre ; cette fois, l'eau a pour correspondant le nombre six ; c'est là le chiffre voulu par le destin ! (3) N'est-ce pas un trait de génie ?

---

(1) Se-ma-t'sien écrivait sous la dynastie Han 漢. Or celle-ci avait fixé le premier de l'an, comme la dynastie actuelle, au mois lunaire Yng 寅 ; 'e dixième mois lunaire s'appelait hai 亥.

(2) Voir : Petrus Hoang, de calendario sinico et europaeo, p. XII.

(3) Il y a encore d'autres théories de ce genre, pour expliquer l'élection du nombre six On peut les voir dans l'ouvrage de Pauthier, la Chine ancienne, p. 214, si on a le goût de ces belles choses.

Observons, en passant, que chez les Romains, Vitruve a écrit que les géomètres divisaient en six portions égales toutes leurs figures, qu'elles fussent terminées par des lignes droites ou par des lignes courbes; ils avaient sans doute pour cela d'autres raisons que notre empereur.

Pythagore, chez les Grecs, lui qui avait aussi tant de goût pour la géométrie et l'arithmétique, vit dans le nombre six l'emblème de la justice, dont la marche toujours égale, étrangère à toute influence corruptrice, garde contre les faux jugements. Cela nous rapproche un peu de Che-hoang-ti !

(Auber, histoire du symbolisme religieux, vol. 1. p. 150)

Encore une réforme curieuse ! Le Hoang-ho avait reçu ce nom vulgaire, parce que, charriant tant de limon, ses eaux en étaient toutes jaunes. Che hoang-ti ordonna de l'appeler désormais Té-choei 德水, ou l'eau de la vertu [l'eau de la force, qui donne la force, la vertu]. Il faut encore à cela une explication philosophique. L'eau emblème ou caractéristique de la nouvelle dynastie impériale, est le principe de toute force, vu qu'elle est opiniâtre à poursuivre sa route, en dépit des obstacles, qu'elle finit par surmonter ; elle se faufile partout, forme torrents et abîmes. Or c'est la force qui avait subjugué toute la Chine ; de là le rapprochement de ces deux idées : eau et force ! Che-hoang-ti obtint l'unification, la concorde, la paix de son immense empire par la force, la violence, à l'exclusion de l'humanité, de la bonté ; il fut excessif dans ses dispositions, dans ses punitions, dans ses châtiments ; même après une longue peine, il ne pardonnait rien à un condamné. C'est ainsi qu'il voulait parvenir au résultat représenté par l'ensemble des cinq éléments, la domination en tout et partout. D'après nos philosophes encore, l'eau est un principe imparfait, Yng 陰, comme la lune, la femme, etc ; elle comporte donc l'idée de punition, de mort, etc.... Mais laissons nos gens philosopher ; et revenons aux choses sérieuses.

Wang-koan 王綰, le premier ministre, accompagné de ses collègues, fit à Che-hoang-ti la remontrance suivante: '' Toutes les principautés sont abattues; mais ces pays de Yen 燕, de T'si 齊, de T'chou 楚 sont trop éloignés pour être gouvernés directement de la capitale; il sera impossible de les administrer, si vous n'y établissez pas un prince avec pleins pouvoirs; nous prions donc votre Majesté de choisir à cet effet quelques-uns de vos fils; pourvu qu'elle daigne approuver cet avis.

Che-hoang-ti remit cette proposition à son conseil. Tout le monde la trouva excellente, excepté le chancelier Li se 李斯: '' Les empereurs Wen 文 et Ou 武 [1122-1115], dit-il, fondateurs de la dynastie Tcheou 周, distribuèrent une foule de fiefs à leurs parents. Bientôt ces feudataires se voyant si loin de la capitale, se livrèrent entre eux de longs et rudes combats, comme des ennemis mortels, sans que l'empereur pût les en empêcher. Maintenant grâce à l'énergie et à la sagesse de votre Majesté, tous les pays entre les quatre mers ne reconnaissent qu'un seul maître, et obéissent comme une seule province, comme une seule ville; vous pouvez accorder à vos fils, ou aux grands dignitaires bien méritants, des récompenses exceptionnelles, en leur laissant les impôts, les revenus de tel ou tel pays ; c'est bien assez ; ainsi votre Majesté pourra facilement les tenir sous sa main et vous éviterez les bouleversements dans tout l'empire;

c'est là le vrai moyen de conserver la paix dans le pays; donner des fiefs, c'est s'attirer bien des inconvénients ! " Che hoang ti répondit : " En effet, la Chine a subi bien des malheurs, bien des guerres, à cause des feudataires ; grâce à l'appui de mes ancêtres, il n'y a plus qu'un seul pays ; établir de nouveau des fiefs, ce serait semer la discorde, au lieu de la paix que nous voulons forte et profonde : j'adopte donc l'avis du ministre de la justice comme loi d'état." En [Cheou 守] conséquence, il divisa l'empire en trente-six provinces; toujours d'après le chiffre sacramentel six. Dans chacune d'elles, il y avait un gouverneur avec un commandant militaire ['Wei 尉] et des préfets [Kien 監] sous ses ordres. [Couvreur, p. 362]. (1) [Voyez le détail des provinces, à l'appendice]

    Che-hoang-ti abrogea encore le nom officiel de peuple, Min 民 ; il le remplaça par l'expression Kien-cheou 黔首, qui signifie têtes noires (2).

    Enfin, il ordonna de grandes réjouissances (ta-pou 大酺) et de grandes solennités publiques, en l'honneur de la nouvelle dynastie impériale. Rien de plus juste ! on venait d'accomplir une chose inouïe en Chine ! réunir tant de peuples sous un sceptre unique ! Che-hoang-ti avait le droit d'être fier ! Etait-il sans crainte ?

    Il ordonna de lui remettre tout ce qu'il y avait de fer dans l'empire; et le fit déposer dans sa capitale Hien-yang 咸陽, et dans son arsenal nommé Tchong-koan-t'cheng 鐘官城 (3). Il voulait ainsi empêcher qu'on ne forgeât en secret des armes contre lui; il voulait aussi tenir son peuple immense dans une dépendance absolue de lui. Voilà donc le bonheur d'un tel potentat! il craint tout et tout le monde ! Bien des siècles plus tard, Yang-ti 煬帝 (605-617), de la dynastie impériale Soei 隋, prendra la même précaution contre la révolte. Nous lisons le même fait dans l'écriture sainte, les Philistins se faisant livrer tout le fer des Israélites.

---

    (1) Plus tard, on fut obligé de porter à quarante le nombre des provinces. (Voir, à l'appendice).

    Kien 監, ou encore Kien-yu-che 監御史 fut une dignité propre à la maison de T'sin elle fut abolie par la dynastie Han postérieure; on pourrait la traduire par préfet.

[Heou-Han chou 後漢書 chap. 38, p. 1.]

    (2) Voilà encore une des croix des commentateurs, chinois et européens! Cette expression se trouve déjà dans le Li-ki 禮記, au chapitre Tsi-i 祭義. —Voyez la savante note de Chavannes, vol. 2, p. 133, de sa traduction de Se-ma-t'sien.

    (3) Il s'en faut bien que tout le fer ait été livré! La révolution survenue si tôt en est une bonne preuve; alors de puissantes armées surent bien trouver un équipement complet! Mais, disent les lettrés, faute d'armes, le peuple chassa cette dynastie, à coups de fourches et de bâtons. Il ne fut pas nécessaire de recourir à ce moyen extrême.

    Cet arsenal, ainsi que les fonderies de l'empire, se trouvait à 25 ly nord-est de Yu-hien 鄠縣, Si-ngan-fou 西安府. [Chen, vol. 73, p. 45].

Che-hoang ti était ami des beaux-arts ; il employa une partie de cette immense agglomération de fer à fondre de grandes cloches [Tchong 鐘, ou Kui 鏐] (1) très-sonores. Il fit encore fondre douze énormes statues d'hommes [Kin-jen 金人 ou T'ong-jen 銅人]; chacune d'elles pesait, dit-on, mille charges, ou deux cent quarante mille livres. On avait pris pour modèles douze géants de ce genre qu'on avait vus à Lin-t'ao 臨洮 (2) ; ceux-ci étaient hauts de cinq tchang [cinquante pieds?] ; leurs souliers avaient six pieds de long ; d'autres statues, en forme d'hommes assis, avaient deux mètres de haut. Ces géants furent appelés Wong tchong 翁仲, les vieux oncles ; ils furent placés dans la grande cour du palais impérial ; leur costume était celui des Tartares, I-ti 夷狄 (3).

Il paraît que Che-hoang ti fut blâmé d'avoir adopté un costume étranger pour ses géants ; c'était en quelque sorte estimer l'étranger, et mépriser son propre peuple ; c'était un présage de malheur ! Mais il n'écouta pas des avis si sages ; il devait donc infailliblement périr !

Mais que devinrent les vieux oncles parmi les changements de dynasties ? Eux aussi furent changés. D'abord, un empereur de la dynastie Han 漢 les plaça devant la grande porte d'entrée de son palais Tchang-lo-kong 長樂宮, ou de la longue joie. Ensuite, pendant les guerres de la dynastie Wei 魏 [221-265], le ministre Tong-tcho 董卓 en fit fondre dix, pour en faire de la monnaie, comme il avait déjà employé les cloches ; les deux qui restaient furent placés devant le palais du ministre de la guerre. L'empereur Ming-ti 明帝 [227 140] voulut les faire transporter à Lo-yang 洛陽, sa capitale ; mais ils étaient si lourds qu'on ne put y parvenir; on dut les laisser en chemin, à Pa-t'cheng 霸城. Enfin, après plusieurs autres déplacements, les deux derniers vieux oncles furent convertis en sapèques, comme leurs frères. On peut voir tous ces détails dans le Kai-yü tsong-k'ao, vol. 19 p 11.

Une des préoccupations bien légitimes de Che-hoang-ti fut d'établir l'uniformité dans les lois et règlements, dans les mesures et les poids; en cela, il se montrait digne de louanges; mais il allait trop loin quand, par exemple, il ordonna que dans tout l'empire les essieux de voitures eussent la même forme.

---

(1) D'après le dictionnaire du P. Couvreur, p. 397, Kiu 鏐 peut signifier un montant de cloche, une sorte de cloche.

(2) C'est Ming-tcheou 岷州, Kong-t'chang-fou 鞏昌府, Kan-sou, (Y. vol, 中 p. 131) —(K. vol. 上 p. 95).

(3) L'expression Wong-tchong 翁仲 est encore en usage, pour désigner les statues en pierre que l'on voit devant les mausolées de certains personnages.

[255]

Une réforme bien utile aussi, fut celle de l'écriture. Des caractères uniformes furent imposés par toute la Chine. Il fut grandement aidé en cela par un personnage resté célèbre depuis cette époque. Disons-en quelques mots en passant, d'après le Kai-yu tsong-k'ao, vol. 19, p. 4 et suiv.

Voici l'histoire de T'cheng-miao 程邈, appelé l'inventeur des caractères chinois. Il était originaire de Hia-koei 下邳 (1); son surnom était Yuen-t'cheng 元岑. Ayant un emploi dans l'administration, il se rendit coupable d'une faute, sous Che-hoang-ti; il fut mis en prison à You-yang 雲陽 (2). Etant resté en réclusion pendant dix ans, il eut le loisir de méditer; il s'appliqua à simplifier les anciens caractères à forme carrée, en usage dans le royaume de T'sin pour les sceaux, et appelés Siao-tchoan 小篆, ou encore T'ai-tchoan 泰篆 (3).

Il en composa d'abord un recueil de trois mille, auquel il donna le nom de Li chou 隸書, ou recueil de caractères simples (simplifiés) et l'offrit à Che-hoang-ti; celui-ci les approuva tout-à-fait, délivra le prisonnier, et l'éleva du coup à la dignité de Yu-che 御史, qui signifiait probablement alors inspecteur, contrôleur, intendant. Les anciens caractères étant d'une écriture lente et difficile on se servit donc des nouveaux; de là le nom donné aux scribes des tribunaux, li-jen 隸人 resté en usage jusqu'à nos jours. Mais Tchao-i 趙翼, citant Li-tao-yuen 酈道元 prétend que ces caractères li 隸 avaient été trouvés sur un cercueil du roi Hou-kong 胡公 [893-859] du pays de T'si 齊. D'après lui cette inscription n'avait que trois caractères antiques; tout le reste était de cette forme Li 隸. Le même auteur ajoute qu'au temps du T'choen-tsien 春秋 de Confucius, cette écriture était déjà en usage, mais non dans tous les royaumes; le mérite de T'cheng-miao serait donc seulement de l'avoir encore simplifiée davantage, et proposée à Che-hoang-ti; il n'aurait été ainsi que l'occasion de l'usage universel imposé par cet empereur à toute la Chine; ce serait déjà quelque chose ! Mais voici un auteur bien connu qui en attribue la gloire au fameux ministre Li-se 李斯; cet homme s'appelle Hiu-chen 許慎 [vers l'an 200 après J.C.].

---

(1) Hia koei était à 50 ly au nord de Wei-nan-hien 渭南縣, à 140 ly à l'est de la préfecture de Si-ngan-fou 西安府, (F. vol. 14, p. 10).

Le Kiang-yu-piao, vol. 上, p. 37, dit que le roi de T'sin ayant vaincu les Tartares Koei-jong 邽戎 y établit une sous-préfecture. Il y avait déjà une ville appelée Chang-koei 上邽 ou Koei la haute (supérieure), dans le pays de Long-si 隴西 ; c'est pourquoi la nouvelle fut appelée Koei l'inférieure, Hia-koei 下邽.

(2) A 30 ly nord-ouest de King-yang-hien 涇陽縣, Si-ngan-fou. (F. vol. 14, p.7)

(3) Pour les caractères appelés Siao-tchoan, voyez Couvreur, p. 823.

Pour les caractères li, ou li-chou, ibid. p. 487.

Il est célèbre pour son dictionnaire Chouo-wen 說文 ; c'est dans la préface de cet ouvrage qu'il émet cette proposition; en soi elle n'aurait rien d'extraordinaire; on attribue souvent une victoire au général en chef d'une armée, quoique les plans de la bataille aient été proposés par un de ses subalternes. Ce qu'il y a de plus fort, c'est qu'il fait T'cheng-miao auteur de ces caractères antiques, abandonnés par Che-hoang-ti ; mais il n'a pas prouvé cette curieuse assertion, et personne ne le croira sur parole. Tout ce que l'on peut dire, c'est qu'il y a controverse sur la question de priorité. Cela n'a rien d'étonnant; même de nos jours, en Europe, malgré toutes les facilités d'investigation, il y a quelquefois dispute sur le brevet d'invention, réclamé par deux ou plusieurs prétendants. Ce même Hiu-chen dit plus bas que l'usurpateur Wang-mang 王莽 [33 avant—23 J. C.] aurait déterminé plusieurs genres d'écriture : 1°/ les Kou-wen 古文, ou caractères antiques; 2°/ les Ki-tse 奇字, ou caractères secrets que les seuls initiés pouvaient lire ; 3°/ les Tchoan-chou 篆書 [ou Siao-tchoan 小篆], ou caractères communs, qui passaient alors pour une invention de T'cheng-miao, au dire de l'auteur; 4°/ enfin les Li-chou 隸書, objest de la présente discussion, ou daractéres à l'usage des employés.

  Voilà ce qui concerne l'écriture. Quant au papier, il était encore inconnu sous la dynastie T'sin 秦 ; le pinceau en poil était déjà en usage ; il a été seulement perfectionné par Mong-tien 蒙恬. Au lieu de papier, on employait soit des tablettes de bambou, soit des pièces de toile ou de soie ; mais tout cela était trop encombrant, ou trop cher. T'sai-luen 蔡倫, chambellan de l'empereur Houo-ti 和帝, [89-106] de la dynastie Han 漢, trouva le moyen de fabriquer, en employant une sorte d'écorce intérieure d'arbre, soit du chanvre. C'est pour cela que ce papier a conservé le nom de l'inventeur; on l'appela T'sai-heou-tche 蔡侯紙 ; papier du seigneur T'sai.

  Parmi les nombreuses réformes accomplies par Che-hoang-ti, nous aurions dû mettre en premier lieu l'agrandissement et l'embellissement de sa capitate Hien-yang 咸陽 ; mais nous reviendrons un peu plus loin sur cette question ; pour l'instant il suffit de dire qu'il en fit une ville incomparable ; tout ce qu'on lit de plus extraordinaire dans l'antiquité grecque, romaine, assyrienne ou autre, fut grandement dépassé par lui.

CHAPITRE IV
CHE-HOANG-TI VOYAGEUR ET PONTIFE

Nous allons maintenant suivre notre héros dans ses diverses pérégrinations. Il ne voyageait pas en touriste ; il voulait faire la visite de chaque province, pour y compléter, réformer, surveiller l'administration. Devenu empereur, c'est-à-dire fils du ciel [T'ien-tse 天子], il n'avait garde d'oublier son rôle de pontife et de sacrificateur ; nous allons le voir à l'œuvre.

A l'est, l'empire s'étendait alors jusqu'au royaume de Tchao-sien 朝鮮 c'est-à-dire la Corée (1) : à l'ouest, il allait jusqu'à Lin-t'ao 臨洮 et Kiang-tchong 羌中 (2), ce qui donnait une distance de 1551 ly jusqu'à la capitale; au sud, la limite était à peu près à l'équateur; au nord, la courbe du fleuve jaune, les montagnes de Yng 陰 et le Liao-tong 遼東 (3) formaient la frontière.

Mais quand le fils du ciel descend vers son peuple, il ne va pas par des chemins de traverse ni par de minuscules canaux. Tout doit être digne de sa majesté. Che-hoang-ti fit faire de belles routes carrossables [t'che-tao 馳道] ; à l'est, elles pouvaient le mener jusqu'aux anciens royaumes de Yen 燕 et de T'si 齊, c'est-à-dire le Tche-ly 直隸 et le Chan-tong 山東; au sud, elles traversaient l'ancien royaume de T'chou 楚, puis celui de Ou 吳, conduisaient jusqu'aux grands lacs et aux grands fleuves de ces pays, et parvenaient jusqu'au rivage de la mer.

---

(1) *Tchao-sien.*—C'était tout le pays situé à l'est du Liao-tong 遼東. (K. vol. 上 p. 117)

(2) *Lin-t'ao.*—C'était T'ao-tcheou 洮州 dans le Kan-sou. C'était encore Ming-tcheou 岷州; jusqu'au temps de la dynastie Han 漢, ce pays fut habité par les Tartares Jong 戎.

Kiang-tchong était au sud-ouest de Ling-t'ao; c'est-à-dire la préfecture actuelle de Ning-hia-fou 寧夏府 (Y. vol. 中, p. p. 130.135)—(F. vol. 15, p. 31).

(3) *Les montagnes de Yng* s'étendaient depuis le fleuve jaune jusqu'au Liao-tong; on peut dire depuis le Chan-si jusqu'à la mer. I e K. vol. 中, p. 106, indique une ville de Yng-chan dans le pays des Ortous. Le F. vol. 14, p. p. 50,54, donne une description plus détaillée de ces montagnes; il les place au nord-est de Cheou-hiang-t'cheng 受降城, à mille ly de la préfecture Yu-tchong 榆中.

Sous la dynastie Han, la partie méridionale de ce pays s'appelait Pé-ho 北河; la partie septentrionale s'appelait Yng-chan; c'est cette chaîne de montagnes qui formait une barrière entre la Chine et les tribus sauvages. Che-hoang-ti refoula les Huns au nord-ouest de ces montagnes; dans ce pays de Yu-lin 榆林, le long du fleuve jaune, il fit bâtir jusqu'à trente-quatre villes, qui étaient autant de forteresses. Ces montagnes de Yng-chan ont plus de mille ly d'étendue; elles sont couvertes d'épaisses forêts remplies de bêtes sauvages. F. Grande Géog. vol. 61, p. 22.

Dans l'histoire de la Chine, il n'y a que Che-hoang-ti qui soit mentionné comme constructeur de routes; ce qui veut dire que lui seul fit les choses si grandement.

En 220, Che-hoang-ti commence sa visite par les provinces de Long-si 隴 西 et de Pé-ti 北 地 (1) dans le Kan-sou actuel; il revient par la montagne appelée Tête de coq [K'i-t'eou-chan 雞 頭 山] (2), et se rend à son palais de Hoei-tchong 回 中 (3); c'était une vraie forteresse qu'il avait élevée contre les incursions des Tartares (Huns); dans la suite, elle fut détruite par eux. Tout cela était à l'ouest de l'empire.

A son retour, pour occuper ses loisirs, il bâtit le palais de la fidélité, Sin-kong 信 宮, au sud du fleuve Wei 渭 ; plus tard il l'appela le temple à coupole, Ki-miao 極 廟, parce qu'il ressemblait à la coupole du ciel [T'ien-ki 天 極]; il fit construire devant ce palais une grande route jusqu'à la montagne Li-chan 酈 山 (4). Il bâtit encore un autre palais nommé Kan-t'siuen-t'sien-tien 甘 泉 前 殿, c'est-à-dire : devant la source d'eau douce. Comme pour le précédent, il le mit en communication avec sa capitale par une immense allée couverte, avec un mur de chaque côté, pour se protéger contre les regards des curieux ; ces galeries s'appelaient yong-tao 甬 道 [Couvreur, 244]. Ces routes étaient larges de cinquante pas, pour les voitures; puis, il y avait de chaque côté un large trottoir pour les piétons; la terre y était battue à grands coups de maillets de fer; enfin, sur les deux bords, on plantait des arbres toujours verts, tels que les pins ou les sapins.

---

(1) *Long-si*, c'est le pays de Lan-tcheou-fou 蘭 州 府 et du Kong-t'chang-fou. 鞏 昌 府, Kan-sou.

Pé-ti, sa capitale était la préfecture actuelle de K'ing-yang-fou 慶 陽 府, Kan-sou (K. vol. 上 p. p. 95. 101)—(Y. vol. 中 , p. 133).

(2) *K'i-t'eou-chan* est à 40 ly à l'ouest de P'ing-leang-fou 平 涼 府, Kan-sou. (Y. vol. 中, p. 127). Sous la dynastie Han, ce pays s'appelait Kao-p'ing. (F. vol. 15. p. 13). Là se trouve le fameux défilé nommé Siao-koan 蕭 關 ; c'est un des plus importants ; il est pour ainsi dire vital pour l'empire ; car il le protège contre les incursions du nord-ouest ; bien des fois on s'y est battu. Voilà pourquoi Che-hoang-ti commençait sa visite par ces pays. (F. vol. 13, p. 18).

(3) *Hoei-tchong*, était à 120 ly à l'ouest de Long-tcheou 隴 州, Fong-siang-fou 鳳 翔 府 Chen-si. [Y. vol. 中, p. 117]—[F. vol. 14, p. 30].

(4) *Si-chan*—dans la sous-préfecture de Lin-tong-hien 臨 潼 縣, Si-ngan-fou 西 安 府. (Y. vol. 中, p. 109). Le palais en question était à 12 ly sud-ouest de Yu-hien 鄠 縣 Si-ngan-fou. (F. vol. 14, p. 12).

En 219, nouveau voyage vers les provinces de l'est. Il monta sur la montagne T'cheou i-chan 鄒 嶧 山 (1), située à plus de trois cents ly du fleuve jaune ; il y érigea une pierre monumentale, haute de vingt pieds, sur trois de large, comme souvenir de son passage. Mais il lui fallait une inscription digne de son sujet ; c'était chose facile puisque c'était la patrie de la fleur des lettrés, la patrie de Confucius et de Mong-tse ; les plus distingués d'alors se réunirent donc en conseil ; et voici l'éloge qu'ils composèrent: "L'auguste empereur a établi un ordre parfait dans tout l'empire, comme d'ailleurs il a toujours existé dans son royaume paternel ; les générations successives le célébreront à l'envi. Il a exterminé les rebelles et les malfaiteurs ; son autorité s'est répandue aux quatre points cardinaux; la puissance de ses armes et sa justice sont reconnues partout ; les Tartares sauvages reconnaissent son autorité ; la bonne administration étant assurée, il a abattu les six tyrans les plus puissants ; dans l'espace de vingt-six ans, le ciel l'a élevé à la sublime dignité d'auguste empereur; la vraie piété a aussitôt éclaté partout ; il a réussi en toutes ses entreprises ; il distribue autour de lui de grands bienfaits; il va en personne visiter les provinces les plus reculées. Il est venu sur cette montagne de I-chan ; grand nombre de dignitaires sont à ses côtés, et pensent aux anciens désordres, aux continuelles perturbations causées par les feudataires, quand chacun d'eux voulait faire à sa guise ; les guerres, les combats se renouvelaient chaque jour ; le sang coulait à flots; et cela durait ainsi depuis l'antiquité. Ce monde ne compte pas dix-mille générations ; les cinq empereurs n'ont pu empêcher les guerres. Maintenant, notre auguste empereur a fait une seule famille de toute la Chine ; jamais plus il n'y aura de guerres; toutes les calamités publiques sont éloignées pour toujours; le peuple jouira d'une paix inaltérable ; les bienfaits déborderont sur lui sans interruption. Tous les dignitaires célèbrent à l'envi les hauts faits de l'auguste empereur; ils les gravent avec joie sur cette pierre commémorative, pour publier cette harmonie parfaite." (2)

---

(1) *T'cheou-i-chan*, à 25 ly sud-est de T'cheou-hien 鄒 縣, Yen-tcheou-fou 兗 州 府 Chan-tong (V. vol. 中, p. 31). Cette montagne a 20 ly d'étendue, de l'est à l'ouest ; ce nom a été donné à la ville, à cause de la montagne, qui est voisine.

(2) Cette inscription a été dédaignée par Se-ma-t'sien; mais elle est dans le Je-tche-lou 日 知 錄, vol. 149, p. 1; toutefois, le texte n'en est pas tout à fait exact, il y a quelques variantes. Le commentaire dit aussi qu'elle ne vaut pas l'inscription gravée sur la montagne T'ai-chan 太 山; le lecteur sera juge.

Quant à moi, je la trouve meilleure, parce qu'elle insiste davantage sur la paix, le premier et le plus grand bien des royaumes.

Che-hoang-ti consulta les lettrés sur la manière de préparer les emplacements pour les sacrifices au ciel et à la terre en plein air : il les consulta encore sur les sacrifices à offrir aux montagnes et aux fleuves, etc.; puis il se rendit sur la montagne T'ai-chan 太山, fameuse entre toutes, appelée autrefois Tong-yo 東嶽 (1).

La base aurait, dit-on, deux-mille ly d'étendue ; sur les flancs on y trouverait beaucoup de plantes médicinales, et beaucoup de jades. C'est par le côté méridional qu'il fit son ascension jusqu'au sommet; pour cela il fit pratiquer un chemin convenable. Parvenu sur la cime, il fit élever un tertre long de cent-vingt pieds sur trois de haut, dont la terre fut fortement pilée, pour en faire un autel. Là il sacrifia au ciel et à la terre, en offrant de l'eau [Hiuen-t'sieou 玄酒] et une table chargée de poisson. Au moment où il descendait par le côté nord, il y eut un orage épouvantable; il fallut se réfugier sous les arbres; en reconnaissance de cet abri, il les éleva à la dignité d'officiers du cinquième degré !

---

(1) T'ai-chan (ou Tong-yo) est à 5 ly au nord de T'ai-ngan-hien 太安縣, T'ai-ngan fou, Chan-tong. Comme altitude, les Chinois lui donnent quarante-neuf-mille pieds; en comptant le nombre de pas qu'il faut faire, pour arriver au sommet, ils disent qu'il y a cent-quarante huit ly. (Y. vol. 中, p. 28)—(F. vol. 9, p. 2). T'ai-chan est une des quatre montagnes sacrées de l'antiquité; la route a plus de 50 détours; elle conduit par la crête T'ien-men 天門 bien marquée sur la carte. C'est là que sont les 5 sapins élevés à la dignité de "Seigneurs" par Che-hoang-ti; du pied de la montagne au lieu des sacrifices, il y a 40 ly.

Sur l'inscription, voyez le Je-tche-lou 日知錄 vol. 31, p. 21 29—Il existe une monographie sur cette montagne intitulée T'ai-chan-ki 太山記; mais je n'ai pu me la procurer. — Du pic oriental appelé T'sin-koan-chan 秦觀山, on peut voir, dit-on, Tchang-ngan 長安 la capitale du Chen-si; du pic Ou-koan 吳觀, on peut voir la ville de Koei-ki 會稽 au Tché-kiang. Il y a encore les pics du Japon, du royaume de Yué 越, etc., avec des légendes semblables; le Hoang-ho 黃河 qui coule à plus de 200 ly de là, paraît un fil brillant étendu au pied de la montagne.

Sur la carte, à l'est, à l'endroit le plus élevé, est indiquée une pierre monumentale où il n'y a plus un seul caractère visible; divers auteurs disent qu'elle fut placée là par Che-hoang-ti ; mais Kou-yen-ou, dans son ouvrage Je-tche-lou, à l'endroit cité ci-dessus, prétend qu'elle ne date que de la dynastie Han 漢; le monument érigé par Che-hoang-ti, haut seulement de 5 pieds, avec l'inscription faite par Li-se 李斯, était à l'ouest de cette pierre, près du lac Yu-niu-tche 玉女池. —Dans le Ou-king-t'ong-i 五經通義, il est dit que le fondateur de chaque nouvelle dynastie devait aller à la montagne de T'ai-chan, et y offrir des sacrifices solennels. A cette occasion, de grandes largesses devaient aussi être faites au peuple. Sur la plus haute cime, l'empereur devait sacrifier au ciel [天封]; au pied de la montagne Leang-fo-chan 梁父之阯, il devait sacrifier à la terre. D'après Se-ma-T'sien chap. 28, 封禪書, aucun des anciens "Saints" empereurs n'aurait osé y manquer. Cependant, le grand Yu-禹 passe pour avoir sacrifié à la terre sur la montagne de Koei-ki 會稽, au Tché-kiang. D'autres empereurs ne se crurent pas non plus obligés de suivre en tout les antiques traditions, et changèrent aussi le lieu de leurs sacrifices. L'auteur dit que la dynastie actuelle a surpassé en splendeur tous ses devanciers; c'est une flatterie de commande, le lecteur le comprend. Quelques empereurs ne tenant pas à faire l'ascension de la montagne, on a bâti au pied la pagode Tong-yo-miao 東嶽廟 pour les en dispenser; elle est indiquée sur la carte.

Comme souvenir de son passage, il fit dresser une pierre monumentale, avec l'inscription suivante composée de trente-six caractères, d'après le chiffre sacramentel six ; la voici :

" L'auguste souverain étant monté sur le trône a fait des règlements et des lois bien claires ; de manière que tous, mandarins et peuples, s'appliquent à leur office. C'est à la 26ème année de son règne qu'il a unifié la Chine toute entière ; il n'y a plus personne à lui refuser obéissance. En personne, sa Majesté parcourt les provinces les plus éloignées, pour voir son peuple [les têtes noires] ; parvenu sur cette montagne de T'ai-chan, sa vue a contemplé le point extrême de l'orient. Toute sa suite de dignitaires médite sur ses exploits, et donne ainsi une base solide à ses devoirs d'état ; tous célèbrent ses mérites et sa vertu. La bonne doctrine se répand partout ; chacun se trouve heureux ; en tout règne un ordre parfait; la justice resplendit avec éclat, et se transmettra sans cesse de génération en génération. L'auguste empereur, saint en sa personne, après avoir unifié toute la Chine, s'adonne sans repos à la bonne administration ; il se lève tôt, se couche tard ; fonde des institutions durables, et s'applique de tout cœur à instruire son peuple. Les enseignements des anciens sages pénètrent partout; chaque sujet, qu'il soit proche ou qu'il soit éloigné, connaît la saine doctrine, et s'empresse de suivre le bon plaisir de sa Majesté. Les nobles et le peuple se tiennent dans leur rang respectif ; hommes et femmes ne donnent que de bons exemples ; chacun s'applique à son devoir ; à l'intérieur, à l'extérieur, la gloire brille d'un vif éclat ; tout est pur et sans tache ; les âges futurs profiteront longtemps des mêmes avantages ; la réforme sera éternelle ; chacun observera fidèlement les lois établies, et s'abstiendra toujours de ce qui est prohib ."

De la montagne de T'ai-chan, Che-hoang-ti passa sur celle de Liang-fou 梁父 (1) ; il y fit encore élever un tertre en forme d'autel, et offrit des sacrifices aux montagnes et aux fleuves de l'empire.

Dans son rôle de grand pontife, Che-hoang-ti sacrifiait encore aux " huit esprits"; la coutume remontait, dit-on, à la plus haute antiquité; certains auteurs disent que c'est Kiang-t'ai-kong 公太姜, fondateur du royaume de T'si 齊, qui aurait le premier introduit cet usage; ce serait donc pour le moins, 1120 ans avant Jésus Christ. Mais quels étaient donc ces huit esprits ? En voici la liste (2).

---
(1) C'est à 110 ly sud-est de T'ai-ngan-hien, dont nous venons de parler.
(2) Nous donnons ces détails, d'après notre auteur de fond, le T'ong-kien-kang-mou; puis, d'après le Che-ki, chap. 28, p 2; et encore, d'après l'ouvrage Je-tche-lou, vol 149, p. 2.

Le P. Pierre Hoang, dans son ouvrage intitulé Tsi-chouo-tsiuen-tcheng ti-yao 集說詮真提要, p. 2, cite en partie le texte du Che-ki [chap. 28] où il est longuement parlé des sacrifices.

1º T'ien-tchou 天主, le seigneur du ciel (1). On lui sacrifiait à T'ien-t'si 天齊, pièce d'eau extrêmement profonde, au pied de la montagne du faubourg méridional de Lin-tche 臨淄. Le Che-ki, au lieu indiqué, prétend que le nom du royaume de T'si lui vient de cet endroit; voici le texte même : 齊所以為齊以天齊也 T'si, souo i wei t'si, i t'ien-t'si yé ! Le royaume de T'si a ce nom parce qu'il est au milieu du ciel [ou bien : est le nombril du ciel]. Le Kai-yu-tsong-k'ao, vol. 25, p. 2, a aussi la discussion suivante : "東嶽天齊 Tong-yo, t'ien-t'si, la montagne Tong-yo [T'ai-chan] est le centre [le nombril] du ciel; cette expression date de la dynastie T'ang 唐, où le lettré Tchang-yué 張說 [667-730], grand écrivain et grand homme d'état sous l'empereur Hiuen-tsong 玄宗 [713-765], l'a mise en vogue dans ses écrits; selon lui, c'est Che-hoang-ti qui en descendant de cette montagne lui voulut donner un nom plus glorieux et l'appela T'ien-t'si, le nombril du ciel.—Mais, continue le même recueil, T'ai-chan et T'ien-t'si étaient deux choses bien différentes; à chacune d'elles on offrit autrefois des sacrifices différents. T'ien-t'si est un lac, à 8 ly sud-est de Lin-tche 臨淄; de plus, T'ien-t'si signifie nombril du ciel [天之臍也 T'ien-tche-t'si-yé]; de là est venu le nom du royaume de T'si 齊, qui équivaut à Tchong-yang 中央, le milieu du milieu. Donc, autrefois T'ien-t'si signifiait la pièce d'eau près de Lin-tche; maintenant il signifie la montagne T'ai chan, mais cela vient de l'ignorance des lettrés."

2º Ti-tchou 地主, le seigneur de la terre. On lui sacrifiait sur un contrefort de la montagne T'ai-chan, appelé Liang-fou.

Voulez vous savoir comment ces pauves païens expliquent la bizarrerie de ces distinctions dans leurs rites ? écoutez : Le ciel aime le principe faible [陰 Yng] ; il lui faut donc sacrifier sur une colline, au pied d'une grande montagne. La terre aime le principe fort [陽 Yang]; donc il lui faut des sacrifices sur une petite butte conique, au milieu d'un étang. Dans les deux cas, les lieux ainsi consacrés s'appellent des Tche 畤, lieux, autels, où l'on sacrifie au ciel, à la terre et aux cinq grands empereurs de l'antiquité. Voilà toute la profonde philosophie de ceux qui méconnaissent le Créateur du ciel et de la terre !

---

(1) 天主 T'ien-tchou est mentionné dans Se-ma-t'sien, chap. 28, p. 2; il dit qu'on lui sacrifiait près de T'ien-ts'i-yuen 天齊淵, au pied de la montagne, près de Lin-tche. Ce texte était bien connu du P. Mathieu Ricci, si profondément versé dans la littérature chinoise. (Voir à la fin de cette histoire, un appendice où nous ajoutons quelques notes, trop longues pour être insérées ici).

Le F. vol. 10, p. 24, mentionne T'ien-t'si-yuen 天齊淵, la fontaine, le lac l'abime de T'ien-t'si, grande pièce d'eau qui se trouve à 8 ly sud-est de Lin-tche-hien 臨淄縣, Tsing-tcheou-fou 青州府, Chan-tong.

Le caractère 齊 T'si signifie milieu ; son équivalent 臍 se prononce de même T'si, avec le même accent ; on les emploie volontiers l'un pour l'autre.

3° P'ing-tchou 兵 主, le seigneur des armées. Quoique son nom se trouve parmi les huit esprits, celui-ci ne fut cependant qu'un homme, un certain T'che-yeou 蚩尤, soit-disant inventeur des armes et de l'art militaire. Son autel était à Tong-p'ing-lou 東平陸; mais il y a discussion maintenant pour déterminer où se trouvait cet endroit. Le P. Hoang dit que c'était à Ngan-i-hien 安邑縣, l'antique capitale des deux illustres empereurs Choen 舜 et Yu 禹, à cinquante ly à l'est de Kiai-tcheou 解州, Chan-si. Mais le K. vol 上, p. 61, et le F. vol. 10, p. 10, prétendent que c'était au sud-ouest de Wen-chang-hien 汶上縣, à 90 ly nord-ouest de Yuen (Yen)-tcheou-fou 兗州府, Chan-tong. Là, paraît-il, serait le tombeau de T'che-yeou; il se trouve du moins un kiosque appelé Kan-t'ing 闞亭, qui rappelle sa mémoire. Puisque ces deux recueils s'accordent sur ce point, il est plus probable que c'est le vrai endroit.

4° Yng-tchou 陰主 le seigneur du principe faible (ou principe femelle). On lui sacrifiait à San-chan 三山 à cinquante ly au nord de Lai-tcheou-fou 萊州府, Chan-tong.

5° Yang-tchou 陽主, le seigneur du principe fort [ou principe mâle]. On lui sacrifiait (1) à Tche-fou-chan 之罘山, à 35 ly nord-est de Fou-chan-hien 福山縣, sur la frontière de la sous-préfecture Wen-teng-hien 文登縣, à la pointe du Chan-tong. Cette montagne a, dit-on, cinquante ly de circonférence; trois de ses côtés sont dans la mer. [F. vol. 10, p. 33.]

6° Yué tchou 月主, le seigneur de la lune. Son autel était à Tche-lai-chan 之萊山, à 20 ly sud-est de Hoang-hien 黄縣, dans la préfecture de Teng-tcheou-fou 登州府, Chan-tong.

7° Je-tchou 日主, le seigneur du soleil. Son autel était à Tcheng-chan 成山, promontoire qui s'avance dans la mer, à 150 ly nord-est de Wen-teng-hien 文登縣, dans la préfecture de Teng-tcheou-fou 登州府, Chan-tong (2).

8° Se-che-tchou 四時主, le seigneur des quatre saisons. Son autel était à Lang-yé 琅邪, à 140 ly sud-est de Tchou-t'cheng-hien 諸城縣, dans la préfecture de Tsing-tcheou-fou 青州府, Chan-tong.

---

(1) C'est là qu'est la ville de Tche-fou 之罘, bien connue des Européens; c'est leur ville privilégiée pour la saison d'été. Che-hoang-ti y fit élever une pierre commémorative où il fit graver les louanges de sa dynastie, comme nous allons le voir bientôt.

(2) A deux ly à l'est de Wen-teng-hien, il y a une montagne du même nom. Il paraît que Che-hoang-ti aurait réuni les lettrés du pays à cet endroit, pour discuter avec eux sur la gloire et exalter la vertu. De là serait venu le nom qui lui est resté : "lettrés qui montent (ou sont montés) Wen-teng 文登" (F. vol. 10, p. 34).

Che-hoang-ti avant de se rendre à ces divers endroits, pour y pontifier, avait d'abord longé le golfe de Pou-hai 渤海 [golfe de Tche-ly] depuis T'si-nan fou dans le Chan-tong, jusqu'à Chan hai-koan 山海關, à l'extrémité du Tche-ly ; puis il était revenu vers l'est par le pays de Hoang 黃, le Hoang-hien actuel ; puis par le pays de Tchoei 腄, à 70 ly de Wen-teng-hien 文登縣, deux contrés qui sont dans la préfecture de Teng-tcheou-fou 登州府, Chan-tong. [F. vol. 10, p. p. 33. 34]. Le séjour de Lang-yé lui plut si fort qu'il y resta trois mois ; puis il y fit transporter trente mille familles, qu'il exempta d'impôts pendant douze ans. Cette montagne est célèbre dans les annales de la Chine; on prétend que Keou-tsien 句踐, roi de Yué 越, après avoir anéanti le royaume de Ou 吳, s'y était rendu en pélerinage, et y avait élevé un autel. Celui-ci était en ruines quand Che-hoang-ti vint à son tour ; il le fit relever, et y offrit des sacrifices. Avant de partir, il fit dresser une pierre monumentale, avec l'inscription suivante de soixante-douze caractères, toujours d'après le nombre sacramentel six : " La 26ème année de mon règne, j'ai été élevé à la dignité d'auguste empereur ; de suite, j'ai fixé des lois uniformes, et j'ai établi des règlements pour toutes choses ; aussi chacun connaît son devoir ; parents et fils restent unis. La perfection, la science, l'humanité, la justice montrent à l'évidence la saine doctrine. Parvenu à l'extrême-orient de l'empire, j'ai arrangé toutes les affaires pendantes de cette région; j'ai passé l'armée en revue (1) ; après quoi j'ai visité la mer. Le grand mérite de l'auguste empereur est de s'appliquer de toutes ses forces aux choses d'importance majeure, c'est-à-dire à faire progresser l'agriculture ; quant aux choses secondaires, il doit moins s'en occuper ; ainsi le peuple deviendra riche. Dans tout l'empire il n'y a qu'un même cœur et les mêmes idées ; les armes offensives et défensives sont uniformes ; les caractères des livres sont les mêmes partout. Là où pénètrent le soleil et la lune, là où peuvent arriver les barques ou les voitures, tout le monde obéit à l'empereur, sans s'en trouver mal à l'aise. Faire chaque chose en temps opportun, seul l'auguste empereur en est capable ! Il a réformé les mauvais usages ; il a fait couler les eaux des inondations; il a délimité les pays; il montre un cœur miséricordieux envers son peuple ; il travaille du matin au soir ; tranche les doutes, et fixe les lois ; ainsi chacun sait ce qu'il faut éviter

---

(1) On pourrait aussi traduire: pour nous rendre inutiles les soldats 省卒士 (Couvreur s. 685).

Il a nommé des gouverneurs pour les provinces, afin que la sécurité et la paix règnent partout ; il distribue ou retire les dignités avec justice, et d'après des règles clairement établies ; son esprit pénétrant observe les contrées les plus éloignées de l'empire. Les nobles, les dignitaires, le peuple, chacun reste à sa place respective, sans s'arroger des titres indus ; les gens de mauvaises mœurs ne sont pas tolérés ; la conduite doit être exempte de reproche ; les robustes et les faibles doivent travailler selon leurs forces ; personne n'oserait se montrer paresseux ; ceux qui sont en charge, et ceux qui se sont retirés dans la vie privée, s'appliquent à avoir un maintien grave et respectueux ; toujours droits et corrects, sincères et fidèles, ils s'occupent de leurs affaires d'après des règles fixes. La vertu de notre auguste empereur maintient dans l'ordre les régions les plus reculées de la Chine ; il punit les perturbateurs, et retranche de la société les malfaiteurs ; il augmente le bien-être et la richesse du pays ; il règle chaque chose en son temps ; ainsi tous les êtres vivants prospèrent en abondance ; le peuple est en paix ; il n'est plus effrayé par le tumulte des armes. Les six degrés de parenté s'entr'aident mutuellement ; les voleurs, les brigands n'oseraient se présenter ; chacun est heureux d'obéir ; chacun sait parfaitement son devoir tracé par les lois ; entre les six limites (est, ouest, nord, sud, zénith, nadir) tout territoire appartient à l'auguste empereur ; à l'ouest, les frontières vont jusqu'à Liou-cha 流沙 (1) ; au sud, jusqu'à l'équateur ; à l'est, jusqu'à la mer orientale ; au nord, jusqu'au delà de T'ai-hia 太夏 (2) ; toute terre foulée par le pied d'un Chinois lui appartient aussitôt. Les mérites de notre auguste empereur effacent ceux des anciens cinq grands saints ; ses bienfaits atteignent même les bœufs et les chevaux (3) ; rien n'échappe à sa vigilance ; chacun vit tranquille dans sa demeure. Il n'y a que le roi de T'sin qui ait pu soumettre la Chine tout entière, obtenir le titre d'auguste souverain (hoang-ti 皇帝), et régner à l'est jusqu'à Lang-yé. Les anciens empereurs avaient des territoires de mille ly carré d'étendue ; les rois feudataires avaient des domaines légalement limités ; tantôt, ils rendaient hommage à l'empereur ; tantôt ils s'y refusaient ; ils s'attaquèrent mutuellement, et commirent toutes sortes de perturbations ; les massacres et les guerres étaient sans fin. Encore gravèrent-ils leurs faits et gestes sur des pierres monumentales, pour perpétuer leur nom.

---

(1) Liou-cha, le sable mouvant, le désert de Gobi. C'est l'expression employée par le Yu-kong 禹貢 (Zottoli, III, p. 367)—(E. vol. 5, p. 29).

(2) T'ai-hia, c'est la ville de T'ai-yuen-hien 太原縣 T'ai-yuen-fou, au nord du Chan, p. (F. vol. 8, p. 2)—(Y. vol. 中 p. 47).

(3) C'est le comble de la vertu, d'après les lettrés.

Dans l'antiquité, les connaissances et les institutions des cinq empereurs et des trois rois n'étaient pas les mêmes; leurs lois n'étaient pas claires; ils empruntèrent hypocritement l'autorité des mauvais génies (1), pour en imposer aux pays éloignés; leurs actions n'égalèrent pas leur renommée; aussi ne durèrent-ils pas longtemps; ils étaient à peine dans la tombe que déjà les princes feudataires se révoltaient, et que leurs lois n'étaient plus observées par personne. Maintenant, notre auguste empereur a réuni sous un seul sceptre toutes les nations qui sont entre les quatre mers; elles sont administrées comme de simples provinces ou comme de simples sous-préfectures; et toute la Chine est en paix. L'empereur illustre glorieusement les temples de ses ancêtres; la saine doctrine et lui ne faisant qu'un, il pratique toujours la vertu; sa gloire est des plus grandes. Tous les dignitaires sont unanimes à célébrer ses mérites. Ses louanges sont gravées sur cette pierre, pour servir de modèle et de mémoire aux âges futurs.

Avant ces pérégrinations, ou pendant leurs intervalles, Che-hoang-ti avait mis de l'ordre dans les différentes classes des hauts dignitaires. Wang-li 王離 avait été nommé marquis de Ou-t'cheng [武城候], marquis de premier rang, avec fief (2). Wang-peng 王賁 était marquis de T'ong-ou [通武侯], aussi de premier rang, avec fief. Mais Tchao-hai 趙亥 fut marquis de Kien-t'cheng [建成候], second rang, sans fief; de même T'che ng成, marquis de T'chang-ou [昌武候], et encore Fong-ou-tché 馮毋擇 marquis de Ou sin [武信候]. Quant à Wei-lin 隗林, il fut nommé grand ministre, avec Wang-koan 王綰 comme assesseur, ou conseiller. Le nom de ces deux derniers fut gravé, avec celui de Che-hoang-ti, sur les poids et les mesures nouvellement établis par tout l'empire. Li-se 李斯 et Wang-meou 王戊 furent nommés grands dignitaires [King 卿]; Tchao-yng 趙嬰 et Yang-kiao 楊摎 furent grands-officiers du cinquième degré.

C'était là l'entourage le plus intime de Che-hoang-ti ; ils l'accompagnaient dans son voyage à la mer orientale ; il les consultait sur toutes choses ; avec eux il avait déterminé le texte de la pierre commémorative ; leurs noms y furent même gravés, ce qui n'était pas un petit honneur !

---

(1) Koei-chen 鬼神, mauvais esprit, diable ; c'est une expression encore en usage maintenant.

(2) Un marquis (Lié-heou 列侯) était un dignitaire du vingtième degré dans la hiérarchie du royaume de T'sin: il y avait marquis de premier rang, ayant une ville pour fief, ou simplement quelques bourgs, selon les mérites; il y avait marquis de deuxième rang, sans fief. Les premiers portaient le nom de leur domaine, toujours situé en dehors du Chen-si ; car le Chen-si, étant le patrimoine de l'empereur, on n'y souffrait point d'autres feudataires. Les seconds étaient appelés marquis de l'intérieur des barrières, c'est-à-dire dans le Chen-si même (Koan-nei-heou 關內侯). Voyez, pour ces détails, le Heou-han-chou 後漢書, chap. 38, p. 5.

Che-hoang-ti avait terminé ses sacrifices, quand un lettré [de l'ancien royaume de T'si 齊] nommé Siu-che 徐市 lui présenta avec ses amis la supplique suivante—" Au milieu de la mer, il y a trois montagnes appelées Pong-lai 蓬萊, Fang-tchang 方丈 et Yng-tcheou 瀛洲 ; elles sont habitées par des esprits ; pour être admis à leur faire des demandes, il faut observer des jeûnes et des abstinences, être accompagné de jeunes gens et de jeunes filles encore vierges " Sur ce, l'empereur députa ce lettré lui même avec des milliers de jeunes gens et de jeunes filles, pour aller porter les demandes dont il le chargeait; mais ce fut en vain; cette députation revint en assurant avoir aperçu les îles prétendues, sans pouvoir y aborder. [P. Hoang, p. 58] (1).

Che-hoang-ti n'insista pas davantage; il partit, et passa par le pays de P'ong-t'cheng 彭城 (2); il observa des jeûnes et des abstinences, offrit prières et sacrifices, afin de pouvoir retirer de la rivière Se-choei 泗水 (3) celui des neuf tr pieds qui s'y était soit-disant envolé. C'était un point noir resté à l'horizon de la nouvelle dynastie. Il employa des milliers de plongeurs à la recherche du fugitif; impossible de le retrouver ! Il fallut y renoncer. C'était encore un mauvais présage !

Che-hoang-ti se tourna alors vers le sud-ouest, et voulut aller à la montagne de Heng-chan 衡山 (4), pour de là se rendre à la province de Nan-kiun 南郡 [dans le Fou-pé 湖北 actuel] ; il passa donc la rivière Hoai 淮 ; visita la montagne ; et bientôt s'embarqua sur le Yang-tse-kiang 楊子江 pour aller faire se dévotions au temple fameux de la montagne Siang-chan 湘山 (5).

---

(1) Dans les anciens temps, un nommé Song-ou-ki 朱毋忌, du royaume de Yen 燕, avec Tsien-men-tse-kao 羨門子高 (ou Tsien-men-kao) (Mayers, No 641), avaient la réputation d'être sorciers, et de savoir opérer toute espèce de transformations. Même les rois de Yen et de T'si se laissèrent prendre à leurs piéges et envoyèrent des députations aux trois îles en question, dans le golfe de Pou-hai 渤海 ; celles-ci n'étaient pas bien loin, disait-on, mais difficiles à aborder; car dès que les barques approchaient, un vent violent les repoussait. Là demeuraient des esprits; là aussi se trouvaient des plantes médicinales qui rendaient les hommes immortels; tout y était d'une blancheur éclatante, les palais des esprits étaient en or et en argent; quand on approchait, ces îles semblaient être des nuages; quand on abordait, les trois esprits se cachaient dans l'eau. Tous les princes désiraient ardemment s'emparer de ces îles. Le T'ong raconte ces sornettes; et le commentaire du Che-ki aussi.

(2) P'ong-t'cheng, c'est T'ong-chan-hien 銅山縣, Siu-tcheou-fou 徐州府, Kiang-sou. (Y. vol. 上, p. 44)—(F. vol. 4, p. 27).

(3) La rivière Se a sa source dans la montagne Pei-wei-chan 陪尾山, Se-choei-hien 泗水縣, Yen-tcheou-fou 兗州府, Chan-tong; elle coule au sud de Siu-tcheou-fou; puis va se jeter dans la rivière Hoai 淮. (F. vol. 4, p. 27—vol. 10, p. 8)—(Y. vol. 中, p. 31)

(4) Heng-chan, à 30 ly nord-ouest de Heng-tcheou-fou 衡州府, Hou-nan; on dit qu'-elle a 800 y d'étendue, avec 72 pics. (F. vol. 22, p. 10). Il passa la Hoai 淮 à 25 ly au nord-ouest de Cheou-tcheou 壽州 de la préf. Fong-yang-fou, Grande Géogr. vol. 21 p. 25 Cf. 日知錄 vol. 251, 5 il y a une dissertation sur la montagne Siang-chan.

(5) Siang-chan (ou Hoang-ling-chan 黃陵山), à 40 ly au nord de Siang-yng-hien 湘陰縣, Tchang-cha-fou 長沙府, Hou-nan. Là se trouvent encore les tombeaux des deux femmes de l'empereur Choen 舜; le temple est au sud de la montagne (F. vol. 22, p. 4).

Mais en chemin il eut à subir un orage épouvantable ; il eut grand, peine à traverser le fleuve. Il demanda aux savants de sa suite: " Quel esprit est le maître de cette montagne Siang ? " Ceux-ci lui répondirent: "Nous avons ouï dire que les filles de l'empereur Yao 堯, femmes de l'empereur Choen 舜, y sont enterrées." Che-hoang-ti entra dans une colère indicible; il fit bientôt envoyer trois mille condamnés pour abattre tous les arbres de cette montagne, et la dénuder entièrement. De là, il passa par le défilé de Ou-koan et rentra dans sa capitale (1).

En 218, nouveau voyage aux pays de l'est. Dès les débuts Che-hoang-ti courut un grand danger: il était arrivé à un endroit nommé Pouo-lang-cha 博浪沙, dans la contrée de Yang-ou 陽武 (2); là une bande de brigands fondit sur le cortège; elle avait pour chef un certain Tchang-liang 張良 (3) originaire de l'ancien royaume de Han 韓; ennemi juré de l'empereur, il épiait son passage pour l'assassiner ; lui-même n'était pas présent au moment de l'attaque; il était remplacé par un de ses affidés qui se trompa de voiture, et s'acharna en vain sur celle qui suivait celle de l'empereur. Che-hoang-ti fit chercher l'assassin pendant dix jours dans tout l'empire; mais on ne put s'en emparer.

Ayant échappé à ce danger, l'empereur se rendit à la montagne de Tche-fou 之罘, dont nous avons parlé précédemment. Il voulut y laisser un souvenir de son voyage ; il fit dresser une pierre monumentale, avec l'inscription suivante : " La 29ème année de son règne, à la 2ème lune, juste quand le beau temps et la verdure commencèrent à reparaître, l'auguste empereur alla visiter l'est de son empire; ayant examiné l'administration, il monta sur cette montagne, puis se rendit au bord de la mer.

---

(1) Che-hoang-ti passait donc d'abord par le Hou-nan, pour aller er suite au Hou-pé et de là remonter à sa capitale de ...ien-yang, par le défilé situé entre le Hou-pé et le Chen-si.

(2) Yang-ou.-C'est Yang-ou-hien 陽武縣, Hoai-k'ing-'ou 懷慶府, Ho-nan. Pouo-lang était à 5 ly sud-est de la sous-préfecture actuelle. (F. vol. 12, p. 29.)

Che-hoang-ti ressemble à Trajan, le grand voyageur ; et comme lui il voulait s'immortaliser par des monuments.

(3) Tchang-liang : sa famille avait, pendant cinq générations, donné des ministres au roi de Han. A la chute du royaume, il avait perdu une fortune de cinq mille livres d'or. Quand ses frères moururent, il ne s'occupa même pas de leur enterrement ; il était comme obsédé par la pensée de venger son maître Nous le retrouverons encore plus tard ; car il devint un des ennemis les plus actifs de la dynastie Tsin; et il contribua beaucoup à l'anéantir. C'était un grand lettré. A l'endroit où eut lieu l'attaque, il y a un kiosque commémoratif. C'est là aussi que Tsao-tsao 曹操 [220 après J-C] a livré une grande bataille.

Tchao-i 趙翼, dans son recueil intitulé Eul-che-eul che Tcha-ki, vol. I, p. 14. corrige le mot "Cinq générations "; il dit que Tchang-liang ainsi que son père et son grand-père (donc trois générations seulement) avaient été ministres sous cinq rois successifs. C'est peut-être ce que voulait dire Se-ma-t'sien ; car Tchao-i prouve sa correction.

Toute sa suite de dignitaires était ravie de ce spectacle; dans leur joie, ils se reportaient par la pensée aux grands mérites de leur auguste maître; et célébraient à l'envi la fondation de l'empire. Ce grand saint (l'empereur) a réglé l'administration; il a fixé les lois et règlements nécessaires; il a porté à la connaissance de tous ses sujets les vrais principes du bon ordre ; au dehors de la cour, il a instruit les gouverneurs; il a fait glorieusement rayonner la politesse et la bienfaisance; il a fait resplendir la justice et la saine doctrine. Les six grands royaumes vassaux s'étaient complètement pervertis; ils avaient une soif insatiable de commettre des crimes; leur tyrannie sanguinaire n'était jamais rassasiée. Notre auguste empereur eut pitié du peuple; il envoya une armée vengeresse, et déploya ses talents guerriers. Juste dans ses punitions, droit dans ses actions, sa puissance rayonne jusqu'aux confins de la terre ; il n'y a personne qui ne soit soumis. Il a brûlé et exterminé les tyrans incorrigibles ; il a secouru et sauvé le bon peuple ; il a mis l'ordre en tout et partout jusqu'aux frontières les plus reculées. Les lois sont claires, les fils de l'administration se développent avec harmonie par toute la Chine ; ce sera un modèle éternel pour les âges futurs. O merveille ! dans tout l'empire, chacun s'empresse d'obéir au bon plaisir de l'empereur ! Tous les dignitaires proclament ses hauts faits, et demandent à les graver sur ce monument, afin qu'ils soient transmis comme un exemple perpétuel."

L'inscription marginale portait : " La 29ème année de son règne, au printemps, l'auguste empereur alla faire une inspection pour observer et examiner les pays éloignés de sa capitale ; parvenu au bord de la mer, il monta aussitôt sur la montagne de Tche-fou, et considéra les régions orientales. Le paysage est vaste et magnifique ! A cette vue, les dignitaires songèrent comment l'antique bonne doctrine a été remise en lumière; la sainte loi commence à briller; à l'intérieur de l'empire, elle se montre dans toute sa pureté; hors des frontières, les tyrans et les méchants sont abattus; la renommée des troupes jette la terreur aux quatre points cardinaux; les six puissants royaumes sont anéantis; tous les pays sont unis sous un seul sceptre, les calamités sont finies; le bruit des armes a cessé pour toujours. La haute intelligence de notre auguste empereur met en lumière la bonne doctrine; il s'applique à écouter, et à examiner toutes choses; il fait régner la justice dans tout son éclat; il tient en bon état tout le matériel de guerre; les insignes, les drapeaux, tout est prêt. Les officiers en charge font leur devoir ; chacun connaît sa tâche, ce qu'il y avait d'obscur et de douteux a été éclairé : le peuple a changé de mœurs ; ceux qui sont proches, comme ceux qui sont éloignés, tous sans distinction ont la même loi ; le présent surpasse les temps anciens.

Des lois stables étant fixées, les descendants n'auront qu'à suivre les lignes tracées, à observer constamment les ordres de l'empereur. La multitude des dignitaires exalte ses vertus, célèbre ses grands mérites, et demande à les graver sur cette pierre, à Tche-fou."

Che-hoang-ti partit de là pour se rendre à Lang yé 邪 琅 comme dans le voyage précédent; puis il rentra dans sa capitale, en passant par la province de Chang-tang 上 黨.

A l'année 217, nous ne trouvons rien dans les historiens.

En 216, Che-hoang-ti ordonne à chacun de ses sujets d'indiquer la quantité exacte de terres qu'il possède; en même temps il fait de grandes largesses par tout l'empire; chaque village de vingt-cinq feux reçoit six charges de riz blanc et deux brebis. De même, il change le nom de la douzième lune; au lieu de la yué 臘 月, il veut qu'on l'appelle Kia-p'ing 嘉 平 l'heureuse paix. La 臘 signifiait l'offrande faite aux esprits, le troisième jour après le solstice d'hiver (Couvreur, p. 460):

Che-hoang-ti se déguisait parfois, et se promenait ainsi à travers sa capitale, pour tout examiner à son aise. Or, cette année, une certaine nuit, il se trouvait ainsi au bord de l'étang artificiel nommé Lan-tche 蘭 池, à l'est du grand palais Sin-kong 信 宮 (ou Ki-miao); il était accompagné de quatre gardes seulement; il fut attaqué par des brigands, et fut en grand danger; mais les gardes se battirent vaillamment, tuèrent plusieurs de ces brigands, et mirent le reste en fuite; pendant vingt jours on les chercha dans tous les défilés; on ne put mettre la main sur eux. En reconnaissance de ce qu'il avait échappé à ce péril, Che-hoang-ti fit distribuer au peuple seize cents charges de riz (1).

En 215, Che-hoang-ti part de nouveau pour les provinces de l'est; il se rend d'abord à la montagne Kié-che-men 碣 石 門, semblable à une scie gigantesque (2). Il fit raser les fortifications de la ville, creuser des canaux pour l'écoulement des eaux, construire une digue contre les inondations. Il fit encore graver une pierre commémorative; Se-ma-t'sien, vol. 6, p. 17 donne le texte de cette inscription; mais nous en faisons grâce au lecteur; elle ressemble aux précédentes, et ne contient aucun détail historique; nous en avons assez pour connaître le genre de ces louanges de commande; le style solennel antique chinois 'es rend un peu moins ennuyeuses qu'une traduction. D'ailleurs, la suite de cette histoire nous prouvera que l'état des choses était loin de ce qu'on y célèbre; jamais il n'y eut plus de corvées ni plus de brigandages.

---

(1) Ce lac est à 25 ly à l'est de Hien-ning-hien 咸 寧 縣. C'est Che-hoang-ti lui-même qui l'avait fait creuser; il l'alimentait en y dirigeant l'eau de la rivière Wei 渭; il y avait aussi fait construire une montagne qu'il appela Pong-lai-han 蓬 萊 山; là encore, il avait fait sculpter une baleine de deux cents pieds de long. Ce lac a deux cents ly, de l'est à l'ouest, sur vingt ly du nord au sud. (Chen, vol. 73, p. 44—vol. 72, p. 9).

(2) C'est à cet endroit que commença la grande muraille que Che-hoang-ti fit bâtir peu après.

Che-hoang-ti aurait bien voulu s'emparer des fameuses îles enchantées dont on lui avait parlé au précédent voyage; ce fils du ciel se sentait vieillir, la mort approchait pour lui comme pour le dernier de ses sujets; quelle humiliation ! Il députa Han-tchong 韓終 et Heou-kong 侯公 à la recherche des esprits, surtout à la recherche des plantes médicinales de l'immortalité: c'était le plus important (1). Ceux-ci se firent accompagner, ou peut-être remplacer, par un certain Lou-chen 廬生, sorcier natif de l'ancien royaume de Yen 燕; lui-même ne rapporta point ce que l'on désirait; mais en revanche il offrit à l'empereur un tas d'histoires sur les diables et un recueil de prophéties; on dit qu'entre autres il y avait l'oracle suivant: c'est un Hou 胡 qui anéantira la dynastie T'sin; c'était aussi peu clair que les réponses des diables de Delphes; car ce nom pouvait signifier le second fils de Che-hoang-ti, qui s'appelait Hou-hai 胡亥; il pouvait désigner les Huns, sauvages du nord-ouest de l'empire. Bien mieux ! on croit aussi que c'est une prophétie faite après-coup par quelque fin lettré; il fallait mettre le ciel et la terre en mouvement pour détruire un tel monstre; d'ailleurs, nous verrons ce Hou-hai, causer la perte de sa dynastie naissante.

Che-hoang-ti partit donc pour visiter les provinces du nord; il se rendit dans la région de Chang-kiun 上郡; de là, il envoya son général Mong-tien 蒙恬 à la tête d'une armée de trois cent mille hommes attaquer les Hou 胡, c'est-à-dire les Huns, appelés encore Hiong-nou 匈奴 (esclaves, mendiants). Mong-tien s'empara de la contrée appelée Ho-nan 河南, parce qu'elle était au sud de la courbe septentrionale du fleuve jaune (2); il refoula les tribus nomades vers le nord; il établit l'administration régulière dans cette nouvelle région qui ajoutait quarante-quatre villes à l'empire ; puis il se prépara à construire la grande muraille pour garder cette importante conquête; mais ce travail gigantesque demande un chapitre à part; nous y reviendrons bientôt. Pour le moment, voyons les entreprises de Che-hoang-ti contre les pays du sud.

C'était à 20 ly nord-ouest de T'chang-li-hien 昌黎縣, Yong-p'ing-fou 永平府, Tche-ly. Cette montagne était célèbre depuis l'antiquité ; car elle est mentionnée dans le Chou-king 書經, au chapitre Yu-kong 禹貢. La sous-préfecture est sur le bord de la mer, dit le commentaire; mais la montagne est maintenant dans l'eau, puisque les vagues minent sans cesse la terre du rivage. (F. vol. 2, p. 30.)

(1) Avec les deux explorateurs sus-nommés, il y en eut un troisième nommé Che-cheng 石生.

(2) Le pays des Ortous. C'est actuellement la préfecture de Yu-lin-fou 榆林府 Chen-si. Alors, Hia-tcheou-t'cheng 夏州城 était à 200 ly nord-ouest de cette préfecture; elle appartenait à la province de Chang-kiun 上郡. Plus tard, les Huns reprirent ce pays. Cheng-tcheou 勝州 était à 450 ly de cette même préfecture, au bord du fleuve jaune qui à 50 ly de là opère sa courbe vers le sud.

C'est Ou-ling 武靈 roi de Tchao 趙 (325-298), qui avait d'abord conquis cette contrée de Lin-hou 林胡.—(Y. vol. 中, p. 124)—(F. vol. 14, p. 53).

En 214, dit le Je-tche-lou 日知錄 vol. 149, p. 8, l'empereur voulut se procurer des cornes de rhinocéros, des défenses d'éléphant des pierres précieuses rouges et bleues, dont la couleur imite celle du martin-pêcheur et du martin-chasseur; il voulait encore d'autres perles, abondantes en ces pays, paraît-il. C'était un pur prétexte pour entreprendre la conquête de contrées qui n'avaient jamais été soumises à l'empire, et qui étaient encore considérées comme sauvages.

C'était une grande expédition ; elle demandait un habile général et des troupes aguerries. Wei-tou-tsiu 尉屠唯 en fut chargé ; il emmena cinq cent mille hommes et les divisa en cinq corps d'armée, dont chacun devait occuper un des principaux défilés (1). Pendant trois ans, cette nombreuse armée ne put déposer la cuirasse, ni débander les arcs, tellement elle était harcelée par les hordes ennemies! Che-hoang-ti députa Kien-lou ou 監祿無 pour assurer les approvisionnements; de plus, il fit creuser des canaux pour faire communiquer les rivières Siang 湘 et Li 灕 avec les principales voies de transport. On attaqua d'abord les Yu-yué 與越; on tua I-hiu-song 譯吁宋 roi de la tribu Si-ngeou 西甌, située à l'ouest du Fou-kien actuel; les autres peuplades s'enfuirent dans les broussailles, préférant vivre avec les bêtes fauves plutôt que d'être annexées à l'empire. Ces malheureux fuyards, réduits à l'extrémité, devinrent terribles; ils choisirent pour chefs les plus braves d'entre eux, et firent la guerre de buissons, se cachant le jour, attaquant la nuit; une fois même ils remportèrent une grande victoire, tuèrent le général Wei-tou-tsiu, et massacrèrent plus de vingt-mille hommes. (Hoai-nan-tse 淮南子, vol. 18, p. 17).

Malgré cette résistance désespérée, les aborigènes durent peu à peu se retirer ou se soumettre. Che-hoang-ti envoya toute une nouvelle population occuper les pays conquis; c'étaient des transfuges de l'armée régulière; ou encore de petits marchands ambulants, des pauvres de tout sorte; il y eut jusqu'à cinq cent mille de ces émigrés chargés de garder les principaux défilés et les autres voies de communication. Aussitôt qu'il le put, Che-hoang-ti organisa l'administration régulière, et forma les provinces de Koei-lin 桂林, de Nan-hai 南海 et de Siang-kiun 象郡(2).

---

(1) Voir l'appendice, où nous donnons quelques notes sur les défilés du pays de T'sin.
(2) La province de Koei-lin, c'est le Koang-si 廣西, Siun-tcheou-fou  et Yu-lin-tcheou 鬱林州.
Celle de Nan-hai, c'est le Koang-tong. 廣東.
Celle de Siang, c'est le pays d'Annam (Ngan-nan 安南) (Y. vol. 下, p. p. 32, 47. 63 64.)—(K. vol. 上, p. p. 31, 121, 123).
Tous ces pays étaient alors compris sous la dénomination générale de Pé-yué 百越, les cent peuplades (sauvages) des Yué.

CHAPITRE V.

CHE-HOANG-TI CONSTRUIT LA "GRANDE-MURAILLE"

(1) Che-hoang-ti poussait activement et en même temps deux grandes expéditions. Celle de l'extrême-sud était laborieuse, nous venons de le voir ; le généralissime y avait perdu la vie ; mais enfin, au bout de trois ans, les pays convoités furent soumis, tant bien que mal. La campagne du nord était bien autrement difficile ; on s'attaquait à des gens plus redoutables ; de fait, on ne parvint pas à les dompter ; nous verrons à la fin, qu'on fut réduit à les parquer hors de la frontière ; et ce ne sera pas pour longtemps

Dès le principe, le ministre Li-se 李斯 avait combattu cette expédition : "Les Huns, disait-il à l'empereur, n'ont ni villes ni dépôts de provisions; ce sont des nomades qui errent de tous côtés ; ils sont difficiles à atteindre, difficiles à conserver sous l'obéissance. Si vous envoyez des troupes légères, elles pénètreront facilement dans le pays ; mais là elles mourront de faim ; des troupes chargées de leurs provisions ne pourront jamais avancer, ni poursuivre ces tribus dans leurs évolutions à travers le désert. Supposons que vous fassiez la conquête de ce pays, il ne vous servira de rien ; jamais vous ne forcerez ces peuplades à rester dans des demeures fixes, à cultiver la terre. Donc, après les avoir vaincues, vous seriez obligé de les exterminer. Mais votre Majesté, en qualité de père et mère du peuple, ne peut faire chose pareille ! Vous allez harasser votre armée, à la grande joie de ces sauvages ; et pour une entreprise bien éphémère !"

---

(1) Nous venons de rapporter la mort du général Wei-tou-tsiu 尉屠睢 ; il fut remplacé par le gouverneur de Nan-hai 南海 [actuellement Canton], nommé Jen-hiao 任嚣 ; celui-ci reçut pour aide-de-camp Tchao-t'o 趙陀 plus connu sous le nom de Yué-wang 越王 [seigneur, roi de Yué], originaire de Tcheng-ting-fou 正定府, Tche-ly, (Y. vol. 上, p. 16) Jen-hiao, sur son lit de mort, lui prédit les révolutions qui devaient arriver après la disparition de Che-hoang-ti ; il lui recommanda de profiter alors de ces circonstances pour se tailler une principauté. Tchao-t'o profita en effet du conseil et des occasions favorables ; il devint roi du Yué méridional, sous le titre de Nan-yué Ou-wang 南越武王 ; sa principauté comprenait alors les provinces actuelles de Koang-tong 廣東 et Koang-si 廣西 (Y. vol. 下, p. p 31. 32). A l'avènement de la nouvelle dynastie, Lou-kia 陸賈, fidèle ministre de l'empereur Han-kao-tsou 漢高租, visita ce Seigneur de Yué-méridional, et l'amena à reconnaître la suzeraineté du nouvel empereur. Mais la principauté continua à subsister; la cour chinoise attendit que le fruit fût mûr, pour s'en emparer. C'est seulement en l'année 111 avant Jésus-Christ que ce pays fut véritablement incorporé à la Chine [proprement dite]. (Voyez Mayers, nos 50, 234, 437.)

Che-hoang-ti n'écouta point ces bons conseils; il n'était pas homme à reculer, même devant l'impossible; il ordonna d'abord à son général Mong-tien 蒙恬 de prendre toute la région située au sud du fleuve jaune, et dont l'étendue était de mille ly; dans ce premier plan, le fleuve devait servir de frontière; puis, voyant ce point déjà obtenu, il ordonna de nouveau à Mong-tien de passer le fleuve, de s'emparer de la montagne Yng-chan 陰山 (1), de s'avancer de plus en plus en lignes courbes vers le nord, et de rejeter les Huns le plus loin possible.

Che-hoang-ti fut obéi à souhait. Mong-tien persista plus de dix ans dans cette expédition; il avait établi son quartier général dans la province de Chang-kiun 上郡, pour y recevoir plus facilement les approvisionnements; de là il organisait l'administration dans les régions qu'il conquérait; de là il préparait ses marches, à la poursuite de l'ennemi. Les Huns se sentaient impuissants à lutter contre un tel homme; sa seule renommée aurait épouvanté des peuplades moins guerrières; mais, malgré tous ses efforts, Mong-tien ne put jamais prendre pied au nord du fleuve; à peine était-il rentré dans son quartier-général que les Huns étaient déjà revenus, sur les pas de ses soldats, dans leurs anciens campements. Sur l'ordre de Che-hoang-ti, il s'empara des montagnes et défilés appelés Kao-kiué 高闕 (deux pics qui ressemblaient aux deux montants d'une porte), Tao chan 陶山 et Pé-kia 北假 (2); il y construisit de petits bastions pour tenir les Huns à distance, et protéger le pays; enfin il bâtit une forteresse sur le bord du fleuve jaune; tout fut inutile; rien n'arrêtait le retour opiniâtre de ces Tartares belliqueux.

C'est alors que Che-hoang-ti conçut le projet de leur opposer une muraille gigantesque par ses dimensions, sur une longueur de dix-mille ly [plus de quinze cents lieues !]. En vérité, avoir conçu et réalisé une telle idée, dans des conditions si défavorables, prouve une volonté indomptable, et une autorité à laquelle personne n'aurait osé résister. Après cela, les fantaisies les plus extravagantes de cet empereur ne nous surprendront guère.

---

(1) 顧炎武日知錄 vol. 31. p. 53 in verso et 29. Se-ma-koang vol., 6, p. 17, donne des renseignements sur les grandes murailles de Tch o 趙 et de Yen 燕.

(2) *Kao-kiué* au nord-ouest du fleuve jaune dans la Mongolie. Grande Géogr. vol. 61 p 26 contient beaucoup de détails 天下郡國利病書 vol. 116 p. 4 donne de longues notices.

Tao-chan devait être voisin, Cf 寰宇記 vol. 39 p. 6. vol. 38 p. 3. 12 et suiv.

Pé-kia, près de Ou-yuen 五原, au nord du Chen-si; c'est maintenant Mo-ming-ngan 毛明安 et Ou-la-te 烏剌忒, le pays des Ortous. (Y. vol. 下, p. 16.) Cf Grande Géogr. vol. 61 p. 30 suiv. Les forteresses, les forts, etc, y sont énumérés tout au long.

Che-hoang-ti employa d'abord à ce travail trois cent mille hommes de ses troupes; c'était bien insuffisant; il y envoya tous les condamnés, tous les mauvais employés de l'empire; il y envoya même une foule de lettrés auxquels il avait fait grâce de la vie, comme nous le dirons bientôt.

Mais comment ravitailler une telle multitude, sur le bord d'un désert, dans un pays où la terre est dure et improductive, l'eau saumâtre? Che-hoang-ti mit toute la Chine en réquisition, à commencer par le fertile pays de Lang-yé 琅邪, sur le rivage de la mer, au Chan-tong. Le plus difficile n'était pas de trouver les approvisionnements; c'était de les faire parvenir en quantité suffisante à des distances pareilles; quand on songe que sur cent-quatre-vingt deux charges de grains confiées au point de départ, une seule arrivait à destination; tout le reste était mangé ou vendu le long du chemin; c'est le témoignage des historiens. (1) Qu'on juge maintenant des corvées et des exactions que le peuple eut à subir ! Nous voici bien loin de cette paix, de cette prospérité chantée par les fameuses inscriptions ! Et pendant ce temps, dans la capitale, on bâtissait des palais innombrables !

Tous les hommes valides travaillant la terre avec ardeur ne suffisaient pas à produire le grain le plus nécessaire; les femmes ne suffisaient pas à produire la toile exigée pour les camps; les orphelins, les veuves, les vieillards n'avaient pas de quoi vivre; sur les routes on ne voyait que cadavres. C'est alors que commença l'aversion universelle contre la dynastie T'sin; ses jours étaient comptés ! Le peuple composa des complaintes, pour exprimer sa misère : " Vous avez engendré un fils, débarrassez-vous-en! Vous avez engendré une fille, choyez-la ! Ne voyez-vous pas, au pied de la grande muraille les monceaux de cadavres qui la soutiennent? etc., etc."

Une légende populaire a conservé le souvenir d'un fait singulier: la muraille bâtie sur les fondrières de Ou-tcheou 武周 était presque finie, quand elle s'écroula plusieurs fois; on ne savait que faire; tout-à-coup, un cheval paraît, s'élance dans une certaine direction, puis revient bientôt sur ses pas; tout le monde considéra ce fait comme un présage de bon augure; on rebâtit la muraille à l'endroit tracé par le cheval; cette fois, elle ne s'écroula plus. De là viendrait le nom donné à une ville qui plus tard y fut établie; elle s'appelle encore Ma-i-hien 馬邑縣 (la ville du cheval), dans la préfecture de Cho-p'ing-fou 朔平府 (Y. vol. 中, p. 67).

---

(1) Cho-san-che tchong, cul tche i che 率三十鍾而致一石 : on livrait trente tchong, il ne parvenait à destination qu'un che (dix boisseaux, ou cent livres); or, le tchong valait 64, ou 80, ou 100 boisseaux. trente tchong donnaient donc, pour le moins, 1820 boisseaux, ou 182 charges ; puisque la charge est ordinairement d'un che, ou dix boisseaux. Cf 繹史 vol. 149 p. 8.

À cette époque, à l'ouest de la Chine, parut une comète très brillante; les lettrés y ont vu naturellement un présage de grandes calamités; il est vrai que trois ans plus tard Che-hoang-ti mourait, et que la Chine fut la proie des révolutions; mais nos philosophes ont oublié que des comètes avaient aussi apparu quand cette dynastie commençait son ère de grandeur et de prospérité. Mais laissons nos lettrés philosopher, et revenons à notre muraille de dix-mille ly.

Voici ce qu'en dit Hoai-nan-tse 淮南子 : d'une manière générale, à l'ouest elle va jusqu'à Lieou-cha 流沙, c'est-à-dire le désert de Gobi ; au nord, jusqu'au fleuve Leao 遼 ; à l'est, jusqu'à la frontière de Tchao-sien 朝鮮, c'est-à-dire la Corée.

Notre auteur dit presque la même chose : la grande muraille commence, à l'ouest, dans la province de Long-si 隴西 [le Kan-sou actuel] à Lin-t'ao 臨洮 (1) voisine du désert de Lieou-cha ; elle se croise ensuite avec la rivière T'ao 洮 qui vient du nord ; puis elle suit le fleuve jaune vers l'est, jusqu'à la montagne de Yng-chan 陰山 ; de là elle s'en va jusqu'au Leao-tong 遼東. Pour la construire, on choisissait des endroits déjà fortifiés par la nature, telles que des gorges de montagnes, des vallées profondes, etc.

Venons maintenant à quelques détails sur ce rempart fabuleux ; nous les tirerons des auteurs chinois qui ont le mieux traité la question (2). Che-hoang-ti a eu des prédécesseurs dans cette entreprise. Ainsi Ou-ling-wang 武靈王, roi de Tchao 趙 [325-299], après avoir vaincu les Lin-hou 林胡, ou Tartares des forêts, et les sauvages Leou-fan 樓煩, bâtit une muraille depuis le pays de Tai 代, le long de la montagne Yng-chan 陰山, jusqu'à la contrée de Kao-kiué 高闕, pour protéger ses trois provinces du nord contre les invasions réitérées de ces Huns redoutables.

Le roi de Yen 燕 ordonna à son général T'sin-k'ai 秦開 de s'emparer des régions du nord, et d'y bâtir une muraille de mille ly de long, depuis Tsao-yang 造陽 jusqu'à Siang-p'ing 襄平. Ainsi, tout le pays du Leao-tong 遼東, depuis l'est jusqu'à l'ouest, fut protégé par ce rempart garni de soldats, contre les incursions de ces Tartares toujours ennemis de la Chine. (Yuen-kien lei-han 淵鑑類函, vol. 230. et vol. 239 p. 1)

---

(1) Lin-t'aoc', était le territoire des trois villes actuelles de Kin-hien 金縣, Lan-tcheou-fou 蘭州府 ; puis de Ming-tcheou 岷州, Kong-t'chang-fou 鞏昌府 ; enfin de Si-houo 西和 : le tout dans le Kan-sou actuel. (V. vol. 中, p. p. 126. 130).

(2) A ma connaissance c'est le T'ien-hia kiun-kouo li-ping chou 天下郡國利病書 qui donne le plus de détails sur ce sujet. Je suppose qu'il existe des monographies sur cette "grande muraille", sur quoi les lettrés chinois n'en ont-ils pas fait ? Mais malgré toutes mes recherches, je n'ai pu en trouver dans ce pays-ci. Combien je serais heureux, si quelqu'un pouvait m'en trouver dans quelque autre province !

Che-hoang-ti avait donc une base et un tracé pour ses propres constructions; le général Moug-tien, homme si habile, dut profiter de ce qui était en bon état; il lui restait encore assez à faire pour accomplir les ordres de son maître. N'oublions pas qu'il devait bâtir, en outre, trente-quatre villes murées ou forteresses, y établir et gouverner une population venue de tous les points de l'empire, à savoir, tous les condamnés pour crimes que Che-hoang-ti lui envoya; population de brigands utilisée contre des hordes sauvages. [Voyez la grande géographie, vol. 116, p. s.]

Quelqu'un pourrait croire à une contradiction en voyant le même auteur donner des chiffres différents pour les dimensions de cette muraille. A un endroit, il dit qu'elle avait treize pieds de haut, douze de large à la base, huit au sommet (vol. 47, p. 13); ailleurs, il lui donne trente-cinq pieds de haut sur vingt-cinq de large. Mais il faut observer que ce rempart n'avait pas partout les mêmes dimensions, cela dépendait de l'endroit, de la position, de la nature du terrain, des matériaux employés à la construction, de l'importance plus ou moins grande du passage à garder [vol. 49, p. 33].

On se servit de pierres, quand on en avait facilement sous la main ; on fabriqua de grandes briques pour y suppléer, quand cela fut nécessaire ; on employa même simplement des mottes de terre, à la façon des camps retranchés ; ou encore de la terre battue et foulée entre deux planches, comme nous le voyons faire de nos jours, dans nos pays, bien civilisés pourtant, du Kiang-sou et du Ngan hoei.

Chaque année, la grande muraille devait être réparée, à une époque déterminée par l'empereur ; c'était pour l'ordinaire en été, afin que le travail fût plus solide (vol. 45, p. p. 20 et suiv). Ce règlement fut observé comme tous les autres et en tous pays. Quand le gouvernement est sérieux, et vraiment appliqué au bien public, les bonnes lois s'exécutent ; c'est une autre affaire, quand les mandarins chinois ou européens cherchent avant tout leur profit particulier.

A différents endroits, le rempart était double ou même triple ; par exemple au nord du Chan-si. A l'extérieur, il y avait un grand fossé rempli d'eau, comme cela se pratique encore maintenant pour les villes murées; en avant, on creusait encore des trous profonds, disposés trois par trois, à la manière du caractère ping 品; on voulait par là briser la marche de l'ennemi, le forcer par tant de détours à s'offrir aux flèches lancées de la muraille; il y avait aussi des buttes de terre pour multiplier les obstacles aussi bien aux piétons qu'aux cavaliers.

Quand à toutes ces précautions se joignaient des défenses naturelles de montagnes ou de rivières, l'accès était vraiment difficile pour les envahisseurs; leur marche étant ainsi ralentie, les garnisons averties par des signaux avaient le temps de se masser aux endroits menacés par l'ennemi.

L'auteur ajoute que ces moyens de défense étaient très-efficaces; on peut l'en croire, car les assaillants ne formaient pas une véritable armée; c'étaient des hordes sans discipline, des bandes de cavaliers, comptant surtout sur la vitesse de leurs coursiers pour fondre à l'improviste sur un village, et le piller en un tour de main.

La muraille par son élévation donnait déjà par elle-même une supériorité matérielle aux assiégés; elle interceptait les projectiles de l'ennemi; elle permettait aux d fenseurs de frapper plus loin et plus sûrement, ce qui e t la définition même d'un retranchement; sa largeur offrait un chemin commode et sûr pour les piétons et les cavaliers. Elle était fournie de tous les appareils et de tous les engins de défense en usage à cette époque ; elle avait des redoutes aux endroits les plus importants, des contreforts, des tours occupées par des corps degarde, des tours à signaux, des amas de pierre pour écraser les assaillants; dans les temps postérieurs il y eut même des catapultes, pour lancer plus loin ces lourdes pierres. (1)

A l'intérieur de la muraille, outre les trente-quatre forteresses, trop éloignées les unes des autres, il y avait encore des camps retranchés, où se tenaient des garnisons toujours prêtes à accourir au premier signal d'alarme. Quiconque veut se rendre compte de la disposition générale du rempart et de ses dépendances, n'a qu'à examiner la carte ci-jointe, extraite du 10ème volume de l'ouvrage cité plus haut [c'est-à-dire du 天下郡國利病書 T'ine-hia kiun-kouo li-ping chou]

Quoique ce ne soit pas encore une fortification à la Vauban, l'ensemble n'est cependant pas si mal combiné; les différentes parties se tiennent, s'entr'aident mutuellement; on peut voir comment les chemins étaient disposés entre les garnisons, les portes, les tours; on conçoit alors facilement que les assiégés pouvaient tenir en échec une armée considérable. Et pourtant, l'histoire prouve que ce rempart n'a pas toujours arrêté les Tartares, il s'en faut ! L'incurie, la paresse des troupes chinoises, la trahison même de quelques officiers de gardes tout cela suffit bien pour rendre inutiles les meilleures fortifications.

---

(1) Qui inventa les catapultes ? Est-ce Denys l'ancien (430-368), comme l'affirme Diodore de Sicile? Venaient-elles de Syrie, comme Pline le prétend? Philippe de Macédoine en avait, et par elles obtenait de grands succès. Elles ne parurent que bien tard en Europe. En Chine, en avait-on du temps de Che-hoang-ti ? Je ne sais, ne me souvenant pas avoir lu rien de semblable dans les vieux auteurs. Leur nom chinois est pao-che 砲石.

Les redoutes s'appelaient pao 堡.

Les tours à corps-de-garde étaient espacées ordinairement de deux ly en deux ly; bon nombre d'entre elles étaient à deux étages; elles avaient chacune dix hommes en temps de tranquillité.

Les soldats avaient des habitations bien bâties, qui les mettaient à l'abri des intempéries des saisons ; les magasins étaient bien garnis ; il y avait, en outre, des soldats qui cultivaient les champs environnants ; en cas d'alerte, ils revêtaient le casque et la cuirasse, couraient au rempart avec les troupes régulières, et rendaient ainsi double service.

Les tours d'observation, fong-toen 烽墩, étaient bâties sur les hauteurs les mieux orientées et les plus élevées; des gardes s'y trouvaient constamment; en cas de danger on frappait le tam-tam, on allumait des feux à grande fumée, si c'était le jour; à flamme brillante, si c'était la nuit; c'est pourquoi ces tours furent aussi appelées " tertres à fumée, Yen-toen 烟墩 . Ce genre de signaux était le meilleur de tous et le plus rapide; on s'en servait encore, il n'y a pas si longtemps, en Europe. En quelques heures, l'alarme était transmise à des distances considérables; tandis que le meilleur cavalier, galopant jour et nuit, pouvait à peine parcourir trois cents ly.

On conçoit donc le soin avec lequel les Tartares épiaient la négligence des vigies. Le plus souvent, ils choisissaient l'automne pour exécuter leurs incursions; la récolte faite, les chevaux bien engraissés aux pâturages de l'été, tout était prêt pour une razzia ou une campagne; le plus important était d'opérer rapidement et à l'improviste; d'attirer les troupes chinoises à un certain endroit, par une attaque simulée, tandis que les vrais assaillants envahissaient en masse une autre région éloignée et dégarnie de défenseurs. Cette tactique était familière, et réussissait souvent. C'était un fait d'expérience que cent cavaliers Tartares, arrivant à l'improviste, passaient toujours la grande muraille; mille cavaliers ne pouvaient être arrêtés par les troupes d'un retranchement appelé lou 路; dix-mille cavaliers, arrivant inopinément, dispersaient l'armée d'un colonel garde-frontière tcheng 鎮, d'après les rapports des officiers eux-mêmes.

Les Tartares avaient encore une raison de choisir l'automne pour accomplir leurs expéditions. A cette époque de l'année, le temps est ordinairement sec, la chaleur modérée. Quand il survenait subitement de grandes pluies, ou une grande chaleur, ces malheureux étaient fort embarrassés de leurs vêtements fourrés; leurs chevaux s'enfonçaient dans la boue; les paysans et les soldats accouraient de toutes parts, et massacraient tous ceux qui leur tombaient sous la main.

D'ailleurs, ces sauvages étaient fort habiles ; ils avaient tout un système d'espionnage et de corruption ; ils avaient mille ruses pour dérouter les Chinois ; variaient leurs stratagèmes selon les circonstances, et semblaient insaisissables; ils venaient toujours de repasser la muraille chargés de leur butin, quand les soldats arrivaient sur le lieu du malheur. Voilà encore ce qu'en disent les rapports des mêmes officiers. Il est vrai aussi qu'ils examinaient à qui ils avaient affaire; si le général était intelligent, actif, brave, énergique, les rusés compères se tenaient tranquilles; ils attendaient son changement pour recommencer leurs incursions.

Enfin, c'est un fait historique indéniable que la grande muraille n'empêchait pas les invasions. Etait-elle donc inutile ? Loin de là ! Les fortifications d'une ville la rendent bien rarement imprenable ; les détruit-on pour cela ? Elles arrêtent, retardent, fatiguent l'ennemi; elles permettent à une armée de secours d'avoir le temps d'accourir ; si l'organisation militaire est bonne, les assaillants seront obligés de se retirer, pour n'être pas pris entre deux feux. Ainsi en était-il de la grande muraille ; sans elle, les Chinois n'auraient jamais pu habiter leurs provinces du nord voisines des Tartares. Comme toutes les choses d'ici-bas cet excellent moyen de défense avait le tort de n'être pas infaillible, et 'a faute en était le plus souvent aux défenseurs ; derrière les meilleurs remparts il faut encore de vaillants soldats et de bons officiers.

Malgré les énormes dépenses causées par l'entretien et la garde de cette muraille, les dynasties successives l'ont réparée ou rebâtie quand cela fut nécessaire. Aujourd'hui, elle est négligée; la raison en est bien simple: les Tartares, Mongols et Mandchoux, forment avec les Chinois un seul empire, avec le même souverain; il n'y a plus de frontière à garder entre les deux peuples; la grande muraille n'a plus sa raison d'être. Mais qu'on lise les annales des dynasties T'ang 唐, Song 宋 et Ming 明; on verra quelle attention le gouvernement lui portait. Les rapports officiels, les ordres des empereurs abondent, comme on peut s'en convaincre au volume 45, p.p. 26 et suivantes de l'auteur que nous avons cité.

Note.—Voici ce qu'en dit Elisée Reclus, VII, p. 193 et suiv. [Asie orientale] " Le grand mur de dix-mille ly n'a pas cet énorme développement de cinq mille kilomètres, qui aurait égalé la 8ème partie de la circonférence terrestre ; mais sa longueur totale est de plus de trois mille trois cents kilomètres, en comptant toutes les sinuosités du rempart, et les doubles et triples murs contruits en différents endrois, notamment au nord des provinces de Pé-tche-ly̅ et Chan-si. En donnant à la muraille une hauteur moyenne de huit mètres seulement, sur une largeur de 6 mètres, on voit que ce prodigieux travail représente un massif de maçonnerie d'environ cent soixante millions de mètres cubes. On comprend que la grande muraille soit toujours citée, à côté du grand canal, comme une des œuvres les plus considérables dues au travail de l'homme ; mais oubliant que les nations n'ont pas encore cessé de construire des forteresses, et des murs de défense, des écrivains comparent aussi cette " merveille du monde " aux pyramides d'Egypte, pour n'y voir qu'une construction fastueuse, sans utilité pratique. C'est une erreur. Sans doute, lorsque l'empereur Che-hoang-ti, il y a 21 siècles, envoya des millions d'ouvriers sur la frontière mongole, pour leur faire dresser le mur de dix-mille ly, des centaines de milliers d'individus périrent à la tâche ; mais leur œuvre eut certainement une grande importance au point de vue militaire ; et pendant des siècles les Hiong-nou [Jong-k'eou??], ancêtres des Mongols, durent arrêter leurs expéditions de guerre au pied de la muraille qui limite leur territoire. Les sentinelles, des tours élevées de distances en distance sur la muraille, signalaient de loin l'approche des cavaliers ennemis ; et tous les passages naturels étaient gardés par des camps. Chaque porte avait sa garnison ; et dans le voisinage de chacune se bâtissait bientôt une ville qui servait de marché aux populations limitrophes, et leur traçait d'avance le chemin qu'elles avaient à suivre dans leurs steppes. A l'abri derrière leur rempart, les Chinois purent donner une plus grande cohésion à leur unité nationale, et concentrer leurs forces pour entrer désormais en relations suivies avec le monde extérieur, par delà le T'ien-chan et le Pamir. Lorsque le mur de 10,000 ly définitivement forcé par Djenghis-khan, eut perdu toute valeur stratégique, il avait protégé l'empire pendant 14 siècles.

Telle qu'elle existe actuellement, la grande muraille appartient à diverses époques. Sous le climat extrême de la Mongolie, où les grandes chaleurs succèdent brusquement aux gelées, il suffit d'un petit nombre d'années pour émietter la plupart des constructions ordinaires. Il est même douteux qu'une partie quelconque de la grande muraille date de l'époque de Che-hoang-ti; quoique, d'après les chroniques, il eût prononcé la peine de mort contre tout ouvrier qui aurait pu laisser dans la maçonnerie une fissure assez large pour recevoir la pointe d'un clou. Presque toute la partie orientale de la muraille, de la presqu'île des Ordes à la mer jaune, fut construite au 5ème siècle de l'ère vulgaire; et sous la dynastie des Ming, aux 15ème et 16ème siècles, le double rempart qui défend au nord-ouest la plaine de Pékin, fut rebâti deux fois; aucune des parties de l'enceinte qui ont une valeur architecturale, par la régularité de leurs assises de briques, et la beauté de leurs revêtements de granit, ne date d'une époque antérieure au 14ème siècle. Suivant les changements de règne, les caprices des gouverneurs, et les vicissitudes des guerres de frontière, le tracé du rempart était modifié; telle partie de l'enceinte était abandonnée. C'est ainsi que s'explique la grande différence des constructions sur le parcours de la grande muraille. Tandis qu'au nord de Pékin elle est encore en état parfait de conservation, elle n'est, en mainte région de l'ouest, sur les limites du Gobi, qu'un simple rempart d'argile; et même on n'en voit plus un vestige sur des espaces considérables; des portes qui s'élèvent dans le désert sont les seuls débris de l'ancien mur de défense.

Cependant, même à une très grande distance de la capitale, les bâtisseurs ont élevé leurs lignes de fortifications jusque sur les crêtes des montagnes, à deux mille mètres d'altitude; et ne se sont pas même arrêtés devant les précipices; le mur franchit ou contourne tous les obstacles, sans laisser à l'ennemi un sentier de chèvres.

On sait qu'au nord de la Mongolie, dans la région transbaïkalienne, d'autres murs, attribués par la légende à Djenghis-khan, rappellent aussi des luttes séculaires entre des populations d'agriculteurs et leurs voisins nomades." (1)

---

(1) Plusieurs récits de voyages contiennent des descriptions de cette "grande muraille' nous nous contentons d'y renvoyer le lecteur, notre tâche consiste à en parler d'après les auteurs chinois, surtout les anciens.

Notons seulement quelques détails, tirés de Williams [The middle Kingdom], vol. 1 pp. 25 et suiv.—Selon lui, la longueur est de 1,250 milles ; la base a 25 pieds le sommet 15, la hauteur varie entre 15 et 30 pieds. Quant aux tours, plusieurs ont plus de 40 pieds de haut, les autres sont moins élevées; elles ne sont pas construites dans le mur même; elles s'avancent un peu à l'extérieur, servant ainsi de contreforts ; à la base, elles ont ordinairement 40 pieds de côté, 30 au sommet ; à des endroits spéciaux, elles sont à double étage ; alors elles on 3? pieds de haut. 'auteur dit que cette muraille servit bientôt peu contre les incursions, et n'est plus maintenant qu'une frontière géographique. Notre travail indique au lecteur dans quel sens il faut entendre ces paroles.

CHAPITRE VI

CHE-HOANG-TI FAIT BRULER LES LIVRES

Si Che-hoang-ti s'était contenté d'accabler le menu peuple pour la construction de la grande muraille, de ses grandes routes, tout cela lui aurait été pardonné depuis longtemps sans doute; l'histo re ne parlerait de lui que pour célébrer sa gloire, sa puissance; à peine y lirait-on quelque blâme timide. Mais il mit la main sur les livres et sur les lettrés; il brûla une masse de livres classiques; il fit enterrer vivants quantité de lettrés, en envoya un plus grand nombre aux travaux forcés. Voilà ce qui a fait de lui l'exécration des siècles. Parlons donc du premier de ces crimes; nous examinerons l'autre un peu plus loin.

(1) Données historiques. Che-hoang-ti avait fait préparer un festin très solennel, en l'année 213, dans son palais nommé par excellence le palais de la capitale [Hien-yang-kong 咸陽宮]. Tcheou-Tsing-tchen 周青臣, président du tir à l'arc, un des plus grands dignitaires (2), s'avança devant l'empereur et célébra sa gloire : " Autrefois, dit-il, les domaines de T'sin n'avaient qu'une étendue de mille ly; grâce à l'intelligence, à l'énergie, à la sainteté de votre Majesté, tous les pays à l'intérieur des quatre mers sont maintenant pacifiés et réunis sous un seul sceptre; les barbares du midi sont chassés; toutes les terres que le soleil et le lune éclairent de leur lumière sont réduites à l'obéissance; les anciennes principautés, les anciens royaumes, ne forment plus que des sous-préfectures, des provinces ; le dernier de vos sujets vit dans la plus grande consolation ; car désormais il n'y a plus de guerres possibles. Ainsi en sera-t-il pendant dix-mille générations. Depuis le commencement des siècles, il n'y a pas eu d'empereur à égaler votre Majesté en puissance et en vertu !"

Che-hoang-ti fut ravi de ce compliment, qui répondait si bien à l'idée qu'il avait de lui-même. Tchoen-yu-yué 淳于越, lettré au vaste savoir [pouo-che 博士], natif de l'ancien royaume de T'si 齊, eut la malencontreuse pensée de contredire cet éloge, et d'offrir à l'empereur des remontrances intempestives;

---

(1) Nous suivons la version du recueil de Se-ma-t'sien, Che-ki, chap. 6, p. 18, et aussi le Je-tche-lou 日知錄, vol. 8, p. 8.

(2) Il avait la dignité de Pouo-ché 僕射, officier qui préside au tir à l'arc. Partout c'était un poste élevé; mais surtout à la cour de T'sin, où l'élément militaire dominait tout le reste. (T'sien an chou 前漢書, vol 上, chap. 19, p. 3)—(Che-ki, chap. 6, p. 18).

il s'avança donc à son tour, et dit: " L'histoire nous enseigne que les empereurs des dynasties Yng 殷 et Tcheou 周 ont régné plus de mille ans; ils établissaient comme gouverneurs de provinces leurs fils, leurs frères, et les officiers qui avaient bien mérité de leur pays; ces membres de la famille régnante, et ces fidèles gouverneurs, étaient comme autant de rameaux protégeant le tronc principal, c'est-à-dire l'empereur. Maintenant, votre Majesté est maîtresse de toute la Chine; vos fils et vos frères vivent confondus parmi le vulgaire; s'il surgissait un parricide, comme Tien-heng 田恒 qui tua son prince, ou si l'on voyait un jour des ministres trahir leur prince, comme ceux qui se partagèrent le royaume de Tsin 晉, votre Majesté serait sans aucun appui; comment échapper alors au péril ? Ne pas imiter les anciens, et croire que la chose publique sera stable, voilà qui est inouï dans l'histoire. Tout-à-l'heure, Tcheou-tsing-tchen vous a flatté en face; c'est vous provoquer à tomber dans des erreurs plus grandes; comment serait-il un dignitaire loyal et dévoué ? ''

Che-hoang-ti fut peu satisfait de cette harangue; toutefois il sut dissimuler son ressentiment ; il fit proposer la question à son conseil d'état. Le premier ministre Li-se 李斯 prit la parole et it: "Les cinq empereurs [si renommés dans l'antiquité] ne se copiaient pas servilement dans leur administration ; les trois grandes dynasties ne s'imitaient pas en tout ; chacun avait sa manière de gouverner : ce n'était pas prendre le contre-pied l'un de l'autre ; mais s'adapter au temps présent. Maintenant, votre Majesté a fondé une nouvelle dynastie impériale, posé la base d'un gouvernement qui doit durer dix-mille générations ; ce n'est pas un stupide lettré qui sera capable d'y comprendre quelque chose ! De plus, Tchoen-yu-yué n'a parlé que des trois dynasties; comment les imiter ? Dans ce temps-là, l'empereur avait établi diverses principautés indépendantes ; ce furent des guerres continuelles ; ces princes se croyaient devenus grands, quand, à force de présents, ils avaient attiré des sophistes ambulants, pour radoter sur l'agriculture ou sur l'industrie ; les lettrés étudient les lois et le code pénal. Mais la fine fleur des gradués déraisonne ; oublieux du temps présent, ils ne s'occupent que du passé, comme si le présent ne méritait pas considération ; ils ne font que troubler le peuple. Dussé-je être puni de mort, je soutiens qu'autrefois la Chine était toujours bouleversée ; jamais il n'y eut d'empereur effectif ; voilà pourquoi les diverses principautés sont parvenues à l'autonomie. Tous ces commérages sur les anciens temps sont nuisibles; ce sont des sophismes pour mettre le trouble dans le pays; ces gens-là ne font que célébrer leurs propres conceptions, pour miner et ruiner ce que l'empereur a établi.

Votre Majesté a unifié toute la Chine; elle sait distinguer le bon du mauvais; elle a tout soumis à son autorité. Ces lettrés casaniers ergotent contre les lois établies, et tournent la tête du peuple. Dès qu'arrive un rescrit impérial, chacun d'eux se met à le discuter ; à la cour, ils n'osent rien dire ; mais dans leur cœur ils le réprouvent ; une fois dehors, ils le dénigrent devant les autres; louer l'empereur, c'est selon eux, une vaine ostentation ; dire des choses saugrenues, c'est pour eux de la supériorité ; ainsi ils provoquent les inférieurs à critiquer l'empereur. Si l'on ne met fin à cet état de choses l'autorité sera bientôt détruite ; et les inférieurs se réuniront en bandes révolutionnaires ; il faut absolument empêcher ces menées ; c'est le seul remède ! Voici donc ce que je propose : i faut ordonner aux Che-koan 史官 [bibliothécaires] de brûler tous les livres, excepté les livres historiques du royaume de T'sin; seuls les pouo-che 博士 [lettrés au vaste savoir] pourront avoir et garder des livres (1); toute autre personne qui a des livres de vers [che 詩], des livres d'histoire ancienne [chou 書] ou encore des livres de divers auteurs [pé-kia-yu 百家語] devra les porter aux officiers publics pour être brûlés. Quiconque, dans des réunions, dissertera sur les matières contenues dans ces livres, sera publiquement mis à mort; quiconque célèbrera l'antiquité, pour déprécier le présent sera exterminé avec toute sa race; les mandarins qui connaîtront ces intrigues, sans les dénoncer, seront coupables du même crime. Si trente jours après la publication de l'édit, les livres ne sont pas brûlés, les coupables seront marqués au visage et envoyés construire la grande muraille pendant quatre ans. Les livres qu'on n'est pas obligé de livrer sont ceux qui traitent de médecine, de divination, d'agriculture ou d'horticulture. Si quelqu'un veut apprendre le droit, il s'adressera au mandarin local, qui le lui enseignera."

Che-hoang-ti approuva tout ce qui était ainsi proposé, et le fit exécuter. Quel coup de foudre pour ces malheureux lettrés dans tout l'empire! Imagine-t-on leur désarroi, leur terreur!

Comme preuve que ce décret ne resta pas lettre morte, le Chen-si t'ong-tche, vol. 73, p. 46, rapporte qu'à cinq ly sud-ouest de Wei-nan-hien 渭南縣, préfecture de Si-ngan-fou 西安府, on peut voir encore maintenant un immense tas de cendres [hoei-t'oei 灰堆]: il est haut de trente pieds et a cent pas de circonférence; la tradition affirme qu'il provient de cet incendie des livres. Il dut y en avoir d'autres semblables ailleurs.

---

(1) Tche-tchao pouo-che 待詔博士 ; lettré à vaste érudition, qui attend là pour être appelé dès qu'il y a une difficulté à résoudre ; une sorte de conseiller d'état.

Jusqu'à quel point l'empereur fut-il obéi? Il y a des auteurs qui prétendent que même l'écriture et la simple étude des caractères chinois furent prohibées. Le Je-tche-lou, vol. 149, p. 10, ne craint pas de dire qu'on voulait abrutir le peuple, afin qu'on ne pût célébrer l'antiquité aux dépens du présent; les lois, les diverses dispositions du code, tout devait dater du règne actuel. Le Kai-yu tsong-k'ao, vol. 41, p. 1, dit que Li-se fit brûler les livres pour se sauver " la face ; " n'ayant plus les anciens classiques, il n'y aurait plus de règle pour discerner le bien d'avec le mal; ainsi personne n'aurait le moyen de condamner ses lois tyranniques, son mauvais gouvernement. Ce recueil est ordinairement mieux inspiré dans sa critique; ici le vieux lettré laisse échapper sa bile; il oublie que la raison, la conscience de l'homme, n'est pas confinée dans quelques vieux bouquins; cela revient à dire que si l'on avait aussi proscrit les recettes culinaires des anciens, aujourd'hui nous mangerions comme les bêtes!

Mais enfin, il nous reste encore quelque chose de ces vieux classiques prohibés ; comment nous sont-ils parvenus ? C'est une nouvelle question à examiner. Nous prendrons no documents dans les auteurs les plus autorisés.

Sauvetage des livres classiques— (1) Ma-toan-lin 馬端臨, vol. 18, 上, p. 2, fait le récit suivant: T'cheng-yu 陳餘 s'adressant au lettré K'ong-fou 孔鮒 lui dit: " L'empereur veut qu'on détruise tous les livres que les anciens rois nous ont légués; or vous, le grand-maître des lettrés, vous comprenez le danger!"—"Je ne suis qu'un homme sans valeur, répondit K'ong-fou; personne ne me connaît, sinon mes amis; l'empereur n'est pas de ce nombre; quel danger puis-je courir? En attendant, je vais cacher de mon mieux les livres que je possède; une fois échappés aux premières perquisitions, ils ne courront plus aucun risque!" Voilà donc une première preuve que tout n'a pas été incendié. Ce même Ma-toan lin cite le grand érudit Tcheng-kia-t'si 鄭夾㵢 (1103-1162); celui-ci parle de Lou-kia 陸賈 (Mayers, No 437) comme d'un des plus grands savants sous la dynastie T's'in après l'incendie; il parle encore de Li-che-ki 酈食其 de la même époque, et dans le même sens; il parle encore de Chou-suen-t'ong 叔孫通,

---

(1) *Ma-toan-ling* [vers l'an 1325 après J.C.] était un grand chercheur, un grand érudit; qui nous a laissé un ouvrage intitulé Wen-hien-t'ong-k'ao 文獻通考. Il était fils d'un grand officier des derniers empereurs de la dynastie Song 宋. Pendant les troubles de son temps, il s'occupait de littérature.
[Rémusat Nouveaux mélanges asiatiques, vol. 2, p. 166).

T'cheng-yu, originaire de Ta-leang 犬梁, capitale de l'ancien royaume de Wei 魏, c'est-à-dire le K'ai-fong-fou 開封府 actuel. Sema-t'sien, chap. 89, p. 1 et suiv., a une biographie de ce lettré et de son ami Tchang-eul 張耳; nous aurons à en reparler à la fin de cette histoire.

K'ong-fou, surnommé Tse-yu 子魚, (vers l'an 210), descendant de Confucius à la 7ème génération, grand officier sous Che-hoang-ti; son pseudonyme est, dit-on, K'ong-tso-tse- 孔叢子. On a encore des ouvrages qui portent ce nom; ils se vendent ordinairement avec ceux des autres soi-disant philosophes.

T'cheng-kia-si, encyclopédie vivante, sous la dynastie Song 宋 (Mayers, No 61).

de la même époque, qui fut nommé conseiller de l'empire; il ajoute que peu d'années après l'incendie l'illustre T'cheng-cheng 陳勝 relevait l'étendard de l'antique littérature; enfin, il dit que le successeur de Che-hoang-ti convoqua un jour trente des plus célèbres lettrés pour savoir d'eux les causes de la révolution qui le menaçait; ceux-ci lui répondirent que les circonstances et les prétextes étaient les mêmes qu'aux temps troublés dont parle Confucius dans sa chronique [t'choen-t'sieou 春秋]. Nouvelle preuve que tous les livres n'avaient pas disparu, puisque l'on formait encore des lettrés si remarquables, et que ceux-ci étaient en honneur. Ajoutons encore un fait; c'est que ce même Chou-suen-t'ong vécut jusqu'à la dynastie Han, et qu'il avait plus de cent élèves, comme le rapporte le même auteur.—Ma-toan-lin réfute, en passant, les extravagances de ceux qui disent que toute étude fut prohibée. Un royaume ne peut être gouverné sans écritures; Che-hoang-ti, pas plus que son ministre Li-se, ne pouvait tomber dans une si absurde utopie. De plus, quand Lieou-pang 劉邦 s'empara de l'empire, et se rendit à la capitale (Hien-yang), il alla droit au palais du premier-ministre, pour y saisir les lois et les rescrits de la dynastie T'sin, puis les cadastres et les cartes de l'empire ; donc ni Che-hoang-ti, ni ses successeurs ne manquaient d'archives. (1)

D'après le Kai-yu tsong-k'ao, vol. 1, p. 6 ? K'ong-ngan-kouo 孔安國, grand lettré et grand dignitaire (2), qui eut la principale gloire dans le déchiffrement des livres retrouvés et offerts à l'empereur [150 ans avant J. C.], donc contemporain, sinon témoin oculaire de l'incendie, a écrit dans sa préface du Chou-king 書經, l'un des classiques les plus proscrits, que Lou-kong-wang 魯共王 (3) démolissant la maison de Confucius, trouva dans le mur les livres historiques des dynasties Yu 虞 Hia 夏 Chang 商 et Tcheou 周 c'est-à-dire le Chou-king tel qu'on l'avait à cette époque ; il était donc depuis 90 ans dans sa cachette ; mais on ne sait pas qui l'y avait mis (4). K'ong-ngan-kouo affirme encore que le texte actuel nous a été transmis par Fou-chen 伏生 ; celui ci l'aurait répété par cœur aux officiers envoyés par l'empereur Han-wen-ti 漢文帝 pour l'écrire sous sa dictée.

---

(1) A la fin de cette histoire nous verrons que c'est Siao-ho 蕭何, fidèle ministre de Liou-pang, qui eut la bonne pensée de courir tout d'abord aux archives de l'Etat, laissant aux autres le pillage des trésors.

(2) K'ong-ngan-kouo, descendant de Confucius à la 12ème génération

(3) Sous l'empereur Han-ou-ti 漢武帝 (140-86 avant J.C)

(4) L'auteur de l'ouvrage Kia-yu 家語 affirme que c'est K'ong-tse-siang 孔子襄 qui les avait cachés. Mais Se-ma-t'sien dit que ce lettré vivait au temps de l'empereur Han-hoei-ti 漢惠帝 [194-187], c'est-à-dire à une époque postérieure; alors la proscription des livres n'existait plus ; au contraire, on les cherchait partout ; ce grand lettré, gouverneur de province à Tchang-cha 長沙, Hou-nan, n'avait aucune raison de les cacher, mais plutôt de les produire. C'est donc une des nombreuses erreurs contenues dans ce recueil.

D'après le Kai-yu Tsong-k'ao, c'est K'ong-hoei 孔惠, descendant de Confucius, qui les avait cachés ; les caractères étaient tous antiques. — Lou-té-ming 陸德明 affirme la même chose, et ajoute qu'il y avait cent chapitres révisés et édités par Confucius lui-même.

Se-ma t'sien dit presque la même chose, sous une autre forme : " Lors de l'incendie, Fou-chen avait caché ses livres ; il s'était enfui plus tard, à cause de la guerre civile ; la paix ayant été rétablie par la dynastie Han, il revint dans sa maison ; mais il ne restait plus que dix-neuf volumes ; le reste était pourri ; il se servit donc de ces dix-neuf volumes pour rétablir l'enseignement dans les anciens royaumes de Lou 魯 et de T'si 齊 [le Chan-tong actuel].

Pan-kou 班固 [mort 92 ans après J.C.], continuateur de Se-ma-t'sien, affirme aussi que Fou-chen avait caché les livres ; comme preuve, il apporte une citation de Lieou-hing 劉歆 (1); celui-ci, grand lettré, était président de la commission chargée de reconnaître, reviser, compléter les anciens livres prohibés par la dynastie T'sin ; cette commission siégeait à Tchang-ngan 長安 dans le fameux belvédère appelé Che-kiu-ko 石渠閣 (2). Lieou-hing écrit donc. Quand Fou-chen retira des murs le Chou-king, il le trouva détérioré et pourri. Ainsi nous avons encore une preuve officielle que des lettrés préférèrent mettre leur tête en péril, plutôt que de livrer leurs livres. Ce qui s'est passé là a pu et dû se reproduire ailleurs.

Pour concilier ces traditions diverses, voici l'explication de K'ong yng-t'a 孔穎達 [574-648], descendant de Confucius à la 32ème génération, grand lettré et grand dignitaire ; il dit donc que Fou-chen après avoir retiré ses livres de leur cachette, les enseigna pendant longtemps, et fut capable de les réciter de mémoire Cela est très-plausible, et très-probable.

Lieou-hing raconte que vers la fin du règne de Han-ou-ti [140-86], des gens du peuple avaient trouvé dans un mur le chapître T'ai-che 泰誓 du Chou-king, et l'avaient remis à la commission des savants.

A propos de ce même chapître T'ai-che, le Kai-yu-tsong-k'ao donne encore une citation plus explicite de Fang-hong 房宏, auteur qui vivait vers l'an 210 [après J.C]. Celui-ci rapporte qu'en l'année 73 [avant J.C.] sous l'empereur Han-siuen-ti 漢宣帝 [73-48], une femme du Ho-nei 河內 (3) trouva, en faisant démolir une vieille maison, trois volumes contenant ce précieux chapître du Chou-king.

Le même recueil cite encore, sur ce même fait, Wang-tchong 王充 [19-90] le philosophe bien connu ; celui-ci dit simplement que cette femme du Ho-nei trouva un exemplaire incomplet du Chou-king.

---

(1) *Liou-hing*, (80-9 avant J.C.) fils de Liou-hiang 劉向

(2) Tchang-ngan.—C'est Tchang-ngan-hien 長安縣, dans la ville même de Si-ngan-fou 西安府.

(3) Ho-nei, c'est maintenant la préfecture de Hoai-k'ing-fou 懷慶府, Ho-nan.

Le même recueil rapporte enfin, d'après l'histoire de la dynastie Han postérieure [25-190], qu'un nommé T'ou 杜, à Si-tcheou 西州 (1) avait un volume verni [t'si-chou 漆書], dont les caractères étaient tout antiques [Kou-wen-chang-chou 古文尙書] ; il ne voulut jamais s'en défaire (2), tellement il le trouvait précieux ; il ignorait alors l'édition nouvelle faite par les soins de K'ong-ngan-kouo.

En voilà bien assez pour montrer que dans plusieurs endroits les livres prohibés ont été cachés et retrouvés. Cela devait être et n'a rien d'étonnant; quand on songe à l'affection, à la passion d'un vrai lettré pour ses vieux livres; les lui enlever, c'est lui arracher les entrailles! Même sans supposer une telle passion, un décret si tyrannique devait, en quelque sorte naturellement, porter quelques individus à la résistance, au moins en secret. Ne voyons-nous pas l'Eglise elle-même, malgré la justice de sa cause, malgré ses menaces d'excommunications, malgré le secours du bras séculier, impuissante à faire disparaître les livres des hérésiarques, par exemple. Le décret de Che-hoang-ti ne pouvait pas espérer meilleur sort.

Conclusion. — La prohibition, l'incendie des livres, n'a été qu'un acte de tyrannie, un orage passager; il n'atteignait que certaines catégories d'ouvrages; et encore, les conseillers d'état eurent la permission de les garder; le décret n'a pas été et ne pouvait être universellement exécuté; dire que l'écriture, la simple étude des caractères, ait été prohibée, c'est une fable inventée par la haine des lettrés; dire que toute culture des lettres fut anéantie, c'est insoutenable (3); dans les anciens royaumes de Lou 魯 et de T'si 齊 en particulier, elle étaient si honorées, les lettrés si nombreux, qu'une proscription de quelques années seulement ne pouvait les exterminer; de fait, à peine Hiang-yu 項羽 avait-il disparu qu'aussitôt le royaume de Lou redevenait digne de son ancienne gloire. Dire que Che-hoang-ti et son ministre ont voulu se débarrasser d'une foule de misérables faméliques, appelés gens-de-lettres, passe ! Dire encore qu'ils ont voulu abrutir le peuple, pour cacher la honte de leur tyrannie, et tenir l'empire en servitude, passe !

---

(1) Si-tcheou m'est inconnu.

(2) A cette époque, le Chou-king avait donc 29 chapitres ; l'édition classique usuelle n'en a plus que 28 ; on en a retiré le T'ai-che, que l'on considère maintenant comme apocryphe.

(3) Taciti Annales IV, 35. ' ibros per ædiles cremandos censuere patres; sed manserunt occultati et editi. Quo magis socordiam riders libet, qui præsenti potentia credunt exstingui posse etiam sequentis ævi memoriam. Nam contra, punitis ingeniis, gliscit auctoritas; neque aliud externi reges aut qui eadem savitia usi sunt, nisi dedecus sibi atque illis gloriam pepererunt?

Ce fut la perte de la dynastie; la violence a suscité des libérateurs, qui sans cela n'auraient pas songé à la révolte. Dire que tous les anciens livres classiques ont disparu dans cet incendie, c'est manifestement faux; c'est la haine qui parle; c'est aussi l'ignorance: aussitôt qu'un lettré trouve un livre incomplet, il en rejette la faute sur Che-hoang-ti ; rencontre-t-il un livre difficile à expliquer, il se sauve la "face" en disant qu'il est incomplet, ou que le commentaire a été détruit par Che-hoang-ti ; l'excuse est vite trouvée. Or, le Y - king 易 經 n'a pas été brûlé ; nous a été transmis intact ; comment se fait-il qu'aucun des lettrés postérieurs n'ait parfaitement compris ce livre ? Le temps, l'incurie des hommes, suffisent bien à faire disparaître les ouvrages les plus précieux. Les livres de médecine et d'agriculture des anciens temps n'ont pas été proscrits ; et cependant nous ne les avons plus ! Le livre des Vers [Che-king 詩 經] a perdu six fascicules ; mais c'était uniquement de la musique sans paroles ; et du temps de Confucius ils n'existaient déjà plus. Depuis la dynastie Han, on a tant perdu de livres que sur cent il en reste à peine un ou deux ; en accusera-t-on Che-hoang-ti ? Ce qui est arrivé pour la littérature grecque ou latine a pu et dû arriver pour la littérature chinoise ; des chefs-d'œuvre même ont disparu, sans que l'on en puisse rejeter la faute sur personne en particulier. La littérature chinoise qui nous reste est donc authentique ; elle a eu le sort de toutes les autres; il y a des lacunes, des interpolations, des fautes de copiste, etc. Rejeter tout cela sur la tête de Che hoang-ti, c'est faire acte d'ignorance ou de haine. Ne le chargeons pas injustement; il a déjà bien assez de choses à son compte !

CHAPITRE VII
CHE-HOANG-TI AGRANDIT DÉMESURÉMENT SA CAPITALE

La construction de la " grande muraille " suffisait à rendre le nom de Che-hoang-ti impérissable ; ce n'était pas assez pour son ambition ; il avait en tête de se créer une capitale unique dans le monde ; il y réussit pleinement; nous n'avons pas l'intention de tout raconter ; ce serait trop long ; la muraille de dix-mille ly est encore debout, n'importe quel touriste peut la contempler de ses propres yeux, et rendre compte que ce n'est pas une fable (1). Mais la capitale Hien-yang 咸陽 a disparu ; ce qui reste ne peut en donner la moindre idée. Nous sommes donc forcé de nous contenter du témoignage des historiens; par ailleurs, nous n'avons aucune raison de les mettre en suspicion ; c'étaient des lettrés; comme tels, ils avaient horreur de Che-hoang ti ; loin de vouloir rehausser la gloire de cet empereur, ils ont plutôt cherché à la diminuer; ses descendants n'ont pu les contraindre à fausser la vérité, puisque la dynastie a cessé d'exister avec le premier et unique successeur de ce tyran.

Une des premières préoccupations de Che-hoang-ti, ce fut de rendre le plus facile possible le gouvernement de son immense empire; il voulut mettre la capitale en communication directe et rapide avec toutes les provinces; pour cela, nous lui avons vu construire de magnifiques routes, lors de ses voyages. En l'année 212, où nous sommes arrivés, il ordonna à son général Mong-tien 蒙恬 d'en construire de nouvelles par tout le pays nouvellement conquis au nord, c'est-à-dire depuis Kiou-yuen 九原 jusqu'à Yun-yang 雲陽; nous dirions aujourd'hui depuis la courbe septentrionale du fleuve jaune en Mongolie jusqu'à Si-ngan-fou 西安府 (2); c'était, en ligne droite, une longueur de mille huit cents ly, environ trois cents lieues. On se mit aussitôt à l'œuvre; on combla les vallées, on fit sauter les rochers; on coupa les pans de montagnes; on employa des années et des multitudes de travailleurs; enfin l'entreprise fut menée à bon terme. Si les Tartares ont pu avoir quelque frayeur en voyant tracer contre eux cette magnifique route militaire, ils purent aussi se promettre d'en user en temps opportun pour leurs futures invasions.

---

(1) Il s'est trouvé autrefois des gens assez intelligents pour prétendre que cette grande muraille était un mythe, inventé par les jésuites, au 17ème siècle, pour rendre leurs missions " de Chine intéressantes." Tout est permis contre les jésuites !

(2) *Kiou-yuen* (ou encore Ou-yuen 五原)—(les 5 plateaux)—c'est la Mongolie actuelle. (Y vol. 下, p. 16)—(Atlas Li-hong-tchang, No 6). 寰宇記 vol. 38 p. 12 29

Yun-yang, à 30 ly nord-ouest de King-yang-hien 涇陽縣, Si-ngan-fou. (F. vol. 14 p. 7)—(K. vol. 上, p. 38).

Mais revenons à la capitale. L'ancien emplacement était à 30 ly à l'est de la ville actuelle de Hien-yang ; c'est le roi Hiao-kong 孝公 qui, en 350, la douzième année de son règne, y avait le premier transporté sa résidence ; il s'y était bâti un palais avec deux grandes tours, appelées Ki-kiué 冀闕, c'est-à-dire la sublime porte de l'espérance. A l'époque où nous sommes, ces humbles commencements ne pouvaient plus convenir au maître souverain et unique de toute la Chine.

Che-hoang-ti ordonna à cent-vingt-mille familles riches, des diverses provinces, d'avoir à transporter leurs pénates à la capitale ; il avait en cela deux idées ; la première était de placer sous ses yeux et sous sa main ces familles nobles et puissantes, pour se les attacher par des honneurs, et aussi pour les empêcher de fomenter quelque révolte contre la nouvelle dynastie; la seconde était de découronner les provinces pour embellir la capitale. Chacune de ces familles se bâtit des palais; chacune d'elles rivalisait avec toutes les autres; c'était à qui ferait mieux et plus beau. On alla si loin que nous verrons un beau jour l'empereur lui-même jalouser son premier ministre. Qu'on s'imagine, l'agrandissement et l'embellissement apportés à l'ancienne capitale par cette première mesure politique !

Pour fournir de l'eau à cette immense population, Che-hoang-ti fit creuser un grand canal pour y déverser une partie de la rivière Wei 渭. Il voulut donner à sa capitale la forme de la voie lactée du ciel ; chaque palais devait représenter une étoile ; il voulut encore y dessiner la constellation Kien-nieou 牽牛, c'est-à-dire les étoiles *alpha bêta gamma* de l'aigle [Couvreur, p. 237]; pour cela, il bâtit un grand pont sur la rivière Wei. Pour accomplir les autres projets qu'il méditait, il lui fallait des ressources immenses ; il se fit apporter d'abord tout le butin militaire fait dans ses nombreuses expéditions ; c'était loin de suffire ! il pressura son peuple, lui imposa des corvées intolérables. Chaque fois qu'il avait abattu quelque prince, il avait fait élever à Hien-yang un palais semblable à celui qu'il venait de détruire ; il y avait fait transporter tous les objets précieux, les œuvres d'art, qu'il lui avait enlevés. De ce chef, il y avait déjà cent quarante-cinq palais ou belvédères royaux ; il y plaça toutes les plus belles femmes qu'il avait pu se procurer dans l'empire; il y en avait bien dix-mille! Chacune de ces résidences impériales avait ses provisions et son personnel, et ses courtisans, et ses instruments de musique, enfin tout au complet, et en tout temps ; en sorte que Che-hoang-ti pût s'y rendre quand il le désirait, sans qu'on fût obligé de rien transporter. Les douze mois de l'année ne suffisaient pas pour en faire la visite ; les routes qui y conduisaient étaient décorées de soieries et de broderies ; partout des jardins suspendus, des allées couvertes ; tout ce qui pouvait réjouir la vue, ou contenter la curiosité.

Dans le principe, l'ancienne capitale était au nord du fleuve Wei 渭 (1) ; l'emplacement devint bientôt trop étroit ; on passa le fleuve, et la ville s'étendit sur les deux rives ; elle finit par atteindre huit cents ly, de l'est à l'ouest ; et quatre cents, du nord au sud (2). Impossible de l'enfermer dans des murailles ! D'ailleurs Che-hoang-ti pensait l'agrandir encore, quand il fut arrêté par la mort. A ce moment donc, la ville touchait au nord, les montagnes de Kieou-tsong 九嵕 et de Kan-t'siuen 甘泉 ; au sud, elle allait jusqu'à Hou 鄠 et Tou 杜 ; à l'est, elle était bornée par le fleuve jaune ; à l'ouest, elle s'arrêtait au confluent de la rivière Ki 汧 avec le fleuve Wei 渭 ; une contrée entière couverte de palais ! (3) Grande géogr. vol. 53, p. 52 in verso.

Le temple des ancêtres, les parcs, les ménageries, les grandes terrasses, tout cela était au sud du fleuve. Le grand pont qui reliait la ville du nord à la ville du sud était une merveille pour cette époque ; il avait 60 pieds de large ; il était long de 280 pas ; il y avait 68 travées, 850 colonnes, ce qui indique assez clairement que c'était un pont couvert, en forme de galerie ; on ajoute encore qu'il y avait 212 linteaux ou poutres transversales ; sur les deux rives, il reposait sur des quais en pierre de taille (4).

---

(1) L'expression "t'sien-tien 前殿" que l'on trouve dans les livres peut avoir deux sens : appliquée à une partie d'un palais, elle indique la partie antérieure, c'est-à-dire méridionale, par opposition à la septentrionale heou-tien 後殿.—Appliquée à tout un palais, elle indique alors qu'il est bâti au sud d'un autre palais, ou encore simplement dans la partie sud de la ville. Quant à la capitale Hien-yang, c'est le fleuve Wei qui était la limite naturelle entre le nord et le sud.

(2) D'après ces données, Hien-yang était bien plus grande que Ninive, qui, d'après les recherches de Rawlinson, avait 90 milles anglais de circuit, et demandait trois jours de marche pour en faire le tour. Un homme ordinaire parcourt environ 100 ly en un jour — Ainsi, pour traverser seulement de l'est à l'ouest la capitale de Hien-yang, il eût fallu huit jours. (Voyez Knabenbauer, Jonas, p. 381).

Denys d'Halicarnasse dit de Rome : "On ne sait jusqu'où elle s'étend ni où elle s'arrête ; tout le pays se lie et se confond avec la ville, et présente l'aspect d'une cité dont l'étendue est infinie." La même chose peut se dire assurément de Hien-yang ; ce n'était pas tant une ville qu'un pays avec une population immense. (Voyez Champagny, les Césars vol. 4, p. 361). Juste-Lipse donne à Rome quatre à cinq millions d'habitants. Nous ne pouvons dire quelle était la population de Hien-yang.

(3) *Kiou-tsong-chan* : cette montagne est à 60 ly nord-est de Li-t'siuen-hien 醴泉縣, préfecture de Si-ngan-fou. Elle a 9 grands pics ; au sud est la chaîne de collines connues sous le nom de Hien-yang pé-pan, c'est-à-dire collines au nord de Hien-yang 咸陽北阪.

Kan-t'siuen-chan, à 120 ly nord-ouest de King-yang-hien 涇陽縣, préfecture de Si-ngan-fou. Cette montagne a 60 ly de contour. Grande géogr. vol. 53, p. 69 in verso.

Hou est Hou-hien 鄠縣, à 70 ly au sud-ouest de la préf. Si-ngan-fou. Petite géogr. vol. 14, p. 12.

Tou : l'ancienne ville de ce nom se trouvait à 15 ly au sud est de la même préf.

Ces 2 villes étaient les capitales de 2 petits fiefs de ce nom. Grande géog. vol. 53, p. 12, in verso.

(4) Ce pont, appelé Tchong-wei-kiao 中渭橋, était à 25 ly nord-ouest de Si-ngan-fou 西安府, au nord de l'ancienne ville de Tchang-ngan 長安. Son premier nom fut Hoang-kiao, pont transversal 橫橋—(F. vol. 14, p. 5). Grande géogr. vol 53, p. 27 in verso 29 donne beaucoup de détails.

Pour que les historiens aient noté avec si grand soin tous ces détails, il faut croire qu'ils le regardaient comme un monument extraordinaire à ce temps-là; même maintenant, il serait encore bien remarquable.

Parmi les palais impériaux, on note en première ligne celui que l'on appelait par excellence le palais Hien-yang-kong 咸陽宮, le palais de la capitale; il était situé au nord du fleuve et touchait le versant méridional de la montagne Kieou-tsong 九嵕. Che-hoang-ti avait détruit la modeste résidence de son ancêtre Hiao-kong 孝公, et avait bâti un palais digne de la majesté impériale; il surpassait tous les autres en grandeur et en magnificence; il avait surtout quatre portes exactement dirigées vers les quatre points cardinaux; c'était une spécialité quasi réservée à l'empereur ; par là on voulait indiquer son pouvoir souverain sur toute la terre; on voulait que sa demeure imitât celle du maître du ciel.

Malgré la splendeur de cette habitation, Che-hoang ti n'en était pas encore satisfait; il méditait quelque chose de mieux. Un jour donc, il dit à ses ministres: " L'histoire nous apprend que la demeure de Tcheou-wen-wang 周文王 était située à Fong 豐 (1); celle de Ou-wang 武王 à Hao 鎬 (2); la terre comprise entre ces deux anciennes capitales est sacrée; elle appartient personnellement à l'empereur; j'y veux placer ma résidence et mon tombeau." Sur ce, il fit dresser le plan d'un palais d'une étendue et d'une magnificence inouïes jusque-là et dans les temps postérieurs; l'histoire de la Chine ne connaît rien de tel ! Il fut placé au sud du fleuve Wei, dans le parc impérial appelé Chang-lin 上林 (3).

Voici ce qu'on rapporte au sujet de la première rangée d'habitations, la plus méridionale [t'sien-tien 前殿]: de l'est à l'ouest, elle avait deux-mille cinq cents pieds de long; du nord au sud, elle avait cinq cents pieds de profondeur; la salle centrale pouvait contenir dix-mille personnes ; le rez-de-chaussée était si élevé que des bannières de cinquante pieds de long n'atteignaient pas le plafond.

---

(1) Fong ou Fong-tcheng, un des plus fameux palais de l'antiquité chinoise était à 5 ly à l'est de Hou-hien 鄠縣, ville de laquelle nous venons de parler. Entre ces 2 palais il n'y avait que 25 ly de distance.

(2) Hao.—La rivière et le palais de ce nom se trouvent à 18 ly nord-ouest de Si-ngan-fou ils sont mentionnés dans le Che-king 詩經 et le Chou-king 書經 (F. Ki-yao, vol. 14, p.p. 5:12) Grande géog. vol 53, p. 16 in verso, p. 51 in verso.

(3) Ce nouveau palais, appelé Ngo-fang-kong 阿房宮, était à 34 ly à l'ouest de Si-ngan-fou.

L'histoire du Chen-si (Chen-si t'ong-tche) dit qu'il y a encore maintenant des colonnes, provenant des ruines de ces immenses constructions. Grande géogr. vol. 53, p. 13.

De là, jusqu'à la montagne Tchong-nan-chan 終南山 (1), il y eut dans toutes les directions des corridors et des allées couvertes (2) [Ko-tao 閣道] avec de nombreux belvédères; en sorte que les deux plus hautes cimes de cette montagne étaient considérées comme les deux montants de la porte principale de ce palais féerique; les tours et détours de ces avenues formaient une longueur de quatre vingts ly; comme elles étaient à étage, le haut était pour les gens de pied; le bas était réservé aux voitures et aux chariots. Plus de sept cent mille condamnés étaient occupés à construire ces immenses édifices; la moitié d'entre eux était employée à extraire la pierre pour la base des colonnes. Cette pierre était prise dans la montagne Li-chan 麗山, un des contreforts de T'sin-ling-chan 秦嶺山 ou K'oen-luen 崑崙 oriental. Là aussi Che-hoang-ti fit extraire la pierre destinée à son sarcophage; là aussi il voulut avoir son tombeau (3).

Les bois nécessaires pour la nouvelle capitale provenaient, en grande partie, des provinces actuelles du Hou-pé 湖北 et du Se-tchoan 四川. Pour le palais en question, on employa du cannelier [mou-lan 木蘭] ou d'autres bois odoriférants; les portes étaient en pierre d'aimant (4). On devait d'ailleurs, pour honorer davantage la majesté royale, se servir des matériaux les meilleurs : l'ocre, le sable, les bambous, les cyprès, les sapins; les catalpas, les teinturiers [maclure tinctorial], le mercure, etc. On fit venir des provinces méridionales des arbres de corail [pi-chou 碧樹], des arbres de couleur verte et brillante, plantation spéciale au pays de Yen-k'ieou 烟丘 (5). Bref, tout ce que l'on pouvait trouver de rare et de précieux dans l'empire entier, tout cela dut être expédié à Hien-yang pour l'usage ou le plaisir de l'empereur. On avait appelé, de partout, les ouvriers les plus célèbres; et l'on ne reculait devant aucune dépense.

---

(1) Tchong-nan-chan, à 5 ly au sud de Si-ngan-fou ; c'est la plus haute montagne du pays. (F. vol. 14, p. 4).

(2) Ces allées couvertes, ou galeries à étage, s'appelaient aussi Fou-tao 復道.

(3) Se-ma-t'sien dit : Fa-pé-chan-che-kouo 發北山石槨. On ne peut guère douter de cela, quand on sait avec quel soin les Chinois qui le peuvent, préparent à l'avance leur tombeau, ou tout au moins leur cercueil.

(4) On devine bien la raison de ce détail. La légende raconte qu'un jour quatre sauvages s'introduisirent dans le palais pour y poignarder l'empereur ; ils avaient des cuirasses sous leurs habits. Quelle ne fut pas leur stupeur, de se sentir arrêtés par une force invisible, sur le seuil même de la porte ! ils s'empressèrent de rebrousser chemin.

(5) Yen-k'iou, je n'ai pu découvrir de quel pays il s'agit.

Dans ce palais, le principal corps de bâtiments eut une étendue de trois ly, de l'est à l'ouest ; et cinq ly du nord au sud ; la grande cour pouvait contenir cent mille hommes. Outre cela, il y avait le palais pour les femmes et les eunuques ; il y avait encore les prisons, etc., toute une ville avec des milliers d'habitants. Pour protéger cette résidence, on bâtit des murs de fortification, mais seulement de trois côtés ; il n'y en eut point au sud ; on y plaça les douze immenses statues en fonte, dont nous avons parlé autrefois.

Quand cette merveilleuse demeure fut en bon état, Che-hoang-ti se préoccupa de lui donner le plus beau nom possible ; il l'appela Ngo fang kong 阿房宮, dont le sens est : agglomération de palais, ville de palais. (1)

Nous serions infini, si nous voulions décrire, même brièvement, chacune des résidences impériales. Qui veut s'en rendre compte, peut consulter le Chen-si t'ong-tche, vol. 72, p. 8 et suivantes. Il suffit de dire que sur un espace de deux cents ly, il y en eut jusqu'à deux cent soixante dix, toutes reliées entre elles par des galeries couvertes; c'etait donc comme un seul palais s'étendan à des centaines de ly. Dans l'histoire du monde pourra-t-on trouver un roi plus dissipateur que Che-hoang ti ?

Beaucoup de ces palais ont été anéantis; il n'en reste pas même les ruines; en sorte qu'on ne peut plus savoir au juste leur emplacement. Ne pourrait-on pas faire des fouilles ? Comme les habitations principales, les dépendances, les dépôts, les écuries, tout était en bois sculpté, doré, orné de mille manières, et resplendissant de toutes les couleurs de l'arc-en-ciel; mais cela ne se retrouverait pas enfoui en terre comme les monolithes assyriens.

L'histoire de la Chine, faisant le résumé des palais impériaux, en compte trois cents dans la seule province du Chen-si; et quatre cents dans les autres provinces. Si les autres empereurs ont pu être taxés d'extravagance en ce genre, que dire de Che-hoang-ti ?

---

(1) Ngo-fang-kong : quelques auteurs prétendent que ce nom vient de quatre collines [se-ngo 四阿] situées aux 4 points cardinaux, sur lesquelles était bâti le palais. D'autres disent que les diverses parties du palais étaient hautes comme des collines, etc., etc-Tout cela ne s'exclut pas, et a pu contribuer au choix de ce nom.

On peut voir une superbe description de ce palais, faite par T'ou-mou 杜牧 (803-852), sous la dynastie T'ang 唐 (Zottoli, IV, p. 323).

La mort empêcha Che-hoang-ti de la terminer; son successeur reprit les travaux; mais il se suicida avant de les avoir finis; enfin ce palais, tracé par l'orgueil d'un tyran, fut brûlé et détruit avant d'avoir été achevé. (Voyez à la fin de cette histoire).

Finissons par une construction d'un autre modèle, et dans un autre pays. Che-hoang-ti n'était pas encore satisfait des inscriptions qu'il avait répandues sur le bord de la mer orientale; il aimait ce pays, pour la beauté de ses sites; il voulut, y laisser un monument commémoratif de ses voyages plus digne de la majesté impériale; il le bâtit à Kiu 朐 (1); il le fit si grandiose qu'on l'appela désormais la porte orientale de la Chine. C'était l'ancienne capitale d'une petite principauté nommée Tan 郯.

Voyons maintenant si ces profusions, ces folies incroyables, avaient procuré le bonheur à ce souverain universel de la Chine. Pour nous, chrétiens, la réponse est connue d'avance ; rien de tout cela ne peut contenter pleinement le cœur de l'homme; " Ni l'or ni la grandeur ne nous rendent heureux " ! Ce vers du poète restera éternellement vrai ; parce qu'il est la traduction de la parole même de Dieu dans la Ste Ecriture : " Non saturatur oculus visu, nec auris impletur auditu ". Ici la preuve est palpable. Nous avons vu tout le fer de l'empire confisqué ; nous avons vu toutes les familles puissantes forcées d'abandonner leur pays natal, pour se fixer à la capitale. Che hoang-ti avait donc peur ; il craignait une révolte dans les provinces.

Nous avons vu les portes des palais construites en pierre d'aimant ; c'était un moyen secret d'arrêter au passage tout sicaire qui s'y serait introduit. Pourquoi ces galeries couvertes ? Sinon pour cacher les allées et venues de l'empereur ; en vérité, il s'y promenait comme une taupe dans ses souterrains ! Malheur à qui en divulguait le secret ! il était aussitôt puni de mort. Cette crainte continuelle des assassins lui causa une mélancolie noire dont les accès furent parfois terribles. Un jour, étant au palais de Liang-chan 梁山 (2), du haut de la montagne il aperçut le train de son premier ministre Li-se ; il y avait une multitude de voitures et de cavaliers ; il en fut mécontent ; aussitôt quelques eunuques avertirent Li-se, qui s'empressa de diminuer sa suite.

---

(1) Kiu—J'ai d'abord longtemps cherché, sans trouver cette ville. Enfin. K. vol. 上, p. p. 40, 65, m'a mis sur la voie ; il dit que c'est Hai-tcheou 海州, au nord du Kiang-sou.
Le F. vol. 4, p. 31, dit qu'à 19 ly à l'est de Hai-tcheou il y eut autrefois la ville de Tong-hai-fei-hien 東海廢縣 ou encore Kiu-chan-fei-hien 朐山廢縣 ; depuis, elle a disparu. La montagne, où était le monument, se trouve à 4 ly au sud de la préfecture actuelle. Grande géogr. vol. 22 p 21.

(2) Leang-chan-kong — à 80 ly au sud de Yong-cheou-hien 永壽縣, préfecture de Kien-tcheou 乾州, Il était en pierre de marbre (ou marbrée) de diverses couleurs; de là son nom de ville aux fleurs de soie, Tche-king-t'cheng 織綿城. Che-hoang-ti aimait à s'y retirer. (Y. vol. 中, p. 115) (F. vol. 14, p. 61)—(he vol. 72, p. 9). Grande Géogr. vol. 54 p.p. 37.

Che-hoang-ti s'en aperçut : " Il y a donc ici quelqu'un, dit-il, qui trahit mes paroles ! " Comme personne n'osait s'avouer coupable, il fit massacrer tout son entourage. Depuis lors, personne ne put savoir où se trouvait l'empereur.

Voici encore une autre raison, pour laquelle Che hoing-ti se cachait aux regards de son peuple. Toujours tourmenté par la crainte de mourir, il avait encore envoyé le fameux sorcier Lou-chen 廬生 aux îles enchantées de la mer orientale; celui-ci n'avait encore rien rapporté; mais il dit à l'empereur : " Nous, vos fidèles sujets, nous sommes allés chercher la médecine de l'immortalité [tche 芝]; mais les esprits sont difficiles à rencontrer, toujours il y a quelque chose qui se met à la traverse. Cependant il y a moyen d'y suppléer; d'après les règles (magiques), le maître des hommes doit, de temps en temps, vivre incognito et bien se cacher, pour éviter les mauvais génies ; ceux-ci une fois écartés, les bons esprits, les immortels [tcheng-jen 眞人], s'approcheront de vous; si tout le monde sait la demeure de votre Majesté, cela contrecarre leur influence. Quant aux immortels ; ils entrent dans l'eau sans se mouiller, dans le feu sans brûler ; ils peuvent monter dans les nuages, et durent aussi longtemps que le ciel et la terre. Maintenant votre Majesté gouverne l'empire sans avoir encore goûté de repos ; nous demandons donc que votre Majesté ne laisse savoir à personne où elle demeure ; c'est alors qu'elle pourra enfin obtenir la médecine de l'immortalité."

Che-hoang-ti répondit: "Mon être tout entier est tourné vers les immortels; ils s'appellent "tcheng-jen"; moi aussi je m'appellerai désormais tcheng 朕 " (1).

---

(1) Depuis longtemps, nous l'avons vu, Che-hoang-ti avait adopté l'expression tcheng 朕 pour signifier moi, l'empereur; il fait donc ici une sorte de jeu de mots.

Quant à l'expression " tcheng-jen 眞人 ", le Kai-yu-tsong-k'ao, vol. 26. p. 20, a tout un chapitre pour l'expliquer ; elle signifie : le vrai homme, l'homme par excellence ; elle peut s'appliquer à un esprit, à un sorcier, à n'importe qui enfin ; car les mensonges du diable restent dans le vague ; c'est le moyen le plus ordinaire pour tromper ses victimes et ses suppôts.

CHAPITRE VIII
CHE-HOANG-TI FAIT MASSACRER LES LETTRÉS

Nous voici arrivés au point capital de ce règne, le massacre des lettrés ; c'est surtout cela qui en a fait l'objet d'une horreur éternelle ! Tout le reste, même l'incendie des livres, aurait trouvé grâce dans l'histoire ; mais avoir porté la main sur les lettrés ! cela ne se pardonne pas. Avoir écrasé son peuple par des exactions, des corvées insupportables, ce n'est rien ; cela n'empêcherait pas Che-hoang-ti d'être un des plus grands empereurs de la Chine, s'il avait eu le bon esprit de favoriser les littérateurs.

Données historiques: Heou-cheng 候生, de l'ancien royaume de Han 韓, et son ami Lou cheng 盧生, de l'ancien royaume de T'si 齊, s'entretenaient ensemble, sur un avis à prendre : "L'empereur, disaient-ils, est un homme dur, méchant, égoïste; il a anéanti tous les princes, et réuni dans ses seules mains le gouvernement de toute la Chine; toutes ses volontés doivent être exécutées; il croit que depuis les temps les plus reculés jamais personne ne l'a égalé; il ne se fie qu'aux seuls juges criminels; ceux-là seuls sont en faveur à la cour; il y a soixante dix lettrés éminents [pouo-che 博士] ; mais il sont officiers de nom, sans fonctions (1); le premier-ministre et tous les dignitaires n'ont aucune initiative; ils reçoivent les affaires toutes décidées; ils ne servent qu'à communiquer les ordres de l'empereur; et lui ne se plaît qu'à punir et à mettre à mort, pour se faire craindre de tout le monde. Aussi, parmi tous ses officiers, il n'en est pas un qui ose se montrer fidèle serviteur, l'avertir de ses fautes; n'étant jamais repris, il devient de jour en jour plus orgueilleux ; les inférieurs timides et serviles lui cachent les affaires, le trompent, abondent toujours dans son sens pour gagner ses bonnes grâces. D'après la loi, un homme ne peut exercer qu'un seul métier ; s'il ne s'y montre pas habile, on le condamne à mort; il y a bien trois cents savants qui observent les astres et l'atmosphère, tous bons serviteurs; eux aussi n'osent le contredire ; ils le flattent, lui dissimulent la vérité, ne l'avertissent pas de ses erreurs; toute affaire, grande ou petite est réglée par l'empereur seul. Il en est venu à faire peser sur la balance le poids des rapports et autres pièces officielles; nuit et jour il faut travailler; si l'on n'a pas expédié le poids voulu de ces documents, il est défendu de cesser; il est jaloux de son autorité et de son initiative personnelle à un point incroyable ! Nous serions bien sots de nous donner tant de peine pour lui procurer la médecine enchantée, et le rendre immortel !"

---

(1) Cette expression pouo-che date de l'époque des royaumes belligérants [tchan-kouo 戰國]; cette dignité fut d'abord en usage à la cour de Wei 魏; d'où elle passa au royaume de T'sin. Ce titre signifiait à peu près bibliothèque vivante.

Le Kai-yu-tsong-k'ao, vol. 37, p. 2, dit que quand Che-hoang-ti était triste, il faisait venir ces grands lettrés, leur ordonnait de composer des poésies sur les " esprits " ou sur les hommes extraordinaires ; puis il les faisait chanter par ses musiciens. La même chose est racontée (dans la sainte Ecriture) du roi Saül, quand il fut possédé du démon de la tristesse.

Ayant ainsi parlé, nos deux hommes prirent la fuite. A cette nouvelle, Che hoang-ti entra dans une grande fureur. " J'ai reçu, dit-il, tous les livres de l'empire; les inutiles ont été brûlés; j'ai appelé à ma cour les lettrés et les sorciers les plus savants; je comptais sur eux pour assurer la paix dans toute la Chine; les sorciers devaient me procurer l'élixir de l'immortalité. Maintenant, j'apprends que Han-tchong 韓終 est parti sans demander congé; le nommé Siu 徐 et ses compagnons m'ont causé plus de vingt mille pièces d'argent de dépenses, et n'ont point rapporté la médecine enchantée; ces gens-là ne pensent qu'à leur avantage; ils ne viennent m'entretenir chaque jour que de leurs profits. Quant à Lou-cheng 廬生 et ses collègues, je les ai élevés à de hautes dignités; je les ai largement récompensés; malgré cela, ils ne font que me dénigrer, et me charger de méfaits. Je vais donc expédier des censeurs pour examiner tous les lettrés qui sont à la capitale, et savoir quels sont ceux qui sèment de faux bruits pour exciter le peuple à la révolte".

Les censeurs furent dépêchés : les lettrés se compromirent, et s'entre-accusèrent les uns les autres. Che-hoang-ti fit saisir les moins coupables, et les envoya construire la grande muraille, soit à Pé-ho 北河 soit à Yu-tchong 榆中, soit à Nai-si 耐徙, dans la Mongolie ; les plus coupables, au nombre de quatre-cent-soixante, furent enterrés vivants.

Voici ce que les auteurs racontent sur le lieu et la manière de cette exécution: Après l'incendie des livres, l'empereur se rendit bien compte du mécontentement général; dès lors il résolut de frapper encore un grand coup; mais il eut recours à la ruse; au dehors, il se montrait aimable envers les lettrés; il en fit venir sept cents à la cour; il leur distribua des dignités, des emplois; personne ne se doutait de rien. Puis, un beau jour, il fit planter en secret des concombres sur les bords d'une source d'eau chaude, en un lieu nommé Wen-t'ang 溫湯 (1); tout à côté, il fit creuser de grandes fosses recouvertes de trappes bien dissimulées.

---

(1) Wen-t'ang—signifie eau chaude, eau tiède ; une source thermale, sans doute. Le lieu où les lettrés furent enterrés vivants est à 5 ly sud-ouest de Lin-tong-hien 臨潼縣, préfecture de Si-ngan-fou 西安府, (Voir la carte de Li-chan 酈山), un peu à l'ouest, dans la vallée Ma-kou 馬谷, (Che. vol. 8, p. p. 11, 38). Dans cette vallée, il y a des trous, des enfoncements des fosses [K'ang 坑] qui passent pour être l'endroit précis. Mais à 20 ly à l'ouest de Lin-tong-hien, il y a une autre vallée appelée K'ang-jou-kou 阬儒谷, ou plus simplement Houo-k'ang 活坑, c'est-à-dire : vallée des lettrés enterrés vivants, fosse des vivants ; on dit également que c'est l'endroit exact de l'exécution. Le plus vraisemblable, c'est que le massacre eut lieu en plusieurs places différentes ; et cela infirme encore la fable des concombres.

L'empereur Hiuen-tsong 玄宗 (713-756), de la dynastie T'ang 唐, bâtit une pagode commémorative, sous le titre de Tsin-jou-miao 旌儒廟 ; il fit appeler cet endroit : Tsin-jou-hiang 旌儒鄉. Une autre version dit mieux Ming-jou-hiang 愍儒鄉, région de infortunés lettrés.

On était à la saison froide; malgré cela les concombres avaient produit leurs fleurs et leurs fruits. Che-hoang-ti voulait cacher son vrai motif en déshonorant ses victimes; il fit venir tous les lettrés qu'il voulait mettre à mort. Arrivés devant lui, il leur ordonna d'expliquer comment les concombres avaient pu pousser à une telle époque. Les malheureux savants se troublèrent; chacun avait son opinion sur ce fait merveilleux; chacun attaquait les raisons des autres; c'était une incroyable confusion; ils furent envoyés sur place pour examiner de plus près; les trappes s'ouvrirent, et les lettrés disparurent pour toujours. On fit publier ce châtiment par toute la Chine, afin d'effrayer ceux des provinces et les empêcher de déblatérer contre l'empereur.

L'auteur continue ainsi: Il se trouva pourtant un homme qui osa élever la voix contre cet acte de barbarie; ce fut le prince héritier lui-même, nommé Fou-sou 扶 蘇; s'adressant à son père, il lui fit présenter une humble remontrance: " La Chine est à peine unifiée, disait-il, les populations situées hors des frontières ne sont point encore assimilées au reste du pays; tous les lettrés ne cessent de prêcher et d'exalter Confucius; votre Majesté resserre de jour en jour une législation déjà si sévère; moi, votre humble sujet, je crains pour la paix de l'empire; daigne Votre Majesté examiner ma respectueuse représentation. "

Che-hoang-ti entra en fureur. Pour réponse il ordonna au prince héritier de se rendre aux pays du nord, pour y surveiller les opérations et les travaux du général Mong-tien 蒙 恬, toujours occupé à réprimer les Tartares, et à construire la grande muraille. Pour le prince héritier, c'était la dégradation et l'exil. Les lettrés le comblent de louanges pour avoir exposé sa vie pour leur cause. Selon eux, la déchéance de ce bon prince fut la première punition du ciel infligée à cette dynastie ; avec son remplaçant elle était condamné à la ruine.

Il semble impossible de mettre en doute la réalité de cette barbare exécution. Se ma-t'sien est un historien sérieux ; il vivait dans le pays, et peu après l'évènement ; depuis des générations, sa famille avait un des emplois les plus importants, la présidence des armements ; il avait donc intérêt à disculper l'empereur ; s'il le charge d'une telle accusation, c'est qu'il n'y avait aucun moyen de nier ou d'atténuer le fait.

Tous les autres historiens relatent ce même acte de cruauté. Je sais que des écrivains, en Europe, ont soulevé des difficultés contre les récits chinois ; ils les taxent d'exagération, d'imagination orientale, etc ; on a nié que le caractère K'eng 阬 employé par tous les auteurs, pour exprimer ce genre de supplice, ait le sens d'enterrer vivant ; mais d'abord le dictionnaire de K'ang-hi, qui fait autorité, lui donne cette signification, et il apporte des textes en preuve ; de plus, les auteurs du Chen-si t'ong-tche narrent le fait comme je l'ai raconté, emploient ce caractère dans ce sens, et en appellent à la tradition locale ; même dans nos pays, le sentiment des lettrés est unanime ; j'ai pu m'en convaincre en interrogeant moi-même, et en faisant interroger ; c'est l'explication commune.

Quant aux trappes et aux ressorts secrets, le premier historien n'en parle pas ; cela semble une invention des auteurs postérieurs, pour rendre la chose plus dramatique; et la séance devant l'empereur, pour expliquer la production des courges semble une fable faite pour exciter la commisération envers les victimes.

En réalité le corps des lettrés comptait beaucoup d'adversaires du nouveau régime ; c'était le seul parti resté debout devant le conquérant ; or Che hoang ti avait coutume d'abattre ses ennemis, sans se gêner pour le choix des moyens ; dans cette corporation de savants il remarqua une race de conspirateurs et de traîtres, tels que Tchang-i 張儀 Sou-t'sin 蘇秦 Chang-yang 商鞅 Fan-tsin 范睢, et autres que nous avons vus à l'œuvre dans cette histoire Comme le ministre Wei-jan 魏冉 (270), il les jugeait une mauvaise engeance de radoteurs, uniquement bonne à faire des révolutions ; c'est par leur moyen qu'on distribuait les pots-de-vin, qu'on corrompait les officiers des cours étrangères, qu'on achetait les traîtres. Les lecteurs de Mong-tse 孟子 savent quel était le genre de vie de ces parasites dans leurs " tournées scientifiques ". Ils se rendaient d'une cour à l'autre, d'un ministre ou grand seigneur à l'autre, vendant au plus offrant la "sagesse des anciens." Après Mong-tse, ce fut une inondation de ces sophistes ; car le commerce était lucratif, la table bien garnie ; et par dessus le marché l'on gagnait de la renommée. De même que les chevaliers finirent par dégénérer, et produisirent la race grotesque des " Chevaliers errants "; ainsi, depuis le quatrième siècle avant Jésus Christ, l'on vit en Chine " les sophistes errants." Leur nom était " Yeou-chouo-tche-che 遊說之士", c'est-à dire: lettrés qui voyagent pour converser avec les princes et les grands, afin de leur communiquer leur haute sagesse. On les appelait encore " tché-che 策士 ", c'est- -dire lettrés à ruses, à stratagèmes, à expédients. Leurs intarissables discours sur la sagesse, la vertu, la sainteté des anciens, nous ont été conservés dans l'ouvrage bien connu, intitulé "tchan-kouo-tché 戰國策." Ils valent bien les dissertations onctueuses de nos humanitaires du siècle dernier, qui croyaient aussi sauver le monde par leurs phrases creuses. Comme chez leurs congénères d'Europe, c'est une phraséologie toujours très soignée; mais c'est un océan de puérilités déclamatoires, où l'on ne trouve ni esprit ni pensée; leur conception est dans un vague complet; leur sagesse se perd dans la contemplation d'elle-même; ils ne font que ressasser les mêmes banalités dans le même style.

Il s'en trouve plusieurs échantillons chez le P. Zottoli, volume 4ème. Ces gens-là se croyaient le rouage le plus nécessaire dans le gouvernement des états. Voyageant partout, ils avaient partout des amis sur lesquels ils pouvaient compter; ils étaient au courant des entreprises dans les cours; ils connaissaient ceux qui étaient achetables à prix d'or, les favoris des princes qui par leurs influence gouvernaient le pays; ceux qui pouvaient le plus nuire ou profiter à tel ou tel royaume, dans une guerre, une ambassade, un mariage à combiner. Ils étaient les colporteurs des nouvelles et des cancans; comme le sont, dans nos états modernes, les mauvais journaux, traîtres vendus au plus offrant.

Les rois de T'sin, et Che-hoang-ti plus que les autres, s'étaient servis de ces vilains instruments ; mais, la victoire une fois remportée, on cherchait le moyen de se défaire de ces auxiliaires dangereux ; ce fut la tactique de tous les temps. Est-ce que nos gouvernements modernes ne désireraient pas se délivrer de ces mauvais journalistes, fomenteurs de révolutions ? Et pourtant l'on prône la liberté de la presse comme l'un des plus grands bienfaits de nos jours ! Che-hoang-ti était un barbare, un sauvage ; la vie de centaines d'hommes n'était absolument rien à ses yeux ; il fit donc tuer bon nombre de ces lettrés ; sans doute les plus dangereux, les plus détestés par lui. Le caractère K'eng 阬 employé par les historiens signifierait très bien : jeter dans une carrière et y enterrer un homme ; c'est probablement ce que l'on fit. Se-ma T'sien donne le chiffre de 460 ; c'est déjà considérable; est-ce exact? On n'a pas de documents pour le contrôler. Les auteurs postérieurs donnent des chiffres encore plus forts; les modernes disent simplement que Che-hoang-ti fit enterrer vivants " les lettrés"; comme s'il les avait fait tuer tous; mais ce sens serait absurde; il est nié, de fait, par le récit de Se-ma T'sien; il répugne à la nature des choses; quand même Che-hoang-ti aurait voulu se défaire de tous les lettrés, il ne l'aurait pas pu; et ce n'était nullement nécessaire. Che-hoang-ti voulait faire un exemple, imposer silence à ces aboyeurs impudents; il n'avait pas besoin de s'attaquer à tous; car ces héros du pinceau ne sont pas ordinairement la bravoure personnifiée; ils ne sont guère de la race de martyrs. Même chez les Romains, les républicains à vertu austère et antique étaient bien vite écartés, ou convertis par un emploi lucratif; tout comme de nos jours, par une décoration, une préfecture Avec quel enthousiasme Horace ne chante-t-il pas le libérateur du peuple, après avoir pris les armes contre lui ! Donc, Che hoang-ti tua les uns, effraya les autres, et gagna le reste par des faveurs. L'empire une fois unifié; il n'avait pas de quoi occuper ces "lettrés errants"; il voulut en finir avec eux. Tibère, Domitien, et même Vespasien, chassèrent de Rome les philosophes de ce temps-là, parce que leur doctrine, ennemie de l'autorité, était fatale à l ordre public; c'était un perpétuel élément de troubles et de révoltes. Tacite dit que leur philosophie ne faisait que des ambitieux et des mécontents ; engeance qu'aucun politique ne peut aimer. (Boissier, La religion romaine, vol. 2, p. 94, et passim) Che hoang-ti avait le même motif que ces empereurs romains; ceux-ci avaient mis des formes plus modérées dans leur procédé; lui employa un moyen brutal et violent, comme il convenait à un barbare.

Ainsi, nous admettons le fait de cette cruauté; seulement nous le réduisons à des proportions plus vraisemblables; nous l'expliquons, sans le justifier ni l'excuser; ce serait tenter l'impossible !

CHAPITRE 9ème

MORT DE CHE-HOANG-TI. USURPATION DU TRONE

En 211, la 26ème année de ce long règne, Che-hoang-ti qui aurait voulu se procurer la fameuse médecine de l'immortalité va encore entreprendre de nouveaux voyages, la faire chercher ; toujours en vain ! Ce fils du ciel va enfin mourir, comme 'e reste des hommes !

Cette année donc, la planète mars [yong-houo 熒惑] étant dans la constellation du scorpion [sin 心], des étoiles tombèrent du ciel dans la province de Tong-kiun 東郡 (1). Arrivées à terre, elles devinrent des pierres (bolides) ; quelqu'un se hâta d'y graver les mots suivants : Che-hoang-ti mourra bientôt, et l'empire sera divisé. Celui-ci fut bientôt averti de ces détails ; il expédia un censeur pour examiner et juger l'affaire. Personne ne vint s'avouer coupable. Che-hoang-ti fit massacrer tous ceux qui demeuraient dans les pays où furent trouvés ces bolides ; puis on fit écraser et brûler ces malheureuses pierres. Tel est le récit de notre historien.

Mais Che-hoang-ti était mécontent de ces pronostics funestes ; pour y faire diversion, il ordonna au chef des lettrés de faire des poésies en l'honneur des esprits, des immortels ; puis sur les heureux effets des voyages de l'empereur à travers les provinces ; il fit mettre tout cela en musique et commanda de la chanter.

En automne, Tcheng-yong 鄭容, messager de l'empereur, venant de l'est voyageait de nuit sur la grande route située au sud du fleuve Wei 渭 (2), quand il rencontra un vieillard à cheveux blancs, assis sur un chariot blanc tiré par des chevaux blancs. Celui-ci tenait en main une tablette de jade de forme ronde ; il venait de la montagne Hoa 華 ; s'adressant au messager, il ui dit : " Veuillez, de ma part, donner cette tablette au seigneur de Hao-tche [Hao-tche-kiun 滈池君]."

---

(1) Tong-kiun — C'est le Chan-tong actuel. C'était le 23ème parmi les provinces de l'empire; Tong-t'chang-fou 東昌府 en était alors la capitale. (Y. vol. 中, p. 37)—(K. vol. 上, p. 95).

(2) Dans la sous préfecture de Hoa-yng 華陰 ou P'ing-chou 平舒. P'ing-chou n'existe plus; elle était à 6 ly nord-ouest de Hoa-yng, au bord de la Wei; à cette époque, une bonne partie de la ville avait déjà été emportée par cette rivière. La route était sur la rive droite. (Chen. vol. 73, p. 46).

La montagne Hoa-chan 華山 à 10 ly au sud de Hoa-yng-hien. (F. vol. 14, p. 21).

D'après les commentaires, le fait est certain et incontestable; voici comment ils l'expliquent: Le seigneur de Hao-tche, c'est l'empereur Ou-wang 武王, qui avait eu son palais sur le bord occidental de la rivière Hao 鄗 et de son étang tche 池. Par ordre du ciel, cet empereur avait exterminé la dynastie perverse et corrompue de Chang 商; l'apparition veut donc avertir Che-hoang-ti qu'un semblable mandat va être donné contre lui. D'autres lettrés prétendent que ce vieillard était le génie du Yang-tse-kiang 揚子江; l'eau étant l'emblème de la dynastie, l'esprit de ce fleuve devait bien rendre quelque service à Che-hoang-ti, l'avertir des malheurs qui le menaçaient; en même temps, lui rendre le jade qu'il avait perdu autrefois, en passant ce même fleuve, quand il allait en pèlerinage à la pagode de Siang-chan 湘山, en 219.

L'apparition avait ajouté, en effet, les mots mystérieux: "Cette année, le dragon fondateur [tsou-long 祖龍] va mourir." Le messager demanda l'explication; mais déjà le vieillard avait disparu, laissant seulement la tablette qu'il avait apportée (1).

Arrivé à Hien-yang, le messager présenta le jade à Che-hoang-ti, et lui raconta tous ces détails. Celui-ci, tout d'abord, resta interdit sans pouvoir dire un mot; assez longtemps après, il répondit en plaisantant: "Ce n'est qu'un esprit de montagne! il n'est pas bien fort, puisqu'il ne sait que les évènements d'un an!" Pendant ce temps, il cherchait une échappatoire, pour cacher son embarras; enfin il la trouva: "Le dragon fondateur, dit-il, c'est le père des hommes; ce n'est pas moi!" Sur ce, il chargea le chef des officiers de la cour d'examiner la tablette de jade; celui-ci reconnut celle qui avait été perdue.

Che-hoang-ti était inquiet; il fit consulter les sorts; la réponse fut favorable, naturellement; les esprits avaient répondu en deux mots: Yeou-si 游徙, c'est-à-dire: voyagez, changez de lieu. L'empereur n'était pas encore disposé à voyager; en attendant, pour accomplir l'oracle en quelque façon, il fit transporter trente mille familles au-delà du fleuve jaune, dans la contrée appelée Pei-ho 北河 (2).

---

(1) Une rédaction postérieure brode quelques détails: Le messager se doutant bien que l'apparition n'était pas un homme, s'arrêta et l'attendit. Le vieillard lui demanda: "Où allez-vous?"—"A Hien-yang"—"Moi, dit l'apparition, je suis l'envoyé de la montagne Hoa 華; je vais vous confier une lettre pour le seigneur de Hao-tche; votre route vous conduit nécessairement par là, vous apercevrez un grand catalpa et tout auprès une très belle pierre; prenez-la; frappez-en le grand arbre; alors un homme vous répondra; c'est à lui que vous remettrez cette lettre." Tout arriva comme il l'avait dit; croira qui voudra!

(2) *Pei-ho*—C'est le pays des Ortous, dans la Mongolie. (Y. vol. 下, p. 17).

Che-hoang-ti exila aussi une partie de ces familles à Yu-tchong 榆中; le territoire actuel de Yu-ing-hien 榆林縣, préfecture de Yu-ling-fou 榆林府, Chen-si (Y. vol. 中 p. 125).

Comme fiche de consolation, il les éleva chacune d'un degré ; c'est-à-dire les roturiers furent ennoblis; ceux qui n'étaient pas encore bacheliers le devinrent par le fait même; ceux qui l'étaient déjà, devinrent licenciés; et ainsi de suite.

En 210, à la dixième lune, au jour appelé Koei-tcheou 癸丑, Che-hoang-ti se mettait lui-même en marche pour les provinces de l'est. Le premier ministre Li-se 李斯 l'accompagnait, le second ministre Fong-k'iu-t'si 馮去疾 restait à la capitale pour le gouvernement de l'empire. Hou-hai 胡亥, le dix-huitième fils de Che-hoang-ti, le supplia si instamment de lui permettre de le suivre qu'il finit par le lui accorder

A la 11ème lune, on était parvenu à Yun-Mong 雲夢 (3) ; l'empereur offrit des sacrifices aux génies des montagnes et des rivières ; il sacrifia aussi aux mânes de Choen 舜 [2257 avant Jésus-Christ] sur la montagne Kieou-i-chan 九疑山 (4), où se trouve encore son tombeau. De là il se rendit au bord du Yang-tse-kiang 揚子江 le descendit jusqu'aux villes de Tsi-ko 藉柯, T'ong-ngan 同安, et Chou-tcheou 舒州 (5), qu'il visita en passant ; puis il traversa les îles du

---

(3) *Yun-mong*—D'après le Y. vol. 中, p. 79, c'est Yun-mong-hien 雲夢縣, préfecture de Té-ngan-fou 德安府, Hou-pé.—Le T'ong-kien kang-mou dit que c'était à 50 ly au sud de Ngan-lou-hien 安陸縣, même préfecture. D'ailleurs ces deux sous-préfectures sont voisines.

(4) *Kiou-i-chan* — Montagne à 60 ly au sud de Ning-yuen-hien 寧遠縣, 50 ly sud-ouest de Lan-chan-hien 藍山縣, Hou-nan, (F. vol. 20, p. 3, vol. 22, p. 12). C'est-à-dire qu'elle se trouve entre les préfectures de Yong-tcheou-fou 永州府 et Heng-tcheou-fou 衡州府.—Elle a 9 pics, qui se ressemblent tellement qu'on a peine à les distinguer; de là est venu son nom: montagne des doutes. Le tombeau de Choen est au pied du 6ème pic ; et celui-ci s'appelle Niu-yng-fong 女英峯. La circonférence de cette chaîne de montagnes a quatre cents ly; elle est comme le centre des 4 préfectures de Yong-tcheou-fou, Heng-tcheou-fou, Ling-tcheou-fou 郴州府 et Tao-tcheou-fou 道州府. Chacun des pics a un torrent; quatre s'écoulent vers le sud; cinq vont vers le nord, et déversent leurs eaux dans le grand lac T'ong-ting-hou 洞庭湖.— Se-ma-t'sien dit que Choen mourut au pays de T'sang-ou 蒼梧; il ne se trompe pas; car T'sang-ou est le nom de la province où se trouve la montagne. (K. vol. 上, p. 122). D'après ce témoignage, le tombeau renfermerait l'empereur et ses deux épouses.

Mais Tchao-i 趙翼, dans son Kai-yu tsong-k'ao, vol. 19, p. p. 3 et suiv..., nie tout-à-fait que les deux filles de l'empereur Yao 堯, femmes de l'empereur Choen, soient enterrées sur cette montagne; si quelqu'un veut voir ses arguments, il les trouvera longuement développés.

Par ailleurs, nous avons vu Che-hoang-ti faire, ou plutôt entreprendre, un pèlerinage à la montagne de Siang-chan pour y vénérer le grand Yu; il y avait donc au moins deux endroits qui prétendaient posséder les restes de cet illustre empereur. Auquel des deux doit-on donner la préférence? Nous ne sommes pas en mesure de trancher la question. Peut-être quelqu'un sera-t-il plus heureux que nous. (K. vol. 上, p. 79)—(Y. vol. 中, p. 96).

(5) *Tsi-ko*—le texte dit : Koan-tsi-ko 觀藉柯 ; mais, malgré mes recherches, je n'ai pu en faire l'identification avec quelque pays actuel.

T'ong-ngan et *Chou-tcheou*—c'est le pays de Ngan-k'ing 安慶, capitale de la province de Ngan-hoei.

Kiang, et parvint à Tan-yang 丹陽 (1). C'est de là qu'il partit pour se rendre au bord du fleuve Tché-kiang 浙江, qui a donné son nom à la province actuelle (2). Lorsqu'il y fut arrivé, il trouva les vagues si furieuses qu'il n'osa s'y embarquer ; l'endroit où il se trouvait alors se nommait T'sien-tang 錢唐 (3) ; il inclina vers l'ouest ; à une distance d'environ cent-vingt ly, le fleuve étant plus étroit, il put le traverser sans danger (4). Aussitôt il partit pour la montagne de Koei-ki 會稽 (5), où il voulait offrir un sacrifice au grand Yu 禹 ; car la tradition prétend que cet illustre empereur avait autrefois réuni là tous les princes du sud pour examiner les plus méritants, et les récompenser. De ce fait mémorable serait venu le nom de Koei-ki 會稽, c'est-à-dire : compte annuel, ou compte général. [Couvreur, p. 159].

Sur cette même montagne, Che-hoang-ti sacrifia aussi au génie de la mer méridionale; il fit élever une pierre commémorative de son voyage, avec une inscription toute en l'honneur de sa dynastie (6). Le texte disait: "Les mérites de notre auguste empereur sont éclatants; il a unifié toute la Chine; ses vertus et ses bienfaits grandissent chaque jour. La 37ème année de son règne, il a visité en personne son empire; il a voulu parcourir les provinces les plus reculées. Arrivé dans cette région, il est monté sur la montagne de Koei-ki; partout il examine les mœurs et les coutumes; le peuple est devenu très-bon et très-respectueux.

---

(1) *Tan-yang* — est dans la préfecture de Tcheng-kiang-fou 鎭江府, province de Kiang-sou 江蘇. Cette ville existait certainement sept siècles avant Jésus-Christ. (Y. vos. 上, p.p. 38. 48)—(F. vol. 6, p. 1).

(2) *Tché-kiang*—C'est-à-dire : la rivière brisée ; elle est ainsi nommée à cause de ses courbes nombreuses.

(3) *T'sien-tang* — C'est T'sien-tang-hien 錢唐縣, préfecture de Hang-tcheou-fou 杭州府, Tché-kiang. (Y. vol. 上, p. 81).

(4) L'endroit précis est à Yu-hang-hien 餘杭縣, préfecture de Hang-tcheou.

(5) *Koei-ki* — C'est Koei-ki-hien 會稽縣, préfecture de Chao-hing-fou 紹興府, Tché-kiang.

A 40 ly sud-est de Chao-hing-fou, il y a la montagne T'sing-wang-chan 秦望山, dont le pic dépasse tous les autres ; c'est de-là que Che-hoang-ti se plaisait à considérer la mer; de la plaine au sommet, il y a sept ly; les rochers y sont à pic ; le chemin en est si dangereux que, pour y monter, il faut se tenir à des rampes. Koei-ki est le nom général donné à l'ensemble de ces montagnes. (F. y. vol. 16, p. 2)—(Y. vol. 上, p. 88).

(6) L'inscription comprend 4 périodes ; chacune d'elles renferme 12 caractères, formant trois groupes de 4 mots chacun; comme l'on voit, le chiffre sacré 6 y est religieusement observé.

C'est le premier-ministre Li-se qui l'a composée, dans l'ancien style solennel du Chou-king 書經. Pour la graver sur la pierre, on employa des caractères hauts de quatre pouces ; et c'était le genre siao-tchoan 小篆, l'écriture nouvelle dont nous avons parlé précédemment, et qui est encore en usage pour les sceaux officiels. Nous avons déjà dit que ces caractères avaient été imposés à toute la Chine. Auparavant, chaque royaume avait son écriture propre comme son idiome particulier.

Tous les officiers célèbrent les hauts faits de l'auguste empereur; depuis son avènement au trône, dans tous ses actes, son unique ambition est d'illustrer la saine doctrine; dès le début, il fixa les lois pénales; partout il fit refleurir les anciennes institutions; son premier soin fut de rendre uniformes les lois et les règlements, de distinguer et séparer les différents offices;il voulait des institutions durables.

Avant lui les six grands vassaux agissaient contrairement à la saine doctrine; ils étaient cupides, pervers, orgueilleux, féroces; ils donnaient à la multitude le mauvais exemple de ne se fier qu'à la force brutale; c'étaient des tyrans qui ne suivaient que leurs caprices; ils abusaient de leur puissance, étalaient leur orgueil, et ne pensaient qu'à la guerre. Ils avaient leurs émissaires et leurs espions, pour semer les troubles, pour comploter ensemble contre le royaume de T'sin; tous les moyens leur étaient bons; à leur cour, ils déguisaient leurs machinations; au dehors, ils ne faisaient qu'envahir les territoires d'autrui; les calamités, les châtiments s'attachèrent à leurs pas. La justice de notre auguste empereur s'appesantit sur eux; il anéantit ces rebelles, ces tyrans. Sa vertu s'étend au loin, et pénètre dans les pays les plus écartés; aux six points cardinaux, il n'y a pas d'être qui n'en ressente les effets. Ayant unifié l'empire, lui seul voit toutes choses; le plus éloigné comme le plus proche, tout est clair à ses yeux; c'est lui qui meut et règle chaque chose ; lui qui examine et explore le vrai état des choses ; le noble et le roturier sont par lui percés à jour ; le bon et le mauvais sont à l'instant dévoilés, rien ne peut lui être caché ; les vices dissimulés sont sans pitié démasqués. Auparavant, l'on voyait des veuves ayant des fils se remarier, tromper la foi jurée à leur premier époux, et se montrer peu continentes; mais l'auguste empereur endigue le mal partout où il le trouve; il met un frein aux passions honteuses ; aussi hommes et femmes sont-ils maintenant irréprochables; on ne voit plus ces vagabonds qui erraient çà et là pour corrompre les femmes d'autrui ; misérables individus qu'on pouvait tuer impunément; les mœurs sont vraiment améliorées. On ne voit plus de femmes s'enfuir, abandonner leurs familles, pour se marier ailleurs ; ces mauvais exemples ont disparu; la morale publique est parfaite; l'empire tout entier s'en ressent, et est heureux de recevoir de si sages institutions; tout le monde suit les règlements établis; on s'applique au bien de toutes ses forces; personne ne résiste aux lois; le peuple s'efforce de devenir plus pur; chacun rivalise de bon exemple, et jouit d'une paix profonde. La postérité se conformera à des lois si sages; elles dureront éternellement; le commerce sera si bien protégé qu'on ne verra ni barques ni chars renversés ou pillés. Toute la suite de l'auguste empereur proclame ses mérites; et demande à graver cette inscription sur une pierre monumentale, pour transmettre aux âges futurs ce témoignage éclatant et impérissable."

Che-hoang-ti quitta enfin le pays de Koei-ki ; en passant, il visita Sou-tcheou 蘇州, la capitale de l'ancien royaume de Ou 吳 ; bientôt il traversait le Yang tse-kiang à Kiang-tcheng 江乘 (1) ; de là il se rendait sur le bord de la mer orientale, et parvenait de nouveau à son pays favori Lang-yé 琅邪 (2). Nous savons ce qu'il venait y chercher ; toujours le fameux élixir de l'immortalité ! Mais le célèbre sorcier Siu-che 徐市 et ses compagnons s'étaient en vain mis à la mer ; ils avaient cherché pendant plusieurs années, sans rien trouver ; ils avaient fait bien des dépenses inutiles ; personne n'avait pu leur procurer la magique recette ; ils avaient grand peur d'être enfin châtiés. Ils inventèrent donc une nouvelle fable, pour gagner du temps : "L'élixir pourrait être obtenu, disaient-ils, s'il n'y avait un grand requin [Kiao-yu 鮫魚] à y mettre obstacle ; nous n'avons jamais pu aborder à l'île de Pong-lai 蓬萊 ; nous supplions donc humblement votre Majesté de nous faire accompagner de bons archers ; à la première apparition, ils pourront percer le monstre par une décharge continue."

Sur ces entrefaites, Che-hoang-ti eut un songe: il lui semblait s'être battu avec l'esprit de la mer qui apparaissait sous la forme d'un homme. Il consulta les plus expérimentés parmi les interprètes de songes. Ceux-ci lui répondirent : "L'esprit des eaux est invisible, parce qu'il est gardé par un entourage de grands poissons et de dragons, les uns ont des cornes, les autres n'en ont point. Que votre Majesté veuille donc offrir des sacrifices avec la plus grande dévotion possible; ainsi l'on pourra chasser les esprits malfaisants; les bons pourront alors venir auprès de votre personne".

---

(1) Kiang-tcheng — c'est actuellement le nom officiel de Kiu-yong-hien 句容縣, préfecture de Kiang-ning-fou 江寧府 (Nan-king 南京). L'ancien emplacement de Kiang-tcheng se trouvait à 60 ly au nord de Kiu-yong, à l'ouest de la préfecture de Tcheng-kiang 鎮江, port ouvert aux Européens. D'après le F. vol. 4, p. p. 3, 11, Kiang-tcheng était à 70 ly nord-est de Nan-king ; Kiu-yong est à 90 ly à l'est de cette même capitale. (Y. vol 上, p 31).

Au temps de Che-hoang-ti, ce nom de Kiang-tcheng désignait aussi le territoire de Tan-yang 丹陽. A cette même époque, l'ancienne ville de Tan-yang était à 50 ly sud-ouest de Nan-king ; elle s'appelait aussi Tan-yang, la petite ; car il y avait encore d'autres villes de ce nom.

La ville actuelle de Tan-yang, au temps du royaume de Tch'ou 楚, s'appelait Yun-yang 雲陽, sous Che-hoang-ti elle s'appela K'iu-wo-hien 曲阿縣; depuis lors, elle n'a pas changé d'emplacement. (F. vol. 5, p 13)—(Y. vol. 上, p. 38)—(K. vol. 上, p 85).

(2) Lang-yé — C'est maintenant Tchou-t'cheng-hien 諸城縣, préfecture de Tsing-tcheou-fou 青州府, Chan-tong. L'ancienne ville et la fameuse montagne de ce nom se trouvaient à 140 ly sud-est de la sous-préfecture actuelle. (F. vol. 7, p. 26).

Che-hoang-ti fit comme on le lui conseillait; puis il commanda à ceux que devaient aller en mer d'emporter tous les instruments nécessaires pour tuer les grands poissons; lui-même prit en main une arbalète à plusieurs coups, et se mit en chasse près du rivage. Il arriva ainsi jusqu'à Yong-t'cheng-chan 榮城山 (1) sans avoir rien aperçu. Enfin, près de Tche-fou 之罘, de grands poissons se présentèrent à portée de flèche; Che-hoang-ti en tua un; c'était tout ce qu'il fallait ! Sur ce, il continua à longer le bord de la mer, en inclinant vers l'ouest, et parvint à P'ing-yuen-tsin 平原津 (2); il traversa le fleuve, et tomba malade.

Che-hoang-ti avait en horreur le mot mourir; aussi pas un de ses officiers n'osa lui suggérer quoi que ce fût sur cette éventualité, ni sur les ordres à donner en conséquence. Quand la maladie fut devenue tout-à-fait grave, il fit écrire à Fou-sou 夫蘇, son fils aîné, une lettre officielle munie du sceau impérial. Il y disait: " Remettez l'armée à Mong-tien 蒙恬; prenez les habits de deuil, et trouvez vous à Hien-yang 咸陽 pour mon enterrement." Cette lettre avait été remise à l'eunuque Tchao-kao 趙高 (3), le grand-maître de la maison impériale. Mais avant que celui-ci l'eût confiée à un messager, Che-hoang-ti était mort. C'était la septième lune, au jour Ping-yng 丙寅. D'après M. Chavannes, ce serait le 22 juillet de l'an 210 (av. J. C.).

---

(1) Yong-t'cheng-chan—C'est-à-dire Yong-t'cheng-hien 榮城縣, dans la préfecture de Teng-tcheou-fou 登州府, Chan-tong. (Y. vol. 中, p. 43), à 460 ly de Wen-teng-hien 文登縣, à l'est.

Che-hoang-ti, dans cette pêche, ou plutôt cette chasse en mer, visita le promontoire de Tcheng-chan 成山, qui se trouve à 150 ly de la même sous-préfecture de Wen-teng. (F. vol. 10, p. 34).

(2) P'ing-yuen-tsin — Le mot tsin 津 signifie "un gué"; Celui-ci est au sud-ouest de P'ing-yuen-hien 平原縣 préfecture de T'si-nan-fou 齊南府, Chan-tong. Il est encore appelé vulgairement Tchang-kong-tou 張公渡, passage du seigneur Tchang; c'est là que Han-sin 韓信 battit Tien-tan 田儋 (F. vol. 10, p. 6) - (Y. vol. 中, p. 27)—(K. vol. 上, p. 69).

(3) Les eunuques—Ils apparaissent pour la première fois, à la cour de T'sin, sous le roi Siang-kong 襄公 (777-765). Voir le livre des Vers (Che-king 詩經) livre 1er, ode 126; — (Zottoli, III, p. 93).

Le commentaire dit que les autres princes avaient en cela devancé depuis longtemps ceux de T'sin ; c'était une vieille coutume dans les divers pays de l'Asie ; il n'y a donc rien d'étonnant de la trouver en Chine. Comme ailleurs, parmi ces eunuques, il y en eut qui parvinrent aux plus hautes charges du gouvernement ; plusieurs aussi furent les principaux fauteurs de révolutions ; plusieurs enfin causèrent la ruine du pays; ce Tchao-kao fut comme le mauvais génie du nouvel empereur.

On était alors à Cha-k'ieou 沙丘, dans le palais P'ing-t'ai 平臺 ou encore I kong 異宮 (1). C'était la résidence bâtie par le tyran T'cheou 紂 (1154-1122); autrefois palais de chasse et ménagerie des anciens empereurs; c'est là que mourut Ling-kong 靈公 roi de Wei 衛 (534-492) ; c'est encore là que Ou-ling-wang 武靈王, roi de Tchao 趙 (325-298), mourut de faim, assiégé par son ministre rebelle Li-toei 李兌. (Che-ki, chap. 79, p. 8).

On était à mille six cent cinquante ly de la capitale; il fallait s'y rendre le plus promptement possible, pour introniser le nouvel empereur, empêcher un soulèvement général de tous les royaumes abattus par Che-hoang-ti. Certes, le moment était critique! Par ailleurs, il fallait empêcher toute querelle au sujet de la succession, parmi les fils du défunt. La légitimité n'était pas douteuse : L'empereur, dans un moment de colère, avait éloigné son fils aîné Fou-sou; mais il ne lui avait pas enlevé son droit à la couronne. Bien plus, la lettre qu'il venait de lui écrire temoignait que sa dernière volonté était de lui laisser le trône; et non à un autre.

Mais cela ne faisait pas les affaires de l'eunuque Tchao-kao ; celui ci avait d'autres idées en tête; nous allons le voir escamoter la couronne, et la placer sur la tête de Hou-hai 胡亥, son élève, et l'on peut dire son protégé. Cet eunuque était d'une force corporelle extraordinaire ; il était aussi très versé dans la jurisprudence de cette époque ; c'est pourquoi il fut établi chef des attelages du palais, maître de la maison impériale, précepteur de Hou-hai. Ayant commis un crime, il fut jugé et condamné à mort, par Mong-i 蒙毅. Mais Che-hoang-ti qui l'appréciait lui fit grâce, et lui conserva ses offices. Depuis lors, il devint l'ami intime de Hou-hai; en même temps l'ennemi juré de la famille Mong.

Tchao-kao retint la lettre testamentaire de l'empereur ; puis il s'en alla trouver Hou-hai : " Votre père est donc mort, lui dit-il, sans avoir désigné son successeur ; il a seulement écrit une lettre à votre frère Fou-sou ; dès que celui-ci sera arrivé à Hien-yang, il montera sur le trône ; et nous n'aurons pas un pouce de de terrain. Que pensez-vous faire ? " — " On m'a enseigné, répondit Hou-hai, qu'un prince sage connaît ses officiers; un père prudent connaît ses fils; ainsi mon père est mort sans désigner son successeur ; il n'y a rien à dire."

---

(1) Ce palais, avec sa tour, etc, était à 30 ly nord-est de P'ing-hiang-hien 平鄉縣, préfecture de Choen-té-fou 順德府, Tche-ly. (F. vol. 2, p. 46)—(Y. vol. 上, p. 22).
L'empereur Tch'eou qui le bâtit est appelé le Néron de la Chine.

"Non, ce n'est pas cela, reprend l'eunuque; en ce moment, la couronne et l'empire, la vie et la mort, tout cela est en vos mains; tout dépend de vous, de moi, et du premier ministre; veuillez y réfléchir ! De plus, nommer les officiers, ou être nommé soi-même; gouverner le peuple, ou être gouverné soi-même avec le peuple, voilà deux choses bien différentes !"—"Mais, dit Hou-hai, écarter l'aîné pour établir le cadet, c'est une injustice ; ne pas obéir à son père, parce qu'on se croit exposé à la mort, c'est une impiété ; ayant peu de talents, vouloir s'appuyer sur les mérites d'autrui, c'est de la faiblesse ; trois choses qui ne conduisent à rien de bon ; l'empire tout entier s'insurgerait contre l'usurpateur ; sa vie elle-même serait en grand péril ; la famille régnante serait en danger de perdre la couronne." — "Cependant, reprend Tchao-kao, l'histoire nous apprend que Tcheng-t'ang 成湯 (1766-1753) et Ou-wang 武王 (1122-1115) ont tué leurs seigneurs et maîtres ; la Chine entière célèbre partout leur justice et leur loyauté. Le duc de Wei 衛 a tué son père ; (3) malgré cela, le peuple a exalté sa vertu; Confucius lui-même mentionne le fait, sans l'accuser d'impiété. Un grand caractère ne fait pas attention aux petites choses ; une vertu parfaite n'est pas d'une modestie excessive; ce sont les habitants de la campagne qui règlent leurs différends d'après la stricte convenance; la mesure n'est pas la même pour tous les degrés dans l'échelle sociale. Si vous regardez de trop près les petites choses, vous allez perdre les grandes; vous en subirez des conséquences regrettables; trop de défiance et trop de scrupules vous causeront un vif repentir. De la résolution; de l'audace; et en avant ! Les diables eux-mêmes vous feront place; et cette grande entreprise réussira! Je supplie votre seigneurie d'agir ainsi."

Hou-hai luttait contre sa conscience; il poussait des gémissements; il était à moitié vaincu; de fait, ce n'était pas sans quelque espérance qu'il avait tenu si fort à faire partie de ce voyage. " Enfin, dit-il, mon père n'est pas encore enterré ; les cérémonies funèbres n'ont pas même été commencées; comment entretenir le premier ministre de votre projet ?" — " Le temps presse ! répond l'eunuque; le tempt presse ! une fois passé, impossible d'y remédier ! il faut la plus grande hâte; tout retard peut porter malheur !"

Hou-hai finit par accepter; la morale de son précepteur, vraie morale d'eunuque, avait triomphé de ses dernières hésitations. Quel triste empereur, et quel triste ministre vont devenir ces deux personnages !

---

(3) L'eunuque cite mal Confucius. Celui-ci a blâmé, au moins indirectement, l'impiété du fils envers le père. De plus, le parricide n'eut pas lieu; le fils se contenta de menacer son père, qui était un mauvais homme, un mauvais prince. (Zottoli, II, p. 257, No 14).

Tchao-kao se rendit aussitôt chez le premier ministre Li se 李斯, et lui dit : " La lettre de l'empereur n'est pas encore expédiée; elle est, avec le sceau impérial, entre les mains du prince Hou-hai; personne ne sait encore la mort de l'empereur; ainsi le choix et l'intronisation du successeur sont entre les mains de votre Excellence et les miennes; que pensez-vous faire dans ces circonstances ? —" Comment osez-vous proférer des paroles capables de ruiner l'empire ! répond Li-se ; un loyal sujet n'a rien à discuter dans cette affaire ! " — " Que votre Excellence, reprend l'eunuque, veuille bien réfléchir ; et se demander si son influence est comparable à celle du général Mong-tien 蒙恬 ; si ses mérites son aussi grands que ceux de Mong-tien ; si sa perspicacité est aussi pénétrante que celle de Mong-tien ; si sa popularité est aussi universelle que celle de Mong-tien; si elle compte aussi peu d'adversaires que Mong tien ; si elle est auss solidement établie dans les bonnes grâces du prince héritier que l'est Mong-tien ?"
—"Sous tous ces rapports, répond Li se, je suis loin de Mong-tien; mais votre seigneurie m'écrase par de telles paroles; pourquoi vous acharner ainsi contre moi?"—"Je ne suis qu'un eunuque méprisé, reprend Tchao-kao; c'est grâce à mes connaissances dans les écritures et les causes judiciaires que je suis entré au palais; depuis vingt ans que j'y suis, je n'ai jamais vu Che-hoang-ti décharger purement et simplement un ministre ou un grand officier bien méritant; jamais je ne l'ai vu accorder au fils l'emploi rempli dignement par le père. Tous ont péri de mort violente."

" Che-hoang-ti a plus de vingt fils ; votre Excellence les connaît tous. L'aîné, Fou-sou, est un homme ferme et constant, un guerrier courageux ; il montre de la confiance aux gens ; il sait lancer et enthousiasmer son monde. S'il monte sur le trône, bien sûr, son premier-ministre sera Mong-tien ; votre Excellence n'aura pas même une charge qui vous donne accès libre auprès de l'empereur ; vous n'aurez qu'à retourner à la campagne ; c'est évident ! Votre serviteur ayant été chargé de l'instruction du prince Hou-hai, pendant de longues années, j'ai eu l'occasion de le connaître à fond ; c'est un prince accompli ; caractère humain, clément, sincère, généreux ; il méprise l'argent ; il estime les lettrés ; il est intelligent et fin, quoique un peu gauche à exprimer sa pensée ; il tient aux bons usages et aux rites transmis par les ancêtres ; il aime les lettrés plus que ne le fait aucun autre fils de Che-hoang-ti. Voilà qui ferait un bon successeur ! Pensez donc au moyen de l'établir sur le trône ! "—" Que votre seigneurie, répond Li-se, aille renverser le trône, si elle le veut ; moi je ne sais que me conformer à la volonté de mon maître ; j'obéis aux décrets du ciel ; quelle consultation y a-t-il encore à faire sur celui qui doit être le successeur ! "—

" La paix peut se changer en troubles, repart l'eunuque ; les troubles peuvent aussi se calmer; si la paix n'est pas assurée si les troubles ne sont pas écartés, à quoi sert l'empereur?"

Li-se comprenait bien la conclusion de ces derniers mots ; c'est-à-dire : intronisons Hou-Hai, pour éviter les révolutions ; mais il n'acceptait pas cette proposition. " Je n'étais qu'un pauvre lettré de village, dit-il, né au pays de Chang-tch'ai 上蔡 (1); l'empereur a daigné m'élever à la dignité de premier-ministre ; et j'ai pu avoir des relations intimes avec lui ; mes fils et petits-fils ont été élevés à de hautes dignités, avec de grands appointements. Ainsi il m'a confié le salut et la paix de l'empire ; puis-je oublier une telle confiance ? Un officier loyal sait mourir pour son prince ; mon parti est tout tracé ; un bon fils ne craint ni peine ni danger pour ses parents ; un homme doit savoir faire son devoir sans se préoccuper d'autre chose. Ainsi ne cherchez pas davantage à me pousser à un crime !"—"Mais, reprend l'eunuque, l'histoire nous enseigne que nos anciens " saints " n'ont pas montré un rigorisme si opiniâtre, qui ne sait se plier aux circonstances du temps. Quiconque examine bien ce qui est secondaire et accessoire, sait juger le fond avec rectitude; pourquoi s'en tenir si obstinément aux idées reçues ? Or maintenant l'autorité suprême et les décisions à prendre dépendent du prince Hou-hai; et votre serviteur sait aussi faire la volonté de son maître. De plus, des considérations éloignées, qui ne se rapportent pas à la question elle-même, ne sont que purs scrupules; et si des inférieurs veulent diriger la ligne de conduite de leurs supérieurs, ils ne font que révéler leur esprit rebelle. En automne, dès que la gelée blanche apparait, aussitôt herbes et fleurs se fanent; au contraire, le souffle du printemps brise la glace, et fait revivre toute la nature; voilà le cours nécessaire des choses; comment votre Excellence est-elle si lente à comprendre cela !"—"L'histoire nous apprend, répond Li-se, que quand le roi de Tsin 晉 voulut changer l'ordre de succession, le pays fut en révolution pendant trois générations (Tsouo-tchoan, Hi-kong 僖公, 4ème année vol. 9, p. p. 10 suiv...). Quand au royaume de Ts'i 齊 les deux frères Siao-pé 小白 et Kong-tse-Kiou 公子糾 se disputèrent la couronne, la question ne fut tranchée que par la mort du plus jeune (Tsouo-t'choan, Tchoang-Kong 莊公 9ème année, 9ème lune, vol. 5, p. p. 10 et suiv...). Quand le tyran Tcheou 紂 massacrait frères et parents, sans tenir compte des remontrances qu'on lui faisait, l'empire devint un amas de ruines ; et la famille régnante perdit la couronne. Dans les trois cas, nous voyons que quiconque renverse l'ordre établi par le ciel, perd le temple des ancêtres et l'avenir de sa dynastie.

---

(1) Sous-préfecture à 75 ly au nord de la préf. Jou-ning-fou 汝寧府 vol. 12 p.50 in verso.

Me rappelant ces choses, je tiens à l'ordre établi; et je dis que nous n'avons rien à y discuter."—" Dès qu'il y a union parfaite entre les supérieurs et les inférieurs, reprend l'eunuque, les choses sont stables ; aucune révolution n'est à craindre ; si l'intérieur et l'extérieur d'un arbre sont bien compacts, on ne distingue ni écorce ni tronc. Que si votre Excellence admet mon plan, votre haute dignité vous est assurée ; de génération en génération se transmettront vos titres : votre famille comme un sapin magnifique, ira grandissant et florissant; votre sagesse sera célébrée comme celle de Confucius et de Mei-ti 墨翟 (1). Si vous manquez ce coup, si vous refusez de vous associer à nous, le malheur fondra sur vous et vos descendants; vous devriez en être effrayé ! Les gens sages tournent les voiles d'après le vent. Eh bien ! à quoi votre Excellence se résout-elle définitivement ? "

Li-se leva les yeux au ciel, poussa des soupirs; tout en larmes, il gémissait profondément: " Hélas ! s'écriait-il, comment faut-il que je vive dans un monde si plein de troubles! Si je ne me décide à mourir, à qui confier mon sort ?"

Enfin il succomba, et s'associa au complot. Pauvre vertu païenne! Après de si belles réponses, la voilà si vite vaincue par les instances d'un misérable eunuque !

Celui-ci s'empressa de porter la réponse au prince Hou-hai : "J'ai eu l'honneur, dit-il, illustre prince héritier, d'intimer vos ordres au premier-ministre; comment eût-il pu ne pas obéir !" Sur ce, ils tinrent conseil entre eux ; ils fabriquèrent un faux mandat par lequel Che-hoang-ti ordonnait au premier-ministre d'établir Hou-hai comme prince héritier; ils fabriquèrent encore une fausse lettre adressée à Fou-sou; la voici: " Moi, disait l'empereur, je prends la peine de parcourir l'empire tout entier. J'offre des sacrifices à toutes les montagnes; je prie tous les esprits, afin qu'ils m'accordent une longue vie. Pendant ce temps, vous mon fils, et vous Mong-tien, mon généralissime, avec des hommes par centaines de mille, vous restez tranquilles sur la frontière, depuis dix longues années; et vous n'avez pas un succès à enregistrer; une grande partie de l'armée s'est perdue sans avoir gagné le moindre avantage. Et vous vous êtes encore permis, à diverses reprises, de m'adresser des mémoires où vous attaquez ouvertement ma conduite. Vous ne pouvez supporter de vivre hors de la cour, et de n'être plus le prince héritier; jour et nuit vous couvez votre ressentiment.

---

(1) Voilà une des preuves que Mei-ti avait autrefois une réputation de sagesse comparable à celle de Confucius. Il n'a été décrié que par Mong-tse 孟子 et son école, pour exalter d'autant plus Confucius.

Vous, Fou-sou, vous avez toujours été mauvais fils: je vous envoie une épée, et vous laisse le choix de votre genre de mort. Vous, général Mong-tien, vous avez vécu au camp avec le prince; vous n'avez pas su le redresser, quoique vous eussiez connaissance de ses desseins pervers; vous êtes donc un officier déloyal; je vous permets de choisir aussi votre genre de mort, après avoir remis l'armée à votre lieutenant Wang-li 王離.'

Ce te lettre fut pliée; le sceau impérial y fut apposé; Hou-hai l'expédia aux destinataires dans la province de Chang-kiun 上郡. Quand Fou-sou la reçut, il pleura à chaudes larmes et voulait aussitôt se donner la mort. Mong-tien l'en empêcha : " L'empereur, lui dit-il, m'a envoyé ici, à la tête de trois cent mille hommes, pour garder les frontières de l'empire ; votre Altesse y est venue comme inspecteur de l'armée ; ce sont les charges les plus grandes dans tout le pays. Voici maintenant un messager qui nous apporte cette lettre ! Comment ne pas croire à une supercherie ? "

"Attendons ! écrivons à notre tour pour savoir la vérité; il sera toujours temps de mourir !"—"Non ! répondit Fou-sou ; quand le propre père invite son fils à se donner la mort, comment oser demander encore quelle est son intention ?" Ayant ainsi parlé, il se tua sans plus tarder. (1)

Le général Mong-tien ne voulait pas mourir à si bon marché. L'envoyé impérial le fit enchaîner et transporter à Yang-tcheou 陽周 (2). A sa place, il mit Wang-li 王離, créature du premier-ministre; après quoi, il informa la cour de "l'heureuse issue de sa mission".

---

(1) Le tombeau de Fou-sou est au nord de Soei-'é-tcheou 綏德州, préfecture de Yen-ngan-fou 延安府, Chen-si. (Y. vol 中, p. 124). Il eut deux filles, dont les tombeaux sont à 60 ly nord-est de San-choei hien 三水縣, préfecture de Ping-tcheou 邠州, Chen-si (Chen vol. 71, p. 46). Che-hoang-ti avait plus de vingt fils. Fou-sou était le plus sage de tous ; il est resté aussi le plus populaire ; on l'a beaucoup célébré après sa mort ; sa fin tragique, la haine que l'on avait pour son père et pour le misérable eunuque, tout cela a contribué à le rendre plus sympathique. Il est loué comme modèle de piété filiale ; aussitôt après avoir reçu la prétendue lettre de son père, il obéit et se suicida, sans faire de résistance ; et cependant il était à la tête de trois cent mille hommes. Son tombeau est maintenant encore bien conservé, et très-vénéré par le peuple, parce qu'il s'est attiré ses malheurs en prenant la cause des lettrés sous sa protection. A cinq ly de son tombeau, il y a une source appelée Ou-yen-t'siuen 嗚咽泉, c'est-à-dire la source aux sanglots. La légende affirme que c'est là qu'il s'est donné la mort.

(2) Yang-tcheou — C'est Tcheng-ning-hien 正寧縣 préfecture de K'ing-yang-fou 慶陽府 Kan-sou. (Y. vol. 中, p. 134).

Hou-hai, cependant, répugnait à se défaire d'un général tel que Mong-tien, dans un moment si critique où il pouvait avoir besoin de lui; il pensait donc à le grâcier. L'eunuque s'en aperçut ; il chercha un stratagème pour rendre cette bonne volonté irréalisable, en enfonçant Hou-hai plus avant dans la triste voie où il s'était engagé. Mong-i 蒙 毅, frère du général, était justement absent de la cour au moment où le complot s'était tramé; il avait été envoyé par Che-hoang-ti à quelque pays éloigné, pour y offrir des sacrifice aux génies des fleuves et des montagnes; il allait bientôt revenir à la cour; 'eunuque l'en empêcha. S'adressant à Hou-hai, il lui dit : "Votre illustre père avait toujours eu l'intention de vous déclarer son héritier ; c'est Mong-qui l'en a dissuadé." Hou-hai tomba dans le piège; il fit mettre aux fers dans le pays de Tai 代 ce prétendu ennemi qui ne s'y attendait guère (1). Ainsi l'eunuque avait la joie de nuire à la famille Mong, et d'augmenter sa propre puissance.

Mais il est temps de revenir auprès de l'empereur défunt. Cinq ou six personnes seulement étaient dans le secret de sa mort; le cercueil était placé sur le char impérial ; on y avait ménagé des fenêtres et des rideaux ; les plus puissants parmi les eunuques avaient seuls le privilège d'en approcher ; on servait les repas comme à l'ordinaire ; les mandarins présentaient leurs rapprots, les suppliques, comme de coutume ; de l'intérieur du char, les eunuques y répondaient de la part de l'empereur.

Cependant, le convoi s'était mis en marche. Pour mieux tromper tout le monde, on fit semblant de continuer le voyage d'inspection ; mais il fallait éviter les provinces de l'empire où les gouverneurs auraient demandé des audiences personnelles à l'empereur, et eussent été grandement surpris de se les voir refuser; on résolut donc de passer par les régions de la Mongolie nouvellement subjuguées; la route serait allongée du double; mais comment faire autrement ? De plus, il fallait aller s'assurer la grande arm e du nord ; de quel œil avait-elle vu la disparition de son brave général ? Comment avait-elle accepté son remplaçant ? On avait des craintes légitimes; il fallait donc se présenter à elle ; se servir du prestige du terrible Che-hoang-ti pour empêcher une révolte qui eût déjoué tous les calculs le l'ambition.

---

(1) Tai—C'est Wei-tcheou 尉 州, Siuen-hoa-fou 宣 化 府, Tche-ly. (Y. vol. 上, p. 28).

Les choses ayant été ainsi combinées, on passa le dangereux défilé de Tsing-hing 井陘 (1) [situé au point de jonction de la Mongolie, du Chan-si, et du Tche-ly], et l'on se rendit dans le pays de Kieou-t'siuen; c'est là que se trouvait l'armée occupée à construire la grande muraille, et à pratiquer des routes stratégiques (2). Mais les chaleurs de l'été étaient très fortes; malgré l'aération si bien organisée, le char impérial répandait une horrible puanteur; que faire ? Pour donner le change, on se procura une cargaison de poissons salés, qu'on plaça sur les chars à la suite de l'empereur; et l'on prit la route qui menait le plus directement à la capitale. Comme on marchait à grandes journées, sur un chemin magnifique, on fut bientôt arrivé à Hien-yang. Là seulement on publia la mort de Che-hoang-ti; et l'on fit les cérémonies de l'enterrement. Hou-hai monta sur le trône; et prit le titre de Eul-che-hoang-ti 二世皇帝, c'est-à-dire : le second empereur, ou celui de la deuxième génération; c'est ainsi que l'avait réglé le défunt, comme nous l'avons vu autrefois.

Quant à la mort de Che-hoang-ti, quelques auteurs ont prétendu qu'il avait été assassiné par un musicien; c'est inexact. Voici le fait : Un fameux brigand nommé King-ko 荊軻 avait essayé de poignarder l'empereur; mais son attentat n'avait pas réussi. Un de ses amis, habile musicien, nommé Kao-tsien-li 高漸麗, résolut de recommencer l'entreprise d'une façon plus adroite; il offrit ses services à la cour, se faisant fort de chasser au son de sa guitare [tchou 筑] tous les chagrins de l'empereur. Che-hoang-ti fut en effet très-content de sa musique; mais ayant appris qu'il avait été un des familiers du prince Tan 丹 (3), il lui fit crever les yeux, tout en le gardant à son service.

---

(1) *Tsing-hing* — A 10 ly ouest de Houo-lou-hien 護鹿縣, à 50 ly sud-ouest de Tcheng-ting-fou 正定府, Tche-ly.

La montagne où se trouve ce défilé est une des branches de la grande chaîne appelée T'ai-hang 太行. (Y. vol. 上, p. 17(—(F. vol. 1, p 4 ; vol. 2, p. 40).

Il y a une forteresse considérée comme la principale parmi les 9 qui gardent la frontière de Chine; au début de la dynastie Han on s'y battit avec acharnement. Elle s'appelle encore Tsing-hing-k'eou 井陘口 ou encore T'ou-men-koan 土門關. Elle est à 90 ly à l'est de P'ing-ting-tcheou 平定州, Chan-si

(2) *Kiou-yuen*—[ou encore *Ou-yuen* 五原]—Le F. vol. 14, pp. 53 54, dit expressément que le cortège passa par ce pays; il indique l'endroit précis, c'est-à-dire Ou-yuen-t'cheng 五原城, qui se trouvait à l'ouest de Chen-tcheou 勝州.—(Y. vol. 下, p. 16)—Atlas Li-hong-tchang, No 6).

(3) Nous avons vu autrefois les efforts désespérés de ce prince, pour sauver les derniers restes du royaume de Yen 燕.—Il est resté populaire à cause de sa haine contre Che-hoang-ti.

Quelque temps après, l'aveugle demanda du plomb, pour alourdir son instrument, disait-il; on le lui accorda sans défiance. Un beau jour, jouant de la guitare devant Che-hoang-ti, il saisit ce morceau de plomb, lui en asséna un grand coup sur la nuque, et lui fit une grave blessure. Voilà ce qui a fit croire à l'assassinat. Mais la plupart des historiens, tout en reconnaissant ce fait, soutiennent cependant que Che hoang ti ne périt pas de ce coup, mais mourut de maladie à Cha k'ieou 沙丘, comme nous l'avons raconté. (Voir le Luen-heng, vol. 4, p. 13; vol. 5, p. 11; il y a encore d'autres histoires fabuleuses sur le prince Tan).

Voici maintenent quelques détails curieux sur son tombeau : Nous avons vu ce même empereur, d'une part faire activement chercher le fameux et introuvable élixir de l'immortalité; d'autre part il s'était préparé un mausolée remarquable par sa situation et sa forme. Dans la montagne Li-chan 酈山 on avait pratiqué trois excavations, l'une à la suite de l'autre, c'était comme le vestibule l'anti-chambre, et enfin la chambre impériale (1).

La 1ère excavation avait une très large ouverture, sans être très profonde; la 2ème était moins large, mais plus profonde; enfin la 3ème était encore moins large mais plus profonde que les deux autres; c'est dans cette dernière que fut placé le cercueil ; sur les parois, on coula du métal fondu, en guise de crépissage; dans cette chambre sépulcrale, on plaça des imitations de palais, de belvédères, et d'habitations pour officiers; on les remplit de perles et d'autres objets précieux. On établit des arbalètes automatiques lançant des flèches sur ceux qui approchaient; d'autres machines, toujours en mouvement, faisaient couler des rivières es des fleuves qui se rendaient dans des mers en miniature. La voûte représentait le ciel avec ses constellations; le socle du cercueil représentait la terre avec ses montagnes et ses cours d'eau; devant le sarcophage brûlaient sans cesse de bougies faites de graisse de phoque.

Le monticule du tombeau avait cinq cents pieds de haut, et plus de cinq ly de pourtour; il y avait là un cours d'eau se dirigeant vers le nord; on y fit de magnifiques barrages en pierre de taille, et on le força à couler de l'est à l'ouest ; tout cela pour imiter le tombeau du grand Yu 禹.

---

(1) L'auteur emploie l'expression 穿三泉; d'après les explications du commentairs et celles des lettrés que j'ai pu consulter, j'ai traduit. On pratiqua trois excavations. J'ai vu avec plaisir que j'étais d'accord avec Mr. Chavannes, l. c, p. 194. Mais d'autres auteurs traduisent autrement.

Si l'on s'était contenté de ces prodigalités inutiles, c'eût été demi-mal; mais on imagina encore quelque chose de mieux, pour rendre le nom de Che-hoang-ti immortel. Le nouvel empereur fit observer que beaucoup des concubines du défunt n'avaient point d'enfants, mais qu'on ne pouvait convenablement les renvoyer du palais; mieux valait les envoyer dans l'autre monde accompagner leur maître; on les enterra donc avec lui ! Sur ce, quelqu'un fit une autre remarque : tous les ouvriers qui avaient construit le tombeau, sachant tous les secrets des machines et des trésors qu'ils y avaient renfermés, pourraient bien un jour ou l'autre les divulguer ; quand donc l'enterrement eut été terminé, l'allée intérieure de l'esprit bien maçonnée, les ouvriers étant tous réunis dans l'antichambre et le vestibule, on fit tomber dans sa rainure la lourde porte extérieure, et ces malheureux se trouvèrent enfermés vivants dans le sépulcre; pas un n'échappa. La porte fut scellée; on y entassa des monceaux de terre, et l'on y planta des arbres pour représenter les productions d'une montagne. Voilà le paganisme, avec ses inventions !

Un dernier mot sur Che-hoang-ti : Ce fut un grand conquérant ; comme tel, il eut peu de souci de la justice et de la loyauté. Ce fut un génie de premier ordre, aussi bien en administration qu'en politique et dans l'art militaire. Dans un espace de temps si court, il a su unifier toute la Chine, en faire une grande nation, vraiment animée d'un même esprit; elle a continué depuis lors jusqu'aujourd'hui, comme s'il l'eût coulée dans un moule. Avec l'esprit particulariste qui animait chacun des divers états, jamais le peuple chinois ne serait devenu grand, ni capable d'imposer sa civilisation à toutes les contrées de l'extrême orient. Entre tous les royaumes, c'est celui de Tch'ou 楚 qui fut à la fois le plus puissant et le plus ennemi des pays vraiment Chinois. C'était un rival aussi redoutable pour eux qu'autrefois Carthage pour le peuple romain. De même que ce fut seulement après l'anéantissement de cet ennemi que la civilisation romaine prit son essor, et parvint à son complet développement ; de même c'est seulement après les victoires décisives de Che-hoang-ti sur le royaume de Tch'ou que la Chine est devenue une grande nation. Son nom même lui est venu grâce à la renommée de cet empereur; les savants admettent communément que ce nom est Malais [Tchin]; les Portugais d'abord, puis les autres européens, en ont fait le mot Chine, China, etc...

EUL-CHE-HOANG-TI

(209-207)

二 世 皇 帝

PREMIÈRE ANNÉE, LES DÉBUTS. — L'INSURRECTION
LA RECONSTITUTION DES ROYAUMES (1)

L'œuvre entreprise par Che-hoang-ti avait été conduite par lui avec une énergie barbare; il n'avait reculé devant aucun moyen; c'était un grand homme encore à moitié sauvage; on lui reprochera toujours, et avec justice, les cruautés qu'il a exercées pendant son règne; mais enfin il avait mené à bon terme cette œuvre gigantesque. En moins de trois ans, nous allons la voir sombrer dans le sang et dans la boue.

Le nouvel empereur n'a que vingt et un ans. Il commence par publier une amnistie générale, pour la dixième lune, qui d'après les règlements de Che-hoang-ti devenait la première de l'année. Le misérable eunuque Tchao kao 趙高 est établi surintendant du palais; c'est-à-dire devient absolument tout-puissant; ce sera le malheur de son maître et de l'empire tout entier. Son premier soin est d'anéantir la famille Mong, en dépit de l'amnistie. Nous avons vu que cette famille, originaire du royaume de T'si 齊, s'était toujours montrée fidèle envers sa patrie d'adoption, et avait beaucoup contribué à sa gloire Se-ma-t'sien lui consacre tout un chapitre de ses annales; c'est le vingt-huitième. C'est Mong-ngao 蒙驁 qui le premier vint offrir ses services à Tchao-siang-wang 昭襄王 (306-250); grâce à ses mérites, il fut élevé à la dignité de ministre, et fut très en faveur. Sous le roi Tchoang-siang-wang 莊襄王 (249-246), il était général, et remportait de nombreuses victoires. Sous Che-hoang-ti, il ne connut que des triomphes; il mourut en 240. Son fils, Mong-ou 蒙武 fut aussi un fameux guerrier, très aimé de son maître.

---

(1) Ce règne est si court, il est si rempli d'événements, que nous sommes obligés d'indiquer leur marche mois par mois, pour y mettre un peu d'ordre.
 es titres donnent seulement l'idée générale.

Le royaume de T'sin devait à ces deux hommes une grande partie de sa puissance et de sa renommée. Mong-ou, à son tour, eut deux fils, Mong-tien 蒙恬 et Mong i 蒙毅 ; ils furent véritablement le bras droit et le bras gauche de Che-hoang-ti. L'aîné, Mong-tien, suivit la carrière de son père ; il était à bonne école ; c'est ainsi qu'en 224 ils aidaient à anéantir le royaume de Tchou 楚, à faire prisonnier le roi Fou-tchou 負芻, enfin à vaincre le seigneur de T'chang-p'ing 昌𤰞 revenu à la charge avec les débris de son arm e. En 222, Mong-tien devenu général se distinguait brillamment dans la campagne définit ve contre le royaume de Yen 燕 ; en suite de quoi il recevait une des plus hautes dignités de la cour Inutile de rappeler ses succès contre les sauvages du nord (les Huns), ses routes magnifiques, sa grande muraille. Bref, Che-hoang-ti avait en lui une confiance illimit e; et il en était digne.

Mong-i, son frère cadet, avait suivi une tout autre voie. Très versé dans la jurisprudence, il était devenu grand-juge de l'empire; c'est-à-dire, à peu près, ministre de la justice et grand archiviste; c'est lui qui présidait à la rédaction des lois et des rescrits impériaux à la cour comme en voyage, Che-hoang-ti voulait toujours l'avoir à ses côtés; aucune affaire ne devait se traiter sans lui; il avait la réputation d'un fidèle et loyal serviteur; il était tellement en faveur que ni général ni ministre ne pouvait rivaliser avec lui.

Voilà donc les deux éminents personnages retenus dans les fers par la haine de l'eunuque Tchao-kao. Mais celui-ci, d'où venait-il ? Quelle était sa famille ? C'était un descendant des rois détrônés de Tchao 趙 : son père ayant commis quelque crime, fut condamné à être fait eunuque; sa mère le valait; d'abord, pour son inconduite, elle fut condamnée à devenir esclave, ainsi que ses enfants; plus tard elle commit d'autres crimes, qui lui valurent la peine de mort. C'est ainsi que Tchao-kao se trouvait dans le palais qui servait de pénitencier aux eunuques et aux esclaves. Il était d'une force corporelle extraordinaire ; très intelligent, il s'appliqua à l'étude des lois pénales alors en vigueur ; il y acquit une science assez grande pour être signalé à l'attention de l'empereur Nous avons dit comment il devint un des familiers de Che-hoang-ti, et le précepteur du prince Hou-hai; comment il fut jugé et condamné à mort par Mong-i; puis malheureusement grâcié par l'empereur. Sa haine n'eut plus de repos ; sans cesse il inventait de nouvelles calomnies, et pressait le nouvel empereur d'en finir avec les deux prisonniers; celui-ci voulait le contenter, mais il ne pouvait s'y résoudre ; il eût préféré gagner à sa cause deux hommes importants; par ailleurs il avait tout lieu de craindre qu'ils refusassent de reconnaître son usurpation; les libérer, c'était fournir à ses frères et rivaux le plus solide appui pour une juste revendication; les mettre à mort, c'était peut-être exciter un soulèvement général du peuple et de l'armée. Hou-hai, craignant le ressentiment de son protecteur, penchait finalement vers ce dernier parti, sans l'exécuter. Sur ces entrefaites, le prince Tse-yng 子嬰, fils de l'un de ses frères aînés, lui fit la remontrance suivante : " Notre fidèle sujet a appris que Ts'ien 遷, roi de Tchao 趙, perdit le trône et la vie, pour avoir mis à mort Li-mou 李牧 son loyal serviteur, et l'avoir remplacé par le traître Yen-tsiu 顏聚. De même, Hi 喜, roi de Yen 燕, s'étant fié au traître King-k'o 荊軻, déchira les traités conclus avec le pays de Ts'in et causa sa propre ruine De même encore Kien 建, roi de Ts'i 齊, mit à mort ses anciens et fidèles ministres, pour employer le fourbe Heou-chen 后勝; c'est ainsi qu'il prépara sa perte et celle de son royaume. Ces trois princes ont attiré sur eux les plus grands malheurs, parce qu'ils avaient ébranlé les antiques fondements de l'état. Notre dynastie a trouvé dans la famille Mong de grands serviteurs et de fidèles conseillers, pendant plusieurs générations; votre Majesté veut les rejeter d'un seul coup; moi, votre humble sujet, j'ose vous avertir que c'est impossible. L'histoire nous enseigne que quiconque se fie à ses propres lumières, court à une ruine certaine; quiconque prend légèrement conseil ne saurait régner longtemps; quiconque se défait de bons serviteurs pour prendre des aventuriers perd la confiance des dignitaires, et s'aliène le cœur des généraux. Voilà pourquoi je pense qu'il n'est pas possible de détruire la famille Mong."

Hou-hai n'écouta pas ces avis si sages; il députa le censeur K'iu-kong 曲宮 auprès de Mong-i, avec l'ordre de lui dire : " Le précédent empereur avait l'intention d'établir Hou-hai comme son prince héritier; vous seul l'en avez toujours empêché; maintenant, le premier-ministre ne regarde pas votre Excellence comme un fidèle sujet de sa Majesté; c'est là un crime qui devrait rejaillir jusque sur vos ancêtres; l'empereur, dans sa clémence, veut exercer la miséricorde envers vous; il vous abandonne le choix de votre genre de mort. Avez-vous quelque chose à dire ?"

Mong-i répondit : " On me reproche de n'avoir pas su me conformer aux intentions de l'empereur défunt; depuis ma jeunesse, j'ai eu le bonheur d'être un dignitaire obéissant; j'ai été l'intime favori de sa Majesté, jusqu'à sa mort; qui donc a mieux que moi connu ses intentions ? En outre, on me reproche d'avoir ignoré les grandes capacités du prince Hou-hai; mais il a lui-même accompagné sa Majesté dans ses voyages, après avoir fait écarter ses frères ; je n'ai manifesté aucune désapprobation; sur la question du successeur à élire, sa Majesté a réfléchi et médité pendant des années, sans que moi, le dernier des officiers, j'aie osé lui faire des représentations ni lui donner des conseils·

Je ne veux pas aujourd'hui faire de belles phrases pour échapper à la mort; je veux simplement sauver l'honneur de sa Majesté, et rétablir la vérité aux yeux de votre Excellence; car je veux être un serviteur fidèle jusqu'à la fin; quoique je sache que mourir de sa belle mort soit bien plus souhaitable que de périr comme un criminel. Autrefois, Mou-kong 繆公 (659-620) avait exposé à la mort trois fidèles dignitaires, et gravement blâmé Pé-li-hi 百里奚 innocent; c'est pourquoi ce prince reçut le surnom de mou 繆 " le sot ". Tchao-siang-wang 昭襄王 (306-250) fit périr Pé-k'i 白起 seigneur de Ou-ngan [Ou-ngan-kiun 武安君]; P'ing 平, roi de Tch'ou 楚 (628-515), fit périr Ou-ché 伍奢; Fou-tch'ai 夫差, roi de Ou 吳 (495-473), fit périr Ou-tse-siu 伍子胥. Ces quatre princes ont commis ces grandes fautes, et en sont encore blâmés par toute la Chine ; tout le monde dit qu'ils ont manqué d'intelligence et de prévoyance ; il leur en est resté une mauvaise réputation dans l'histoire, parmi les rois vassaux. De là le proverbe des anciens : quiconque gouverne avec sagesse ne tue pas un innocent ; que votre Excellence se souvienne de cette parole ! "

Le censeur connaissait l'intention de son maître; il comprit que Mong-i ne voulait point s'exécuter soi-même; il le fit tuer.

Eul-che-hoang-ti envoya un autre délégué vers Mong-tien, avec les paroles suivantes : " Votre Excellence a commis bien des crimes: votre frère ayant été trouvé coupable de lèse-majesté, son châtiment vous atteint déjà pour cette seule raison. "

Mong-tien répondit: Depuis notre grand-père Mong-ngao, trois générations de notre famille ont bien mérité de la dynastie Ts'in. En ce moment, quoique enchaîné dans cette prison, je n'aurais qu'à faire un geste pour me faire délivrer par mes trois cent mille soldats, et marcher sur la capitale; je sais que ma mort est décrétée; mais je veux faire preuve de fidélité jusqu'à la fin, je tiens à mettre en pratique les enseignements de nos ancêtres, et montrer ma reconnaissance envers l'empereur défunt. Quand, dans les temps anciens, l'empereur Tcheou-tcheng-wang 周成王 (1115-1078) parvint au trône, il n'était qu'un enfant encore dans les langes; alors le prince Tcheou-kong-tan 周公旦, son oncle paternel, se chargea du gouvernement, pour assurer l'autorité impériale parmi les vassaux, et la paix parmi le peuple. Le jeune empereur étant tombé gravement malade, le prince régent se coupa les ongles et les sacrifia au fleuve jaune, pour obtenir la guérison de son neveu; il offrait en même temps la prière suivante, écrite et déposée dans les archives: " L'empereur n'est pas encore parvenu à l'âge de raison; c'est moi qui suis chargé du gouvernement; s'il y a des crimes à expier, la punition doit m'atteindre tout seul." Voilà l'exemple d'un loyal serviteur !

Plus tard, quand le jeune empereur eut pris les rênes de son gouvernement, des traîtres calomnièrent le prince Tan, l'accusèrent de méditer une révolution, et conjurèrent l'empereur de veiller activement, s'il ne voulait perdre la couronne. Tcheou-tcheng wang entra dans une telle fureur que son oncle dut s'enfuir pour échapper à la mort; il fut ainsi pendant quelque temps en exil au pays de Tch'ou 楚. Un jour que l'empereur cherchait quelque chose dans les archives, la prière de son oncle tomba par hasard sous sa main; il fut touché jusqu'aux larmes et s'écria : Qui donc a pu accuser un tel homme d'ourdir une révolution? Sur ce, il fit mettre à mort les calomniateurs, et ramener le prince Tan avec de grands honneurs. Voilà pourquoi dans les livres de Tcheou [Tcheou-chou 周書] il y a le proverbe suivant: il faut débattre les affaires trois et cinq fois. Notre famille aussi a montré une fidélité inaltérable envers la maison impériale; et malgré tous nos bons services, me voici arrivé à ce point ! Bien sûr, un traître a dû nous accuser de méditer une révolution ! C'est mettre le trouble parmi les grands dignitaires. L'empereur Tcheng-wang a su reconnaître son erreur, et réparer ses torts; aussi son règne fut glorieux.

Au contraire, le tyran Kié 桀 (1818-1766) massacra Koan-long-pong 關龍逄 ; l'impie et cruel Tcheou 紂 (1154-1122) mit à mort, sans scrupule son oncle Pi-kan 比干 ; ces deux empereurs périrent misérablement, après avoir perdu la couronne. C'est pourquoi il est dit : quiconque est averti à temps, peut se ressaisir; connaissant son tort, il peut le réparer. Consulter trois et cinq fois, est le système des anciens grands "saints". Toutes ces paroles n'ont pas pour but de m'arracher à la mort; elles sont une admonition à l'empereur; ce sera le dernier service que j'aurai rendu ; car, pour le bien de tout le pays, je désire que sa Majesté suive le chemin de la vertu, sans s'en écarter."

L'envoyé répondit : "Votre serviteur a reçu ordre de faire exécuter la loi sur la personne de votre Excellence; je n'oserais rapporter vos paroles à sa Majesté l'empereur."

Alors Mong-tien poussa un grand soupir, et s'écria : "En quoi donc ai-je offensé le ciel, pour être ainsi condamné injustement !" Puis, quelque temps après, il dit d'une voix calme et posée: "Oui ! je reconnais le tort pour lequel je vais mourir ! en construisant la grande muraille, et en creusant le canal qui la longe, j'ai dû certainement rencontrer les veines de la terre; voilà sans doute ma faute !" Là-dessus, il avala du poison, et mourut.

L'histoire (Se-ma-t'sien) conclut ainsi son brillant chapitre de haute littérature : Je suis allé jusqu'au plus extrême nord; en revenant, j'ai suivi la route construite par Mong-tien; j'ai examiné la grande muraille, ses bastions, ses postes de relai pour la garde les montagnes qu'il a taillées, les vallées qu'il a comblées Certes, on voit là qu'il n'a pas su épargner le pauvre peuple ! A peine Che-hoang-ti venait-il d'unifier la Chine, en exterminant les rois vassaux ; les cœurs n'étaient pas réconciliés; les blessures n'étaient pas fermées. A cette époque, Mong-tien, si fameux général, n'a pas su faire de fortes représentations à l'empereur, pour secourir le peuple dans son extrême détresse, afin qu'il eût le temps de nourrir les vieillards infirmes, prendre soin des orphelins, et jouir des bienfaits de la paix. Il était trop à la merci de Che-hoang-ti, et s'appliquait de toutes ses forces à ses gigantesques entreprises. Voilà pourquoi les deux frères ont subi une mort violente. Pourquoi chercher un crime de sacrilège contre les veines de la terre?

Ainsi parle Se-ma-t'sien. Tout le monde ne sera pas de son avis quant à sa conclusion; il s'y montre pur lettré chinois. Mais il faut avouer que toute cette pièce est magnifique !

Peut-on ajouter quelque chose à la gloire de Mong-tien? Oui ! Grand administrateur, grand gouverneur, général plus grand encore, il a en outre une autre ressemblance avec Jules César; il fut aussi célèbre que lui dans la littérature. Plusieurs auteurs lui attribuent même l'invention du pinceau chinois ; mais la question n'est pas si facile à résoudre; car il y a des opposants (1).

---

(1) Le Kai-yu tsong-k'ao, vol. 19, p. 5, lui refuse positivement cet honneur; et il en donne ses raisons; il apporte des citations antiques, pour prouver que depuis les temps bien lointains on avait des instruments pour écrire; et que les pinceaux en poil existaient au moins cinq cent trente ans avant Jésus-Christ. Par exemple: Tchoang-tse 莊子 raconte que du temps de Yuen-kong 元公 roi de Song 宋 (515-516), les lettrés voulant écrire humectaient de leurs lèvres les pinceaux, pour prendre plus facilement le noir d'encre.—Han-fei-tse 韓非子 parle aussi du tube de trois pouces 三寸之管, c'est-à-dire du pinceau. Ces deux auteurs sont antérieurs à Mong-tien ; donc celui-ci n'a pu être l'inventeur d'une chose qui existait bien avant lui. Il semble donc l'avoir simplement perfectionnée. Pour la tige, il employait du bois de l'arbre tche 柘 (maclure tinctorial,— ouvreur, p. 755), qui servait aussi à confectionner des arcs et des flèches; le centre du pinceau [tchou 柱] devant être plus solide, était en poil de cerf; le reste, plus tendre et plus mou, était en poil de chèvre. Maintenant, le centre est en poils de chèvre ; le reste en poils de lapin. L'amélioration apportée par Mong-tien fut si agréable qu'on lui attribua l'invention du pinceau lui-même. De nos jours, la tige est en bambou, du moins le plus ordinairement. Les menuisiers, pour écrire ce qu'ils veulent sur les poutres ou les planches, emploient un pinceau plus résistant ; il est en bambou, dont les barbes sont fines et durent longtemps; si la main qui le tient est habile, les caractères sont assez élégants. Peut-être n'avait-on que celui-là avant Mong-tien.

Actuellement, les caractères employés pour exprimer le mot pinceau sont 筆 et 笔 (p'i); tous les deux ont le bambou en tête [tchou 竹]; le second renferme clairement l'élément mao 毛, poil. D'après le Chouo-wen 說文 les gens de T'sin 秦 appelaient le pinceau : pi 筆; ceux de Tch'ou 楚 l'appelaient : liu 律; ceux de Ou 吳 lui donnèrent le nom de pou-yn 不律 ; ceux de Yen 燕, le nom de fou 弗.

Quant à son tombeau, il est à un ly nord ouest de Soei-té-tcheou 綏德州, dans la préfecture de Yen-ngan-fou 延安府, Chen-si. Au sud du monticule se trouve la rivière Ta-li-ho 大理河 ; et c'est avec intention que cet endroit a été choisi. Pour que le tombeau porte bonheur à la famille, il faut qu'il y ait de l'eau courante; à tout le moins une pièce d'eau ! C'est encore un système en usage de nos jours. (Chen. vol. 71, p. 52).—(Che-ki, chap. 88, p. 4).

Revenons maintenant à notre pauvre empereur. Se croyant affermi sur son trône par ce double assassinat, il chercha les moyens de glorifier son père. Tout d'abord, il décida d'agrandir le temple du défunt, de lui offrir des victimes plus solennelles; de faire des libations et des offrandes plus imposantes aux génies des fleuves et des montagnes. Il ordonna aux dignitaires de tenir conseil, et de lui proposer ce qu'ils croiraient le mieux pour honorer le temple de Che-hoang-ti.

Après délibération, voici quel fut le rapport : " Dans les anciens temps l'empereur avait sept temples [où l'on honorait sept générations de la famille]; les rois vassaux en avaient cinq; les grands seigneurs trois. Dix-mille générations ont passé; cet usage n'a pas varié. Che-hoang-ti a déjà bâti le temple, voûte céleste; c'est là que tous les grand de l'empire sont venus apporter leurs offrandes; les sacrifices ont été des plus solennels; les cérémonies des plus imposantes; il n'y a rien de plus beau qu'on puisse ajouter. Les temples des rois précédents sont à Si-yong 西雍 ou à Hien-yang 咸陽 (2). Le cérémonial de l'empereur demande qu'il n'offre des libations et des sacrifices que dans les temples de Che-hoang-ti. Depuis le règne de Siang-kong 襄公 (777-765), différents temples sont en ruine. Il ne nous en faut que sept (3). Que les dignitaires d'après leur rang, s'y rendent donc en observant les cérémonies reçues, et honorent d'une manière officielle et spéciale le temple de Che-hoang-ti, comme fondateur de la dynastie."

Eul-che-hoang-ti fut satisfait de ce rapport. Comme son père, il se réserva l'emploi de l'appellatif tcheng 朕 moi [nous]. Ensuite, s'adressant à Tchao-kao, il lui demanda conseil: " Nous sommes bien jeune, dit-il, et déjà nous devons gouverner l'empire; les divers peuples ne sont pas encore ralliés à notre autorité. Notre père visita les provinces et les villes, pour montrer sa puissance, et subjuguer ainsi toutes les régions. Si maintenant nous nous tenions tranquillement dans nos palais, sans faire d'excursions, nous trahirions de la faiblesse; et nous ne pourrions jamais dominer la Chine."

---

(2) Si-yong – c'est Ki chan-hien 岐山縣, 50 ly à l'est de la préfecture Fong-siang-fou 鳳翔府, Chen-si. La montagne Ki-chan est une des plus célèbres et des plus sacrées ; elle a un sommet double, ou bifurqué (Ki); c'est ce qui lui a valu ce nom —(Y. vol 中, p. 116) —(K. vol. 上, p. 39). (F. vol. 14, p. 25).

Donc, à la deuxième lune, Eul-che-hoang-ti se mettait en route pour les pays de l'est; le premier-ministre Li-se 李斯 l'accompagnait. Bientôt il parvint à la montagne de Kié-che 碣石 (1); ensuite il longea les bords de la mer, et arriva à Koei-ki 會稽 (2). Sur la pierre monumentale qui portait l'inscription dont nous avons parlé naguère, il fit graver les noms de tous les dignitaires de sa suite; puis, ayant encore de la place vide, il la fit remplir par de nouvelles louanges sur les hauts faits et les vertus de son père. Après cela, il dit : " Cette pierre précieuse est couverte des éloges de Che-hoang-ti; maintenait c'est moi l'empereur; et je déclare que tout cela est loin d'exprimer ses mérites si éminents ; tout cela est bien pâle ; on croirait que ces louanges ont été écrites par des hommes d'une époque postérieure; non par des témoins oculaires de sa vie; elles ne répondent pas à ses grandes entreprises, à sa vertu."

Sur ce, les deux ministres Li-se et Fong-k'iu-tsi 馮去疾 avec le grands censeur Té 德 présentèrent un rapport : "Notre audace, disaient-ils, dût elle nous coûter la vie, nous osons demander que toutes les paroles que votre Majesté vient de proférer soient aussi gravées sur cette même pierre, pour l'édification de la postérité. Nous présentons cette requête, au péril de notre tête ! "

Eul-che-hoang-ti fut flatté de voir ses paroles mises au même rang que celles de son père; il daigna décréter qu'il approuvait cette proposition. Après cela il se remit en marche pour les régions du nord, c'est-à-dire le Leao-tong 遼東. C'est de là qu'il revint à sa capitale.

Après ce voyage, l'eunuque Tchao-kao s'avança de plus en plus dans la faveur de son maître, ou plutôt de son protégé; car celui-ci ne faisait qu'exécuter les désirs de ce vil esclave à qui il devait le trône. Ce triste empereur lui demanda un jour, dans l'intimité : " Me voici parvenu à gouverner l'empire tout entier; ainsi tout ce que pourront désirer mon cœur, mes oreilles, mes yeux, tout leur sera accordé jusqu'à la plus extrême vieillesse ! Est-ce bien cela?"—" Tout-à-fait ! répondit l'eunuque; il n'y a que les empereurs à s'élever à cette sagesse ! Ceux qui se refusent quelque chose sont bien stupides, et ne savent pas gouverneré Mais il est un point sur lequel je dois vous avertir. Quant à ce qui s'est passé entre nous à Cha-kiou 沙丘, à propos de la mort de l'empereur, les princes de la famille et les grands dignitaires ont des doutes et des soupçons; vous aviez dix sept frères aînés, tous ayant avant vous droit de succession; ils ne sont pas contents; ils nourrissent de l'aversion contre vous; j'ai bien peur qu'ils ne complotent une révolution; alors comment vous livrer au plaisir en toute sécurité?

(3) de la page 328.—Les sept temples [tsi-miao 七廟] sont ceux : 1o du père, 2o du grand-père, 3o de l'aïeul, 4o du bisaïeul, 5o du trisaïeul, 6o du quadrisaïeul, 7o du fondateur de la dynastie.

(1) Kié-che: voyez à l'année 215; Cette montagne est à 20 ly nord-ouest de T'chang-li-hien 昌黎縣, préfecture de Yong-p'ing-fou 永平府, Tche-ly (Y. vol. 上, p. 12).

(2) Koei-ki, dans la province du Tché-kiang. Voyez à l'année 210.

De plus, ils me jalousent; moi, un roturier, un esclave, un eunuque, jouissant de vos bonnes grâces, participant au gouvernement de l'empire !'' — '' Alors, que faire ? '' demande Eul-che-hoang-ti.--'' Il faut, répond Tchao-kao augmenter la sévérité des lois pénales; punir et anéantir ces dignitaires et ces vieilles familles ; s'attacher la masse du peuple ; enrichir les pauvres; élever les roturiers à des dignités ; bref, il faut vous délivrer de tous les anciens officiers ; donner leurs charges à vos amis et fidèles serviteurs; il faut que la terreur règne et courbe toutes les têtes qui voudraient s'élever contre vous; exterminez tous ceux dont vous ne serez pas content; notre temps n'est pas celui des lettres et des fines politesses; c'est celui de la force et des armes ; profitez-en au plus tôt ; alors aucun de ces seigneurs n'osera comploter contre vous ! alors vous pourrez vous endormir tranquille sur l'avenir, et vous livrer à la joie ! ''

Ainsi parla ce bon conseiller, vrai cœur d'eunuque. Son digne maître trouva ce plan très sage, et se mit en devoir de l'exécuter. Les lois furent changées; Che-hoang-ti ne les avait cependant pas rédigées dans un esprit de douceur; cela ne suffisait déjà plus; elles devinrent absolument tyranniques. Parmi les princes et les grands dignitaires, quiconque était dénoncé par les créatures de l'eunuque était aussitôt jugé, condamné et exécuté. En peu de temps, douze princes étaient décapités sur le marché public de la capitale; dix princesses coupées en morceaux dans la ville de T'ou 杜 (1). Trois princes, du nom de Tsiang-liu 蔣 閭, gémissaient en prison dans l'intérieur du palais, attendant qu'il plût à l'eunuque omnipotent de leur faire connaître leur crime. Un beau jour, Eul-che-hoang ti leur envoya ce message: '' Vous êtes condamnés à mort, parce que vous fiant à votre titre de princes du sang vous avez refusé d'obéir; le porteur de ce billet est chargé de l'exécution.'' L'aîné des trois frères répondit : '' Le cérémonial de la cour a été observé par nous avec la plus grande fidélité; j'ai toujours été soumis au maître des cérémonies; dans ma charge au palais, je n'ai rien omis ni négligé; quand j'ai reçu des ordres, je les ai transmis ou exécutés à la lettre; comment peut-on m'accuser d'avoir refusé d'obéir? Qu'au moins on m'indique mon crime, et je consens à mourir ! '' Le messager lui dit: '' N'ayant pas été consulté sur cette affaire, je n'en sais rien; je suis chargé seulement de l'exécution ''—'' O ciel ! s'écria le prince en soupirant, vous êtes témoin que je suis innocent ! '' Les trois frères pleuraient à chaudes larmes; mais il n'y avait rien à espérer ; ils saisirent leurs épées, et se donnèrent la mort.

---

(1) T'ou, c'est Hien-ning-hien 咸寧縣, préfecture de Si-ngan-fou 西安府. Le F. vol. 14, p. 4, dit que l'ancien emplacement était à 15 ly sud-est de cette préfecture.

Le reste de la famille impériale était dans la terreur. L'un d'eux, nommé Kong-tse-kao 公子高, songeait à s'enfuir; il n'osa le faire, dans la crainte que toute sa parenté ne fût exterminée; il écrivit une requête où il disait : "L'empereur précédent m'accordait la nourriture dans le palais; pour mes voyages, il me prêtait ses voitures; il me donnait des habits de son vestiaire, des chevaux de ses écuries. Moi, son humble sujet, j'aurais dû mourir de chagrin, et le suivre au tombeau : je n'ai pas su le faire; je suis donc un fils ingrat, un serviteur d loyal; comme tel, j'ai perdu tout honneur et suis indigne de vivre; je demande donc en grâce de mourir; et je vous supplie de m'octroyer un tombeau au pied de la montagne Li-chan 酈山. Que votre Majesté daigne exercer envers moi cet acte de miséricorde !"

Eul-che-hoang-ti fut enchanté de voir la victime venir au devant du coup qui l'attendait; il montra la requête à l'eunuque.—"C'est bien! dit celui-ci; il faut que ces gens-là meurent d'anxiété; ainsi ils n'auront pas le temps de comploter contre vous !"

Eul-che-hoang-ti accorda ce qui était demandé; il poussa la gracieuseté jusqu'à donner cent mille pièces d'argent pour les frais d'enterrement. Le brave cœur !

Non seulement les princes de la famille étaient dans la terreur; mais tous les grands dignitaires et officiers de la cour n'osaient souffler mot; car quiconque hasardait une remontrance à l'empereur était censé le critiquer, le vilipender, se déclarer son ennemi. Malheur à celui qui lui déplaisait, ou plutôt à l'eunuque ! C'était un homme perdu! ses biens étaient confisqués; ses parents, ses amis, ou ceux qui étaient censés l'être, le suivaient à la mort! Les gens en place, tenant à leurs gros appointements, se gardaient bien de montrer le moindre signe de désapprobation; le petit peuple vivait dans des transes continuelles.

On était ainsi arrivé à la 4ème lune de la première année. Eul-che-hoang-ti dit à l'eunuque : "Mon père trouva ses palais de Hien-yang trop petits ; il fit les plans de la magnifique résidence de Ngo fang-kong 阿房宮; la mort l'empêcha de l'achever ; les travaux ont été interrompus par la nécessité d'employer tout le monde à porter la terre sur son tombeau; cette besogne est maintenant terminée; si nous ne finissons le palais de Ngo-fang kong, ce sera une honte pour mon père; ce serait faire croire qu'il a eu tort de le commencer." Sur ce, on reprit les travaux. Eul-che hoang-ti ne se contenta pas d'exécuter les plans anciens; il voulut à sa manière montrer son génie; il commanda donc d'y ajouter une tour, au moins aussi haute que la montagne méridionale.

Aux frontières, on gouvernait les peuples vaincus, selon les règlements établis par Che-hoang-ti; quant aux travaux de la capitale, on suivait aussi les dispositions qu'il avait élaborées dès le principe ; de plus, on avait l'ordre d'envoyer à Hien-yang tous les officiers capables, tous les hommes robustes pour en faire de bons soldats; bientôt cinq cent mille hommes y furent réunis; on leur apprenait à lancer des flèches, etc...; en outre, ils étaient comme le peuple écrasés de corvées; malgré cela, chacun devait pourvoir à sa subsistance; il n'y avait pas d'intendance chargée de ce soin. Quand on pense à la population de cette immense capitale, aux bêtes de somme, aux ménageries, on n'est pas étonné d'apprendre que bientôt les aliments y firent complètement défaut. Des rescrits impériaux ordonnaient aux gouverneurs des provinces d'envoyer à Hien-yang le riz, les fèves, le bois, la paille, et tout le reste; mais on sait le peu qui arrive à destination, après de si lointains voyages; la plus grande partie reste en chemin; aussi malgré les ordonnances les plus sévères, on ne parvenait pas à approvisionner cette multitude. Le mécontentement était général; et il allait grandissant chaque jour. Les moins prévoyants pouvaient s'apercevoir qu'une situation si violente ne pouvait durer; une révolte était imminente; mais elle commença où l'on ne s'y attendait guère; pour la bien saisir, nous la suivrons en racontant la vie de celui qui en fut l'instigateur.

Insurrection. — Histoire de Tcheng-chen 陳勝 (Se-ma-t'sien, chap. 48).— Cet homme était originaire de Yang-t'cheng 陽城 (1); c'était un laboureur, un pauvre journalier; il s'appelait Tché 涉; c'est plus tard seulement qu'il prit un nom plus honorable [chen, vainqueur]. Pour les Chinois, c'est le type de l'homme qui, du plus infime degré de l'échelle sociale, parvient au plus élevé. Depuis sa mort, il est célébré à l'envi par les lettrés; car c'est le premier qui à levé l'étendard contre cette dynastie abhorrée de T'sin 秦. Un jour, ayant fini quelque labourage, il se reposait avec ses compagnons, sur une colline; la récolte avait été mauvaise: c'était le thème de leur conversation. " Quand je serai riche et grand, s'écria Tcheng-chen, bien sûr que je ne vous oublierai point ! " Tous de rire, et de se moquer de lui : " Vous, un pauvre journalier, comment rêvez-vous richesses et dignités ! " lui disaient-ils. " Hélas ! reprit-il en soupirant, l'hirondelle n'atteint pas le vol du cygne ni du phénix ! " [la monture des immortels...]

---

(1) Yang-t'cheng.—Cette ville n'existe plus; elle se trouvait au sud de Sou-tcheou 宿州 dans la préfecture de Fong-yang-fou 鳳陽府, Ngan-hoei.

N. B.—Le F. vol. 6, p. 28 n'a pas cette ville —Le K. vol 上, p. 45, et Y. vol. 中, p. 19, ont une autre ville du même nom, Teng-fong-hien 登封縣, préfecture de Ho-nan-fou 河南府. Donc ne pas la confondre avec la première, la patrie de Tcheng-chen.

Si notre héros nourrissait dès lors des rêves ambitieux, il était loin de de savoir comment il les réaliserait; c'est seulement en l'année 209, à la 7ème lune de Eul-che-hoang-ti, qu'il se trouva, à son insu, sur la voie qui le conduisit au pinacle. Pour sa part de corvée il se voyait englobé dans un régiment de neuf cents paysans envoyés à Yu-yang 漁陽 (1) pour garder cette ville. Arrivés à Ta tché-hiang 大澤鄉 (2), ils durent s'y arrêter quelque temps, à cause des grandes pluies qui rendaient la marche impossible. Tcheng-chen avait un petit grade dans ce régiment; il s'entretenait de ce malheureux contre-temps avec un de ses collègues, nommé Ou-koang 吳廣; impossible d'arriver à destination au jour fixé! Aux termes de la loi, ce retard devait leur coûter la vie! De tous côtés, une mort inévitable! "Puisqu'il en est ainsi, dit Tcheng-chen, mourons pour la délivance de notre pays! La Chine gémit sous le joug intolérable de cette famille T'sin depuis trop longtemps; j'ai entendu dire que Eul-che-hoang-ti n'est qu'un cadet, un fils de concubine; il n'avait pas droit à la couronne; le vrai successeur était Fou sou 夫蘇; mais ayant fait des représentations à l'empereur, sur la dureté de son gouvernement, et cela à diverses reprises, il fut envoyé aux frontières surveiller l'armée. On dit que Eul-che-hoang-ti l'a mis à mort, quoique innocent de tout crime. Partout, le peuple a entendu parler de la haute sagesse de cet infortuné prince; mais on ignore sa mort. Il y a aussi Hiang-yen 項燕, le fameux général de Tch'ou 楚 couvert de tant de lauriers, connu pour son amour pour ses officiers et ses soldats; tout le peuple le pleure encore; les uns disent qu'il est mort; les autres, qu'il est seulement exilé. Donc, unissons-nous, proclamons que nous combattons pour Fou-sou et Hiang-yen; levons l'étendard contre le faux empereur; toute la Chine sera pour nous."

Ou-koang se rangea complètement à cet avis; mais avant de rien entreprendre, il voulut consulter les sorts. Le devin connaissait déjà l'intention de Tcheng-chen; il leur répondit: "L'entreprise que vous méditez pourra réussir; et même vous vous couvrirez de gloire; mais il faut mettre en avant les Esprits pour imposer à la multitude." Nos deux conspirateurs furent enchantés de la réponse; toutefois, ils se demandaient comment mettre en avant les Esprits. "J'y suis! dit tout à-coup Tcheng-chen; il faut effrayer les gens; et les soumettre ainsi à notre autorité!" Aussitôt il fit écrire en lettres rouges sur un morceau de soie blanche "Sa Majesté Tcheng-chen"; il introduisit cette pièce de soie dans le ventre d'un poisson qu'il alla placer juste à l'endroit où l'on avait coutume de pêcher. Ce poisson fut pris; il fut acheté par des soldats du régiment ébahis de leur trouvaille! On ne parlait plus que de cela.

---

(1) Yu-yang, c'est Ki-tcheou 薊州, Choen-t'ien-fou 順天府 (Pé-kin) (F. vol. 2, p. 10).

(2) Ta-tché-hiang, à l'ouest de K'i-t'cheng 蘄城, laquelle était à 36 ly au sud de Sou-tcheou. (F. vol. 6, p. 28).

Tcheng-chen recommanda ensuite à Ou-koang de se rendre en secret dans le taillis épais d'un petit temple situé non loin du camp; là, il devait simuler des apparitions, avec l'aide d'une lanterne; il devait pousser des cris semblables à ceux du renard, et glapir les mots suivants: "Le grand royaume de Tch'ou 楚 va refleurir, sous le sceptre de sa Majesté Tcheng-chen". Tout réussit à souhait; les soldats avaient vu, avaient entendu; ils étaient effrayés; le lendemain, ce furent d'abord des chuchotements; puis des signes mystérieux; on se montrait mutuellement du regard la future Majesté Tcheng; celui-ci faisait semblant de ne s'apercevoir de rien.

Ou-koang était d'un caractère aimable; il était bien vu de tous ses compagnons; et il avait une grande influence sur eux. Un beau jour, il s'aperçut que le commandant du régiment était ivre; il pensa aussitôt à le tuer, pour prendre sa place.

Il s'en va le trouver, le harcèle de demandes et de supplications, disant qu'il veut s'enfuir, si on ne lui permet pas de s'en aller. Le commandant exaspéré le maudit grossièrement; il enjoint même à des soldats de le frapper de verges, aucun ne se hâte d'obéir ; mais dans ses mouvements désordonnés, le commandant ayant laissé tomber son épée, Ou-koang s'élance, la tire du fourreau, et tue le malheureux; du même pas il court auprès de Tcheng-chen, lui raconte ce qui vient de se passer ; il n'y a plus à reculer ; vite ils se rendent tous deux chez l'autre commandant, et le tuent à l'improviste.

Aussitôt Tcheng-chen réunit les soldats du régiment : "Nous avons eu des pluies continuelles, leur dit-il; ainsi nous avons manqué le jour fixé pour notre arrivée à la ville de Yu-yang 漁陽 ; d'après la loi, nous aurons la tête coupée ; supposé qu'on nous fasse grâce, c'est encore la mort qui nous attend ; car en garnison, sur dix hommes, il en périt six ou sept. Dans une telle situation, un homme de cœur choisit une mort honorable, qui le glorifie auprès de la postérité. Est-ce que la dignité de prince, de ministre, de général, est rivée à un seul nom ?"—"Tout le régiment de s'écrier : " Dites-nous ce qu'il faut faire ; nous vous obéirons !"— Alors Tcheng-chen déclare qu'il lève l'étendard pour la cause de Fou-sou 夫蘇 et Hiang-yen 項燕 ; il dénude son bras droit, et jure de combattre pour le grand royaume de Tch'ou 楚 ; il dresse un autel, y dépose les têtes des deux commandants, et fait un pacte solennel avec ses compagnons.

[335]

Tcheng-chen est acclamé général en chef de cette petite armée; Ou-koang est déclaré commandant. Aussitôt on attaque la ville même de Ta-tché-hiang près de laquelle on était campé; elle est prise du coup; on court successivement à Ki 蘄, à Tche 銍, à Tsan, 酇, à K'ou 苦, à T'che 柘, à Tsiao 譙 (1) qui se soumettent, ou sont emportées en un coup de main; d'ailleurs rien n'était sans doute préparé pour une résistance sérieuse. Dans cette marche triomphale, Tcheng-chen recrute bon nombre de soldats de l'armée régulière; il finit par avoir bientôt six à sept cents chars de guerre, plus de mille hommes de cavalerie, et trente à quarante mille d'infanterie ; avec une armée si considérable il arrive devant la capitale de l'ancien royaume de Tcheng 陳 (2); le gouverneur est absent; son remplaçant, simple chargé d'affaire n'ose prendre la responsabilité d'une soumission pure et simple; il livre bataille près de la porte appelée Tsiao 譙; il y est vaincu et tué; les assiégeants pénètrent dans la ville.

Quelques jours après, Tcheng-chen convoque les anciens du peuple et les hommes les plus influents, pour délibérer ensemble sur les mesures à prendre afin d'assurer le bien public. L'assemblée rend grâces au libérateur: "Votre Excellence a endossé la cuirasse et saisi la lance pour abattre l'injustice, et punir la maison de T'sin de sa longue tyrannie; vous avez rétabli l'ancien royaume de Tch'ou; vos mérites éminents vous rendent digne du titre de roi." Sur ce, Tcheng-chen est proclamé roi de Tchang-tch'ou [c'est-à-dire du grand royaume de T'chou] (3).

---

(1) Ki était à 46 ly au sud de Sou-tcheou, dont on vient de parler. (Y. vol. 上, p 56) (K. vol. 上, p. 46).

Tche.—A 100 ly à l'est de Po-tcheou 亳州, préfecture de Yng-tcheou-fou 穎州府, Ngan-hoei. (K. vol. 上, p 48).

Tsan.—Au sud-ouest de Yong-t'cheng-hien 永城縣, préfecture de Koei-té-fou 歸德府, Ho-nan. (K. vol. 上, p 45).

K'ou—A 70 ly à l'est de Lou-i 鹿邑, même préfecture (K. vol. 上 p. 61)—(Y. vol. 中 p. 8)—(F. vol. 12, p. 13).

Tche.—C'est Tche-t'cheng-hien 柘城縣, préfecture (K. ibid)—(Y. vol. 中, p. 9).

Tsiao.— C'est Po-tcheou sus-mentionnée. (K. vol. 上, p. 47)—(Y. vol. 上, p. 47.) C'est la patrie du fameux Tsao-t'sao 曹操; c'est là qu'il commença ses exploits. Le F. dit qu'elle était à 130 ly de Lou-i; (vol. 6, p. 31—vol. 12, p. 13.

N-B..—L'ancien territoire de Tsiao comprenait un pays assez étendu ; une partie est aujourd'hui dans le Ngan-hoei, une autre dans le Ho-nan ; il n'y a donc pas contradiction dans les deux identifications.

Le même recueil dit que Tche 柘 est aujourd'hui Tche-t'cheng-hien 柘城縣, à 90 ly sud-est de Koei-té-fou. (vol. 12, p. 14).

(2) Tcheng.— C'est Tcheng-tcheou-fou 陳州府, Ho-nan. (Y. vol. 中, p 5). C'est une des plus antiques villes de la Chine; puisque déjà Fou-hi 伏羲 y avait sa capitale. Le fondateur de la dynastie Tcheou 周 donna ce fief aux descendants de l'empereur Choen 舜, ainsi fut établi le royaume vassal de Tcheng, qui subsista jusqu'en 479; alors il fut anéanti, et incorporé au royaume de T'chou 楚. (F. vol. 12. p. 54).

(3) Il ne faut pas oublier qu'au moment où le royaume de T'chou fut abattu par Che-hoang-ti il comprenait aussi les anciens royaumes de Ou 吳 et de Yué 越 etc... qu'il s'était pareillement incorporés. S'il est pris dans le sens strict, comme le font ordinairement les auteurs modernes, il ne comprenait que le Hou-koang 湖廣: c'est-à-dire les deux provinces du Hou-pé 湖北 et du Hou-nan 湖南. Cette remarque est bien nécessaire, pour éviter les confusions.

En quittant la ville de Ki 蘄, Tcheng-chen avait envoyé aussitôt un de ses officiers, nommé Ko-yng 葛嬰, originaire de Fou-li 符離 (1), avec des troupes, pour soulever tout le reste de ce pays. Il continua sans doute la même tactique partout où il arrivait; car bientôt la rébellion éclatait de toutes parts contre la dynastie T'sin. Les provinces et les villes chassaient ou massacraient leurs gouverneurs, et se déclaraient pour Tcheng chen.

Ou-koang fut proclamé son 'alter ego", et fut chargé de diriger les opérations à l'ouest, contre la ville importante de Yong-yang 滎陽 (2). Li-yeou 李由, le fils du ministre Li-se 李斯 était le gouverneur général de cette province nommée San-tchoan 三川 (3); il la défendit si bien que Ou-koang n'y remporta aucun succès.

A cette époque, deux hommes illustres, deux sages, à savoir Tchang-eul 張耳 et Tcheng-yu 陳餘 originaires de Ta-leang 大梁 (4), vinrent faire visite à Tcheng-chen; celui-ci avait depuis longtemps entendu parler de leur vertu; il désirait les consulter sur la proposition qui lui avait été faite de prendre le titre de roi. Ils lui répondirent: "La dynastie T'sin ne suit pas la bonne doctrine, et tyrannise le peuple; votre Excellence s'expose à dix-mille dangers pour chasser les oppresseurs; si donc, à peine arrivé dans cette ville, vous prenez le titre de roi, la Chine croira que c'est l'ambition qui vous a poussé à lever l'étendard; ainsi nous vous conseillons de ne pas accepter la couronne. Dirigez plutôt votre armée vers l'ouest; expédiez des messages aux descendants des six rois vassaux, afin qu'ils soulèvent leurs pays; quant à vous, soyez comme le centre des insurgés; de cette manière, vous multiplierez le nombre de ceux qui se précipitent sur la maison de T'sin; celle-ci devra éparpiller ses forces; vous, au contraire, vous serez d'autant plus puissant; vous n'aurez pas même à livrer une bataille rangée; vous prendrez les villes sans que les T'sin soient capables de les garder; vous exterminerez ces tyrans, et vous prendrez leur capitale; alors vous donnerez vos ordres à tous les rois vassaux; vous serez l'empereur incontesté de la Chine.

---

(1) Fou-li.—Etat à 25 ly au nord de Sou-tcheou 宿州, préfecture de Fong-yang-fou 鳳陽府 Ngan-hoei. Fou-li signifie joncs, natte de joncs; au nord de cette ville ils sont très-abondants; de là lui était venu ce nom. (Y. vol. 上, p. 56).—(F. vol. 6, p. 38).

(2) Yong-yang était au nord de la ville actuelle de Yong-t'cheng-hien, à 200 ly à l'ouest de K'ai-fong-fou 開封府, bien des batailles ont eu lieu auprès de cette ville. (F. vol. 12, p. 8)—Y. vol. 中, p. 4).

(3) San-tchoan, c'est-à-dire la province des trois fleuves, à savoir: I-choei 伊水, Lo-choei 洛水, et Hoang-ho 黃河; c'est le Ho-nan actuel.

(4) Ta-leang, c'est K'ai-fong-fou 開封府.

Tcheng-chen n'écouta pas ces conseils; malheur devait lui en arriver ! car quiconque ne suit pas les avis des lettrés se voue à l'infortune. Tcheng-chen se déclara donc roi de Tchang tch'ou et continua sa campagne.

Quand la nouvelle de ces révoltes du pays de l'est arriva à Hien-yang, Eul-che-hoang-ti entra en fureur, et fit jeter en prison le malencontreux messager. Ceux qui le suivirent furent plus avisés : " Ces chiens et ces rats de brigands, dirent-ils, ont été pris ou chassés par les mandarins locaux; tous sont exterminés; ainsi, que votre Majesté ne se chagrine pas inutilement." Sur ce, le triste empereur se livra au plaisir comme de coutume.

Nos deux sages de Ta-leang demandèrent à Tcheng-chen de bonnes troupes, pour aller soulever le pays de Tchao 趙; celui-ci choisit Ou-tchen 武臣, originaire de Tcheng 陳, pour être le général des trois mille hommes qu'il envoyait à cette expédition; il avait toute confiance en lui. Les deux lettrés eurent aussi un grade dans cette armée.

En même temps il envoyait Tcheou-che 周市, originaire de Wei 魏, pour soulever son pays.

Après cela, Tcheng-chen songea à lancer une armée contre la capitale et les pays de l'ouest; ce n'était pas une petite entreprise ! Il fallait s'attendre à une résistance désespérée, de la part de Eul-che-hoang ti. Heureusement, Tcheng-chen avait sous la main un homme tel qu'il le désirait ; c'est Tcheou-wen 周文, un sage lettré de Tcheng 陳; il avait été au service du général Hiang-yen 項燕, à qui il indiquait les jours fastes et néfastes pour les combats ; il avait aussi servi le grand ministre de Tch'ou 楚, Tch'oen-chen-kiun 春申君. Habile en littérature, il se vantait d'être encore plus fort dans l'art militaire. C'est à lui que fut confiée cette difficile expédition.

La campagne de Ou-tchen 武臣 contre l'ancien royaume de Tchao 趙 commença par des succès; il prit d'abord dix villes fortifiées. Pour se rendre dans ce pays, il avait traversé le fleuve jaune au gué de Pé-ma 白馬 (1): ensuite il avait recruté en chemin plus de vingt mille hommes de l'armée régulière. Fier de ses premiers triomphes, il s'était adjugé le titre de Ou-sin-kiun 武信君, mais li échoua devant les autres villes fort bien gardées. Alors il dirigea son armée vers le pays de Fan-yang 范陽 (2). Là, un sage, nommé Koai-tché 蒯徹 lui dit :

---

(1) Pé-ma.—Ce gué [du cheval blanc] est à l'ouest de Hoa-hien 滑縣, préfecture de Wei-hoei-fou 衞輝府 Ho-nan. (Y. vol. 中, p. 12)—(K. vol. 上, p. 59)—(F. vol. 12, p. 24).

(2) Fan-yang.—C'est Tchouo-tcheou 涿州, préfecture de Choen-t'ien-fou 順天府 (ou Pé-king) C'est l'antique pays de 'chouo-lou 涿鹿 que le royaume de Yen s'annexa plus tard. A dix ly au sud de cette ville se trouvait la région si fertile de Tou-kang 督亢 que Che-hoang-ti désirait si fort. (Voyez, année 227). (Y. vol. 上, p. 4)—(F. vol. 2, p. 9).

" Notre mandarin de Fan-yang, nommé Siu 徐, a peur de la mort; il consentira volontiers à faire sa soumission, si vous lui promettez la vie sauve; ne le tuez donc pas uniquement parce qu'il est un officier de T'sin; donnez-lui, au contraire, une charge honorable; vous verrez comment tous les gouverneurs des villes de Tchao 趙 et de Yen 燕 se rendront à vous, sans coup férir ! " Ou-tchen suivit ce bon conseil; il se rendit ainsi maître de plus de trente villes.

Tcheou-wen était bien loin d'être aussi heureux contre la capitale; il avait cependant réuni sur son chemin une armée très considérable; plus de mille chars de guerre, et plusieurs centaines de mille hommes; mais il se crut par là même dispensé de prendre les précautions nécessaires dans une expédition si importante. K'ong-fou 孔鮒 savant lettré, descendant de Confucius à la septième génération, lui en avait fait la remarque: " C'est une règle de l'art militaire qu'il ne faut pas trop compter sur les fausses manœuvres de l'ennemi; mais être toujours en mesure de le vaincre par sa propre force; vous dites toujours que l'armée de T'sin ne vaut rien; vous ne prenez pas la peine de bien exercer vos gens; cependant, si vous subissez une défaite, elle sera irréparable; tous vos regrets n'y remédieront pas." Tcheou-wen était infatué de lui même; il n'écouta pas ces sages avis; il va bientôt s'en repentir ! Il était parvenu sans obstacle jusqu'à la rivière Hi 戲 (1), assez près de la capitale. Eul-che-hoang-ti était extrêmement effrayé; il tint un grand conseil sur les mesures à prendre. Tchang-han 章邯, trésorier général des redevances (2), proposa une amnistie générale, en faveur des gens condamnés aux corvées de la montagne Li-chan 酈山, afin de les envoyer combattre les rebelles. Eul-che-hoang-ti accorda cette amnistie; bien mieux, pour se réconcilier les cœurs, il l'étendit à tout l'empire. Grâce à cette mesure, l'armée de Tcheou-wen fut vaincue et dispersée aux quatre vents du ciel. Le fameux général avait sans doute oublié sa science des jours fastes et néfastes !

---

(1) Hi.—Cette rivière est à 30 ly à l'est de Ling-tong-hien 臨潼縣, préfecture de Si-ngan-fou 西安府 elle vient de la montagne Li-chan 酈山, en passant par la vallée de Hong-kou 鴻谷, et se jette dans le fleuve Wei 渭. Près du confluent il y a le kiosque de Hi-ting 戲亭; c'est là un endroit célèbre, à cause de la tour et du palais où l'empereur Tcheou-yeou-wang 周幽王 (781-770) fit ses orgies avec la fameuse concubine Pao-se 褒姒 (F. vol. 14, p. 10).

(2) Ce dignitaire avait le soin du vestiaire, des bijoux, de la table, etc.... Ces dépenses étaient couvertes par les redevances appelées Chao-fou 少府 [provenant des douanes, des montagnes, des lacs, etc...] spécialement affectées à la maison de l'empereur. Tchang-han était donc l'intendant de la famille impériale; il avait une foule d'officiers sous ses ordres. (前漢書 T'sien-han-chou, chap. 19, 上, p 4)—(後漢書 Heou-han-chou, chap. 36, p 2.)

Quant à Ou-tchen, il s'était déclaré roi de Tchao 趙; et cela, sur le conseil de ses deux sages Tchang-eul 張耳 et Tcheng-yu 陳餘. Ceux-ci avaient appris que tous les généraux de Tcheng-chen étaient calomniés par des envieux, et en grand danger d'être révoqués et mis à mort; ils engagèrent donc Ou-tchen à se déclarer indépendant. A cette nouvelle, Tcheng-chen entra en fureur, et voulait exterminer toute la parenté du rebelle; mais un de ses ministres, nommé Tchai-se 蔡賜 (1) l'en dissuada : " La dynastie T'sin n'est pas encore abattue, lui dit-il, et vous voulez anéantir la famille de Ou-tchen; ce serait renouveler le gouvernement tyrannique auquel vous vouliez mettre fin; il vaut beaucoup mieux féliciter votre rival sur sa nouvelle dignité, puis l'envoyer promptement à l'ouest pour attaquer l'armée de T'sin." Tcheng-chen suivit ce bon conseil. Mais les deux sages comprirent son dessein; ils dirent à Ou-tchen: " C'est par ruse, et non par affection, qu'on vous envoie des félicitations; quand l'armée de T'sin aura été anéantie, on tournera les armes contre vous; n'allez pas à l'ouest; montez vers le nord; soulevez les pays de Yen 燕 et de Tai 代; descendez ensuite au sud, et emparez-vous des régions du Ho-nan 河南, pour arrondir vos états; quand même Tcheng-chen finirait par détruire l'armée de T'sin, il n'osera pas s'attaquer à vous; s'il ne peut avoir raison des troupes impériales, il sera obligé de venir vous flatter; alors, profitant de sa faiblesse et de celle de T'sin, vous pourrez étendre votre puissance, et vous emparer de toute la Chine." Ou-tchen, en effet, se garda bien d'envoyer personne aux pays de l'ouest; il députa son général Han-koang 韓廣 pour soulever le royaume de Yen 燕, puis le général Li-leang 李良 à la contrée de Tchang-chan 常山; enfin, le général Tchang-yen 張靨 au pays de Chang-tang 上黨 (2).

A la 9ème lune de cette même année, un autre homme de Tch'ou, nommé Liou pang 劉邦, dont le nom honorifique est Ki 季, levait à son tour l'étendard de la révolte. C'est lui qui finalement sera le maître de tous les compétiteurs. C'était [un bel homme, au nez aquilin, aux pommettes saillantes, ce qui, dit-on, lui donnait un air de dragon; il avait bon cœur, et rendait volontiers service aux gens; c'était aussi un esprit pénétrant, un caractère généreux, qui ne recherchait pas ses propres intérêts; bref, c'était un héros; il est resté extrêmement populaire; on raconte sur lui nombre de traits et de légendes.

---

(1) Tch'ai-se était originaire de Chang-Tch'ai 上蔡, patrie du premier-ministre Li-se 李斯 C'est sur le conseil des gens les plus influents qu'il avait été nommé ministre du nouveau roi. (Se-ma-ts'ien, chap. 48, p. 3)

(2) Tchang-chan, c'est Tch-ng-ting-fou 眞定府, Tche-ly. (Y. vol. 上, p. 16). Chang-tang, c'est Lou-ngan-fou 潞安府, Chan-si. (Y. vol. 中, p. 58).

C'est lui qui fonda la dynastie Han 漢, l'une des plus fameuses de la Chine; lui aussi était un enfant du peuple; c'est par son génie qu'il s'est élevé jusque sur le trône impérial.

Il était originaire de P'ei 沛, d'où lui est venu le nom de P'ei-kong 沛公 [le duc de P'ei], sous lequel il est plus connu (1). Il fut d'abord garde-champêtre du village de Se-chang [Se-chang-ting 泗上亭長] (2) ; il était en même temps chef du relai de poste de la localité. Un monsieur Liu 呂, originaire de Chan-fou 單父 (3), voyant son extérieur si distingué, lui avait donné sa fille en mariage.

En sa qualité de chef du village, il avait reçu du mandarin local la commission de conduire à la capitale Hien-yang les gens condamnés aux travaux de la montagne Li-chan 酈山 ; mais en chemin, et dès le départ, beaucoup de ces malheureux avaient pris la fuite; le reste n'attendait que l'occasion pour en faire autant. Liou-pang comprit qu'à la fin il n'aurait plus personne, et payerait de sa tête pour tout le monde; il dit donc à ces pauvres gens : " Fuyez où vous pourrez ; moi, je vais faire de même." Dix forts gaillards voulurent le suivre et partager son sort; Liou-pang fit semblant de les accepter, les régala si bien qu'ils s'enivrèrent ; pendant la nuit il passa l'étang de Ta-tché-tchong 大澤中 (4), et prit la fuite. Sur son chemin, un énorme serpent lui barre le passage; il tire son épée et le coupe en deux; aussitôt apparaît une vieille femme qui s'écrie en pleurant : " Hélas ! mon fils était l'enfant de l'empereur blanc; le voilà tué par le fils de l'empereur rouge !" Ayant ainsi parlé, elle disparaît. Liou-pang ne comprend pas le sens de cette prophétie; il hâte a marche, et va se cacher dans les montagnes de Mang 芒 et de T'ang 碭 (5).

---

(1) P'ei, c'est P'ei-hien 沛縣, à 140 ly nord-ouest de Siu-tcheou-fou 徐州府 Kiang-sou. C'était autrefois un petit état indépendant, sous le nom de Pi-yang-kouo 信陽國. (Y. vol. 上, p. 45).

(2) Le texte porte: Se-chang-ting tchang 泗上亭長, chef du village de Se-chang, Ting 亭 est la maison, le kiosque bâti pour les voyageurs; il sert aussi de relai de poste, où l'on peut manger, dormir, passer la nuit, etc... Che-hoang-ti avait ordonné de bâtir ces relais de dix ly en dix ly; chacun avait un chef, qui était aussi chef des veilleurs de nuit, etc... A 14 y sud-est de P'ei-hien, qui portait autrefois le nom de Se-choei 泗水, il y a encore un kiosque appelé Se-choei-ting. (F. vol. 4, p 29).

(3) Chan-fou, c'est Chan-hien 單縣, préfecture de Tsao-tcheou-fou 曹州府. Chan-tong. (Y. vol. 中, p. 38).

(4) Ta-tché-tchong.—Cet étang est à 20 ly à l'ouest de Fong-hien 豐縣, préfecture de Siu-tcheou-fou. En mémoire de ce fait fabuleux, la pièce d'eau s'appelle Tchan-ché-keou 斬蛇溝, mare (étang) du serpent coupé.

(5) Mang.—Cette montagne est à l'est de Koei-té-fou 歸德府, Ho-nan, au nord de la suivante. (F. vol. 12, p 13).

T'ang.—Cette montagne est à 70 ly sud-est de T'ang-chan-hien 碭山縣, préfecture de Siu-tcheou-fou. (F. vol. 4, p. 29).

Pendant ce temps, son propre mandarin songeait à embrasser le parti de Tcheng-chen; deux employés subalternes lui dirent: "Vous avez été établi par l'empereur de T'sin; vous voulez maintenant suivre les rebelles; votre peuple ne voudra peut-être pas vous imiter; appelez donc tous les fuyards des environs; avec leur secours, vous pourrez rester maître de la population. Ce conseil fut trouvé raisonnable; le mandarin le suivit. C'est ainsi que Liou-pang put reparaître dans son pays; mais il n'y revenait pas seul; il avait recruté plus de mille hommes. Le mandarin prit peur; il regretta son appel téméraire, et fit fermer les portes de la ville. Que faire? Liou-pang écrivit sur une pièce de toile une lettre à l'adresse des notables et des anciens; il y expliquait les avantages et les maux que leur décision pouvait leur attirer; il fixa cette bande à une flèche, qu'il lança par dessus les murs de la ville. Cette lettre parvint à destination; les anciens conduisirent les jeunes gens de la ville tuer le mandarin; puis on ouvrit les portes, et l'on reçut avec honneur la troupe de Liou-pang. Celui-ci fut proclamé duc de P'ei [P'ei-kong 沛公]; Siao-ho 蕭何 et Tsao-tsan 曹參, les deux employés subalternes dont nous venons de parler, lui enrôlèrent deux à trois mille soldats, pour aller soulever les autres villes du pays. C'est alors qu'il prit l'étendard rouge pour son enseigne.

Cela se passait au nord de la province actuelle du Kiang-sou 江蘇. Au même moment, au sud de la même province, à Sou-tcheou 蘇州, l'ancienne capitale du royaume de Ou 吳, un certain individu nommé Hiang-leang 項梁, fils du général Hiang-yen 項燕, prenait aussi le parti de la rébellion, il y était quasi obligé, puisque c'est au nom de son père que s'était produite la réaction contre les T'sin.

Il était originaire de Hia-siang 下相 (1) Ayant tué un homme, il avait dû s'enfuir, pour échapper à la vengeance; il était ainsi dans le pays de Sou-tcheou; il avait amené avec lui Hiang-yu 項羽, fils de son frère aîné. Ce jeune homme va devenir grandement illustre; pour l'instant, il semblait ne devoir aboutir à rien; il avait étudié sans rien apprendre; il avait essayé le maniemen de la dague sans y réussir. L'oncle se fâcha; le neveu lui répondit: " Un lettré peut tout au plus gagner un peu de renommée; celui qui sait jouer du poignard ne peut s'attaquer qu'à un seul ennemi; tout cela ne vaut pas la peine d'être appris; je veux m'exercer à tenir tête à plusieurs dizaines de mille hommes." Sur ce, l'oncle se mit à lui enseigner la stratégie; d'abord le neveu y prit goût; mais bientôt il la laissa de côté comme le reste; c'était à désespérer de lui !

---

(1) Hia-siang.—A 70 ly nord-ouest de Sou-t'sien-hien 宿遷縣, préfecture de Siu-tcheou-fou 徐州府 (F. vol. 4, p. 30)—(Y. vol. 上, p. 45).

Hiang-yu 項羽 (1) était un grand et bel homme; huit pieds de haut; force herculéenne, capable de porter un trépied; esprit inventif, mais rebelle à la discipline; il finira par surpasser tout le monde.

A l'époque dont nous parlons, le gouverneur de la province de Koei-ki 會稽, voulant se déclarer pour le parti de Tcheng-chen, appela Hiang-leang 項梁 pour être le général des insurgés. Celui-ci envoya son neveu Hiang-yu tuer ce mandarin, nommé Yn-t'ong 殷通; après quoi, il appela sous ses drapeaux tout ce qu'il connaissait de braves dans le pays, et leur annonça sa résolution d'entreprendre quelque chose de grand. Il souleva ainsi toutes les garnisons de la province, et soumit toutes les villes; bientôt, ayant une élite de huit mille hommes, il se crut assez fort pour se déclarer gouverneur de Sou-tcheou; son neveu, alors âgé de vingt-quatre ans, fut établi second général en chef.

L'ancien royaume de T'si 齊 devait bien avoir aussi sa rébellion, voici comment elle eut lieu: Tien-tan 田儋, prince de l'ancienne famille royale du pays, était, comme ses cousins Yong 榮 et Hong 橫, un homme brave, et très influent sur le peuple. Quand Tcheou-he 周市 vint pour soulever le pays, étant parvenu à Ti 狄 il ne put s'emparer de cette ville.

Le prince Tien-tan 田儋 (2) eut recours à une ruse pour pénétrer auprès du gouverneur; il lia un esclave, comme s'il eût commis un grand crime; puis, en compagnie d'une troupe de jeunes gens, il le conduisit au tribunal, comme pour le faire juger; le mandarin ne se doutant de rien fit ouvrir la salle d'audience; on se jeta sur lui et on le tua. Aussitôt on réunit les employés et le peuple; le prince leur expliqua son projet: " Tous les anciens royaumes se révoltent contre la dynastie de T'sin, et se déclarent indépendants; nous aussi, nous formions un royaume, depuis les temps les plus anciens; nous revendiquons notre liberté." Sur ce, le prince fut acclamé roi; de suite il alla combattre Tcheou-che; il le vainquit et le mit en fuite; après quoi, il parcourut le reste du pays, qui se soumit à son autorité; l'ancien royaume de T'si 齊 se trouva ainsi reconstitué.

A la 9ème lune encore, le pays de Yen 燕 se donnait aussi son roi; c'est ce même général Han-koang 韓廣 que Ou-tchen 武臣 avait envoyé soulever cette contrée. A peine y était-il arrivé que tous les personnages influents le prièrent de se déclarer indépendant. " C'est impossible, leur répondit-il, ma vieille mère est dans le pays de Tchao 趙; on la massacrerait!" — " Non non! lui répliquait-on; personne n'osera porter la main sur elle; le royaume de Tchao est harcelé à l'ouest par les troupes de T'sin; au sud, par Tcheng-chen; ainsi il n'aura pas la force de s'attaquer à vous; n'avez-vous pas remarqué que, malgré sa puissance, Tcheng-chen n'a pas osé faire de mal à la famille de Ou-tchen lui-même, ni à celles de ses ministres et généraux?" Sur ce, Han-koang accepta le titre de roi, quelques mois plus tard, les gens de Tchao lui envoyèrent sa mère avec honneur.

---

(1) Se-ma-t'sien, dans le 7ème volume de son histoire, parle longuement de Hiang-yu.

(2) La ville de Ti se trouvait à 20 ly au nord-ouest de la sous-préf. Kao-yuen-hien 高苑縣 Tsing-tcheou-fou 青州府 Chan-tong 臨濟城 (V. 中, p. 40 in verso)—(F. vol. 35 p. 12).

Peu de temps après ces événements, Ou-tchen tomba entre les mains des soldats de Yen 燕; il en fut adroitement retiré par son cuisinier-palefrenier. Ou-tchen était venu, en compagnie de ses deux fidèles Tchang eul 張耳 et Tcheng-yu 陳餘, soulever une contrée limitrophe des deux royaumes; un beau jour, il eut l'imprudence de s'aventurer tout seul; c'est alors qu'il fut pris et garotté par les soldats de Yen 燕; comme rançon, on lui demandait de céder une partie de son territoire; il ne pouvait s'y résoudre. Les gens de Tchao 趙 envoyèrent une ambassade réclamer la délivrance de leur roi; pour toute réponse, les députés furent massacrés. Alors le cuisinier-palefrenier de Ou-tchen s'adressa au général de Yen: " Savez-vous, lui dit-il, quelle sorte de gens sont ces deux individus Tchang-eul et Tcheng-yu ? "—" Je le sais bien, répondit le général; ce sont deux sages, deux grands lettrés "—" Savez-vous quelle est leur intention ? " —" Oui, certainement ; ils réclament leur roi "— Le cuisinier sourit malicieusement : "Vous ignorez l'intention de ces deux hommes, répliqua-t-il ; ils sont bien montés à cheval, en compagnie de Ou-tchen, et ont soulevé avec lui le pays de Tchao; mais maintenant ils voudraient eux aussi une couronne si c'était possible. Quand l'indépendance de Tchao n'était pas encore assez assurée, ils ont consenti, étant encore si jeunes, à déclarer roi le vieux Ou-tchen ; maintenant que le gouvernement est affermi, ils voudraient se partager le pays. En face, et pour la forme, ils réclament la liberté de Ou-tchen; au fond du cœur ils désirent sa mort. Ou-tchen étant seul roi de Tchao, vous pourriez facilement vous emparer de ce pays; si ces deux sages lettrés devenaient rois de deux états qui s'entr'aideraient mutuellement comment pourriez vous leur résister ? " Le général était peu intelligent, ou peu brave; car il donna dans le panneau, et renvoya bien vite son prisonnier; c'est le cuisinier qui eut encore la gloire de le ramener en char jusqu'à la capitale.

Nous avons vu, tout à l'heure, que le général Tcheou-che avait échoué dans son entreprise sur le royaume de T'si 齊; sa campagne au pays de Wei 魏 fut plus heureuse. Après l'avoir soulevé contre la dynastie T'sin, il y avait établi une administration régulière, qui assurait la paix; alors toutes les familles influentes le pressaient de s'y déclarer indépendant; mais lui de répondre: "C'est dans les temps troubles et incertains, comme celui-ci, qu'on reconnaît les serviteurs fidèles; je demande donc qu'un descendant de l'ancienne famille régnante vienne monter sur le trône." On eut beau faire de nouvelles instances, il persista dans son refus. Sur ce, Kieou 咎, seigneur de Ning-ling [Ning-ling-kiun 寧靈君] fut acclamé roi de Wei 魏 (1) Mais il était alors près de Tcheng-chen; on alla jusqu'à cinq fois le chercher ; à la fin, Tcheng-chen lui permit d'accepter la couronne, et le laissa partir ; le fidèle Theou-che devint son premier ministre.

---

(1) Ning-ling, c'est Ning-ling-hien 寧陵縣, préfecture de Koei-té-fou 歸德府, Honan. (Y. vol. 中, p. 8).

Le seul prince que Che-hoang-ti, eût épargné était le roi de Wei 衞, nommé Kio 角. A la fin de cette année, Eul-che-hoang-ti, sans doute pour se consoler de tant de révoltes, le dépouilla de toute autorité, et le réduisit au rang de simple roturier.

Balance faite, cinq grandes rébellions avaient reconstitué cinq anciens royaumes: celui de T'chou 楚 dont Tcheng-chen était le roi; celui de Tchao 趙, avec Ou-tchen 武臣; celui de T'si 齊 avec Tien-tan 田儋; celui de Wei 魏 avec Kieou 咎; enfin, celui de Yen 燕 avec Han-koang 韓廣. Les quatre premiers rois périront dans le cours de l'année suivante, comme nous le dirons bientôt. Voyons maintenant les efforts de Eul-che-hoang-ti pour ressaisir le pouvoir qui lui échappe de tous côtés.

Réaction contre les insurgés —Mort de Tcheng-chen.

La 10ème lune de l'ancien système devenait la 1ère de l'année suivante, d'après les règlements de Che-hoang-ti. A cette date, une armée de T'sin s'en alla assiéger Lieou-pang 劉邦 dans sa ville de Fong 豐; celui-ci marcha au-devant d'elle et la vainquit. Après cela, il établit Yong-tche 雍齒 comme commandant de Fong, et se rendit à la ville de Si 薛 (1); mais Yong-tche eut la lâcheté de s'enfuir auprès du roi de Wei.

A la 11ème lune [la 2ème du nouveau régime], Tchang-han 章邯, général de T'sin, continuant de poursuivre l'armée battue de Tcheou-wen 周文, lui infligeait une nouvelle défaite à Ming-tche 澠池; (2); le pauvre Tcheou-wen n'avait sans doute pu prévoir ce jour néfaste! Désespéré, il se coupa la gorge.

Ce n'était pas le seul échec subi par Tcheng-chen. Nous avons dit qu'au début de sa rébellion contre T'sin, son "alter ego" Ou-koang 吳廣 avait échoué dans son entreprise contre la ville de Yong-yang 榮陽 gardée par Li-yeou 李由 fils du premier-ministre Li-se 李斯. Un des généraux de Ou-koang avait feint un ordre supérieur, l'avait tué, et avait envoyé sa tête à Tcheng-chen; celui-ci, en récompense, avait donné la place de Ou-koang à son meurtrier.

---

(1) Si était autrefois un petit état indépendant; sa capitale était à 40 ly au sud de Teng-hien 滕, préfecture de Yen-tcheou-fou 兗州府, Chan-tong. (K. vol. 上, p. 48)—(Y. vol. 中, p. 32)—(F. vol. 4, p. 9).

(2) Ming-tche, c'est Ming-tche-hien 澠池縣, à 160 ly à l'ouest de Ho-nan-fou 河南府, (Y. vol. 中, p. 16)—(F. XII p. 38).

Se-ma-ts'ien dit que Tcheou-wen fut tué à Tsao-yang 曹陽, c. à d. Ling-pao-hien 靈寶縣, préfecture de Chen-tcheou 陝州, Ho-nan; ce n'est pas une contradiction; car les deux endroits étaient rapprochés; un champ de bataille suppose une certaine étendue. L'endroit exact est marqué par le kiosque nommé Hao-yang-ting 好陽亭, à 14 ly à l'est de Ling-pao-hien. (F. vol. 12, p. 64).

Ce traître s'appelait Tien-tsang 田 臧. Devenu ainsi premier-ministre et généralissime, il laissa Li-koei 李 歸, un de ses généraux, continuer le siège, ou au moins le blocus, de la ville de Yong-yang; lui-même, avec l'élite de ses troupes, alla au devant de l'armée de T'sin; il la rencontra près de Ngao-ts'ang 敖 倉 (1); il périt dans la bataille, et ses gens furent dispersés. Tchang-han 章 邯, le vainqueur, alla sans tarder attaquer Li-koei sous les murs de Yong-yang; celui-ci fut tué sur le champ de bataille, et la ville ouvrit ses portes au libérateur.

Teng-yué 鄧 說 un autre général de Tcheng-chen, se trouvait à Kia 陝 (2); il était originaire de Yang-t'cheng 陽 城 (3). Tchang-han se contenta d'envoyer contre lui un d ses aides-de-camp; cette armée de Tcheng-chen fut aussi mise en déroute, et s'enfuit jusqu'à la capitale. Teng-yué fut condamné à mort et exécuté.

Ou-siu 伍 徐, originaire de Tche 銍 (4) autre général de Tcheng-chen, campait à Hiu 許 (5). Tchang-han en personne alla l'attaquer, et le vainquit; l'armée en déroute s'enfuit pareillement à la capitale. Ainsi pâlissait l'étoile de Tcheng-chen.

Au moment même où il s'était déclaré roi, et chef de tous les insurgés, cinq aventuriers avaient, pour leur propre compte et sous leur propre autorité, levé des armées et les avaient conduites faire le siége de Tong-hai 東 海 (6); tandis que le gouverneur de cette contrée se trouvait dans la forteresse de Tan 郯 (7) C'étaient: T'sin-kia 秦 嘉, originaire de Ling 陵; Tong-sié 董 緤 de Tche 銍;

(1) Ngao-t'sang, c. à. d le dépôt de la montagne Ngao; celle-ci est à 20 ly à l'ouest de Yong-tché-hien 滎 澤 縣 préfecture de K'ai-fong-fou 開 封 府. Ce sont les rois de T'sin qui avaient établi ce dépôt. hang-tchong-ting 商 仲 丁 (1562-1549) avait transporté sa capitale de Po 毫 à cette montagne, alors nommé Hiao 囂. Là aussi s'étaient livrées bien des batailles. (F. vol. 12, p. 9).

(2) Kia.—C'est Kia-hien 陝 縣, préfecture de Hiu-toheou 許 州, Ho-nan. (Y. vol. 中, p. 23). L'édition de Se-ma-t sien porte Tan 郯, c'est-à-dire Hai-tcheou (voir ci-après), ville beaucoup trop éloignée, où, du reste, le généralissime Tchang-han ne guer oya jamais; les commentaires concluent à une erreur de copiste; et disent qu'il faut lire Kia, comme nous l'avons fait.

(3) Yang-tcheng, c. à. d. Teng-fong-hien 登 封 縣, préfecture de Ho-nan-fou. (K, vol. 上. p. 45)—(Y. vol. 中, p. 16)—(Voyez au début de l'histoire de Tcheng-chen.).

(4) Tche, était à 100 ly à l'est de Po-tcheou 毫 州, préfecture de Yng-tcheou-fou 穎 州 府, Ngan-hoei. (K. vol. p. 48).

(5) Hiu.—C'est Hiu-tcheou 許 州, Ho-nan. (Y. vol. 中, p. 7).

(6) Tong-bai.—C' st Hai-tcheou 海 州, au nord du Kiang-sou.

(7) Tan était autrefois un petit état indépendant, dans le territoire actuel de Hai-cheou (Y. vol. 上, p. 67).

Tchou-ki-che 朱雞石, de Fou-li 符離; Tcheng-pou 鄭布 de Tsiu-liu 取慮; et Ting-tsi 丁疾, de Siu 徐 (1). Tcheng-chen, apprenant cette nouvelle, leur avait envoyé Pan 畔, seigneur de Ou-p'ing [Ou-p'ing-kiun 武平君], pour se mettre à leur tête et diriger leurs opérations; mais T'sin-kia, leur chef, s'opposa à son admission, en disant que ce jeune homme n'entendait rien à la guerre; bien plus, il feignit d'avoir reçu un ordre secret de Tcheng-chen pour le mettre à mort, et le fit assassiner.

A ce moment Tchang-han 章邯 venait de battre Ou-siu 伍徐, et assiégeait la capitale de Tcheng-chen; le général Tch'ai-se 蔡賜 venait d'être tué; la capitale Tcheng 陳 étant prise, Tchang-han se tourna vers l'ouest, contre l'armée de Tchang-ho 張賀, autre général de Tcheng-chen. Celui-ci comprit qu'il jouait son dernier enjeu; il vint en personne se mettre à la tête de ses troupes; il fut battu, Tchang-ho fut tué sur le champ de bataille.

A la 12ème lune [ancien régime], Tcheng-chen errant à l'aventure se rendit à Jou-yng 汝陰, puis il revint sur ses pas jusqu'à Hia-tch'eng-fou 下城父 (2). Là, son officier Tchoang-kia 莊賈, le conducteur de son char de guerre, l'assassina et envoya sa tête à Tchang-han; après quoi il offrit sa soumission à l'empereur.

Tcheng-chen fut enterré à T'ang 碭 (3). Son nom posthume est Yn wang 隱王 ce que l'on peut traduire : Le malheureux roi. Tué par un de ses officiers, il fut aussitôt vengé par un autre. Celui-ci se nommait Liu-tchen 呂臣; il était l'introducteur des visiteurs à la cour, général des soldats à turban vert-bleu; il partit de Sin-yang 新陽 (4), reprit la capitale Tcheng 陳, massacra Tchoang-kia l'assassin; puis proclama que le royaume de Tch'ou 楚 continuait à subsister. C'est lui qui eut l'honneur d'enterrer son maître.

---

(1) Ling, Koang-ling 廣陵, au nord-est de Kiang-tou-hien 江都縣, préfecture de Yang-tcheou-fou 揚州府, Kiang-sou (Y. vol. 上, p. 42) grande géogr. vol. 23 p. 3.

Tche, à 46 ly au sud de Sou-tch ou 宿州 Fong-yang-fou F. vol. 6 p. 28.

Fou-li, à 25 ly au nord de la même sous préf. Sou-tcheou 宿州.

Tsin-liu, à 120 ly au nord de Ou-ho-hien 五河縣, préfecture de Se-tcheou 泗州, Ngan-hoei. (F. vol. 6, p. 43).

Siu, à 50 ly nord-ouest de Se-tcheou 泗州, ibidem 6, 40.

(2) Hia-t'cheng-fou, à 80 ly nord-ouest de Mong-t cheng-hien 蒙城縣 préfecture de Yng-tcheou-fou 潁州府, Ngan-hoei. (Y. vol. 上, p. 58)—(F. vol. 6, p. 33).

(3) T'ang.—C'est T'ang-chan-hien 碭山縣, préfecture de Siu-tcheou-fou 徐州府, Kiang-sou. (V. vol. 上, p. 45).

(4) Sin-yang était sur le bord de la rivière Sin 新, à 42 ly sud-ouest de Tcheng-yang-hien 正陽縣, préfecture de Jou-ning-fou 汝寧府 Ho-nan. (V. vol. 中, p. 20).

A sa mort, Tcheng-chen avait encore un général en campagne; c'était Song-lieou 宋佾, originaire de Tche 銍; il avait mission d'organiser le pays de Nan-yang 南陽 [Ho-nan], puis de forcer la fameuse barrière de Ou-koan 武關, pour entrer dans la contrée voisine. La première partie de sa mission était heureusement accomplie, quand il apprit la triste fin de son maître. Que faire? Le pays de Nan-yang fut bientôt repris par l'armée de l'empereur; le pauvre général ainsi isolé partit vers l'est; il arriva à Sin-tchai 新蔡 (1), où il se trouva en présence des troupes de T'sin; impuissant à lutter, il prit le parti de se rendre avec son armée; on l'envoya comme prisonnier de guerre à la capitale Hien-yang, où il fut broyé par un char impérial, pour servir d'exemple.

Le royaume de T'chou 楚 subsistait donc, comme nous venons de le dire; Liu-tchen 呂臣 s'en croyait bien le seul roi; un compétiteur lui disputa la couronne: T'sin-kia 秦嘉, le chef des cinq insurgés de Tong-hai 東海, ayant appris les désastres de Tcheng-chen, choisit King-kiu 景駒 descendant (2) d'une des plus grandes familles de T'chou, et le proclama roi de ce pays; mais le plus difficile était de l'aller placer sur le trône. T'sin-kia conduisit ses troupes à Fang-yu 方與 (3); il voulait attaquer l'armée impériale campée à Ting-tao 定陶 (4); mais il fallait auparavant recruter des auxiliaires. Il envoya Kong-suen-k'ing 公孫慶 à la cour de T'si 齊 demander au roi de joindre ses troupes aux siennes.

Celui-ci répondit: "J'ai bien entendu dire que Tcheng-chen a été vaincu; mais on ne sait s'il est mort; pourquoi donc vous, gens de T'chou, ne venez-vous pas me demander de vous choisir un roi?" L'envoyé répliqua fièrement: "Les gens de T'si ne s'adressent pas à nous pour avoir un roi; pourquoi vous en demander un pour nous? D'ailleurs, c'est le royaume de T'chou qui a le premier levé l'étendard de l'insurrection; c'est à lui d'être le chef des insurgés." Comme conclusion, Tien-tan 田儋 fit massacrer l'audacieux ambassadeur.

---

(1) Sin-t'chai.—C'est Sin-t'chai-hien 新蔡縣, préfecture de Jou-ning-fou 汝寧府 Ho nan. (Y. vol. 中, p. 21)—(K. vol. 上, p. 45).

(2) Les trois plus grandes familles de Tch'ou étaient les Tchao 昭, les Kiué 屈, les King.

(3) Fang-yu, au nord de Yu-t'ai-hieu 魚臺縣, préfecture de Yen-tcheou-fou 兗州府, Chan-tong. (Y. vol. 中, p. 32)—(K. vol. 上, p. 56).

(4) Ting-tao.— Ting-tao-hien 定陶縣, préfecture de Tsao-t'cheou-fou 曹州府, Chan-tong. (Y. vol. 中, p. 37)—K. vol. 上, p. 37).

Quant au roi improvisé Liu-tchen 呂臣, il était déjà en fuite, et sa capitale reprise par l'armée impériale ; il ne renonçait cependant pas à tout espoir; car il réunit un certain nombre de brigands, dont Yng-pou 英布 était le chef, et recomposa une nouvelle armée (1).

Avant de raconter les événements ultérieurs, ajoutons un dernier mot sur Tcheng-chen. Il avait dit à ses compagnons de labeur : " Quand je serai grand et riche, certainement je ne vous oublierai point !" Six mois après son intronisation à Tcheng 陳, des gens de son village se rendirent à la cour, en disant : " Nous voulons parler à Tche 涉 !" L'officier chargé de garder la porte du palais pensait les faire garrotter; mais il lui expliquèrent leurs antécédents, et la parole de leur ancien compagnon; sur ce, l'officier les laissa tranquilles, mais ne voulut point aller les annoncer au roi. Sur l'entrefaite, Tcheng-chen vint à sortir du palais; les paysans le hélèrent en patois; Tcheng-chen les fit monter sur son char, et les introduisit lui-même dans sa magnifique résidence. A la vue de ces grandioses constructions et de ces riches draperies, les villageois n'en croyaient par leurs yeux : " Sapristi! s'écriaient-ils, quelle maison ! elle ne finit point !" Cette parole se colporta dans tout le pays ; c'est pourquoi l'on appela Tcheng-chen le roi *sapristi*. Parmi ces paysans se trouvait aussi le beau-père de Tcheng-chen; il s'attendait sans doute à recevoir des honneurs, des dignités, des richesses; mais Tcheng-chen le traitait comme les autres, lui faisant un grand et solennel salut, sans se mettre à genoux devant lui ; le beau-père furieux s'en alla. Les autres restèrent encore quelque temps, entrant, sortant remplissant le palais de leurs hâbleries. On avertit Tcheng-chen que cette conduite le tournerait en ridicule, et nuirait à son autorité; celui-ci fit couper la tête à quelques-uns; les autres prirent la fuite, et ne revinrent plus jamais.

Pour avoir plus d'ordre dans son administration, Tcheng-chen avait établi Tchou-fang 朱防 comme second directeur en chef, et Hou-ou 胡武 comme juge de tous les autres officiers et employés. Ces deux hommes devaient examiner minutieusement la conduite de chacun; les généraux chargés de soulever les diverses contrées devaient communiquer à ces deux dignitaires leurs publications et leurs manifestes; si on ne les trouvait pas bonnes, les auteurs étaient enchaînés et punis ; on examinait avec la plus grande rigueur s'ils étaient fidèles à leur mandat.

---

(1) Ce Yng-p'ou était originaire de Lou 六, c'est-à-dire Lou-ngan-tcheou 六安州, Ngan-hoei. Condamné aux travaux forcés, il s'était enfui, puis était devenu chef de brigands; il avait à ses ordres plusieurs milliers d'hommes; il était grandement redouté. Se-ma-ts'ien n'a pas dédaigné d'écrire la vie de ce condottiere ; voyez, chap. 91, p. p. 1, et suivantes. (V vol. 上, p.59).

Ces deux individus abusèrent de la confiance de Tcheng-chen ; quand leurs ennemis ou leurs rivaux étaient dénoncés pour quelque cause, ils examinaient et jugeaient eux-mêmes cette affaire; ils se gardaient bien de la déférer à des juges subalternes, qui eussent montré de l'impartialité. De là un mécontentement universel chez tous les officiers; cette situation empirait de jour en jour; elle contribua beaucoup à la perte de Tcheng-chen.

  Après sa mort les princes, les marquis, les généraux, les ministres, qu'il avait associés à son entreprise, continuèrent d'une façon ou d'une autre la guerre d'extermination contre la dynastie T'sin; celle-ci ne pouvait résister à une insurrection si générale, juste punition de son effroyable tyrannie. C'est à titre de libérateur que Tcheng-chen fut honoré par la postérité. Kao-tsou 高祖 premier empereur de la dynastie Han 漢, constitua trente familles comme gardiennes de son tombeau; il le regardait comme son bienfaiteur, son précurseur, celui qui lui avait frayé et aplani le chemin au trône impérial. Les sacrifices officiels en son honneur se pratiquaient encore au temps de l'historien Se-ma-ts'ien [comme on peut le voir au chapitre 48, p. 8].

DEUXIÈME ANNÉE DE EUL.-CHE-HOANG-TI
DÉSARROI DANS LE PALAIS

Au pays de Tchao 趙, le général Li-leang 李良, envoyé pour soulever la contrée de T'chang-chan 常山, avait parfaitement réussi; il y avait même établi une administration régulière. Ou-tchen 武臣 en fut si content qu'il l'envoya en faire autant dans la région de T'ai-yuen 太原 (1). Li-leang y rencontra plus de résistance; il revint donc sur ses pas demander une armée plus considérable. Chemin faisant, il vit arriver à sa rencontre un train de la cour; croyant que c'était Ou-tchen lui-même, il descendit de son char, et se mit à genoux sur le bord du chemin, pour présenter ses respects au roi. Hélas ! c'était seulement la sœur de Ou-tchen! Celle-ci ne pouvant répondre aux saluts du général, lui députa bien vite un officier pour s'excuser. Li-leang rougit de honte de sa méprise; il entra dans une fureur indicible; de ce pas, il courut tuer la princesse; attaqua la capitale Han-tan 邯鄲, la prit, et massacra Ou-tchen lui-même. Les deux sages lettrés Tchang-eul 張耳 et Tcheng-yu 陳餘 jugèrent prudent de s'enfuir en toute hâte. Cela se passait à la 11ème lune [ancien régime]. Deux mois plus tard, c'est-à-dire à la 1ère lune de l'année 208, nos deux braves lettrés, honteux de leur lâcheté, rassemblèrent les troupes dispersées de Ou-tchen; ils eurent ainsi plus de vingt-mille hommes; ils présentèrent la bataille à Li-leang, le vainquirent et mirent en fuite son armée. Alors, un sage de leurs amis leur donna le bon conseil suivant : " Vous êtes des étrangers, sans racine dans ce pays, vous ne réussirez pas à le dominer; choisissez un descendant des anciens rois, placez-le sur le trône de ses ancêtres; aidez-le de toute votre expérience; ainsi vous aurez bien mérité du pays.' Sur ce, le prince Hié 歇 fut déclaré roi; il établit sa résidence à Sin-tou 信都 (2).

Au pays de Tcheng 陳, à la même époque, nous retrouvons Liu-tchen, 呂臣, le vengeur de Tcheng-chen 陳勝; avec son armée de brigands, il avait vaincu les généraux de T'sin, et était rentré en maître dans sa capitale. De nom c'était lui le roi de T'chou 楚; de fait, il y en avait un autre plus puissant que lui, c'est-à-dire le prince King-kiu 景駒. Nous avons dit plus haut comment il avait été déclaré roi par T'sin-kia, 秦賈, le chef des cinq insurgés de Tong-hai 東海. En attendant mieux, il avait établi sa résidence à Lieou 留 (3),

---

(1) T'ai-yuen.—C'est le nord du Chan-si actuel.
(2) Sin-tou.—C'est Ki-tcheou 冀州, Tc e-y. (V. vol. 上, p. 19).
(3) Liou.—Cette ville a été détruite entièrement, pendant les guerres civiles, à la fin de la dynastie Han 漢. Elle était à 50 ly sud-est de P'ei-hien 沛縣, Siu-tcheou-fou 徐州府, Kiang-sou. (F. vol. 4, p. 29).

Le fameux, Lieou-pang 劉邦 résolut de se rendre près de lui, et de lui offrir ses services; assuré que son épée, victorieuse de l'armée impériale, ne serait pas dédaignée. Chemin faisant, il rencontra Tchang-leang 張良, l'ennemi juré des T'sin, celui qui avait essayé d'assassiner Che-hoang-ti; il s'était mis à la tête de quelques centaines de jeunes gens, et venait pareillement s'offrir au prince King-kiu 景駒. Nos deux hommes lièrent amitié.

Liou-pang confia à son nouvel ami l'intendance de ses écuries; de son côté, Tchang-leang lui enseigna l'art de la guerre, d'après les principes de Kiang-t'ai-kong 姜太公, l'un des plus fameux héros de l'ancien temps. Liou-pang goûta fort cette stratégie et s'en servit plus tard dans ses expéditions. Tchang-leang triomphait d'avoir enfin trouvé un élève à la hauteur de cette doctrine; c'était la première fois qu'il avait ce bonheur; dès lors il fut persuadé que Liou-pang était choisi par le ciel pour devenir empereur de la Chine; il s'attacha à lui pour ne plus le quitter.

Les deux amis étant arrivés auprès du prince King-kiu 景駒, celui-ci les envoya contre l'armée de T'sin; Liou-pang n'eut pas de succès; il se consola en prenant la ville de T'ang 碭 (1); la garnison de cette place passa sous ses ordres, ce qui lui formait une petite armée de neuf mille hommes; il s'en alla assiéger son ancienne ville de Fong 豐; mais il ne put la reprendre.

Précédemment, Tcheng-chen avait envoyé le général Tchao-p'ing 召平, originaire de Koang-ling 廣陵 (2), soulever ce pays et le gagner à sa cause. L'expédition n'avait pas réussi. Tchao-p'ing songeait à s'en retourner, quand il apprit les désastres de son maître; il passa le Yang-tse-kiang, se rendit à Sou-tcheou 蘇州 (3) auprès de Hiang-leang 項梁, dont nous avons parlé plus haut; il lui exhiba une fausse lettre de Tcheng-chen, où il le nommait son premier ministre avec l'ordre suivant: " Le pays de Sou-tcheou est suffisamment pacifié; hâtez-vous de conduire vos soldats vers l'ouest, contre les troupes de T'sin.' Sur ce, Hiang-leang choisit huit mille hommes, passa le Yang-tse-kiang, et se dirigea vers l'ouest. A ce moment, une bande de jeunes gens avaient tué le mandarin de Tong-yang 東陽 (4); puis ils avaient raccolé un grand nombre d'aventuriers; ensemble, plus de vingt-mille hommes.

---

(1) T'ang.—Voyez un peu plus haut.
(2) Koang-ling.—Voyez ce que nous en avons dit un peu plus haut.—Le F. vol. 4. p 16, écrit que c'était à l'angle nord-est de Yang-tcheou-fou 楊州府; Kiang-sou.
(3) Sou-tcheou, dans le Kiang-sou; ancienne capitale du royaume de Ou 吳
(4) Tong-yang, était à 7 ly à l'est de T'ien-tchang-hien 天長縣, Se-tcheou 泗州, Ngan hoei. (F. vol. 6, p. 42).

Ces insurgés voulaient forcer un ancien employé du tribunal, nommé Tcheng-yng 陳嬰, homme fidèle et probe entre tous, d'accepter le titre de roi. Sa mère lui disait : '' Mon fils, être ainsi inopinément élevé au pinacle n'est pas de bon augure ! Il vaut mieux être le second d'un autre; si l'entreprise réussit, vous pourrez devenir marquis ; si elle ne réussit pas, vous pourrez facilement vous échapper sans être montré au doigt et trahi par vos envieux.'' Là-dessus, Tcheng-yng dit au chef des insurgés : '' La famille Hiang 項 est célèbre entre toutes; depuis longtemps elle a fourni de fameux généraux; elle est connue dans le royaume; sans elle, vous ne ferez rien de solide. Moi, je préfère m'associer à une grande famille; c'est le plus sûr moyen de renverser les T'sin.'' Tout le monde se rangea à cet avis. En conséquence, Tcheng-yng avec Yng-pou 英布 et le général P'ou 蒲 se rendirent auprès de Hiang-leang lui offrir leur concours; ils finirent par se trouver environ soixante-dix-mille hommes. Le généralissime leur dit alors : '' Tcheng-chen n'a pas été heureux dans son entreprise contre les T'sin ; à l'heure qu'il est, nous ne savons même pas ce qu'il est devenu ! Mais son adversaire Ts'in-kia 秦嘉 a osé proclamer King-kiu 景駒 roi de T'h'ou 楚; commençons par massacrer le traître ! A cette nouvelle, le prince King-kiu prit la fuite et mourut peu de temps après.

  Liu-tchen se voyait ainsi délivré d'un concurrent; mais il n'y gagnait guère; son libérateur était encore plus redoutable pour lui; puisque c'était le propre fils de Hiang-yen 項燕, soutenu par une armée considérable. Quand donc Hiang-leang fut arrivé à Si 薛, Lieou-pang 劉邦 se joignit encore à lui, en reçut des troupes avec lesquelles il put enfin reprendre sa ville de Fong 豐. Pendant ce temps, le neveu Hiang-yu 項羽 était envoyé attaquer la place importante de Siang-t'cheng 襄城 (1); il échoua d'abord; mais il revint à la charge, prit la ville, et dans sa fureur fit enterrer vifs les malheureux habitants, coupables de lui avoir résisté. A cette même époque, Fan-tseng 范增, originaire de Kiu-tchao 居鄛 (2), âgé de soixante-dix ans, homme de bon conseil, se rendit auprès de Hiang-leang et lui dit: '' Si Tcheng-chen a été battu, il n'y a rien d'étonnant; des six royaumes vassaux que Che-hoang-ti a renversés, celui de T'chou 楚 était bien le plus innocent ; depuis que notre roi Hoai-wang 懷王 (328-295) s'est rendu jadis à la cour de T'sin d'où il n'a pu revenir, il est resté le plus populaire de la dynastie: c'est pourquoi le fameux devin T'chou-nan-kong 楚南公 a dit:

---

  (1) Siang-tcheng, était à 40 ly au sud de Teng-hien 滕縣, Chan-tong, Yen-tcheou-fou 兗州府. (. vol. 10, p. 9)—(Voyez quelques pages plus haut).
  Siang-t'cheng, c'est Siang t'cheng-hien 襄城縣, préfecture de Hiu-tcheou 許州, Honan (Y. vol. 中, p. 7).
  (2) Kiu-tchao, était à 5 ly nord-est de Tchao-hien 巢縣, Liu-tcheou fou 盧州府, Ngan-hoei. Le lac Tchao-hou est à 15 ly sud-ouest de Tchao-hien. (Y. vol. 上, p. 55)—(F. vol 6, p. 17).

" Le pays de T'chou, quoiqu'il n'ait que trois portes, est celui qui anéantira la dynastie T'sin 秦 (1)". Tcheng-chen a eu tort de ne pas placer sur le trône un prince du sang; il a préféré se déclarer roi; cela ne pouvait durer longtemps. Maintenant, votre Excellence venant du pays de Sou-tcheou 蘇州 a vu accourir tous les généraux, nombreux comme des guêpes; car votre famille a produit de génération en génération des officiers illustres; si vous le voulez, vous pouvez placer sur le trône de T'chou un rejeton de l'ancienne dynastie." Hiang-leang goûta cet avis; il fit chercher partout quelque descendant des anciens rois de T'chou; on finit par en trouver un, qui vivait parmi le bas peuple, et gardait les moutons; il le fit monter sur le trône, au moment où il ne s'y attendait guère !

Il s'appelait Sin 心; il était petit-fils du roi Hoai 懷 dont nous venons de parler; il prit le nom de Hoai-wang 懷王, et combla les vœux de tout le pays; sa capitale fut placée à Hou-i 盱眙 (2); le fidèle Tcheng-yng 陳嬰 devint son ministre; Hiang-leang fut créé seigneur de Ou-sin [Ou-sin-kiun 武信君] (3).

---

(1) Voici un oracle aussi clair que ceux de Delphes. Le texte dit : 楚雖三戶亡秦必楚. San-hou 三戶 signifie trois portes; mais quelles sont-elles ? — On l'explique ainsi : même s'il n'y a que trois familles de Tch'ou à partir en guerre, e les abattront la dynastie de T'sin.—Ou encore: les trois portes signifient les trois grandes familles Tchao 昭 Kiué 屈 King 景. Ou encore: les 3 portes serait un nom géographique, San-hou-tsiu 三戶津 le gué des trois portes, sur le fleuve Tchang-choei 漳水 ; ce gué est aussi appelé Tchang-choei-tsin. Ce fleuve est au sud de Tche-hien 涉縣, préfecture de Tchang-té-fou 彰德府 Ho-nan. (Y. vol. 中, p. 9)—C'est, en effet, après avoir passé ce gué que Hiang-yu 羽項 vainquit Tchang-han 章邯 généralissime de T'sin; celui-ci dut même se rendre à discrétion-ce qui amena la ruine de la dynastie. Dans la suite, il y eut encore bien des batailles à cet endroit. A 30 ly au nord, il y a le défilé de Pien-tien-koan 偏店關, qui conduit au Chan si, dans la sous-préfecture de Liht'cheng-hien 黎城縣 (F. vol. 12, p. 18) —La rivière Tchang-choei vient de l'ouest de Lin-tchang-hien 臨漳縣 ; elle a deux sources: l'une, sort de la montagne Fa-kiou-chan 發鳩山, dans la sous-préfecture de Tchang-tse-llaihieu 長子縣, préfecture de Lou-ngan-fou 潞安府 ; elle se nomme Tchouo-tchang 濁漳, Tchang, la trouble; elle va vers l'est, coule au nord de Lin-hien 林縣, continue vers l'est, passe par Ngan-yang-hien 安陽縣, puis se réunit à l'autre branche; celle-ci, nommée Tsing-tchang 清潭, Tchangla-pure, vient de la montagne Chao-chan 少山, dans la préfecture de T'ai-yueu-fou 太原府. (F. vol. 12, p. 16).

(2) Hou-i. C'est Hou-i-hien 盱眙縣, à 70 ly au sud de Se-tcheou 泗州 Ngan-hoei, F. vol. 6, p. 41).

(3) Remarquous, avec notre auteur, qu'il y a eu 3 seigneurs de Ou-sin: 1º Tchang-i 張儀, élevé à cette dignité par le roi de T'sin Hoei-wang 惠王; 2º Ou-tchen, 武臣, qui prit lui-même ce titre; enfin Hiang-leang, dont nous parlons en ce moment.

Pendant tous ces événements, qu'était devenu Tchang-leang 張良 ; l'ennemi juré des T'sin, le professeur de stratégie antique? Il avait sans doute suivi son illustre élève Liou-pang 劉邦 dans son expédition, pour l'aider à mettre ses théories en pratique. Maintenant, nous le trouvons auprès de Hiang-leang, lui donnant de bons conseils : " Votre Excellence, lui disait-il, a établi un prince du sang comme roi de Tch'ou 楚 ; faites de même pour le royaume de Han 韓 ; le prince Tcheng 成, seigneur de Hoang-yang [Hoang-yang-kiun 橫陽君] est le plus distingué, le plus digne du trône. Ainsi vous fortifierez votre parti." Hiang-leang se rangea à cet avis ; le prince Tcheng fut déclaré roi de Han, Tchang-leang devint son ministre de la guerre ; sous ce titre, il partit aussitôt pour l'ouest, et souleva tout ce pays en faveur du nouveau roi ; dans ses diverses expéditions, il parvint avec son armée jusque dans la région de Yng-tchoan 穎川 (1).

Pendant ce temps, Tchang-han 章邯, généralissime de T'sin, ne restait pas oisif. Il attaqua le royaume de Wei 魏.; le prince Kieou 咎, ancien seigneur de Ning-ling-kiun 寧陵君, avait établi sa capitale à Lin-t'si 臨濟 (2) ; il envoya son général Tcheou-che 周市 en ambassade à la cour de T'si 齊 et de Tch'ou 楚, demander du secours. Le roi de T'si, nommé T'ien-tan 田儋, vint en personne ; Hien-leang députa Hiang-to 項它, neveu de Hiang-yu 項羽 avec des troupes auxiliaires. Tchang-han était un habile homme ; il fit mettre des bâillons à la bouche de ses soldats et de leurs chevaux, afin d'éviter tout bruit ; puis il fondit à l'improviste sur les trois armées réunies ; il tua le roi de T'si et le général Tcheou-che, remporta une victoire éclatante. Sur ce, le prince Kieou fit sa soumission ; mais, au lieu de se remettre aux mains de son vainqueur, il préféra se brûler. Son frère, nommé Pao 豹, s'enfuit au royaume de T'chou, d'où il revint avec une nouvelle armée reprendre le pays.

Quant au royaume de T'si, à la place de T'ien-tan, les grands mirent sur le trône T'ien-kia 田假, frère de l'ancien roi Kien 建 (264-221) ; mais Yong 榮, frère de T'ien-tan, chassa le nouveau monarque, et donna la couronne à son propre neveu Che 市 ; lui se contenta d'en être le premier-ministre.

---

(1) Yng-tchoan.—C'est Yu-tcheou 禹州, dans la préfecture de K'ai-fong-fou 開封府, et Sin-t'cheng-hien dans la même préfecture. (Y. vol. 中, p. 5)—(F. vol. 12, p 7).

(2) Lin-t'si (lc) était à 20 ly nord-ouest de Kao-yuen-hien 高苑縣, préfecture de Tsing-tcheou-fou 青州府, Chan-tong. (Y. vol. 中, p. 40)—Le F. vol. 10, p. 25 dit deux ly, au lieu de 20.

Les historiens notent que cette année-là il y eut des pluies extraordinaires; on les considéra comme une punition du ciel, et comme le présage de grandes calamités. Les révolutions et guerres civiles sont loin d'être terminées; c'était vraiment une époque terrible !

De son côté, Eul-che-hoang-ti était irrité. Plusieurs fois il avait montré son mécontentement au premier-ministre Li-se 李斯 : " Comment se fait il que votre Excellence occupant la plus haute dignité de l'empire, lui disait-il, permette à ces brigands des agissements de cette sorte ? " Li-se tenait à sa place et à ses appointements; il ne s'apercevait pas de la tempête qui le menaçait ; il ne sut pas se retirer à temps; il sera englouti. Pour le moment, il s'agissait de flatter le tigre et d'adoucir sa colère; il lui présenta donc le mémoire suivant : " (1) Il n'y a que les princes vraiment sages à savoir réprimander leurs inférieurs; voilà pourquoi le philosophe Chen-pou-hai 申不害 (2) disait : "Quiconque gouverne l'empire doit savoir bien prendre les choses; sinon il sera comme un forçat chargé de chaînes aux mains et aux pieds". Ainsi, quiconque ne sait pas se décharger la bile ne saura pas non plus se mettre à l'aise dans une administration si encombrante ; corps et âme, il sera inutilement accablé de peines, pour se plier aux exigences du peuple, absolument comme Yao 堯 et Yu 禹; il ne sera jamais que l'esclave du peuple; se fatiguant sans cesse, sans jamais s'élever à la hauteur de son office, qui est de nourrir et soigner l'empire. Voilà pourquoi le philosophe dit qu'un tel homme est comme un forçat. Ainsi donc, un prince sage sait en temps opportun blâmer et gourmander efficacement; il prend seul ses décisions, afin que l'administration ne repose pas entre les mains de ses inférieurs; lui seul pourra se dégager du chemin boueux où l'on court après la justice et l'humanité; il fera cesser ce radotage des remontrances ennuyeuses. Montrez de la colère tant que le cœur vous en dira ; personne n'osera bouger ; de cette sorte, ni mandarins ni gens du peuple n'auront le temps de se tirer d'embarras; comment pourraient-ils alors méditer des révoltes ? "

---

(1) Sur ce mémoire, qui est le contrepied de la " saine doctrine " des lettrés, Se-ma-t'sien fait un long discours à grands frais de style. D'ailleurs Li-se est resté en abomination chez lettrés autant que la dynastie T'sin qu'il servait. (Voir le Che-ki, chap. 27, p. p 11 et suivants; tout ce volume de 18 pages doubles est consacré à la vie de ce ministre).

(2) Chen-pou-hai, vulgairement appelé Chen-tse 申子; 337 avant Jésus-Christ; originaire du royaume de Tcheng 鄭, et sectateur de Lao-tse 老子; en 351, il était ministre d'état au pays de Han 韓. Dans son ouvrage il traite surtout du code pénal, comme ses contemporains les autres philosophes.

Ce mémoire était tout-à-fait dans les idées de l'Empereur; ce fou couronné continua de plus belle à sabrer le peuple; quiconque imposait le plus de corvées et d'impôts, était regardé comme un mandarin intelligent; qui faisait tuer le plus de monde était considéré comme un officier loyal et fidèle. Sur les grands chemins, on voyait partout des files de condamnés; sur les marchés des villes, il y avait des tas de cadavres de suppliciés; le peuple était affolé, et ne pensait qu'à se révolter contre une tyrannie si insupportable.

L'eunuque Tchao-kao 趙高, maire du palais, fort des bonnes grâces de son triste maître devenait de plus en plus audacieux et dévergondé; bien des gens qui lui déplaisaient avaient été livrés au bourreau; à la fin, il craignit d'être dénoncé à l'Empereur par les dignitaires; s'adressant donc à Eul-che-hoang-ti il lui dit: " L'Empereur reste en grande vénération parce qu'il se fait renseigner fidèlement sur toutes choses, mais ne se montre pas en personne à ses officiers; c'est pourquoi il s'appelle " Tchen 朕, moi l'empereur".

"Votre Majesté est à la fleur de l'âge; elle a encore bien des années à vivre, et à pratiquer le monde ; elle n'est pas assurée de voir toujours juste dans les affaires; si elle continue, comme par le passé, à descendre à la salle d'audience pour y recevoir ses officiers, blâmer les uns, changer les autres, il peut lui arriver quelque erreur, parmi tant de décisions ; elle laisserait ainsi apercevoir quelque éclipse dans l'éclat de son gouvernement; elle pourrait en être méprisée par les dignitaires. Il serait mieux que votre Majesté restât au plus profond de son palais; traitant les affaires avec moi seul, en compagnie de quelques serviteurs ou légistes. S'il se présente quelque chose, on aura le temps d'examiner et de décider; il n'y aura pas tant de dignitaires à vous ennuyer sans cesse de leurs difficultés et de leurs propositions; l'empire tout entier ne sera régi que par vos seules " saintes décisions."

Eul-che-hoang-ti accepta avec grand plaisir ce régime qui lui laissait tout son temps pour se livrer au plaisir; désormais il n'accorda plus d'audiences; toutes les questions furent tranchées par l'eunuque; il était le véritable empereur, gouvernant sous le nom de son indigne protégé. Le premier-ministre Li-se 李斯 lui-même était mis de côté, en attendant pire; il trouva cela exorbitant ; il voulut faire quelques observations sur les dangers d'un tel système; il voulait aussi avertir que les insurgés approchaient de la capitale; ils étaient, en effet, venus jusqu'à Hong-men 鴻門 (1), sans oser avancer plus près. Mais il se vit repoussé comme les autres; au lieu d'une audience, il reçut un blâme.

---

(1) Hong-men.—A 17 ly à l'est de Lin-tong-hien 臨潼縣, préfecture de Si-ngan-fou se trouvent les collines et le kiosque de ce nom. (V. vol. 中, p. 109).

Eul-che-hoang-ti lui dit: " J'ai fait des réflexions sur ce que Han-fei-tse 韓非子 a écrit sur Yao 堯 et Choen 舜. Ces deux empereurs, quoique gouvernant toute la Chine, avaient pour palais des chaumières dont la hauteur était de trois pieds au-dessus du sol; les boiseries n'en étaient pas même rabotées; la paille du toit n'en était pas même rognée; les salles d'audience pour les visiteurs n'étaient pas mieux soignées; les fourrures de ces deux empereurs étaient une simple peau de cerf; leurs habits d'été étaient en toile commune; le millet, le riz, formaient leur principale nourriture, avec l'amaranthe, les pois, les haricots; leur vaisselle était de faïence. La nourriture d'un portier de nos jours ne serait pas si misérable! Le grand Yu 禹 tailla dans la montagne le passage de Long-men 龍門 (1), lead et l'eau put s'écouler dans le pays de Ta-hia 大夏 (2); ensuite il creusa les neuf grands fleuves [九河], construisit neuf grandes digues, pour diriger les aux diluviennes vers la mer et les y retenir. Il avait tant peiné dans ces immenses travaux qu'il n'avait plus de poils aux cuisses ni aux mollets; la peau de ses mains et de ses pieds était toute écorchée; car il avait lui-même manié le hoyau, comme un esclave ! "

Li-se 李斯 comprit fort bien la pensée de l'empereur; les anciens monarques de la Chine vivaient pauvrement, comme de simples paysans; vous, simple ministre, vous avez un train de maison capable d'exciter la jalousie d'un empereur aussi puissant que mon père! Li-se ne s'aperçut pas encore, à ce coup de massue, qu'il était déjà à moitié perdu dans l'estime de son maître; nous allons voir comment son rival, le maire du palais, va le pousser à son insu vers l'abîme et l'y précipiter.

Tchao-kao vint donc le trouver, et lui dit: "A l'est de notre défilé, il y a bien des révolutionnaires ! Malgré cela, l'empereur continue de plus en plus à condamner les gens aux travaux forcés, pour achever la palais Ngo-fang-kong 阿房宮; de plus, il entretient bien inutilement des troupes de chevaux, des meutes de chiens. Moi, votre serviteur, j'aurais désiré lui faire des remontrances; je ne l'ai pas osé, ma charge est si petite ! C'est une affaire qui demande toute la considération dont jouit votre Excellence ; pourquoi n'avertissez-vous pas l'empereur ?" —

---

(1) Long-men.—Cette montagne se trouve sur le territoire de Han-tch'eng-hien 韓城縣, préfecture de T'ong-tcheou-fou 同州府. Chen-si. Tout près de là, sur le bord du fleuve jaune, il y a un monument en l'honneur du grand Yu 禹. (Chen-si t'ong-tche, vol. 8, p. 43, où se trouve la carte). Voir Zottoli, III, p. 36 ; mais, par erreur, Han-tch'eng-hien y est marquée comme étant dans la préfecture de Si-ngan-fou.

(2) Ta-hia—D'après le Che-ki, chap. 6, p. 29, cette région comprenait les pays de T'ai-yuen-fou 太原府. Fen-tcheou 汾州 et Kiang-tcheou 絳州.

" Depuis longtemps je voulais le faire, répondit Li-se ; impossible de le voir et de lui parler ! il n'en a jamais le temps !" — " Il n'y a que votre Excellence à pouvoir lui faire de telles représentations, reprit l'eunuque; permettez-moi de saisir la première occasion pour une audience; aussitôt je vous ferai avertir." Là était le piège dressé par ce misérable.

Quand Eul-che-hoang-ti était tout juste à festoyer, à faire de la musique avec ses concubines, Tchao-kao envoya un messager à Li-se pour lui dire que c'était le moment de demander une audience; il lui joua trois fois ce mauvais tour. L'empereur le prit fort mal. "Quoi! disait-il, j'ai tant de temps pour traiter les affaires; jamais alors le premier-ministre ne se présente; il attend que je sois à dîner ou à me récréer, pour me demander audience ! Me prend-t-il pour un enfant, ou un idiot !"

Le traître profita de l'occasion pour lui souffler à l'oreille: "Li-se sait bien ce que nous avons tramé ensemble à Cha-k'iou 沙丘, pour mettre votre Majesté sur le trône; tout le monde a eu de l'avancement: vous êtes devenu empereur; moi je suis monté en dignité; lui seul est resté premier-ministre comme auparavant; je sais ce qu'il désire; il voudrait être roi quelque part, et porter aussi une couronne. Son fils aîné Yeou 由 est déjà gouverneur de la province de San-t'choan 三川; celle-ci est remplie d'insurgés, qui prétendent ressusciter l'ancien royaume de Tch'ou 楚; le gouverneur ne fait rien pour les réprimer; je suis passé par-là pour des affaires d'administration, j'ai appris que Yeou a des relations avec les révolutionnaires; je n'ai pu savoir exactement le fond de leurs négociations ; c'est pourquoi j'ai eu scrupule de vous en parler jusqu'à ce jour; du reste, toutes les affaires se traitant par Li-se tout seul, sa puissance est bien plus grande que celle de votre Majesté." (1)

Eul-che-hoang-ti, trompé par ces calomnies, voulait de suite mettre Li-se en accusation; mais il craignit de n'avoir pas en main les preuves suffisantes; il députa un censeur, pour aller dans la province de San-t'choan examiner si les choses étaient véritablement ainsi.

C'est alors que Li-se eut vent de cette intrigue. L'empereur se trouvait au palais de Kan-t'siuen 甘泉, occupé à voir les exercices des archers, des lutteurs, des comédiens; impossible d'avoir audience! Li-se écrivit un mémoire contre Tchao-kao. " L'histoire nous enseigne, disait-il, que l'empire est en grand danger, quand le ministre n'a pas la confiance du prince; la famille est en danger quand l'épouse n'a pas la confiance du mari.

---

(1) Nous avons vu, au contraire, les insurgés tenus en échec par ce fils de Li-se.

Auprès de votre Majesté, il y a un officier qui fait la pluie et le beau temps, à l'égal de votre auguste personne; c'est un grand abus. Autrefois, Tse-han 子罕, ministre de Song 宋, aimait à appliquer de rudes châtiments, pour se donner de l'autorité; il pratiqua ce système pendant douze mois; puis il s'attaqua au roi lui-même. T'ien-t'chang 田常 fait ministre sous T'si-kien-kong 齊簡公 (484-480); il n'avait pas d'égal en puissance; sa fortune privée égalait celle du prince; il fit des largesses pour gagner le cœur des officiers et du peuple, tua Tsai-yu 宰予 dans la salle d'audience, assassina le roi dans son palais; puis s'empara du trône de T'si 齊. Ce sont des faits connus de toute la Chine. Or Tchao-kao est un homme aussi mauvais que Tse-han; comme lui, il médite le renversement de l'empire; sa fortune est aussi grande que celle de T'ien-tch'ang; il unit les crimes de ces deux hommes; si votre Majesté n'y prend garde, il lui arrachera son autorité et la confiance du peuple; une révolution est à craindre de sa part."

Non content de ce réquisitoire, Li-se, en compagnie du second ministre d'état Fong-k'iu-t'si 馮去疾 et du général Fong-kié 馮劫, demanda une audience pour présenter quelques observations; elle lui fut accordée. "L'empire, dit-il, voit partout se lever des insurrections, parce que la garde des frontières, les transports par eau et par terre, les corvées, les impôts, accablent le peuple. Nous prions votre Majesté de faire cesser les travaux du palais Ngo-fang-kong 阿房宮; puis de diminuer les garnisons aux frontières, ainsi que les impôts et les corvées."

Eul-che-hoang-ti répondit: " Vos Excellences ne savent pas maîtriser les brigands qui se lèvent de toutes parts; et vous osez me demander l'interruption d'une œuvre commencée par feu mon père! De votre part, c'est une ingratitude envers lui; vis-à-vis de moi, c'est une déloyauté impardonnable! Pourquoi donc occupez-vous de si hautes charges? Vous attaquez Tchao-kao; mais c'est un eunuque; et il n'a jamais été autre chose; il aurait pu tranquillement, et sans danger, s'adonner au plaisir; il ne l'a pas fait; il ne choisira pas des temps si difficiles pour se livrer au dévergondage, et changer de conduite; il a été régulier jusqu'ici; il a constamment pratiqué la vertu; c'est ainsi qu'il a mérité ses dignités; c'est grâce à sa fidélité qu'il les a conservées; moi je l'estime un homme probe; votre Excellence, au contraire, le charge de soupçons; pourquoi cela? De plus, j'ai eu le malheur de perdre mon père étant encore bien jeune; je suis sans expérience dans le gouvernement; votre Excellence est déjà bien âgée; un jour ou l'autre, je puis être privé de ses services; si je ne m'appuie sur Tchao-kao, sur qui donc devrai-je me reposer? Tchao-kao, de sa nature, est très perspicace; d'un caractère droit et intègre; il a l'expérience des hommes et des choses; il est maniable et serviable pour ses supérieurs. Veuillez ne pas le soupçonner; il est incapable d'un méfait."

Li-se persista dans son accusation: "Je soutiens, dit-il, que c'est un mauvais homme; il n'a ni principes ni morale; il est d'un débordement effréné, d'une avarice insatiable, d'une arrogance incroyable, d'une ambition sans bornes; je le répète, c'est un individu dangereux !"

Li-se arrivait trop tard avec son accusation; le siège était fait, la place prise par son rival. Eul-che-hoang-ti était comme rivé à son eunuque, auquel il devait le trône; d'ailleurs, il avait en lui une confiance illimitée; il ne crut pas un mot du réquisitoire; il songea dès lors à se défaire des trois accusateurs; en attendant, il raconta à Tchao-kao ce qui s'était passé, et l'avertit de prendre garde qu'on ne l'assassinât.—"En effet, répondit l'eunuque, il n'y a que moi que le premier-ministre craigne; moi disparu, il pourra oser tout ce qu'il a dit de T'ien-tch'ang."—"Ainsi, répartit l'empereur, je vais le mettre en accusation, et vous le jugerez."

Le ministre Fong-k'iu-t'si et le général Fong-kié comprirent ce qui les attendait; ils prirent les devants, et se suicidèrent. Li-se comptait sur son don de persuasion, sur ses grands services rendus à la dynastie Ts'in, sur son innocence enfin; il consentit à un examen rigoureux; aussitôt on le jeta en prison, chargé de chaînes. Là, il leva les yeux au ciel en soupirant: "Hélas! disait-il, d'un prince qui n'a ni t'te ni conscience, que peut-on espérer ? Autrefois, le tyran Kié 桀 (1818-1766) tua son ministre Koan-long-pong 關龍逢; le tyran Tch'eou 紂 (1154-1122) tua son oncle, le fidèle Pi-kan 比干; Fou-tch'ai 夫差 (495-473) tua son loyal ministre Ou-tse-siu 伍子胥; ces trois illustres serviteurs étaient irréprochables; ils n'ont pas échappé à une mort violente ! Leur gloire, du moins, est impérissable. Mes talents sont loin d'égaler les leurs; mais la perversité de Eul-che-hoang-ti dépasse celle de ces trois tyrans qui les ont fait mourir; ma fidélité ne doit pas trouver une meilleure récompense. Le gouvernement actuel aboutira fatalement à une ruine; l'empereur a massacré ses frères, grands et petits; il a usurpé le trône; il a mis à mort ses bons serviteurs, et exalté un misérable eunuque; il accable le peuple, pour bâtir son palais Ngo-fang-kong 阿房宮; il écrase l'empire d'impôts et de corvées. Je n'ai pas manqué de le rappeler à la raison; jamais il n'a voulu rien entendre; que de calamités vont suivre ces injustices! Les anciens "saints empereurs" étaient modérés dans leur nourriture, dans leur train de maison, dans leurs palais; quand les ordonnances, les dépenses, les entreprises, n'étaient pas d'une utilité publique manifeste, elles étaient aussitôt abolies; c'est pourquoi leur gouvernement conservait la paix, et durait longtemps. Maintenant, plus de la moitié de l'empire est en insurrection; et le prince ne se réveille pas! Au contraire, de son eunuque il fait un ministre d'état! De mes yeux je verrai les rebelles à Hien-yang 咸陽 ; bientôt les cerfs se promèneront sur les ruines de la capitale."

Pendant que Li-se se morfondait dans sa prison, toute sa parenté, tous ses amis, étaient chargés de chaînes et mis en réclusion, jusqu'à nouvel ordre. Tout d'abord, Li-se fut condamné à recevoir mille coups de verge; vaincu par la douleur, il avoua tout ce qu'on lui demandait, vrai ou faux; sur ce, on fit cesser son supplice. Il écrivit une apologie, à l'adresse de l'empereur: "Depuis plus de trente ans, j'ai eu la charge de ministre, et l'administration de l'empire; à mon arrivée, le royaume de T'sin était encore bien étroit; vos ancêtres avaient à peine une principauté de mille ly d'étendue; à peine trente mille hommes de troupes. J'ai peu de capacité, c'est vrai; mais je l'ai mise tout entière au service de votre famille; j'ai député en secret des gens habiles, avec de l'or, des joyaux, pour gagner à notre politique les autres royaumes vassaux; à l'insu de tout le monde, j'ai fait préparer les cuirasses et les armes nécessaires pour une grande expédition; j'ai tenu toutes les branches de l'administration dans un ordre parfait; j'ai choisi de bons généraux pour les mettre à la tête des armées; j'ai confié les charges publiques à des officiers capables; je n'ai donné les hautes dignités qu'à des hommes éminents. Ainsi, nous avons réussi à intimider le royaume de Han 韓, à affaiblir celui de Wei 魏, nous avons vaincu ceux de Yen 燕, de Tchao 趙, de T'si 齊 et de T'chou 楚; nous avons pris leurs rois; enfin, le prince de T'sin 秦 a été établi empereur de toute la Chine. Voilà mon premier crime.

Au nord, nous avons refoulé les Tartares Hou 胡 et Mo 貉; au sud, nous avons soumis toutes les provinces du royaume de Yué 越. Voilà mon second crime. J'ai réconcilié à votre dynastie toutes les grandes familles de l'empire, en leur distribuant des charges et des dignités. Voilà mon troisième crime. J'ai organisé partout une bonne administration, embelli le temple de vos ancêtres, glorifié la haute sagesse de l'empereur. Voilà mon quatrième crime. J'ai fait disparaître le particularisme, établi l'uniformité dans les poids, les mesures, les règlements, les écritures; et ainsi rendu célèbre le nom de T'sin. Voilà mon cinquième crime. J'ai fait élever de grandes chaussées, bâtir des palais et des tours, pour la récréation de l'empereur. Voilà mon sixième crime. J'ai aboli l'extrême rigueur des lois pénales, diminué les contributions, afin de rallier le cœur du peuple à la cause de votre dynastie, et l'y enchaîner par des bienfaits! Voilà mon septième crime. Si votre serviteur a mérité la mort pour de tels faits, j'aurais dû être puni depuis longtemps! Au contraire, votre Majesté a daigné se servir de mes forces et de mes talents jusqu'aujourd'hui, sans me retirer ma charge; qu'elle veuille donc se souvenir des choses que je viens de rappeler."

Comme on le pense bien, l'eunuque intercepta ce mémoire; il envoya dix individus, ses créatures, feignant être députés par l'empereur lui-même, après avoir lu la requête, afin d'examiner de nouveau le procès. Li-se rétracta devant eux tout ce que la douleur lui avait extorqué auparavant; puis il raconta la vérité pure et simple; sur ce, Tchao-kao le fit rouer de coups. Bientôt, de fait, l'empereur envoyait des juges véritables. Li-se redoutant une troisième bastonnade, n'osa plus soutenir sa rétractation; il avoua de nouveau tout ce qu'on voulut; ses réponses furent portées à l'empereur; celui-ci plein de joie s'écria : " Si je n'avais eu un homme aussi dévoué que Tchao-kao, j'aurais été trahi par ce ministre !''

Les députés envoyés dans la province de San-tch'oan 三川 revinrent sur l'entrefaite ; ils n'avaient pu accomplir leur mission ; Yeou 由, fils aîné de Li-se, était mort dans une bataille livrée par Hiang-leang 項梁, chef des insurgés ; ce témoignage était écrasant contre les calomnies de l'eunuque ; il n'en persista qu'avec plus d'effronterie dans ses affirmations. Eul-che-hoang-ti lui donna gain de cause, malgré l'évidence du contraire. En conséquence, Li-se fut condamné, comme coupable de haute trahison, à subir les cinq sortes de peines infligées par la loi de T'sin ; à savoir : être marqué au fer rouge, avoir le nez coupé, avoir les pieds coupés, subir l'éviration enfin être mis à mort (1). On était à la 7ème lune de l année 208 ; le supplice eut lieu sur le marché public de la capitale. Quand Li-se fut tiré de prison pour se rendre sur la place de l'exécution, il rencontra son second fils chargé de chaînes ; on le conduisait aussi à la mort, pour augmenter d'autant le chagrin de son père.

---

(1) L'ancien code chinois de la dynastie Tcheou, c'est-à-dire la dynastie classique par excellence, avait édicté cinq grands châtiments pour les crimes de haute trahison; à savoir: 墨 mé, marquer d'un fer rouge; 劓 pi, couper le nez; 刖 Yué, couper les pieds; 宮 Kong, l'éviration; 大辟 Ta-pi, la peine suprême, la mort.—Le Kai-yu tsong-k'ao, vol. 27, p. 16, a tout un chapitre sur ces peines, il dit que les mutilations furent abolies par Han Wen-ti 漢文帝 [179-156]. Il dit aussi, vol. 16, p. 28. que l'extermination de toute une parenté, pour le crime d'un seul homme, fut un châtiment inventé par la maison royale de T'sin; et qu'elle fut aussi abolie par Han-wen-ti. Il ajoute que cette cruauté est restée malgré cela en pratique sous toutes les dynasties postérieures; et que divers empereurs se sont montrés sur ce point plus barbares que les princes de T'sin; en revanche, ces exemples de tyrannie, furent toujours désapprouvés par les gens sages.

La dynastie actuelle donne, dans son code, les cinq châtiments suivants: 答 Tche, frapper au moyen de verges ou de bambou, cinq degrés de sévérité ; 杖 Tchang, frapper au moyen d'un bâton, aussi cinq degrés de sévérité; 徒 Tou, bannir temporairement, cinq degrés de durée; 流 ieou, bannir à perpétuité, trois degrés de distance; 死 Se, la mort, qui comprend 絞 Kiao [étrangler] et 斬 Tchan [décapiter].

Li-se lui dit : "Combien je serais plus heureux aujourd'hui, si j'étais resté avec vous conduire nos chiens jaunes à la chasse du lapin, à la porte orientale de Chang-tchai 上蔡 (2) notre patrie ! O bonheur perdu à jamais !" A ces mots, l'un et l'autre se mirent à pleurer. La sentence atteignait trois génér tions ; avec Li-se périrent ses enfants et petits enfants ; puis toute la parenté, tous les amis et connaissances plus intimes. Quant à lui, pour dernier supplice, il fut coupé en deux par le milieu du corps.

Après ce triste triomphe sur son rival l'eunuque devint premier-ministre; toutes les affaires, grandes ou petites, étaient décidées par lui seul, sans aucun contrôle.

Voici l'appréciation du grand historien Se-ma-T'sien sur ce fameux ministre Li-se: "Né dans un pauvre village, il s'était élevé par ses talents, et était devenu le commensal des princes; puis il offrit ses services au roi de T'sin. A force d'habileté et de ruses, il finit par être le bras droit de Che-hoang-ti; grâce à lui, celui-ci r ussit à devenir empereur. Li-se était un ministre extrêmement capable, et digne d'une si haute dignité; il possédait à fond les six arts (3); mais il ne sut pas employer ses talents pour régler une parfaite administration, ni pour réparer les fautes de son maître. Tenant à ses dignités et à ses appointements, il était obséquieux jusqu'à flatter les passions de l'empereur; toujours il combait d accord avec lui, quoi qu'il dût lui en coûter. Son air et son maintien inspiraient la crainte et le respect; quand il punissait, il allait parfois jusqu'à la cruauté. Cédant aux instigations perverses de l'eunuque Tchao-kao, il commit la faute de perdre l'héritier légitime de la couronne et d'établir le fils d'une toncubine. Quand les anciens royaumes vassaux eurent presque tous levé l'étendard de l'insurrection, il se hasarda à faire quelques remontrances au nouvel empereur. Pourquoi ne s'y prit-il pas plus tôt ! Tout le monde dira que par son dévouement trop obs'quieux il s'est attiré la mort la plus cruelle, et eut à subir le supplice des traîtres. Si l'on examine la question à fond, on se forme sur lui un jugement bien différent de l'opinion du vulgaire; s'il avait su éviter ces défauts, ses mérites le mettraient de pair avec des hommes comme Tcheou-kong 周公 et Chao-kong 召公, qui ont tant contribué à la grandeur de la dynastie Tcheou 周."

---

(2) Chang-tch'ai était à 10 ly sud-ouest de Chang-tch'ai-hien 上蔡縣, préfecture de Jou-ning-fou 汝寧府. Ho-nan. (Y. vol. 中, p. 20). C'est la capitale de l'ancien état indépendant de ce nom. Comme il était sans cesse harcelé par le pays de Tch'ou 楚, son roi dut transporter ailleurs sa capitale; ainsi P'ing-heou 平侯 (528-521) s'établit à Sin-tch'a 新蔡, dont l'emplacement est à 50 ly à l'est de Jou-ning-fou; tandis que Chang-tch'ai [ancienne capitale] était à 75 ly au nord de cette même préfecture. (F. vol. 12, p. 51).

(3) Les six arts étaient: 禮 li, les rites; 樂 yo, la musique; 射 ché, le tir à l'arc; 御 yu, la conduite des chars; 書 chou, l'écriture; 數 chou, le calcul.

Malgré des réserves d ailleurs très justes, c'est là un magnifique éloge de ce grand ministre, et ami dévoué de Che hoang-ti. Peu d'hommes l'ont égalé en génie, encore moins en succès. Etant encore tout jeune, il avait obtenu un emploi dans l'administration, et brillait par son talent de calligraphe. On raconte de lui que dans ce tribunal il avait remarqué deux sortes de rats; les uns mangeant les détritus dans les latrines, et fuyant sans cesse à l'approche des hommes et des chiens; les autres se gorgeant de riz ou de blé dans les dépôts, puis s'en allant tranquillement dormir sous le plancher des constructions voisines. Sur ce, il s'était mis à gémir en disant: "Et les sages et les sots, parmi les hommes, sont comme ces rats; tout dépend de la place où ils se sont établis." Dans la suite il se rendit auprès du fameux philosophe (ou plutôt sophiste) Siun-k'ing 荀卿, pour étudier sous lui la doctrine qui fait les grands rois et les grands empereurs.

Quand il eut terminé, il fit réflexion que son roi de Tch'ou n'était pas homme à lui donner un emploi digne de ses talents, il pensait à chercher fortune ailleurs ; mais alors les autres royaumes vassaux étant en décadence, il n'y voyait guère l'espérance d'y accomplir quelque action d'éclat; il résolut de s'en aller au pays de Ts'in qui lui semblait en meilleur état que tous les autres. Il fit donc ses adieux à Siun-k'ing (1): "Vous m'avez enseigné, lui dit-il, "que si une bonne occasion se présente, il faut la saisir incontinent "; or voici le temps des rivalités entre les royaumes vassaux; ce sont les philosophes voyageurs qui l'emporteront; maintenant, c'est le prince de Ts'in qui veut prendre toute la Chine, devenir empereur, et faire la loi à tout le monde; c'est le moment favorable pour les lettrés sans nom et sans fortune; quiconque se contente d'une position

---

(1) Siun-k'ing.—Ce philosophe [ou plutôt sophiste] se nommait aussi Hoang 況; il est originaire du royaume de Tchao 趙. Postérieur à Mong-tse 孟子, il florissait vers l'an 250 avant Jésus-Christ; pendant longtemps il fut le rival de Mong-tse, et eut autant d'adhérents que lui. Peu à peu Mong-tse l'emporta, monta au pinacle comme et avec Confucius, dont il admettait purement et simplement la doctrine, tandis que Siun k'ing s'en écarta sur quelques points. Ainsi, Confucius a posé en principe que la nature humaine, en soi, est bonne; tandis que Siun-k'ing prétend qu'elle est mauvaise ou corrompue. Cette divergence a suffi pour le discréditer; contredire le "saint", l'éducateur de toute la Chine! Seul un sot, ou un fou, peut avoir cette audace ! De là l'éclipse subie par le malavisé Siun-k'ing; actuellement, les lettrés l'étudient peu ; ses œuvres continuent cependant à être réimprimées, et sont assez faciles à se procurer. La coterie l'a condamné ; mais, après les classiques, il est un des meilleurs écrivains. Parmi les sinologues, le P. Prémare l'égale à Mong-tse; quiconque compare les deux auteurs admettra volontiers cette appréciation. Se-ma-ts'ien lui-même le met au premier rang parmi les écrivains secondaires. Siun-k'ing était l'ami de Tch'o=n-chen-kiun 春申君, le tout-puissant ministre de Tch'ou 楚, qui l'établit gouverneur de Lan-ling 蘭陵; à Fo ly à l'est de J-hien 嶧縣, préfecture de Yen-tcheou-fou 兗州府 Chan-tong (Y. vol. 中, p. 32)—(F. vol. 10, p. 9).

inférieure, sans méditer quelque action d'éclat, est comme un animal stupide qui ne cherche que sa nourriture; un homme de talent aspire à s'élever toujours plus haut; il a horreur d'une condition infime et de la misère; se contenter longtemps d'une place inférieure, en subir toutes les avanies, critiquer amèrement le monde, se glorifier de mépriser les biens de la fortune, c'est se reposer dans sa paresse, et s'en tenir à la médiocrité; mais ce n'est pas l'esprit d'un lettré; voilà pourquoi je vais au pays de T'sin."

Quand il arriva, le roi Tchoang-siang-wang 莊襄王 (249-246) venait de mourir. Il demanda à être reçu parmi les familiers de Liu-pou-wei 呂不韋; celui-ci le prit bientôt en estime, et lui donna un emploi de secrétaire; c'est alors qu'il eut occasion de développer ses théories philosophiques. Un jour, il eut la bonne fortune de pérorer devant Che-hoang-ti: "Un homme vulgaire, disait-il, ne sait pas saisir l'occasion favorable; un homme capable de grandes choses sait prendre patience, et saisir à point le moment d'agir; car tout dépend des conjonctures qui se présentent. Autrefois votre ancêtre Mou-kong 穆公 (659-620), quoique très-puissant, et chef des roitelets, n'a pourtant pas su soumettre à son autorité les six royaumes qui se trouvaient à l'est de son pays. Pourquoi ? Parce qu'alors les princes vassaux étaient encore nombreux; et aussi parce que la puissance de l'antique dynastie Tcheou 周 n'avait pas encore disparu; ainsi les chefs des roitelets se supplantaient à tour de rôle; mais tous reconnaissaient la suzeraineté de Tcheou, et lui rendaient hommage. Mais depuis votre ancêtre Hiao-kong 孝公 (361-337), la maison impériale de Tcheou est entièrement ruinée; les divers princes ont arrondi leurs états, aux dépens les uns des autres, sans s'occuper de l'empereur; ils forment six grands royaumes, en dehors de votre frontière orientale. Les rois de T'sin, forts de leurs nombreuses victoires, sont les maîtres effectifs des princes vassaux; et cela, depuis six générations. Avec une puissance comme celle de T'sin; avec une sagesse comme celle de votre Majesté, on pourrait balayer les divers princes aussi facilement qu'une cuisinière balaie les épluchures de sa cuisine. C'est une occasion unique, comme on n'en a pas vu depuis dix-mille générations, pour anéantir les rois vassaux, devenir empereur, et unifier toute la Chine sous votre seul sceptre. Si vous négligez ce moment; si vous ne saisissez pas cette occasion, les divers princes se raffermiront, se consolideront par des alliances. Alors il sera trop tard; même un homme tel que Hoang-ti 黃帝 [le premier de tous les empereurs de Chine] ne pourrait plus se les soumettre !"

Ayant entendu et admiré ce discours, Che hoang-ti éleva Li-se à la dignité de grand-archiviste (1) du royaume. Nous savons comment ces deux hommes, animés des mêmes desseins, également peu scrupuleux sur l'emploi des moyens, corrompirent les officiers influents des cours étrangères pour y semer la discorde, avant de lancer leurs armées sur ces pays désorganisés. Nous avons vu Li-se s'en faire gloire dans son apologie. Ils mirent vingt ans avant d'atteindre le but qu'ils s'étaient proposé; mais enfin ils y arrivèrent; et Che-hoang-ti, seul et unique empereur de toute la Chine, traita désormais Li-se en ami, en collègue, plutôt qu'en ministre; sa faveur était si haute qu'il ne mariait ses fils et ses filles qu'avec des princesses et des princes du sang. Un jour, son fils Yeou 由, gouverneur de la province de San-tch'oan 三川, étant revenu passer quelque temps à la capitale, Li-se prépara en son honneur un festin de roi; les plus hauts dignitaires vinrent le saluer comme un roi; il y avait plus de mille chars devant le palais. Li-se lui-même fut effrayé d'un tel éclat; il se prit à gémir en disant: "Mon ancien maître Siun-k'ing 荀卿 m'enseigna autrefois que les choses d'ici bas ne doivent pas être poussées à l'excès; maintenant moi, de pauvre que j'étais, je suis arrivé au plus haut point de la fortune; les choses parvenues à ce degré vont commencer à décroître! Je ne sais alors où finalement s'arrêtera mon char !"

Pendant ces intrigues sanglantes, la guerre civile continuait à désoler l'empire. Hiang-leang avait battu deux fois l'armée de T'sin; fier de ces succès, il méprisait l ennemi; le général Song-i 宋義 lui en faisait en vain des observations: "Si le général se glorifie de ses victoires, lui disait-il, ses troupes deviendront négligentes, et la défaite est inévitable; c'est ce qui nous attend; car déjà nos soldats se négligent, tandis que ceux de T'sin augmentent de jour en jour; je crains beaucoup pour nous !" Hiang-leang avait dédaigné ces sages avis; ce fut sa perte; car l'empereur ayant envoyé à Tchang-han 章邯 tout ce qu'il avait de troupes disponibles, celui-ci livra aux insurgés une bataille décisive et remporta la victoire; Hiang-leang y perdit la vie. Cela se passait à Ting-tao 定陶, endroit déjà connu du lecteur (2); on était à la 4ème lune de cette année 208.

---

(1) Le texte dit qu'il était Tchang-che 長史; expression vague, dont aucun dictionnaire ne donne la signification exacte. D'ailleurs, les dignités de T'sin étaient différentes de celles de la dynastie classique Tcheou; ainsi, faute de mieux, je traduis par "grand archiviste"; le titulaire avait de hauts emplois auprès du prince; il était à la fois historien, censeur, conseiller, etc

(2) Ting-tao était à l'ouest de Ting-tao-hien 定陶縣, préfecture de Tsao-tcheou-fou 曹州府, Chan-tong. C'est là que demeurait autrefois le fameux empereur Yao 堯; la ville s'appelait alors Tao-tang 陶唐. C'est là aussi que se retira Fan-li 范蠡, ministre du royaume de Yué; il s'y livra au commerce, dit-on, et acquit une fortune fabuleuse. (Y. vol 中, p. 37)—(F. vol 10, p. 17)—(Voyez encore, dans notre précédent ouvrage Ou-kouo 吳國, l'histoire de Fan-li que l'on appelle aussi Tao-tchou-kong 陶朱公, à cause de son séjour dans cette ville).

Effrayé de cette défaite, le roi Hoai 懷 transporta sa capitale à P'ong-tch'eng 彭城 (3). Il réunit les troupes de Hiang-yu 項羽 à celles de Liu-tchen 呂臣, et se mit lui-même à leur tête ; Hiang-yu fut créé duc de Lou [Lou-kong 魯公]; mais, pour le moment, l'armée de Tch'ou 楚 était désorganisée, dispersée; elle avait reçu un coup terrible; il lui fallait quelque temps pour se r former.

Tchang-han 章邯 en profita pour marcher contre Han-tan 邯鄲 la capitale du royaume de Tchao 趙. A cette nouvelle, Tchang-eul 張耳 s'était réfugié, avec le roi Hié 歇, dans la ville forte de Kiu-lou 鉅鹿. Wang-li 王離, successeur de Mong-tien 蒙恬 pour l'armée du nord reçut l'ordre d'assiéger cette place. Tch'eng-yu 陳餘 général de Tchao, avait réuni vingt à trente mille hommes pour venir au secours de son roi; mais il n'osa pas se mesurer tout seul avec les troupes de T'sin; il resta donc en expectative, à une assez grande distance, au nord de la ville; Tchang-eul le pressait vivement de livrer bataille, et de faire lever le siége; car la position des habitants devenait critique; il n'y avait presque plus de vivres! Tch'eng-yu refusa longtemps; enfin, vaincu par tant d'instances, il envoya cinq mille hommes au combat, à titre d'essai; tous furent tués; il ne voulut pas courir pareille chance une seconde fois. Le roi de Tchao avait envoyé de tous côtés, demander du secours; le pays de T'si 齊 expédia une armée ; le pays de Yen 燕 fournit aussi des troupes, commandées par Tchang-ngao 張敖, fils de Tchang-eul; mais tout ce monde fit comme Tchang yu; on campait à distance respectable; on attendait les év nements !

Le roi de T'chou 楚 avait aussi reçu une pressante supplique. Malgré sa récente et terrible défaite, il voulut cependant secourir son voisin et travailler ainsi au salut commun contre les T'sin. Ayant appris que le général Song-i 宋義 avait prédit le désastre de Hiang-leang, il le fit venir et tint conseil avec lui; enchanté de ses avis, il le nomma commandant en chef des troupes qu'il envoyait au pays de Tchao 趙; Hiang-yu 項羽 devait être son second; le vieux sage Fan-tseng 范增 serait le troisième général. A la cinquième lune on se mit en marche.

Après avoir organisé cette expédition, le roi de Tch'ou en prépara de suite une autre aussi grosse de conséquence. Depuis longtemps il avait promis à ses généraux que le premier d'entre eux qui réussirait à forcer la barrière orientale de T'sin, serait constitué roi de ce pays. L'armée impériale était alors bien nombreuse et bien aguerrie, la barrière bien gardée était avec raison réputée inattaquable; aussi, jusque là, personne n'avait osé tenter une pareille entreprise.

---

(3) P'ong-tch'en , c'est Siu-tcheou-fou 徐州府, dans le Kiang-sou. (V. vol. 上, p. 44).

Hiang-yu 項羽 pressait Lieou-pang 劉邦 de se mettre en avant, promettant de le suivre. Mais les vieux généraux dirent au roi: "Hiang-yu est d'un caractère trop violent; il est fourbe et cruel; quand il prit la ville de Siang-tch'eng 襄城, il en massacra tous les habitants, jusqu'au dernier; partout où il pesse, il détruit et anéantit tout. De plus, chacune des tentatives contre cette barrière a été malheureuse; pour réussir, il faut choisir un homme spécialement doué, et plein de probité; celui-là pourra s'attaquer aux pays de l'ouest, inviter le peuple à se ranger sous son drapeau; là, tous les habitants, jeunes et vieux, ont depuis longtemps souffert bien des calamités; il y a espoir de les gagner à notre cause. Si vous avez un homme probe et capable, envoyez-le; s'il ne se montre pas tyrannique, il pourra abattre la maison de T'sin; en aucun cas, Hiang-yu ne peut être chargé de cette entreprise. Lieou-pang s'est toujours montré généreux et magnanime; celui-là peut y être envoyé." En conséquence, le roi Hoai-wang 懷王 éleva Lieou-pang à la dignité de Ou-ngan—heou 武安侯, c'est-à-dire marquis de Ou-ngan, et le chargea d'envahir le pays de T'sin. Celui-ci réunit donc les soldats dispersés de Tch'eng-chen 陳勝 et ceux de Hiang-leang 項梁; puis, à la 9ème lune intercalaire de cette année 208, il partit en campagne. Ce sont ces deux armées de Tch'ou qui vont anéantir la dynastie des T'sin, chacune de son côté.

TROISIÈME ANNÉE DE EUL-CHE-HOANG-TI
SA MORT

Les trois généraux, en marche pour le royaume de Tchao 趙, étaient parvenus à Ngan-yang 安陽 (1). Song-i 宋義 ordonna d'y établir un camp; on y resta quarante-six jours sans bouger; personne ne comprenait rien à cette conduite du généralissime ; pourquoi s'arrêter ainsi à mi-chemin ? Hiang-yu 項羽 lui dit: "Le temps presse! Les troupes de T'sin poussent activement leur siége; il faut nous hâter de passer le fleuve Tchang-ho 漳河 (2), pour voler au secours des assiégés; ceux-ci feront des sorties, seconderont notre attaque ; nous sommes sûrs de la victoire!" Song-i lui répondit: "Attendons! Si l'armée de T'sin triomphe, elle sera épuisée de fatigue; je tomberai alors sur elle, et l'écraserai; si elle est vaincue, alors je battrai le tambour, et partirai vers l'ouest assuré de prendre le pays de T'sin." Aussi il publia une ordonnance ainsi conçue: "Si quelqu'un se montre indocile comme un tigre, entêté comme un bouc, avide comme un loup, et n'observe pas la discipline, il sera mis à mort. Là-dessus, il envoya son fils Song-siang 宋襄 aider le royaume de T'si 齊; lui-même l'accompagna jusqu'à Ou-yen 無鹽 (3), où il festoya tranquillement avec un grand nombre d'invités.

Le temps était froid, les pluies continuelles; les troupes n'avaient pas de provisions. Hiang-yu leur dit: "La récolte a été mauvaise, le pays est pauvre; vous devez vous contenter de légumes et de feuilles de pois; pendant ce temps, notre commandant donne des fêtes, se gorge de vin avec ses invités; nous devrions passer le fleuve au plus vite, profiter des provisions du pays de Tchao, unir nos forces aux siennes, et nous jeter sur l'armée de T'sin; le commandant, au contraire, veut attendre que l'ennemi soit harassé; mais les troupes impériales sont nombreuses; elles abattront facilement ce royaume de Tchao, tout nouvellement reconstitué; victorieuses, elles seront encore plus puissantes; comment donc compter sur leur fatigue pour aller les écraser ?"

---

(1) Ngan-yang n'existe plus; elle était à 50 ly sud-est de Tsao-hien 曹縣, de Tsao tcheou-fou 曹州府, Chan-tong. L'ancienne ville se nommait aussi Tch'ou-k'ieou 楚邱 (Y. vol. 中 p. 35)—(F. vol. 10, p. 17).

(2) Le fleuve Tchang, c'est-à-dire la branche appelée Tchouo-tchang 濁漳, est à 20 ly nord-ouest de Lin-hien 林縣, préfecture de Tchang-té-fou 彰德府, Ho-nan. Ce cours d'eau considérable a sa source dans la montagne Fa-kieou-chan 發鳩山, sur le territoire de Lou-ngan-fou 潞安府, Chan-si. Il se trouve mentionné au chapitre Yu-kong 禹貢, du Chou-king 書經; le grand Yu y a fait, paraît-il, des merveilles hydrauliques; ainsi ce fleuve est à jamais célèbre dans la littérature chinoise; le peuple l'appelle Liou-ho 柳河. La montagne Fa-kieou-chan est à 50 ly à l'ouest de Tchang-tse-hien 長子縣. (Y. vol. 中, p. 10; vol. 上, p. 22)—(F. vol. 8 p. 13).

(3) Ou-yen était la capitale de l'ancienne petite principauté de Sou-kouo 宿國. Elle se trouvait à 20 ly à l'est de Tong-p'ing-tcheou 東平州, à 100 ly à l'ouest de T'ai-ngan-fou 泰安府, Chan-tong. (Y. vol. 中, p. 28)—(K. vol. 上, p. 61)—(F. vol. 10, p. 13).

" Nous sommes une armée récemment battue; notre roi est inquiet, au point de ne pouvoir ni manger ni dormir; il s'est dépouillé de toutes ses troupes et les a confiées à ce commandant; la paix et le salut de notre royaume dépendent de cette expédition. Song-i, lui, ne s'occupe que de ses affaires privées; il n'a cure des souffrances de ses soldats; ce n'est pas un officier soucieux du bien public !"

La discorde régnait donc dans le camp. Pendant ce temps-là, Tchang-han 章邯, généralissime de T'sin, s'était emparé de Han-tan 邯鄲, la capitale de Tchao; ensuite il s'était rendu au sud de la ville de Kiu-lou 鉅鹿, pour seconder le siége et protéger les approvisionnements. Ainsi la situation s'était aggravée, grâce à cette incroyable inertie de Song-i.

Hiang-yu était furieux contre lui. Un beau matin, à la 11ème lune, il se présenta comme pour le saluer, et le tua dans sa tente; puis il fit publier dans le camp: "Song-i, d'accord avec le roi de T'si 齊, méditait une révolte; notre roi m'a secrètement ordonné de le mettre à mort; c'est ce que j'ai fait. Personne n'osa protester; au contraire, on acclama Hiang-yu général-en-chef suppléant; de son côté, il expédia un courrier, pour avertir le roi Hoai de tout ce qui venait d'arriver. Celui-ci ne put que confirmer Hiang-yu dans son commandement. Les affaires vont maintenant prendre une autre tournure !

Devenu maître de ses mouvements, Hiang-yu ordonne aussitôt au général Pou 蒲 de passer le fleuve Tchang-ho 漳河 avec vingt mille hommes, afin de couper les vivres à l'armée de T'sin. Alors arrive le pauvre général Tcheng-yu 陳餘, suppliant Hiang-yu de se hâter, s'il ne veut pas arriver trop tard. Celui-ci passe le fleuve avec le reste de ses troupes; il fait couler les barques, casser les chaudrons et les marmites, brûler les paillottes, ordonne de prendre des vivres pour trois jours seulement, afin que tout le monde sache qu'il faut vaincre ou mourir; il n'y a pas d'autre issue possible. Aussitôt arrivé, il attaque l'armée de T'sin; neuf combats, neuf victoires; Tchang-han lui-même est forcé de reculer; Hiang-yu le poursuit, et prend le général Wang-li 王離.

On était alors à la 12ème lune. Il y avait bien dix camps retranchés autour de la ville, formés par les troupes de Tcheng-yu 陳餘 et les auxiliaires de Yen 燕 et de T'si 齊 ; mais, lâcheté incroyable ! tous restèrent sur leurs remparts, suivant les péripéties de la bataille sans oser sortir de leurs retranchements. Les soldats de Hiang-yu, au contraire, se battaient comme des lions. Après la victoire finale, ces lâches généraux vinrent à genoux ramper devant Hiang-yu, le féliciter de son succès; ils étaient si honteux qu'ils n'osaient lever les yeux sur lui. Depuis lors, il fut reconnu généralissime de toutes les troupes réunies.

Cependant, les assiégés étaient enfin sortis de la ville; tous venaient remercier leur libérateur. Tchang-eul 張耳 fit de vifs reproches à Tcheng-yu 陳餘, pour sa couardise; il lui demanda où étaient ses généraux Tchang-yen 張黶 et Tcheng-tché 陳澤; car il le soupçonnait de les avoir tués. Tcheng-yu furieux détacha aussitôt son sceau de commandant, et le tendit à Tchang-eul; celui-ci le refusa; mais son entourage le contraignit de l'accepter: "Quand le ciel, lui disait-on, par une faveur spéciale, vous remet ce sceau entre les mains, vous le refusez! Certainement il vous en punira; vous verrez les calamités fondre sur vous!" Tchang-eul prit donc le sceau et l'attacha à son propre drapeau. Tcheng-yu se retira, avec quelques centaines d'individus, sur les bords du fleuve et des marais, pour s'y livrer à la pêche. On était arrivé à la 1re lune de l'année 207.

Hiang-yu étant, pour le moment, seul maître de la position, divisa le royaume de T'si 齊 en deux parts; l'une fut attribuée à T'ien-yong 田榮: puis il se remit à poursuivre l'armée de T'sin; il vint camper au sud du fleuve Tchang-ho 漳河: tandis que Tchang-han 章邯 était établi à Ki-yuen 棘原 (1), au sud de Kiu-lou 鉅鹿. On s'observa ainsi, de part et d'autre, sans oser engager le combat; c'est que des deux côtés, c'était une affaire décisive et les deux généraux se valaient. A la fin, l'armée de T'sin opéra quelques mouvements de retraite. Eul-che-hoang-ti l'ayant appris, envoya de vifs reproches à son généralissime. Celui-ci prit peur; il soupçonna l'eunuque de machiner quelque intrigue à son égard; il députa son aide-de-camp Hing 欣, soit-disant pour donner des explications, et demander du renfort; mais surtout pour examiner l'état des choses à la capitale. L'envoyé demeura trois jours à la porte du palais de l'eunuque-ministre, sans obtenir d'audience; à la fin, pour toute réponse, il fut chargé de reproches à l'adresse de Tchang-han. L'aide-de-camp commença aussi à craindre pour son généralissime; il revint le trouver, et lui dit: "A la cour, c'est l'eunuque Tchao-kao 趙高 qui traite toutes les affaires; personne ne peut rien; dans les circonstances actuelles, si vous remportez la victoire, l'eunuque sera jaloux de vos succès; vous serez perdu! Si vous êtes vaincu, c'est la mort qui vous attend; veuillez donc prendre vos mesures en conséquence." On était à la 4ème lune.

T'cheng-yu 陳餘, général démissionnaire et pêcheur, lui écrivit la lettre suivante: "Pé-ki 白起, fameux général de T'sin, avait au sud pris les deux grandes contrées de Yen 鄢 et de Yng 郢 sur le royaume de T'chou, au nord il avait anéanti l'armée de Tchao 趙, commandée par Tchao-kouo 趙括; bref, il avait conquis des villes et des terres vraiment innombrables; pour récompense,

---

(1) Ki-yuen se trouve au sud de Choen-té-fou 順德府, Tche-li.

le roi lui permet de se choisir un genre de mort. Mong-tien 蒙恬, autre fameux général de T'sin, avait au nord repoussé les barbares, conquis le pays de Yu-tchong 楡中, d'une étendue de plusieurs milliers de ly; on le mit à mort à Yang-tcheou 陽周. Pourquoi? Ces hommes avaient tant de mérites que leurs princes ne pouvaient les en récompenser; en guise de remerciements, on les tua. Votre Excellence est généralissime depuis trois ans; vous avez perdu plus de cent mille hommes; (malgré cela) les princes insurgés deviennent chaque jour plus nombreux et plus forts; ce misérable eunuque Tchao kao ne fait que flatter et aduler l'empereur depuis longtemps; actuellement, il est dans un grand embarras; il a peur d'être tué à son tour; il cherche à détourner le coup qui le menace, pour le faire tomber sur votre tête; il va envoyer votre remplaçant, échapper ainsi au châtiment Il y a longtemps que vous avez quitté la cour, pour vivre dans les camps; vous avez ainsi commis bien des fautes envers les courtisans; si vous remportez des victoires, vous en serez puni; si vous n'avez pas de succès, vous en serez encore plus puni. De plus, le ciel a réprouvé la dynastie de T'sin; cela est si manifeste que même les plus inintelligents le comprennent. Votre Excellence ne peut pas voir l'empereur, l'admonester, lui exposer la vérité pure et simple, lui ouvrir les yeux; vous n'êtes plus qu'un général délaissé, combattant pour un empire en ruines; vous restez donc absolument seul; voulez-vous continuer ainsi? Ne serait ce pas une vie misérable? Pourquoi ne pas vous associer aax princes qui ont levé l'étendard contre les T'sin? Pourquoi ne pas vous entendre avec eux, pour avoir aussi une principauté? Cela ne vaudrait-il pas mieux que de porter votre tête sur le billot, la livrer à la hache, envoyer votre femme et vos enfants à une mort cruelle?"

Malgré tout, Tchang-han 章邯 ne pouvait se résoudre à un tel parti. En secret, il envoya un délégué demander à Hiang-yu sur quelle base on pourrait faire la paix; le messager, nommé Che-tcheng 始成 revint sans avoir rien conclu.

Cette démarche prouvra que Tchang-han était dans l'embarras; Hiang-yu résolut d'en profiter pour lui livrer bataille.

Il ordonna donc au général Pou 蒲 de passer aussitôt le gué de San-hou 三戶, et d'attaquer l'ennemi; celui-ci obéit, et remporta la victoire; Hiang-yu, à son tour, passa le fleuve Tchang-ho 漳河, et présenta le combat aux troupes de T'sin au bord du fleuve Yu 汙 (1); ce fut une victoire definitive et éclatante.

---

(1) La rivière Yu a sa source dans les montagnes de Ou-ngan-chan 武安山; elle se dirige au sud-est, et va se jeter dans le fleuve Tchang-ho 漳河. La ville de Yu n'existe plus; elle était sur cette rivière : elle se trouvait à l'ouest de Ling-tchang-hien 臨漳, dans la préfecture de Tchang-té-fou 彰德府, Ho-nan. (Fang-iu Ki-yao, vol. 12, p. 16).

Tchang-han envoya de nouveau demander la paix; Hiang-yu réunit tous ses officiers en grand conseil, pour examiner la question; il leur expliqua que les provisions de guerre étant épuisées, il valait mieux se faire un ami et un allié de Tchang-han plutôt que de continuer la lutte avec lui. Cet avis fut approuvé de tout le monde. En conséquence, on signa un traité de paix et d'alliance à Ynghiu 殷虛, au sud du fleuve Yuen 洹 (1); Tchang-han fut constitué roi de Yong [Yong-wang 雍王] (2); son armée fut réunie à celle de Tch'ou 楚; son aide-de-camp Hing 欣 fut nommé premier-général, et chargé de conduire l'avant-garde des troupes au pays de T'sin. C'était alors la 7ème lune de cette année 207. Le plus vaillant défenseur de la dynastie impériale étant passé à l'ennemi, les jours de celle-ci ne seront plus guère longs. Mais, avant de suivre l'invasion qui se prépare de ce côté, revenons un peu en arrière; et voyons ce qu'était devenu le fameux Lieou-pang 劉邦, et son expédition contre la capitale; car c'est lui qui doit tirer le gros lot de cette loterie, où l'on se partage des royaumes, et finalement il prendra tout pour soi; c'est lui qui fondera la dynastie Han 漢.

Chargé officiellement par le roi Hoai 懷 d'envahir le pays de T'sin, Lieou-pang se mit en campagne, à la 9ème lune de l'année 208, comme nous l'avons dit plus haut. Dès la 2ème lune de l'année suivante, il prenait la ville de Tch'ang-i 昌邑 (3), gagnait à sa cause P'ong-yué 彭越, fameux chef de brigands, originaire de cet endroit; puis il passait par le bourg de Kao-yang 高陽 (4), où il faisait une recrue extrêmement utile. C'était le lettré Li-che-ki 酈食其, génie méconnu, et si pauvre qu'il faisait le métier de portier du village pour gagner sa vie. Il devint l'instrument le plus utile au service de Lieou-pang; il fut son ambassadeur; il gagna à sa cause tout ce qui aurait pu lui être opposé ou hostile.

---

(1) Le fleuve Yuen est aussi appelé Ngan-yang-ho 安陽河; il a sa source dans la montagne Long-liu-chan 隆慮山, à 25 ly nord-ouest de Lin-hien 林縣 qui est à 120 ly à l'ouest de Tchang-té-fou 彰德府; il passe à 4 ly de cette dernière ville.

(2) Yong.—Cet état, octroyé à Tchang-han, était situé à l'ouest de Hien-yang; sa capitale Fei-k'iou 廢邱 était à 11 ly sud-est de Hing-p'ing-hien 興平縣, dans la préfecture de Si-ngan-fou 西安府. Autrefois elle s'appela K'iuen-k'iou 犬邱, la K'iou des Chiens, c'est-à-dire des Tartares. (Kiang-iu-piao, vol. 上, p. 33)—(Fang-iu Ki-yao, vol. 14, p. 9). Quand Tchang-han vint saluer Hiang-yu, il pleurait à chaudes larmes accusant l'eunuque de tous les malheurs qui fondaient sur la dynastie T'sin.

(3) Tchang-i était à 40 ly nord-ouest de Kin-hiang-hien 金鄉縣, à 90 ly sud-est T'si-ning-fou 濟寧府, Chan-tong. (K. vol. 上, p. 56)—(Y. vol. 中, p. 32)—(F. vol. 10, p. 38).

(4) Kao-yang se trouvait à 25 ly à l'ouest de Ki-hien 杞縣, 100 ly à l'est de K'ai-fong-fou, Ho-nan. A 29 ly à l'ouest de Ki-hien, il y a encore le kiosque de Kao-yang-ting. (Y. vol. 中, p. 2)—(F. vol. 12, p. 3).

Du premir coup, cet habile homme gagna le gouverneur de la forteresse de Tcheng-lieou 陳留 (1), l'une des plus importantes de toute la Chine, car les auteurs disent qu'elle lui est aussi précieuse que la bouche et la gorge à un homme.

A la 3ème lune [de cette année 207] Lieou-pang, après avoir occupé cette place forte, marchait à l'attaque de Ta-leang 大梁 (2), défendue par le g'néral Yang-hiong 楊熊; celui ci fut obligé de se retirer; il se rendit à la capitale; on l'y mit à mort, et sa tête fut suspendue pour servir de leçon aux autres officiers.

A la 4ème lune, Lieou-pang prenait la ville de Yng-tch'oan 頴川 (3). De là, il envoyait Tchang-leang 張艮 s'emparer du pays de Han 韓 (5). Quant à lui, ayant appris que le général de Tchao 趙 voulait passer le fleuve jaune, et aller forcer la barrière de T'sin, il alla de suite prendre la ville de P'ing-yng 平陰 (5), et intercepter le gué qui se trouvait non loin de là, au nord; cela fait, il se tourna vers le sud, et passa le défilé de Hoan-yuen 轘轅 (6).

A la 6ème lune, Lieou-pang attaquait le pays de Nan-yang 南陽; le gouverneur battu se retira dans la forteresse de Wan 宛 (7). Lieou-pang l'y laissa tranquille, et passa outre, pour marcher tout droit contre le pays de T'sin. Mais Tchang-leang (son ancien professeur de stratégie antique) lui dit: " On sortira de cette forteresse, pour vous combattre à l'arrière, pendant que vous aurez les gens de T'sin à l'avant; c'est extrêmement dangereux!" Là-dessus, on rebroussa chemin, par une autre route, dès cette nuit même, et l'on mit le siége devant la place; à la 7ème lune elle se rendit.

---

(1) T'cheng-liou était à 20 ly au nord de T'cheng-liou-hien 陳留縣, dans la préfecture de K'ai-fong-fou susdite. (Y. vol. 中, p. 2)—(F. vol. 12, p. 3).

(2) Ta-leang.—C'est K'ai-fong-fou.

(3) Yng-tch'oan.—C'est Hiu-tcheou 許州, Ho-nan. (Y. vol. 中, p. 7)—(K. vol. 上, p. 44)—(F. vol. 72, p. 58).

(4) Le pays de Han comprenait dans son étendue dix préfectures actuelles.

(5) P'ing-yng etait au sud du gué de P'ing 平; de là son nom; se trouvait à un ly à l'est de Mong-tsin-hien 孟津縣, dans la préfecture de Ho-nan-fou 河南府, Ho-nan. (Y. vol. 中, p. 4)—(K. vol. 上, p. 42)—(F. vol. 12, p. 35).

(6) Hoan-yuen—Ce défilé se trouve au nord-ouest de Teng-fong-hien 登封縣, et au sud-est de Yen-che-hien 偃師縣, dans la préfecture de Ho-nan-fou 河南府, Ho-nan; il sert de frontière aussi à la sous-préfecture de Kong-hien 鞏縣. Ce défilé forme 92 tours et détours. C'est dans les environs, au gué de Mong-tsin-hien (suprà), à 25 ly de cette ville, que l'empereur Ou-wang 武王, vainquit le tyran T'cheou 紂. La montagne Hoan-yuen-chan 轘轅山, est à 70 ly sud-ouest de Kong-hien, dans la préfecture de Ho-nan-fou (suprà). Nous avons vu le dernier empereur de la dynastie Tcheou 東周, (l'orientale) établir sa capitale à cet endroit. Cette montagne est ainsi nommée, à cause de ses nombreux tours et détours (12 grands; on ne compte pas les petits); elle semble déchirée. écartelée; son défilé est un des plus importants parmi les 8 du Ho-nan, s'il n'est pas le 1er. Le fameux Tsao-tsao 曹操 y a autrefois guerroyé. (Y. vol. 中, p. 16)—(F vol. 12, p. 35.38).

(7) Nan-yang.—C'est Nan-yang-fou 南陽府, Ho-nan. La forteresse était dans la ville même de Nau-yang-hien. (Y. vol. 中, p. 17)—(F.vol 12, p. 40).

Débarrassé de ce souci, Lieou-pang se dirigea résolument vers l'ouest, contre le pays de T'sin. Toutes les villes qu'il rencontra sur la route se rendirent sans combat. Il exigeait de ses soldats une rigoureuse discipline, et ne permettait aucun pillage; aussi tout le peuple était enchanté, et le saluait comme un libérateur; c'était un véritable enthousiasme.

L'eunuque Tchao-kao, apprenant ces nouvelles, préméditait une révolution pour sauver sa tête; mais il avait peur de se voir abandonné par les officiers, au moment décisif; il voulut donc auparavant faire un essai, pour savoir sur qui compter; il employa un moyen curieux; il présente un beau cerf comme cadeau à Eul-che-hoang-ti, en disant: "Voici un magnifique cheval!" L'empereur se mit à rire: "Votre Excellence se trompe peut-être, dit-il; n'est-ce pas un cerf?" Puis il s'adressa à son entourage, pour savoir ce qu'on en pensait.

Les uns ne disaient mot; d'autres, pour plaire à l'eunuque, affirmaient que c'était bien un cheval; d'autres enfin disaient: "C'est un cerf!" L'eunuque se vengea sur ceux qui n'avaient pas abondé dans son sens; il les fit accuser de crimes imaginaires, et les mit à mort. Sur ce, tous les officiers du palais furent remplis de crainte, et n'osaient souffler mot.

Précédemment, ce misérable avait affirmé devant l'empereur, à différentes reprises, que les insurrections en dehors de la barrière orientale ne signifiaient rien. Mais quand il eut appris la débâcle de Kiu-lou 鉅鹿 et le reste, il tint un autre langage; il demanda d'envoyer des troupes de renfort; il n'était plus temps! Tous les anciens royaumes s'étaient reconstitués, s'étaient donné des rois, et marchaient maintenant ensemble à l'assaut du pays de T'sin; la plupart des officiers faisaient cause commune avec eux; la fin approchait!

Lieou-pang, à la tête de trente à quarante mille hommes, s'étant emparé de vive force de la barrière imprenable de Ou-kouan 武關, en massacra la garnison; ce fut une panique incroyable à la cour; mais personne n'osait avertir l'empereur; l'eunuque prétexta une maladie, pour n'avoir pas à se présenter devant lui. Alors Eul-che-hoang-ti eut un songe qui l'effraya grandement. Un tigre blanc s'était jeté sur le cheval attelé à l'extrémité gauche de son char, et l'avait tué de ses morsures. Il fit consulter les interprètes de songes; ceux-ci lui dirent: "L'esprit du fleuve King 涇 fait ainsi sentir sa mauvaise influence." Sur ce, l'empereur se rendit au palais Wang-i-kong 望夷宮 (1), pour se purifier pendant trois jours dans la retraite et l'abstinence, et offrit un sacrifice solennel à cet esprit; il fit noyer quatre chevaux blancs dans le fleuve; après quoi, il envoya un officier blâmer sévèrement l'eunuque de n'avoir pas encore étouffé toutes les insurrections.

---

(1) Wang-i-kong.—Ce palais était au bord du fleuve King 涇, à 8 ly sud-est de King-yang-hien 涇陽縣, dans la préfecture de Si-ngan-fou 西安府, Chen-si; il était construit sur une des pointes de la montagne Tchang-chan d'où l'on avait une belle vue sur les environs, (Y. vol. 中, p. 110)—(K. vol. 上, p. 37)—(F. vol. 14, p. 8)—(C. vol. 72, p. 9).

Tchao-kao comprit qu'il serait perdu, aussitôt que l'empereur apprendrait toute la vérité. Il fit venir en secret son gendre Yen-yao 閻樂 (1), gouverneur de la capitale, et son propre frère Tchao-tch'eng 趙城, pour tenir un conseil: "L'empereur, leur dit-il, n'ayant pas tenu compte de mes avis, nous sommes dans un extrême embarras; encore un peu, et les plus grandes calamités tomberont sur notre famille! J'ai l'intention de le détrôner, et de mettre à sa place le prince Tse-yng 子嬰, qui est d'un caractère très bon et très modéré; il est aimé de tout le peuple."

---

(1) Voilà donc le fait curieux que l'eunuque Tchao-kao avait un gendre ! Donc une fille! Etait-ce une fille adoptive ? Ou bien l'avait-il engendrée avait d'être fait eunuque ? Je n'ai pu trouver de documents indiscutables; d'autres chercheurs seront peut-être plus heureux. Vigouroux [La bible et les découvertes modernes, vol. II, p. 26] prouve par des documents que des eunuques avaient des femmes légitimes, et même des harems. Tchao-kao étant si haut dans la faveur impériale, a pu demander le privilège d'adopter des enfants, pour leur transmettre son nom, sa fortune, ses titres et dignités. Ces pauvres païens ignorant l'immortalité de l'âme, veulent au moins continuer à vivre dans des monuments impérissables, ou dans leurs enfants soit naturels soit adoptifs.

Le recueil Kai-yu tsong-k'ao, vol. 42, pp. 16 et suiv..., affirme que beaucoup d'eunuques ont pris femme; il en donne la raison; c'est qu'une femme est bien utile pour laver le linge faire la cuisine, etc..., il n'est pas nécessaire d'en conclure que ces hommes étaient encore poussés à cela par les désirs de la chair, comme l'ont prétendu quelques auteurs. — Chavannes, vol. II, p. 519, dit que le Chao-fou 少府, était l'intendant des redevances spécialement affectées à la maison de l'empereur [King-t'sien 禁錢], il avait autorité sur les eunuques; ceux-ci formaient deux catégories principales: les Tchang-tche 常侍, chargés du service intime de l'empereur; et les Hoang-men 黃門, chargés des appartements de sa Majesté. Les livres historiques de la dynastie Han 漢 nous apprennent que ces eunuques avaient un grand nombre de femmes. Un autre ouvrage historique dit que ces eunuques abusaient de leur autorité, pour forcer des familles honnêtes et riches à leur accorder leurs filles; et celles-ci restaient ainsi enfermées toute leur vie, sans avoir pu se marier à un véritable époux. D'autres livres historiques nous racontent que ces eunuques prenaient de belles jeunes filles, de familles riches, pour s'en faire des concubines; ou bien encore qu'ils avaient avec les servantes du palais des relations charnelles, absolument comme mari et femme. Sous les dynasties Tang 唐, Song 宋, Yuen 元, Ming 明, les choses se passaient de la même manière, comme les documents en font foi. Le recueil Kai-yu tsong-k'ao prétend que la fille de Tchao-kao était adoptive [i-niu 義女], et le gendre aussi, comme fils de la famille. Sous la dynastie Han, les eunuques adoptèrent des garçons; ceux-ci, grâce à la faveur de leurs pères adoptifs, obtenaient de hauts emplois dans l'administration. C'était même un usage universel de leur transmettre la charge occupée par leur père adoptif; ces enfants étaient parfois déjà mutilés; ils étaient donnés par leur propre famille, ou même vendus sur le marché. Le vrai père du fameux guerrier T'sao-tsao 曹操, était le fils adoptif de l'eunuque T'sao-teng 曹騰. Notre recueil susdit remarque encore qu'un eunuque adoptait quelquefois ainsi plusieurs enfants. Les garçons non mutilés s'appelaient Han-eul 漢兒. Des impératrices même vécurent avec des eunuques, comme les documents contemporains le prouvent; c'est que, dit notre recueil, des changements singuliers s'étaient produits en eux; ils étaient redevenus capables de génération.

Les deux complices approuvèrent ce dessein ; mais comment le mettre à exécution ? Tchao-tch'eng, grand-officier du palais se tiendrait à l'intérieur, près de l'empereur; les gardes-du-corps revêtiraient des habits de paysans, prendraient leurs armes, envahiraient le palais en criant que les rebelles étaient arrivés. Yen-yao cacherait sa mère dans le palais de l'eunuque; puis appellerait des soldats pour chasser les faux rebelles.

Tchao-kao ordonne donc à son gendre de prendre plus de mille hommes, et de se rendre au palais Wang-i-kong 望夷宮. Aussitôt arrivé, il fait occuper toutes les portes, garotter les gardes et les archers: "Comment, leur criait-on, avez-vous laissé entrer les rebelles dans le palais, sans les arrêter ?" — "Où sont-ils ?" demandaient les pauvres captifs; mais Yen-yao les fait aussitôt décapiter ; ses hommes envahissent le palais, en poussant des clameurs, et en lançant des flèches. Eul-che-hoang-ti, entendant ce tumulte, monte à la tour, pour voir si vraiment les rebelles attaquent sa demeure; il aperçoit cette foule de paysans, et ne reconnaît pas ses soldats sous ce déguisement; il reste consterné. Les eunuques et les officiers sont dans la stupeur; les uns s'enfuient; les autres essayent la résistance: une trentaine sont à l'instant massacrés. Tchao-tch'eng arrive aux appartements de l'empereur; ses gens lancent des flèches sur le lit impérial; Eul-che-hoang-ti crie à son entourage de les repousser; mais personne ne bouge; un seul eunuque est auprès de lui; tous deux se retirent dans une chambre plus intérieure: "Pourquoi ne m'avez-vous pas averti plus tôt de ces faits ? dit l'empereur; nous ne serions pas réduits à cette extrémité !" — " Si j'avais dit un mot, je serais mort depuis longtemps, répond l'eunuque."

Cependant, Yen-yao arrive dans la chambre et reproche à l'empereur tous ses crimes: "Monsieur, lui dit-il, vous vous êtes montré d'un dévergondage inouï; vous avez tué et massacré sans vous préoccuper de la justice; toute la Chine s'est soulevée contre vous! Maintenant, à quoi vous décidez-vous? '—"Ne puis-je pas voir le premier-ministre ?"—" Impossible !"—"Alors je me résigne à garder une seule province, dont je serai roi." — " Impossible ! " — " Je me contenterai d'un marquisat de dix-mille feux."—" Impossible !"— " Je resterai simple prince du sang, demeurant chez moi, avec ma femme et mes enfants, sans charge ni autorité." — " Inutile de discuter; j'ai les ordres formels du premier-ministre; Monsieur doit mourir ! Le salut de l'empire le demande!"

"Ainsi, plus de paroles ! Je n'oserais les rapporter au premier-ministre !" Sur ce, il ordonne à ses soldats d'avancer. Enfin, Eul-che-hoang-ti se suicide. Yen-yao court porter la nouvelle. Tchao-kao arrive, prend le sceau impérial, et le suspend à sa ceinture.

Ce misérable n'imagine-t-il pas de se faire proclamer empereur ! Il fait convoquer tous les princes et les grands-dignitaires; accompagné de ce cortège, il se dirige vers la salle du trône; mais personne ne veut y entrer; par trois fois, le palais tremble jusqu'aux fondements, comme s'il allait s'effondrer. Tchao-kao, interdit, renonce à son projet insensé; il harangue la foule, et annonce que l'empereur vient de se donner la mort: " Du reste, ajoute-t-il, le pays de T'sin n'avait jusqu'ici que le titre de royaume; c'est Che-hoang-ti qui a, le premier, usurpé l'autorité impériale; puisque les six grands vassaux se sont rétablis, le territoire de T'sin est réduit d'autant; le titre d'empereur serait donc un vain nom; il faut de suite en revenir à l'ancien système." Sur ce, il déclare le prince Tse-yng 子嬰 roi de T'sin; il lui enjoint de se retirer dans la solitude, afin de s'y préparer pendant cinq jours, dans le silence et le jeûne, à recevoir le sceau et la couronne (1).

Quant à Eul-che-hoang-ti, on l'enterra comme un simple particulier, sans aucune solennité, dans le parc appelé I-tch'ouen-yuen 宜春苑 (2). On était alors à la 8ème lune de l'année 207.

Le prince Tse-yng voulait bien être roi; mais il ne tenait point à être le protégé de l'eunuque. Il tint conseil avec ses deux fils : " Tchao-kao, leur dit-il, a tué l'empereur dans le palais Wang-i-kong; craignant d'être massacré par les grands dignitaires, il a voulu faire un acte de justice en m'élevant sur le trône; il croit ainsi détourner le coup qui le menace. J'ai appris qu'il a des intelligences avec le roi de T'chou 楚, avec lequel il est convenu d'exterminer la maison de T'sin; en récompense de cette trahison, il recevrait le titre de roi des pays à l'intérieur des barrières. Aujourd'hui, il m'indique de me rendre au temple de nos ancêtres; c'est bien sûr qu'il veut m'y tuer. Je vais prétexter une maladie; il viendra lui-même ici me chercher; il faudra aussitôt le massacrer."

---

(1) Se-ma-t'sien se contredit : Dans son histoire de T'sin, chap. 6, p. 31, il dit que Tse-yng 子嬰, est le petit fils de Che-hoang-ti; dans l'histoire de Li-se 李斯, chap. 87, p. 18, il dit que c'était le frère de cet empereur. Mais s'il était vraiment le petit-fils, comment avait-il déjà deux fils assez grands pour tenir conseil avec lui, et l'aider efficacement dans une telle conjoncture ?

(2) I-tch'ouen-yuen, dans le territoire de Hien-ning-hien 咸寧縣, dont la préfecture est Si-ngan-fou, Chen-si. (Y. vol. 中, p. 108)—(K. vol. 上, p. 37). Le recueil Chen-si tong-tche vol. 73, p. 27, raconte que le fameux Se-ma-siang-jou 司馬相如, accompagnant l'empereur Han-ou-ti 漢武帝, (140 86) à la chasse dans ce pays, l'engagea à élever un monument et à graver une inscription, pour rappeler la triste fin de Eul-che-hoang-ti.

Il arriva ainsi. L'eunuque envoya message sur message; le prince Tse-yng ne sortant pas de chez lui, l'eunuque vint le trouver: "Cette visite, lui dit-il, est de la plus haute importance; pourquoi votre majesté ne vient-elle pas?" Aussitôt, le prince Tse-yng ordonna de le mettre à mort, et avec lui, trois générations de sa famille, pour servir d'exemple aux habitants de la capitale. Ainsi finit ce funeste individu, véritable mauvais génie de la dynastie T'sin. Il avait amené les choses à un tel point que le mal était irréparable. Sa mort arriva à la 9ème lune de cette année 207.

La légende, naturellement, s'est emparée de ce nom, pour broder toutes sortes de récits. Voici ce qu'on peut lire dans l'ouvrage Je-tche-lou, vol. 150, p. 25: Tse-yng occupa le trône, à peine cent jours. L'eunuque avait l'intention de le tuer; mais pendant son sommeil, dans ce même palais Wang-i-kong 望夷宮 un songe curieux l'avertit du danger: un homme haut de cent pieds, à la barbe et aux cheveux couleur d'azur, aux souliers de jade, était assis sur un char de pourpre; parvenu devant le palais, il demanda à voir l'empereur; le gardien lui ouvrit la porte, et il entra; il dit à Tse-yng: "Je suis un envoyé du ciel; je viens de Cha-k'ieou 沙邱 [où était mort Che-hoang-ti]; je vous avertis que toute la Chine est en révolution; un homme du même nom que ma mère défunte cherche à vous mettre cruellement à mort; et c'est demain qu'il veut accomplir son dessein" (1). Tse-yng, se méfiant de Tchao-kao, le fit mettre en prison dans la capitale; puis il le fit pendre dans un puits; il demeura ainsi sept jours sans qu'on pût le faire mourir; on fit bouillir de l'eau pour l'en arroser; ce fut en vain; car en sept jours d'efforts, on ne put jamais la rendre chaude; on finit donc par le tuer à coups d'épée. Tse-yng demanda ensuite au geôlier si Tchao-kao était un sorcier. Celui-ci répondit: "Quand je le saisissais, je voyais sur lui des globules azurés gros comme un œuf de pie; des sorciers m'ont expliqué que ses ancêtres ont hérité de la fameuse alchimie de Han-tchong 韓終; grâce à elle, un homme couché sur la glace ne sent pas le froid; étendu sur un poêle ardent, il ne sent pas la chaleur. Quoi qu'il en soit, Tse-yng fit exposer le cadavre de l'eunuque au carrefour le plus fréquenté de la capitale. Quand ensuite on l'enterra, un millier de familles suivaient le convoi; alors on vit un oiseau, couleur d'azur, sortir du cercueil

---

(1) Cela est sûr d'avance; l'oracle doit être un peu obscur; sinon il n'aurait pas la saveur énigmatique essentielle; c'est Tchao-kao qui est désigné; car la mère de Che-hoang-ti, la concubine de Liu-pou-wei 呂不韋, se nommait Tchao-ki 趙姬, elle était donc de même nom que l'eunuque.

et s'envoler au ciel; c'était sans doute le résultat des neuf transformations en usage dans cette alchimie. Quant au géant qui apparut en songe, c'est Che-hoang-ti; ses souliers de jade sont le cadeau du maître Ngan-ki 安期 (1). De telles apparitions n'ont guère lieu qu'une fois entre mille générations". Ainsi parle notre auteur; mais laissons-là ces balivernes de bonzes, pour reprendre le fil de notre histoire; avec la mort de l'eunuque, les calamités de T'sin ne sont point finies !

---

(1) **Ngan-ki** est un des patriarches légendaires des taoïstes. On prétend qu'il a eu de longs entretiens avec Che-hoang-ti et lui aurait donné rendez-vous à la fameuse île des Esprits. (Mayers, No. 523).

DERNIERS ÉVÉNEMENTS.
DESTRUCTION DE LA CAPITALE

Pendant cette révolution de palais, les choses avaient marché rapidement dans les provinces. Après avoir forcé la barrière de Ou-kouan 武關, Lieou-pang 劉邦, marche vers la capitale; on expédia bien vite des troupes de renfort, pour l'arrêter au défilé de Yao-kouan 嶢關, (1). Lieou-pang voulait prendre encore ce passage de vive force, mais son vieux professeur Tchang-leang 張良 l'en dissuada: " Laissez-moi faire, lui dit-il; je vais d'abord exhiber une forêt de drapeaux et d'étendards, pour donner à croire à l'ennemi que nous sommes bien plus nombreux; puis nous enverrons deux parlementaires offrir aux généraux de T'sin des conditions très favorables.

Ceux-ci consentirent volontiers. Lieou-pang allait les ratifier ; Tchang-leang lui dit: "Profitons plutôt de leur négligence pour les battre; ils ne songent plus maintenant qu'à leur convention, et ne sont plus sur leur garde." Aussitôt on marche au combat, et l'on s'empare du défilé par une victoire complète. Voilà de la stratégie antique !

A la 10ème lune de cette année 207, Lieou-pang parvenait à la rivière Pa 霸 (2). Tse-yng 子嬰, le nouveau roi de T'sin vint l'y trouver, pour lui rendre hommage, et lui offrir sa soumission. Il était assis sur un char ordinaire, attelé de chevaux blancs en signe de deuil; au cou il avait un cordon impérial en fil de soie à cinq couleurs, comme un condamné qui attend son supplice; il tenait en main le sceau et les tablettes [符節] de l'empereur; il mit genou à terre devant Lieou-pang, dans le parc appelé Tche-tao 軹道 (3).

Les généraux voulaient qu'on le mît à mort. Lieou-pang leur dit : "Notre roi Hoai m'a député pour cette campagne, parce qu'il me savait généreux et miséricordieux ; de plus, ce prince est venu lui-même se soumettre ; pourquoi le tuer ? Ce serait un bien mauvais présage !" Sur ce, il le confia à ses officiers pour le garder.

---

(1) Le défilé de Ou-koan est dans la préfecture de Chang-tcheou 商州, (Chense t'ong-tche, carte, vol. 8, p. 68).
Le défilé de Yao-koan est à l'ouest du précédent; il se trouve à 98 ly sud-est de Lan tien-hien 藍田縣, dans la préfecture de Si-ngan-fou, Chen-si. (Chen-si t'ong-tche cait vol. 2, p. 8)—(Y. vol. 中, p. 110) (F. vol. 14, p. 11).

(2) Pa. — Cette rivière est à l'est de Si-ngan-fou.

(3) Ce parc de Tche-tao était à 100 pas de la rivière Pa; à 13 ly à l'est de Si-ngan-fou. (Chen-si t'ong-tche, vol. 73, p. 47)—(F. vol. 14, p. 6).

Lieou-pang se rendit enfin à la fameuse capitale Hien-yang 咸陽. Ses généraux se jetaient sur l'or, les soieries, et autres trésors ; mais Siao-ho 蕭何, son fidèle ministre, alla tout droit au palais du premier-ministre, pour y prendre les cartes et le cadastre de l'empire ; c'était un point essentiel pour savoir exactement les frontières, les défilés, la population, la valeur des terres, les impôts, etc....

Quand Lieou-pang vit la splendeur des palais, la richesse des décorations, les trésors, les femmes, il songea à rester là. Mais Fan-koei 樊噲 (1) l'en blâma: " Ce luxe, ces beautés, lui dit-il, voilà ce qui a perdu la dynastie T'sin ; voulez-vous avoir le même sort ? Hâtez-vous de partir, ne restez pas ici !" Lieou-pang était fasciné; il persistait à demeurer. Tcheng-leang lui dit : " Parce que la dynastie T'sin a foulé aux pieds l'honnêteté, la justice, votre Seigneurie a pu pénétrer jusqu'ici ; le ciel vous a envoyé punir et balayer ces misérables qui opprimaient toute la Chine ; des vêtements de deuil seuls vous conviennent, et doivent vous servir de règle de conduite ; alors vous serez un vrai sage [qui s'afflige des maux endurés par son pays]. Si, à peine entré dans cette capitale, vous vous adonnez au plaisir, vous allez faire revivre la tyrannie que vous venez d'abattre. On vous a donné de bons conseils ; ils ont sans doute déplu à vos oreilles; mais ils sont grandement salutaires; une médecine efficace est quelquefois (bien) amère; mais elle sauve. Veuillez donc suivre les conseils de Fan-koei !"

Lieou-pang écouta enfin les exhortations de ses loyaux amis; il rentra dans son camp. Là, il fit venir les anciens du peuple, et les hommes les plus influents: "Mes vénérables, leur dit-il, vous avez trop longtemps gémi sous la tyrannie des T'sin ; les divers princes ont déterminé que le premier général qui franchira la barrière orientale sera votre roi; je suis donc votre souverain; je veux tout de suite régler trois points, pour assurer l'ordre et la paix parmi le peuple : Quiconque tuera un autre, sera mis à mort lui-même ; quiconque blessera un autre sera condamné à une peine en proportion de son méfait; les brigands seront punis d'après leurs crimes (2); toutes les autres lois pénales sont abolies; je suis venu ici pour mettre fin à vos calamités, nullement pour prendre vos biens, ou exercer des cruautés; ainsi, que personne ne nous craigne !"

---

(1) Fan-koei était de basse extraction; dans sa jeunesse, il vendait de la viande de chien, pour vivre. Plus tard, s'étant joint à Lieou-pang, il se montra fidèle serviteur; il devint général puis ministre, quand Lieou-pang était parvenu au trône impérial ; il fut un de ses intimes ; après l'avoir aidé à ceindre la couronne, il le défendit encore contre les rebelles qui surgirent çà et là ; il fut un des meilleurs soutiens de la dynastie Han naissante. (Mayers, No 126.)

(2) Lieou-pang est resté célèbre pour avoir établi ces trois lois générales; abolissant ainsi la coutume tyrannique, en vertu de laquelle on exterminait trois générations pour le crime d'un seul homme.

Lieou-pang députa des officiers, pour aller avec les anciens publier cet édit dans les villes, les bourgs et les campagnes; le peuple en fut enchanté et se sentit enfin soulagé de ses longs malheurs; on amenait à l'envi les bœufs et les moutons; on apportait le vin et le reste, pour régaler les soldats libérateurs. Lieou-pang remerciait le peuple, mais n'acceptait pas ces cadeaux: "Il y a des provisions dans les dépôts, disait-il; je ne veux pas vous priver de votre bien." Sur ce, les gens de T'sin étaient encore bien plus réjouis; leur seule crainte était qu'un tel homme ne leur serait peut-être pas laissé pour roi.

Pendant que Lieou-pang remportait tant de succès, Hiang-yu 項羽 campait encore dans le royaume de Tchao 趙 qu'il venait de délivrer. Ignorant l'expédition accomplie par Lieou-pang, il mit toutes les troupes des divers princes en mouvement vers la fameuse barrière orientale de T'sin. Mais son armée avait une grande animosité contre le peuple de ce pays ; car, précédemment, tous ceux qui s'y étaient trouvés, soit de passage, soit pour les corvées, soit pour les garnisons, avaient eu beaucoup à souffrir; chacun brûlait de se venger. La même aversion existait à l'égard des troupes de Tchang-han 章邯, qui venaient de se soumettre à Hiang-yu; les autres soldats les voyaient de mauvais œil, les maltraitaient, sans distinction d'officiers ou de troupiers. Les gens de Tchang-han étaient indignés contre lui: "Notre généralissime et ses collègues nous ont trahis, disaient-ils; nous sommes livrés à nos ennemis! Si encore les princes révoltés pouvaient s'emparer de la grande barrière, et abattre la dynastie, ce serait demi-mal! mais s'ils ne réussissent pas, que deviendrons-nous ? On nous entrainera comme esclaves dans des pays éloignés, tandis que nos familles seront exterminées chez nous !

La discorde était ainsi dans l'armée ; une rébellion pouvait arriver à chaque instant. Les généraux en avertirent Hiang-yu. Celui-ci appela en conseil ses deux aides-de-camp Yng-pou 英布 et Pou 蒲 : " Les gens de T'sin, leur dit-il, sont nombreux ; ils ne sont point dans nos intérêts ; si, après avoir franchi la barrière, ils se révoltent, nous serons dans le plus grand danger; il vaut mieux les massacrer ; ensuite, avec Tchang-han, le général Se-ma-hing 司馬欣, et l'archiviste Tong-i 董翳, nous pénétrerons dans le pays." En conséquence, pendant la nuit, on égorgea tous ces malheureux, au nombre de deux cent mille. Les vieux généraux avaient raison de dire que Hiang-yu était cruel ! Cela se passait au sud de Sin-ngan 新安 (1), à la 11ème lune de l'année 207.

---

(1) Sin-ngan.— C'est Sin-ngau-hien 新安縣, 70 ly à l'ouest de Ho-nan-fou 河南府, Ho-nan. (Y. vol. 中, p. 16)—(F. vol. 12, p. 37).

Après ce beau fait d'armes, Hiang-yu se mit en marche. Parvenu au défilé de Han-kou-koan 函谷關, il fut bien surpris d'y trouver une garnison placée par Lieou-pang; celle-ci lui barra le passage, comme elle en avait l'ordre. C'est alors que Hiang-yu apprit la conquête de la capitale; il entra en fureur, et donna aussitôt l'assaut à la garnison; celle-ci était trop faible pour résister à une armée si considérable; elle fut vaincue, et la barrière fut emportée de vive force. De suite Hiang-yu, avec ses quatre cent mille hommes, entra dans le pays de T'sin, et ne s'arrêta point qu'il ne fût en présence de l'armée de Lieou-pang.

Celui-ci n'avait que cent mille hommes, et campait au bord de la rivière Pa 霸. Hiang-yu se tenait à l'ouest de la rivière Hi 戲 (1). Les deux émules allaient-ils en venir aux mains ? Cela semblait inévitable. Un traître envoya un message à Hiang-yu: "Lieou-pang, disait-il, prétend rester souverain de T'sin; il prendra Tse-yng 子嬰 pour son premier-ministre, et gardera tous les trésors de la capitale." Hiang-yu était dans une grande colère; ce fut encore pire quand il eut entendu le vieux lettré Fan-tseng 范增; celui-ci disait: "Quand Lieou-pang était dans les provinces orientales, il était rapace et avide de plaisirs; depuis qu'il est ici, il ne veut ni richesses ni femmes; son esprit s'est élevé plus haut, et ne s'occupe plus de banalités; j'ai envoyé des gens l'espionner: son maintien est grandiose; il a vraiment l'air d'un fils du ciel; hâtez-vous de le tuer ! Ne perdez pas une si bonne occasion !"

Hiang-pé 項伯, oncle de Hiang-yu, était un ami de Tchang-leang 張良; il monta à cheval, cette nuit même, pour aller chercher son ami, l'arracher au péril qui le menaçait. Tchang-leang lui répondit: "Le prince de Han 韓 m'a envoyé près de Lieou-pang; le quitter maintenant, dans un si grand danger, serait une félonie de ma part; je vais plutôt l'avertir du complot qui se trame contre lui." Tous deux allèrent le trouver. Lieou-pang les retint à un dîner solennel; il but à la santé de Hiang-pé, convint avec lui d'unir leurs deux familles par des mariages réciproques. "Si j'ai le premier forcé la barrière, dit-il, c'est sur l'ordre du prince Hoai; je ne me suis approprié absolument rien; j'ai fait écrire le catalogue des officiers et du peuple; j'ai mis le sceau sur les dépôts et les trésors publics; tout cela, pour attendre les ordres du généralissime Hiang-yu; si j'ai fait

---

(1) L'endroit est à 10 ly au nord de la fameuse montagne i-chan 驪山, au nord de la grand route qui est taillée elle-même dans la montagne, à la colline appelée Hong-men 鴻門, à l'ouest de la rivière Pa, à 17 ly de Lin-tong-hien 臨潼縣, dans la préfecture de Si-ngan-fou, Chen-si. Là, Hiang-yu fit faire ripaille à ses soldats; il voulait se les attacher ainsi pour les lancer contre Lieou-pang, dont il était extrêmement jaloux. Chen-si t'ong-tche, vol. 73, p. 46).

garder le défilé de Han-kou-koan, c'était pour empêcher les brigands de s'y faufiler; nuit et jour, je vous ai attendu avec impatience; je brûlais de vous voir; comment aurais-je osé me séparer de vous ! Que votre excellence avertisse le généralissime que jamais je ne serai ingrat envers lui." Hiang-pé le lui promit, et ajouta: " Demain matin, ne manquez pas de vous présenter vous-même, et de remercier mon neveu !"

Hiang-pé informa celui-ci de tout ce qui s'était passé; puis il continua en faisant l'éloge de Lieou-pang: " C'est un homme de grand mérite, dit-il; s'attaquer à lui serait une grande injustice; il faut, au contraire, le traiter avec beaucoup d'égards." Hiang-yu promit de se conformer à son avis.

Le lendemain, Lieou-pang arriva avec plus de cent cavaliers. Hiang-yu le retint à dîner (1). Pendant le repas, le farouche Fan-tseng 范增 fit plusieurs fois signe de l'œil; il remuait et levait les pendeloques suspendus à sa ceinture indiquant qu'il fallait en finir avec cet homme. Hiang-yu n'en tint pas compte. Alors Fan-tseng sortit et envoya Hiang-tchoang 項莊, cousin de Hiang-yu, dans la salle du festin, comme pour présenter ses compliments à la noble compagnie. Celui-ci devait ensuite tirer son épée, faire des pantomimes, et se jeter tout à coup sur Lieou-pang pour le tuer.

L'assassin étant entré, commença son jeu. Hiang-pé devina son dessein; il se leva, prit aussi son épée, pour répondre aux pantomimes; il se tint constamment devant Lieou-pang pour le protéger; ainsi échoua le stratagème des deux meurtriers.

---

(1) Se ma-ts'ien, chap. p. 12, dit qu'à ce dîner solennel Hiang-yu était à la place d'honneur, c'est-à-dire à droite, et avait le visage tourné vers l'orient. Ce passage du grand historien a été souvent invoqué pour prouver qu'alors la droite était la place d'honneur.

Cette question controversée n'est pas encore dirimée.

D'après le recueil Kai-yu tsong-k'ao, vol. 21, p. 6, dans les temps anciens, la place la plus honorable, dans les réunions solennelles de la cour, dans les visites et réceptions chez les grands, était la gauche; chez les gens en deuil, elle était à droite.

D'après le Che-king 詩經, [livre des vers] et le Chou-king 書經, [livre d'histoire], en principe, la gauche était la place d'honneur; mais chez le peuple, dans ses fêtes et ses dîners joyeux, c'était la droite. Ces fêtes et ces dîners ayant lieu souvent, l'usage devint universel; même à la cour des rois, la droite devint la place d'honneur; l'auteur le prouve par un grand nombre d'exemples. Il en fut ainsi au pays de T'sin. La dynastie Han conserva cette coutume. Dans la suite, mais on ne sait au juste à quelle date, la gauche redevint la place d'honneur. Sous l'empereur Leang-ou-ti 梁武帝, en 508, dans un grand dîner, la droite était encore la place d'honneur. En 568, sous la dynastie T'si 齊, à la cour, c'était la gauche. Sous la dynastie T'ang 唐, (618-907) le règlement de la cour fixa la gauche comme place d'honneur. De même sous la dynastie Song 宋 (960-1206). La dynastie Yuen 元 (1206-1368) détermina la droite. A l'avènement de la dynastie Ming 明 (1398), jusqu'à maintenant, la gauche redevint la plus honorable.

Quiconque désire les textes qui prouvent ces affirmations, pourra les lire chez l'auteur, à l'endroit cité.

Tchang-leang 張良 avait tout compris et avertit Fan-koei 樊噲 du danger où se trouvait Lieou-pang. Aussitôt Fan-koei saisit son épée et son bouclier, entre dans la salle, jetant des regards furibonds sur Hiang-yu; ses cheveux se dressent sur sa tête; sa figure est bouleversée par l'indignation. A ce spectacle, Hiang-yu dit tranquillement à son cousin Tchoang: ''Mon ami, apportez-lui donc du vin, des coupes, une épaule de porc!'' Fan-koei dévore en un moment ce qu'on lui présente.—'' Pouvez-vous encore boire ? '' ajoute Hiang-yu.—'' Oui ! répond Fan-koei; je ne crains pas la mort, aurais-je peur d'une coupe de vin! La maison de T'sin avait le cœur d'un loup, d'un tigre; ainsi toute la Chine s'est soulevée contre elle; le roi Hoai 懷 est convenu avec tous les généraux que quiconque entrerait le premier dans la capitale Hien-yang, serait déclaré souverain de ce pays; notre général Lieou-pang a le premier forcé la barrière, et a pénétré jusqu'à la capitale; pour ses grands mérites, il n'a pas encore reçu la moindre dignité en récompense; au contraire, votre Excellence s'abaisse à écouter de vilaines calomnies, et voudrait nuire à un tel homme! Ce serait continuer les crimes de la dynastie T'sin ! J'espère que votre Excellence ne prendra pas goût à de tels méfaits ! ''

Hiang-yu ne sachant que répondre, se contenta de l'inviter à s'asseoir. Lieou-pang profitant de ce moment, prétexta le besoin d'aller quelque part, monta à cheval et s'enfuit. Fan-koei et ses compagnons se hâtèrent de le rejoindre; Tchang-leang resta seul pour les excuser. Hiang-yu lui demanda où était Lieou-pang; il lui répondit : ''Ayant entendu que votre Excellence voulait lui faire des reproches, il est parti tout seul; il est déjà rendu au camp; il a laissé une paire de tablettes en jade blanc pour votre Excellence, et une paire de cuillers en jade pour votre ministre. Fan-tseng tira son épée, et fracassa ses cuillers en mille morceaux, en s'écriant: '' Vraiment vous êtes trop jeune pour comprendre un conseil ! Celui qui vous arrachera l'empire, c'est Lieou-pang, et pas un autre ! Nous tous, tant que nous sommes, nous serons condamnés à devenir ses esclaves!''

Après s'être reposé quelques jours, Hiang-yu conduisit son armée à Hien-yang; on massacra Tse-yng 子嬰, quoiqu'il se fût soumis, et que sa soumission eût été acceptée; on extermina tous les princes de la famille T'sin, jusqu'au dernier; on mit le feu à tous les palais et à toutes les maisons de la capitale; ce fut un incendie tel que pendant trois mois le feu eut de quoi se nourrir; on déterra le cadavre de Che-hoang-ti, et l'on pilla les trésors enfermés dans son tombeau; on emmena captifs les femmes et les enfants; puis on reprit le chemin des pays de l'est. Le peuple de T'sin était bien déçu dans ses espérances! On était arrivé alors à la 12ème lune de l'année 207.

[387]

Han-chen 韓生 conseillait à Hiang-yu de rester dans ce pays: " Voyez, lui disait-il, comment cette contrée est protégée par des montagnes et des fleuves, qui l'entourent comme d'une ceinture; le sol est fertile; qui sera le maître de cette région, sera le maître de toute la Chine !" Mais Hiang-yu voyant le pays dévasté, ruiné, tournait les yeux vers l'est, et ne songeait qu'à retourner dans sa patrie; il n'écoutait pas les conseils de Han-chen; il avait hâte de partir; il se contenta de lui citer le proverbe: " Qui a acquis des richesses, des dignités, et ne retourne pas dans sa patrie pour se faire admirer, est comme un homme qui porte des broderies pendant la nuit." (1)

Indigné de ce sot orgueil, Han-chen lui répliqua par un autre proverbe : "Les gens de Tch'ou 楚 ne sont que de grands singes coiffés, sans tête ni cervelle !" Le féroce Hiang-yu bondit de colère; il fit sur-le-champ rôtir cet importun conseiller.

---

(1) Tels étaient sans doute les sentiments de toute l'armée; elle était composée, en bonne partie, de toutes sortes d'aventuriers, venus chercher fortune; ces gens se voyant chargés de butin ne désiraient plus qu'une chose, bien vite retourner dans leurs foyers pour jouir tranquillement de ces richesses; il ne faut pas trop crier contre eux; cela est de tous les temps et de tous les pays. Mais il faut reconnaître que le Chinois, plus qu'aucun autre, aime le village où il est né; c'est là qu'il veut mourir; c'est là aussi qu'il veut jouir, et montrer son faste; c'est là qu'il veut régner dans la sphère qui l'entoure, et qui est plus ou moins étendue, suivant qu'il est plus ou moins riche. Hiang-yu exprimait donc bien ses sentiments, et ceux de ses soldats; il avait le tort de se croire invincible, inattaquable même; c'est surtout cette erreur que voulait corriger son sage conseiller.

DERNIER MOT

Nous voici arrivés à la fin de l'histoire de T'sin. L'empire n'existait plus, pas même de nom ! La famille impériale était anéantie; toute la Chine était en révolution; les compétiteurs de couronnes étaient nombreux; ils étaient au moins dix-neuf! Le plus puissant était Hiang-yu, généralissime des insurgés; auprès de lui, son roi Hoai n'était qu'une ombre; mais un homme violent comme Hiang-yu s'use bien vite ! (1)

Les guerres civiles continuèrent encore cinq ans. C'est Lieou-pang qui les termina. Grâce à ses hautes qualités, il finit par triompher de tous ses rivaux et fonda la dynastie Han 漢, l'une des plus célèbres de la Chine; elle dura depuis l'an 206 avant Jésus-Christ, jusqu'à l'année 221 de notre ère. En montant sur le trône impérial, Lieou-pang prit le nom de Kao-tsou 高祖; il régna jusqu'à l'année 194.

Cette nouvelle dynastie, comme d'autres postérieures, eut sa capitale dans la province de Chen-si 陝西, pays fortifié naturellement, où il est facile de se défendre contre les invasions, et d'où il est aisé de sortir pour attaquer ses voisins.

Tant que les différents peuples, qui composaient la Chine, ne furent pas suffisamment fondus en une seule nation, c'était prudence et sage politique de tenir la capitale dans un lieu si propice. Quand l'union fut assurée, le centre de l'empire put être transféré dans un endroit plus rapproché du centre de la population.

---

(1) Voyez, à l'appendice, les provinces distribuées à tous ces prétendants, où chacun voulut régner en maître, en roi; cela ne devait pas durer longtemps ! Cette liste est tirée du recueil tant de fois cité, le Kiang-yu-piao, vol. 上, p. 33.

MAISON ROYALE DU PAYS DE T'SIN

PREMIERS TEMPS DU ROYAUME

O-lai	惡來	
Niu-fang	女防	
Fang-kao	防皋 ou Pang-kao 勞皋 [crit encore 膀皋]
T'ai-ki	大几	
Ta-lo	大駱	
Fei-tse	非子	909. avant Jésus-christ.
T'sin-heou	秦侯	857.
Kong-pé	公伯	847.
T'sin-tchong	秦仲	844.
Tchoang-kong	莊公	821.

TEMPS VRAIMENT HISTORIQUES

Siang-kong	襄公	777. avant Jésus-Christ
Wen-kong	文公	765.
Ling-kong	靈公	715. appelé aussi Ning-kong 寧公
T'chou-tse	出子	703.
Ou-kong	武公	697.
Té-kong	德公	677.
Siuen-kong	宣公	675.
T'cheng-kong	成公	663.
Mou-kong	穆公	659.
K'ang-kong	康公	620.
Kong-kong	共公	608.
Hoan-kong	桓公	604.
King-kong	景公	576.
Ngai-kong	哀公	556.
Hoei-kong	惠公	500.
Tao-kong	悼公	491.
Li-kong-kong	厲共公	467.
Tsao-kong	躁公	442.

Hoai-kong	懷公	428.
Ling-kong	靈公	424.
Kien-kong	簡公	414.
Hoei-kong	惠公	399.
T'chou-kong	出公	386.
Hien-kong	獻公	384.
Hiao-kong	孝公	361.
Hoei-wen-wang	惠文王	337.
Ou-wang	武王	310.
Tchao-siang-wang	昭襄王	306.
Hiao-wen-wang	孝文王	250.
Tchoang-siang-wang	襄王	249. Même maison devenue dynastie impériale
Che-hoang-ti	始皇帝	246.
Eul-che-hoang-ti	二世皇帝	209.
T'se yng	子嬰	206.

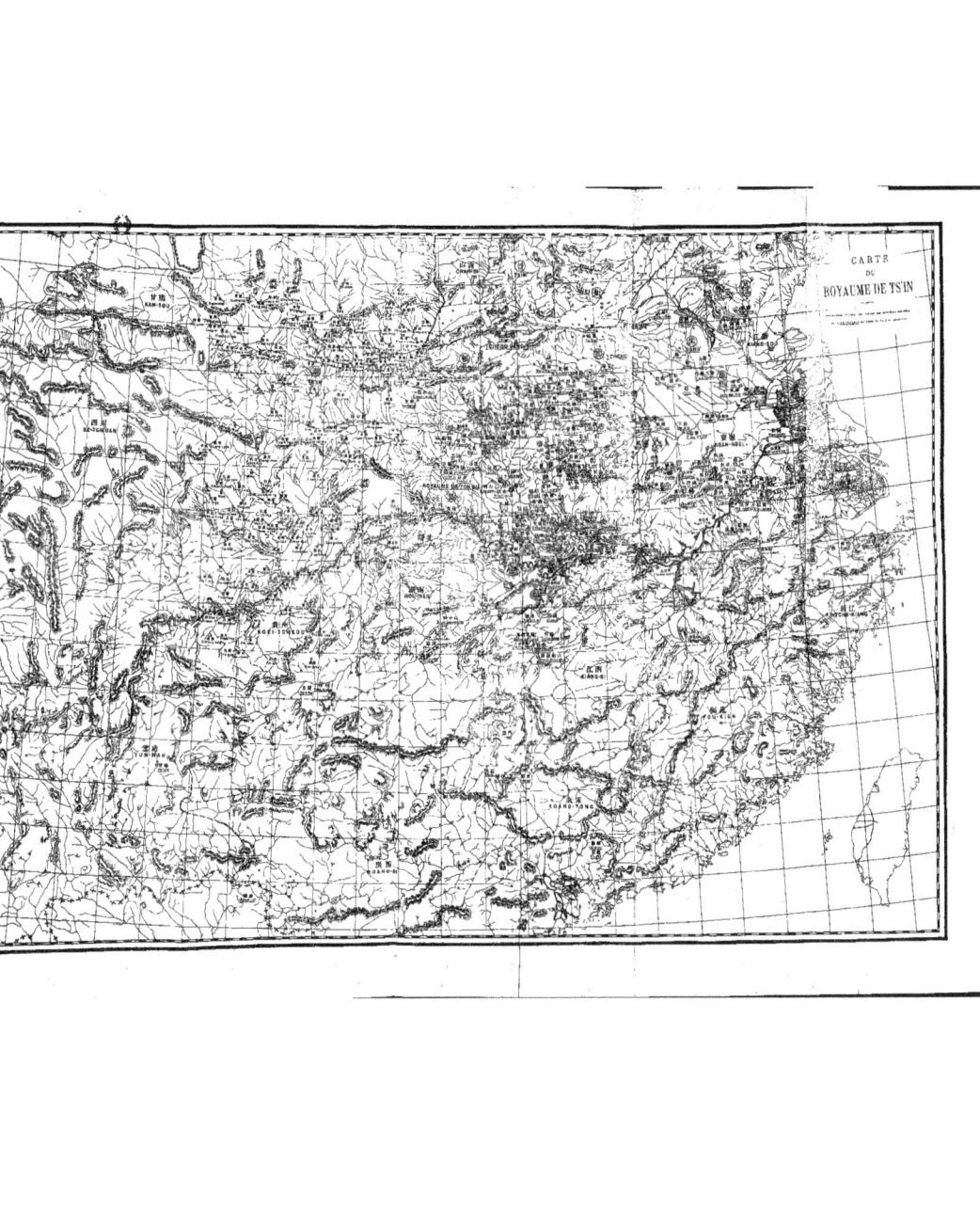

VARIÉTÉS SINOLOGIQUES (suite).

N° 19 天主 T'ien-tchou "Seigneur du Ciel," par le P. Henri Havret, S.J.—II-30 pp., 3 lithographies. 2ᵉ édition. 1909 .... $ 1.00

N° 20. La stèle chrétienne de Si-ngan fou, 3ᵉ partie. *Commentaire partiel et pièces justificatives*, par le P. Henri Havret, S.J. avec la collaboration du P. Louis Cheikho, S.J.— II-90 pp., texte syriaque inclus. 1902 .... $ 2.00

N° 21. Mélanges sur l'administration, par le P. Pierre Hoang.— 242 pp. 1902 .... $ 3.50

Tableaux des titres et des appellations de l'Empereur, des membres de sa famille et des mandarins *(Extraits du N° 21* par le P. Pierre Hoang.—58 pp. 1902 .... $ 0.50

N° 22. Histoire du royaume de Tch'ou (1122—223 av. J.-C.), par le P. A. Tschepe, S.J.—402 pp., une carte hors texte. 1903 $ 5.00

N° 23. Nankin. Aperçu historique et géographique, par le P. L. Gaillard, S.J.—VI-350 pp., 17 cartes, 29 photogravures, 7 photolithographies, plusieurs gravures sur bois. 1903. *(Ouvrage couronné par l'Académie des Inscriptions et Belles-Lettres)*.. $ 8.00

N° 24. Synchronismes chinois. *Chronologie complète et concorda avec l'ère chrétienne de toutes les dates concernant l'histoire l'Extrême-Orient (Chine, Japon, Corée, Annam etc.)* 2357 J.-C. —1904 apr. J.-C.), par le P. Mathias Tchang, S.J LXXXIV-530 pp. 1905 .... $

N° 25. Quelques mots sur la politesse chinoise, par le P. Simon Ki S.J. avec *Appendices sur les fourrures et soieries*, par le P. F. Courtois, S.J.—IV-120 pp., 51 gravures. 1906 .... $ 2.50

N° 26. K'iuen-hio-p'ien. *Exhortations à l'étude, texte chinois et traduction*, par le P. Jérome Tobar S.J. IV-198 pp. et une gravure. 1909 .... $ 2.50

N° 27. Histoire du royaume des Ts'in, 777-207 av. J.-C., par le P. A. Tschepe, S.J. IV-392 pages avec 1 carte hors texte 1909 ...$ 5.00

SOUS PRESSE.

Les éclipses de lune et de soleil, *d'après les livres chinois*, par le P. Pierre Hoang.

Concordance des chronologies néoméniques chinoise et européenne, par le même Père.

Mélanges sur l'instruction, 1ʳᵉ série. *Règlement impérial*, par le P. Jérome Tobar.

EN PRÉPARATION.

Les tombeaux de la dynastie des Liang, (502-555), par le P. Mathias Tchang.

Les tremblements de terre en Chine, par les PP. Pierre Hoang et Henri Gauthier.

La hiérarchie catholique en Chine, par le P. de Moidrey.

ÉTUDES SINO-ORIENTALES.

Les Lolos. *Histoire, religion, mœurs, langue, écriture,* par M. Paul Vial. missionnaire au *Yun-nan*. — 72 pp. in-8°, 2 planches d'après des photographies de l'auteur. 1898................$ 1.50

ÉTUDE DE LA LANGUE CHINOISE.

Cursus litteraturae sinicae, par le P. Ange Zottoli, S.J. 5 vol. grand in-8°. *(Ouvrage couronné par l'Académie des Inscriptions et Belles-Lettres.)*................$ 25.00
    Chaque volume contient : texte chinois et traduction littérale en regard; nombreuses notes et appendices.
    Chaque volume se vend séparément................$ 5.00
    Le 1er vol., (2e édition 1909) enrichi d'un lexique................$ 6.00

法漢字彙簡編. **Petit dictionnaire français-chinois** *avec romanisation*, par le P. A. Debesse, S.J. — VI-590 pp. in-16. — 3e édition, 14e mille. 1908. papier indien, relié peau souple.$ 3.50

漢法字彙簡編. **Petit dictionnaire chinois-français** *avec romanisation*, par le P. A. Debesse, S.J. — V-590 pp. in-16. 1900. (2e édition, 6e mille 1906 (papier indien, relié peau souple.$ 3.50
    Les deux, réunis en un seul vol., reliure peau souple......$ 6.50

法華字彙. **Petit dictionnaire français-chinois** *dialecte de Chang-hai* 上海土話 *avec romanisation*, par le P. Corentin Pétillon, S.J. relié peau souple, papier indien................$ 3.00

官話指南. **La Boussole du langage mandarin,** traduite et annotée par le P. Henri Boucher, S.J. *(Ouvrage couronné par l'Académie des Inscriptions et Belles-Lettres).* — 1 vol. in-8°. VI-482 pp. — 4e édition 1906, relié................$ 3.00

GÉOGRAPHIE.

法文中國坤輿誌. Géographie de l'Empire de Chine, par le P. Louis Richard, S.J. *(Ouvrage couronné par la société de Géographie et par la société de Géographie commerciale),*
Cours Supérieur. 570 pp. in-16, 36 cartes ou plans (dont 4 en couleurs) hors texte, 2 grandes cartes coloriées en pochette; 10 tableaux ; liste complète des préfectures et sous-préfectures. 1905, relié................$ 4.80

英文中國坤輿詳誌. Richard's (夏之時). **Comprehensive Geography of the Chinese Empire.** Translated into English, revised and enlarged by M. Kennelly, S.J. (甘沛樹)
    1 Vol. 8vo, 9½ × 6 inches, pp. 700, with 1 *large map of China* in 7 colours (27 × 21 inches) in pocket, 3 other small-size maps in 5 colours, 42 diagrams or plans, 72 statistical tables, 5 appendices. 1908. Cloth................$ 5.50